紀念謝桂華先生誕辰八十周年

中國社會科學引文索引（CSSCI）來源集刊

簡帛研究

二〇一八

·秋冬卷·

中國社會科學院簡帛研究中心
中國社科院歷史所戰國秦漢室
出土文獻與中國古代文明研究協同創新中心

鄔文玲　戴衛紅　主編

廣西師範大學出版社
·桂林·

簡帛研究
JIANBO YANJIU

圖書在版編目（CIP）數據

簡帛研究. 2018. 秋冬卷 / 鄔文玲, 戴衛紅主編. —桂林：廣西師範大學出版社，2019.1
ISBN 978-7-5598-0702-1

Ⅰ. ①簡… Ⅱ. ①鄔…②戴… Ⅲ. ①竹簡－中國－文集②帛書－中國－文集 Ⅳ. ①K877.54-53

中國版本圖書館 CIP 數據核字（2019）第 090314 號

廣西師範大學出版社發行
（廣西桂林市五里店路 9 號　郵政編碼：541004
網址：http://www.bbtpress.com）
出版人：張藝兵
全國新華書店經銷
廣西民族印刷包裝集團有限公司印刷
（南寧市高新區高新三路 1 號　郵政編碼：530007）
開本：889 mm ×1 194 mm　1/16
印張：24.75　　字數：450 千字
2019 年 1 月第 1 版　　2019 年 1 月第 1 次印刷
印數：0 001~1 200 冊　　定價：118.00 元

目　録

居延漢簡整理與研究的思考
——謝桂華先生誕辰八十周年紀念

甘肅省文物保護研究所　何雙全
臺灣蘭臺出版社　盧瑞琴

内容提要　居延漢簡的發現、整理、出版發表具有跨世紀、跨時代的意義。研究者遍布中外各領域,研究工作將永遠持續下去。通過回顧居延漢簡發現整理與研究的歷史,以紀念爲居延漢簡的發現整理研究做出貢獻的學者,并提出居延漢簡研究需要繼續重視的問題及應彌補的缺環。

關鍵詞　居延漢簡　整理與研究

上世紀問世的居延漢簡,自 1930 年首次發現至 2000 年,70 年間曾先後有多次發現,雖然名稱有异,但内容是相同互應的,引起國内外學者之重視,甚至有大批學者將其列入終身研究的課題。回顧其經歷大致如下:

(一)1895—1899 年,瑞典探險家斯文赫定三次進入新疆考察,滿載而歸,挖開了中國西域考古的地層。由此引來了西方列强争奪西域文物的活動。1900 年八國聯軍攻入北京,斯坦因進入新疆,挖掘了丹丹烏里克、尼雅遺址。1902 年起西方列强前赴後繼,盗掘痕迹遍布甘(肅)、新(疆)兩地。1907 年斯坦因第二次到敦煌,騙取了莫高窟藏經洞文書。1914 年斯坦因第三次到敦煌,調查盗挖了敦煌境内大部分漢代烽燧遺址,獲取漢簡 3000 餘枚(片)。1927 年,瑞典人斯文赫定組建了“中國西北科學考察團”,到北京後,經北京學者的抗争,中方派員參加,即又組建了“中瑞西北科學考察團”,瑞方由斯文赫定負責,中方由徐旭生負責。當年開始考察,我國學者黄文弼與瑞方學者貝格曼等先入内蒙古額濟納旗,沿額濟納河由北向南,調查居延海、額濟納旗、甘肅鼎新、金塔至酒泉,首先發現這一流域的各類遺址。1928年貝格曼與中方學者徐旭生等進入内蒙古、新疆考察,挺進羅布泊。1929年4月,貝格曼又進入新疆,因受阻返回。8月繞道到達北京,10月與中方學者陳宗器等又向内蒙古進發,持續調查。1930年元旦在考察中度過,1931年5月上旬才結束了工作。貝氏等在前後19個月的時間里兩次往返貫通於甘肅與内蒙古的額濟納河流域,考察了200餘處遺址,發掘了29個地點,獲漢簡10200餘枚及其他大量文物。5月中旬將出土文物運回北京,與中方學者劉復、馬衡等人進行移交和初步整理。6月中旬貝氏回國。此後由馬衡、向達、賀昌群、余遜、勞榦等考釋、拍照、進行整理。1937年全面抗戰開始,整理中斷,原簡運至香港。1941年太平洋戰争爆發,原簡又運至美國。1943—1944年出版了石印本勞榦《居延漢簡考釋・釋文之部》,1949年出版了該書鉛印本。該年原簡再運至臺灣。1957年臺灣出版了《居延漢簡・圖版之部》。1956—1958年瑞典出版了貝格曼的考古報告。1959年科學出版社出版了中國科學院考古研究所編《居延漢簡甲編》,1980年中華書局出版了《居延漢簡甲乙編》。1987年文物出版社出版了謝桂華、李均明、朱國炤著《居延漢簡釋文合校》。1998年臺灣出版了"中研院"歷史語言研究所編《居延漢簡補編》。此後"中研院"歷史語言研究所簡牘整理小組重新拍照校改釋文,2015年起陸續再次出版《居延漢簡》,使這批資料趨於完整面世。

(二)1972年,甘肅省文化局成立了甘肅省博物館居延考古調查隊,隊員僅有4人:吴怡如、趙之祥、王勤台(女)、胡守蘭(女)。9月至11月,從南面金塔雙城至北面額濟納旗居延海連續往返六次,調查各類遺址60餘處,采集漢簡800餘枚,摸清了遺址的保存狀況。調查結束後,於當年舉辦了匯報展覽,并舉行了有工農兵代表參加的座談會,講述了這次調查工作的意義,同時向省"革委會"和國家文物局報告了調查情況。

(三)1973年1月,甘肅省"革委會"向國家文物局呈報了發掘申請,2月得到批復。3、4月間甘肅省文化局派王勤台、岳邦湖前往酒泉、額濟納旗,進行選點并與地方接洽安排發掘事宜。7月初組建了"甘肅居延考古隊",其成員有:甘肅省博物館岳邦湖、任步雲、趙之祥、郭德勇、初世賓。酒泉縣博物館馮明義,安西縣文化館劉仲武,敦煌縣文化館韓耀成,額濟納旗文化館苗天潤,當地駐軍戰士則是主要勞動力,隨即開赴金關(A32)遺址開始發掘。連續三個月,9月底結束發掘,共開探方37個,發掘面積1300餘平方米,出土漢簡11577枚(片),其他器物1311餘件(套)。金關發掘結束後立即轉入破城子(A8)遺址發掘,至11月底因天寒地凍結束了當年的工作。

(四)1974年6月至9月,開始破城子(A8)的第二次發掘。兩次發掘共布探方68個,發掘面積3000餘平方米,出土簡牘7865枚(片),其他器物880餘件(套)。破城子發掘結束後,10月至11月對第四燧(P1)遺址進行了發掘,發掘面積200餘平方米,出土簡牘195枚,其他器物105件。

通過1973、1974年對三處遺址的正式發掘，不僅獲得了大量簡牘文書和其他文物，而且更重要的是進一步確定了三處遺址的名稱，弄清了遺存範圍、建築規模、建築平面布局，部分建築結構、建築材料、建築工程技術以及遺址的興廢時代、行政級別、功用與性質、機構運作情況等重大問題，對研究兩漢時期西北軍事防禦系統的歷史有重大價值。

（五）1976年8月至10月，甘肅省博物館聯合酒泉地區、額濟納旗文化館三家單位組建了調查隊，對布肯托尼（A22）以北，包括居延殄北、卅井候官區域内的87處遺址進行再次調查，采集漢簡193枚，其中卅井候官次東燧（T130）一處就發現156枚漢簡，其他文物30件。同時對K710、K688兩處遺址的時代做了斷定。

（六）1980年9月至10月，甘肅省博物館又組織了由岳邦湖、吴礽驤、李永良、馬建華、徐樂堯等參加的調查隊，對布肯托尼以南鼎新至正義峽、天城等地遺址的調查，采集到“軍司馬印”銅印一枚（當年額濟納旗劃歸内蒙古管轄）。

（七）1982年8月，爲編寫破城子（A8）發掘報告做補充材料，徵得内蒙古文化廳的同意，甘肅省博物館岳邦湖、任步雲、趙之祥、初世賓、何雙全等赴額濟納旗，對破城子遺址做勘察測繪，在鄣門土坯墻縫中發現西晋武帝太康四年（283）紀年簡一枚，證明該遺址西晋時繼續沿用，同時對破城子北側的天田遺址進行了解剖，弄清了結構。

（八）1986年9月至10月，甘肅省文物考古研究所經申請批准，由岳邦湖帶隊，任步雲、吴礽驤、馬建華參加，對地灣城（A33）遺址進行了全面發掘，該遺址是肩水候官的所在地，1930年貝格曼進行了重點挖掘，獲漢簡2300餘枚。本次發掘，弄清了建築布局、基本結構、建築技術，出土漢簡1000餘枚。

1972年以來，居延區域的文物保護包括考古發掘工作，始終處於邊調查、邊發掘、邊整理、邊展出、邊發表、邊規劃的過程中。1975年甘肅省博物館成立了“居延漢簡整理研究室”，集中相關專業人員，對發掘所獲全部出土文物先進行了分類整理編號，接著進行清洗、整合。然後采取防蟲、防乾裂、防潮變形、消毒等保護措施。1976年文物出版社派彭華士先生來蘭州進行拍照，此後緊接著進行建檔工作，一物一卡、一簡一卡，至1978年初完成了全部整理工作。其間爲配合政治運動，舉辦展覽，召開工農兵座談會，下工廠、學校、部隊進行宣傳（1979年第1期《文物》雜志上第一次發表了發掘簡報，同時發表了部分重要簡册及出土文物）。1978年接國家文物局指示，令新出居延漢簡在北京進行釋讀，甘肅省博物館研究決定，初世賓留館籌劃發掘報告的編寫，任步雲與何雙全去北京。10月底我與任步雲攜檔案資料赴北京，參加整理組工作（整理組由國家文物局組織，放在文物出版社，是“文革”時期專門整理出土文獻的專業機構，後在此基礎上建立了“文化部、國家文物局古文獻研究室”，後又改爲“中國文物研究所”，現爲“中國文化遺産研究院”）。居延新簡歸漢簡整理小組，常年工作的有謝桂華、朱國炤、于豪亮、李均明、任步雲、何雙全、初世賓。釋文依靠文物出版社保存的照片,每人一個放大鏡、一盞臺燈、一支筆、一摞方格紙。經過三年的釋讀,僅完成了破城子出土簡牘的釋文。1982 年接著做金關簡釋文,到 1982 年底亦做成初稿。1983 年夏,于豪亮、李均明、謝桂華三人赴蘭州,我們一起又對照原簡修訂破城子釋文稿。1984 年在北京,由唐長孺主持,邀請張政烺、徐蘋芳、李學勤、裘錫圭等先生,召開定稿會。此後交予中華書局,特請硬筆書法家梁天俊先生按原簡格式書寫全部釋文。1990 年文物出版社率先出版了簡裝本釋文《居延新簡——甲渠候官與第四燧》。1994 年中華書局出版了《居延新簡》,發表了破城子、第四燧發掘出土以及歷次調查采集的全部資料,著録簡牘 8400 餘枚。1984 年破城子漢簡交稿後,即轉入發掘報告的編寫和金關簡初釋。發掘報告的編寫由初世賓負責,我參加其中五章的編寫,初稿完成交由初世賓修改統稿,這部分工作在蘭州進行。金關簡釋文由李均明、謝桂華、朱國炤、于豪亮先生在北京進行,我與初世賓則在蘭州進行。1986 年甘肅成立了文物考古研究所,居延新簡的整理工作劃歸考古所管理。此時于豪亮、任步雲兩位先生相繼去世,初世賓調去博物館任館長,具體工作僅剩我一人,加之擔負天水放馬灘、武威旱灘坡、敦煌懸泉置等遺址的搶救發掘與整理,金關簡的整理處於半停頓狀態,僅有李均明與謝桂華先生在北京斷續進行。2002 年我調離考古所,派往文物保護研究所任職。2007 年簡牘保護研究中心成立,與甘肅省文物考古研究所合署辦公。2012 年甘肅簡牘博物館成立,所有漢簡的工作歸張德芳先生負責。從 2007 年起,金關簡的釋文、拍照工作繼續進行,2011—2017 年,中西書局陸續出版《肩水金關漢簡》第一至五卷和《地灣漢簡》,公布了全部圖版和釋文。目前衹剩發掘報告未能面世。

(九)1999—2000 年,内蒙古文物考古研究所開展了額濟納河流域從金塔到居延海的考古調查,發現了第七、九、十四、十六、十七、十八烽燧和察干川吉等七處遺存,出土漢簡 500 餘枚。由内蒙古自治區文物考古研究所、中國社會科學院歷史研究所、中國文物研究所(今中國文化遺産研究院)、内蒙古師範大學歷史系等單位組成整理組,進行整理考釋,參加者有魏堅、謝桂華、李均明、白音查干、特日格勒等。魏堅任主編,著成《額濟納漢簡》,於 2005 年由廣西師範大學出版社出版。

居延漢簡是跨世紀的發現、跨世紀的整理、跨世紀的出版發表。研究者遍布中外各領域,研究工作將永遠持續下去。後來的學人亦會沿著前人的業績而前進,當然定會在欽佩、尊重和審視、創新中開展研究。回顧過去的研究成果,可以説學界已窮盡了課題。隨著全部資料的公布,當會提出新的問題,似覺得過去的研究尚有缺環:

(一)簡牘文書的研究應與遺址研究相結合。居延漢簡均出土於以長城爲主綫的各種軍事防禦建築遺址中,與遺址有緊密關係,互爲印證。但由於我們往往先發表了簡文資料,而遺址發掘的資料遲遲不能完整發表,所以二者的研究不但不能同步,甚至有些脱節。研究簡文的人注重文獻,忽視或者因條件限制而不能親臨遺址。研究遺址的人不懂文獻或者不認識簡文,難以接合。也許因專業興趣、志向、課題不同而各有側重,不管怎樣,割裂研究必有欠妥之處。所以今後研究應聯合攻關,使研究更加全面化、系統化、深入化,當然我們期待發掘資料的完全公布。

(二)整合研究甚爲重要。主要是破城子(A8)甲渠候官遺址、肩水金關(A32)遺址、地灣城(A33)肩水候官遺址。這三處遺址在不同時代、由不同的人用不同的方法進行了發掘。原本一體完整的資料,現在成爲分散的資料,失去了原埋藏時的原真性和資料的完整性。破城子兩次發掘共出土簡 13900 餘枚,肩水金關兩次發掘共出土 11700 餘枚,地灣簡兩次共出土 3380 餘枚。它們是居延漢簡的主體資料,三地兩次發掘的整合研究勢在必行。

(三)分期斷代研究最爲基礎。全部簡牘中有明確紀年的占很小比例、數量很少,大部分是没有紀年的。1930 年發掘者没有地層關係的概念,其後 1973—1974 年發掘者分了上中下三層,但没有反映在簡的編號上,而是按探方編號中的先後次序,即每探方編在最前者爲時代最晚者,最後者爲最早者,以示時代早晚的區别。這一做法是按簡牘出土時地層爲依據確定的,爲全部簡的分期斷代提供了佐證。審視全部簡,其時代紀年最早者爲西漢武帝太初五年簡(金關 73EJT4:107),最晚者爲西晋武帝太康四年簡(破城子采集),西漢宣帝時期至東漢初期的簡占絶大多數。爲此將全部資料進行分期和斷代研究顯得尤爲重要。

(四)簡册編綴和文書分類研究最爲關鍵。居延簡數量很大,但都是早被遺弃的廢料,殘斷簡册、次序繁亂,各類文書龐雜互傾,面對這樣一堆文化遺産,盡量恢復原狀,分類進行整理,對系統研究内容最爲關鍵。

(五)文字的釋讀辨識既要嚴肅認真,但不可死認字。可以説居延漢簡大都是屯戍事務文書,并非古籍文獻。它的形成大都是各級書佐手寫而成,不同時期、不同的書寫者,水平不一、書風各异。錯字、别字、俗字、脱字、漏字、重字等現象屢見於篇。給我們釋讀造成一定困難,我們釋讀時需認真對待,不能輕視,也不能盲從。不能隨書佐之錯而錯,更不能依書佐之錯而輕易更改文獻之記載。現已發表的釋文中仍存在個别不可釋定的疑難字,需大家去認定,同時也存在各家校釋時改錯的現象,更需大家認真對待。

附記:除了謝桂華先生,本文中提及的岳邦湖、任步雲、趙之祥、郭德勇、吴礽驤、朱國炤、于豪亮等諸位先生亦皆離世,謹以此文同致紀念!

略談謝桂華先生在西北漢簡考釋方面的成就
——以幾條簡文的釋讀爲例

首都師範大學歷史學院　劉樂賢

謝桂華先生從參加居延新簡的整理開始一直從事漢晋簡牘的整理和研究工作,爲中國簡帛學的發展和壯大做出了重要貢獻。

謝桂華先生將一生的大好時間和主要精力投入到了居延新簡、肩水金關漢簡、尹灣漢簡、額濟納漢簡等重要資料的整理和出版工作之中。作爲重要參與者或主要推動者,謝桂華先生在這些資料的整理、發表過程中起到了不可替代的作用。這些以集體整理方式進行的工作有時極爲繁難複雜,耗人心力和精力,但謝桂華先生樂此不疲,樂在其中。長年累月的簡牘整理工作耗盡了謝桂華先生的心血,也奠定了謝桂華先生在漢簡整理和研究中的重要地位。

謝桂華先生在整理簡牘之餘也努力從事研究工作,撰寫了一批很有影響的學術論文,其中的絶大部分已經收入前幾年出版的《漢晋簡牘論叢》一書之中。這些論文的内容雖然涉及簡帛研究及历史研究的各個方面,但主體部分仍然是在討論漢晋簡牘的釋讀問題。謝桂華先生在這些文章裏面,從不同角度對漢晋簡牘的整理和釋讀提出了許多不同於以往學者或時賢的新見。這些獨見紛呈的論文充分反映了謝桂華先生在漢晋簡牘整理和考釋方面的功力和睿智,并且很能代表謝桂華先生的治學風格,是後人瞭解和認識謝桂華先生學術成就的最佳材料,也是有志於從事簡牘整理和研究工作的人的必備讀物。

近年由於圖像掃描技術的進步,謝桂華先生當年曾再三研究和揣摩過的一些重要簡牘材料已經相繼出版了更爲清晰的圖版,并且同時發表了能够反映以往研究成果的釋文。我們欣喜地看到,謝桂華先生當年根據模糊不清的照片提出過的設想,有相當部分已經得到了紅外綫清晰圖片的證實。他以前提出過的釋讀意見,其中的正確部分大都已經被近年新發表的釋文吸納或采用。但是也應當看到,由於各種原因,還有一些謝桂華先生當年提出過的正確意見尚未被近年新發表的釋文吸納或采用。這雖然是學術研究中無法避免的事情,但仍然不免讓我們這些熟悉和敬佩謝桂華先生的人有遺珠之憾。下面試從居延漢簡(舊簡)、敦煌馬圈灣漢簡中各舉兩個例子,以説明謝桂華先生在西北漢簡考釋方面的一些卓見尚未得到學界充分重視,有待後學去發掘和吸取。

一

居延漢簡 229.1+229.2 號是一塊寫有四行文字的木牘,由於其上端及右側各有殘損,并且不少字迹已經頗爲模糊,釋讀很不容易。謝桂華先生曾對該簡的釋文作過校正,雖然因爲當時的照片不太清晰而受到影響,但仍然多有創獲。近年出版的《居延漢簡》同時刊布了該簡的紅外綫掃描圖片及反體照片,[①]效果好於以往,爲釋讀該簡及核驗以往釋文提供了很好的條件。我們欣喜地看到,謝桂華先生當年提出的正確意見大都已經在《居延漢簡》的釋文中得到了體現。但是,由於原物上的字迹已經很淡,《居延漢簡》的圖版仍有部分文字的字迹模糊不清,加之簡文殘缺不全,全簡的内容仍然無法完全明白。尤其讓人感到美中不足的是,尚有個别謝桂華先生已經指出的釋讀綫索似乎没有得到《居延漢簡》整理者的充分重視。例如,整理者對第 2 行“迺永始二年正月中禹病禹弟宗自持驛牝胡馬一匹來視禹”一段的釋寫,就没有重視謝桂華先生當年提出的一個重要意見。

這一段文字以往多釋作“迺永始二年正月中禹病禹弟宗自將驛牝胡馬一匹來視禹”,[②]其中“禹”指當時在甲渠候官擔任士吏的張禹,“宗”指張禹之弟張宗。從字形及文義看,《居延漢簡》將其中“將”字改釋爲“持”似不合適。該字右上角的筆迹有些模糊,現存字形介於“將”“持”之間,但綜合考慮,仍以釋“將”爲妥。

謝桂華先生在討論此段文字的釋讀時,曾提出過一個重要意見:

> 如第 2 行,“禹弟宗自將驛牝胡馬一匹來視禹”一句中之“驛”,疑非是,按文例當改作指馬的毛色的字,因筆迹不清,姑且存疑。[③]

---

① 簡牘整理小組:《居延漢簡(叁)》,臺北:“中研院”歷史語言研究所,2016,59 頁。

② 謝桂華等:《居延漢簡釋文合校》,北京:文物出版社,1987,371 頁。

③ 謝桂華:《漢簡所見律令拾遺》,原載《紀念林劍鳴教授史學論文集》,北京:中國社會科學出版社,2002。收入其著《漢晋簡牘論叢》,桂林:廣西師範大學出版社,2014。此據後者,320 頁。

雖然受限於當時照片上的字迹模糊,謝桂華先生未能將其中所謂“驛”字進行改釋,但已經爲該字的釋讀指出了正確方向,即“按文例當改作指馬的毛色的字”。但是,上引《居延漢簡》的最新釋文却仍然沿用了已經被謝桂華先生“疑非是”的“驛”字。

從紅外綫掃描圖片看,該字作“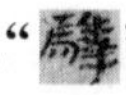”,字迹清晰,釋作“驛”是不合適的。漢簡中字迹清晰的“驛”字,其右上部都寫作“罒”形,而此字的右上部明顯寫作“牛”形,二者差异明顯。以往諸家及《居延漢簡》將它釋作“驛”,在字形方面其實是没有根據的。

從現存簡文的記載看,没有迹象表明張宗在永始二年正月中騎來的是一匹“驛馬”。簡文稱張宗爲“大昌里男子”,似乎衹是一個普通百姓,他此次是專程前來探視其生病的哥哥張禹。張宗在辦理這樣的私人事務時,恐怕没有資格和條件使用當時具有專門用途且管理嚴格的官家“驛馬”。謝桂華先生認爲簡中所謂“驛”字“當改作指馬的毛色的字”的意見切合簡文語境,明顯比釋“驛”之説合理,值得重視。

細察照片,該字左邊是“馬”,右邊作上“牛”下“羊”,可以釋寫作“騂”。“騂”字不見於字書,根據古字結構不定的規律,可以將它看作“騂”的异寫。“騂”字在甲骨文等早期文字材料中寫作“𦍩”,後來追加馬旁成爲“騂”,到漢代又常寫作“騂”。字書及研究文字學的學者一般認爲,“騂”是“騂”的俗體。“騂”本指赤色馬,也可以指赤色牛、赤色羊等,還可以表示赤色,用在上論居延漢簡 229.1+229.2 號中甚爲合適,正是謝桂華先生當年設想的“指馬的毛色的字”。

漢簡中用“騂”表示馬的毛色的例子很多,如居延漢簡 53.15 號有“用馬一匹騂牡齒十歲高六尺”,[1]居延新簡 EPF22:669 號有“馬一匹騂牡齒八歲高六尺八寸”,[2]居延新簡 EPC:1 號有“馬一匹騂牡左剽齒八歲高五尺八寸”,[3]肩水金關漢簡 73EJT3:77 號有“馬一匹騂牡齒八歲”,[4]肩水金關漢簡 73EJT10:151 號有“騂牡馬一匹”,[5]肩水金關漢簡 73EJT24:126 號有“駕駹牡馬齒八歲騂牝馬齒十二歲”,[6]肩水金關漢簡 73EJT30:20 號有“馬一匹騂牝齒十歲高六尺二寸”,[7]肩水金關漢簡 73EJT31:150 號有“馬一匹騂牡齒九歲”,[8]肩水金關漢簡 73EJT37:961 號有“馬一匹騂牡齒九歲”,[9]肩水金關漢簡 73EJT37:1042 號有“用馬一匹騂牝

① 簡牘整理小組:《居延漢簡(壹)》,臺北:“中研院”歷史語言研究所,2014,171 頁。
② 張德芳:《居延新簡集釋(七)》,蘭州:甘肅文化出版社,2016,325 頁。
③ 張德芳:《居延新簡集釋(七)》,358 頁。
④ 甘肅簡牘保護研究中心等:《肩水金關漢簡(壹)》,上海:中西書局,2011,中册,71 頁。
⑤ 甘肅簡牘保護研究中心等:《肩水金關漢簡(壹)》,中册,265 頁。
⑥ 甘肅簡牘保護研究中心等:《肩水金關漢簡(貳)》,上海:中西書局,2012,中册,293 頁。
⑦ 甘肅簡牘博物館等:《肩水金關漢簡(叁)》上海:中西書局,2013,中册,169 頁。
⑧ 甘肅簡牘博物館等:《肩水金關漢簡(叁)》,中册,229 頁。
⑨ 甘肅簡牘博物館等:《肩水金關漢簡(肆)》,上海:中西書局,2015,中册,149 頁。

齒六歲”[①],等。

仔細觀察,上引西北漢簡中被釋作“騂”的字,其中有些其實本來也是寫作“騂”形的。如肩水金關漢簡 73EJT10:151 號“騂牡馬一匹”的“騂”字作“”,[②]肩水金關漢簡 73EJT3:77 號“馬一匹騂牡齒八歲”的“騂”字作“”,[③]居延漢簡 53.15 號“用馬一匹騂牡齒十歲高六尺”的“騂”字作“”,[④]右部都寫作上“牛”下“羊”,其實應當釋寫作“騂”。由此推想,漢簡中一些已經明顯寫作从“辛”的字,也有可能是由上述寫作“騂”的字進一步簡省而成的。

總之,無論從字形還是從文例考察,上論居延漢簡 229.1+229.2 號中被以往學者釋作“驛”的字,確實應當按照謝桂華先生當年“指馬的毛色的字”的設想改釋爲“騂”,亦即“騂(騂)”字。

二

居延漢簡 C12 號即甲附 12 號,最先著録於《居延漢簡甲編》[⑤],後來又被《居延漢簡甲乙編》[⑥]、《居延漢簡補編》[⑦]及《居延漢簡》[⑧]等書相繼收録。比較之下,《居延漢簡》的圖版和釋文後出轉精,最具參考價值。爲便於分析,先將《居延漢簡》中該簡 A 面的釋文抄録於下:

> 第卌一隧長誼報皇掾前部遣第卅二隧長[賢]
> 迎四月奉不得誼奉錢賢言掾令誼家誼家不取錢[今不]
> 知奉所在唯掾誰誼奉所在

第 1 行最後一字的筆迹在紅外綫掃描圖版中已經甚爲模糊,故《居延漢簡》的釋文在“賢”字處加上了一個表示不能十分肯定的符號。但從《居延漢簡甲編》的照片看,該字大部分筆劃尚存,可以確釋爲“賢”。第 2 行最後的“今不”兩字在《居延漢簡甲編》的照片中字迹更爲清晰,可以確釋爲“今不”。《居延漢簡》的釋文在“今不”兩字處加上表示不能十分肯定的符號,完全没有必要。

謝桂華先生曾經以《居延漢簡補編》的釋文爲基礎,對該簡的釋讀提出了一些意見,現將

① 甘肅簡牘博物館等:《肩水金關漢簡(肆)》,中册,163 頁。
② 甘肅簡牘保護研究中心等:《肩水金關漢簡(壹)》,中册,265 頁。
③ 甘肅簡牘保護研究中心等:《肩水金關漢簡(壹)》,中册,71 頁。
④ 簡牘整理小組:《居延漢簡(壹)》,171 頁。
⑤ 中國科學院考古研究所:《居延漢簡甲編》,北京:科學出版社,1959,圖版壹捌伍。
⑥ 中國社會科學院考古研究所:《居延漢簡甲乙編》,北京:中華書局,1980,上册,甲圖版壹捌伍。
⑦ 簡牘整理小組:《居延漢簡補編》,臺北:“中研院”歷史語言研究所,1998,152 頁。
⑧ 簡牘整理小組:《居延漢簡(肆)》,264 頁。

他校正并加了標點以後的釋文抄録在下面:

> 第卅一隧長誼報皇掾,前部遣第卅二隧長賢迎四月奉,不得誼奉錢。賢言掾予誼家,誼家不取錢。今不知奉所在,唯掾知誼奉所在。[①]

對比之下可知,謝桂華先生釋文中的正確意見大都已經在上録《居延漢簡》的釋文中得到了體現。但是,《居延漢簡》的釋文與謝桂華先生的釋文也有幾處不同:

一、《居延漢簡》第1行釋文中的"第卌一隧長誼",謝桂華先生釋作"第卅一隧長誼";

二、《居延漢簡》第2行釋文中的"賢言掾令誼家",謝桂華先生釋作"賢言掾予誼家";

三、《居延漢簡》第3行釋文中的"唯掾誰誼奉所在",謝桂華先生釋作"唯掾知誼奉所在"。

從紅外綫掃描圖版看,第1行的第二個字確實比同一行"第卅二隧長賢"的"卅"字多一豎筆,故《居延漢簡》仍然采用了以往釋作"卌"的意見,這當然很有道理。但是,謝桂華先生所説漢簡未見有"第卌一隧"的意見也很重要,在釋讀和理解簡文時必須顧及。簡文此處作"卌",可能是由於書寫者的筆誤,應當據文義校正爲"卅"。

第3行末尾《居延漢簡》釋作"誰"的字,謝桂華先生釋作"知"。從紅外綫圖片看,此字的筆迹大致可辨,《居延漢簡》釋作"誰"可信。"誰"在秦漢簡帛中有時可以讀作"推"[②],這裏的"誰"也可以讀作"推",可能是"推究"或"審問"的意思。

第2行中《居延漢簡》釋作"令"的字原寫作"",以往學者也多釋作"令",唯謝桂華先生改釋爲"予"。如依《居延漢簡》等釋作"令",則簡文不好理解,甚至連斷句也很困難。如依謝桂華先生釋作"予",則簡文文通字順。謝桂華先生在改釋爲"予"時曾經舉出居延新簡ESC:3A、ESC:5A、ESC:6A、ESC:7A中的幾個"予"字作爲證據,認爲與此處所論之字寫法接近。今按:謝桂華先生舉出的幾個"予"字,以ESC:3A的"予"字爲例,原寫作"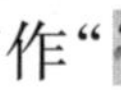"[③],乃是"予"字在漢簡中的常見寫法。而正在討論的這個字形,其上部明顯比謝桂華先生舉出的"予"字多出一點。《居延漢簡》的整理者可能是考慮到字形上存在的這一差异,因而没有采用謝桂華先生改釋爲"予"的意見,仍然沿襲了以往釋作"令"的意見。今按:"予"字的常見寫法確實是在上部没有一點,但漢簡的書寫有時變化多端,在"予"字的上部加上一點的情況在漢簡中有時也能够看到。例如,居延新簡EPT51:120號的兩個"予"字分別作"""",[④]

① 謝桂華:《〈居延漢簡補編〉釋文補正舉隅》,原載《簡帛研究彙刊》第1輯,中國文化大學史學系簡帛學文教基金會籌備處,2003。收入其著《漢晋簡牘論叢》。此據後者,120頁。

② 參看白於藍《簡帛古書通假字大系》,福州:福建人民出版社,2017,560頁。

③ 張德芳:《居延新簡集釋(七)》,395頁。

④ 李迎春:《居延新簡集釋(三)》,蘭州:甘肅文化出版社,2016,221頁。

肩水金關漢簡 73EJH1:48 的“予”字作“”,[①]都在其上部加有一點或一短竪。由此可見,謝桂華先生將該字改釋爲“予”,不僅能使簡文的上下文義通暢,而且在字形上也頗有根據,因而可以信從。

三

敦煌馬圈灣漢簡 497 號的内容涉及安衆侯劉崇於居攝元年(6)起兵反莽一事,很有史料價值。整理者的釋文原作:

> 六月戊午府下制書曰安衆侯劉崇與相張紹等謀反已伏辜崇季父蒲及令暈解印授肉袒自護　書丁卯日入到[②]

謝桂華先生在一篇文章中將“蒲及”改釋爲“蒲反”,“印授”改釋爲“印綬”,“護”改釋爲“詣吏”。[③]

近年出版的《敦煌馬圈灣漢簡集釋》刊布的紅外綫掃描圖版較以往更爲清晰,釋文也已經改作:

> 六月戊午府下制書曰安衆侯劉崇與相張紹等謀反已伏辜崇季父蒲反令暈解印綬肉但自護　書丁卯日入到[④]

最近出版的《敦煌漢簡校釋》,則將該簡釋讀爲:

> 六月戊午,府下制書曰:衆侯劉崇與相張紹等謀反,已伏辜,崇季父蒲反令暈解印綬肉但自護書,丁卯日入到。[⑤]

謝桂華先生提出的主要意見雖然已經被近年出版的新著接受,但他將原釋作“護”的字改釋爲“詣吏”的意見却没有得到重視和接受。我們認爲,這個意見是很有道理的。

整理者釋作“護”的字原寫作“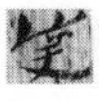”,所占位置較一個字略多,比兩個字略少。整理者釋作“護”,字形既不密合,文義也不好解釋。《敦煌漢簡校釋》將後面“書丁卯日入到”的“書”字連前讀,但“崇季父蒲反令暈解印綬肉但自護書”一句也很費解。從文例看,此處還是以

---

① 甘肅簡牘博物館等:《肩水金關漢簡(肆)》,中册,255 頁。

② 甘肅省文物考古研究所:《敦煌漢簡》,北京:中華書局,1991,釋文 238 頁。

③ 謝桂華:《漢簡草書辨正舉隅》,原載《簡帛研究》第 3 輯,南寧:廣西教育出版社,1998。後收入其著《漢晋簡牘論叢》。此據後者,96-97 頁。

④ 張德芳:《敦煌馬圈灣漢簡集釋》,蘭州:甘肅文化出版社,2013,261、505 頁。

⑤ 白軍鵬:《敦煌漢簡校釋》,上海古籍出版社,2018,236 頁。

“書丁卯日入到”連讀爲妥。看來,祇有謝桂華先生將所謂“護”字改釋爲“詣吏”合文的意見能够讀通簡文,值得認真考慮。

從字形分析看,將所謂“護”字的下面部分看作“吏”非常合理,不需要多作解釋。其上部的寫法與漢簡中“詣”字的某些寫法也很接近,如敦煌馬圈灣漢簡 245 號 B 面的“詣”字作“”,[①]居延漢簡 48.22 號的“詣”字作“”,[②]居延漢簡 210.32 號的“詣”字作“”,[③]皆與此處“吏”以上的部分接近。合文或連寫在漢簡中雖然不像在古文字材料中那樣常見,但也并未絶迹,已經有學者作過初步彙集。[④] 因此,簡文此處將“詣吏”兩字合寫,大致祇占一個字的位置,也不足爲怪。總之,從字形和書寫的角度看,謝桂華先生將該簡所謂“護”字改釋爲“詣吏”二字是很有道理的。

從文義看,此處釋作“詣吏”二字也很合適。“自詣吏”的表述見於古書,如《史記·淮南衡山列傳》:“伍被自詣吏,因告與淮南王謀反,反蹤迹具如此。”[⑤]《漢書·王嘉傳》:“上聞嘉生自詣吏,大怒,使將軍以下與五二千石雜治。”[⑥]

綜合以上所述,我們認爲謝桂華先生將所謂“護”字改釋爲“詣吏”的意見是可信的。

四

敦煌馬圈灣漢簡 980 號殘損严重,現存清晰可辨的文字祇剩“中不得方循行嗛察相二千石以下不憂尤毋狀”一段。[⑦]

其中“尤”字,整理者原釋作“犯”,謝桂華先生改釋作“尤”。[⑧] 近年出版的《敦煌馬圈灣漢簡集釋》仍從整理者釋作“犯”,[⑨]《敦煌漢簡校釋》則已經從謝桂華先生釋作“尤”。[⑩] 今按:從字形和文義看,謝桂華先生釋作“尤”的意見甚確。

謝桂華先生還説,“‘嗛察’之‘嗛’,原簡如此作,似應改作‘廉’”,并舉居延漢簡 10.40 號也有“廉察”的記載爲證。[⑪] 最近出版的《敦煌漢簡校釋》説:“‘嗛察’似乎當讀爲‘監察’。

① 張德芳:《敦煌馬圈灣漢簡集釋》,222 頁。
② 簡牘整理小組:《居延漢簡(壹)》,156 頁。
③ 簡牘整理小組:《居延漢簡(貳)》,臺北:“中研院”歷史語言研究所,2015,258 頁。
④ 李洪財:《漢簡草字整理與研究》,吉林大學博士學位論文,2014,下編,633-637 頁。
⑤ 《史記》卷一一八《淮南衡山列傳》,北京:中華書局,1959,3093 頁。
⑥ 《漢書》卷八六《王嘉傳》,北京:中華書局,1962,3502 頁。
⑦ 張德芳:《敦煌馬圈灣漢簡集釋》,327 頁。
⑧ 謝桂華:《漢簡草書辨正舉隅》,《漢晋簡牘論叢》,98 頁。
⑨ 張德芳:《敦煌馬圈灣漢簡集釋》,327、622 頁。
⑩ 白軍鵬:《敦煌漢簡校釋》,292 頁。
⑪ 謝桂華:《漢簡草書辨正舉隅》,載《漢晋簡牘論叢》,桂林:廣西師範大學出版社,2014,97 頁。

《説文》'獫讀若檻','居延新簡'EPF22:168'慎務如將軍令方循行考察不以爲意者必舉白毋忽如律令','考察'猶'監察'"。①

今按:"嗛察" 讀爲"監察"雖然在聲音通假方面不成問題,但從文義看并不十分貼切。謝桂華先生説簡文"嗛"字"似應改作'廉'",表述雖然有些不够準確,但對文義的把握却很到位。"嗛"與"廉"都从"兼"得聲,故"嗛察"可以讀作"廉察"。"廉察"一詞除見於謝桂華先生所引漢簡以外,古書也很常見。《風俗通義》卷九:"方廉察之明,爲身計而復僭失,罰與上同。"②《後漢書·第五種傳》:"永壽中,以司徒掾清詔使冀州,廉察灾害,舉奏刺史、二千石以下,所刑免甚衆,弃官奔走者數十人。"李賢注:"廉,察也。"③《後漢書·楊秉傳》:"請下司隸校尉、中二千石、二千石、城門五營校尉、北軍中候,各實覈所部,應當斥罷,自以狀言,三府廉察有遺漏,續上。"④這種用法的"廉"字,其本字當作"覝"。《漢書·高帝紀下》:"且廉問,有不如吾詔者,以重論之。"顔師古注:"廉,察也。廉字本作覝,其音同耳。"⑤《説文解字》:"覝,察視也。从見,炗聲。讀若鎌。"段玉裁注:"按:史所謂廉察皆當作覝,廉行而覝廢矣。"⑥

這種用法與"察"相近的"廉"或"覝"字,在秦漢簡中多寫作"謙"。如嶽麓書院藏秦簡《爲獄等狀四種》案例〇九"同、顯盗殺人案"148號簡:"洋以智治訮(研)詗謙(廉)求而得之。"⑦張家山漢簡《奏讞書》207號簡:"即薄(簿)出入所、以爲衣食者,謙(廉)問其居處之狀,弗得。"⑧"嗛"與"謙""廉"皆从"兼"得聲,三者是音近通假關係。

總之,敦煌馬圈灣漢簡980號的"嗛察",漢代史籍一般寫作"廉察",都可能是"覝察"的通假。謝桂華先生以"廉察"解釋簡文的"嗛察",是非常恰當和合理的意見。

以上的介紹和分析表明,謝桂華先生當年依據的照片雖然不如現在清晰,但憑藉其深厚的學養,特别是對漢簡字形和文例的嫻熟,在西北漢簡的釋讀方面仍然做出了許多超越前人和時賢的貢獻。這些貢獻中的主要部分已經被近年新出版的著作吸收,因而成爲了後學研讀西北漢簡的基礎和起點。但是也應當注意到,還有一些謝桂華先生在西北漢簡考釋方面的卓見迄今没有得到學界充分重視。這提醒我們在以後的研究工作中應當盡量向謝桂華先

---

① 白軍鵬:《敦煌漢簡校釋》,292頁。

② 吴樹平:《風俗通義校釋》,天津人民出版社,1980,334頁。

③ 《後漢書》卷四一《第五種傳》,北京:中華書局,1965,1403頁。

④ 《後漢書》卷五四《楊秉傳》,1772頁。

⑤ 《漢書》卷一下《高帝紀下》,北京:中華書局,1962,55-56頁。

⑥ 段玉裁:《説文解字注》,上海古籍出版社,1988,407頁。

⑦ 陳松長主編:《嶽麓書院藏秦簡(壹—叁)釋文修訂本》,上海辭書出版社,2018,157頁。

⑧ 張家山二四七號漢墓竹簡整理小組:《張家山漢墓竹簡[二四七號墓](釋文修訂本)》,北京:文物出版社,2006,109頁。

生這樣的前輩學習,更爲認真地拜讀他們的著作。人們常説紀念一位學者的最好方式,是去讀他的著作。作爲一位曾經與謝桂華先生過從甚密且對他很有感情的後學、同鄉,我在謝桂華先生誕辰八十周年來臨之際特意花時間再次拜讀了他的《漢晋簡牘論叢》一書,并撰成這篇簡短的讀書報告,以表示對他的懷念和敬仰。如果小文能够起到抛磚引玉的作用,引發大家去關注和重視謝桂華先生的學術成就特别是他在西北漢簡考釋方面的貢獻,則筆者於願足矣。

附記:本文初稿曾以"略談謝桂華先生在西北漢簡考釋方面的成就"爲題,在"第四届簡帛學國際學術研討會暨謝桂華先生誕辰八十周年紀念座談會"(重慶國賓酒店,2018 年 10 月 19—22 日)宣讀。修改時蒙郭小青學棣細心校閲,謹此致謝。

追憶謝桂華先生

中國人民大學歷史學院　孫家洲

今年是著名簡牘學家謝桂華先生誕辰 80 周年,也是他病逝 12 周年。在接到會議邀請函之後,得知有“謝桂華先生誕辰 80 周年紀念座談”的會議專題,謝先生的音容笑貌比以往更加清晰地浮現在我的眼前。

謝先生於 2006 年 6 月 12 日病逝後,有多位學界同仁和晚輩發表追思文章,表達對這位終身致力於簡牘學和秦漢史研究的著名學者的敬意。于振波先生《懷念謝桂華先生》(首發於簡帛網,2006 年 6 月 18 日)一文,談到了謝先生晚年在身患重病之後依然醉心於學術研究的動人場面,其中有若干段落都令人過目難忘。如:“謝先生非常推崇張政烺先生,佩服他學問功底之深,稱贊他論證縝密嚴謹,説他的文章,就像剥笋子,層層深入,直達問題的本質,并爲他不能把滿腹的學問寫出來留給後人而深深惋惜——謝先生説,他是帶著這份崇敬與惋惜的感情而參與整理張政烺文集的。”文章還引用了北京大學吴榮曾教授評價謝桂華先生的一段話:“他爲中國的簡牘事業付出了很大的努力,不爲名,不爲利,純粹是一種奉獻。這種精神非常偉大,今天如先生者有幾人?他提挈後進也是憑著自己熱誠的心,這點也值得令人欽佩和學習!”

鄔文玲研究員的《謝桂華先生的簡牘學成就》(載《求真務實六十載:歷史研究所同仁述往》,北京:中國社會科學出版社,2014)一文,對謝先生的學術成就做了全面的總結。特别是她在文章中講到了謝先生晚年抱病撰寫《額濟納漢簡訂誤》的前因後果,更是與我的工作經歷直接相關,與我對謝桂華先生滿懷敬意的回憶直接相關。

兹將我與謝先生交往過程中印象最深刻的幾件事草成一篇小文,與大家共同追思這位令人敬重的學術名家。

一　謝桂華先生與人大國學院"簡帛學研究所"籌建始末

2005 年 5 月 28 日,中國人民大學正式發文決定成立國學院。馮其庸先生受聘爲首任院長。6 月間,我在完全没有思想準備的情况之下,被學校任命爲國學院的常務副院長,主持學院的日常工作。我當時承受的思想壓力很大,在兩度辭拒不獲批准之後,也衹好勉力而爲了。我記得很清楚,第一次去通州張家灣拜訪我們的院長馮其庸先生時,馮先生就明確地提出:要辦好國學院,除了保證正常的教學之外,必須突出學術研究——特别是西域語言與歷史的研究、簡牘學的研究,因爲這是站在學術前沿、并有巨大發展空間的學問。我對於馮先生的觀點,完全贊同。馮先生還表示:對於西域語言與歷史的研究,他本人相當有興趣,并且與這一領域的著名專家素有聯繫,他本人可以直接負責這一領域的工作;而對於簡牘學,儘管他很關注這一領域的新進展,但是與有關專家的聯繫畢竟不多。馮先生詢問我是否與簡牘學的專家有聯繫的渠道? 我回答説:我與謝桂華、李均明等先生有幾年的交往。馮先生高興地表示:他通過《中國簡牘集成》《居延漢簡釋文合校》等文獻,早就知道謝桂華、李均明兩位先生是簡帛學的權威,如果能够請他們出面幫助工作,那是最好的。馮先生隨即責成我主管"簡帛學研究所"的籌建工作。根據我所瞭解的情况,李均明先生依然在中國文物研究所工作,一時無法分身;而謝桂華先生已經辦妥從中國社會科學院歷史研究所退休的手續,於是我拜訪謝桂華先生,表達了聘請謝先生爲國學院"特聘教授"并且擔任籌建中的"簡帛學研究所"所長的誠意。謝先生當即答覆願意加以考慮。

2005 年 8 月,中國秦漢史學會年會在内蒙古召開。會議期間,我到謝先生住處,與他有長達兩個多小時的暢談。他不僅爽快地答應接受國學院的聘任,并且就"簡帛學研究所"的組建以及前期啓動工作,侃侃而談, 提出了許多建議。正是在這次暢談之中,謝先生提議:應該組織一個"《額濟納漢簡》研讀班"。他特别强調,《額濟納漢簡》雖然僅有五百枚,但是,我們有研究《居延漢簡》《居延新簡》的基礎,完全可以在這一背景之下,把研讀的學術深度拓展開來。隨後,我又與當時參加會議的李均明、王子今、宋超、徐世虹、劉華祝、馬怡、鄔文玲等學者就此加以討論,得到了諸位的一致贊同。這堅定了我辦好研讀班的决心,也是我參加這一届秦漢史年會的額外收穫。

隨後,我在謝桂華先生的指點之下,就籌建"簡帛學研究所"做了若干具體的工作。謝桂華先生也按照預定的計劃,以"特聘教授"的身份,參加了 10 月 26 日國學院的開學典禮(當時,中國人民大學爲國學院聘請的特聘教授是:龐朴、傅璇琮、王炳華、韓兆琦、謝桂華)。但是，很遺憾的是，謝桂華先生不久就病情反復，不得不住院治療，以至於不起。

謝先生病逝前後，我雖然爲了籌建“簡帛學研究所”而百般努力，也曾經把趙平安教授從北京師範大學文學院禮聘到了國學院(後來調離轉到清華大學工作)，我還先後與武漢大學的陳偉教授、中國社會科學院歷史研究所的劉樂賢研究員、北京大學的李零教授就禮聘他們到國學院的簡帛學研究所工作，多次深入交談以至於要發出商調函了，後來却由於種種原因，未能實現聘請他們到國學院工作的初衷。2008 年我調離國學院，“簡帛學研究所”的籌建也就停止下來了。

時隔多年，回憶起那段工作閱歷，我依然爲當初我和謝桂華先生共同努力籌建的“簡帛學研究所”未能如願成立，深感遺憾，深感對不住謝先生抱病所做的努力與貢獻！

我有時候還會有痴情不絶，“浮想聯翩”——如果上蒼眷顧，謝先生可以延壽至今，我們計劃敦請的先生都可以如願到位，由謝桂華、李均明、李零、陳偉、趙平安、劉樂賢諸位先生組建的學術團隊，人大國學院簡帛學研究所將是何等氣象！言及此，如果謝先生地下有知，一定會和我有共同的感受：此事所謀不就，真是抱憾終生啊！

人算，不如天算！

二　謝先生帶病主持國學院的“《額濟納漢簡》研讀班”

我按照謝先生的建議，促成“《額濟納漢簡》研讀班”於 2005 年 9 月 25 日正式開班。研讀班每周六舉辦一次，到 2006 年 7 月結束，持續時間長達十個月之久。令我們痛心的是——讀簡班尚未結束，謝桂華先生就不幸病逝了。

在 2005 年 9 月 25 日研讀班開班之時，謝先生做了一個主題發言。他説：“我是《額濟納漢簡》釋文的主要作者之一。由於時間過於緊張等關係，現在看來，釋文的内容以及排版都存在著遺憾，對其中的紕漏，應該分别加以討論和改定。我願意在此首先自我批評，然後歡迎大家繼續批評。”隨後，他一一列舉《額濟納漢簡》釋文和排版中的 15 條訛誤，并提出自己的校改意見。這篇經過精心準備的發言，充分展示出謝先生的磊落胸懷與學術造詣，有效提高了研讀班的學術水準。

中國人民大學國學院是 2005 年 10 月 26 日正式舉行開學典禮的，而我們的“《額濟納漢簡》研讀班”却是在此前就開班讀書了。這是國學院籌建過程中的一個亮點。爲此，當時的《新京報》曾經有過專題報道：

開學在後　研究先行
——《額濟納漢簡》讀書會開班,展示國學院的篤實學風

人大國學院雖然還没開學,但是研究已經先行一步。2005 年 9 月 25 日上午,在中國人民大學國學院會議室,由著名簡帛研究專家謝桂華、人大國學院常務副院長孫家洲聯合主持,一場别開生面的《額濟納漢簡》讀書會,拉開了人大國學院簡帛研究的序幕。孫家洲表示,"在保證基本課程順利展開的前提之下,西域歷史與文化的研究將是國學院的重要研究課題,簡帛學研究所的研究工作近期也主要集中於西部發掘出來的簡帛文獻方面,争取實現這兩個研究領域的有機整合。"①

謝先生出於推動國學院工作的考慮,在接受有關媒體采訪時,特意强調了簡帛研究與國學研究之間的關係,他説:"簡帛文獻所包括的内容極爲廣泛,它涵蓋了古人社會生活的各個方面,甚至還有自然科學方面的内容。此外,它利用的是考古學的發掘成果,屬於最原始的資料,有些甚至改變了以往國學研究中的謬誤。可以説,簡帛研究爲國學注入了新的活力,也大大豐富了國學研究的内容。"

後來,謝先生患病住院,我去北京醫院看望他,他很動情地説:"我不怕死,但是現在我還不想死,因爲還有幾件事應該做好,否則我死不瞑目。"他對研讀班的成果應該如何安排,談了他的看法。我看著他極度消瘦的身軀、依然執著的神情,真是百感交集,心中不由地浮現起孔子的感慨之語:"斯人也,而有斯疾也!"

謝先生晚年所進行的最後一項大型科研工作,就是在國學院主持"《額濟納漢簡》研讀班",可恨病魔無情,使得謝先生抱憾而逝。在倍感痛惜之餘,我也把能與謝先生共同從事一件有意義的學術活動,至今引爲榮幸。

參加"《額濟納漢簡》研讀班"的學者有:中國社會科學院的謝桂華、宋超、劉樂賢、馬怡、鄔文玲,北京師範大學歷史系的王子今,北京師範大學中文系的趙平安,中國政法大學法律古籍研究所的徐世虹,北京大學歷史系的劉華祝、羅新;中國人民大學、北京大學、北京師範大學、中國政法大學的十餘位研究生也自始至終參與了研讀。另外,來自中國文物研究所的李均明,中國社會科學院歷史所的侯旭東、孟彦弘,中國人民大學的王桂元、韓樹峰等學者也參加了部分時段的研讀;甘肅省文物保護研究所何雙全和安徽省天長市博物館韓潮,曾應邀到讀書班介紹當地新出簡牘情况;日本學者大川俊隆、吉村昌之也特意到研讀班上,發表他們的近期研究成果;韓國學者金慶浩亦曾到訪研讀班。每當研讀班開班之日,各位學者撥冗而來,人大國學院的小小會議室中,會聚了一批潛心治學的著名專家與青年才俊,確實有蓬蓽生輝之感。

① 張弘:《開學在後,研究先行——〈額濟納漢簡〉讀書會開班,展示國學院的篤實學風》,《新京報》2005 年 9 月 26 日。

我感謝參加研讀班的每一位學者,尤其對駕鶴西歸的謝桂華先生,更是充滿了敬意和謝意。

"《額濟納漢簡》研讀班"的部分成果,以"讀史札記·額濟納漢簡研究"的形式,刊載於《歷史研究》2006年第2期和第5期。《額濟納漢簡釋文校本》(北京:文物出版社,2007),則是研讀班的最終成果。該書主要由兩部分組成:一是額濟納漢簡釋文校正,彙集了讀書班諸位同仁提出的釋讀和校改意見,一共對五百餘枚中的近三百枚簡的釋文和説明文字作了校正。由鄔文玲執筆整理而成。二是額濟納漢簡研究,收録了讀書班成員以額濟納漢簡爲中心的研究論文28篇,内容不僅涉及釋文訂誤、術語考釋、簡牘形制等基礎研究方面,而且廣泛涉及了政治事件、法律制度及用語、文書運行、邊境防禦、社會經濟、歷史地理、生態環境、職官、數術、改元、曆譜等諸多領域的應用研究。它成爲國學院成立初期的代表性成果之一。

此外,謝桂華先生特别重視對青年學者的培養,也是在與他的交往過程中,讓我印象特别深刻的事情。關於謝先生重視培養青年學者的情況,上舉于振波、鄔文玲兩位青年學者的文章,皆已涉及,我就不再贅述。我想説的是,雖然由於種種原因,謝先生正式招收的學生不多,據我所知,衹有鄔文玲一位博士生,但是他并没有門户之見、内外之别,對所有向學的青年學子都給予熱情的指導、提攜和幫助;他負責創辦和主編的《簡帛研究》雜志也刊登了很多青年學子的論文,爲他們提供了嶄露頭角的機會,不少曾經受惠於謝先生的青年學子,後來都走上了簡帛學研究之路,并成爲學科領域的中堅力量。我想這也是謝桂華先生至今備受學界感念的原因之一。

懷念謝桂華先生

中國社會科學院古代史研究所　蘇輝

謝桂華先生是著名的秦漢史學家和簡帛學家,在簡牘整理和研究方面卓有貢獻,樂於提攜後學,赢得同行專家交口稱譽。雖然秦漢簡牘不是本人專門研究的方向,但我對於簡牘學方面的基礎知識能有一些瞭解,最先是通過聽謝先生的講課獲得的,這還是本科時代的事,距今已有 20 年。現在我就把這段學術受教經歷整理成文,以表達對謝先生的感激和敬意!

1995 年我考入北京師範大學地理系,對於畢業之後是否要從事地理相關方向的工作并無確切的信念,課餘時間喜歡閲讀文史書籍,但那時候屬於隨意翻書,囫圇吞棗,不求甚解。如果發現感興趣的講座也會積極去聽,大多是隨興所至,當作一種拓寬學習視野的途徑。在 1997 年 9 月,大三的秋季開學,偶然看到北京師範大學國學所彭林教授貼出的海報,内容是組織國學專修班系列講座,吸引對古代文化感興趣的成員,學習各個前沿的歷史專題。從同年 4 月開始的國學班對聽衆没有學歷和學科背景的要求,祇要是對傳統文化感興趣的人都可以參加,已經結束的講座内容非常豐富,包括南京紫金山天文臺張培瑜先生講授古代天文曆法、推演"三統曆",當時還在中國社會科學院考古研究所的劉雨先生和北京大學的孫華先生講授金文與銅器斷代。每個專題十講,時間好像定在每周三晚上。因爲彭林老師當時是夏商周斷代工程專家組成員,請的老師都是參加斷代工程的學者,目的就是借夏商周斷代工程的東風,推動學科交叉的深入,在弘揚優秀傳統文化的同時,貫徹文理兼通、突破學科界限的理念。[1]

9月的開篇講座是彭林老師本人講授“古文字與商代史”，選讀甲骨文和金文拓片，我從這一課開始連續跟班學習。其後陸續聽到了古代樂器樂理、[2]夏商周考古、[3]歷史地理[4]等系列講座，由于各位專家的時間不好確定，如果當天授課老師有事不能來，彭老師的專題課就穿插補上。1998年開始，北京大學圖書館古籍部張玉范主任的版本目録學，謝桂華先生的簡牘學和多位學者的敦煌學系列專題等講座依次推出，[5]爲廣大學子提供了内涵豐富、前沿精深的學術盛宴。

簡牘學講座一開始是在圖書館的多媒體教室講授，可以利用投影儀播放各種形式的圖片而無需單獨製作幻燈片，非常方便。彭林老師早在上一課結束時已經預先通告，開課當晚同學們早已等候在座。當時簡牘學并没有今天這麽大熱，對於我等門外漢而言仍保持了較爲神秘的面紗，衹是課前到圖書館查閱了相關的論著，適合做普及性的入門讀物却還是没有。當晚大家帶著期待的目光看見彭老師進入教室，後面是一位精神矍鑠的老者，天庭飽滿，説話鏗鏘有力，帶有濃重的湖南口音，雖不易聽懂，却讓人感覺到親和力。謝先生對於十次講座有很細緻的計劃，第一講先從西北簡牘的發現和研究史開始，隨後幾講才是分别介紹各批重要簡牘的情况，如羅振玉與王國維名著《流沙墜簡》，勞榦《居延漢簡考釋》，雲夢睡虎地秦簡，龍崗秦簡，居延新簡，湖北江陵張家山漢簡，以及1996年最新公布的江蘇連雲港尹灣漢簡。既有一般性的基礎知識，又循序漸進地引入最新的簡牘研究成果，想必也是考慮到聽衆的“小白”特點。今天再回味這樣的課程設計，我體會到了其中的好處，能够讓聽衆在具備學術史的背景下來逐一熟悉各批簡牘材料，從而在宏觀的視野中把握微觀的史料價值，這也是謝先生的講法與其他專家不同之處。由於課程内容兼有研究前沿性和稀缺性的優點，聽衆竟然越來越多，到後幾講衹好改在教學七樓的階梯大教室進行，甚至還有站著聽課的同

---

① 彭林:《借夏商周斷代工程的東風 推動學科交叉的深入——北京師範大學舉辦國學專修班》,《高校社會科學研究和理論教學》1998年第2期。

② 授課的是中央音樂學院的一位女老師，可惜我没有記住老師的大名。

③ 印象最深的是陳鐵梅、原思訓先生講授碳十四測年科技考古，原先生當時提到夏商周斷代工程委托北京大學招收科技考古方向的研究生，希望在座的同學有志於此，積極報考，他甚至願意單獨給報考的學生開小灶補課，殷切的神情直到今天仍歷歷在目。

④ 由辛德勇和韓茂莉兩位教授伉儷授課，每人五講，韓老師課堂經驗豐富，娓娓道來；辛老師還特意專門留出一課講版本目録，并從家裏帶來古籍讓我們開眼。

⑤ 據彭老師課上通告，敦煌學授課老師是由中國社會科學院歷史研究所隋唐宋遼金元史研究室張弓研究員介紹，每位老師負責一講，如趙和平老師講敦煌學基礎，郝春文老師講結社文書，黄正建老師講唐代的衣食住行，吴麗娱老師講書儀，楊寶玉老師講歸義軍。

學,一時盛況,至今猶記。[①]

謝先生也意識到自己的湖南口音會影響到聽衆的理解,於是他在第二課時帶了一位年輕的同事來,説給大家介紹一位北京師範大學畢業的校友,幫他在課堂上“同聲傳譯”,并協助板書,也是所有國學班講座中唯一的場景,這位特別的助教就是當時剛來歷史研究所工作的侯旭東,前不久碰到侯老師,我們還聊起這段往事,都慨嘆時光流逝,感懷謝先生的惠澤。

謝先生在講座中還著重介紹了中國社會科學院歷史研究所秦漢魏晋南北朝史研究室的簡牘研究傳統,以及剛剛建立不久的簡帛研究中心,這也讓我對中國社會科學院歷史研究所更加仰慕。謝先生尤其提到幾位離世的先生,印象最深的是他對于豪亮先生的推重與懷念,在論述簡牘文字考釋時特别提到了于氏慧眼獨具,率先注意到漢簡上的草書及其釋讀。不久我在勞動人民文化宫書市上看到了中華書局 1985 版的《于豪亮學術文存》,便毫不猶豫買下來,就因爲謝先生在課上極力稱許于先生的學養,待到讀完于氏論文集之後更加感佩謝先生的推薦與引導。

1999 年我考進中國社會科學院研究生院歷史系,從李學勤先生攻讀碩士學位,同期入學的還有謝先生的博士研究生鄔文玲,位於望京的研究生院很小,我們常有見面的機會,一次聽她説清華大學思想文化研究所每周六上午有郭店楚簡研讀班,就是李先生和謝先生主持的簡帛研究中心與清華大學合辦,於是每周末一起擠 951 路從望京到清華大學去旁聽,也與謝先生有了更多的接觸,偶爾還有單獨請教的機會。2002 年畢業之後我留在歷史研究所工作,謝先生於 2003 年退休,見面的機會其實并不多,但謝先生在課堂上傳授的内容對我的學習和工作有潤物無聲的幫助。

今年適逢中國社會科學院簡帛研究中心、歷史研究所戰國秦漢史研究室和重慶師範大學歷史與社會學院合辦第四届簡帛學國際學術研討會暨謝桂華先生誕辰八十周年紀念座談會,謹以此回憶小文來紀念謝先生。

2018 年 10 月 16 日

① 彭林老師當年有個設想,希望國學班的學員各自選擇感興趣的專題,幫助授課老師整理課堂講義初稿,由各位老師分别過目定稿,最後組成一套叢書出版。當時初稿整理完成後,由於種種原因,未能進行到出版的階段,成爲國學班的一個遺憾。謝先生的課堂講義整理者是誰已不得而知,我自己所記的國學班各位老師講課筆記也由於多次輾轉搬家,不知道壓在哪個箱底,希望以後能有機會翻檢出來,重新回味當年的課程。

讀慈利楚簡《逸周書·大武》三題*

臺灣彰化師範大學國文系　蘇建洲

内容提要　張春龍先生新公布的慈利楚簡《逸周書·大武》中有三條内容需重作考釋。一是舊釋"善搏不獸"的"獸",根據殘筆筆畫可知實爲"戰";二是與今本"同惡相助"的"助"對應的簡本寫作"觑",證明楚國確實有"助"這個詞。與"遠宅不薄"的"宅"對應的簡本字形一般隸定爲"㡯",但根據字形來看當隸定爲"㫗",與《説文》古文"厚"同形。三是與今本"夏食其穀"對應的"夏飤亓厘","厘"當讀爲"麥",是楚文字第一個讀爲"麥"的例證。與"秋取其刈"相對應的"槩"字,如果上從"瓜"則當讀爲"穫";如果上從"𠂡",則當讀爲"藕",後被誤認爲是"槩",遂讀爲"穫",傳世本再寫爲同義詞"刈"。

關鍵詞　《慈利楚簡》《逸周書》《大武》　字詞考釋

據張春龍先生的介紹,《慈利楚簡》的主要内容可以分爲兩類,一類是有傳世文獻典籍可資對勘的如《國語·吴語》《逸周書·大武》等,另一類是《管子》《寧越子》等書的佚文或古佚書。[②] 其中《逸周書·大武》的部分内容,張春龍先生曾撰文介紹,[③]最近在"楚文化與長江流域早期開發國際學術研討會"上張先生又發表了《慈利楚簡〈逸周書·大武〉補説》一文(下

* 本文爲"《清華七·越公其事》研究"的研究成果之一,獲得"國科會"的資助(計劃編號 MOST 107-2410-H-018-013-),特此致謝。

② 張春龍:《慈利楚簡概述》,[美]艾蘭、邢文編《新出簡帛研究》,北京:文物出版社,2004,8 頁。

③ 張春龍:《慈利楚簡概述》,[美]艾蘭、邢文編《新出簡帛研究》,8 頁。

文簡稱《補説》),[①]對慈利楚簡《逸周書・大武》的内容做了更多的披露并附上了精彩的考釋,同時也揭示若干竹簡的照片。筆者在研讀之後受益甚多,這裏想對文中提到的一些例證進行討論。

一

今本《逸周書・大武》:“武有七制:政、攻、侵、伐、搏、戰、鬬。善政不攻,善攻不侵,善侵不伐,善伐不搏,善搏不戰,善戰不鬬,善鬬不敗。”[②]《慈利楚簡》的相應内容,《補説》釋文寫作:

〈甲〉2.▨ 善䤕(侵)不伐,善伐不□□□▨

〈甲〉3.▨不獸(守),善獸不戝(鬥)▨

〈乙〉4 鬥。善征不戉,善戉不䤕,善䤕不伐,善伐▨

〈乙〉5 不敀,善敀不獸(守),□

〈乙〉6 獸(守)不戝,善戝不敗。征吕

《補説》指出“敀”讀爲“搏”,可從,猶如《良臣》02 “敀(傅)鴋(説)”。今本“善搏不戰”,《補説》讀爲“善搏不獸(守)”,并認爲:“戰”簡文作“獸”,“獸”義當爲“守”,“善搏不守”義長於“善搏不戰”,當以簡文爲確。[③] 張先生過去在《慈利楚簡概述》一文中所撰寫的釋文是:甲 9“嘼不斗善斗”,并解釋説:“‘嘼’疑與‘守’通。‘戰’與‘守’爲同一事物的兩個方面,古文字有反義互作之例,釋戰守均可通。‘斗’作‘戝’,从豆从戈。”[④]由於該文是用簡化字所寫,所謂的“嘼”就是《補説》的“獸”。但後來的研究者都認爲應該讀爲“戰”,比如楊澤生先生釋文作“嘼不斗善斗”,讀爲“[善]戰不斗,善斗[不]……。”[⑤]蕭毅先生釋文寫作:“嘼(戰)

① 張春龍:《慈利楚簡〈逸周書・大武〉補説》,《楚文化與長江流域早期開發國際學術研討會論文集》,2018,下册,75-80 頁。

② 今本主要是依據《四部叢刊》影印明嘉靖二十二年四明章檗校刊本,若有其他异文則出注説明。《北堂書鈔》卷一一三引《周書》:“七制:一曰征,二曰攻,三曰侵,四曰伐,五曰陣,六曰戰、七曰鬬。”王念孫云:“此本如《書鈔》所引,祇因下文説鬬之事已脱落不全,後人遂妄加删改矣。”參見黄懷信、張懋鎔、田旭東《逸周書彙校集注》(修訂本)卷二《大武》,上海古籍出版社,2007,104 頁。謹按:由《慈利楚簡》的記載來看,王念孫之説可從,此處今本内容依《北堂書鈔》所載增加“鬬”,并將“六制”改爲“七制”。“善戰不鬬,善鬬不敗”是依據《北堂書鈔》而補。參見黄懷信、張懋鎔、田旭東《逸周書彙校集注》(修訂本)卷二《大武》,105 頁。

③ 張春龍:《慈利楚簡〈逸周書・大武〉補説》,76 頁。

④ 張春龍:《慈利楚簡概述》,8 頁。

⑤ 楊澤生:《戰國竹書研究》,中山大學博士學位論文,2002,23 頁注 190,又載氏著《戰國竹書研究》,廣州:中山大學出版社,2009,27 頁注 49。

不戝（斗），善戝（斗）”。[①] 這兩篇文章也是用簡化字寫的，但不清楚他們的“嘼”是相當於“獸”或者就是單的繁體“嘼”。何有祖先生也將這段釋文寫作：“獸（戰）不戝（誅）善戝（誅）［惡］”。[②]

謹按：與簡文所謂的“獸”相對應的詞是“攻”“侵”“伐”“搏”，都是攻擊性動作，若將此字讀成“守”恐怕是説不通的，而且今本就寫作“戰”，因此研究者都讀爲“戰”，但是他們的釋文寫作“獸（戰）”則是有問題的。“獸”是會意字，是幽部字，不能讀爲元部字的“戰”。上博四《曹沫之陣》18“必又（有）戰心目（以）獸（守）”，[③]説明“獸”與“戰”不能相通。郭店《窮達以時》04“郘（吕）望爲牂（臧）坴（棘）灉（津），戰監門坴陞（地）。”[④]其中“戰”字筆者指出是“獸”的錯字，讀爲“守”；或是將“戰”讀爲“典”。[⑤]

再看一個例證，《集成》09719-09720令狐君孺子壺銘文云：“唯十年四月吉日，令狐君孺子作鑄尊壺，柬柬嘼嘼，康樂我家，遅遅康淑，承受純德，祈無疆，至于萬億年，子之子，孫之孫，其永用之”，[⑥]其中“柬柬嘼嘼”，王子午鼎（《集成》2811、《新收》444-449）作“闌闌”。[⑦]後者諸家都釋爲“闌闌獸獸”，[⑧]伍仕謙先生認爲：“此句曾見令狐嗣子壺，郭沫若釋爲柬柬肅肅，可從。楊樹達釋王孫遺鐘，謂闌闌即簡簡，《商頌》奏鼓簡簡，言樂聲之和。肅肅，《詩·蒸民》‘肅肅王命’，箋：‘敬也’。《説文》：‘肅，持事振敬也。’故闌闌獸獸，猶言和平恭敬，臨事不苟。”[⑨]其後王輝、鄒芙都等先生大抵沿襲這個意見。[⑩] 謹按：王子午鼎的字形顯然不是“獸”，而是“潶”字。湯餘惠、裘錫圭先生指出“嘼”是“單”的繁體，[⑪]可見“潶”就是“潬”字，

① 蕭毅：《慈利竹書零釋》，中國古文字研究會、華南師範大學文學院編《古文字研究》第26輯，北京：中華書局，2006，332頁。

② 何有祖：《慈利楚簡試讀》，簡帛網，2005年11月27日。

③ 馬承源主編：《上海博物館藏戰國楚竹書（四）》，上海古籍出版社，2004。本文所引上博簡各册圖版均出自此書，以下不再注出。

④ 荆門市博物館：《郭店楚墓竹簡》，北京：文物出版社，1998。本文所引郭店簡圖版均出自此書，以下不再注出。

⑤ 參見拙文《楚簡文字考釋兩篇》，香港中文大學“承繼與拓新——漢語語言文字學國際研討會”，2012，後載《承繼與拓新——漢語語言文字學研究》，香港商務印書館，2014，350-368頁。王挺斌先生也認爲“戰”是“獸”的錯字，讀爲“守”。見王挺斌《戰國秦漢簡帛古書訓釋研究》，清華大學博士學位論文，2018，27頁。

⑥ 本文所引《集成》是指中國社會科學院考古研究所編《殷周金文集成》（修訂增補本），北京：中華書局，2007，以下不再注出。

⑦ 本文所引《新收》是指鍾柏生等編《新收殷周青銅器銘文暨器影彙編》，臺北：藝文印書館，2006，以下不再注出。拓片取自《新收》0444。

⑧ 參見郭國權《河南淅川縣下寺春秋楚墓青銅器銘文集釋》，吉林大學碩士學位論文，2008，50-51頁。

⑨ 伍仕謙：《王子午鼎、王孫誥鐘銘文考釋》，山西省文物局、中國古文字研究會、中華書局編輯部合編《古文字研究》第9輯，北京：中華書局，1984，281-282頁。

⑩ 王輝：《商周金文》，北京：文物出版社，2006，290頁注11；鄒芙都：《楚系銘文綜合研究》，成都：巴蜀書社，2007，79頁。

⑪ 湯餘惠：《郘鐘銘文補釋》，《古文字研究》第20輯，北京：中華書局，2000，131頁。荆門市博物館編：《郭店楚墓竹簡》，北京：文物出版社，1998，169頁。

因此才能相當於令狐君孺子壺的"嘼(單)"。令狐君孺子壺銘文"柬柬嘼嘼",研究者讀爲"簡簡嘽嘽"。[1]《詩經·周頌·執競》:"降福簡簡,威儀反反。"毛傳:"簡簡,大也。"[2]《詩·小雅·采芑》:"戎車嘽嘽,嘽嘽焞焞,如霆如雷。"毛傳:"嘽嘽,衆也。"[3]《詩·大雅·常武》:"王旅嘽嘽,如飛如翰。"毛傳:"嘽嘽然,盛也。"[4]朱熹《集傳》:"嘽嘽,衆盛貌。"[5]即將"柬柬單單"理解爲表示盛大意的重言形容詞。待考。

根據這樣的認識,慈利楚簡《逸周書·大武》的"善搏不獸"一句顯然是不能讀爲"善搏不戰",但是文意上顯然又必須讀爲"戰",難道也是錯字?《考古學報》1995年第2期圖版陸所公布的"善○不戔"的"○"作:

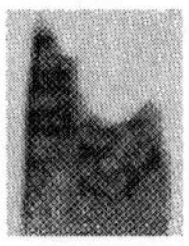

字形不是太清晰,[6]似乎是比較接近"戰"? 但作爲慈利楚簡的整理者,張春龍先生兩次的釋文都作"獸",因此筆者對上述的判斷一直疑而未能定。今由張先生在會議上所揭示的圖版來看,過去釋爲"獸"確實是有問題的:

(善搏不○) (善○不戔)

請比對"戰"與"獸"的形體:

戰,上博四《曹沫之陳》31 戰,上博四《曹沫之陳》38

獸,上博四《曹沫之陳》57 (善○不戔)

可以看出"善○不戔"的"○"右下旁的殘筆就是"戈"的右上至左下的斜畫,此字無疑就是"戰"。據此,"善搏不○"的"○"右上旁的殘筆應該就是"戈"字右上短斜筆。因此簡本與今本是相合的。其次,"戔"讀爲"鬥"可從,用字習慣可比對清華陸《鄭太伯》甲7"朝夕戔(鬥)

① 參看湯志彪《三晉文字編》,北京:作家出版社,2013,第5册,2763-2764頁;劉剛:《晉系文字的範圍及内部差异研究》,復旦大學博士學位論文,2013,45頁。

② [清]阮元審定,盧宣旬校:《重刊宋本十三經注疏附校勘記·毛詩》,臺北:藝文印書館,1965,720-2頁。

③ [清]阮元審定,盧宣旬校:《重刊宋本十三經注疏附校勘記·毛詩》, 362-2頁。

④ [清]阮元審定,盧宣旬校:《重刊宋本十三經注疏附校勘記·毛詩》, 693-1頁。

⑤ 宗福邦、陳世鐃、蕭海波主編:《故訓匯纂》,北京:商務印書館,2004,382頁義項18。

⑥ 湖南省文物考古研究所、慈利縣文物保護管理研究所:《湖南慈利縣石板村戰國墓》,《考古學報》1995年第2期。

戕(鬭)”。《逸周書·柔武》:“善戰不鬥,故曰柔武。”[1]與簡文所説相合。

必須説明的是,王連龍先生也指出“善○不戕”的“○”形體與“戰”相近,[2]但是論述的切入點與本文不同,請讀者參看。

二

今本“五和:一、有天無惡,二、有人無郄,三、同好相固,四、同惡相助,五、遠宅不薄。”[3]《補説》釋文作:

〈甲〉6 三曰同▨

〈甲〉7 ▨和固,四曰同咢相叡,五曰遠厇不尃,凡此九者,政止(之)因▨

〈乙〉8 ▨□曰遠居不遭,凡此▨

其中,最值得注意的是“助”寫作“(叡)”。[4] “同惡相助”的説法也見於銀雀山漢簡《六韜》681,“助”寫作,[5]可以證明楚國確實有“助”這個詞,而非先有“勴/勷”,到了兩漢時期再全面替换爲“助”。至於楚簡更常見的“助”寫作(清華壹《皇門》簡3[6])、(清華陸《子産》簡7),筆者同意其字形來源跟“菹”有關。[7]

其次,今本“宅”字,《補説》隸定爲“厇”,其字形作:

施謝捷先生曾分析爲从“土”从“乇”。[8] 但是仔細觀看形體,上述二説似乎都有疑問。此字確實有“厂”旁,也就是“石”旁,[9]第三横筆長度過長,不可能是“乇”,請比對底下“宅”字:

---

① 黄懷信、張懋鎔、田旭東:《逸周書彙校集注》(修訂本)卷三《柔武》,256頁。

② 王連龍:《慈利楚簡〈大武〉校讀六則》,《考古》2012年第3期,71頁。

③ 黄懷信、張懋鎔、田旭東:《逸周書彙校集注》(修訂本)卷二《大武》,109-110頁。

④ 圖版見湖南文物考古研究所《湖南考古漫步》,長沙:湖南美術出版社,1999,52頁。

⑤ 銀雀山漢墓竹簡整理小組:《銀雀山漢墓竹簡(壹)》,北京:文物出版社,1985,95、114頁。

⑥ 本文所引清華簡圖版均出自李學勤主編《清華大學藏戰國竹簡(壹—捌)》,上海:中西書局,2010-2018,以下不再注出。

⑦ 方稚松:《關於甲骨文“叀”字構形的再認識》,《故宫博物院院刊》2015年第2期;侯乃峰:《古文字中的“助”字補説》,李學勤、馮克堅主編《中國文字博物館系列叢書·第五届中國文字發展論壇論文集》,鄭州:中州古籍出版社,2015,108-118頁。

⑧ 圖版見湖南文物考古研究所《湖南考古漫步》。施謝捷先生之説參見“國學網”論壇,http://bbs.guoxue.com/viewtopic.php?T= 165452,引自魏宜輝《慈利楚簡校讀札記》,程章燦主編《古典文獻研究》第18輯上卷,南京:鳳凰出版社,2015,217頁注2。

⑨ 參見拙文《論楚竹書“乇”字構形》,復旦大學出土文獻與古文字研究中心網站,2011年4月10日,又載《楚文字論集》,臺北:萬卷樓圖書公司,2011,411-416頁。

(1)上博二《容成氏》18 清華壹《尹至》05 上博二《容成氏》02 上博六《天子建州》甲 7 清華柒《趙簡子》07

(2)上博六《天子建州》甲 1 上博六《天子建州》乙 1

(3)《新蔡》甲三 11[1] 上博五《三德》06 《璽彙》0211[2] 《集成》9710,曾姬無卹壺 《集成》9711,曾姬無卹壺 上博八《蘭賦》01

(4)清華陸《子産》07 清華陸《子産》08

比對來看,筆者傾向於將《慈利》此字隸定爲“厇”。字形與看起來與《説文》古文“厚”作同形,許慎云:“古文厚从后土。”[3]許慎分析上从“后”,不確,實爲“石”。同時研究者多已指出郭店《老子甲》4 號簡等“厚”作,形與此古文相近。此古文之形應即由形變來,并不是从后、土。因此《慈利》的“厇”與“厚”無關。《金縢》08“周公石(宅)東三年”,[4]以及《望山》1 號墓“東厇(宅)公”(109、113)[5]的异文作“東石公”(115),[6]一般解釋爲“石”“乇”音近相通。因此“厇”讀爲“宅”是可以的,可能就是“宅”的异體字。竹簡甲本、今本“遠宅”,乙本作“遠居”,如同簡本《金縢》“石(宅)東”,傳本作“居東”,[7]《爾雅·釋言》:“宅,居也”。[8]

三

今本“四時:一、春違其農,二、夏食其穀,三、秋取其割,四、冬凍其葆。”“割”,諸本作“刈”。盧文弨云:“此皆所用以毀敵也。”陳逢衡云:“食其穀取其刈,則因糧於敵也。”[9]《補説》載竹簡本作:

〈甲〉13“☐四旹(時),一曰□□□。”

〈甲〉14“☐□二曰顕飤亓厘,三曰秵取槊☐。”

并認爲:“‘厘’古音在來母之部,‘穀’古音在見母屋部,音聲不協,義亦無可通。‘槊’疑爲‘蓏’,《説文》‘蓏,在木曰果,在地曰蓏’。‘厘’‘槊’應有相同或相近之義,是比較尋常的物

① 河南省文物考古研究所編著:《新蔡葛陵楚墓》,鄭州:大象出版社,2003。本文所引新蔡簡圖版皆出自此書,以下不再注出。

② 羅福頤主編:《古璽彙編》,北京:文物出版社,1981。

③ [漢]許慎撰,[宋]徐鉉校定:《説文解字》卷五下,北京:中華書局,1963,111 頁。

④ 李學勤主編:《清華大學藏戰國竹簡(壹-叁)文字編》,上海:中西書局,2014,釋文 7 頁。

⑤ 湖北省文物考古研究所、北京大學中文系編:《望山楚簡》,北京:中華書局,1995,77-78 頁。

⑥ 湖北省文物考古研究所、北京大學中文系編:《望山楚簡》,78 頁。

⑦ [清]阮元審定,盧宣旬校:《重刊宋本十三經注疏附校勘記·尚書》,臺北:藝文印書館,1965,188-1 頁。

⑧ [清]阮元審定,盧宣旬校:《重刊宋本十三經注疏附校勘記·爾雅》,臺北:藝文印書館,1965,43-2 頁。

⑨ 參見黄懷信、張懋鎔、田旭東《逸周書彙校集注》(修訂本)卷二《大武》,114 頁。

産且可食用。”

謹按:《孫子·作戰》:“善用兵者,役不再籍,糧不三載,取用於國,因糧於敵,故軍食可足也。”①作戰時“因糧於敵”的記載在古書十分常見,如《左傳·僖公二十八年》:“晋師三日館、穀,及癸酉而還。”②又見於《左傳·宣公十二年》:“城濮之役,晋師三日穀。”楊伯峻注釋云:“穀,食楚君所積之糧。”③《左傳·文公十七年》:“齊侯伐我北鄙,襄仲請盟。六月,盟于穀。……襄仲如齊,拜穀之盟。復曰:‘臣聞齊人將食魯之麥,以臣觀之,將不能。齊君之語偷。’臧文仲有言曰:‘民主偷,必死。’”楊伯峻注釋云:“下年傳云:‘齊侯戒師期’則此‘將食魯之麥’者,謂將伐魯也。”④這裏的“將食魯之麥”已成爲戰争的代名詞。《孔子家語·屈節解》:“齊人攻魯,道由單父。單父之老請曰:‘麥已熟矣。今齊寇至,不及人人自收其麥,請放民出,皆穫傅郭之麥,可以益糧,且不資於寇。’”⑤相似内容也見於《新書·審微》。單父之老擔心麥子資齊寇,故希望可以刈穫“傅郭之麥”。《逸周書·大武》這段内容也與“因糧於敵”有關。

《補説》所釋的“厘”,楚文字寫作“耊”,如(郭店《太一生水》8)、(郭店《窮達以時》15)、(郭店《尊德義》33)、(上博一《性情論》17)。“厘”所从的“𣏾”簡化、變形音化爲“來”,即爲“耊”,⑥“來”“里”均爲聲符。衆所周知,“來”的造字本義是穀物名麥子之“麥”(一般認爲指小麥)。《詩·周頌·思文》:“貽我來牟,帝命率育。”朱熹《集傳》:“來,小麥。牟,大麥也。”⑦也作“秾”,《説文》:“秾,齊謂麥秾也。”《字彙·禾部》:“秾,小麥也。”⑧或寫作“麳”“Ｘ”(見《廣韻》《集韻》)。⑨ “麥”字从“夊”“來”聲,其造字本義則是往來的“來”。在舊有殷墟甲骨文中,“來”字除了極個别用本義的例子外都假借爲“來去”之“來”,“麥”字除了用作地名之例和意義不明的殘辭外,大多當“麥子”講。“來”和“麥”的主要用法跟它們的造字本義正好互换了。⑩ 有意思的是,《逸周書·武稱》:“春違其農,秋伐其穡,夏取其麥,冬寒其衣服,春秋欲舒,冬夏欲亟,武之時也。”⑪正可與《大武》對讀。此外,《左傳·隱公三

① 魏汝霖注譯:《孫子》卷二《作戰》,臺北:臺灣商務印書館,1988,81頁。

② [清]阮元審定,盧宣旬校:《重刊宋本十三經注疏附校勘記·左傳》,臺北:藝文印書館,1965,273-1頁。

③ 楊伯峻:《春秋左傳注》(修訂本),北京:中華書局,2011,462頁。

④ 楊伯峻:《春秋左傳注》(修訂本),627頁。

⑤ [魏]王肅注:《孔子家語》卷八《屈節解》,臺北:世界書局,1991,85頁。

⑥ 趙平安:《戰國文字中的“宛”及其相關問題研究——以與縣有關的資料爲中心》,香港中文大學中國文化研究所、中國語言及文學系《第四届國際中國古文字學研討會論文集》,2003,529-540頁;劉傳賓:《“李”字釋讀補論(節選)》,中國古文字研究會、中山大學古文字研究所編《古文字研究》第30輯,北京:中華書局,2014,296-302頁。

⑦ 宗福邦、陳世鐃、蕭海波主編:《故訓匯纂》,109頁義項4。

⑧ 漢語大詞典編輯委員會:《漢語大字典》(第2版),武漢:崇文書局,2010,2796頁。

⑨ 漢語大詞典編輯委員會:《漢語大字典》(第2版),4906頁。

⑩ 姚萱:《殷墟花園莊東地甲骨卜辭的初步研究》,北京:綫裝書局,2006,165頁。

⑪ 參見黄懷信、張懋鎔、田旭東《逸周書彙校集注》(修訂本)卷二《武稱》,90頁。

年》:“四月,鄭祭足帥師取温之麥;秋,又取成周之禾。”楊伯峻云:“四月,夏正之四月,麥已熟,故鄭人帥師割取之。趙翼《陔餘叢考》卷二所謂‘是鄭用夏正也。’”①可見取“温之麥”的時節也是夏季。《吕氏春秋·孟夏紀·孟夏》:“孟夏之月……是月也,驅獸無害五穀。無大田獵。農乃升麥。天子乃以彘嘗麥,先薦寢廟。”②在“孟夏之月”可“升麥”。簡文“耊(厘)”顯然就應該讀爲“麥”,這裏的“耊”也可考慮分析爲从“來”,里聲,“來”旁正是本字本用。這也是楚文字第一個讀爲“麥”的例證,③值得關注。

簡本“夏食其耊(麥)”,今本作“夏食其穀”,這種情形正如同《詩·周頌·思文》:“貽我來牟”,《尚書中候》作:“以穀俱來”。④ 一作“來牟”,一作“穀”。《説文》:“來,周所受瑞麥來麰。”段注云:“《周頌》:‘詒我來麰。’箋云:‘武王渡孟津,白魚躍入王舟,出涘以燎。後五日,火流爲烏。五至,以穀俱來。此謂遺我來牟。《書》説以穀俱來,云穀紀后稷之德。’按鄭箋見《尚書·大誓》《尚書旋機鈐》《合符后》。《詩》云‘來牟’、《書》云‘穀’。其實一也。”段説甚是。《左傳·哀公十七年》:“楚白公之亂,陳人恃其聚而侵楚,楚既寧,將取陳麥……王卜之,武城尹吉,使帥師取陳麥,陳人御之,敗,遂圍陳。秋,七月,己卯,楚公孫朝帥師滅陳。”其中,“將取陳麥”者,楊伯峻注釋云:“奪其聚也。”⑤也是前言所積聚的穀物,後以“麥”來代表。同時“取陳麥”也與簡文“夏食其耊(麥)”相合。又《管子·輕重己》:“以春日至始,數九十二日,謂之夏至,而麥熟,天子祀於太宗,其盛以麥;麥者,穀之始也。”⑥提到夏至時麥熟,且“麥”是“穀”中最重要者,又如《漢書·食貨志上》:“董仲舒説上曰:‘春秋它穀不書,至於麥禾不成則書之,以此見聖人於五穀最重麥與禾也。今關中俗不好種麥,是歲失春秋之所重,而損生民之具也。願陛下幸詔大司農,使關中民益種宿麥,令毋後時。’”⑦總之,“麥”的地位重要,故可以“穀”來互稱。

再討論“槩”字的釋讀。“槩”的字形結構可比對《新蔡》甲三 379“☐述䁤(訋)於傒曁一☐”,“曁”字作。“槩”當分析爲从“木”,“㼉”聲。《包山》258“一筬(篓)”,“”字整理者隸定爲“菰”,⑧白於藍、陳偉、劉國勝先生均贊同此説,并進一步讀爲“瓜”。⑨ 此字也見於《包

① 楊伯峻:《春秋左傳注》(修訂本),27 頁。

② [戰國]吕不韋著,陳奇猷校釋:《吕氏春秋新校釋》卷四《孟夏紀·孟夏》,上海古籍出版社,2002,186 頁。

③ 參見白於藍《簡帛古書通假字大系》,福州:福建人民出版社,2017,27-31 頁。

④ 見《漢書·郊祀志》“周得火德,有赤烏之符”顔師古注。《漢書》卷二五上《郊祀志》,臺北:鼎文書局,1986,1200 頁。

⑤ 楊伯峻:《春秋左傳注》(修訂本),臺北:洪葉文化事業有限公司,1993,1708 頁。

⑥ 馬非百:《管子輕重篇新詮》,北京:中華書局,1979,736 頁。

⑦ 《漢書》卷二四上《食貨志上》,1137 頁。

⑧ 湖北省荆沙鐵路考古隊:《包山楚簡》,北京:文物出版社,1991,37 頁。

⑨ 白於藍:《讀上博簡(二)札記》,朱淵清、廖名春主編《上博館藏戰國楚竹書研究續編》,上海書店出版社,2004,492 頁;陳偉、劉國勝:《包山二號墓簡册》,收入陳偉等著《楚地出土戰國簡册[十四種]》,北京:經濟科學出版社,2009,119 頁。

山》簽牌 7-3 ,《包山》整理者也隸定爲"菰",可從。[①] "菰"應該是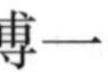(苽-瓜,上博一《孔子詩論》18)、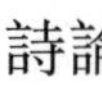(苽-瓜,上博三《周易》41)的繁體,《上博文字編》指出:"苽,楚文字之'瓜'字。與《說文》之'苽'字同形。"[②]據此,"㼌"可能是"瓜"的繁體。《古文四聲韻》中"與"字下收古文作:㼌,[③]也有的版本作㼌,[④]正是"㼌"字,[⑤]而"與"是魚部字,也可見戰國時期確實存在"瓜"字繁體,讀爲魚部字的"㼌"。[⑥] "梥"是見紐魚部二等合口,可讀爲"穫",匣紐鐸部一等合口,二者音近可通。中山王譽鼎(《集成》02840):"蒦其溺於人也,寧溺於淵。"其中"蒦",張政烺先生讀爲"與"。[⑦] "蒦/穫"之於"與"猶"㼌"之於"與",可見"梥"讀爲"穫"絶無問題。

前面提到今本"三、秋取其割"之"割"諸本作"刈"。而"刈"與"穫"義近,二者常互訓。《說文》:"穫,刈穀也。"[⑧]《玉篇》:"刈,穫也。"[⑨]《楚辭·離騷》:"冀枝葉之峻茂兮,願竢時乎吾將刈。"王逸注:"刈,穫也。草曰刈,穀曰穫。"[⑩]二字可連用,作"刈穫",收割;收穫。北齊顔之推《顔氏家訓·涉務》:"耕種之,茠鉏之,刈穫之。"[⑪]也作"穫刈",收割。《詩·豳風·七月》:"八月其穫",孔穎達疏:"八月,其禾可穫刈也。"[⑫]八月是秋季,也可作爲簡文讀爲"三曰稂(秋)取梥(穫)"的例證。另外,《廣雅》:"銍謂之刈"條,王念孫《疏證》云:

> 《説文》:"銍,獲禾短鎌也。"《管子·輕重》乙篇"必有一耜一銚一鎌一鎒一椎一銍然後成爲農。"《釋名》云:"銍,穫禾鐵也;銍銍,斷禾穗聲也。"《周頌·臣工篇》:"奄觀銍艾。"毛傳云:"銍,穫也。"艾與刈同。穫謂之銍,亦謂之刈,故穫器謂之銍,亦謂之刈。[⑬]

這也是"刈"與"穫"義近的例證。所以今本"秋取刈",簡本可作"稂(秋)取梥(穫)"。

必須說明的是,由於"梥"的字形并未公布,也不能排除"梥"上面所從實爲方向向左的

① 湖北省荊沙鐵路考古隊:《包山楚墓》,199 頁。

② 李守奎、曲冰、孫偉龍編著:《〈上海博物館藏戰國楚竹書〉(一—五)文字編》,北京:作家出版社,2007,362 頁。

③ [宋]郭忠恕、夏竦:《汗簡·古文四聲韻》,北京:中華書局,1983,39 頁。

④ [宋]夏竦:《古文四聲韻》,臺北:學海出版社,1978,155 頁。

⑤ 李春桃:《古文考釋八篇》七、釋"㼌",簡帛網,2011 年 4 月 13 日。

⑥ 以上參見拙文《〈上博八·命簡 9"必内瓜之於十友又三"釋讀》,卜憲群、楊振紅主編《簡帛研究二〇一一》,桂林:廣西師範大學出版社,2013,9-15 頁,又載《楚文字論集》,550-560 頁。

⑦ 張政烺:《中山王譽壺及鼎銘考釋》,吉林大學古文字研究室編《古文字研究》第 1 輯,北京:中華書局,1978,222 頁。

⑧ [漢]許慎撰,[宋]徐鉉校定:《說文解字》卷七上,145 頁。

⑨ 宗福邦、陳世鐃、蕭海波主編:《故訓匯纂》,219 頁義項 1。

⑩ 宗福邦、陳世鐃、蕭海波主編:《故訓匯纂》,219 頁義項 2。

⑪ [北齊]顔之推撰,王利器集解:《顔氏家訓集解》卷四《涉務》,上海古籍出版社,1980,297 頁。

⑫ [清]阮元審定,盧宣旬校:《重刊宋本十三經注疏附校勘記·毛詩》,283-2 頁。以上參見徐在國《〈詩·周南·葛覃〉"是刈是濩"解》,澳門大學中國語言文學系及香港浸會大學饒宗頤國學院主辦"上古音與古文字研究的整合"國際研討會,2017,後發表於《安徽大學學報(哲學社會科學版)》2017 年第 5 期。

⑬ [清]王念孫:《廣雅疏證》,南京:江蘇古籍出版社,2000,252 頁。

“[illegible]”,即類似《包山》258“(蓏-藕)二筴(筌)”、[1]上博二《容成氏》26“耦州”的“耦”作一類寫法。果如此,則《慈利》當讀爲“秋(秋)取藕”,秋天正是蓮藕成熟的季節。簡文本作“檿”讀爲“藕”,後被誤認爲是“檿”,遂讀爲“穫”,傳世本再寫爲同義詞“刈”。

2018 年 10 月初稿

2018 年 11 月修訂

附記:拙文承蒙鄔可晶、魏宜輝先生審閱指正,謹致謝忱!

① 湖北省荆沙鐵路考古隊:《包山楚簡》,1991。

郭店簡《緇衣》第五章再釋*

北京師範大學歷史學院史學研究所　李鋭

内容提要　郭店楚墓竹簡《緇衣》、上海博物館藏竹簡《緇衣》第五章，與傳世《禮記·緇衣》及《子思子》佚文相應内容有差别，此一章的釋讀大體上接近一致，但仍有疑義。其中的“心以體法，君以民芒”存在兩種有代表性的讀法，一是裘錫圭和劉樂賢的“心以體廢，君以民亡”；一是馮勝君和顔世鉉的“心以體存，君以民亡”，各有其理，但是難以和後面引詩書的内容對應。實際上此處應該讀爲“心以體法，君以民望”，“以”作“使”講，它與後面引詩書的關係密切。

關鍵詞　緇衣　郭店簡　上博簡　子思子

郭店楚墓竹簡中出土有完整的《緇衣》(以下簡稱《郭簡·緇衣》)，按照“子曰”來分章，其第五章整理者隸定、考釋如下：

> 子曰：民以君爲心，君以民爲體，心好則體安之，君好則民𢛳(欲)之。古(故)心以體法，君以民芒(亡)。《寺(詩)》員(云)：“佳(誰)秉寍(國)成，不自爲貞，卒裳(勞)百眚(姓)。”《君𦣞(牙)》員(云)：“日傛雨，少(小)民隹(惟)日情；晋冬旨(耆)滄，少(小)民亦隹(惟)日情。”①

---

* 本文寫作得到國家社科基金重大課題“中國國家起源研究的理論與方法”(12&ZD133)子課題、北京師範大學“學術思想專題研究”(201904)科研基金的資助。

① 荆門市博物館：《郭店楚墓竹簡》，北京：文物出版社，1998，129頁。下引此書不另注。

後來的上海博物館藏戰國簡第一册也有《紂(緇)衣》(以下簡稱《上博一·緇衣》),分章與郭店簡相同,但稍有殘缺,第五章也不完整,整理者隸定、考釋如下:

子曰:民𠂤(以)君爲心,君𠂤(以)民爲僼(體),□□□□□□,君旴(好)則民合之。古(故)心𠂤(以)僼(體)廌,君𠂤(以)亡。告(詩)員(云):"隹(惟)秉或(國)□□□□正,卒裳(勞)百姓。"君酉(牙)員(云):"日倶雨,少(小)民隹(惟)曰命;晋畣(冬)耆(祁)寒,少(小)民亦隹(惟)曰令。"①

今存《禮記·緇衣》,相應的文字按照通行分章,在第十七章,作:

子曰:民以君爲心,君以民爲體。心莊則體舒,心肅則容敬。心好之,身必安之;君好之,民必欲之。心以體全,亦以體傷;君以民存,亦以民亡。《詩》云:"昔吾有先正,其言明且清,國家以寧,都邑以成,庶民以生。誰能秉國成,不自爲正,卒勞百姓。"《君雅》曰:"夏日暑雨,小民惟曰怨;資冬祁寒,小民亦惟曰怨。"②

而傳世《子思子》尚有《緇衣》佚文,李存山指出:"《文選》卷五十一《四子講德論》注引《子思子》曰:'民以君爲心,君以民爲體。心正則體修,心肅則身敬也。'按,《文選》注所引與《禮記·緇衣》基本相同,而楚簡《緇衣》顯然其文在前,《禮記·緇衣》或《子思子》是在楚簡《緇衣》的基礎上作了增添和修飾的。"③《郭簡·緇衣》注釋二九:"以上詩句見《詩·小雅·節南山》,今本作'誰秉國成,不自爲政,卒勞百姓'。今本《緇衣》此處引《詩》作'昔吾有先正,其言明且清,國家以寧,都邑以成,庶民以生;誰能秉國成,不自爲正,卒勞百姓'。其前五句不見於簡本及今本《詩經》。"廖名春指出:《文選·張茂先答何劭二首》李善注:"《子思子》:《詩》云:'昔吾有先正,其言明且清。國家以寧,都邑以成。'"④則《子思子》和《郭簡·緇衣》《上博一·緇衣》可確切對應的佚文有兩條。⑤ 或說《公孫尼子》有佚文"古者长民,衣服不貳,從容有常,以齊其民"⑥與《緇衣》相近,其實與《詩序·都人士》更近,此處就不討論了。

要之,《郭簡·緇衣》《上博一·緇衣》《禮記·緇衣》《子思子·緇衣》四者相較,可以發現《禮記·緇衣》和《子思子》相近,《郭簡·緇衣》和《上博一·緇衣》相近,從文字和引《詩》

---

① 馬承源主編:《上海博物館藏戰國楚竹書(一)》,上海古籍出版社,2001,179-180頁。下引此書不另注。

② 《十三經注疏》整理委員會整理:《十三經注疏·禮記正義》,北京大學出版社,2000,1767頁。

③ 李存山:《先秦儒家的政治倫理教科書——讀楚簡〈忠信之道〉及其他》,《中國文化研究》1998年第4期;李存山:《讀楚簡〈忠信之道〉及其他》,《中國哲學》第20輯,瀋陽:遼寧教育出版社,1999,274頁。

④ 廖名春:《郭店楚簡儒家著作考》,《孔子研究》1998年第3期。

⑤ 《意林》卷一引有"小人溺於水,君子溺於口也"(崇文書局光緒三年版),《禮記·緇衣》有:"子曰:小人溺於水,君子溺於口,大人溺於民,皆在其所褻也"(《十三經注疏》整理委員會整理:《十三經注疏·禮記正義》,1763頁),不見於《郭簡·緇衣》《上博一·緇衣》,或爲錯簡。

⑥ 阮廷焯:《先秦諸子考佚》,臺北:鼎文書局,1980,44頁。

來看,可分爲不同的兩系,《禮記·緇衣》和《子思子》文字要繁複,彼此可成爲"族本"中的兩個系統。邏輯上看《郭簡·緇衣》和《上博一·緇衣》文字簡潔,但就"族本"而言,還不能認定"楚簡《緇衣》顯然其文在前,《禮記·緇衣》或《子思子》是在楚簡《緇衣》的基礎上作了增添和修飾的",因爲系統之間的早晚比較并無必然性,要看各自系統的"祖本"形成時間才有早晚可言。[1] 也就是説,今存《禮記·緇衣》雖然疑出孔壁,顯然有錯簡,文字比《郭簡·緇衣》《上博一·緇衣》繁複,仿佛有增添乃至誤會文義的地方,但因爲《子思子·緇衣》乃至《公孫尼子·緇衣》不全,還不能完全確定數者之間的關係,《禮記·緇衣》與《郭簡·緇衣》《上博一·緇衣》并不存在必然的先後關係。彼此之間可以校勘、校釋,但不足以論早晚——雖然楚簡的時間比《禮記·緇衣》早,但是《禮記·緇衣》的來源、祖本,或許并不比《郭簡·緇衣》《上博一·緇衣》晚。

目前,此一章的釋讀大體上接近一致,似乎已無需再論,但其實仍有疑義。

一些疑難字的問題,整理者、許多學者已經基本解決了。雖然後來還有一些補充,但并不涉及文義,爲避免複雜,這裏就略作介紹,不贅説細緻的討論了。

如《郭簡·緇衣》注釋三〇:"牙,簡文下从,與《説文》'牙'字古文合,但其上部'牙'旁變得與簡文'卂(囟)'旁相混。《君牙》,《尚書》篇名。《君牙》原篇已佚,今本《尚書》中的《君牙》爲僞古文。"《上博一·緇衣》同。

《郭簡·緇衣》注釋三二:"惃,裘按:此字應从今本釋作'怨',字形待考。此字又見二二號簡,今本亦作'怨'。"白於藍指出:《上博一·緇衣》中"怨"字《説文》古文作"",《三體石經·無逸》古文作"",《玉篇·心部》:"命,古文怨。"《集韻》:"怨,古文作怸。"《正字通·心部》:"悆,古文怨作怸,悆即怸之訛。"上引各古文形體若將所从之義符"心"去掉,則所剩之聲符與上引"命""怸""悆"形體十分接近。故所謂"命"及"令"仍當讀爲"怨"。[2]

裘錫圭云:上博簡"㕣"字乃"谷"字之訛,"谷"可讀爲"欲"。"㕣"字見《説文》,即"沿""鉛"等字聲旁。《郭簡》釋"旨"下一字爲"滄",訓爲"寒"。此字上部雖然很像"倉"的古文,但寫法較怪,而且缺少應有的在下長横,此字下部横置的"水"也缺少左上方的一筆,頗爲可疑。如果跟上博的"寒"字對照一下,就可以斷定此字乃是那種寫法的"寒"字的誤摹。李零《郭店楚簡校讀記》已將此字釋爲"寒",但無説。[3]

劉釗曰:(《上博一·緇衣》)簡文中的兩個"惟曰"的"曰"字皆爲"日"字的誤釋。郭店楚簡《緇衣》亦作"日怨"。(《上博一·緇衣》)釋文引郭店楚簡亦引錯。《尚書·君牙》引此

① 關於"族本"問題,參見拙作《從出土文獻談古書形成過程中的"族本"》,收入《同文與族本:新出簡帛與古書形成研究》,上海:中西書局,2017,214-227頁。

② 白於藍:《〈上海博物館藏戰國楚竹書(一)〉釋注商榷》,《華南師範大學學報(社會科學版)》2002年第5期。

③ 裘錫圭:《談談上博簡和郭店簡中的錯别字》,收入饒宗頤主編《華學》第6輯,北京:紫禁城出版社,2003,50-54頁。

作"曰",乃"日"字之誤。簡文"日""曰"二字區别非常明顯,從不混淆。"日怨"謂天天怨恨也。[①]

此外,李家浩指出:《郭簡·緇衣》"所隸'成'字實際上是'城':《説文》説'成'从'戊''丁'聲。簡文'城'是把'土'旁寫在'成'旁之下,并把'土'與'丁'的筆畫共用。這種寫法的'城'屢見於戰國文字。因'城'从'成'得聲,故簡文'城'可以用爲'成'。"《郭簡·緇衣》"傛"字,"應該釋寫作'㞐',即'凥'字……上古音'凥''暑'都是魚部字。據今本,簡本'日凥雨'當讀爲'日暑雨'"。[②] 然則《上博一·緇衣》"倶"字也當讀爲"暑"。

程元敏指出:貞、正音近義通,《毛詩》正作政,音義并同。[③] 廖名春認爲:從郭店楚簡"貞"可知,"正"不能作"政"。"正"當是本字。[④]

《緇衣》此章中,存在疑義的,是《郭簡·緇衣》的"心以體法,君以民芒",《上博一·緇衣》作"心㠯(以)僼(體)廌,君㠯(以)亡",劉樂賢曰:(《上博一·緇衣》)"君以亡",應據郭店簡及今本補一民字。[⑤]

《郭簡·緇衣》隸定之"法"字本作"灋",原注釋二七云:"法,簡文从'水'从'去'从'廌'省,即'法'之初文'灋'。此句今本爲'心以體全,亦以體傷'。裘按:簡文'法'字疑當讀爲'廢',二字古通。"

彭浩云:簡文在"民以君爲心,君以民爲體"句後直接"心好則體安之,君好則民忩(欲)之",文意緊凑,銜接自然。今本的"心莊""心肅"句與下文之"心好之""君好之"句意思重複,有疊牀架屋之感,故極可能是後來摻入正文的。[⑥]

李二民曰:"心以體全,亦以體傷;君以民存,亦以民亡"不是對"心以體法,君以民亡"的解釋,而是補全了互文。[⑦]

劉樂賢指出:(上博一)"《緇衣》第十四簡'作五虐之刑曰法'的'法'字寫作上全下止。今本'心以體全'的'全',似是由這種寫法的'法'字簡省或訛變而致。'心以體全',似應讀爲'心以體廢'。今本因訛抄成'心以體全',與後面'君以民亡'不諧,遂增加字句以求

---

① 劉釗:《讀〈上海博物館藏戰國楚竹書(一)〉札記(一)》,"簡帛研究"網,2002年1月8日,後改題爲《讀〈上海博物館藏戰國楚竹書(一)〉札記》,收入朱淵清、廖名春編《上博館藏戰國楚竹書研究》,上海書店出版社,2002,289-291頁。

② 李家浩:《讀〈郭店楚墓竹簡〉瑣議》,《中國哲學》編輯部、國際儒聯學術委員會編《中國哲學》第20輯,瀋陽:遼寧教育出版社,1999,349、347-348頁。

③ 程元敏:《〈郭店楚簡〉〈緇衣〉引書考》,(臺北)楚文化研究會:《古文字與古文獻》(試刊號),1999,8頁。

④ 廖名春:《郭店楚簡〈緇衣〉篇引〈詩〉考》,饒宗頤主編《華學》第4輯,北京:紫禁城出版社,2000,66頁。

⑤ 劉樂賢:《讀上博簡札記》,清華大學"簡帛研討班"論文,2002年1月5日,收入朱淵清、廖名春編《上博館藏戰國楚竹書研究》,383-387頁。下引劉樂賢文不另注。

⑥ 彭浩:《郭店楚簡〈緇衣〉的分章及相關問題》,李學勤、謝桂華主編《簡帛研究》第3輯,桂林:廣西教育出版社,1998,47-48頁。

⑦ 李二民:《〈緇衣〉研究》,北京大學碩士學位論文,2001,21頁。

一致。”

馮勝君則以爲：上博簡文中的“廌”可以訓爲“灋”，但却無法讀爲“廢”（二字聲、韻均遠隔）。認爲上博簡文“廌”是“灋”之省，是孤證，説服力不强。“上博簡中的‘廌’，應該讀爲‘存’。郭店簡《語叢四》有這樣一段話：‘竊鉤者誅，竊邦者爲諸侯。諸侯之門，義士之所廌。’裘錫圭先生在《按語》中指出，上引文相當於《莊子・胠篋》中的‘彼竊鉤者誅，竊國者爲諸侯。諸侯之門，而仁義存焉’，非常正確。”裘先生在論證“廌”可以讀爲“存”時説：“‘廌’字古有‘薦’音（參看《窮達以時》注六），‘薦’正是文部字。‘薦’‘存’古通，此‘廌（薦）’字可依《莊子》讀爲‘存’。”“據此，上博簡中的‘廌’無疑也可以讀爲‘存’。‘故心以體廌（存），君以［民］亡’，似乎可以理解爲互文見義，相當於‘故心以體存，亦以體亡；君以民存，亦以民亡’。”我們推測今本《禮記・緇衣》文“心以體全，亦以體傷；君以民存，亦以民亡”的來源如下：文中的“全”字有可能是“金（灋）”字之訛，“存”字則是由上博簡“廌”讀爲“存”而來。從文意上講，今本則是繼承了上博簡“故心以體廌（存），君以［民］亡”，衹是在表述方式上有所不同。今本中的“傷”字，則是表述方式轉换過程中行文避複，改“亡”爲“傷”。[①]

顔世鉉《説灋》指出：裘錫圭已證“灋”所从的“去”爲“盇”的初文，“盇”“廌”皆與“灋”有音近關係。上博簡另有一處“灋”作“金”，所从的全是聲符，與“灋”音近。此處簡文應讀爲“存”。[②]

如此看來，對於《郭簡・緇衣》的“心以體法，君以民芒”，《上博一・緇衣》作“心㠯（以）僼（體）廌，君㠯（以）［民］亡”，存在兩種主要讀法，一是裘錫圭和劉樂賢的“心以體廢，君以民亡”；一是馮勝君和顔世鉉的“心以體存，君以民亡”。

但此外，周桂鈿和劉信芳都認爲“芒”要如字讀。[③] 裘錫圭批評説：像周先生這樣，把“心以體灋”的“灋”按照字面理解爲法則，句子根本講不通。周先生大概是按照“心以體爲法”的意思來理解這句話的。這樣的意思在古代也許可以説成“心法體”，但絶對不能説成“心以體法”。周先生對“芒”字的解釋更令人費解。爲什麽“民要君存，君就存，民要君亡，君就亡”就叫“芒”呢？在古往今來的漢語中，找得出一個與此類似的“芒”字的用例來嗎？他的説法恐怕難以成立。劉先生大概把“心以體灋”和“君以民芒”理解爲“心以體爲法”和“君以民爲芒”。上面已經説過，這種理解是不合語法的。而且“心以體灋”是以心與體的關係來比

① 馮勝君：《讀上博簡〈緇衣〉札記二則》，朱淵清、廖名春主編《上博館藏戰國楚竹書研究》，上海書店出版社，2002，448-451 頁。

② 顔世鉉：《説簡本〈緇衣〉“灋”與“廌”的關係》，“中國古文字研究會第二十一屆年會”論文，北京：首都師範大學，2016 年 10 月 21-23 日。

③ 周桂鈿：《郭店楚簡〈緇衣〉校讀札記》，《中國哲學》編輯部、國際儒聯學術委員會編《中國哲學》第 20 輯，206 頁；劉信芳：《郭店簡〈緇衣〉解詁》，武漢大學中國文化研究院編《郭店楚簡國際學術研討會論文集》（《人文論叢》特輯），武漢：湖北人民出版社，2000，168 頁。

喻襯托君與民的關係的,怎麼能就皆釋爲"爲君治國之法本之於民"呢?把"芒"解釋爲表識,也難以使人信從。在古今漢語中,"芒"字的這種用例也是一個也找不出來的。無論從語法還是從語義來看,"君以民亡"都要比"君以民芒""順適"得多。周、劉二位先生對"心以體瀍,君以民芒"的解釋,應該可以看作不恰當地立异的例子。[①]

周、劉二先生對"芒"的解釋確實難通。[②] 如今再看《緇衣》,笔者發覺讀"芒"固然不對,但是不是該立异,則恐怕需要另論。

一則裘錫圭和劉樂賢的"心以體廢,君以民亡"與馮勝君和顔世鉉的"心以體存,君以民亡"二説,孰優孰劣,迄今尚無定論。二則從《緇衣》此章來看,説"心以體存"與"君以民亡"互文見義,是根據《禮記·緇衣》的"心以體全,亦以體傷;君以民存,亦以民亡"推導出來的。可是《禮記·緇衣》和《郭簡·緇衣》《上博一·緇衣》可能不是一個系統。劉樂賢指出因爲"全"本爲"法",流傳的《禮記·緇衣》不知"法"爲本文,故不得不增字添文。這解釋了"心以體全,亦以體傷"的來源,頗有説服力。但是《禮記·緇衣》"存"字與"廌""瀍"字皆有關係。也就是説從邏輯上講,《禮記·緇衣》的"存"字,可以來自於"瀍"—"廌",這解釋了"君以民存,亦以民亡"的來源。若然,那麽劉樂賢所説《禮記·緇衣》的"全"來自於"法",也就未必了。而且,"全"(從紐元部)字與"存"(從紐文部)字古音也相近。總之,《禮記·緇衣》的確文字比《郭簡·緇衣》《上博一·緇衣》繁複,但是來源還是不好確定的。這恐怕也是裘錫圭和劉樂賢的"心以體廢,君以民亡"與馮勝君和顔世鉉的"心以體存,君以民亡"二説,都有可能,都可以解釋《禮記·緇衣》的部分來源,故孰優孰劣難以判斷。

鄙意本章應該討論被忽視了的問題,是所引詩書與"子曰"文字的關係問題。《禮記·緇衣》引詩爲"昔吾有先正,其言明且清,國家以寧,都邑以成,庶民以生;誰能秉國成,不自爲正,卒勞百姓",[③]先正和不爲正者對比,"庶民以生"和"卒(瘁)勞百姓"相較,正和前文"心以體全,亦以體傷;君以民存,亦以民亡"相應。而《郭簡·緇衣》《上博一·緇衣》衹引了"誰秉國成,不自爲正,卒(瘁)勞百姓",這衹對應不爲正者。如果這裏"心以體廢,君以民亡"的"以"字作後文要談到的"使"字來解釋的話,或許可以和引《詩》相應,但是顯然和"心好則體安之,君好則民欲之"不協調。而作互文解的"心以體存,君以民亡"如果有《禮記·緇衣》所引的《詩》,倒很能對應,但是《郭簡·緇衣》《上博一·緇衣》却没有"昔吾有先正,其言明且清,國家以寧,都邑以成,庶民以生"。而引書,看不出和上文有多大關係,諸家多未解釋。這

① 裘錫圭:《中國古典學重建中應該注意的問題》,教育部人文社會科學重點研究基地、北京大學中國古文獻研究中心編《北京大學中國古文獻研究中心集刊》第2輯,北京燕山出版社,2001,10-12頁。

② 記得多年前有一次會後吃飯時,劉信芳先生説接受裘先生的批評。

③ 《子思子》佚文引有"昔吾有先正,其言明且清。國家以寧,都邑以成"(阮廷焯:《先秦諸子考佚》,20頁),原文應該和《禮記·緇衣》接近,還有後面的"誰能秉國成,不自爲正,卒勞百姓",也當有"庶民以生"。

樣説起來,也許裘錫圭和劉樂賢的"心以體廢,君以民亡"與馮勝君和顔世鉉的"心以體存,君以民亡"二説,都有一些缺憾。

如果二説都不可,那麼該怎麼辦呢?這裏看來不得不和二説立异了。鄙意"芒"字的釋讀固然不妥,但是它不應該讀爲常見的"亡",而應該讀爲"望",①瞻望之義。"心以體法,君以民芒(望)","以"作使講,②此句是講心使體效法(心),君使民瞻望(君)。這才與上文説心好、君好相應,也與下文引《詩》"誰秉國成,不自爲正,卒(瘁)勞百姓"對應。子曰爲正説,引《詩》爲反説,秉國者不爲正,民衆就會怨恨。《詩》用"誰秉國成,不自爲正,卒(瘁)勞百姓",本來就是興觀群怨的怨。此處引詩斷章,"誰秉國成"指的是君,不是《詩·小雅·節南山》所説的師尹。第八章:"子曰:下之事上也,不從其所以令,而從其所行。上好此物也,下必有甚焉者矣。故上之好惡,不可不慎也,民之表也。《詩》云:'赫赫師尹,民俱尔瞻'",也引《節南山》。雖然"民俱爾瞻"和本章的"君以民望"更相應,但第八章講上、下,没有直接談君與民,故可直接講師尹。

引《書》"《君舀(牙)》員(云):'日暑雨,小民惟日怨;晋冬耆寒,小民亦惟日怨",表面上和上文并無關係,實際上古代君特别是天子,是上天的代表,天人感應,酷暑耆寒,天災,都被認爲是人君有過。所以這裏引《君牙》説酷暑耆寒小民日怨,實際原因則是君失德,民怨的不是天災,而是所應瞻望、效法的君不正不賢。

總之,《郭簡·緇衣》《上博一·緇衣》第五章有疑義的地方應該讀爲"心以體法,君以民芒(望)","以"作使講,那麼雖然所引《詩》《書》都是從反面來講,但是却可以和它及全章對應。而從邏輯上説,《禮記·緇衣》的"心以體全,亦以體傷;君以民存,亦以民亡",雖然可能擴充了"心以體法,君以民芒(望)",具體過程有待研究,它改變了"以"字的用法,變爲常見的由、因來講,可是這并非没有問題。如果説"君以民存,亦以民亡"尚有水載舟覆舟的根據的話,"心以體全,亦以體傷",要説心因身體勞累而受傷尚可,説心因身體而得以保全,雖然也大體説得通,但仍然有些可疑,因爲殘疾、身體不全者,其心未嘗不全,《莊子·德充符》就多講此類人。如果要説《緇衣》第五章影響了《德充符》,具有思想史意義,固然可備一説,但不免過於綫性化、簡單機械了。

補記:本文以"心以體法,君以民望"之"以"作"使"講,但覺得作"爲"講更通順,衹是還

① 參見高亨、董治安《古字通假會典》,濟南:齊魯書社,1989,319頁。

② 參見謝紀鋒編纂《虚詞詁林》,哈爾濱:黑龍江人民出版社,1992,120頁。如《孟子·公孫丑上》:"管仲以其君霸,晏子以其君顯"([清]焦循撰,沈文倬點校:《孟子正義》卷六《公孫丑上》,北京:中華書局,1987,176頁)。從文義上來説,"以"作"爲"講似更通順,但目前尚未找到合適的古書詞例。

没有找到相近詞例。“以”作“使”講,裴學海舉了一些例子。其中“涇以渭濁”(《詩·邶風·谷風》)與本文詞例最相近。清人多據《漢書·溝洫志》“涇水一石,其泥數斗”,謂涇濁渭清,與今所見正相反。文成後,請劉樂賢先生指正。他認爲用少見的“使”講難以令人放心。但他也認爲用他的解釋要照顧周全引詩書,不太容易。而子曰部分與引詩書的關係,正是本文的出發點。

《清華(柒)·子犯子餘》子犯答秦穆公問有關簡文補説

復旦大學出土文獻與古文字研究中心
出土文獻與中國古代文明研究協同創新中心　鄔可晶

内容提要　《清華大學藏戰國竹簡(柒)》所收《子犯子餘》篇,秦穆公與子犯問答那一段,"胡晋邦有禍,公子不能持焉,而走去之"後應標問號;子犯回答中,"不秉禍利,身不忍人"應斷作"不秉禍利身,不忍人","秉禍"與"公子不能持焉"的"持焉(於之)"是一回事,此話大意且與《國語·晋語二》《禮記·檀弓下》"晋獻公之喪"一章可以合觀;"即中於天"當讀爲"即衷於天",意謂從上天那裏就受天心、獲得天命,疑指《左傳》《國語》等書所載五鹿野人"與之塊"、子犯勸重耳"受而載之"一事而言。

關鍵詞　清華簡　《子犯子餘》　斷讀

2017年4月下旬,《清華大學藏戰國竹簡(柒)》正式出版。讀到書不久,我便在武漢大學"簡帛網"的論壇上發一帖子,認爲此輯所收《子犯子餘》2號簡整理者"不秉禍利,身不忍人"的斷句不妥,當斷作"不秉禍利身,不忍人"。[①] 此説發表後,既有贊同者,也有反對者。當時發帖匆促,未及細説所以如此斷句的理由。事隔一年有餘,我感到仍有必要補做一下這項工作,并對有關的上下文試作解釋,以向大家進一步請教。

① 《清華柒〈子犯子餘〉初讀》,簡帛網"簡帛論壇",2017年4月25日,24樓。

爲便討論,先按整理者的釋讀,將《子犯子餘》第一段簡文引録於下(釋讀上没有争議的字,不嚴格隸定):

□□□耳自楚迈(蹠)秦,尻(處)安(焉)三歲。秦公乃訋(召)子犯而問安(焉),曰:"子若公子之良庶子,耆(胡)晋邦又(有)禍,公子不能峕(止)安(焉),而走去之,毋(毋)乃猷心是不足也乎?"子犯答曰:"誠女(如)主君之言。吾主好定而敬信,不秉禍利,身不忍人,古(故)走去之,以即(節)中於天。主女(如)曰疾利安(焉)不足,誠我主古(故)弗秉。"(1—3 號簡)[①]

緊接其後的第二段,秦穆公問子餘的話爲:

子若公子之良庶子,晋邦有禍,公□□□(引者按:整理者已指出可補"子不能"三字)峕(引者按:此字整理者亦括注"止",不確,下文會有討論。我們姑且略去不括)焉,而走去之,毋乃無良左右也乎?(3—4 號簡)[②]

"晋邦"一句前無"耆"字。我曾因此懷疑第一段問話裏的"耆"不應讀爲疑問副詞"胡",而應讀爲"夫",所以第二段問話可省略不用。[③]

但是仔細一想,鄙説恐有問題。本篇 7 號簡已有此種句首"夫"字,即便同一篇竹書可以用不同的字代表同一個詞,事實上我們也没有看到過以"耆"表"夫"這樣的用字方法。從文理上講,秦穆公先責問爲什麽公子重耳不能很好地應付處理"晋邦有禍"的局面,而"走去之"呢?進而對此責問提出自己的推測:"毋乃猷心是不足也乎?"把造成這種情况歸因於重耳"猷心不足"。總之,第一次問話全都針對公子重耳而發,這從子犯的回答中也能看出來,詳下文。第二次問話則圍繞"毋乃無良左右也乎","晋邦有禍,公子不能峕焉,而走去之"衹作爲"無良左右"的背景出現,不是秦穆公責問的焦點,因而其前不用疑問詞"胡",是很自然的。根據上面所説的理由,我現在認爲簡文的"耆"仍應從整理者讀爲"胡",但最好在"而走去之"後標問號,改爲:

子若公子之良庶子,耆(胡)晋邦又(有)禍,公子不能峕安(焉),而走去之?毋(毋)乃猷心是不足也乎?

子犯旋即對此作出自己的答覆。

"吾主好定而敬信,不秉禍利,身不忍人,故走去之,以即(節)中於天"一段話,前後主語

---

① 清華大學出土文獻研究與保護中心編,李學勤主編:《清華大學藏戰國竹簡(柒)》,上海:中西書局,2017,92 頁。圖版見此書 25-26 頁。

② 清華大學出土文獻研究與保護中心編,李學勤主編:《清華大學藏戰國竹簡(柒)》,92 頁。圖版見 26 頁。

③ 《清華柒〈子犯子餘〉初讀》,2017 年 4 月 25 日,第 23 樓。

都是"吾主",一貫而下。既如此,"不忍人"前加一"身"字就顯得完全多餘。我們斷作"不秉禍利身,不忍人",不但主語的問題不復存在,而且"秉禍"與"利身"結構相同,"利身"與"忍人"相對,文例十分順適。後來子居先生指出,按照我們的斷句,這段話"敬信"之"信"、"利身"之"身"、"不忍人"之"人"、"即中於天"之"天"都是真部字,正好押韻。[①] 這一點也對鄙説有利。

不過,我當時從整理者的説法,訓"秉禍"之"秉"爲"順",顯然不如其他學者訓爲"秉持"合理。[②] "秉"訓"順",在古書中并無可靠用例,裘錫圭先生早已指出。[③] 有些學者不取"不秉禍利身"而取"不秉禍利"的斷句,有一個理由是"秉"與"利"搭配容易講通,"不秉禍利"意謂"不持有或不承受因禍(即晋國驪姬之亂)帶來的利益";[④]"秉禍"則未聞。其實,如結合"峕"字所在簡文來看,"秉禍"并非不可理解。

"晋邦有禍,公子不能峕焉,而走去之"的"峕",整理者分析爲"从廾,之聲",讀爲"止",并引"止猶居也"的故訓,謂"與下文問蹇叔'公子之不能居晋邦'意同"。[⑤] 但"止"訓爲"居""語義似不暢通",[⑥]而且"峕"究爲何字,也不可知,故此説不爲人所信。後出新説之中,xiaosong、林少平先生認爲"峕"是"寺"之异體;[⑦]明珍先生讀爲"持","掌握、把握之義";[⑧]子居、王寧先生認爲此即"持"字或體。[⑨] 這些見解都很有道理,并可相互補充。

古文字"収(廾)""又"二旁往往通用,如金文"秉"、晋璽"慧"等字,皆有从"収"之例。[⑩] 把"峕"視爲"寺"之异體當然是可以的。晚清以來的古文字學者,如吴大澂、林義光、强運開等人,多據"寺"的字形及其在古文字資料裏的用法,定"寺"爲"古持字"。[⑪] 可從。所以釋

① 子居:《清華簡七〈子犯子餘〉韻讀》,中國先秦史網,2017 年 10 月 28 日。下引子居説皆見此文,不另出注。

② 參見伊諾《清華柒〈子犯子餘〉集釋》此句下"今按",復旦大學出土文獻與古文字研究中心網站,2018 年 1 月 18 日。有人讀"秉"爲"稟",不可從。"秉""稟"古韻相去甚遠(主要元音和韻尾都不相同),决無相通的可能。

③ 裘錫圭:《讀書札記四則》,收入其著《裘錫圭學術文集·語言文字與古文獻卷》,上海:復旦大學出版社,2012,479 頁。按,清華簡整理者在注釋中還引到《國語·晋語二》"吾秉君以殺大子,吾不忍",王引之《經義述聞》云"吾順君之意以殺大子,吾不忍也"(清華大學出土文獻研究與保護中心編,李學勤主編:《清華大學藏戰國竹簡(柒)》,94 頁注九),作爲"秉"可訓"順"的根據。此語韋昭釋爲"秉執君志以殺太子","秉君"實指秉君之志。韋注跟王引之説爲"順君之意"一樣,都需在"君"後補出"之志"或"之意"之類的話以足其義,彼此在訓詁上分不出明顯的優劣。如就"秉"的通常用法而言,王説反不如韋注平實。所以這一條材料也不是"秉"訓"順"的確證。

④ 伊諾《清華柒〈子犯子餘〉集釋》引"趙嘉仁(2017)""劉釗(2017)""羅小虎(87 樓)"等説。

⑤ 清華大學出土文獻研究與保護中心編,李學勤主編:《清華大學藏戰國竹簡(柒)》,94 頁。

⑥ 《清華柒〈子犯子餘〉初讀》,2017 年 4 月 23 日,4 樓"劉偉浠"發言。

⑦ 《清華柒〈子犯子餘〉初讀》,2017 年 4 月 23 日,3 樓;2017 年 11 月 22 日,110 樓。

⑧ 《清華柒〈子犯子餘〉初讀》,2017 年 4 月 27 日,42 樓。下引明珍説皆見此帖,不另出注。

⑨ 《清華柒〈子犯子餘〉初讀》,2017 年 11 月 22 日,109 樓。

⑩ 參見拙文《談談所謂"射女"器銘》,李學勤主編《出土文獻》第 5 輯,上海:中西書局,2014,12、15 頁。

⑪ 丁福保編纂:《説文解字詁林》,北京:中華書局,1988,3593 頁;李圃主編:《古文字詁林》,上海教育出版社,2004,第 3 册,580-581 頁。

“𢍰”爲“寺”與釋“𢍰”爲“持”,其實是一回事。不過戰國竹簡中“寺”字屢見,《子犯子餘》本篇5號簡就也有一個“寺”字。① 這樣看來,“寺”雖爲“持”之本字,在當時應該已有分工的趨勢,即以从“収”的“寺”的繁體“𢍰”爲“持”,一般的“寺”則借爲他用。② 爲了行文的方便,下面就將簡文“𢍰”字直接寫作“持”。

明珍先生認爲“晋邦有禍,公子不能持焉”的“焉”“代指‘禍’”,“持焉”“與下文之‘秉禍利身’之‘秉禍’同義”。她指出“持焉”與“秉禍”的聯繫,十分重要。“持焉”的“焉”就是講成“於之”也未嘗不可,其中的“之”代指“禍”,説公子重耳在晋邦之禍這件事上不能秉持,也就是不能秉持晋邦之禍的意思。這樣理解的“持焉”仍能如明珍所説,與“‘秉禍’同義”。所謂“秉禍”或“持於禍”,即掌控晋國的内亂,言下之意是要把握“晋邦有禍”的這個時機。“利身”則指從晋邦之禍中獲取己利,這是“秉禍”所要達到的真正目的,也是秦穆公對重耳的一貫期望(見下文)。所以子犯在應對秦穆公“晋邦有禍,公子不能持焉,而走去之”的問難時,要在“秉禍”之後把“利身”二字特別點出來。

《國語·晋語二》記晋襄公死後,秦穆公在重耳與夷吾之間選擇立誰爲晋君,有如下兩段文字,可與《子犯子餘》此文對讀:

乃使公子縶吊公子重耳於狄,曰:“寡君使縶吊公子之憂,又重之以喪。寡人聞之,得國常於喪,失國常於喪。時不可失,喪不可久。公子其圖之。”重耳告舅犯。舅犯曰:“不可。亡人無親,信仁以爲親,是故置之者不殆。父死在堂而求利,人孰仁我?人實有之,我以僥倖,人孰信我?不仁不信,將何以長利?”公子重耳出見使者,曰:“君惠吊亡臣,又重有命。重耳身亡父死,不得與於哭泣之位,又何敢有他志,以辱君義?”再拜不稽首,起而哭,退而不私。

……

公子縶反,致命穆公。穆公曰:“吾與公子重耳,重耳仁。再拜不稽首,不没爲後也。起而哭,愛其父也。退而不私,不没於利也。”③

《禮記·檀弓下》有如下一章,與上引《國語》同出一源:

晋獻公之喪,秦穆公使人吊公子重耳,且曰:“寡人聞之,亡國恒於斯,得國恒於斯。雖吾子儼然在憂服之中,喪亦不可久也,時亦不可失也。孺子其圖之。”以告舅犯。舅犯

① 此字見於“吾主弱寺而强志”之句,整理者讀爲“時”,有些學者主張讀爲“恃”(伊諾《清華柒〈子犯子餘〉集釋》引“翁倩(2017)”“易泉(71樓)”),未知孰是。

② “寺”在戰國西漢出土文獻中也有少數用爲“持”的(參見白於藍《簡帛古書通假字大系》,福州:福建人民出版社,2017,65-66頁)。可能在當時人看來,這種“寺”衹是音近而假借爲“持”,跟假借爲“時”“詩”“待”等并無不同。

③ 徐元誥撰,王樹民、沈長云點校:《國語集解》,北京:中華書局,2002,294-295、297頁。標點略有改動。

曰:“孺子其辭焉。喪人無寶,仁親以爲寶。父死之謂何?又因以爲利,而天下其孰能説之?孺子其辭焉。”公子重耳對客曰:“君惠吊亡臣,重耳身喪父死,不得與於哭泣之哀,以爲君憂。父死之謂何?或敢有他志,以辱君義?”稽顙而不拜,哭而起,起而不私。子顯以致命於穆公。穆公曰:“仁夫公子重耳!夫稽顙而不拜,則未爲後也,故不成拜。哭而起,則愛父也。起而不私,則遠利也。”①

秦穆公建議重耳趁“晋獻公之喪”而有所“圖”,所謂“得國常於喪”“時亦不可失”,實與《子犯子餘》中秦穆公希望重耳能“持於禍”“秉禍”是一個意思。舅犯(即子犯)對重耳諫言“父死在堂而求利,人孰仁我”“父死之謂何?又因以爲利,而天下其孰能説之”,簡直就是《子犯子餘》裏子犯口中“主君”“不秉禍利身”的翻版。秦穆公評價重耳“再拜不稽首/稽顙而不拜”“起而哭/哭而起”爲“不役爲後/未爲後”“愛其父”,這就是“不秉禍”;“退而不私”爲“不没於利/遠利”,這就是“不利身”。舅犯説“亡人無親,信仁以爲親”“喪人無寶,仁親以爲寶”,實際意思是讓重耳切莫在“身喪父死”之時對被立爲世子的同父异母的弟弟奚齊或其他公子下手,以僥幸得君位。可見“仁親”相當於《子犯子餘》之“不忍人”。《國語》《禮記》此章所記之事雖與《子犯子餘》不同,但彼此所涉“義理”却頗有相合之處,極可注意。

秦穆公迫切希望重耳能“秉禍利身”,趁晋國内亂把握時機、奪取君位,顯然是想通過控制重耳從而操控晋國政局,實現秦國東進的戰略。他把女兒懷嬴先嫁公子圉,再嫁重耳,也是出於同樣的考慮。可惜他碰到了身負天命的重耳,霸圖衹能一再破滅。

子犯説重耳“走去之”“以即中於天”,此語即關“天命”,很值得推敲。

整理者讀“即”爲“節”,引《禮記·樂記》“好惡無節於内”鄭玄注“節,法度也”,認爲“節中”即“折中”。② 今按,就算承認當“法度”講的“節”可以引申出“折中”之“折”義,如整理者所舉《楚辭·離騷》“依前聖以節中兮”、《史記·孔子世家》“折中於夫子”等用例,“節中”“折中”猶言“取正”“持平”,然而重耳去國流亡,秦穆公等人最關心的是“公子之不能居晋邦,信天命哉?”(7—8號簡),是不是上天真的就不再眷顧重耳了?子犯的答話裏當然不能不提到這個問題,并且要以他的立場,申明重耳雖一時去國,却始終是得天命的。如果子犯僅僅以“折中於天”爲“吾主”“走去”其國之事辯解,那是毫無力量的。

馬楠、趙嘉仁等先生認爲“即”如字讀,訓“就”“靠近”。③ 他們的這一意見應該是對的,

① 《禮記正義》卷九,《十三經注疏》整理委員會整理《十三經注疏》,北京大學出版社,2000,306-307頁。標點略有改動。

② 清華大學出土文獻研究與保護中心編,李學勤主編:《清華大學藏戰國竹簡(柒)》,94頁注11。

③ 馬説見清華大學出土文獻讀書會《清華七整理報告補正》,清華大學出土文獻研究與保護中心網站,2017年4月23日。趙説見趙嘉仁《讀清華簡(七)散札(草稿)》,復旦大學出土文獻與古文字研究中心網論壇,2017年4月24日。下引趙説皆出此文,不另出注。

現已爲不少學者所接受。[①] 趙氏并讀“中”爲“衷”,訓爲“善”,“福佑也”。他引《尚書·湯誥》“惟皇上帝,降衷於下民”、《國語·吴語》“今天降衷於吴,齊師受服”“天舍其衷,楚師敗績,王去其國,遂至於郢”“吾欲與之徼天之衷,唯是車馬、兵甲、卒伍既具,無以行之”,説:

> 可見天可“降衷”“舍衷”,人還可以向天“徼衷”。因此“即衷於天”就是“向天靠近善”的意思。

我很同意趙嘉仁先生把“即中於天”與古書裏的天“降衷”“舍衷”、人向天“徼衷”等聯繫起來的看法,但不同意他對這些文句的具體解釋。

子居先生補引《左傳》僖公二十八年、成公十三年、襄公二十五年、哀公十六年中的“天誘其衷”之文,認爲“‘衷’在多數情况下都是指内心,《子犯子餘》此處也當訓爲内心”。其説可從。應該指出,把“天誘其衷”之“衷”與“天降衷”“天舍其衷”“徼天之衷”之“衷”視爲一事,這是一般讀《左傳》的人的共識;且過去已有以這些“衷”指“心”的説法,詳下文。另一方面,子居衹籠統地説《子犯子餘》“即中(衷)於天”的“衷”也訓“内心”,并未指明究竟指誰的内心,還不算把文義真正講清楚。

我在 2017 年 12 月 15 日香港中文大學召開的“古籍新詮——先秦兩漢文獻國際學術研討會”上,提交了《説〈論語·堯曰〉“天之歷數在爾躬,允執其中”》一文。此文也引了《左傳》《國語》“天誘其衷”“天降衷”“天舍其衷”“徼天之衷”等文獻,并提到楊伯峻《春秋左傳注》已明確指出“‘天舍其衷’即‘天誘其衷’。皆天心在我之意”;雖然這些“衷”理解爲“心”比理解爲“善”妥帖,但不可否認二者是有聯繫的。我在那篇文章裏還認爲與《子犯子餘》同輯發表的清華簡《越公其事》12 號簡的“天賜中于吴”的“中”,也當讀爲“衷”,“天賜中(衷)”與“天降衷”“天舍其衷”等顯然同意。所以,既然《子犯子餘》的“即中於天”之“中(衷)”即“天賜中(衷)”“天降衷”“天舍其衷”“天誘其衷”之“衷”,前者的“衷”也應該指天之衷,即天心。

“即中(衷)於天”的“即”訓爲“就”,大體不錯。“即位”“即政”“即刑”等語裏的“即”,已不是一般的“靠近”了,而含有“就受”之意。尤其可以注意的是“即命”。《逸周書·商誓》記周武王克商後,對殷“耆舊”進行訓誡,其中有“爾百姓里居君子(引者按:此句當作‘爾百姓里君’,因‘君’誤衍‘子’或‘君子’,‘里君’之‘君’又訛作‘居’,乃成今本之貌[②]),其周即命”之語。朱右曾云:“即,就也,言當受命于周。”[③]《左傳·定公四年》子魚所説的關於周初

① 參見伊諾《清華柒〈子犯子餘〉集釋》引“子居(2017)”“今按”。

② 參見裘錫圭《關於商代的宗族組織與貴族和平民兩個階級的初步研究》,收入其著《裘錫圭學術文集·古代歷史、思想、民俗卷》,137 頁。

③ 黄懷信、張懋鎔、田旭東:《逸周書彙校集注》(修訂本)卷五《商誓》,上海古籍出版社,2007,456 頁。

分封的話裏,講到"殷民六族""用即命于周"。楊伯峻注:"即命,受命也。此謂因此受周王庭之使命。"[①](同書《文公六年》有"而後即命",此"即命"乃死之諱稱,與指"受命"的"即命"無關。[②])"即衷於天"與"即命于周"相類,應該解釋爲從上天那裏就受天心,表示重耳接受了天命。

我推測,子犯説重耳"即中(衷)於天",有可能是指五鹿野人"與之塊"那件事情而言的。《左傳·僖公二十三年》記重耳等人周流列國,"過衛,衛文公不禮焉":

> 出於五鹿,乞食於野人。野人與之塊。公子怒,欲鞭之。子犯曰:"天賜也。"稽首受而載之。[③]

《國語·晋語四》記子犯之語較詳:

> 過五鹿,乞食於野人。野人舉塊以與之。公子怒,將鞭之。子犯曰:"天賜也。民以土服,又何求焉!天事必象,十有二年,必獲此土。二三子志之。歲在壽星及鶉尾,其有此土乎!天以命矣,復於壽星,必獲諸侯。天之道也,由是始之。有此,其以戊申乎!所以申土也。"再拜稽首,受而載之。[④]

子犯認爲五鹿野人舉土塊與之,乃天賜重耳以衛土之徵(杜預注:"得土,有國之祥,故以爲天賜。"),"天以命矣";重耳既能下衛國,則上天不但授以晋祚,更有命之爲天下霸主的心意。重耳"稽首受而載之",正是"即衷於天"之謂。

附帶提一下,《史記·晋世家》記此事云:"過五鹿,飢而從野人乞食。野人盛土器中進之。重耳怒。趙衰曰:'土者,有土也。君其拜受之。'"[⑤]有些學者因"野人盛土器中進之"而説《左傳》《國語》的"塊(甴)"指"土筐",這是缺乏根據的(杜預注、韋昭注等皆認爲指土塊)。[⑥] 如果五鹿野人不是把土塊丢給重耳,子犯説"民以土服,又何求焉"云云就没有針對性了。《史記》"盛土器中進之"的説法,大概是後人的一種訛傳或演繹。子犯後來在秦穆公面前説了公子重耳雖走去國、實"以即中(衷)於天"的話。如果當初在五鹿一語道破天機的也是子犯,當然再合適不過了。從這一點看,《史記·晋世家》以説"土者,有土也,君其拜受之"者爲趙衰(即子餘),似乎也不如《左》《國》記作子犯可信。

據《子犯子餘》記載,秦穆公後以"夫公子之不能居晋邦,信天命哉"復問於蹇叔(7—8號

---

① 楊伯峻:《春秋左傳注》(修訂本),北京:中華書局,1990,1536頁。

② 參見楊伯峻《春秋左傳注》(修訂本),549頁。

③ 楊伯峻:《春秋左傳注》(修訂本),406頁。

④ 徐元誥撰,王樹民、沈長雲點校:《國語集解》,322-323頁。

⑤ 《史記》卷三九《晋世家》,北京:中華書局,2013,1989頁。

⑥ 參見李金榮《也談"野人與之塊"之"塊(甴)"》,《四川師範大學學報(社會科學版)》2002年第4期。

簡),看來他不相信子犯所説的重耳"即中(衷)於天"之事。秦穆公一而再再而三地向子犯、子餘、蹇叔詢問重耳與其從臣的情況,舉棋不定,正是他不信重耳已得天命的表現。

子犯最後説:"主如曰疾利焉不足,誠我主古(故)弗秉。"lht 先生指出《漢語大詞典》所收"疾+動詞"之詞,很多都有"致力於作某事"或"勤奮作某事"的意思;[1]子居先生亦謂"疾利"之"疾"當訓盡力。據此,"疾利"意即致力於求利。《戰國策·西周策》"韓魏易地"章云:"韓、魏易地,西周弗利。"[2]是説西周不能從"韓、魏易地"中求得利益,"利"的用法與"疾利"一致(上文"秉禍利身"的"利"也是動詞,但意思稍有不同)。"焉"連"疾利"讀,也應講成"於之(代指禍)","疾利焉"就是極力求利於晋邦之禍的意思。秦穆公所謂"猷心不足"的"猷心",正指"疾利於禍"而言,也就是子犯前面説過的"秉禍利身"。子居先生指出"此處子犯的回答就是一種形式上的認同"。這是很正確的。由此可知"疾利焉不足"即"猷心是不足"。或以"焉不足"爲句,不可取。

"誠我主古弗秉"的"弗秉",猶言"不之秉""不秉之"。從上下文看,這個"之"似以指代"疾利焉"爲好,當然也不排斥就指"秉禍"之"禍"的可能性。抓住"疾利於禍"與抓住晋邦有禍的時機,文義并無實質性的出入。整理者爲"古"括注"故",似不如括注爲"固"。當本來、原本講的"固",古書裏"固""故"兩種寫法都有,但一般以前者爲通用字。子犯最後説的這句話,如用現代漢語表達,也許可以譯爲:"您(指秦穆公)如果説我們從晋國的内亂中極力求取利益這一點做得不够,這確實是我家主人(指重耳)本來就不去把握的。"

擅長辭令的子犯,不正面反駁秦穆公的問話,而是先對秦穆公的責難加以肯定,然後扭轉話鋒,巧妙回擊,維護公子重耳的尊嚴。他雖以"誠如主君之言"起頭、以"主如曰疾利焉不足,誠我主故弗秉"收尾,看似贊同秦穆公"毋乃猷心是不足"的分析,實則從根本上把"秉禍""疾利"之"猷心"貶斥爲反面的東西,釜底抽薪。"好定而敬信"("好定""敬信"皆動賓結構)的公子重耳,怎麽會去追求此種"猷心"呢?一時失勢落魄的重耳,實際上"即衷於天",已得到天命。子犯的答覆,不啻將秦穆公的價值判斷和事實判斷都給否定了。

2018年5月15日

① 《清華柒〈子犯子餘〉初讀》,2017年4月27日,34樓。
② 諸祖耿:《戰國策集注匯考》(增補本)卷二,南京:鳳凰出版社,2008,97頁。

《保訓》性質、體裁與年代探析

中國社會科學院古代史研究所　劉麗

内容提要　從《保訓》所載相關史事、"中"與書寫風格這三個方面來看,《保訓》爲擬古之作的可能性較大,其與書類文獻在文例和詞彙方面存在相近處,不排除爲後人模仿的可能性。《保訓》與典型的"訓"體文獻區别較爲明顯,而與戰國諸子依托聖賢之事以説理的文體非常類似,形式上似是對"訓"體的模仿,内容上則更多具有"語"類古書的特點。從詞彙和思想内涵來看,《保訓》的成書時代應該是春秋戰國時期。從其文字書寫特點來看,《保訓》可能傳入楚國不久。

關鍵詞　《保訓》　性質　體裁　年代

自《保訓》圖版和釋文在《文物》2009年第6期刊布以來,引起了海内外極大的關注。關注的焦點除了《保訓》篇"中"的内涵,就是對於《保訓》簡性質、體裁與年代的探討。學者們對此提出了不同看法,但目前并未達成一致意見。明確《保訓》簡性質、體裁以及年代,對於我們更好地理解釋文,把握其核心思想至關重要。鑒於此,筆者認爲有必要在前人研究基礎上,對這些問題做進一步探析。

一　前人研究成果介紹

(一)《保訓》的性質。學界目前主要有六種看法:文王遺言,史官記録,抄本,擬古之作,教材和習書。

1.文王遺言。李學勤先生最早指出《保訓》是周文王臨終時對太子發即武王所作的遺言。[①] 而後學者紛紛表示贊同,如李均明、黄人二、劉欣、方銘等先生。[②]

2.史官記録。廖名春先生認爲《寶訓》爲文王所述,文王此前有"寶"而無《寶訓》。其言其事爲史官所記,《寶訓》之名也當爲史官所擬。[③] 魏衍華、晁福林、馬文增等先生也認爲《保訓》是史官記録。[④] 黄懷信先生認爲《保訓》部分文字有可能出於實録,但全文或經後人改寫潤飾。[⑤]

3.抄本。王連龍先生認爲《保訓》是一種傳世的抄本。[⑥] 雨無正(網名)先生認爲《保訓》簡是楚人的抄本,而且是具有齊系文字特點的抄本。[⑦] 李均明先生認爲《保訓》爲戰國抄本。[⑧] 程浩先生認爲《保訓》很可能源自三晋之地流行的衆多"書"類文獻的一種。[⑨] 馮勝君先生認爲《保訓》篇是書法風格具有齊魯地區特徵的楚文字抄本。[⑩] 馬文增先生認爲清華簡《保訓》是周守藏室典籍精華的楚文字抄本。[⑪]

4.擬古之作。姜廣輝先生認爲《保訓》篇不是當時史官所記的實録,是後人追述或假托的可能性更大。[⑫] 李零先生認爲從文辭風格看,《保訓》應屬戰國講述的西周故事,是擬古之作。[⑬] 王寧先生認爲《保訓》應是儒墨的追記或擬作。[⑭] 王輝先生認爲《保訓》極可能衹是戰國儒者代擬的周文王遺言。[⑮] 杜勇、李存山、梁濤、曹峰、韓高年等先生也都認爲《保訓》是擬

---

① 李學勤:《初識清華簡》,《光明日報》2008 年 12 月 1 日第 12 版;李學勤:《"清華簡"研究初見成果:解讀周文王遺言》,《光明日報》2009 年 4 月 13 日第 12 版。

② 李均明:《周文王遺囑之中道觀》,《光明日報》2009 年 4 月 20 日第 7 版;黄人二:《清華大學藏戰國竹簡〈寶訓〉校讀》,《考古與文物》2009 年第 6 期;劉欣:《論宋代家訓的文體表現》,《北京理工大學學報(社會科學版)》2011 年第 3 期;方銘:《清華簡〈保訓〉與周代德治文化的淵源》,《文藝研究》2013 年第 8 期。

③ 廖名春:《〈清華大學藏戰國竹簡"保訓"釋文〉初讀》,李學勤主編《出土文獻》第 1 輯,上海:中西書局,2010。

④ 魏衍華:《清華簡〈保訓〉的材料來源與性質》,《華夏文化》2011 年第 3 期;晁福林:《觀念史研究的一個標本——清華簡〈保訓〉補釋》,《文史哲》2015 年第 3 期;馬文增:《清華簡〈保訓〉新釋新解》,《古籍整理研究學刊》2014 年第 2 期。

⑤ 黄懷信:《清華簡〈保訓〉篇的性質、時代及真僞》,《歷史文獻研究》總第 29 輯,上海:華東師範大學出版社,2010。

⑥ 王連龍:《對"〈保訓〉'十疑'"一文的幾點釋疑》,《光明日報》2009 年 5 月 25 日第 12 版。

⑦ 雨無正(網名):《論〈保訓〉簡可能爲具有齊系文字特點的抄本》,復旦大學出土文獻與古文字研究中心網站,2009 年 7 月 5 日。

⑧ 李均明:《〈保訓〉與周文王的治國理念》,《中國史研究》2009 年第 3 期。

⑨ 程浩:《清華簡〈保訓〉源自三晋文獻説》,復旦大學出土文獻與古文字研究中心網站,2011 年 4 月 21 日。

⑩ 馮勝君:《試論清華簡〈保訓〉篇書法風格與三體石經的關係》,《清華大學藏戰國竹簡(壹)》國際學術研討會會議論文,2011 年 6 月 28 日,後發表於清華大學出土文獻研究與保護中心編《清華簡研究》第 1 輯,上海:中西書局,2012,92–98 頁。

⑪ 馬文增:《〈保訓〉九題》,《古籍整理研究學刊》2017 年第 4 期。

⑫ 姜廣輝:《〈保訓〉十疑》,《光明日報》2009 年 5 月 4 日第 12 版。

⑬ 李零:《説清華楚簡〈保訓〉篇的"中"字》,《中國文物報》2009 年 5 月 20 日第 7 版。

⑭ 王寧:《再説清華簡〈保訓〉的缺文問題》,簡帛網,2009 年 10 月 27 日。

⑮ 王輝:《清華簡〈保訓〉"惟王五十年"解》,《考古與文物》2009 年第 6 期。

古之作。①

5.教材。林志鵬先生認爲《保訓》當是作爲楚國貴族的教材。② 柯鶴立先生指出"訓"這一類有故事的文獻體裁,在戰國時期不但是教學用的"教材",而且介於"書"和"詩"之間。③

6.習書。李守奎先生認爲《保訓》字體獨一無二,且《保訓》的竹簡形制與其他古書相比明顯短小。《保訓》可能是一篇習書。④

(二)《保訓》的體裁。關於《保訓》體裁,學界目前主要有三種意見:一種認爲《保訓》與《尚書》密切相關;一種認爲《保訓》與《逸周書》密切相關;一種認爲《保訓》是"訓"體。

1.《保訓》與《尚書》關係密切

李學勤先生認爲《保訓》簡完全是《尚書》那種體裁。⑤ 趙平安先生認爲《保訓》的體式與古文《尚書・伊訓》相似。⑥ 張立東先生認爲《保訓》很可能是由周初流傳下來的《尚書》類文獻。⑦ 肖曉暉先生認爲《保訓》與今本《尚書》關係密切。⑧ 子居(網名)先生認爲《保訓》估計是在繼承模仿《尚書》的《無逸》《顧命》《吕刑》等篇的基礎上産生的。⑨ 楊坤先生指出《保訓》的辭章結構,符合孔安國對《尚書》的總體評述。⑩

2.《保訓》與《逸周書》關係密切

王連龍先生認爲《保訓》與《逸周書》關係十分密切。⑪ 黄懷信先生認爲《保訓》當屬未删《書》中的一篇,同爲"周史記"。⑫ 晁福林先生認爲《保訓》當屬《周訓》十四篇之列。⑬

---

① 杜勇:《關於清華簡〈保訓〉的著作年代問題》,《天津師範大學學報(社會科學版)》2010年第4期;李存山:《試評清華簡〈保訓〉篇中的"陰陽"》,《中國哲學史》2010年第3期;梁濤:《清華簡〈保訓〉的"中"爲中道説》,清華大學簡帛研究網站,2011年4月19日,又見於簡帛研究網站,2011年4月20日,又見於《清華大學藏戰國竹簡(壹)》國際學術研討會會議論文,2011年6月28日,後發表於清華大學出土文獻研究與保護中心編《清華簡研究》第1輯,99-109頁,又發表於楊朝明主編《孔子學刊》第2輯,2011(本文引用觀點以正式發表刊物爲準);曹峰:《〈保訓〉的"中"即"公平公正"之理念説:兼論"三降之德"》,《清華大學藏戰國竹簡(壹)》國際學術研討會會議論文,2011年6月28日,後發表於清華大學出土文獻研究與保護中心編《清華簡研究》第1輯,110-122頁,又載《文史哲》2011年第6期;韓高年:《喪禮臨終之儀與周代遺訓遺言——以〈尚書・顧命〉、春秋"遺訓"及清華簡〈保訓〉爲中心》,《西北師大學報(社會科學版)》2015年第5期。

② 林志鵬:《清華大學所藏楚竹書〈保訓〉管窺——兼論儒家"中"之内涵》,簡帛網,2009年4月21日。

③ [美]柯鶴立:《清華簡〈保訓〉中的"訓"及古代傳播"訓"的方式》,《清華大學藏戰國竹簡(壹)》國際學術研討會會議論文,2011年6月28日,後發表於清華大學出土文獻研究與保護中心編《清華簡研究》第1輯, 74-83頁。

④ 李守奎:《〈保訓〉二題》,李學勤主編《出土文獻》第1輯,上海:中西書局,2010。

⑤ 李學勤:《"清華簡"研究初見成果:解讀周文王遺言》。

⑥ 趙平安:《〈保訓〉的性質和結構》,《光明日報》2009年4月13日第12版。

⑦ 張立東:《〈保訓〉的周文王紀年與夏商周年代學研究》,簡帛網,2009年5月12日。

⑧ 肖曉暉:《清華簡〈保訓〉筆札》,復旦大學出土文獻與古文字研究中心網站,2009年9月14日。

⑨ 子居(網名):《清華簡〈保訓〉解析(修訂版)》,李鋭、朱清華主編《學燈》第12期,2009。

⑩ 楊坤:《〈保訓〉的撰作年代——兼談〈保訓〉"復"字》,《中國文物報》2009年11月27日第6版。

⑪ 王連龍:《〈保訓〉與〈逸周書〉》,簡帛網,2009年5月5日;王連龍:《對"〈保訓〉'十疑'"一文的幾點釋疑》;王連龍:《〈保訓〉與〈逸周書〉多有關聯》,《社會科學報》2010年3月11日第6版。

⑫ 黄懷信:《清華簡〈保訓〉篇的性質、時代及真僞》。

⑬ 晁福林:《觀念史研究的一個標本——清華簡〈保訓〉補釋》。

3.《保訓》是"訓"體

柯鶴立先生指出"訓"這一類有故事的文獻體裁,在戰國時期不但是教學用的"教材",而且介於"書"和"詩"之間。[①] 馬智全先生認爲清華簡《保訓》是新發現的戰國"訓"體篇章。[②] 吴國武先生認爲《保訓》是周文王訓誡太子發(即武王)如何才能得到天命的"訓"體文。[③]

(三)《保訓》的年代。這裏所討論的《保訓》簡年代主要是指其成書年代。根據目前研究成果,主要有三種説法:西周時期,春秋時期,戰國時期(含春秋戰國時期)。

1.《保訓》可能成書於西周時期

張立東先生認爲《保訓》很可能是由周初流傳下來的《尚書》類文獻。[④] 李鋭先生認爲《保訓》的寫定時間有可能是在西周中晚期。[⑤] 王暉先生指出《保訓》篇雖然可能成書於西周或春秋時代,但是它的内容却形成更早。[⑥]

2.《保訓》可能成書於春秋時期

雨無正(網名)先生認爲《保訓》具有春秋中晚期的内容。[⑦] 子居(網名)先生指出《保訓》篇成文當於春秋中期左右或稍晚。[⑧] 楊坤先生認爲《保訓》的撰作年代,宜以孔子之世爲斷。[⑨] 黄懷信先生指出《保訓》應是經過後人改寫潤色的作品,而改寫潤色的時代也應是在春秋早期或中期。[⑩] 王瑞雪先生認爲《保訓》和《尚書》等文獻一樣, 雖然經歷了戰國時期學人的修飾和潤色,但是其具體的形成時間應該在戰國以前。[⑪]

3.《保訓》可能成書於戰國時期(含春秋戰國時期)

王輝先生指出《保訓》的核心内容更多地反映了春秋末乃至戰國時人們的思想意識,《保訓》應編寫於戰國時代。[⑫] 杜勇先生認爲《保訓》是戰國前期假借文王名義的托古言事之作。[⑬] 李存山先生認爲《保訓》篇是出於春秋戰國之好事者之僞托,還是出於今之好利者所作

---

① [美]柯鶴立:《清華簡〈保訓〉中的"訓"及古代傳播"訓"的方式》。

② 馬智全:《從清華簡〈保訓〉看"訓"文體特徵》,《魯東大學學報(哲學社會科學版)》2014 年第 4 期。

③ 吴國武:《〈保訓〉"中"字及相關問題的再思考》,《揚州大學學報(人文社會科學版)》2015 年第 6 期。

④ 張立東:《〈保訓〉的周文王紀年與夏商周年代學研究》。

⑤ 李鋭:《清華簡〈保訓〉與中國古代"中"的思想》,《孔子研究》2011 年第 2 期。

⑥ 王暉:《清華簡〈保訓〉"中"字釋義及其主題思想》,《清華大學藏戰國竹簡(壹)》國際學術研討會會議論文,2011 年 6 月 28 日;後發表於清華大學出土文獻研究與保護中心編《清華簡研究》第 1 輯,84-91 頁。

⑦ 雨無正(網名):《論〈保訓〉簡可能爲具有齊系文字特點的抄本》。

⑧ 子居(網名):《清華簡〈保訓〉解析(修訂版)》。

⑨ 楊坤:《〈保訓〉的撰作年代——兼談〈保訓〉"復"字》。

⑩ 黄懷信:《清華簡〈保訓〉篇的性質、時代及真僞》。

⑪ 王瑞雪:《清華簡"保訓"之"中"的思想含義與價值取向論析》,《西南農業大學學報(社會科學版)》2011 年第 4 期。

⑫ 王輝:《清華簡〈保訓〉"惟王五十年"解》。

⑬ 杜勇:《關於清華簡〈保訓〉的著作年代問題》。

僞,這可能要經歷一個長期鑒定的過程。[①] 艾蘭先生指出,雖然《尚書》以"堯典"爲開篇,但是,夏、商、周金文材料没有涉及堯,僅僅涉及三代。這也表明文本出現時間相對較晚。[②]柯鶴立先生認爲這一話題是戰國時期儒家學者如荀子常常探討的問題,《保訓》的最終完成時代也與此大體一致。[③] 江林昌先生由先秦歷史文化傳承方式,認爲《保訓》最後整理成篇應該在春秋戰國時期。[④] 馮時先生認爲《保訓》體現了戰國時代的古史觀念。[⑤] 曾振宇先生将《保訓》放在陰陽氣論的哲學與邏輯發展脉絡中衡評,認爲其寫作年代或許在戰國中晚期。[⑥] 陳翔、李冰清两位先生通過對《保訓》文本形態的研究,認爲《保訓》正是春秋戰國時期古史述作從"記注"轉向"撰述"的表現。[⑦]

二 《保訓》性質、体裁與年代探析

上面我們對《保訓》性質、體裁與年代問題研究情況進行了介紹,可以看出,《保訓》的性質、體裁與年代問題緊密相關,確定了性質,則其體裁與年代也就相應確定了。我們首先來看《保訓》的性質。

其實,從某種意義上説,文王遺言、史官記録、抄本、擬古之作、教材和習書這六種説法都有一定道理。從内容上看,《保訓》確是文王病重時對武王的訓誡,雖然并不能判斷是否爲名副其實的文王遺言。從與《尚書·顧命》以及《逸周書·大開》《小開》《文儆》《文傳》等篇目的對照來看,在字詞、結構還有風格上,確有一定的相似性,有論者據此認爲《保訓》有較早來源,爲史官實録的可能性較大。其實,僅憑行文風格以及字詞、結構是無法判斷《保訓》是否爲史官實録的,《保訓》不排除後世之人模仿的可能。因爲除了少部分字詞,或者説少部分的"格式化套語"可堪對比外,無論是叙事風格,還是整篇簡文所表達的思想觀點,如"中"的思想以及"陰陽""名實"等詞彙,與《尚書》和《逸周書》并不相同。很多學者據此認爲其爲擬古之作,這是有道理的。那麽,《保訓》到底是什麽性質呢?本文擬從《保訓》所載相關史事、"中"與書寫風格這三個方面來進行探討。

---

① 李存山:《試評清華簡〈保訓〉篇中的"陰陽"》。

② [美]艾蘭:《〈保訓〉及楚國書的問題(提要)》,《清華大學藏戰國竹簡(壹)》國際學術研討會會議論文,2011年6月28日,後發表於清華大學出土文獻研究與保護中心編《清華簡研究》第1輯,72–73頁。

③ [美]柯鶴立:《清華簡〈保訓〉中的"訓"及古代傳播"訓"的方式》。

④ 江林昌:《由先秦歷史文化的承傳論清華簡〈保訓〉有關問題》,《紹興文理學院學報(哲學社會科學版)》2014年第1期。

⑤ 馮時:《〈保訓〉故事與地中之變遷》,《考古學報》2015年第2期。

⑥ 曾振宇:《清華簡〈保訓〉"測陰陽之物"新論》,《中原文化研究》2015年第4期。

⑦ 陳翔、李冰清:《從文本形態看清華簡〈保訓〉的文本性質》,《殷都學刊》2017年第3期。

(一)《保訓》相關史事分析

《保訓》中所涉及史事主要有四個方面:周文王稱王與在位年數,舜"求中""得中",微"假中""歸中",河。這些史事構成了《保訓》的主要内容,《保訓》全篇的思想主旨也主要是藉由這些史事而得以呈現。探尋這些史事的史料來源及其歷史背景,對於我們理解《保訓》性質十分重要。我們首先對學者的相關研究成果進行介紹。

1.周文王稱王與在位年數

周文王稱王與在位年數問題是一個聚訟不已的問題,歷代學者多有討論。《保訓》簡文開篇言"惟王五十年",學者或據此認爲文王稱王且在位五十年,但也有一些學者對此提出异議。目前來看,學界意見主要分爲两派:一派認爲《保訓》所記屬實,確能證明文王稱王,且爲文王稱王年數提供了依據。如李學勤先生認爲文王晚年稱王恐怕確是事實。而關於文王在位年數,他認爲两説(五十年説、五十一年説)恐都不可信。[①] 劉國忠先生認爲《保訓》簡"惟王五十年"的記載印證了文王即位之初即已經稱王的史實。[②] 張立東先生認爲《保訓》之"惟王五十年"不僅直接證明周文王即位時即已受命稱王,而且之後在位五十餘年。文王在位五十一年的説法仍是比較可靠的。[③] 王連龍先生認爲《保訓》"惟王五十年"與文王在位五十年的説法存在暗合。[④] 于振波、車今花先生認爲"惟王五十年"一語,可以證明周文王在生前已經稱王,但是并不能證明他何時稱王。[⑤] 馬文增先生認爲《保訓》"惟王五十年"一句説明"文王稱王"一事確爲史實。[⑥]

另一派則認爲《保訓》可能是後人追述或擬古之作,其年代不足爲憑。如姜廣輝先生認爲《保訓》是後人追述或假托的可能性更大,不能據此篇判定"周文王在位期間曾自稱爲王"或"即位之初即已稱王"。[⑦] 李零先生認爲清華簡是戰國簡,戰國人講西周故事,當然可以按後來的習慣講話,就像《左傳》講魯十二公皆用死謚於生時,是不足爲憑的。[⑧] 林志鵬先生指出簡文中文王自言"聞兹不久",但未能取得天命,他期待武王能"受大命",未嘗言己"受命",側面地説明在竹書作者的心目中,文王生前并未受命稱王。[⑨] 王輝先生認爲"惟王五十年"衹是戰國時人傳説的周文王紀年,文王生前并未受天命稱王。而且文王即使稱王,也是

---

① 李學勤:《論清華簡〈保訓〉的幾個問題》,《文物》2009年第6期。

② 劉國忠:《周文王稱王史事辨》,《中國史研究》2009年第3期。

③ 張立東:《〈保訓〉的周文王紀年與夏商周年代學研究》。

④ 王連龍:《對"〈保訓〉'十疑'"一文的幾點釋疑》。

⑤ 于振波、車今花:《也談周文王的即位與稱王問題——讀清華簡〈保訓〉札記》,簡帛網,2009年6月10日,又以《關於周文王的即位與稱王——讀清華簡〈保訓〉札記》爲題發表於《湖南大學學報(社會科學版)》2011年第2期。

⑥ 馬文增:《〈保訓〉九題》。

⑦ 姜廣輝:《〈保訓〉十疑》。

⑧ 李零:《讀清華簡〈保訓〉釋文》,《中國文物報》2009年8月21日第7版。

⑨ 林志鵬:《清華大學藏戰國竹書〈保訓〉校釋》,簡帛網,2010年4月9日。

在其臨終前幾年,根本不存在"惟王(稱王之後)五十年"的可能。[①] 黄懷信先生也認爲"惟王五十年"應是後人追記。[②]

2.舜"求中""得中"

傳世和出土文獻中關於堯舜之事多有記載,《保訓》簡公布後,學者多將其與文獻對讀。李學勤先生指出《保訓》强調舜有在民間作"小人"的經歷,正同《無逸》的精神相合。他還將《保訓》與《中庸》相對照,認爲堯、舜、禹的傳承都講到中道,和《保訓》的思想似乎有一定關係。[③] 武家璧先生則認爲舜所求所得之"中"與歷數有關。[④] 李均明、劉軍先生認爲《容成氏》之觀念與清華簡比較接近。[⑤] 晁福林先生認爲關於舜在傳説中的形象,上博簡《容成氏》所載較詳而與清華簡《保訓》近似,當屬於一個古史傳説系統。[⑥]

3.微"假中""歸中"

李學勤先生指出微就是商王的先祖王亥之子上甲微。他認爲《保訓》可以和《山海經·大荒東經》郭璞注引《竹書紀年》相參照。[⑦] 李零先生認爲簡文講上甲微報復有易氏,即《山海經·大荒東經》郭璞注引《竹書紀年》所講的故事。[⑧] 沈建華先生指出《保訓》楚簡所載上甲微之父王亥至成唐(湯)的商代先公世譜,可與卜辭祭祀先祖王亥、上甲微、唐互爲印證。《保訓》楚簡文王借王亥的傳説,來表達君王建國執中而服人的用意。[⑨] 趙平安先生認爲王亥在商人祖先中較早稱王,擁有中是可以理解的。[⑩] 晁福林先生認爲簡文所云"微假中于河,以復有易",與《紀年》"上甲微假師于河伯伐有易"之説若合符契。[⑪] 陳民鎮先生認爲《保訓》明確表述了上甲微最重要的功績是"假中于河""以復有易"。上甲微當是因其"以勞定國"而受後嗣尊崇。[⑫]

4.河

《保訓》篇在講述上甲微"假中""歸中"故事的時候,其中一個重要的角色就是"河"。正

---

① 王輝:《清華簡〈保訓〉"惟王五十年"解》。

② 黄懷信:《清華簡〈保訓〉補釋》,簡帛網,2011 年 3 月 25 日,又發表於《考古與文物》2013 年第 2 期。

③ 李學勤:《論清華簡〈保訓〉的幾個問題》。

④ 武家璧:《舜帝的"求中"與"得中"——讀清華簡〈寶訓〉(之一)》,簡帛網,2009 年 5 月 5 日。

⑤ 李均明、劉軍:《戰國簡所見舜之形象——中道先驅》,中國文化遺産研究院編《出土文獻研究》第 9 輯,北京:中華書局,2010。

⑥ 晁福林:《觀念史研究的一個標本——清華簡〈保訓〉補釋》。

⑦ 李學勤:《論清華簡〈保訓〉的幾個問題》。

⑧ 李零:《讀清華簡〈保訓〉釋文》。

⑨ 沈建華:《〈保訓〉所見王亥史迹傳説》,《光明日報》2009 年 4 月 20 日第 12 版。

⑩ 趙平安:《關於〈保訓〉"中"的幾點意見》,復旦大學出土文獻與古文字研究中心網站,2009 年 6 月 25 日,又發表於《中國史研究》2009 年第 3 期。

⑪ 晁福林:《觀念史研究的一個標本——清華簡〈保訓〉補釋》。

⑫ 陳民鎮:《上甲微史迹傳説鈎沉——兼説清華簡〈保訓〉"微假中于河"》,《史學月刊》2013 年第 4 期。

是因爲上甲微從“河”那裏借來了“中”,才最終戰勝有易,讓有易臣服。關於《保訓》中的“河”,學界有不同看法,歸納起來,主要有以下幾種:

(1)河伯。李學勤先生指出《保訓》中“河”即古文《紀年》的河伯。殷墟卜辭商王所祀的“河”,有的常與王亥、上甲合祭,而且常用辛日,顯然是一歷史人物;有的多與社、兒、岳等合祭,應該是一種自然神。两者似應分開,不可混爲一談。[①] 贊同其説者有趙平安、嚴明、黄人二、羅坤、沈建華、黄懷信、陳民鎮、晁福林等先生。[②] (2)河内、黄河、河洛之地。廖名春先生認爲“河”是河内。[③] 郭偉川先生指出上古之時,“河”是黄河的專稱,此處亦莫能例外。[④] 李鋭、王志平先生也持此説。[⑤] 馮時先生認爲“河”雖言黄河,但據下文“以復有易”,則知此“河”應專指作爲地中的河洛之地。[⑥] (3)天道。連劭名先生認爲“河”象徵天道。[⑦] (4)河神。徐義華先生認爲清華簡《保訓》中的“河”應當也是指河及河神而言。[⑧] 劉全志先生認爲“河”爲河神,與傳世文獻中的“冥”關係密切。[⑨] (5)先公遠祖。汪亞洲先生認爲“河”是商人先公遠祖,并據陳夢家先生之説,“河”有可能是帝嚳。[⑩]

首先是文王稱王與在位年數問題。目前意見主要分爲两派。如果認爲《保訓》所記爲實録,則其能證明文王稱王,且對於進一步明確文王在位年數也是有益的。如果認爲《保訓》爲後人追述或擬古之作,則其所記年代不足爲憑。目前看来,《保訓》“惟王五十年”的記載與《尚書・無逸》“文王受命惟中身,厥享國五十年”是一致的,[⑪]這似乎表明《保訓》并非向壁虚造。但《保訓》與《逸周書》等書記載又略有不同,這或許表明《保訓》是有着自己的史料依據的。

又如舜“求中”“得中”事迹。除了學者們論著中所稱引堯舜之事,還有一些文獻可兹對照:

---

① 李學勤:《清華簡〈保訓〉釋讀補正》,《中國史研究》2009 年第 3 期。

② 趙平安:《〈保訓〉的性質和結構》;嚴明:《讀〈清華簡“保訓”釋讀補正〉札記》,簡帛網,2009 年 12 月 4 日;黄人二:《清華大學藏戰國竹簡〈寶訓〉校讀》;羅坤:《〈保訓〉“追中于河”解》,李學勤主編《出土文獻》第 1 輯;沈建華:《殷周時期的河宗》,李學勤主編《出土文獻》第 1 輯;黄懷信:《清華簡〈保訓〉補釋》;陳民鎮:《上甲微史迹傳説鉤沉——兼説清華簡〈保訓〉“微假中于河”》;晁福林:《觀念史研究的一個標本——清華簡〈保訓〉補釋》。

③ 廖名春:《〈清華大學藏戰國竹簡“保訓”釋文〉初讀再續》,清華大學簡帛研究網站,2009 年 6 月 21 日。

④ 郭偉川:《〈保訓〉主旨與“中”字釋讀》,《光明日報》2010 年 12 月 6 日第 12 版。

⑤ 李鋭:《清華簡〈保訓〉與中國古代“中”的思想》;王志平:《清華簡〈保訓〉“叚中”臆解》,《孔子研究》2011 年第 2 期。

⑥ 馮時:《〈保訓〉故事與地中之變遷》。

⑦ 連劭名:《戰國竹簡〈保訓〉與古代思想》,《中國哲學史》2010 年第 3 期。

⑧ 徐義華:《清華簡〈保訓〉“假中于河”解》,中國古文字研究會、中華書局編輯部編《古文字研究》第 28 輯,北京:中華書局,2010。

⑨ 劉全志:《清華簡〈保訓〉“假中于河”新論》,《北京師範大學學報(社會科學版)》2012 年第 2 期。

⑩ 汪亞洲:《再論清華簡〈保訓〉之“中”》,復旦大學出土文獻與古文字研究中心網站,2011 年 6 月 12 日。

⑪ [唐]孔穎達等正義:《尚書正義》卷一六《無逸》,[清]阮元校刻《十三經注疏》,北京:中華書局,2009,472 頁。

《墨子·尚賢中》:“古者舜耕歷山,陶河瀕、漁雷澤。”①

《韓非子·難一》:“歷山之農者侵畔,舜往耕焉,期年,甽畝正。河濱之漁者爭坻,舜往漁焉,期年而讓長。東夷之陶者器苦窳。舜往陶焉,期年而器牢。”②

《戰國策·趙策四》:“昔者堯見舜於草茅之中,席隴畝而蔭庇桑,陰移而授天下傳。”③

《史記·五帝本紀》:“舜,冀州之人也。舜耕歷山,漁雷澤,陶河濱,作什器於壽丘,就時於負夏。……舜耕歷山,歷山之人皆讓畔;漁雷澤,雷澤上人皆讓居;陶河濱,河濱器皆不苦窳。一年而所居成聚,二年成邑,三年成都。…舜入於大麓,烈風雷雨不迷,堯乃知舜之足授天下。堯老,使舜攝行天子政,巡狩。舜得舉用事二十年,而堯使攝政。攝政八年而堯崩。三年喪畢,讓丹朱,天下歸舜。”④

郭店楚簡《窮達以時》:“舜耕於歷山,陶拍於河匠,立而爲天子。”⑤

郭店楚簡《唐虞之道》:“夫古者舜佢於草茅之中而不憂,升爲天子而不驕。佢草茅之中而不憂,知命也。”⑥

上述文獻都提及了舜做“小人”的經歷,但可以看出側重點各有不同。比如《韓非子》中所引舜之事乃仲尼强調聖人之德化。《戰國策·趙策四》則是借堯傳天下於舜之事,强調交淺而言深之道。郭店楚簡《窮達以時》强調“時”“遇”,認爲“遇與不遇,天也”。《唐虞之道》則强調“時”“命”之觀念。上博簡《子羔》借舜之記載,强調“禮”“愛”等思想。《保訓》則通過堯舜之傳説,强調“中”的重要性。相較而言,上博簡《容成氏》和《史記·五帝本紀》的記載更爲平實質樸一些,接近於古史的體系,而與上引諸書之説帶有較强的理論性與目的性不同。這種側重點的不同可能與各自從屬於不同的學派有一定關係。《韓非子·顯學》云:“孔子、墨子俱道堯、舜,而取舍不同,皆自謂真堯、舜。堯、舜不復生,將誰使定儒、墨之誠乎?”⑦確實如此。羅新慧先生在對《容成氏》和《唐虞之道》禪讓學説進行分析比較時曾指出,堯舜禹的故事曾盛傳於戰國社會,且存在多種多樣的版本,諸子按其所需,將其納入自己的論説系統。⑧ 所言有理。堯舜之故事在諸多文獻中被記載,且這些文獻之間可以相互印證,這説明堯舜的故事在當時較爲流行,各家根據需要選取這些故事中的某些元素,來建構自己的一套

① [清]孫詒讓撰,孫啓治點校:《墨子閒詁》卷二《尚賢中》,北京:中華書局,2001,57-58頁。

② [戰國]韓非著,陳奇猷校注:《韓非子新校注》卷一五《難一》,上海古籍出版社,2000,845頁。

③ [漢]劉向集録,范祥雍箋證,范邦瑾協校:《戰國策箋證》卷二一《趙策四》,上海古籍出版社,2006,1217頁。

④ 《史記》卷一《五帝本紀》,北京:中華書局,1982,32-44頁。

⑤ 陳偉等著:《楚地出土戰國簡册[十四種]》,北京:經濟科學出版社,2009,176-177頁。

⑥ 陳偉等著:《楚地出土戰國簡册[十四種]》,194頁。

⑦ [戰國]韓非著,陳奇猷校注:《韓非子新校注》卷一九《顯學》,1124-1125頁。

⑧ 羅新慧:《〈容成氏〉、〈唐虞之道〉與戰國時期禪讓學説》,《齊魯學刊》2003年第6期。

學説理論體系。所以雖然各家學説不同,但是故事的基本元素却是相似的。

就《保訓》篇而言,其中關於舜"耕于歷茅"之事迹與其他文獻無异。但值得注意的是,簡文中并未提及其孝養父母,善其親人之行爲,也并未刻意强調其聖人之德化,雖然帝堯用授厥緒,傳位於舜,但是也并未像《唐虞之道》那樣强調禪讓之説。《保訓》中更多强調的是舜的自我努力,如文章所言"自稽厥志",有點類似於《中庸》的"反求諸其身"。通過自身修養,而達到不違背天下百姓的意願。《中庸》:"子曰:'舜其大知也與!舜好問而好察邇言,隱惡而揚善,執其两端,用其中於民,其斯以爲舜乎!'"朱熹集注:"舜之所以爲大知者,以其不自用而取諸人也。邇言者,淺近之言,猶必察焉,其無遺善可知。然於其言之未善者則隱而不宣,其善者則播而不匿,其廣大光明又如此,則人孰不樂告以善哉。两端,謂衆論不同之極致。蓋凡物皆有两端,如小大厚薄之類,於善之中又執其两端,而量度以取中,然後用之,則其擇之審而行之至矣。"[①]舜之行爲,與此類似。正是因爲舜因民之利,隱惡而揚善,執其两端,用其中於民,才能做到"不違于庶萬姓之多欲"。而後舜更是將"不違于庶萬姓之多欲"這條行爲準則從"萬姓"擴展到"上下遠邇",正如上博簡《容成氏》所言:"乃因邇以知遠,去苛而行簡,因民之欲,會天地之利夫,是以近者悦治,而遠者自至,四海之内及四海之外皆請貢。"[②]在這個基礎上,舜再"易位設稽,測陰陽之物",猶如《逸周書·大聚解》"道别其陰陽之利,相土地之宜,水土之便",[③]最後"咸順不逆",求得了"中"。從整個"求中""得中"的過程來看,舜的主觀能動性表現得十分明顯,其獲得帝位,并非其孝行,也非其時遇,也非天命,而是積極主動求取"中"的結果。這與一般的故事傳説不同,但是從上面所引《中庸》詞句來看,两者倒是契合。《保訓》中特别强調"中",或許與中庸的思想有某種關係。衹是《中庸》所言更爲抽象,而《保訓》則更爲具體。

再如上甲微事迹。大家較爲一致地將《保訓》與《山海經·大荒東經》郭璞注引《竹書紀年》所講的故事對讀,認爲簡文所云"微假中于河,以復有易"與《紀年》"殷主甲微假師于河伯伐有易"之説若合符契。《山海經·大荒東經》曰:"'有困民國,勾姓而食,有人曰王亥,两手操鳥,方食其頭。王亥托于有易河伯僕牛,有易殺王亥,取僕牛。'郭璞注引《竹書紀年》曰:'殷王子亥賓于有易而淫焉,有易之君緜臣殺而放之,是故殷主甲微假師于河伯以伐有易,滅之,遂殺其君緜臣也。'"[④]《保訓》:"昔微假中于河,以復有易,有易服厥罪,微無害,乃追(歸)中于河。微志弗忘,傳貽子孫,至于成湯,衹服不解(懈),用受大命。"從两者的對照來看,

① [宋]朱熹撰:《四書章句集注》,北京:中華書局,1983,20頁。
② 馬承源主編:《上海博物館藏戰國楚竹書(二)》,上海古籍出版社,2002,264-265頁。
③ 黄懷信、張懋鎔、田旭東:《逸周書彙校集注(修訂本)》卷四《大聚解》,上海古籍出版社,2007,391頁。
④ 袁珂校注:《山海經校注(最終修訂版)》卷九《大荒東經》,北京聯合出版公司,2014,299-301頁。

《保訓》所記與《竹書紀年》的確相似,但也有不同之處。[①]《保訓》并未交待上甲微之父王亥與有易之間的過節,而是直接從上甲微復仇開始講起。這些背景在作者看來,或者因爲太過於耳熟能詳而省略,或者因爲這對於思想主旨的表達無關緊要而忽略,又或者此故事原本有异説,因與主旨思想表達無關,故而采用了一種含糊其辭的抽象説法。簡文對於上甲微殺有易之君緜臣的事也隻字未提,衹談到有易服厥罪,似乎是刻意隱去血腥暴力的復仇情節,而替之以一種更加平和的結果。簡文有"微無害",對於這句話,學者們有兩種不同的解釋:一種觀點認爲簡文"亡害"指上甲微在戰争中無所折損,大獲全勝。[②] 一種觀點認爲"微無害"應按字面理解爲上甲微對有易氏没有加害。[③] 根據《保訓》的文意,第二種觀點似乎更加符合語境。即與前面"有易服厥罪"一樣,强調了一種更爲平和與仁慈的處理方式和結果。上甲微的這種處事方式爲其子孫所繼承,到成湯之時,用受大命。

可見,《保訓》所記上甲微之事,與其所記堯舜之事一樣,雖然也帶有一些其他文獻中同類故事所共有的元素,即上甲微復仇這樣一個母題,但是其叙述的側重點與傳世文獻明顯不同。它刻意隱去了部落之間血腥復仇的故事,代之以一種更爲平和的處理方式。這體現了一種處理外部關係的態度。當然,僅憑現有材料,并不能判斷上甲微這两種處理方式中的哪一種才是歷史的真實。但是很明顯,《保訓》作者根據需要,采用了這種更爲温和的復仇故事。

最後再来看《保訓》中所載"河"的事迹。學者們关于"河"的説法较多,这一方面與"河"原本有多重指稱和含義有關,另一方面或多或少與對簡文裏"中"的理解有關。或認爲"中"爲中道,或認爲"中"爲地中,或認爲"中"爲國家組織原則,或認爲"中"爲宗。學者們對"中"的不同釋讀,導致了對"河"的不同理解。

我們在討論上甲微事迹時曾指出過,《保訓》與《竹書紀年》關於上甲微故事的叙述側重點不同,但是两者所叙述的母題是一樣的,即都講述了上甲微復仇的故事。《竹書紀年》所述故事中有上甲微、河、有易,這些都是復仇故事展開的主要人物,尤其是河,是復仇成功的關鍵,更是情節發展的重要因素。在《保訓》中也有上甲微、河、有易,但復仇成功的關鍵因爲有了貫穿全文的"中"的存在,"河"反倒退居其次。"中"與"河"之間是否有從屬關係也變得不那麽重要。在這種情况下,"河"可以是地理稱謂,可以是河神,可以是先公遠祖,也可以是天命。而"中"可以是實物,也可以是觀念。正是因爲《保訓》刻意强調一種平和的臣服結果,

---

① 《楚辭·天問》:"昏微遵迹,有狄不寧。"[宋]洪興祖撰,白化文等點校:《楚辭補注》,北京:中華書局,107 頁。可見,《保訓》與《楚辭·天問》的記載也很不相同。

② 周鳳五:《清華簡〈保訓〉重探》,《中國人民大學國學院五周年紀念會論文集》,2010。

③ 梁濤:《清華簡〈保訓〉與儒家道統説再檢討——兼論荀子在道統中的地位問題》,"機遇與挑戰——思想史視野下的出土文獻研究"國際學術研討會,2011;改題爲《清華簡〈保訓〉與儒家道統説——兼論荀子在道統中的地位問題》,發表於《邯鄲學院學報》2013 年第 1 期。後文對前文有所補充,本文引用以後面正式發表爲準。

所以學者們認爲“中道”“公平公正之理念”“國家組織方式”等都可以讓有易臣服。如果《保訓》也如《竹書紀年》一般强調上甲微征伐有易,殺其君緜臣之類的事迹,則學者們對“河”與“中”不會有那麼大的分歧。

這種隱晦其辭的説法,正是《保訓》作者的一種技巧和思想表達方式。他完全可以如同《竹書紀年》一樣,直接寫作“假師于河”“追(歸)師于河”,簡單明了。但如此,則無法强調“中”這個貫穿全文的概念。當然也可以説,《保訓》裏講述的上甲微事迹是另外一個版本的復仇故事,與《竹書紀年》和《楚辭・天問》并不同。《保訓》强調用和平手段來處理對外關係,這可以被看作是某一學派理想化的設計。但顯然《保訓》作者做得并不完美。作者提出了一個“中”的概念,試圖一以貫之。但這個“中”在兩則故事裏似乎并不能完全統一。特别是在上甲微故事裏,“中”可假,可歸。而後又言“微志弗忘,傳貽子孫”,“中”似乎是實物,又似乎帶有某種思想屬性。學者們爲彌合二者,提出了各種釋讀意見,最終也未能統一。我們設想是《保訓》作者爲了强調“中”,有意地置换了詞語。《保訓》作者所依據的上甲微故事底本或許并非“假中于河”,也許如《竹書紀年》一樣,是“假師于河”。但作者爲了實現全文概念和思想的統一,置换成了“中”。“中”正好與表、師等也有某種聯繫,這樣既能保證内容上的一致,也能保證形式上的統一。置换後的“中”在故事中可能還是與師有關,但却較師有了更濃厚的哲學意味。如果《保訓》原文寫作“假中于河伯”,則也就無此衆多争議。如果我們將《保訓》中的“河”理解爲“黄河、河内或河洛之地”,或理解爲“河神”和“先公遠祖”,則這場復仇之戰,就由三方參與的故事變成了兩個部落之間的戰鬥,“河”在復仇故事中的特殊意義也就變得十分微弱,甚至消失了。而“中”與“河”之間似乎也不再有從屬關係。失去了這種從屬關係,“中”可以被隨意釋讀。我們不排除《保訓》作者爲了凸顯其刻意强調的“中”的概念,也爲了使置换的“中”在全文顯得更爲融合貫通,而有意如此模糊改寫。但如此,上甲微復仇故事也就變成了另外一種故事。其與《山海經》《竹書紀年》和《楚辭・天問》相同的衹剩“復仇”這一個元素。當然,這并不能成爲“河”就是“河伯”的證據。

(二)《保訓》“中”

《保訓》篇最大的焦點就在於對“中”的内涵的探討。《保訓》篇裏四次提到“中”,可見“中”是《保訓》篇的核心思想。對於《保訓》簡“中”字的含義,學界有多種看法:

1.中道、道統、中庸、中和

李學勤先生認爲“中”的觀念,或稱中道,是《保訓》全篇的中心。這對於研究儒家思想的淵源和傳流,無疑有很重要的意義。[①] 不僅如此,他還談及了宋儒的“道統”論,指出從《保

① 李學勤:《論清華簡〈保訓〉的幾個問題》。

訓》篇文看，似乎堯舜以來確有“中”的傳授。[①] 很多學者對此説表示了贊同，如劉光勝、黄人二、劉洋、王連龍、王恩來、梁濤、徐静、陳民鎮、楊朝明、歐陽禎人等先生。[②] 他們或支持中道説，或對中道説作了進一步的闡釋和引申，部分學者還專門討論了《保訓》與道統之間的關係。還有學者認爲《保訓》的“中道”思想亦即“中庸”。如黄濟、梁立勇先生。[③] 廖名春先生認爲清華簡《保訓》篇裏的“中”，其涵義當爲“和”。[④] 魏曉立、錢宗範、李鋭、王志平等先生持有類似的觀點。[⑤]

2. 訴訟

李鋭先生認爲古代“中”有中正義，引申之則與獄訟之公正有關。[⑥] 李均明先生認爲“中”在法制領域的應用體現爲“中刑”，“中刑”的核心爲刑罰適度，而刑罰適度的前提是判決公正，文王遺囑所見有易服罪而上甲微無害，不管事實如何，從字面所見表明被告與原告在訴訟過程中實現了平衡，體現了中正公平，達到了“中刑”不偏不倚的要求。[⑦] 王瑞雪先生認爲《保訓》之“中”含有與法律和政治相關的實際權力。[⑧] 王沛先生認爲清華簡《保訓》篇“易位設儀”，有創立法度的意思，“儀”的涵義和“刑”類似。[⑨]

3. 治國理念、組織原則、處理事情的分寸

姜廣輝先生認爲“中”就是處理事情時要把握分寸，要將事情處理得恰到好處。[⑩] 趙平安先生認爲“中”和“詷”相類，“詷”是古代帝王即大位之前必須掌握的東西，是治國安邦平天

---

① 李學勤：《“清華簡”研究初見成果：解讀周文王遺言》。

② 劉光勝：《〈保訓〉之“中”何解——兼談清華簡〈保訓〉與〈易經〉的形成》，《光明日報》2009 年 5 月 18 日第 12 版；劉光勝：《〈保訓〉與道統之間》，《中國文物報》2009 年 7 月 17 日第 7 版；黄人二：《戰國簡〈保訓〉通解——兼談其在中國經學史上“道統説”建立之重要性》，《中國哲學史》2010 年第 3 期；劉洋：《〈保訓〉之“中”與儒家中道觀再認識》，《德州學院學報》2010 年第 5 期；王連龍：《對“〈保訓〉‘十疑’”一文的幾點釋疑》；王恩來：《“中庸”的文脉傳承》，《理論界》2009 年第 7 期；梁濤：《清華簡〈保訓〉的“中”爲中道説》。徐静：《先秦文獻中的“中”》，曲阜師範大學碩士學位論文，2011；陳民鎮：《清華簡〈保訓〉“中”字解讀諸説平議》，復旦大學出土文獻與古文字研究中心網站，2011 年 9 月 19 日；楊朝明：《孔子的“中道”哲學及其意義》，《邯鄲學院學報》2013 年第 3 期；歐陽禎人：《從〈周易〉的角度看〈保訓〉、〈中庸〉的“中”》，《深圳大學學報（人文社會科學版）》2013 年第 3 期。

③ 黄濟：《從〈保訓〉看“中和”》，《博覽群書》2010 年第 3 期；梁立勇：《〈保訓〉的“中”與“中庸”》，《中國哲學史》2010 年第 3 期。

④ 廖名春：《清華簡〈保訓〉篇“中”字釋義及其他》，《孔子研究》2011 年第 2 期。

⑤ 魏曉立、錢宗範：《清華簡〈保訓〉“中”字再辨》，《古籍整理研究學刊》2015 年第 5 期；李鋭：《清華簡〈保訓〉與中國古代“中”的思想》；王志平：《清華簡〈保訓〉“叚中”臆解》。

⑥ 李鋭：《〈保訓〉“假中于河”試解》，清華大學簡帛研究網站，2009 年 4 月 16 日。

⑦ 李均明：《周文王遺囑之中道觀》。

⑧ 王瑞雪：《清華簡“保訓”之“中”的思想含義與價值取向論析》。

⑨ 王沛：《刑名學與中國古代法典的形成——以清華簡、〈黄帝書〉資料爲綫索》，《歷史研究》2013 年第 4 期。

⑩ 姜廣輝：《〈保訓〉十疑》。

下的道理。[①] 江林昌先生認爲以"中"爲原則,可以處理好氏族部落内部以及氏族部落之間的關係。[②] 徐義華先生認爲"中"是處於社會或國家發展的轉變時期的組織原則。[③] 張卉先生認爲《保訓》的主旨就是文王向發傳授治國平天下的道理。[④] 葛志毅先生指出"中"的性質有類於禹治水成功所得之《洪範》九疇,乃治國大法。[⑤] 崔永東先生認爲周初有崇尚"中"的思潮,當時統治者將"中"作爲治國理政的一個基本原則。[⑥]

4.曆法、易數

武家璧先生認爲舜帝"求中",實際上是天文數學方面的實踐活動,舜因能掌握和運用科學知識而獲勝。[⑦]《寶訓》的"砌中"與"歸中",實即《洪範》的"會其有極,歸其有極"。[⑧] 邢文先生則把"中"理解爲"數"——"天之數",是孔子所傳帝堯所説的"天之歷數在爾躬"的"天數",也是傳説中舜得河圖的河圖之數,也是文王據以演《周易》的"易數"。[⑨] 吴國武先生認爲"允執其中"之"其"指的是"天之歷數",而"中"則顯然是"歷數"之"中"。[⑩] 何艷傑先生認爲清華簡《保訓》中的"中"應該是一種上古數術,與遠古的河圖有着密切聯繫。[⑪]

5.地中、天下之中

武家璧先生認爲文王所説的"中"不是載之空言的"中道",而是"天下之中"。[⑫]倪木蘭先生認爲簡文中的"中"指廣義的"中土""中國""中原""天下之中",大致範圍乃中原的伊洛地區。[⑬] 艾蘭先生認爲"中"應該是地中,這個地中就在河南的嵩山。[⑭] 郭偉川先生指出"中"指"中土",是講述"得中土者得天下"。[⑮] 馮時先生認爲"中"是地中。[⑯]

---

① 趙平安:《關於〈保訓〉"中"的幾點意見》。

② 江林昌:《清華〈保訓〉篇"中"的觀念》,《光明日報》2009 年 8 月 3 日第 12 版;江林昌:《淺議清華簡〈保訓〉篇"中"的觀念》,李學勤主編《出土文獻》第 1 輯。

③ 徐義華:《清華簡〈保訓〉"假中于河"解》。

④ 張卉:《清華簡〈保訓〉"中"字淺析》,《史學月刊》2010 年第 12 期。

⑤ 葛志毅:《釋中——讀清華簡〈保訓〉》,《邯鄲學院學報》2012 年第 3 期。

⑥ 崔永東:《〈清華大學藏戰國竹簡〉所見古代法中的司法理念與道德精神》,《湖北大學學報(哲學社會科學版)》2012 年第 3 期。

⑦ 武家璧:《舜帝的"求中"與"得中"——讀清華簡〈寶訓〉之一》。

⑧ 武家璧:《上甲微的"砌中"與"歸中"——讀清華簡〈寶訓〉之二》, 簡帛網,2009 年 5 月 7 日。

⑨ 邢文:《清華簡〈保訓〉研讀講義》,簡帛網,2010 年 3 月 19 日。

⑩ 吴國武:《〈保訓〉"中"字及相關問題的再思考》。

⑪ 何艷傑:《試論清華簡"中"・禹會祭祀臺基遺址・河圖洛書》,《中原文化研究》2015 年第 6 期。

⑫ 武家璧:《文王遺言建中國——讀清華簡〈寶訓〉(之三)》,簡帛網,2009 年 5 月 12 日。

⑬ 倪木蘭:《清華楚簡〈保訓〉篇新解——兼論"中"之含義》,復旦大學出土文獻與古文字研究中心網站,2009 年 11 月 4 日。

⑭ [美]艾蘭:《清華簡〈保訓〉的"中"與天命》,簡帛網,2010 年 3 月 20 日。

⑮ 郭偉川:《〈保訓〉主旨與"中"字釋讀》。

⑯ 馮時:《〈保訓〉故事與地中之變遷》。

6.旗表、師、兵符、兵書、軍事編制

李零先生認爲“中”字可能與古代的“表”有關。古書所謂“表”,常與“旗”并説,是類似之物。“表”常用於軍中,用於合軍聚衆,教練士卒。表也是測量工具。[①] 簡文的“中”不是一般的表,而是一根可以“爲民立極”的標杆,也指極。它和“九鼎”一起,同樣是權力的象徵。[②] 徐在國、江林昌、小狐(網名)、周鳳五等先生表示贊同,[③]并作出了進一步引申。王輝先生認爲簡文“中”字()可能是“帀(師)”字之訛誤。[④] 王暉先生認爲清華簡《保訓》等古文獻中的“中”字,本義就是《儀禮・士喪禮》《禮記・檀弓下》等典籍的“重”,二者的形音義三方面都是符合的。[⑤] 申超先生認爲“中”是軍法,屬於廣義的兵書。[⑥] 喬松林先生認爲《保訓》篇的“中”具備類似兵符的功能。[⑦] 晁福林先生認爲“中”不僅是旗幟之形,也是軍事編制的一個名稱。[⑧]

7.衆

子居(網名)先生認爲“中”當是“衆”。《保訓》之“中”可求、可得、可假、可歸,自是實物而非虚辭,又證以《竹書紀年》“假師于河伯”,則《保訓》之“中”正與《紀年》之“師”對應,而“師”之訓“衆”。[⑨] 陳偉先生認爲“中”從子居讀爲“衆”,可與《竹書紀年》上甲微“假師于河伯”的記載契合。[⑩] 高嵩松先生認爲衆即民衆。[⑪]

---

① 裘錫圭先生對甲骨、金文“中”的字形有過討論。他指出,甲骨、金文“”“”所象的是風向標,卜辭“立中”就是立風向標。《盤庚》的“設中”應與卜辭的“立中”同義。設置、設立的“設”,古文字本以“埶”字表示,殷墟卜辭中就已出現了當讀爲“設”的“埶”字。“設中”應該跟“立中”一樣,是確實存在於商人語言中的詞語。盤庚要求聽他訓話的人“各設中于乃心”,是以“在心中設立能辨别風向的‘中’(風向標)”比喻“在心中樹立能分清是非的主見(或‘正確標準’)”。這樣理解盤庚的這句話,是完全合乎情理的。參見氏作《説〈盤庚〉篇的“設中”——兼論甲骨、金文“中”的字形》,復旦大學出土文獻與古文字研究中心主辦“出土文獻與傳世典籍的詮釋”國際學術研討會,2017。

② 李零:《説清華楚簡〈保訓〉篇的“中”字》。

③ 徐在國:《説楚簡“叚”兼及相關字》,簡帛網,2009年7月15日;江林昌:《清華〈保訓〉篇“中”的觀念》;江林昌:《淺議清華簡〈保訓〉篇“中”的觀念》;小狐(網名):《也談〈保訓〉之“中”》,復旦大學出土文獻與古文字研究中心網站,2009年6月21日;周鳳五:《楚簡文字考釋的方法論反思——以清華簡〈保訓〉“中”字爲例》,“機遇與挑戰:思想史視野下的出土文獻研究”國際學術研討會,2011。

④ 王輝:《也説清華楚簡〈保訓〉的“中”字》,中國古文字研究會、中華書局編輯部編《古文字研究》第28輯。

⑤ 王暉:《清華簡〈保訓〉“中”字釋義及其主題思想》。

⑥ 申超:《清華簡〈保訓〉的“中”爲兵書説》,簡帛網,2012年4月19日。

⑦ 喬松林:《對清華簡〈保訓〉篇思想的三層解讀——由〈保訓〉篇“中”的含義説起》,《船山學刊》2012年第3期。

⑧ 晁福林:《觀念史研究的一個標本——清華簡〈保訓〉補釋》。

⑨ 子居(網名):《清華簡〈保訓〉解析(修訂版)》。

⑩ 陳偉:《〈保訓〉詞句解讀》,簡帛網,2009年7月13日,又以《〈保訓〉字句試讀》爲題發表於李學勤主編《出土文獻》第1輯。

⑪ 高嵩松:《允執厥中 有恃無恐:清華簡〈保訓〉篇的“中”是指“中道”嗎?》,《東方早報・上海書評》2009年7月26日。

8.公平公正

杜勇先生指出“中”作爲全篇一以貫之的概念,無疑還是自其本義引申而來的中正、公正之意。[①] 曹峰先生也認爲《保訓》的“中”作爲一種原則就是“公平公正”。[②] 劉全志先生指出《保訓》“中”就是具有公正、正義、公道含義的思想觀念,“得中”就是公平、公正地裁決事理。[③]

9.其他

還有一些觀點,雖然支持者不如前面八種觀點那麽多,但是同樣很有啓發,不容忽視。下面予以一一介紹。(1)心、身。林志鵬先生認爲簡文“恐求中”當斷讀作“恐,求中”,中訓爲心。“求中”指反求己心。[④] 馮勝君先生也贊同“中”爲“心”的説法。[⑤] 連劭名先生認爲“中,身也”。[⑥] (2)祭祀。林志鵬先生認爲《保訓》上甲微“祈中”“歸中”疑即釁鼓儀式。[⑦] 汪亞洲先生認爲舜恭敬地在宗廟祭祀帝嚳,最終得到了帝嚳之“中”;上甲微出師前也祭祀其遠祖帝嚳,亦得到了帝嚳之“中”,并傳之後世,湯得到後并有天下。[⑧] (3)寶物。李守奎先生認爲“中”可借可還,自當是一種物件。把這種東西理解爲“前人傳寶”的“寶”同類的東西,比較合理。[⑨] (4)婚事。周同科先生認爲“中”乃關涉婚事,指稱岳父。[⑩] (5)常。李軍政先生指出“中”“常”两字古音相同,并且“中”之本意後由“常”字代替。“常”字訓爲規律、規則。[⑪] (6)天命。白立超先生認爲《保訓》中關於舜的“求中”“得中”,上甲微的“假中”“歸中”與天學事務或者祭祀均有着密切的關係,與“天命”直接相關。[⑫] (7)音樂。方建軍先生指出由於先秦時期樂與政通,所以受“中”的政治思想影響,“中”的音樂思想宣導用“中聲”或“中音”的技術手段,達到音樂“和”的目的。[⑬] (8)忠。謝偉峰先生認爲清華簡《保訓》之

---

① 杜勇:《關於清華簡〈保訓〉的著作年代問題》。

② 曹峰:《〈保訓〉的“中”即“公平公正”之理念説:兼論“三降之德”》,110-122頁。曹峰先生對此觀點有所補充,他認爲《保訓》第一個故事所見“中”應該是法律意義上的文書,第二個故事所見“中”確實具有刑書的性質,兩者都體現著“公平公正”的理念。參見氏作《〈逸周書〉二文看〈保訓〉之“中”的刑書性質》,王博編《哲學門(總第31輯)》,北京大學出版社,2016。

③ 劉全志:《清華簡〈保訓〉“假中于河”新論》。

④ 林志鵬:《清華大學所藏楚竹書〈保訓〉管窺——兼論儒家“中”之内涵》。

⑤ 馮勝君:《也説清華簡〈保訓〉篇的“中”》,中國文化遺産研究院編《出土文獻研究》第16輯,上海:中西書局,2017。

⑥ 連劭名:《戰國竹簡〈保訓〉與古代思想》。

⑦ 林志鵬:《清華大學所藏楚竹書〈保訓〉管窺——兼論儒家“中”之内涵》。

⑧ 汪亞洲:《再論清華簡〈保訓〉之“中”》。

⑨ 李守奎:《〈保訓〉二題》。

⑩ 周同科:《清華簡〈保訓〉之“中”關與婚事説》,《南京大學學報(哲學・人文科學・社會科學版)》2010年第6期。

⑪ 李軍政:《〈保訓〉之“中”應訓爲“常”》,《中國哲學史》2013年第1期。

⑫ 白立超:《信仰時代的政治文明——從〈尚書〉看〈保訓〉“中”的問題》,《國學學刊》2013年第2期。

⑬ 方建軍:《〈保訓〉與“中”的音樂思想本源》,《中國音樂學》2016年第1期。

“中”應訓爲“忠”。[①]

以上是對《保訓》“中”字諸説的歸納。雖然看上去紛繁複雜,但實際上可以分爲两大類:一類主觀念説,一類主實物説。

主觀念説者主要有中道、道統、中庸、中和説;治國理念、組織原則説;公平公正説;天命説等。持中道説者,包括中和、中庸、道統説者,將《保訓》與《中庸》聯繫起來,進而論述其與道統的關係。此類説法較爲直觀,且因其爲一種抽象之觀念,故而能够較好地將《保訓》篇裏四個“中”字的涵義融合貫通起來,避免了實物説的局限。所以支持中道説者最多。治國理念、組織原則説在某種程度上是中道説的引申或具體化,“中道”即是一種治國理念和組織原則。公平公正説與訴訟説有着密切聯繫。持訴訟説者將《保訓》“中”與《尚書・立政》以及《尚書・吕刑》對讀,認爲“中”爲中刑。公平公正説在此基礎上,再結合“中道”的處事原則,引申出公平公正。公平公正也是一種治國理念。天命説有一定道理,按《保訓》原文也有天命,“中”與“天命”有一定關係,但并不能等同。且如果“中”爲天命,爲何河伯會有天命,天命能假能歸?所以,無論是道統、中庸、中和説;還是治國理念、組織原則説,公平公正説,都與中道説有關係,是中道説的引申或具體化。

主實物説者主要有旗表、師、兵符、兵書、軍事編制説;衆説;寶物説等。持旗表説者較多,認爲“‘表’常用於軍中,用於合軍聚衆,教練士卒”。“假中”義同“假師”。[②] 這樣能將《保訓》裏“假中于河”與《竹書紀年》“假師于河伯”對照起來。兵符、兵書、軍事編制説,包括衆説,均與《竹書紀年》“假師于河伯”的記載有關,是在此義基礎上的闡釋和引申。此類説法的優勢在於有内容相似度極高的《竹書紀年》可兹對照。特别是旗表説,似乎能很好地彌合舜和上甲微這两則故事。問題是,“中”如果爲實物説,則不能很好地解釋爲何微歸中於河,却又傳貽子孫的疑惑。

此外還有歷數説,地中説,婚事説,祭祀説,音樂説,身、心説,常説,忠説。這些説法多從“中”的某種釋義出發,比如身、心説,常説,忠説,婚事説和音樂説,然後根據先秦時期的史事或思想等作出闡釋。祭祀説也是如此,由“中”爲“宗”義,進而提出祭祀的説法。又如地中説,由“中”而引申出中心、地中之義,再結合文王、武王進取中原、宅兹中國之意而推論出“中”爲地中。此類説法可備一説,問題在於太過於依賴文字的訓釋,而忽略了《保訓》文本的語境,忽略了《保訓》所載故事與傳世、出土文獻的相似性,有過度解讀的嫌疑。有些説法雖能較好地解釋《保訓》裏某則故事,但并不能貫穿《保訓》全文。歷數説與“天之歷數在爾躬”的記載有關,且上甲微假中於河,也很容易讓人將“中”與河圖洛書結合起來,再加上歷來

① 謝偉峰:《清華簡〈保訓〉發微》,《榆林學院學報》2017年第3期。
② 李零:《説清華楚簡〈保訓〉篇的“中”字》;徐在國:《説楚簡“叚”兼及相關字》。

有文王演《周易》的説法,《保訓》又爲文王遺言,所以更是堅信了這一説法。此説的優點在於有一定的文獻依據,但是問題也在於忽略了《保訓》文本的語境以及所載故事與傳世出土文獻的相似性。

其實"中"字的釋讀涉及到一個原則,即"中"字的涵義是否貫穿全文的問題。支持中道説者最多,是因爲中道爲一抽象之觀念,能够較好地將《保訓》篇裏四個"中"字的涵義融合起來。從上面所引諸説也可以看出,儘管很多學者認爲《保訓》裏四個"中"的涵義不同,部分可能所指爲實物,但最後還是傾向於提出一個一以貫之的概念,即"中道"。即使持實物説者,也是盡可能將兩則故事統一起來。爲了解釋上甲微"追中"却又"傳貽子孫"的説法,會在字詞釋讀方面努力,提出諸如"《保訓》正處於由作爲實體形態的'中'向作爲觀念形態的'中'轉化的階段"這樣的説法來彌補實物説帶來的局限。[①] 可見,大多數學者還是傾向於認爲《保訓》裏四個"中"應該有一個通貫全篇的訓解。

不過也有學者認爲《保訓》"中"的涵義可以有好幾種,如劉信芳先生認爲《保訓》裏"中"的涵義有以下五種:1.天地之中。2.社會倫理之中。3.政治行政之中。4.思想之中。5.其他引申義。如中字形旗幟之爲軍隊之中。甚至可以涵蓋當代河南話"中不中?"[②]鄭吉雄先生也指出,"求中""得中"之"中",宜釋爲"公平""均衡"的準則,與治民治國之政治事務有關;"假中""歸中"之"中",宜訓爲軍隊之旂旗,其事與《竹書紀年》所記太甲微之事相同。同一個字,分用作兩種不同意義,具有兩種不同的訓釋,并存於一篇文獻之中,是中國早期寫本文獻常見的現象,學者似不須執着某一個貫通全篇的訓解。《保訓》作者不言"假師于河"而言"假中于河",又言"歸中",似乎有意要與前文的"求中""得中"共同突顯某種"尚中"的價值觀念。這種觀念,隱含在《保訓》的文脉之中,研究者不宜作過度的詮釋,與《中庸》"致中和"一類的哲學概念相比附。這種隱含於全篇文脉的"尚中"思想,不需要落實在每一組詞的解釋之中。作爲普遍意義(universal meaning)的"中",與個别意義(particular meaning)的"中"是可以同時存在一個文獻之中的。即使《保訓》是要傳達某種藴含普遍意義的"中"思想,亦不妨礙每一組詞彙裏面的"中"表達的是個别的、具體的意義。[③]

其實,《保訓》裏"中"字的涵義確實没有那麽統一,起碼不是那麽明顯。很多學者也認爲《保訓》裏"中"有不同的涵義,衹是最後還是傾向於提出一個統一的概念。那麽,這種一個文本裏同一個字,有不同訓釋的現象如何解釋呢?我們是否需要對《保訓》裏"中"設定一個判斷的標準呢?

---

① 晁福林:《觀念史研究的一個標本——清華簡〈保訓〉補釋》。

② 劉信芳:《清華藏簡(壹)試讀》,復旦大學出土文獻與古文字研究中心網站,2011年9月9日。

③ 鄭吉雄:《先秦經典"中"字字義分析——兼論思想史研究方法及〈保訓〉的"中"》,"機遇與挑戰:思想史視野下的出土文獻研究"國際學術研討會,2011。

上文我們在對《保訓》所載相關史事進行分析時提出過,《保訓》所記史事雖然帶有一些其他文獻中同類故事所共有的元素,但是其叙述的側重點與傳世文獻明顯不同。也許《保訓》所述故事與現在所見文獻有著不同的史料來源,也許是《保訓》作者根據需要,對堯舜以及上甲微故事進行了有意地改寫。他將兩則并不相關的故事放在一起,而提出了一個“中”的概念,試圖一以貫之。但《保訓》作者改寫得并不完美,很明顯,這個“中”在兩個故事裏似乎并不能完全統一,特别是在上甲微故事裏。我們曾提出設想,認爲在上甲微故事裏,《保訓》作者爲了强調“中”,有意地置换了詞彙。《保訓》作者所依據的上甲微故事底本或許原非“假中于河”,也許和《竹書紀年》一樣,是“假師于河”。但作者爲了實現全文概念和思想的統一,置换成了“中”。“中”正好與表、師等也有某種聯繫,這樣既能保證内容上的一致,也能保證形式上的統一。置换後的“中”在故事裏也可以理解爲師,但却較“師”有了更濃厚的哲學意味。但這又造成了一個困境,即不完美的改寫使得两則故事裏“中”的涵義并不能很好地統一。這也是學者們争訟不已的原因。爲何《保訓》作者要選取這樣两則故事來表達自己的思想呢?且將舜與上甲微故事并列,這在文獻中也是極爲罕見的。

學者們對此有過討論。將《保訓》與《中庸》和《孟子》聯繫起來,表明確有“中”的傳授,從而提出《保訓》與道統之間的關係。這種説法有一定的道理。但疑問在於,《保訓》裏舜的“中”并非堯傳授的,而是舜自己求取的,而且上甲微所假之“中”來自於“河”,爲何“中”會在“河”那裏?且從《保訓》文本來看,文王并未言及其得到過“中”,文王更爲在意的是武王的天命。不解釋清楚這些疑問,就無法讓人信服《保訓》與道統之間的關係。其實,《保訓》强調“中”,但更爲强調的是天命。“中”衹是獲得天命的一種手段。舜正是因爲得“中”,才獲得帝堯的嘉賞,“用授厥緒”。而正是上甲微將“中”傳貽子孫,成湯才用受大命。所以,《保訓》整篇講述“中”,其實是手段,是過程,“天命”才是文王最看重的結果。

那么,“中”到底代表了一種什麽樣的手段呢?上面我們對《保訓》中两則故事進行過分析,認爲两則故事叙述的側重點與傳世文獻明顯不同。在舜的故事中,《保訓》更多强調的是舜的自身努力,文章言舜“自稽厥志”,有點類似於《中庸》的“反求諸其身”。通過自身修養,而達到不違背天下百姓的意願。他强調舜的積極進取以及舜如何處理與民衆的關係,强調的是一種對内社會秩序的建構。而在上甲微故事中,他刻意隱去了部落之間血腥復仇的故事,而代之以一種更爲平和的處理方式,這代表了《保訓》作者的一種理念,他强調的是一種處理外部族群關係更爲平和的方式。對内則不違庶萬姓之多欲,對外則無害。《保訓》作者借文王遺言,借上古聖賢之事,强調一種對内對外的處事方式,認爲衹有處理好這種對内對外的關係,才能獲得天命。

明確了《保訓》作者的意圖,我們在對《保訓》進行解讀時,一方面要注意《保訓》中史事與傳世、出土文獻可印證之處,但是也要特别注意不同之處,不照搬、不套用,盡可能從文本語境出發,這才是我們了解《保訓》的關鍵。《保訓》作者選取舜和上甲微兩則故事來表達自己的思想,試圖模糊原有之概念,替之以一種更爲抽象的概念“中”。但《保訓》中所載故事并非向壁虚造,而是有着一定的史料來源,這決定了其改寫存在一定的難度,[①]所以看上去,其融合得并不那麽完美,作者有意模糊其辭,或許正是爲了掩飾這種不完美。不可否認,這種略顯生硬的改寫和融合不可避免地造成了歧義。出現這種困境與《保訓》作者有關。但總體而言,《保訓》的意圖還是很明顯的,作者確實想用一個一以貫之的概念“中”來表達其政治理想。

(三)《保訓》書寫風格探析

關於《保訓》書寫風格,目前來看,主要有具有齊系文字特點的抄本,書法風格具有齊魯地區特徵的楚文字抄本,習書以及三晋文字抄本等幾種觀點。

1.《保訓》簡可能爲具有齊系文字特點的抄本。雨無正(網名)先生認爲《保訓》簡文字形體十分特殊,一些文字形體和典型的楚文字形體差异很大,却和一些傳抄古文、齊系銘文以及具有齊魯系文字特點的抄本文獻的文字形體相近或相同。《保訓》簡是楚人的抄本,而且是具有齊系文字特點的抄本。[②]

2.《保訓》爲書法風格具有齊魯地區特徵的楚文字抄本。馮勝君先生認爲《保訓》篇雖然從書法風格上接近三體石經,而三體石經源於戰國齊魯地區文字寫本,但簡文中絶大多數文字從形體結構的角度分析還是典型的戰國楚文字。《保訓》篇是書法風格具有齊魯地區特徵的楚文字抄本。[③]

3.《保訓》是一篇習書。李守奎先生從四個方面歸納了《保訓》的文字書寫特點,認爲《保訓》的字體獨一無二,且《保訓》的竹簡形制與其他古書相比明顯短小,《保訓》可能是一篇習書。[④] 福田哲之先生贊同李守奎先生的看法。[⑤]

4.《保訓》篇文字具有較多三晋文字特徵。程浩先生認爲《保訓》個别用字與戰國楚文字形體有着明顯不同,保留了較多三晋文字的特點。現在看到的清華簡《保訓》,可能就是未經完全“馴化”而較多地保留了底本特徵的三晋文獻。[⑥]

以上是各家對《保訓》簡書寫風格的研究。《保訓》簡部分文字形體確與傳抄古文、齊系

---

① 或者説《保訓》有着不同的史料來源,是另外版本的不同故事。但是從《保訓》全篇來看,四個“中”字并存於一文,應該不是偶然,作者有意改寫的可能性較大。

② 雨無正(網名):《論〈保訓〉簡可能爲具有齊系文字特點的抄本》。

③ 馮勝君(網名公子小白):《發一份清晰的〈保訓〉圖片并談簡文與傳抄古文的關係》,復旦大學出土文獻與古文字研究中心網站論壇,2009年7月7日。馮勝君:《試論清華簡〈保訓〉篇書法風格與三體石經的關係》,92-98頁。

④ 李守奎:《〈保訓〉二題》。

⑤ [日]福田哲之:《清華簡〈保訓〉與三體石經古文——科斗體的淵源》,中國文化遺産研究院編《出土文獻研究》第13輯,上海:中西書局,2014。

⑥ 程浩:《清華簡〈保訓〉源自三晋文獻説》。

銘文、具有齊系文字特點的抄本相同或相似，個別文字與晉國出土文字也有可對比性。但不可否認，《保訓》簡大部分文字從形體結構上分析還是典型的楚文字。對此，我們做了以下幾個《保訓》簡字形對照表。

表 1 《保訓》簡文形體與楚系文字形體相同或相近者

字例	《保訓》簡文形體	典型楚系文字形體	字例	《保訓》簡文形體	典型楚系文字形體
1.年		 郭・緇・12	2.不		 包 156
3.痵		 上・周・14	4.多		 包 278 反
5.述		 上・亘・12	6.訓		 天卜
7.戊		 包 125	8.子		 包 103
9.演		 雲夢日甲 135	10.己		 包 245
11.沓		 上・内・8	12.曰		 包 208
13.發		 包 271	14.疾		 包 123
15.甚		 郭・尊・37	16.必		 包 260
17.以	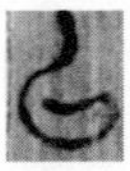	 望 M1・3	18.詷		 上・曹・34
19.允		 郭・緇・5	20.夊		 郭・語四・3

續表

字例	《保訓》簡文形體	典型楚系文字形體	字例	《保訓》簡文形體	典型楚系文字形體
21.箸		包1	22.舜		郭·窮·2
23.親		包51	24.于		包163
25.詣		包156	26.庶		包258
27.上		包79	28.下		包53
29.迺		上·子·10	30.易		信1·1
31.立		望M1·22	32.会		包180
33.殤		帛乙2·80 (“瀉”所从)	34.川		帛甲3·72
35.既		包16	36.中		包140反
37.言		包126	38.名		郭·緇·38
39.身		包213	40.兹		包67
41.墜		郭·性·3	42.嘉		清·耆夜·6

續表

字例	《保訓》簡文形體	典型楚系文字形體	字例	《保訓》簡文形體	典型楚系文字形體
43.緒		 包 263	44.光		 清·尹至·1
45.叚		 清·繫年·58	46.河		 郭·窮·3
47.逿		 郭·尊·32	48.皐		 上·競·2
49.追		 新·甲三·11	50.康		 郭·緇·28
51.伓		 望 M1·183	52.命		 望 M1·54
53.所		 帛乙 5·83	54.足		 包 112
55.亓		 清·繫年·11	56.啓		 包 163

從上表看,《保訓》簡大部分文字從形體結構上看還是典型的楚文字。除此以外,《保訓》簡文中還有一些文字字體和構型較爲獨特,比如从"又""心""人""辵"等偏旁的文字,除了這些偏旁較爲獨特外,其他構形部分與典型楚文字基本一致。

表 2 《保訓》簡文中从"又"之字形體與楚系文字形體對照表

字例	《保訓》簡文形體	典型楚系文字形體	字例	《保訓》簡文形體	典型楚系文字形體
1.受		 包 77	2.救		 包 249
3.施		 郭·尊·37	4.得		 上·周·14

續表

字例	《保訓》簡文形體	典型楚系文字形體	字例	《保訓》簡文形體	典型楚系文字形體
5.敬		 帛乙 10·88			

表 3 《保訓》簡文中从“心”之字形體與楚系文字形體對照表

字例	《保訓》簡文形體	典型楚系文字形體	字例	《保訓》簡文形體	典型楚系文字形體
1.念		 九 M621·13	2.德		 信 2·7

表 4 《保訓》簡文中从“人”之字形體與楚系文字形體對照表

字例	《保訓》簡文形體	典型楚系文字形體	字例	《保訓》簡文形體	典型楚系文字形體
1.保		 包 197	2. 備		 郭·老乙·1

表 5 《保訓》簡文中从“辵”之字形體與楚系文字形體對照表

字例	《保訓》簡文形體	典型楚系文字形體	字例	《保訓》簡文形體	典型楚系文字形體
1.連		 郭·老甲·22	2. 遠		 郭·魯·7
3.復		 郭·尊·32	4. 追		 新·甲三·11

對於這些構形獨特的偏旁,李守奎先生認爲帶有很突出的個人書寫特徵,雨無正(網名)先生則認爲這些偏旁的書寫風格多與傳抄古文以及金文類似。我們贊同雨無正(網名)先生的分析。除去雨無正(網名)先生和馮勝君先生所列舉的《保訓》簡與傳抄古文的對比字例,《保訓》中確實有不少文字的字體和構形與金文和璽印文字相似。如下:

表 6 《保訓》簡文與金文/璽印文字形體對照表

字例	《保訓》簡文形體	金文/璽印	字例	《保訓》簡文形體	金文/璽印
1.王		 曾姬無卹壺	2.五十		 虢季子白盤
3.之		 小克鼎	4.自		 毛公鼎
5.女		 齊侯盤	6.勿		 中山王鼎
7.尔		 陳尔徒戈	8.人		 （"元"所从） 邾公華鐘
9.茅		 胤嗣壺	10.淛		 上曾太子鼎
11.咸		 秦公鎛	12.甬		 曾姬無卹壺
13.𦥑		 者汈鐘	14.宿		 郳子宿車盆
15.鬲	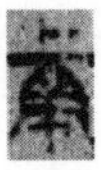	 邾友父鬲	16.者		 十四年陳侯午敦
17.欠		 （"脊"所从） 陳侯因脊敦	18.若		 上曾大子鼎

續表

字例	《保訓》簡文形體	金文/璽印	字例	《保訓》簡文形體	金文/璽印
19.氒①		 魯大司徒厚氏元鋪	20.瘖		 璽彙 2039
21.今		 師虎簋	22.子孫		 周窓匜

關於這一點,一上示三王(網名)在評論馮勝君先生《發一份清晰的〈保訓〉圖片并談簡文與傳抄古文的關係》時也指出過:"戰國青銅禮器銘文上的字體,應該反映當時的'正體'。傳抄古文的字形,有的源頭正是這些'正體'。"從《保訓》字例對照表來看,有些字體確實與當時的"正體"較爲接近,雖然從文字形體結構上分析其大部分文字還是典型的楚文字。除此之外,《保訓》簡中還有一些文字字體和構形與侯馬盟書字體較爲接近,見下表:

表 7 《保訓》簡文與侯馬盟書、温縣盟書部分文字形體對照表

字例	《保訓》簡文形體	盟書	字例	《保訓》簡文形體	盟書
1.之		 侯馬盟書	2.自		 侯馬盟書
3.壹		 温縣盟書	4.諱		 侯馬盟書
5.嘉		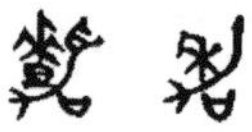 侯馬盟書	6.子孫		 侯馬盟書

我們曾介紹過福田哲之先生的觀點,他在文中特别提及了温縣盟書。他指出温縣盟書中所見"止"字,基本與楚簡等同樣作"反 Y 字型",但 WT1 K14:636 中具有例外的"Y 字型",該盟書以略大文字書寫,與其他的書法風格不同。且"往"上部的"之"的部分具有類似《保訓》及三體石經般正體的形體,此點也與其他盟書迥异。② 此説是。盟書的文字,有些與西周文字的形態也較爲一致。這種情況其實也見於郭店簡《唐虞之道》。比如《唐虞之道》簡 3"后"字作,見於三晋文字作(中山王兆域圖,《集成》10478);③又《唐虞之道》簡 5

① 《保訓》中"氒"訛作氏。
② [日]福田哲之:《清華簡〈保訓〉與三體石經古文——科斗體的淵源》。
③ 馮勝君:《郭店簡與上博簡對比研究》,北京:綫裝書局,2007,302-303 頁。

“事”作，與三晋文字作（《侯馬》312）接近。[①] 馮勝君先生在討論《唐虞之道》《忠信之道》《語叢一》三文字特點時，曾將它們與各系文字進行過對比，指出與《説文》古文相合者最多；其次是與三體石經古文相合者；再次是齊文字；然後是晋系文字；最後是燕系文字。《保訓》情况與此類似。所以馮勝君先生認爲《保訓》篇的書法風格可能源於齊魯地區。這種説法是有道理的。雖然目前所見齊魯地區出土戰國簡牘材料很少，我們不能確知三體石經文字與戰國齊魯地區簡牘文字之間明確的异同關係，但是其與齊魯地區關係應該最爲密切。至於其中出現的與青銅器銘文、璽印以及侯馬、温縣盟書等相似的現象，也能解釋。各系文字之間雖然有一定差异，但也并非完全没有相似之處，且各系文字之間也是存在交流和相互影響的。另外，文字發展演變是有一定延續性的，戰國時期部分文字與殷商西周文字在字體與書寫上類似，也屬正常。不過，正如馮勝君先生所言，判斷簡文國别與地域特徵的主要條件還是看其占主導地位的文字形體特徵。從上列諸表《保訓》文字字形對照表來看，《保訓》簡文中絶大多數文字從形體結構的角度分析還是典型的戰國楚文字，這説明《保訓》簡可能已經經過了一定程度的馴化，衹是因爲傳入時間不久，還未完全馴化。或者抄手刻意保留了一定數量的文字書寫特色。

其實除了書寫特色，從文本内容上看，《保訓》與《唐虞之道》也較爲相似。《保訓》簡文王以堯舜以及微湯之事告誡武王，而《唐虞之道》也是講述堯舜之事，雖然側重點不同，但是有一點却是共通的，這就是“天命觀”。《保訓》簡文“用受大命”“不及爾身受大命”，多次强調“大命”，文王病重最關心的是武王受大命的問題，文中一再强調的“中”正是得“大命”的重要條件。《唐虞之道》簡文“聖以遇命”“仁以逢時”“佢草茅之中而不憂，知命也”，也是强調聖賢與天命的關係。

而從行文風格上看，两者均屬於叙事風格，借上古聖賢之事，來闡述一套理論。如果説《唐虞之道》講述的是堯舜之道，那《保訓》則是堯舜、微湯之道，文王之道。春秋戰國之人喜借聖賢之事來表達自己的政治觀點，將《保訓》視作春秋戰國之人模仿書類文獻所作的擬古之作，似乎是可以的。當然這裏所謂擬古之作，并不是憑空捏造。黄懷信先生指出過：“《保訓》的‘戊子，自靧水。己丑昧爽’等文字，應出於實録，除非説是後人憑空捏造的。”[②]不僅如此，《保訓》“惟王五十年”的記載與《尚書·無逸》“文王受命惟中身，厥享國五十年”也是一致的。又《保訓》中所載虞舜故事，也可以和《韓非子》《墨子》《戰國策》等傳世文獻以及《容成氏》《唐虞之道》《子羔》等出土文獻相對照。上甲微和河的事迹也與甲骨文、《山海經》《竹書紀年》《楚辭》有可對照之處。這些都表明《保訓》可能確有一定的史料來源和依據，而非

① 馮勝君：《郭店簡與上博簡對比研究》，270 頁。
② 黄懷信：《清華簡〈保訓〉篇的性質、時代及真僞》。

向壁虚造。葛志毅先生《試論堯舜時代與國家》指出:"與春秋戰國諸子相比,諸子多以發明思想義理爲主,其中唯孔子儒家偏重於傳述古史,但學風又以崇尚徵實爲特徵,因而最具歷史學派的風範。孔子曾自言:'述而不作,信而好古',但其述古、好古的前提是要'文獻足徵'。是以孔子删定六經,借傳述古史的形式寄寓自己的政治理想,這是孔子'好古'而又重'文獻足徵'的最好證明。所以不能一般套用戰國諸子托古改制的舊説去簡單評價儒家傳述的堯舜古史體系,而且從司馬遷推崇有加的態度中,也可説明孔子儒家所傳經典記載的信史價值。"[①]有學者認爲《保訓》出於儒家之手,[②]就如同有學者認爲《唐虞之道》是儒家作品一樣。[③] 關於其學派還可討論,然其性質應該是可以確定的。

再從簡書形制來看,整理者曾指出《保訓》簡書長度較爲特殊。據介紹,《保訓》全篇共有 11 支簡,完簡長 28.5 厘米,編痕上下两道,每支簡 22 至 24 字。而清華簡大多數簡則較長。清華簡壹中有一些《尚書》和《逸周書》篇章,如《程寤》,三道編,簡長 45 厘米。《金縢》,三道編,簡長 45 厘米。又《皇門》,三道編,簡長 44.4 厘米。《祭公》,三道編,簡長 44.4 厘米。簡書長度與其性質的關係不可忽略,王國維先生對此有過概括。[④] 雖然從郭店簡和上博簡長度統計結果看,戰國時期,典籍類竹簡的抄寫内容同所用竹簡的長度之間并没有明顯的規律性。不過,較長的簡抄録的還是一些相對重要的儒家和道家典籍,王國維先生所言"以策之大小爲書之尊卑",大體還是符合戰國典籍類竹簡的實際情況的。[⑤] 這種情況在不同批次的簡牘中表現得并不是很明顯,如郭店簡《緇衣》與上博簡《緇衣》内容相同,两篇竹簡簡長却差距較大。但同一批次的簡牘的長短,大體還是符合這一規律的。《保訓》與同出清華簡中書類文獻長度的差异,或許暗示了其性質的不同。

從簡牘形制來看,《保訓》簡與《唐虞之道》較爲相似。據介紹,《唐虞之道》存簡 29 枚,竹簡两端平齊,簡長 28.1—28.3 厘米。編綫两道,編綫間距約 14.3 厘米。整簡字數多在 24—27 字之間。[⑥]《忠信之道》有竹簡 9 枚,簡長 28.2—28.3 厘米,編綫两道,編綫間距 13.5 厘米。[⑦] 雖然上文我們指出不同批次的簡牘長短不具有對比性,不能作爲書之尊卑以及性質

① 葛志毅:《試論堯舜時代與國家》,《管子學刊》2000 年第 4 期。

② 梁濤:《清華簡〈保訓〉的"中"爲中道説》。

③ 周鳳五先生認爲《忠信之道》《唐虞之道》簡長在 28.1-28.3 厘米之間,是因爲這兩篇文獻屬於孟子學説,重要性不如占郭店簡主體的子思學説諸篇,自然應"歸入傳注類而非尊爲經典"。參看周鳳五《郭店竹簡的形式特徵及其分類意义》,武漢大學中國文化研究院編《郭店楚簡國際學術研究會論文集》,武漢:湖北人民出版社,2000,53-63 頁。

④ "古策長短皆爲二尺四寸之分數。最長者二尺四寸,其次二分而取一,其次三分取一,最短者四分取一。周末以降,經書(六經)之策皆用二尺四寸;禮制法令之書亦然。其次一尺二寸,《孝經》策長一尺二寸,漢以後官府册籍、郡國户口黄籍皆一尺二寸。其次八寸,《論語》策長八寸。其次六寸,漢符長六寸。"參看王國維著,胡平生、馬月華校注《簡牘檢署考校注》,上海古籍出版社,2004,14-27 頁。

⑤ 馮勝君:《郭店簡與上博簡對比研究》,45-46 頁。

⑥ 荆門市博物館編:《郭店楚墓竹簡》,北京:文物出版社,1998,157 頁。

⑦ 荆門市博物館編:《郭店楚墓竹簡》,163 頁。

判斷的絶對證據,但這也并非説完全没有參考價值。從目前可見戰國秦漢竹簡長度來看,也有很多性質類似的簡牘,其長度較爲接近的例子。[①] 所以,在内容、風格、字體等因素的前提下,簡牘長短可作爲性質判斷的輔助參考,不作爲唯一證據即可。

如此看來,《保訓》與《唐虞之道》或許有着某種特殊的聯繫,或是有着共同來源,或是兩者性質類似。這也表明了《保訓》的特殊性,其與清華簡中的書類文獻可能有着不同來源。在當時,《保訓》不一定被認爲是書類文獻,起碼抄寫者并不認爲《保訓》與書類文獻有同等的地位。

(四)《保訓》體裁

下面我們再來看《保訓》的體裁。學者們從不同角度論述了《保訓》與《尚書》和《逸周書》的關係。或認爲《保訓》屬於《尚書》體裁,或是《尚書》類文獻。或認爲《保訓》與《逸周書》關係密切,可能原屬於《逸周書》的篇章。或認爲《保訓》是"訓"體。學者們得出如是結論,一方面是因爲《保訓》與清華簡書類文獻同出,特别是清華簡第一册中,大多爲《尚書》和《逸周書》篇章;另一方面,《保訓》的風格以及某些詞彙確實與書類文獻相似。且從内容上看,又是文王對武王的臨終訓誡,文中明言"保訓",將《保訓》納入書類文獻"訓"體似乎也較爲自然。以下列舉一些可以與《保訓》相對讀的書類文獻:

《尚書·顧命》:

> 惟四月,哉生魄,王不懌。甲子,王乃洮頮水。相被冕服,憑玉几。乃同,召太保奭、芮伯、彤伯、畢公、衛侯、毛公、師氏、虎臣、百尹、御事。王曰:"嗚呼!疾大漸,惟幾,病日臻。既彌留,恐不獲誓言嗣,兹予審訓命汝。昔君文王、武王宣重光,奠麗陳教,則肄肄不違,用克達殷集大命。在後之侗,敬迓天威,嗣守文、武大訓,無敢昏逾。今天降疾,殆弗興弗悟。爾尚明時朕言,用敬保元子釗弘濟于艱難,柔遠能邇,安勸小大庶邦。思夫人自亂于威儀。爾無以釗冒貢于非幾……越玉五重:陳寶、赤刀、大訓、弘璧、琬琰,在西序。大玉、夷玉、天球、河圖,在東序……太史秉書,由賓階隮,御王册命。曰:"皇后憑玉几,道揚末命,命汝嗣訓,臨君周邦,率循大卞,燮和天下,用答揚文、武之光訓。"[②]

《逸周書·大開》:

> 維王二月既生魄,王在酆,立于少庭……儆我後人,謀競不可以藏。戒後人其用汝謀,維宿不悉日不足。

《逸周書·小開》:

① 具體情况可以參見程鵬萬《簡牘帛書格式研究》,上海古籍出版社,2017,79-113頁。
② [唐]孔穎達等正義:《尚書正義》卷一八《顧命》,[清]阮元校刻《十三經注疏》,505-512頁。

維三十有五祀,王念曰:多□,正月丙子拜望,食無時……後戒後戒,宿不悉日不足。

《逸周書·文儆解》:

維文王告夢,懼後嗣之無保,庚辰,詔太子發曰:"汝敬之哉!"

《逸周書·文傳解》:

文王受命之九年,時維暮春,在鄗。太子發曰:"吾語汝我所保所守。"

《逸周書·武儆解》:

惟十有二祀四月,王告夢。丙辰,出金枝郊寶,開和細書,命詔周公旦立後嗣,屬小子誦文及寶典。①

可以看出,《保訓》與上述文獻在文辭和内容上確具相似之處,所以很多學者提出《保訓》屬於《尚書》或《逸周書》體裁的結論。但正如李學勤先生所言:"説《保訓》是《尚書》體裁,并没有説它就是《尚書》。……從整篇内容來看,它又特别不像《逸周書》。《保訓》是講實際的事迹,一是堯舜的事,一是上甲微的事,而《逸周書》有關各篇基本上都是一套虚的議論。《逸周書》有序,序中没有《保訓》這篇。七十一篇中講文王末年的有《文儆》《文傳》,和這篇是矛盾的,所以《保訓》不屬於《逸周書》系統。《保訓》與《逸周書》皆有的'日不足'類的文例,可能就是當時訓誡的一種通例。"②《保訓》與《尚書》和《逸周書》還是有一些差异的。《保訓》篇中有些與《逸周書》和《尚書》類似的文例,可能正如李學勤先生所言,是當時訓誡的一種通例,或者説是一種"格式化的套語"。當然,也有可能是後世之人對《尚書》和《逸周書》的刻意模仿,特别是對其中遺訓類篇章的模仿,目的是增加文王遺言的可信性。韓高年先生也有類似的觀點,他認爲《保訓》是春秋時代的學者根據西周以來實行的喪禮臨終遺言之儀構擬的一篇假托文王的訓辭,其目的是爲了闡明"中"道。③

即使《保訓》不屬於書類文獻,不是當時的典謨訓誥。那是否是"訓"體呢?學者多贊同《保訓》爲"訓"體,大體有兩個方面的原因:一方面與《保訓》篇名有關;另一方面與《保訓》的内容有關,即文王對武王之訓誡。

首先來説篇名。關於《保訓》的篇名,學界有不同看法,大體可以分爲兩種:一種認爲"保"當讀爲"寶","寶訓"是寶貴的訓誡或長保君王寶位之訓誡或有關天命的寶貴道理。持此觀點者有清華簡壹整理者、姜廣輝、林志鵬、姚小鷗、黄人二、李守奎、周鳳五等先生;另一

① 黄懷信、張懋鎔、田旭東:《逸周書彙校集注(修訂本)》卷三《大開》、卷三《小開》、卷三《文儆解》、卷三《文傳解》,卷五《武儆解》,213-215頁、217-229頁、232頁、236-237頁、485-486頁。

② 劉國忠、陳穎飛:《清華簡〈保訓〉座談會紀要》,《光明日報》2009年6月29日第12版。

③ 韓高年:《喪禮臨終之儀與周代遺訓遺言——以〈尚書·顧命〉、春秋"遺訓"及清華簡〈保訓〉爲中心》。

種認爲“保”當如字讀。“保訓”指對東宫太子的教訓或所保所守之訓。持此觀點者有李零、王連龍、子居(網名)、嚴明、黄懷信等先生。兩種觀點各有道理,但從《保訓》原文來看,“保”字還是如字讀較好。《保訓》:“[王]若曰:‘發,龤〈朕〉疾壺甚,恐不汝及訓。昔前人傳保,必受之以詷。’”從這句話看,“保訓”應該分讀。“保”如字讀,類似於《逸周書·文傳解》:“吾語汝我所保所守”的“保”。正如李零先生所言:“保,本義是養護小孩,字形象人抱子,古人訓養、訓安、訓守、訓持、訓護、訓佑,皆從此義生……《尚書》‘保’字多見,往往和受命有關。受命而保,保什麽?保的是上天和先王所授之命。王位、土地、民人、美德,都在所保之列。”[①]“保訓”是對武王的訓誡,訓誡内容則爲“保”,即文王“所保所守”,具體在《保訓》中則可能爲“中”。“中”與“受命”有關。至於簡後文分讀,筆者認爲這正是對“保”和“訓”内涵的解釋,并不影響“保訓”作爲一個整體。劉信芳先生也認爲簡文“保訓”應理解爲“保、訓”,如下文“昔前人傳保”“恐不汝及訓”分用例。訓者,如高誘注《淮南子》稱“訓”。本篇4—8簡的内容大致爲“保”之“述”,9—10簡的内容爲文王之“訓”。[②] 劉先生認爲“保訓”分讀的意見是可從的,但是認爲“訓”同於《淮南子》之“訓”,則不準確。“保”可能是先王傳流下來的治國理念和方法,“訓”則類似於《顧命》中“既彌留,恐不獲誓言嗣,兹予審訓命汝”之“訓”,是文王對武王的訓誡,或是文王對於“保”的理解或者實踐經驗的闡述,或者將“訓”理解爲《尚書·顧命》中的“文武大訓”,《逸周書·武儆解》中的“文及寶典”。“訓”的内容和“保”的内容應相差不遠。很多學者據“保訓”之“訓”而認爲其是“訓”體,是不準確的。

其次是《保訓》的内容。《保訓》爲文王病重之時對武王的訓誡,雖文中明言“訓”,但與典型的“訓”體文獻區别還是較爲明顯的。正如上引李學勤先生言,《保訓》講實際的事迹,而《逸周書》與“訓”有關各篇基本上都是一套虚的議論。《保訓》從内容上看與戰國諸子依托聖賢之事以説理的文體倒是十分類似。形式上似是對“訓”體的模仿,内容上則更多具有“語”類古書的特點。前面我們在討論《保訓》的性質時也曾指出,《保訓》可能不屬於書類文獻,非典謨訓誥。而是春秋戰國之人模仿書類文獻,借助聖賢之事來表達自己政治觀點的擬古之作,性質與郭店簡《唐虞之道》有些類似。《國語·楚語上》申叔時向太子傅士亹説:“教之《春秋》,而爲之聳善而抑惡焉,以戒勸其心;教之《世》,而爲之昭明德而廢幽昏焉,以休懼其動;教之《詩》,而爲之導廣顯德,以耀明其志;教之禮,使知上下之則;教之樂,以疏其穢而鎮其浮;教之《令》,使訪物官;教之《語》,使明其德,而知先王之務,用明德於民也;教之《故志》,使知廢興者而戒懼焉;教之《訓典》,使知族類,行比義焉。”[③]如果《保訓》確是文王之訓

① 李零:《讀清華簡〈保訓〉釋文》。

② 劉信芳:《清華藏簡(壹)試讀》。

③ 徐元誥撰,王樹民、沈長雲點校:《國語集解(修訂本)》卷一七《楚語上》,北京:中華書局,2002,485-486頁。“使知上下之則”,中華書局本作:“使之上下之則”,誤。此據天聖明道本《國語》改。

典,將其視爲教育貴族之"訓"體,也是可以的。但如果是擬古之作,則稱其爲"訓"體似乎不合適。

(五)关于《保訓》時代

據學者研究,《保訓》若干詞以及思想内涵帶有春秋戰國時期的特點,這是可信的。根據碳14測定結果,清華簡的年代在公元前305±30年,相當於戰國中期偏晚。我們衹能據此判定,其成書年代應該早於此。《保訓》的文字風格較爲特殊,除了典型的楚文字外,部分文字與傳抄古文中的某些字形較爲相似,還包括青銅器、璽印中的部分字形以及晋系文字,《保訓》保留了較多他系文字特色。學者們曾討論過文字"馴化"的問題,比如楚人抄寫由外地傳入的文獻。一種情況是,抄手面臨的底本已經完全"馴化"爲楚文字寫本。另外的情況是,抄手面臨的底本保存有或多或少他系文字特點。這樣抄手在抄寫這樣的底本時可能會出現三種結果:一是抄寫後的文本完全將他系文字特點轉化爲楚文字特點。二是抄寫後的文本保留少量他系文字特點。三是抄寫後文本保留較多他系文字特點。周鳳五先生認爲文字"馴化"程度與文獻"傳入時間的長短"有關。如他認爲《魯穆公問子思》等篇"早已傳入"楚國,故有楚國通行文字的抄本;《五行》篇"傳入較早",故大部分文字已被馴化;《唐虞之道》等篇"新近傳入",故保留了較多他系文字的特點。[①] 此説有一定道理。文字的"馴化"一般要經歷一個過程。抄手在抄寫外地傳入的文獻時,要將底本中的他系文字一次性全部轉换成楚文字,而不受底本影響,這需要抄手具有較高的文字水平,即掌握有多國文字的能力。大多數情況下,抄手受底本影響還是很大的。馮勝君先生對此就有過討論,他指出上博簡《緇衣》《彭祖》《競公瘧》這三篇文獻爲同一抄手所抄寫,但是《緇衣》就帶有齊系文字特色,而後两篇的楚文字特點明顯。[②] 按照周鳳五先生觀點,《保訓》保留了較多他系文字特色,可能與其新近傳入有關。

小結

上面我們對《保訓》性質、體裁與年代問題進行了分析。可以看出,《保訓》的性質、體裁與年代問題緊密相關,確定了性質,則其體裁與年代也就相應確定了。從《保訓》語言詞彙、文本内容、思想内涵、行文風格、書寫特色等方面可以看出,《保訓》多可與傳世、出土文獻對讀,似乎有一定的史料來源和依據。但值得注意的是,《保訓》所記史事雖然帶有一些其他文

① 參看周鳳五《楚簡文字的書法史意義》,《古文字與商周文明——第三届國際漢學會議論文集·文字學組》,"中研院"歷史語言研究所,2002,195-209頁;周鳳五《郭店竹簡的形式特徵及其分類意義》。

② 馮勝君:《從出土文獻看抄手在先秦文獻傳布過程中所産生的影響》,武漢大學簡帛研究中心主辦《簡帛》第4輯,上海古籍出版社,420-421頁。

獻中同類故事所共有的元素,但是其叙述的側重點與傳世、出土文獻明顯不同。其强調舜的積極進取,刻意隱去了部落之間血腥復仇的故事,而代之以一種更爲平和的處理方式;其隱晦其詞,試圖以一抽象的概念"中"貫穿全文。正是這種不同之處,向我們展示了《保訓》作者的技巧、思想表達方式以及思想主旨。當然,我們可以説《保訓》所述故事與現在所見文獻有着不同的史料來源,也可以説《保訓》作者根據需要,對堯舜以及上甲微故事進行了有意地改寫。[①]《保訓》作者提出了一個"中"的概念,試圖一以貫之。爲此,他對故事進行了某種程度的改寫,但改寫得并不完美,這個"中"在兩則故事裏似乎并不能完全融合貫通,特别是在上甲微故事裏。這也是目前學者對"中"的涵義争訟不已的原因。而且,《保訓》簡牘形制、書寫風格與清華簡中書類文獻明顯不同,這暗示了《保訓》性質可能不是書類文獻,而爲擬古之作的可能性較大,其與書類文獻在文例和詞彙方面的相近處,不排除爲後人模仿的可能性。與《保訓》在文本内容、行文風格、書寫特色以及簡牘形制上較爲相似的是《唐虞之道》,兩者均屬於叙事風格,借上古聖賢之事,來闡述一套理論。如果説《唐虞之道》講述的是堯舜之道,那《保訓》則是堯舜、微湯之道,文王之道。當然,對於其學派歸屬,還需要進一步研究,與儒家可能有一定關係。

確定了《保訓》的性質,則《保訓》不是書類文獻,也不是"訓"體。《保訓》之"訓"類似於《顧命》中"既彌留,恐不獲誓言嗣,兹予審訓命汝"之"訓",是文王對武王的訓誡,或是文王對於"保"的理解或者實踐經驗的闡述,或者將"訓"理解爲《尚書・顧命》中的"文武大訓",《逸周書・武儆解》中的"文及寶典"。"訓"的内容和"保"的内容必相差不遠。據"保訓"之"訓"而認爲其爲"訓"體,是不準確的。《保訓》與典型的"訓"體文獻區别還是較爲明顯的,而與戰國諸子常見依托聖賢之事以説理的文體非常類似,形式上似是對"訓"體的模仿,但是内容上則更多具有"語"類古書的特點。至於《保訓》的成書時代,從詞彙以及思想内涵來看,應該是春秋戰國時期。根據碳 14 測定結果,清華簡的年代在公元前 305±30 年,相當於戰國中期偏晚。我們衹能據此判定,其成書年代應該早於此。不過,從《保訓》的文字書寫特點來看,其可能傳入楚國不久。

① 對於這種差异,艾蘭先生提出了一種解釋,她認爲《保訓》中文王選取了上甲微,而不是選取商王朝的開創者或者自己的祖先作爲自己兒子的榜樣,且上甲微的故事也見於《楚辭・天問》,這顯示了一種較爲普遍的模式,即商的神話和傳説在周占據了中原地帶以後在南方保存了下來。商和楚之間有着一種歷史性的聯繫。參見艾蘭《〈保訓〉及楚國書的問題(提要)》。艾蘭先生此段話爲筆者自己翻譯,如有不準確的地方,一切責任由筆者承擔。

河上公老子章句校勘論略
——紀念謝桂華先生誕辰八十周年

厦門大學人文學院哲學系暨老子研究中心　李若暉

内容提要　從文獻學的角度對比目前可見的《老子河上公章句》的多種校本及其優劣來看,在現今最常見鄭成海《老子河上公注斠理》與王卡《老子道德經河上公章句》兩種本子中,王卡先生本爲佳。但王卡先生校勘上也存在所使用的底本并非存世最佳善本、遺漏許多重要參校本、列异而不校、漏校、對前人成果吸收不够等問題。

關鍵詞　老子　河上公章句　校勘

河上公《老子章句》之校勘,清代可稱者爲道光二十五年乙巳高郵王用之刻《重校老子河上公注》二卷,據其書凡例,乃是“依明程楚石所校中都庫本参校重刊”,“唐宋人書中間有徵引河上公注而與此本文或小异及此本無者,略采一二,以備參檢”。王氏爲王引之弟,但此本校記無多。中國國家圖書館藏有丁晏手校本,間有關於河上公注之校語。此外,光緒二十年湖南學庫山房元記書局亦校刻《河上公章句》。

民國間,蒙文通曾校《老子》舊注多種,亦及河上。王卡於其《老子道德經河上公章句》校本《前言》云:“原四川圖書館有石印蒙氏校本。”[①]蒙氏確有《老子河上公章句校本》四卷。王承軍編《蒙文通先生年譜長編》收録中華書局 1962 年 2 月 10 日、6 月 26 日致蒙文通先生函,婉拒其《老子》稿七種之出版。函中僅提及《老子成玄英疏稿》《老子徵文》二種,不知其

① 王卡點校:《老子道德經河上公章句》,北京:中華書局,1993,《前言》16 頁。

餘五種之中是否有《老子河上公章句校本》,王氏亦未措意於此。[①] 但蒙默整理《蒙文通全集》第六卷《道書輯校十種》,并無河上公《老子章句》。其《老子王弼本校記》之《整理後記》言及蒙先生《老子王注校記》之散佚,云:"'浩劫'初起,'紅衛兵'來家抄走稿件略盈二尺,'四人幫'既倒,落實政策時,竟以下落不明,隻字未還。《王注》校稿殆在其中也(《河上公注》校稿當亦在其中)。今所得整理者,僅《老子》王本之校稿而已。每念及此,未嘗不憤恚歎息也。"[②]是其書已不存。王承軍所編《可考佚著目録》有《老子河上公章句校本》,是也。[③] 今檢蒙文通《王弼〈老子注〉初校記》論《老子》經文訛誤云:"近世影印凡三種宋刻河上公章句,經既非河上之經,章句亦非河上之全。於《群書治要》、馬總《意林》引《老子》文考之,見注爲河上,知經即河上之真,如'知我者希,則我貴矣',章句義亦相符,乃開元本作'則我者貴',實不辭之甚,顯爲據五千文本。今世所見河上各本皆作'則我者貴',當皆依開元經改之。注文亦多删損,惟《正統道藏》中强思齊《道德真經玄德纂疏》、顧歡《道德真經注疏》二家所引章句與《意林》、《治要》合,始爲全文。"[④]可見先生于河上公章句之校勘確有心得,其書不傳,誠爲憾事!

另,關於敦煌本《老子河上公注》之校勘與研究,亦蔚爲大觀,朱大星《敦煌本〈老子〉研究》論之已詳,此不贅述。[⑤] 日本學者島邦男《老子校正》之中,也間有關於河上公注之校,惜數量無多。[⑥] 第一章"有名,萬物之母",河上公注:"有名,謂天地。天地有形位,陰陽有剛柔,是其名也。"(依島邦男文字與句讀)鄭成海《斠理》:"《天文鈔本》、《顧本》、《陳本》'陰'上有'有'字,蓋涉上下文而衍耳。"鄭成海《老子河上公注疏證》則補"有"字,標點爲"天地有形位,有陰陽,有柔剛",曰:"'陰'上原無'有'字,今據《天文鈔本》、《顧本》、《陳本》,增補。'陰陽'、'柔剛',《易經·説卦》:'昔者聖人之作易也,將以順性命之理。是以立天之道,曰陰與陽,立地之道,曰柔與剛。'韓注:'在天成象,在地成形。陰陽者,言其氣;柔剛(原誤柔弱,據《周易注疏》改,下同)者,言其形。變化始于氣象而後成形。萬物資始乎天,成形乎地,故天曰陰陽,地曰柔剛也。或有在形而言陰陽者,本其始也,在氣而言柔剛者,要其終也。'《素問·陰陽離合論》:'天爲陽,地爲陰。'《漢書·郊祀志》下:'《易》曰:"分陰分陽,迭用柔剛。"'顔注:'陽爲剛,陰爲柔,陰陽既分,則剛柔迭用也。'是'陰陽'、'柔剛'者,乃天地之形象也。《列子·天瑞》:'一者,形變之始也。清輕者上爲天,濁重者下爲地,沖和氣者爲人。

---

① 王承軍:《蒙文通先生年譜長編》,北京:中華書局,2012,283、285 頁。

② 蒙默:《〈老子王弼本校記〉整理後記》,載蒙文通《道書輯校十種》,成都:巴蜀書社,2001,341 頁。

③ 王承軍:《蒙文通先生年譜長編》,北京:中華書局,2012,401 頁。

④ 蒙文通:《王弼〈老子注〉初校記》,載《中國歷史文獻研究集刊》第 3 集,長沙:嶽麓書社,1983,64 頁。

⑤ 朱大星:《敦煌本〈老子〉研究》,北京:中華書局,2007,188-208 頁。

⑥ [日]島邦男:《老子校正》,東京:汲古書院,1973。

故天地含精,萬物化生。'蓋河上注所本。"[①]王卡點校同於鄭氏《疏證》。[②] 島邦男校:"河注似依顧歡注。顧曰:'有名謂陰陽,無名謂常道。常道無體,故曰無名;陰陽有分,故曰有名。始者取其無先,母者取其有功;無先則本不可尋,有功則其理可説:謂陰陽含氣,稟生萬物,長大成熟,如母之養子,故謂之母也。'"[③]島氏將河上公注的時代定爲南朝,故以爲"似依顧歡注"。[④] 在此不必争論。可注意者,是顧疏對河上公注的闡述。張岱年《中國哲學大綱》曾辨析《説卦傳》此言與老子思想之歧异:"《易傳》所謂道,非指宇宙之究竟本根,道即一陰一陽,乃分陰分陽而後有,而非陰陽之所從出;爲陰陽之所從出者是太極,而所謂道非即太極。"[⑤]第四十二章"一生二,二生三",河上公注:"一生陰與陽也。陰陽生和氣、清、濁,三氣分爲天地人也。"以"天地"爲"陰陽"所生。在老子一系哲學中,陰陽自身作爲主題,并非僅爲天地之屬性,一如顧歡所言。島邦男所定文字與標點於義爲長。尤其值得指出的,是島邦男認爲顧本、强本等所引河上公注保存了早期面貌,所以其書移録河上公注文,全據顧本、强本等所引,而不依據任何傳世全本。

目前最爲主要的是鄭成海與王卡兩家。此外,王承略主編《子海精華編》收有二本,一爲《老子道德經》河上公章句本,爲唐子恒點校,乃校以《道藏》本及日本慶長頃活字本,以列异爲主,偶有校語;[⑥]一爲顧歡《道德真經注疏》,董建國點校,顧疏將河上公章句全文收録,惟董氏校記僅寥寥數則,涉及河上者祇一則而已。[⑦]

鄭成海著有《老子河上公注斠理》,[⑧]對河上公諸本搜羅齊備,校對細緻,應該説已經基本解決异文校對問題。當然,其校亦有疏失。如第一章"天地之始"河上公注"始者,道本也",鄭氏《斠理》:"'道本也'疑當作'謂道之本也',文義始完好。《强本》'道'上正有'謂'字。"複核原書,强本"謂"字在"道無形"上,不在此句,鄭氏誤校。緊接此句"吐氣布化"下,鄭氏《斠理》曰:"'吐氣布化'上疑有脱文,《天文鈔本》作'道吐氣布化',是也。脱'道'字,則文義不完,當據補。"今按天文鈔本與顧本、强本文字同,皆删"道本"之"本"字,非"吐氣布化"之上另有一"道"字,鄭氏誤校。無可諱言,鄭成海學力有限,校勘的學術成就不高。如第一章"無名"下河上公注"無名,謂道",鄭氏《斠理》:"《道德真經注本》'無名'下,脱'者'字。

① 鄭成海:《老子河上公注疏證》,臺北:臺灣中華書局股份有限公司,1978,6-7頁。
② 王卡點校:《老子道德經河上公章句》,2、4頁。
③ [日]島邦男:《老子校正》,55頁。
④ [日]島邦男:《老子校正》,28頁。
⑤ 張岱年:《中國哲學大綱》,南京:江蘇教育出版社,2005,55頁。
⑥ [漢]河上公章句,唐子恒點校:《老子道德經》,南京:鳳凰出版社,2017,20、21頁。
⑦ [南齊]顧歡編纂,董建國點校:《道德真經注疏》,南京:鳳凰出版社,2016,15頁。
⑧ 鄭成海:《老子河上公注斠理》,臺北:臺灣中華書局股份有公司,1971。

《顧本》於'謂道'下衍'也'字。《强本》'謂道'誤作'道也'。"[①]實則寫本時代書無定本,似此等异文,校异可也,鄭氏概斥爲脱衍訛誤,殊可不必。又如第一章"此兩者,同出而异名",《道藏》本河上公注"兩者,謂有欲無欲也。同出者,謂同于人心",鄭氏《斠理》:"《道德真經注》本'同出人心'作'謂同于人心'。'謂'字涉上文而衍,當删之。"[②]今按"謂"字不誤。河上公注多有連用"謂"字者,如第十章"天門開闔",注"天門,謂北極紫微宫。開闔,謂終始五際也。治身之天門謂鼻孔,開謂喘息也,闔謂呼吸也",即連續多次釋義皆用"謂"字。鄭氏實校所不必校。不過,鄭氏校語間亦有可采者。上引河上公注"天地有形位,陰陽有剛柔,是其名也"之"是其名也",宋本作"是其有名也",鄭成海《斠理》:"'其有名'疑當作'其名',《天文鈔本》《古鈔本》《强本》《顧本》《道德真經注本》并作'其名',當據正。"[③]王卡《老子道德經河上公章句校勘記》:"《道藏》本、顧本、强本皆缺'有名'之'有'字。"[④]今按《管子·心術》上:"物固有形,形固有名。"可知"名"基於"物"之"形","形位"即"天地"之"形","剛柔"即"陰陽"之"形",此即"其名"也。"有"字不當有,蓋後世以經文言"有名"而誤增。此後,鄭成海又出版《老子河上公注疏證》,此書主要是將河上公注中語詞一一注出出典,實際學術價值不高。其按語有涉及校勘之處,與《斠理》略有异同,可以參考。

王卡先生點校本爲現今最好也最爲通行的版本,其學術成就與貢獻學界有目共睹,無需辭費。[⑤] 頗可表彰者,如第一章"道可道"下,諸本皆僅有"謂經術政教之道也"一句注文,湯一介《早期道教史》則曰:"《纂圖互注老子道德經》第一章開頭有'夫道者一元之至理'一句,可見'道'已有'理'的涵義。在《四部叢刊》影宋刊本雖無此句,但細察之,實亦有此意,如'道法自然'句注謂'道性自然無所法',這就是説'道'的本性是'自然而然';這種'自然而然'的本性是本有的,因此也是天地萬物應效法的。又如,第三十七章注説:'道以無爲爲常也',因而王侯守道,使萬物自化:如萬物不法'道'而作巧僞,則王侯應當用'道德'使他們改正。這顯然也是把'道'看成是一最高的法則,所以第六十五章謂:玄德之人順天理,'順天理'即順'道'也。這種認爲'道'是天地萬物應效法的準則本來是《老子》書中'道'所具有的涵義,從這點看《河上公注》仍然保留了《老子》書中原有的形而上學意義。"[⑥]今按湯氏以理校定"夫道者一元之至理"一句爲河上公《章句》佚文,若如其説,則河上公乃以第一"道"字爲老子之"大道"。然古注實皆以第一"道"字爲"非常道",已知以首"道"字爲老子"大

① 鄭成海:《老子河上公注斠理》,4-5頁。

② 鄭成海:《老子河上公注斠理》,9頁。

③ 鄭成海:《老子河上公注斠理》,6頁。

④ 王卡點校:《老子道德經河上公章句》,4頁。

⑤ 如劉笑敢《老子古今》(北京:中國社會科學出版社,2006,《編寫説明》19頁)匯校諸本,於河上公本即據王卡點校本。

⑥ 湯一介:《早期道教史》,北京:昆侖出版社,2006,121頁。

道"者,始於敦煌寫本佚名《道德真經義疏》於首"道"字下注:"道者,法也。"此乃道教吸收佛教道可言説之論後,調整經典釋義以與之適應之舉。[①] 此句蓋出於龔士卨臆增。王氏則評價龔士卨《互注》曰:"所收河上《注》文任意增删,與它本大异。大概此本爲南宋景定間龔士卨所刻,雖年代較早,但其校勘價值甚低。"[②]未據《互注》增補"夫道者一元之至理"一語,是也。這裏主要講一下王氏點校存在的問題。

第一,底本。王校以南宋建安虞氏家塾刊本爲底本。佞宋固學界常態,此前鄭成海即已如此。然建陽本歷來評價不高。[③] 葉夢得《石林燕語》卷八:"今天下印書,以杭州爲上,蜀本次之,福建最下。"[④]周亮工《書影》卷一:"故老傳聞:羅氏爲《水滸傳》一百回,各以妖异語引其首;嘉靖時,郭武定重刻其書,削其致語,獨存本傳。金壇王氏《小品》中亦云,此書每回前各有楔子,今俱不傳。予見建陽書坊中所刻諸書,節縮紙板,求其易售,諸書多被刊落,此書亦建陽書坊翻刻時删落者。六十年前,白下、吴門、虎林三地書未盛行,世所傳者獨建陽本耳。即今童子所習經書,亦尚是彼地本子,其中錯訛頗多。近已亥闈中麟經題訛,至形之白簡;宋時場屋中,亦因題目字訛,致士子喧争——皆爲建陽書本所誤,古今事相同如此。故予謂建陽諸書,盡可焚也!"[⑤]陸心源《儀顧堂集》卷二〇《宋本重修事物記原跋》:"論宋本者以麻沙本爲最下,良不誣也。"[⑥]該本雖爲宋本,却并非存世最佳善本。高明《帛書老子校注》將此宋虞氏刊本列入"本書所據校本書目"中,於"本書所用參考書目"之"河上公《道德真經注》"下所列版本却爲《道藏》本。[⑦] 是明以《道藏》本爲河上公注之最佳本,僅以宋虞氏刊本爲經文校本之一。是則當以《道藏》本爲底本。島邦男即曾據第五十七章河上公注諸本唯獨《道藏》本多經文"我無情而民自清"及注文,與陳景元《纂微》引河上公注略同,曰:"以知《道藏》本爲唐《道藏》所收本。"[⑧]王卡也認爲:"按《道藏》雖刻於明代,其前身則爲唐宋金元編修之舊《道藏》,故所收道書頗有保存古本原貌者。如《道藏》本《河上公注》及顧歡《道德真經注疏》、强思齊《道德真經玄德纂疏》所録河上公《注》文,比較接近唐鈔本……其版本價值較高。"[⑨]《道藏》本"内'匡'字减筆,避宋太祖諱,當係從北宋政和刊舊《道藏》翻刻,其篇第近

① 參李若暉《道論九章:新道家的"道德"與"行動"》,上海人民出版社,2017,23-29頁。

② 王卡點校:《老子道德經河上公章句》,《前言》16頁。

③ 對於建陽書業的系統研究,可參考 Lucille Chia, *The Development of the Jianyang Book Trade, Song-Yuan*, Late Imperial China, Vol.17, No.1, 1996, pp.10-48. Lucille Chia, *Printing for Profit: The Commercial Publishers of Jianyang, Fujian (11th—17th Centuries)*, Harvard University Asia Center, 2003. 方彦壽《建陽刻書史》,北京:中國社會科學出版社,2003。方氏作爲福建人以鄉土本位進行的研究客觀性不足。

④ [宋]葉夢得:《石林燕語》,北京:中華書局,1984,116頁。

⑤ [清]周亮工:《書影》,北京:中華書局,1958,8頁。

⑥ [清]陸心源:《儀顧堂集》,杭州:浙江古籍出版社,2015,383頁。

⑦ 高明:《帛書老子校注》,北京:中華書局,1996,卷首3、4頁。

⑧ [日]島邦男:《老子校正》,175頁。

⑨ 王卡點校:《老子道德經河上公章句》,《前言》16頁。

古,勝於《四部叢刊》影宋本。"[①]即以文字對勘而言,如第十六章王卡校記全部四次校改,《道藏》本皆爲其依據之一,[②]可見《道藏》本確實優於宋虞氏刊本。當然這并不是説《道藏》本絶無訛誤。如第一章"有名,萬物之母"下《道藏》本河上公注"長大成就",慶長本、《集注》本同,宋本等作"成熟"。蓋"熟"古字作"孰",因誤爲"就"。第五十一章"成之熟之",唯敦煌寫本P.2639、S.3926同,其餘諸本皆作"孰",用古字。河上公注"成就",影宋本作"就"作"孰",顧本、强本、P.2639、S.3926、天文鈔本、《集注》本作"成熟","就"亦"孰"之誤。總的來説,《道藏》本要優於宋虞氏刊本。

第二,參校本。有重要參校本,如日本慶長活字本,王卡校本《前言》於第三節《河上公章句之傳世版本》第二項"日本舊鈔本和刻本"下,雖列有此本,[③]但全書未見提及。而鄭成海《斠理》之《本書所據版本書目》中則未予列出,[④]全書也未參校。實則慶長本往往與敦煌寫本文字相近,其價值不言而喻。如第四章"象帝之先",宋本河上公注"道自在天帝之前",王校:"影宋本及《道藏》諸本'似'字均作'自',唯S477作'似'。案作'似'字與經文'象帝之先'意思相符,今據改。"今檢慶長本亦作"似"。更有惟慶長本所獨有的异文。第一章"玄之又玄",河上公注:"天中複有天也。稟氣有厚薄,得中和滋液則生賢聖,得錯亂污辱則生貪淫也。"諸本中惟慶長本上"得"字上有"夫人"二字,王卡無校。[⑤] 按"衆妙之門",河上公注:"能知天中複有天,稟氣有厚薄,除情去欲,守中和,是謂知道要之門户也。"顧本"除"上有"人"字。則河上公舊本當有此二"人"字。更爲嚴重的,則是僅僅衹校傳統意義上的河上公系統諸本,"其他系統版本,如馬王堆帛書本、王弼本、傅奕古本等,均不予采用,以求保持河上本原貌。"[⑥]但是如此一來,也會失去許多重要的綫索。尤其是簡帛本,往往可以與河上公本經文及注文的"少數派"异文相參。如第二十五章"周行而不殆",河上公注"道通行天地",顧本引"通"作"遍",北大漢簡《老子》此句作"偏(遍)行而不殆",[⑦]可見此處河上公本的經文和注文原本都極有可能作"遍"。從注文釋義當與經文對應的角度來,"遍"與"周"的語言學意義相當,《莊子·外篇·知北游》所謂:"周、遍、咸三者,异名同實,其指一也。"[⑧]而"通"則否。樓宇烈先生曾在校勘《老子》王弼注時發現同樣的問題,其《校釋説明》有言:"在

① 王卡點校:《老子道德經河上公章句》,322頁。

② 王卡點校:《老子道德經河上公章句》,64-67頁。

③ 王卡點校:《老子道德經河上公章句》,《前言》15頁。

④ 鄭成海:《老子河上公注斠理》,《本書所據版本書目》1-4頁。

⑤ 王卡點校:《老子道德經河上公章句》,5頁。

⑥ 王卡點校:《老子道德經河上公章句》,《凡例》1頁。

⑦ 北京大學出土文獻研究所編:《北京大學藏西漢竹書[貳]》,上海古籍出版社,2012,圖版95頁;釋文156頁。其注釋曰:"'偏'通'遍',傳世本作'周','周''遍'爲同義换用。"

⑧ [清]郭慶藩:《莊子集釋》,北京:中華書局,1961,750頁。

我最初做本書校釋工作時(1962年),發現在這一版本中有好幾處王弼的注文與《老子道德經》的原文有不一致的地方。於是我找來一些通行的《老子》本子對著看,發現其間《老子》原文雖也有少許不同,但仍與王弼的注文對不上。當時我想是否王弼的注遭到後人改動了?或者王弼做注釋時所用的《老子道德經》别有所本?也就是説,魏晋時期流行的《老子道德經》文本,與唐宋以後通行的《老子道德經》文本不完全一樣。這個疑問到1973年長沙馬王堆漢墓帛書《老子》甲乙本出土,得到了解答。王弼注文中那些與《老子》原文對不上的地方,都可以在帛書《老子》甲乙本中找到了與它對應的原文。原來,包括張之象本在内的歷代通行的王弼《老子道德經注》本中的《老子》原文,都已被後人按通行本的《老子》文本改過了,因而才出現王弼注文與《老子》原文不一致的情况。"[①]故而樓先生校王弼注,是以馬王堆帛書本爲參校本的。如第十三章"若可寄天下",王弼注:"如此乃可以托天下也。"樓校:"'托'字,陶鴻慶説,當與下節注之'寄'字互易。按,陶説非。此非注文竄易,而是今本《老子》經文竄易。據長沙馬王堆三號漢墓出土帛書《老子》甲、乙本此節經文均作'可以托天下',而下節經文則作'可以寄天下',可證此注文不誤。"[②]

第三,列异而不校。王校往往羅列异文,没有校改意見,以致當校而不校。如第一章"非常名"下,宋本河上公注:"明珠在蚌中,美玉處石間",王校:"《道藏》本'處'字作'在'。"[③]今按若以"在""處"相對,此於修辭爲"變文避複"。然河上公注多并用兩"在"字,如第八章"水善利萬物而不争"注"水在天爲霧露,在地爲泉源也"。第十章"載營魄"注"魂在肝,魄在肺"。第二十五章"大曰逝"注"非若天常在上,非若地常在下"。此數處諸本皆然。河上公注以"在""處"對言者,此句之外,唯第七十六章"强大處下,柔弱處上"注"大木處下,小物處上"。當以原文用兩"處"字,故注亦用兩"處"字。敦煌寫卷S.3926下句作"小木在上",以"在""處"對言,與此句皆當爲出後世文人潤飾之筆。又如第一章"玄之又玄"下,宋本河上公注:"稟氣有厚薄,得中和滋液則生賢聖,得錯亂濁辱則生貪淫。"鄭成海《斠理》:"《劉惟永本》作'汙'。'濁'猶'汙'也,'污'、'汙'古通。《廣雅·釋詁》三:'汙,濁也。'《釋名·釋言語》:'污,濁也。'若從古本則當作'濁'。"[④]王校:"'污辱',劉本作'汙辱',《道藏》本、《集注》本、强本并作'濁辱',顧本作'濁厚'。"[⑤]今按第六章"穀神不死,是謂玄牝",河上公注:"天食人以五氣,從鼻入藏於心。五氣清微,爲精神聰明,音聲五性……地食人以五味,從口入藏於胃。五味濁辱,爲形骸骨肉,血脈六情。"此以"天清"與"地濁"對言,分别對應於人之

① 樓宇烈:《老子道德經注校釋》,北京:中華書局,2008,《校釋説明》1-2頁。

② 樓宇烈:《老子道德經注校釋》,29、31頁。

③ 王卡點校:《老子道德經河上公章句》,3頁。

④ 鄭成海:《老子河上公注斠理》,10頁。

⑤ 王卡點校:《老子道德經河上公章句》,5頁。

“精神”與“形骸”。《廣雅·釋天》:“太初,氣之始也,生於酉仲,清濁未分也。太始,形之始也,生於戌仲,清者爲精,濁者爲形也。太素,質之始也,生於亥仲,已有素樸而未散也。三氣相接至於子仲,剖判分離,輕清者上爲天,重濁者下爲地,中和爲萬物。”[①]可與此比觀。又,第四十二章“二生三”,河上公注:“陰陽生和氣、清、濁,三氣分爲天地人也。”亦以“天清”與“地濁”對言。《列子·天瑞》:“一者,形變之始也,清輕者上爲天,濁重者下爲地,沖和氣者爲人。”[②]與此同。二説其實同也。顧歡注:“雖同稟氣于天,蓋人有高卑,氣有清濁,天彌高彌清,地逾卑逾濁。人稟得清氣者,則爲賢智;稟得濁氣者,則爲凡愚。賢智無欲,觀見其妙。凡愚有欲,觀見其徼。自然有此。”正是其意。由此以觀第一章此注,可知“得中和滋液”者“精”勝其“形”,故“生聖賢”;“得錯亂濁辱”者“形”勝其“精”,故“生貪淫”。第六章、第四十二章注之二“濁”字諸本無异文。司馬承禎《坐忘論》:“以此托生,受氣之際,不感清秀,多逢濁辱,蓋下愚貪鄙,實此之由。”[③]其所據之河上公注當即作“濁辱”。“污辱”亦見於河上公注。第四十一章“大白若辱”,注:“大潔白之人若汙辱,不自彰顯。”顧本、《集注》本“汙”作“污”。此與“白”相對,僅就顏色而言,王弼注:“知其白,守其黑,大白然後乃得。”是也。與“濁辱”相關於形質者迥异。

第四,漏校。第一章“常有欲,以觀其徼”下,河上公注:“徼,歸也。常有欲之人,可以觀世俗之所歸趣也。”P.2584、P.2370、P.2435“徼”上有“所”字。王卡無校。[④] 鄭良樹《老子新論》上編《老子新校》:“帛書二本‘觀其徼’并作‘以觀其所噭’,‘其’下有‘所’字,‘徼’作‘噭’。河上《注》曰:‘常有欲之人,可以觀世俗之所歸趣也。’蓋河上本正文亦有‘所’字,與帛書本相合。‘噭’作歸趣、歸終、歸宿解,則‘所’字不可缺。帛書兩本咸有此字,可證古本既已如此,而河上公説當是古義。今賴帛書,可知河上説淵源之久遠。王《注》曰:‘徼,歸終也……可以觀其終物之徼也。’王氏去漢不遠,猶能維持古義,惟王本已缺‘所’字,蓋傳鈔者所奪耳。”又曰:“嚴遵《指歸》曰:‘且有欲之人,貪逐境物,亡其坦夷之道,但見邊小之繳,迷而不反,喪失真元。’蓋嚴遵本正文無‘所’字,與帛書不同。據此,可知古本此文已有參差。陸德明曰:‘徼,小道也,邊也,微妙也。’陳景元曰:‘大道邊有小路曰徼。’諸説皆來自指歸,皆從無‘所’字説解。敦煌景龍三年鈔本‘其’作‘所’;‘所’字恐有來歷。”[⑤]今按鄭氏説河上公本原有“所”字甚是。考成玄英釋“所,境也”,[⑥]是其本亦有“所”字。蒙默點校本連上文標

① [清]王念孫:《廣雅疏證》,上海古籍出版社,2016,第3册,1408頁。

② 楊伯峻:《列子集釋》卷一《天瑞》,北京:中華書局,1979,8頁。

③ [唐]司馬承禎:《坐忘論》,載《道藏》,上海書店出版社、北京:文物出版社、天津古籍出版社,1988,第22册,895頁。

④ 王卡點校:《老子道德經河上公章句》,4頁。

⑤ 鄭良樹:《老子新論》,上海古籍出版社,2011,23頁。

⑥ [唐]成玄英:《道德經義疏》,載高明選編《四部要籍注疏叢刊·老子》,北京:中華書局,1998,143頁。

點爲"欲,情染也,所境也"。[①] 是以"所境"爲釋"欲"之語。然"所境"不辭,且成疏下文通釋全句有云:"肆情染滯者,適見世境之有","肆情染滯"正對應於以"情染"訓"欲";"世境"無疑對應於"所境也"一語,其所言則爲"肆情染滯"之後果,顯然并非指"欲"本身而言,故此"境"字當爲"所"字之誥。於此可證蒙氏所輯成疏正文雖無"所"字,而西華當年著書之時,固嘗爲之一解。此外,唐玄宗《疏》又解云:"則見衆之所歸趨矣。"可見玄宗正文亦有"所"字。加之索洞玄本之"常有欲觀所噭",可見唐代猶有存"所"之本。祇是彼時亦正大肆刪減虚詞,於"其所"或去"其"或削"所",而無"所"之本最終通行。又不止此。成疏之外,如唐玄宗《疏》:"欲者,性之動,謂逐境而生心也。"范應元《集注》:"則欲要使人以觀其境也。"諸"境"字皆釋"所"字,則是以"所"爲名詞"處所"之義,此解頗不經,然并非空穴來風,始作俑者殆嚴君平《指歸》:"有欲之人,貪逐境物。"[②]若然,則西華諸賢所見嚴本正文固當有"所"字,鄭良樹所謂"蓋嚴遵本正文無'所'字,與帛書不同。據此,可知古本此文已有參差。"未爲當也。馬王堆帛書甲乙本、北京大學藏漢簡本皆有"所"字,[③]可與《指歸》相參,可證敦煌本"所"字乃是淵源有自,非後世以注文妄改經文者。

第五,前人成果吸收不够。在王校之前,島邦男《老子校正》、鄭良樹《老子新校》、鄭成海《老子河上公注斠理》及《老子河上公注疏證》等書均有關於河上公注之校勘,[④]但基本未見王校參考引用。第一章"有名,萬物之母"下,河上公注:"天地含氣生萬物",鄭成海《斠理》:"《强本》'含'作'合',形近而訛也。"[⑤]王校:"强本此句作'天地合炁而生萬物'。"[⑥]徒列异而已。今按《大戴禮記·曾子天圓》:"明者,吐氣者也,是故外景;幽者,含氣者也,是故内景。故火曰外景,而金水内景。吐氣者施,而含氣者化,是以陽施而陰化也。"[⑦]以"吐氣"與"含氣"對言,《淮南子·天文》襲之。[⑧] 河上公此處以"無名"之"道""吐氣布化","有名"之"天地""含氣生萬物",亦以"吐氣"與"含氣"對言。强本"合"當爲"含"之誤。此外,王校頗有與鄭氏《斠理》説同者,但全書校記中未曾提及鄭氏一言。

---

① 蒙文通:《輯校成玄英道德經義疏》,載《道書輯校十種》,377 頁。

② [宋]陳景元《道德真經藏室纂微篇》引嚴君平曰,見《道藏》,第 13 册,657 頁。蒙文通、王德有、樊波成已輯。見蒙文通《嚴君平〈道德指歸論〉佚文》,載《道書輯校十種》,129 頁;王德有:《老子指歸輯佚》,載[漢]嚴遵著,王德有點校《老子指歸》,北京:中華書局,1994,123-124 頁;樊波成:《老子指歸校箋》,上海古籍出版社,2013,232 頁。嚴靈峰未輯,不知何故。見嚴靈峰《輯嚴遵老子注》卷上,載嚴靈峰編《無求備齋老子集成初編》,臺北:藝文印書館,1965,4 頁 b。

③ 北京大學出土文獻研究所編:《北京大學藏西漢竹書[貳]》,圖版 74 頁,釋文 144 頁。

④ 鄭良樹《老子新校》最初在《大陸雜志》連載,見第 54 卷第 4 期至第 59 卷第 4 期(1977 年 4 月至 1979 年 10 月)。

⑤ 鄭成海:《老子河上公注斠理》,6 頁。

⑥ 王卡點校:《老子道德經河上公章句》,4 頁。

⑦ [清]王聘珍:《大戴禮記解詁》卷五《曾子天圓》,北京:中華書局,1983,98-99 頁。

⑧ 張雙棣:《淮南子校釋(增訂本)》卷三《天文》,北京大學出版社,2013,276 頁。

里耶秦簡中的“正月”與“端月”發微

對外經濟貿易大學公共管理學院、馬克思主義學院　張小鋒

内容提要　里耶秦簡、嶽麓書院藏秦簡、周家臺秦墓竹簡等的發現，爲探討秦代避諱制度提供了新材料。分析認爲，秦代不存在普通百姓取名避諱“秦”國名的制度規定。《趙正書》的發現，進一步印證了秦始皇本名“正”而非“政”。“端月”一詞早在秦始皇統一六國後就已出現，而不是晚至秦二世元年；它的出現并非是避秦始皇名嬴政諱而改“正”爲“端”的緣故。

關鍵詞　秦代　避諱　《趙正書》　秦始皇　正月　端月

衆所周知，避諱是中國古代社會特有的現象，而秦代作爲中國封建社會的開端，其避諱制度始終是學者關注的話題之一，但是由於資料缺乏，這一制度一直未能明晰。通常認爲：避秦始皇名“嬴政”諱，改“正”爲“端”或“典”；避秦始皇父莊襄王名“子楚”諱，改“楚”爲“荆”；避秦二世名“胡亥”諱，改“胡”爲“夷”。近年來，隨著里耶秦簡、嶽麓書院藏秦簡、周家臺秦墓竹簡、北京大學藏西漢竹簡等相繼公布，爲探討秦代避諱制度提供了新材料，涌現出陳偉《秦避諱“正”字問題再考察》[①]、陳松長《秦代避諱的新材料——嶽麓書院藏秦簡中的一枚有關避諱令文略説》[②]、風儀誠《秦代諱字、官方詞語以及秦代用字習慣——從里耶秦

① 陳偉：《秦避諱“正”字問題再考察》，簡帛網，2014 年 8 月 27 日；陳偉：《秦避諱“正”字問題再考察補證》，簡帛網，2014 年 9 月 1 日，後刊發於中國文化遺産研究院編《出土文獻研究》第 14 輯，中西書局，2016。

② 陳松長：《秦代避諱的新材料——嶽麓書院藏秦簡中的一枚有關避諱令文略説》，《中國社會科學報》2009 年 9 月 10 日，第 5 版。

簡説起》[①]等新的研究成果。筆者曾在2005年“中國秦漢史研究會第十届年會暨國際學術討論會”上提交了《秦諱新探——以秦代簡牘資料爲中心的考察》[②]一文,運用新出土簡牘材料對秦代避諱制度做了探討,後發表于《史學月刊》2008年3期;由於當時資料所限、發表篇幅壓縮等原因,諸多問題仍未能深入討論,今結合新出土資料和新研究成果,就此問題再做探討,不當之處,誠望方家批評指正。

一　秦代諱“秦”嗎?

陳松長先生《秦代避諱的新材料——嶽麓書院藏秦簡中的一枚有關避諱令文略説》(以下簡稱《陳文》)對秦代避諱制度提出了新解讀,爲便於討論,這裏不妨贅舉如下:

2026:·令曰:黔首徒隸名爲秦者更名之,敢有有弗更,貲二甲。

按,簡文的“敢”字後有兩個“有”字,疑後一“有”字爲衍文。[③]

有關秦代力行革制和改名的記載,我們在湘西里耶秦簡中也看到有一塊類似詔版的木牘,上面記載了許多秦代更名的規定,如:

……　承令曰承制　王室曰縣官　公室曰縣官　内侯爲輪侯　徹侯爲列侯　以命爲皇帝　□命曰制　□命曰制　爲謂□詔　莊王爲泰上皇　邊塞曰故塞　毋塞者曰故徼……

這種更名,自然有著改朝换代的時代意義,但都還不涉及普通百姓的姓名避諱,嶽麓書院所藏的這枚秦簡則以法律令文的形式記録了秦代所執行的一種特殊的避諱現象。從這條簡文中,我們也許可以讀出一些當時有關避諱的信息出來。

首先,秦代的避諱規定可能并不止於君諱而已。如前所説,避諱多隻分爲君諱和家諱兩種,可這裏則明確規定:“黔首徒隸”不能名秦,已名秦者必須要更换,否則要處以“貲二甲”的重罰。可見在秦代,國名也是普通百姓必須避諱的内容之一。

其次,從這條法律令文可以看出,秦代的避諱制度并不是很隨意的,它是有法律條款規定的,衹是我們現在尚没看到當時的具體文本而已。

第三,秦代有關避諱的規定,也是有等級規定的。這裏所劃定的範圍是黔首和徒隸

① 風儀誠:《秦代諱字、官方詞語以及秦代用字習慣——從里耶秦簡説起》,《簡帛》第7輯,上海古籍出版社,2012。

② 張小鋒:《秦諱“正”爲“端”始於二世元年説》,《史學月刊》2008年第3期。

③ 陳松長先生按曰:“敢有有弗更,貲二甲”,疑後一“有”字爲衍文。其實,細讀全文則發現,後一“有”字并非衍文,原文應該讀爲“敢有、有弗更,貲二甲”。整句意指兩種情況:一是原來已有者,需更名,不更名者,“貲二甲”;另一是準備以“秦”取名抑或著籍者,同樣“貲二甲”。從簡文大意推測,該“令”主要目的是杜絶百姓抑或是南方百姓,不得再給子女取名時含有“秦”的字樣。

兩大類，也就是說，它是針對没有什麽社會地位的一般百姓和徒隸而設定的。因此，如果是有爵位之人，可能就不受此令文的約束了。

《陳文》認爲:秦代的避諱規定可能并不止於君諱而已;簡文明確規定:“黔首徒隸”不能名秦,已名秦者必須要更换,否則要處以“貲二甲”的重罰。可見在秦代,國名也是普通百姓必須避諱的内容之一。

筆者認爲,陳松長先生所列簡文内容是否爲秦代避諱制度之内容,尚需討論;而其提出的秦代禁止普通百姓取名使用“秦”字,恐難成立。

秦王朝雖短命而亡,但秦王朝的文化政策和統治策略不會如此簡單粗鄙,粗鄙到了無原則地禁止百姓取名使用“秦”字的地步。比較合理的解釋是:秦統一六國後,出於塑造和維護秦帝國威嚴之目的,禁止百姓辱秦、貶秦、汙秦的行爲存在,特别是在取名或書寫中,嚴令禁絶有辱秦、貶秦、汙秦、鄙秦等行爲,但絶不會對“宣秦”的行爲進行抑制,甚至還會鼓勵“宣秦”行爲者。

道理很簡單,任何王朝和政權都在美化、神化自己政權的合法性,而提高其國名在普通民衆中的知曉度和傳播率,是增强王朝向心力、鞏固政權穩定的重要措施和手段。無論是揆諸史籍,還是觀照現實,都會明白其中道理。如漢朝,“宣漢”是漢代統一思想、凝聚人心的主基調之一,[①]自然會提倡和默許百姓取名時,取“廣漢”“强漢”“佑漢”“安漢”等字樣,如西漢名臣趙廣漢、許廣漢;東漢開國名將吴漢;見諸史籍記載者尚有周廣漢、姚定漢、鄧廣漢、漢疆等;[②]王莽代漢前封爲“安漢公”。同樣,漢代著書立文者,也不會禁絶使命“宣漢”的語句,如西漢成帝時期,陳湯與甘延壽一同上書皇帝曰:“臣聞天下之大義,當混爲一,昔有唐虞,今有彊漢。匈奴呼韓邪單于已稱北藩,唯郅支單于叛逆,未伏其辜,大夏之西,以爲彊漢不能臣也。郅支單于慘毒行於民,大惡通於天。臣延壽、臣湯將義兵,行天誅,賴陛下神靈,陰陽并應,天氣精明,陷陳克敵,斬郅支首及名王以下。宜縣頭槁街蠻夷邸間,以示萬里,明犯彊漢者,雖遠必誅。”[③]“犯彊漢者,雖遠必誅”成爲激蕩人心的時代標語,廣爲傳頌。王充《論衡》中亦專門設有《宣漢篇》。

漢朝如此,其他王朝也如此。又如當下,我們取名“振中”“振華”“中華”“人隆”“民盛”“和平”“保國”等,可謂比比皆是,這些名字本身就藴含極强的國家認同因素,寄托著取名者希望國家繁榮昌盛的强烈意念,當權者怎麽會去粗鄙禁絶呢。歷史發展具有接續性,王朝統治方略往往具有互鑒性,雖然秦代的資料相對較少,但我們可以從後世和前朝的歷史去推

① 陳其泰先生《“過秦”和“宣漢”——對史學社會功能思考之一》(《史學史研究》1990年第2期)一文對此有過精彩論述,可參看。

② 參見黄兆宏《漢代人名的文化内涵》,《文史雜志》2014年第3期。

③ 《漢書》卷七〇《陳湯傳》,北京:中華書局,1962,3015頁。

理。所以,筆者認爲,秦朝立國後,絶不會無原則地禁止百姓取名使用“秦”,否則如何讓前六國地區“黔首”形成對大秦帝國的國家認同呢?

《陳文》討論的第2條簡文前後背景不明,僅僅依靠簡文的字面意思,可能難以作出準確論斷。筆者認爲,此簡文出臺的背景很可能是:秦統一前,秦與六國敵對仇視明顯,東西存滅征戰劇烈,六國百姓就像漢朝人取名“破奴”寄托戰勝匈奴的心願一樣,很多人取名“破秦”“勝秦”“殘秦”“鄙秦”等,這些名字顯然都帶有强烈的仇視、污蔑色彩。秦統一六國後,前六國地區的這些人的名字若不更名,對形成統一國家極爲不利;取名時采用“貶秦”字樣的習俗若不禁絶,對宣揚大秦聖德、彰顯帝國威儀極爲不利,於是乎,才會出現上述令文條目。

《陳文》認爲,秦代有關避諱的規定,也是有等級規定的。這裏所劃定的範圍是黔首和徒隸兩大類,也就是説,它是針對没有什麽社會地位的一般百姓和徒隸而設定的。因此,如果是有爵位之人,可能就不受此令文的約束了。筆者認爲,秦代若存在避諱制度,則其真實的情況可能恰恰相反,也就是越是有爵位的人,要求和限制越嚴格,越是離秦都城近的地方,要求越嚴格;相反,越是爵位低的人,限制越小,越是遠離都城,要求也越低。

《陳文》所舉兩則新出簡牘材料,僅是“秦代改名的規定”,并不是避諱制度的規定,更不能據此得出“秦代的避諱制度并不是很隨意的,它是有法律條款規定的”的結論來。

二　秦始皇名“政”還是名“正”?

“千古一帝”秦始皇身上,存在著無數的歷史謎團,其身世和名諱就是其中一個。秦始皇到底叫什麽名字,史家持論不一。《史記》卷六《秦始皇本紀》記載:

> 秦始皇帝者,秦莊襄王子也。莊襄王爲秦質子於趙,見吕不韋姬,悦而取之,生始皇。以秦昭王四十八年正月生於邯鄲。及生,名爲政,姓趙氏。[①]

《史記》卷八五《吕不韋列傳》記載:

> 吕不韋取邯鄲諸姬絶好善舞者與居,知有身。子楚從不韋飲,見而説之,因起爲壽,請之。吕不韋怒,念業已破家爲子楚,欲以釣奇,乃遂獻其姬。姬自匿有身,至大期時,生子政。子楚遂立姬爲夫人。[②]

本文不討論秦始皇的身世問題,僅討論其名諱。張守節《史記正義》注曰:“始皇以正月旦生於趙,因爲政,後以始皇諱,故音征。”秦始皇以正月而生,故取名爲政,似乎説不通。一

① 《史記》卷六《秦始皇本紀》,北京:中華書局,1959,223頁。
② 《史記》卷八五《吕不韋列傳》,2508頁。

般的理解,正月生人,爲紀念這一時刻,取名“正”很能理解;但是這裏却説是“政”,就有點迷糊;《吕不韋列傳》也記作“政”。縱觀傳世文獻,大多把秦始皇名字寫作“政”。值得注意的是,東漢末高誘在《吕氏春秋序》中記載:“不韋取邯鄲姬,已有身。楚見説之,遂獻其姬。至楚所,生男,名之曰正,楚立之爲夫人……莊襄王立三年而薨,太子正立,是爲秦始皇帝。”[①]在《戰國策》卷六《秦四》“秦王欲見頓弱”下亦注曰:“秦王,始皇趙王也。即位二十六年乃稱帝,故曰秦王。”[②]

衆所周知,帝王姓名涉及到避諱等諸多問題,秦始皇無論是名“政”還是名“正”,均與避諱問題密不可分。學者多認爲,秦始皇名政,爲避其名諱,“正月”寫作“端月”,“里正”寫作“里典”,但是學者們却回避了一個問題,秦始皇若名“正”,把“正月”諱作“端月”可以理解,但若秦始皇名“政”,把“正月”諱作“端月”,就有點離譜了。對於這一問題,學者有過諸多研究,但仍未能很好解決問題。

曹松林《小議“正月”讀音爲“征月”爲秦諱》認爲,爲避秦始皇諱,所以將“正”讀爲“征”。[③] 對此,程奇立《秦諱考辨》一文詳加辨正,指出“秦人諱正爲征實乃大謬不然”。[④] 王建《中國古代避諱史》一書指出,秦始皇本名“正”,寫成“政”反而是加“攵”避諱的結果,因爲太史公作《秦始皇本紀》時曾引用了《秦紀》,而《秦紀》是避秦諱的,以“政”字代替“正”字。[⑤]而北京大學出土文獻研究所編《北京大學藏西漢竹書[叁]》的公布,似乎爲秦始皇名字問題,提供了新材料:

·昔者,秦王趙正出斿(游)天下,環(還)至白(柏)人而病。病篤(篤),𢘫(喟)然流涕長大(太)息,謂左右曰[一]:“天命不可變于(歟)?吾未嘗病如此,悲□……”……[二]而告之曰:“吾自視天命,年五十歲而死。吾行年十四而立,立卅七歲矣。吾當以今[三][歲]死,而不智(知)其月日,故出斿(游)天下,欲以變氣易命,不可于(歟)?今病篤(篤),幾死矣。其[四]亟日夜揄(輸)趣(趨),至白泉之置,毋須後者。其謹徼(微)密之,毋令群臣智(知)病。”

病即大甚,而[五]不能前,故復召丞相斯曰:“吾霸王之壽(壽)足矣,不奈吾子之孤弱何。……[六]其後不勝大臣之分(紛)争,争侵主。吾聞之:牛馬鬬(鬭),而閩(蚊)寅(虻)死其下;大臣争,齎(齊)民古(苦)。吾[七]衣(哀)令(憐)吾子之孤弱,及吾蒙容之民,死且不忘。其謙(議)所立。”丞相臣斯昧死[八]頓首言曰:“陛下萬歲之壽(壽)尚未央也。且斯

① 許維遹:《吕氏春秋集釋》,北京:中華書局,2009,1-2頁。

② [漢]劉向撰,[漢]高誘注,[宋]鮑彪校注:《宋本戰國策》卷六《秦四》,北京:國家圖書館出版社,2017,136頁。

③ 曹松林:《小議“正月”讀音爲“征月”爲秦諱》,《學術月刊》1982年第4期。

④ 程奇立:《秦諱考辨》,《齊魯學刊》1989年第2期。

⑤ 王建:《中國古代避諱史》,貴陽:貴州人民出版社,2002,34-35頁。

非秦之産也,去故下秦,右主左[九]親,非有强臣者也。竊(竊)善陛下高議(議),陛下幸以爲糞土之臣,使教萬民,臣[一〇]竊(竊)幸甚。臣謹奉法令,陰修甲兵,飭正(政)教,官鬬(鬭)士,尊大臣,盈其爵禄。使秦并[一一]有天下,有其地,臣其王,名立於天下,埶(勢)有周室之義,而王爲天子。臣聞不仁[一二]者有所盡其財,毋勇者有所盡其死。臣竊(竊)幸甚,至死及身不足。然而見疑[一三]如此,臣等盡當僇(戮)死,以佨(報)於天下者也。"趙正流涕而謂斯曰:"吾非疑子也。子,[一四]吾忠臣也。其議(議)所立。"丞相臣斯、御史臣去疾昧死頓首言曰:"今道遠而詔[一五]期宭(群)臣,恐大臣之有謀,請立子胡亥爲代後。"王曰:"可。"①

《趙正書》共51枚,總字數近1500字,主要内容是從秦始皇第五次出巡之死到二世即位誅殺公子群臣直至滅亡過程中,秦始皇、李斯、胡亥、子嬰的言論活動。據趙化成研究,"撰寫年代在西漢初期的可能性較大"。②《趙正書》有兩處記載秦始皇名字爲"趙正",這與前引高誘《吕氏春秋序》和《戰國策》注相同,進一步佐證了秦始皇本名"正"而非"政",至於其姓寫作"趙",則與《史記》卷六《秦始皇本紀》記載秦王誕生于趙國時"姓趙氏"、《史記》卷四〇《楚世家》記載"十六年,秦莊襄王卒,秦王趙政立"相扣合。③ 但秦王"姓趙氏"僅用於在避難趙國之時,歸秦後絶不複使用;而《趙正書》中,秦始皇臨死前與大臣李斯等人對話,還將秦始皇稱作"秦王趙正",這與後世將秦始皇稱作"吕政"的目的一樣,顯然有在秦始皇身世上故意潑髒水,否認秦王朝正統之嫌。

三 "端月"係"正月"之諱?

"端月"一詞,無論是《史記》記載,還是出土簡帛實物,以前僅見於二世元年,但里耶秦簡的出土,又刷新了這一認知。如:

(1)廿六年端月己丑上軴鄉爰書
人黑色長可六目六尺九寸□
端月甲戌上□鄉奚敢言之
二月癸丑新武陵趌丞敢告□ 15-259④

① 北京大學出土文獻研究所編:《北京大學藏西漢竹書[叁]》,上海古籍出版社,2015,189-194頁。

② 趙化成:《〈趙正書〉與〈史記〉相關記載异同之比較》,見北京大學出土文獻研究所編《北京大學藏西漢竹書[叁]》,299頁。

③ 《史記》卷四〇《楚世家》,1736頁。

④ 里耶秦簡博物館、出土文獻與中國古代文明研究協同創新中心中國人民大學中心編著:《里耶秦簡博物館藏秦簡》,上海:中西書局,2016,67頁。

(2)廿六年六月壬子,遷陵□、【丞】敦狐爲令史更行廟詔:令史行☑ Ⅰ

失期。行廟者必謹視中□各自署廟所質日。行先道旁曹始,以坐次相屬。Ⅱ8-138+8-174+8-522+8-523

十一月己未,令史慶行廟。A Ⅰ

十一月己巳,令史癒行廟 A Ⅱ

十二月戊辰,令史陽行廟 A Ⅲ

十二月己丑,令史夫行廟 A Ⅳ

□□□□令史韋行 B Ⅰ

端月丁未,令史癒行廟 B Ⅱ…… 8-138背+8-174背+8-522背+8-523背[①]

(3)□=七石。 元年端月癸卯朔□□,司空□□受倉□☑ 6-3

(4)冗佐上造臨漢都里曰援,庫佐冗佐。A Ⅰ……爲縣買工用,端月行。C Ⅰ8-1555

若再加上嶽麓書院藏秦簡《二十七質日》31/0627簡“端月丁未”[②]、湖北荆州沙市周家臺秦墓竹簡《秦二世元年》木牘上“端月癸卯大”、《史記·秦楚之際月表》中兩處“端月”的記載,“端月”一詞共出現9次,其中文獻2次,簡帛7次;其中秦始皇二十六年3次、二十七年1次,秦二世元年4次,年份不確定者1次。

我們也要注意到,簡帛資料中“正月”或“正”出現的頻率遠遠要高於“端月”或“端”,僅里耶秦簡中就有:

(1)廿九年正月甲辰,遷陵丞昌訊☑Ⅰ

書。☑Ⅱ8-1246

(2)丗年十一月庚申朔丙子,發弩守涓敢言之:廷下御史書曰縣Ⅰ□治獄及覆獄者,或一人獨訊囚,嗇夫長、丞、正、監非能與Ⅱ□□殹,不參不便。書到尉言。·今已到,敢言之。Ⅲ8-141+8-668

(3)徑廥粟米一石九斗少半。卅一年正月甲寅朔丙辰,田官守敬、佐壬、稟人顯出稟貲貸士五(伍)巫中陵免將。Ⅰ令史扁視平。 壬手。Ⅱ8-764

(4)粟米一石六斗二升半升。卅一年正月甲寅朔壬午,啓陵鄉守尚、佐冣、稟人小出稟大隸妾□、京、窯、茝、并、□人、☑Ⅰ

樂官、韓歐毋正月食,積廿九日,日三升泰半半升。令史氣視平。☑Ⅱ8-925+8-2195

① 以下簡文如未特殊注明者,均引自陳偉主編《里耶秦簡牘校釋(第一卷)》,武漢大學出版社,2012。

② 朱漢民、陳松長主編:《嶽麓書院藏秦簡(壹)》,上海辭書出版社,2010,178頁。

(5)卅二年正月戊寅朔甲午,啓陵鄉夫敢言之:成里典、啓陵Ⅰ

郵人缺。陳士五(伍)成里匄、成,成爲典,匄爲郵人,謁令Ⅱ

尉以從事。敢言之。Ⅲ8-157

正月戊寅朔丁酉,遷陵丞昌却之啓陵:廿七户已有一典,今有(又)除成爲典,何律令Ⅰ…… 8-157背

(6)卅二年正月戊寅朔丙戌,少内守是受司空EⅢ色。　　痤手。EⅣ8-478

(7)正月壬申,啓陵鄉守繞劾Ⅱ

卅二年正月壬申朔朔日,啓陵鄉守繞敢言之,上劾一牒☑Ⅲ 8-651

正月庚辰旦,隸妾咎以來。/履發。☑ 8-651背

(8)卅三年正月壬申朔戊戌洞庭段守□謂縣嗇夫廿八年以來縣所以令糴粟固

各有數而上見或别署或弗□以書到時亟各上所糴粟數後上見存

署見左方曰若干石斗不居見□署主倉發它如律令縣一書・以臨

沅印行事

二月壬寅朔甲子洞庭段守齰追縣亟上勿留/配手・以上衍印行事　　12-1784a①

(9)卅三年Ⅰ十一月盡Ⅱ正月,吏户Ⅲ已事。Ⅳ8-214

(10)卅三年正月庚午朔己丑,貳鄉守吾作徒薄(簿):受司空白粲一人,病。8-1207+8-1255+8-1323

(11)卅四年正月丁卯朔辛未,遷陵守丞配敢言之:遷陵黔首☑Ⅰ

佐均史佐日有泰(大)抵已備歸,居吏被繇(徭)使及☑Ⅱ

前後書,至今未得其代,居吏少,不足以給事☑Ⅲ

吏。謁報,署主吏發。敢言之。☑Ⅳ

二月丙申朔庚戌,遷陵守丞配敢言之:寫上☑ Ⅴ

旦,令佐信行。☑ Ⅵ8-197

報别臧。☑Ⅰ

正月辛未旦,居貲枳壽陵左行。☑Ⅱ8-197背

(12)尉曹卅四年已事☑ 8-253

(13)卅五年正月庚寅朔癸巳,□☑Ⅰ

□□□□☑Ⅱ8-259

(14)卅五年正月庚寅朔甲寅,遷陵少内壬付内官☑ 8-1457+8-1458

① 里耶秦簡博物館、出土文獻與中國古代文明研究協同創新中心中國人民大學中心編著:《里耶秦簡博物館藏秦簡》,61頁。

(15)卅五年正月庚寅朔辛亥,校長☐ 8-1738

(16)卅五年正月庚寅朔朔日,倉守擇、佐膋、僇(稟)人中☐ Ⅰ

令史就視平。☐Ⅱ 8-839+8-901+8-926

(17)卅五年 A Ⅰ

正月甲辰夫。AⅡ

二月壬午夫。AⅢ

二月辛丑却、癸卯却。AⅣ

正月甲辰乙、丙午乙、戊申乙。AⅤ

三月朔日却、壬辰却、申寅却。B 8-765 背

(18)☐有年正月☐ 8-744

(19)☐□年正月戊午,倉守武、史感、稟人援出稟使小隸臣壽。Ⅰ

令史犴視平。　感手。Ⅱ 8-1580

此外,嶽麓書院藏秦簡《三十四年質日》30/0545 簡載“正月丁卯小”[①]、《三十五年質日》26/0166 簡載“正月庚寅大”[②]、湖北雲夢龍崗秦簡 116 載“廿四年正月甲寅以來”;[③]湖北荆州沙市周家臺秦墓竹簡《秦始皇三十四年曆譜》載“正月丁卯,嘉平視事”;《日書》載“正月,營=(營室)”;《秦始皇三十六年、三十七年曆譜》載“[正]月己卯大”。[④] 由此可見,“端月”一詞自從秦統一六國之後就已出現,但是并未全部取代“正月”,説明“端月”出現并不是避秦始皇嬴政諱的必然結果,至少不是嚴格意義的避諱。或許,“端月”出現僅僅是一種趨勢,但并未上升到舉國嚴令恪守的程度。

事實上,端與正,意義相近,有時可互相通同,但有時不能互相代替,當視語境之不同而擇而用之,就好象今日故宫之“端門”并未寫作“正門”、每年的“端午節”并未寫作“正午節”、每一天的“正午時分”并未換作“端午時分”一樣。

在有關秦代的文獻記載中,經常可見“端”字的記載,如《史記》卷六《秦始皇本紀》、睡虎地秦簡《語書》、睡虎地秦簡《法律答問》、張家山漢簡《奏讞書》案例二十二(秦王政六年)等,多數學者認爲這些“端”字都是諱“正”的結果。

筆者認爲,儘管這些資料中有多處用“端”字的地方,但并不能據此得出這些“端”字都是在諱“正”的結論來。所以我們不能受“秦諱正、楚”之説影響,形成先入爲主的偏見,凡遇

① 朱漢民、陳松長主編:《嶽麓書院藏秦簡(壹)》,181 頁。

② 朱漢民、陳松長主編:《嶽麓書院藏秦簡(壹)》,185 頁。

③ 中國文物研究所、湖北省文物考古研究所編:《龍崗奏簡》,北京:中華書局,2001,109 頁。

④ 湖北省荆州市周梁玉橋遺址博物館編:《關沮秦漢墓簡牘》,北京:中華書局,2001,94 頁、104 頁、99 頁。

到秦代文獻資料中“端”字就認爲是在爲秦諱。[①] 否則,以下諸例就難以解釋,如《史記》卷六《秦始皇本紀》:“以秦昭王四十八年正月生於邯鄲。”[②]“十三年……正月,彗星見東方。”[③]《吕氏春秋·先識覽》:“妲己爲政,賞罰無方。”[④]《吕氏春秋·季夏紀·明理》:“是正坐於夕室,其所謂正,乃不正也。”[⑤]粗略翻檢《吕氏春秋》,發現其中出現“政”字約有21處,出現“正”字約有60餘處。嶽麓書院藏秦簡《三十四年質日》《三十五年質日》《爲吏治官及黔首》均有多處“正”字出現。[⑥] 北京大學藏秦簡《三十三年質日》也有“正月壬申大”的記載。[⑦] 王家臺秦簡《政事之常》、北京大學藏秦簡《從政之經》中“政”“正”二字,均不避秦始皇名諱。[⑧] 以上資料顯示,秦二世之前并不存在將“正月”諱爲“端月”的史實。當然,也不能簡單地把簡帛中的“里典”一詞,解釋爲本係“里正”避秦始皇名諱的結果,對此,陳偉、風儀誠等人均已指出,此不綴。

最後,我們應當明白:正確掌握避諱知識,對判定出土簡牘資料的時代有重要意義。然而目前學者在運用避諱知識來判斷秦代簡牘資料的時代時,却存在著或運用不恰當的資料來證成其説,或簡單運用避諱知識來判定出土秦簡之時代的現象。其實,這種判定秦簡年代的做法,過於簡單和武斷。前揭里耶秦簡中“卅二年正月戊寅朔甲午,啓陵鄉夫敢言之:成里典、啓陵”等字樣,若按是否諱正爲端、避正爲典來判斷其年代,那可能就茫然無措了,因爲簡文前面寫爲“正月”,而後面則寫成了“里典”。還有學者存在循環論證的問題,即用秦諱“正”的避諱學知識去判定秦簡時代,再用判定時代的簡牘資料去印證秦避諱制度。事實上,這三種情況,都需要慎重對待。

---

① 儘管有學者對此觀點予以辯證,但仍有不少學者堅持成説,如許道勝《嶽麓秦簡〈數〉新劄》(《簡帛》第8輯,上海古籍出版社,2013,273-274頁)解釋嶽麓秦簡147[0946]“【糶(糴)】米述(術)曰:以端賈(價)【爲法】,以【欲】糶(糴)米錢數乘一石爲貣(實),實如法得一升”時,仍沿用陳垣先生《史諱舉例》内容來解釋“端”,“《秦楚之際月表》端月注,《索隱》曰:‘秦諱正,謂之端。’《琅邪台刻石》曰‘端平法度’,‘端直敦忠’,皆以端代正也。”(陳垣:《史諱舉例》,北京:中華書局,1958,1頁)

② 《史記》卷六《秦始皇本紀》,223頁。

③ 《史記》卷六《秦始皇本紀》,232頁。

④ 許維遹撰,梁運華整理:《吕氏春秋集釋》卷一六《先識覽》,北京:中華書局,2009,396頁。

⑤ 許維遹撰,梁運華整理:《吕氏春秋集釋》卷六《季夏紀·明理》,147-148頁。

⑥ 嶽麓書院藏秦簡《爲吏治官及黔首》抄寫時間在秦統一之後,其簡04/1535+1498載“正以橋之”、44/1570載“精絜(潔)正直”、67/1505載“升籥(籥)不正”、81/1583載“封畔不正”、86/0072載“積(精)正守事”、61/1528“正而行修而身”,見朱漢民、陳松長主編《嶽麓書院藏秦簡(壹)》,187-191頁。

⑦ 見陳侃理《北大秦簡中的方術書》,《文物》2012年第6期。

⑧ 分别見王明欽《王家臺秦墓竹簡概述》,收入[美]艾蘭、邢文編《新出簡帛研究》,北京:文物出版社,2004,26-49頁;朱鳳瀚《北大藏秦簡〈從政之經〉述要》,《文物》2012年第6期。

嶽麓秦簡《爲獄等狀四種》案例五《多小未能與謀案》吏議管窺*

——秦律未成年刑事責任能力與受刑能力

日本明治大學法學系　[德]陶安

内容提要　嶽麓秦簡《爲獄等狀四種》案例五《多小未能與謀案》的被告人在其母親的陪同下,於十二歲時,從秦國"邦亡"到楚國。被告人二十二歲時被逮捕并由縣級部門審理。因其論斷仍有疑問,縣請示上級("讞")。以該案奏讞文書所附加的兩個判决意見("吏議")爲依據,分析秦律未成年刑事責任能力與受刑能力,可知秦律原僅規定所謂"老小不當刑"的原則,即限制老年人和未滿17歲未成年的受刑能力;限制未滿10歲未成年刑事責任能力的規定,如同張家山漢簡《二年律令》簡086所見,是在該案影響下才形成的。

關鍵詞　未成年　刑事責任能力　受刑能力　老小不當刑

一　基本案情與相關法律制度

嶽麓秦簡《爲獄等狀四種》[2]案例五《多小未能與謀案》與未成年犯罪有關。被告人

*　本文爲日本學術振興會科學研究費基盤研究B"最新史料に見る秦・漢法制の変革と帝制中国の成立"(代表:陶安,JSPS 16H03487)的階段性研究成果。

②　朱漢民、陳松長主編,[德]陶安撰:《嶽麓書院藏秦簡(叁)》,上海辭書出版社,2013。

“多”,在他母親“兒”的陪同下,於十二歲時,從秦國“邦亡”[①]到荆(楚)國。過了十年,於多二十二歲時,多所在的楚國縣城“廬谿”[②]受到秦軍進攻,多被軍巫閒捕獲并押送到縣級行政部門。時似在秦王政二十二年(前225)。縣級部門進行審理之後,對多的論斷仍有疑問,以“敢讞之”的形式向郡請示。如此産生了現收爲《爲獄等狀四種》案例五的一份奏讞文書。

從法學的角度,這份奏讞文書有幾種值得關注的地方。

第一,户籍制度的完善。雖然多逃亡之後已過十年,但他户籍所在地的地方政府似乎仍保管很完整的檔案資料,收到審理部門函詢時仍然能够提供有關出亡年齡、爵位等詳細消息。不僅秦制如此,楚制或許不亞於秦。考慮軍巫閒如何能從多數楚人中找出逃亡的秦人,除非多老實自首之外,似乎衹能是因爲秦軍在進攻後以某種形式得到了楚方户籍資料,從中得知誰是土生的楚人,誰是生後移居的外來人口。换言之,楚國有較完善户籍制度的情况下,秦軍才能分出楚人與秦人之别。[③]

第二,“削爵”與“奪爵”之不同。據被告人本人的供述,多原來擁有“小走馬”的爵位;據縣廷函詢,這個爵位早已被“削”,審理時現有身份爲“士伍”。在奏讞的階段,多的案件當然未經判决,函詢所稱“削爵”則不可能是針對邦亡的刑事處分。以剥奪爵位爲内容的刑事處分奪爵見於睡虎地秦簡《秦律雜抄》簡37[④]和張家山漢簡《二年律令》簡186等,[⑤]應與本案所見“削爵”有别。據此推知,“削爵”是在多與兒邦亡發覺之後,不經過刑事審判,直由鄉嗇夫等以職權所進行的。换言之,“削爵”衹不過是一種行政處理。[⑥]

第三,“大小”之别。本奏讞文書反復强調被告人在邦亡時仍“小”。“小”與“大”相對,

---

① “邦亡”,秦律罪名,逃出邦境,以“出徼”爲構成要件,處以黥爲城旦舂。

② “廬谿”,不見《漢書·地理志》,但見於嶽麓秦簡《二十七年質日》簡32,作盧谿,似係楚乃至秦縣名。據《二十七年質日》記載推測,治所應在洞庭湖附近,或許在今湖南嶽陽一帶。《二十七年質日》參見朱漢民、陳松長主編,于振波、許道勝、陳松長、方北松撰:《嶽麓書院藏秦簡(壹)》,上海辭書出版社,2010。

③ 細揣逮捕原委,多未必在占領軍所進行的、有組織的户籍調查和街道盤查中被捕獲。捉住多的是一個官職爲軍巫的人,很有可能多由於某種特殊原因引起軍巫的關注,導致被發覺并捕獲。盡管如此,若楚方没有相關户籍資料,如何判斷其爲楚人還是秦人呢?里耶秦簡中有一些與“定符”有關的記載(簡J1⑧1560、J1⑧0192+J1⑧0685+J1⑧0462等),從中可知隸臣等作爲“吏走”在官府内外移動似乎都需要隨身帶某種券符。“符”是隨人移動的,而開出這種“符”的基礎應該是固定在官府的某種“籍”,即户籍、徒籍等(參看簡J1⑧1518+J1⑧1490“定籍”等)。那麽,多會否隨身帶了某種楚國官方所發行的“符”,而閒據此確認了多的身份呢?若如此,其基本前提也是楚國地方官府具備較爲完善的户籍制度,與秦國相似。

④ 《秦律雜抄》參見睡虎地秦墓竹簡整理小組編《睡虎地秦墓竹簡》,北京:文物出版社,1990。

⑤ 《二年律令》參見張家山二四七號漢墓竹簡整理小組《張家山漢墓竹簡[二四七號墓]》,北京:文物出版社,2001;彭浩、陳偉、[日]工藤元男主編《二年律令與奏讞書——張家山二四七號漢墓出土法律文獻釋讀》,上海古籍出版社,2007。

⑥ 相關明文規定見《嶽麓書院藏秦簡(肆)》律令簡135-138:“●尉卒律曰:黔首將陽及諸亡者,已有奔書及亡毋(無)奔書盈三月者,輒筋〔削〕爵以爲士五(伍)。$_{135}$有爵寡,以爲毋(無)爵寡;其小爵及公士以上子,年盈十八歲以上,亦筋〔削〕小爵、爵。〖削小爵〗而傅及公$_{136}$士以上子,皆籍以爲士五(伍)。鄉官輒上奔書縣廷,廷轉臧(藏)獄。獄史月案計日,盈三月即辟問鄉$_{137}$官,不出者,輒以令論,削其爵。皆校計之。$_{138}$”參見陳松長主編《嶽麓書院藏秦簡(肆)》,上海辭書出版社,2015,有部分釋文由筆者更改。

在秦漢法律史料中無疑指某種未成年。"小隸臣妾"頒發的糧食比"大隸臣妾"少(睡虎地秦簡《秦律十八種》簡049-052),"小"人的法律責任受到種種限制(如睡虎地秦簡《法律答問》簡158等)。[①] 據《秦律十八種》簡053可知,判斷"大小"的一個標準是"傅",即"傅籍"。"傅"於"籍"者爲"大",未"傅"於"籍"者爲"小"。每年八月份查核身高或年齡,符合法律要求則"傅"於"籍",也就是登記在分配徭役、兵役等名籍上。[②] 起初,秦律依據身高判斷大小,秦王政十六年"初令男子書年",[③]此後才具備了依據年齡判斷大小的基本條件。[④] 本奏讞文書未提及被告人身高,而明確標出年齡,可知當時判斷"大小"的法律要件已從身高改成年齡。

二　問題所在

本奏讞文書的奏讞理由是"疑多罪",也就是針對被告人多罪行的疑問。奏讞文書末尾附加兩個"吏議",一個稱"除多",即免除多,不施加刑罰;另一個稱"黥爲城旦",即對多施行肉刑"黥"并把身份貶爲刑徒"城旦"。"吏議"是奏讞機關内部的判决意見,因爲奏讞機關拿不準該案應如何論斷,所以才産生不同判决意見。[⑤] 其中,"黥爲城旦"與"邦亡"罪的法定刑一致,應該是將多當作"大"人,照常處以"邦亡"罪的法定刑"黥爲城旦";"除多"似於被告人年齡有關,因爲未成年,所以免除其刑事責任。但令人疑惑的是,"邦亡"的罪行清楚,年齡也是簡上黑字,其中能産生什麽疑問呢?達到成人年齡則處以"黥爲城旦",不然則以未成年處理,還能有什麽分歧?

一種可能性是,判斷年齡的時間標準産生了分歧。多未成年犯了"邦亡罪",成年之後被逮捕。判斷大小的標準點是犯罪時還是逮捕時?睡虎地秦簡《法律答問》簡006上記載著相似的疑問和當時的處理方式:

---

① 詳見後述。《秦律十八種》《法律答問》均參見睡虎地秦墓竹簡整理小組編《睡虎地秦墓竹簡》。

② 《漢書》卷一上《高帝紀上》顔師古注:"傅,著也。言著名籍,給公家徭役也。"北京:中華書局,1962,38頁。

③ 《史記》卷六《秦始皇本紀》,北京:中華書局,1959,232頁。睡虎地秦簡《編年記》云"(秦王政)十六年,……自占年",嶽麓秦簡0552號簡云"爽初書年十三,盡廿(二十)六年年廿(二十)三歲",均與秦始皇本紀記載一致。分别參見睡虎地秦墓竹簡整理小組編《睡虎地秦墓竹簡》;陳松長《嶽麓書院藏秦簡綜述》,《文物》2009年第3期。

④ 參見栗勁《〈睡虎地秦墓竹簡〉譯注斟補》,《吉林師大學報》1984年第5期;馬怡《秦人傅籍標準試探》,《中國史研究》1995年第4期。

⑤ 判决意見與奏讞文書一并向上進呈,奏讞文書造成某種法律責任時,表述不同意見的官吏或許免除相關行政責任。張家山漢簡《奏讞書》中,除"吏議"外還有"吏當",二者同爲奏讞機關的判决意見,但前者來自縣級初審奏讞文書,而後者屬於轉讞的郡級文書,性質不盡相同,詳見拙稿《張家山漢簡〈奏讞書〉吏議札記》,王沛主編《出土文獻與法律史研究》第2輯,上海人民出版社,2013;《奏讞書》參見張家山二四七號漢墓竹簡整理小組《張家山漢墓竹簡[二四七號墓]》,北京:文物出版社,2001;彭浩、陳偉、工藤元男主編《二年律令與奏讞書——張家山二四七號漢墓出土法律文獻釋讀》,上海古籍出版社,2007。

甲盜牛,盜牛時高六尺,毄(繫)一歲,復丈,高六尺七寸,問甲可(何)論? 當完城旦。

甲偷了一頭牛,犯罪時身高衹有6尺,不够"大"人標準的"六尺五寸"。[①] 拘禁一年後,甲的身高有所增長,達到了"六尺七寸",即越過"大"人標準的"六尺五寸"。設問的核心内容是,判罪的時間標準爲犯罪時還是審判時;所得到的結論是,以犯罪時爲標準。[②]

若以相同標準判斷《多小未能與謀案》的話,犯罪時多年齡還"小",以"小"進行論斷,似乎不會産生任何疑問,"疑多罪"的奏讞理由仍是一個謎團。對此筆者曾從現代法學的角度提出如下推測:[③]逃亡罪有個特點,在逃走後,流亡的非法狀態一直持續,直至自首或逮捕爲止。奏讞機關會否針對判斷邦亡罪的犯罪時點産生了疑問? 一種判决意見是將逃走時點視爲犯罪時點,依據逃走時的年齡判斷刑事責任能力,因爲當時被告人還"小",所以免除其刑事責任;另一種意見則看重流亡狀態直至逮捕時未曾解消,逮捕時犯罪行爲才結束,因而依據逮捕時年齡,將被告人當作"大"人,并處以法定刑"黥爲城旦"。

换現代法學的表述方式,奏讞機關的疑問關鍵會否在於"邦亡"罪是"狀態犯"還是"持續犯"呢? 有一些犯罪行爲的非法效果在犯罪行爲結束後還持續。比如竊盜後贓物留在盜犯手裏的話,雖然直接的竊盜行爲已經結束,但侵犯别人財産權的非法狀態一直持續。這種犯罪行爲稱爲"狀態犯"。另有一些犯罪行爲,其行爲本身在達到初期犯罪目的之後仍然持

---

① 《秦律十八種》簡051-052以男人"不盈六尺五寸"、女人"不盈六尺二寸"爲"小"。參見李龍《我國古代的年齡制度》,《法學研究》1984年第2期;栗勁《秦律通論》,濟南:山東人民出版社,1985,159-163頁。需要注意的是,《法律答問》簡006所提的"高六尺"和"六尺七寸"以及後引簡158、166的"不盈六尺"衹有舉例意義,在三則問答中"高六尺"和"不盈六尺"都是與具備刑事責任能力者相對而言,同樣表示刑事責任受到限制的未成年身高。睡虎地整理小組以及高恒、劉海年、堀毅、李力、張全民、魏德勝、趙寵亮等學者據"高六尺"和"不盈六尺"的記載主張秦律的責任年齡是身高六尺,馬怡又據"六尺七寸"提倡"六尺七寸也許是男性平民的成年標準,這些説法都相互矛盾,莫衷一是。問題的根本原因就在於上述學者都把問答舉例的身高直接當作責任年齡的絶對標準,參見高恒《秦律中"隸臣妾"問題的探討》,《文物》1977年第7期;高恒《秦律中的徭、戍問題——讀雲夢秦簡札記》,《考古》1980年第6期;劉海年《秦律刑罰的適用原則(下)》,《法學研究》1983年第2期;[日]堀毅《秦漢刑政攷》,《法制史研究》第33號,1983;李力《秦簡"小隸臣妾"的身份與來源》,《法學研究》1993年第3期;張全民《秦律的責任年齡辨析》,《吉林大學社會科學學報》1998年第1期;馬怡《秦人傅籍標準試探》,《中國史研究》1995年第4期;魏德勝《〈睡虎地秦墓竹簡〉雜考》,《中國文化研究》1997年冬之卷;趙寵亮《秦漢國家對於老幼人群的優養政策》,《石家莊學院學報》2010年第1期。另一個容易産生誤解的記載是《封診式》簡010〈封守〉條的所謂"子小男子某,高六尺五寸",諸如張金光、陳明光等學者據此推測"民男子六尺六寸始傅",其實這一材料不能證明平民的成年標準比以"六尺五寸"傅爲"大"之隸臣高。問題在於户籍不能隨時更改,衹能反映8月户口調查(參看《二年律令》簡328、335等)時的身高。因此户籍所謂"小"者會出現其實際身高達到或超過"六尺五寸"等情況。《封診式》簡010"小男子某"即如此:在8月調查户口時,他身高未達"六尺五寸",户籍上爲"小男子",後來又長個子,"封守"臨時測量時身高達到了"高六尺五寸"。高恒《秦律中的徭、戍問題——讀雲夢秦簡札記》已正確指出此問題,魏德勝《〈睡虎地秦墓竹簡〉雜考》也持有相同觀點。張金光等説法參見張金光《秦自商鞅變法後的租賦徭役制度》,《文史哲》1983年第1期;陳明光《秦朝傅籍標準蠡測》,《中國社會經濟史研究》1987年第1期。

② 張全民《秦律的責任年齡辨析》已正確指出,本答問所謂"完城旦"是針對"身高六尺"者的量刑,但他没注意到盜牛的法定刑爲"黥城旦","完城旦"含有從輕量刑之意,詳見小文第三節。

③ 參見拙稿《嶽麓秦簡司法文書集成〈爲獄等狀四種〉譯注稿—事案五・六》,《法史学研究会会報》第21號,2018。

續。比如監禁罪在剥奪受害人行動自由之後,雖然或已不再實行直接的暴力等行爲,但直至解放受害人爲止,剥奪行動自由的侵犯行爲不斷持續。這種犯罪行爲稱爲“持續犯”。狀態犯在狹義的竊盜等犯罪行爲完畢時結束,無論擁有贓物等非法狀態持續多久,均以犯罪行爲完畢時論斷。持續犯與此相反,祇要非法狀態持續,犯罪行爲也持續,直至解除非法狀態之後犯罪行爲才結束,因而判斷刑事責任等問題的標準時間包含侵犯狀態持續的所有時間。

據現代日本法學的觀點,逃亡罪是狀態犯,逃犯完全脱離監控時犯罪行爲結束。也就是説,雖然流亡的狀態一直持續下去,刑事責任能力等問題應該以逃走時爲標準。雖然古人没有“狀態犯”和“持續犯”這兩個概念,也應不難看出逃亡罪的特殊性,即脱離監控的逃走行爲與脱離監控之後的流亡行爲的區别。關注這種區别之後,既可著重於逃走行爲對監控人生命安全等所直接波及的危害,因而僅將逃走行爲本身指定爲刑事犯罪,又可以考慮到流亡行爲所造成的社會不穩定等長期影響,并據此將逃走成功後的流亡行爲也一并指定爲刑事犯罪。這是一個刑事政策的問題,無法由縣或郡的長官作出判斷。基於這種考量,筆者曾經推測,奏讞機關會否對“邦亡罪”的標準時間點産生了疑問。

實際上,奏讞文書隻字未提及相關問題,而是反復强調被告人“小未能與謀”。因此,筆者上述推測恐怕難以成立,還是需要更直接從“大小”問題切入。

三　刑事責任能力與受刑能力

《二年律令》簡 086 有如下明文規定:

> (前略)有罪年不盈十歲,除。其殺人,完爲城旦舂。

如果秦律中已有相同條文的話,本案其實不難論斷。被告人雖然未傅籍,以“十二歲”仍屬“小”,但他已超過上述明文規定免除刑事責任的標準年齡。若然,“吏議”不會提出“除多”的判決意見。

反過來問,如果秦律中没有相同條文的話,睡虎地秦簡等資料所常見到的未成年犯罪的處理方式與上引規定有什麼不同呢?據筆者瞭解,其間存在兩種較容易被忽略的微小差距:一、不同法定刑之間有輕重之别,未成年法律責任之有無以及其責任之輕重也會受此影響而變化;二、未成年的刑事責任能力與受刑能力有别,兩者雖然有相似之處,但决不容混爲一談。

再細看上引《法律答問》簡 006 未成年偷牛案件的設問和答案。甲偷了一頭牛,贓款超過六百六十錢,法定刑爲“黥爲城旦”。《法律答問》所得出的量刑爲“完爲城旦”,即免除肉刑“黥”。這個結論似與秦漢律所謂“老小不當刑者”相應。《嶽麓秦簡(肆)》所收律令簡

037-039 記載如下有關奴婢逃亡罪的明文規定:

奴婢毄(繫)城旦舂而去亡者,毄(繫)六歲者,黥其顧(顏)頯,毄(繫)八歲者,斬左止(趾),毄(繫)十歲、十二歲者,城旦黥之,皆畀其主。其老小不當刑者,毄(繫)六歲者,毄(繫)八歲;毄(繫)八歲者,毄(繫)十歲;毄(繫)十歲者,毄(繫)十二歲。皆毋備其前毄(繫)日。

相似的規定也見於《二年律令》簡 091:

城旦舂有罪耐以上,黥之。其有贖罪以下,及老小不當刑、刑盡者,皆笞百。

所謂"老小不當刑者"應指因爲年齡大或小而不應該處以肉刑者。雖然免除肉刑,但并不全面免除刑罰,僅换一種處罰方式,即以"繫城旦舂二歲"或"笞"等代替肉刑。换言之,這些"老小"的刑事責任并無變化,衹因受刑能力有限,所以换一種"老小"也能接受的另一種處罰方式。"老小"不處以肉刑的一般原則見於《二年律令》簡 083:

公士、公士妻及□□行年七十以上若年不盈十七歲,有罪當刑者,皆完之。

據此可知,七十歲以上的老年人和未滿十七歲的未成年一律不處以肉刑。漢律以十七歲爲限,似與《法律答問》所提身高"六尺五寸"大致相應。秦律將判斷標準從身高轉换爲年齡之後,很有可能同樣以十七歲爲判斷有無肉刑受刑能力的標準。[①]

下一則答問(簡 166)的法律邏輯大不一樣:

女子甲爲人妻,去亡,得及自出,小未盈六尺,當論不當?已官(閼),當論。未官(閼),不當論。

女子甲身高未滿六尺,與女性成人標準"六尺二寸"相比最少矮兩寸多,仍屬"小"。甲已嫁人,但擅自離開逃亡。答問所問的是,不管被捉獲還是自首,甲應否論罪。答案是,如果她已辦理了所謂"閼"的官方登記手續的話,她就應該按照大人常例論斷;如果她未曾辦理手續的話,仍按"小"(即未成年)常例免除論罪。相似的處理方案還見於《法律答問》簡 158:

甲小未盈六尺,有馬一匹自牧之,今馬爲人敗,食人稼一石,問當論不當?不當論及賞(償)稼。

未成年甲牧放自己的一匹馬,因爲他人干擾等原因,馬匹吃了人家的莊稼。這種情況下,甲

① 與奴婢和城旦舂不同,庶人身份的"老小"不處以笞刑或繫城旦舂等代替刑。這應該是因爲奴婢和城旦舂需要"復作",即還給主人或司空而持續以奴婢或城旦舂身份服從勞役。换言之,奴婢和城旦舂無法處以"完爲城旦舂"。針對他們來説,單純免除肉刑等於全面免除刑罰。庶人不一樣,他們免除肉刑之後還受到"完爲城旦舂"的懲罰,雖然免除肉刑,但并無必要另設代替刑。

應否論罪?《法律答問》編寫者的意見是,不僅不論罪,而且不賠償所吃損的莊稼。换言之,甲不需要承擔任何刑事或民事責任,原因在於其身高矮,未達到成人標準。

上述簡158和166的兩則答問與簡006的答問所得到的結論差距較大,前兩者全面免除未成年的刑事責任,而後一者僅免除肉刑。其原因何在?應該與法定刑的輕重有關。①《二年律令》簡157稱:

吏民亡,盈卒歲,耐。不盈卒歲,毄(繫)城旦舂;公士、公士妻以上作官府,皆償亡日。其自出殹(也),笞五十,給逋事。皆籍亡日,軵數盈卒歲而得,亦耐之。

吏民逃亡滿一歲才處以"耐"(即"耐爲司寇"),不滿一歲則僅以城旦舂或官府的勞役補償所逃亡的日數。如果自首的話,又進一步減輕量刑,僅處以笞刑。《法律答問》簡166未注明逃亡時間,但無論如何,量刑不會超過"耐"刑。簡158的案情更輕。雖然難以確定相關法定刑,但過失殺人僅科以贖罪("贖死"),過失傷人免罪,過失損傷莊稼還會判多重的刑罰呢?總之,簡166和簡158所見罪行至多會判以"耐"刑,與簡006的法定刑"黥爲城旦"有著顯著的差距。前兩者全面免除刑事責任,而後者僅從受刑能力的考量免除肉刑,這就合乎情理。

《法律答問》簡067中還出現法定刑比簡006的"黥爲城旦"更重的相關答問:

甲謀遣乙盜殺人,受分十錢。問乙高未盈六尺,甲可(何)論?當磔。

乙受到甲教唆而犯了"盜殺人"罪,即强盜并殺害人。他身高未滿六尺,屬"小"。答問所關注的却是教唆者甲的處分。甲從乙接收部分贓物,即十錢,結果應該處以磔刑。據《二年律令》簡066,磔刑是罪名"盜殺人"的法定刑。如果乙是大人的話,他自己所受到的懲罰也是磔刑。據簡057,教唆者"與盜同灋(法)",與"盜殺人"的罪犯乙一同處以磔刑。《法律答

① 在主張身高六尺爲判斷刑事責任界限的學者中,張全民也特別關注《法律答問》所謂"高六尺"(簡006)與"不盈六尺"(簡158、166)之不同。如前注所説明,簡006的問答中,"高六尺"與"高六尺七寸"相對立,它的相對意義與簡158、166問答中的"不盈六尺"相同,因此單純的"六尺説"難以成立,但不難從中發展出某種"六尺細分説"。比如王偉以"高六尺"(簡006)與"不盈六尺"(簡158、166)之不同爲依據,主張秦律對未成年刑事責任的限制能分出如下兩個階段:(1)《法律答問》中的小未盈六尺應與《二年律令》中的年不盈十歲相當,因"有罪年不盈十歲,除",故《法律答問》簡158小未盈六尺的甲牧馬食人稼,"不當論及賞(償)稼"。而簡166中的"甲爲人妻,去亡,得及自出,小未盈六尺",如果"未官"的話,同樣"不當論"。(2)《法律答問》簡6中的甲盜牛時已經高六尺,應與《二年律令》中的"年未盈十七歲"相當,其犯有應處以黥爲城旦的罪行時應"完之"即處以完城旦。這種觀點很有道理,但如本節開頭所説明,在已有類似於《二年律令》簡086明文規定的情況下,本案就不會産生任何疑問,縣政府也就不會製作《爲獄等狀》所收奏讞文書。另外,即使當時在"六尺五寸/六尺二寸"的大小標準之外已經另有其他身高標準,也難以想象其爲"六尺",相關理由有兩個:第一,"六尺"與女人大小標準的"六尺二寸"相近,僅相差4.6公分,没有實質意義;第二,小隸臣妾以"高五尺二寸"區分"作"與否,實際上形成"未盈五尺二寸""五尺二寸以上""六尺五寸/二寸以上"的三層年齡結構,與居延漢簡等所見"未使""使""大"(詳見後文)相類,似乎没有合理理由在此外再分出另一個年齡層次。參見王偉《睡虎地秦簡文本復原二題》,《中國礦業大學學報(社會科學版)》2016年第11期。實際上,黄展岳早已對"高六尺"和"未盈六尺"提出與王文相似的觀點,但有關《法律答問》簡006的理解失妥,與張全民論文問題相似,參見黄展岳《雲夢秦律簡論》,《考古學報》1980年第1期。

問》問教唆者甲的量刑,無疑是因爲與大人不同,被教唆者乙犯了“盜殺人”罪也不會處以磔刑。既然乙不論爲磔刑,與乙“同法”之甲還能照常論以磔刑嗎?《法律答問》的答案是教唆者仍處磔刑。這個結論很合理。乙不處以磔刑的原因不在於罪行本身,而基於乙身份上的特殊因素,即其年齡。甲没有相同身份上的減刑因素,當然就要照常處以“盜殺人”罪的法定刑,即磔刑。

遺憾的是,《法律答問》未説明乙的量刑。筆者推測其應爲“完爲城旦”。首先,假設乙完全不減刑,照常處以磔刑,這則答問就毫無意義。其次,死罪減一等,按慣例,應減爲“黥爲城旦”。最後,秦律普遍免除小孩肉刑,“黥爲城旦”應再次減輕爲“完爲城旦”。這一結論與上引《二年律令》簡086所謂“其殺人,完爲城旦舂”相符。

總結本節分析結果,可以歸納出如下結論。秦律對未成年的處罰方式,基於有關受刑能力和刑事責任能力兩種不同的考量,與法定刑輕重之不同相應,分爲三類:一、“耐”刑以下全面免除一切刑事責任;二、“黥”刑等肉刑也全面免除,但肉刑所附帶的“城旦舂”刑照樣施行,也可以説“黥爲城旦舂”一律減一等,處以“完爲城旦舂”;三、死刑減一等爲“黥爲城旦舂”,肉刑“黥”又照原則二免除。目前出土資料中好像未見法定刑“完爲城旦舂”的相關規定,但既然免除肉刑的理由在於“老小不當刑”,未成年的“完爲城旦舂”罪就很有可能不受到任何減免,與大人相同處以法定刑“完爲城旦舂”。上述結論可以列表如下:

表1　秦律有關未成年刑事責任能力與受刑能力的規定

法定刑	未成年的處理方式	實際刑罰
“磔”等死刑	減死一等,再免除肉刑	完爲城旦舂
“黥爲城旦舂”	免除肉刑	完爲城旦舂
“完爲城旦舂”	——	完爲城旦舂
“耐”刑以下	全面免除刑事責任	——

四　“未能與謀”

應該注意的是,《二年律令》簡086的明文規定與《法律答問》的相關消息不盡相同。據《法律答問》推測,秦律的減免對象是所有身高未滿六尺五寸的未成年,[①]相應的年齡大致在十七歲左右,至少不會低於十五、十六歲,而《二年律令》簡086僅免除未滿十歲以下未成年,免除的年齡標準低很多。同時,免除的範圍也大相徑庭,《二年律令》除殺人罪處以“完爲城旦舂”外,其他罪名均免除一切刑事責任,而秦律的減免措施限於減死、除肉刑、免“耐”三項。

① 女性身高未滿六尺二寸。

如此大的差距怎麽解釋呢?

結合嶽麓秦簡《爲獄等狀四種》案例五《多小未能與謀案》的記載,似可推論如下:秦律的三項減免措施見於睡虎地秦簡《法律答問》等,其中免除肉刑一項又在嶽麓秦簡(肆)的律令簡037-039和張家山漢簡《二年律令》簡091、121所謂“老小不當刑”上得到明確的體現,無疑沿襲直至漢律。《多小未能與謀案》的年代被比定爲秦王政二十二年,不應早於《法律答問》的編寫年代。這意味著進行“吏議”的官員不太可能忽視“老小不當刑”的原則。依據這項原則分析該案“吏議”,“除多”和“黥爲城旦”兩個判決意見中,“除多”與此原則明顯無關,而“黥爲城旦”的判決意見很有可能基於上述原則。如上所述,“老小不當刑”出於有關受刑能力的考量,并不是著眼於被告人責任能力而一律減輕或免除刑事責任。“老小”雖然不施行“黥”這項肉刑,實質上“老小”的“黥爲城旦”刑與“完爲城旦”無异,但法定刑仍然是“黥爲城旦”。吏議的所謂“黥爲城旦”應指此法定刑,行刑時實處以“完爲城旦”是不言而喻的。

另一項吏議似出於不同的法律考量。從本質來説,“除多”與《二年律令》簡086的所謂“年不盈十歲,除”相一致,衹有被告人多的年齡與簡086的記載不合。既然被告人的年齡不滿足法律的明文規定,這就難以想象擔當該案的官員違反明文規定而要求免除被告人的刑事責任。更現實的一個設想是,當時尚無相關明文規定,而官員認識到有必要製定相關的規定,也就是説他們認爲,將小孩與大人一同論罪不太合理,應該考慮小孩的判斷能力等,減少或免除其刑事責任。該案中反復强調的“多小未能與謀”正好與這種設想相符。

爲正確理解奏讞文書中的這一句話,需要澄清秦漢法律中“謀”概念的意思。秦漢法律術語“謀”包含現代刑法四種犯罪類型:

(一)“未遂”。《二年律令》簡022記載如下規定:

> 謀賊殺,傷人未殺,黥爲城旦舂。[1]

此處的“謀賊殺”是指“未遂犯”,即本來打算賊殺人(即故意殺害人),但是没能殺成,僅傷人未殺。

(二)“共謀”。《二年律令》簡026云:

> 謀賊殺、傷人,與賊同灋(法)。

第二個“賊”字是指實行犯罪的正犯,與此相比“謀賊殺、傷人”則不外乎是指不臨場的共謀者。《漢書·薛宣傳》所提到薛況“賕客楊明……令明遮斫(申)咸宫門外,斷鼻脣,身八創”

---

① 整理小組標點爲“謀賊殺、傷人,未殺,黥爲城旦舂”,彭浩、陳偉、工藤元男等爲“謀賊殺傷人,未殺,黥爲城旦舂”,均未確。罪名“賊傷人”,不會出現“未殺”這一情節,“傷人未殺”描寫罪名“賊殺人”著手未遂的情況。原標點參看二四七號漢墓竹簡整理小組編《張家山漢墓竹簡[二四七號墓]》,北京:文物出版社,2001;彭浩、陳偉、工藤元男主編《二年律令與奏讞書——張家山二四七號漢墓出土法律文獻釋讀》,上海古籍出版社,2007。

的案情屬於這種情況,[1]廷尉將薛況的罪行擬爲"與謀者"。此一詞又見於《二年律令》簡 023:

賊殺人及與謀者,皆弃市。未殺,黥爲城旦舂。

這一則條文將前兩條規定合并,僅將簡 26"賊傷人"的罪名省略。"與謀者,皆弃市"是"謀賊殺,與賊同灋(法)"的另一種説法;"未殺,黥爲城旦舂"則是"傷人未殺,黥爲城旦舂"的省略表述。

(三)"教唆"。《二年律令》簡 057:

謀遣人盜若教人可(何)盜所,人即以其言□□□□□及智(知)人盜與分,皆與盜同灋(法)。

"人即以其言"以下墨迹不清,但從前後文判斷,成爲動詞"謀遣"和"教"主語的人不直接參與犯罪行爲,而當賓語的人(即律文"人"字所指,行爲人)"以其言"實行犯罪行爲。也就是説,一個人不實行犯罪行爲,僅提供信息或教唆别人,而另一個人得到消息或受到教唆影響後,實行犯罪行爲。"教"與"謀遣"的差别在於"教可盜所"衹不過是提供信息,影響行爲人的認識,而"謀遣"之"遣"包含指揮行爲人的意思,直接影響行爲人的犯罪意志。[2] 由於教唆是指將自己的犯罪意圖灌輸給本來没有犯罪意圖的人,所以簡文中衹有"謀遣"才表示與現代刑法所謂"教唆"大致相同的意思。

(四)"預備"。《二年律令》簡 208:

諸謀盜鑄錢,頗有其器具未鑄者,皆黥以爲城旦舂。

上引"謀賊殺,傷人未殺"所指的情况是行爲人已著手於"賊殺"這一犯罪行爲,但未能完成。簡 208 所描寫的情况略有不同,行爲人已做了犯罪行爲的相關準備工作,但不僅未完成而且也未曾著手。也就是説,行爲人還没有開始熔化銅等犯罪行爲。

"謀"字能包含此四類不同的犯罪行爲是因爲"謀"概念表示犯罪故意或犯罪意志的形成。從秦漢簡牘資料看,原則上承擔刑事責任的主體是直接參與犯罪行爲的行爲人,而在行爲人周圍通過教唆、幫助等行爲間接影響到犯罪行爲的人并不全都受到法律上的指責。[3] 衹有制定法上有明文規定的特殊情况下,這些人也要承擔相應的刑事責任。比如秦漢律中所

---

① 《漢書》卷八三《薛宣傳》,3395 頁。

② 現代刑法學上,"犯罪故意"指行爲人認識構成犯罪的違法事實而決意施行相關行爲(或不爲所應爲的行爲)。換言之,"犯罪故意"由"認識"和"意志"兩種因素構成。雖然古今的概念并不盡相同,但簡文所謂"教"和"謀遣"大略與現代所謂"認識"和"意志"的兩種因素相應。

③ 參見拙稿《中國傳統共犯概念的幾則思考》,《華東政法大學學報》2014 年第 2 期。

見"謀反""謀(賊)殺""謀盗鑄錢"等罪名即是。這些罪名中均含"謀"字,表示雖未參加或完成犯罪行爲,但對犯罪意志的形成需要承擔刑事責任。

基於上述"謀"概念的含義,《多小未能與謀案》中"未能與謀"的意思并不難理解。"謀"表示行爲人形成犯罪意志,而犯罪意志應該是刑事責任的主要前提。除過失殺人、過失傷人等特殊情況外,没有犯罪意志的人本來不應該承擔刑事責任。那麽,不具備足够判斷能力的未成年能否形成明確的犯罪意志呢?"未能與謀"似乎表明審理該案的部分官員認爲被告人并未能形成犯罪意志。這一部分官員則是吏議中主張"除多"的一派人,他們著重於被告人缺乏足够的判斷能力,否認其刑事責任。①

目前無法知道,秦朝的立法者如何看待這一問題,朝廷最後如何處理該案,但從該案中似能看出兩個事實:第一、秦律原無相關明文規定;第二、秦代的社會已有對相關明文規定的需求。無論具體的製定和頒布時間爲何時,《二年律令》簡 086 明文規定的誕生應與《多小未能與謀案》奏讞者所表達的疑問以及其背後的社會需求有密切關聯。

同時,《二年律令》簡 086 的明文規定與《法律答問》的上述制度也并不矛盾,可以將其理解爲有關未成年犯罪的法律制度上的進一步完善。《多小未能與謀案》發生時已存在一些有關未成年犯罪的明文規定,其主要内容爲限制"小"人的受刑能力,不施加肉刑。《二年律令》簡 086 的明文規定在此基礎上又從"小"人中分出"未盈十歲"者,將法律效果擴大爲一律免除刑事責任,僅殺人罪除外。有關未成年犯罪的法律規定可以整理如下:

表 2 秦漢律有關未成年犯罪的規定

小		大
未滿十歲	十歲以上	
殺人:完爲城旦舂	完爲城旦舂	"磔"等死刑
免罪	完爲城旦舂	"黥爲城旦舂"
	完爲城旦舂	"完爲城旦舂"
	免罪	"耐"刑以下

這樣一看,秦漢律有關未成年犯罪的規定,在年齡結構上與賦税制度的年齡結構有相似之處,即未成年分成兩個不同的年齡層次。早於上世紀五十年代,森鹿三已據居延漢簡指出,漢代與年齡有關的身份稱呼在"大男"、"大女"等大人之下另設"使男"、"使女"與"未使

① 至於未成年從幾歲開始具備足够的判斷能力,這并没有一個普遍的客觀標準,《二年律令》簡 086 的立法者以十歲爲未成年應當承擔刑事責任的底綫,而審理《多小未能與謀案》的部分官員對十二歲未成年的判斷能力以及刑事責任能力仍有疑問,認爲不能苛求與大人一視同仁。這個問題上既然不存在普遍的客觀標準,最後衹能由立法者以法律形式做出決定。

男”、“未使女”之别。[①] 十五歲以上爲“大男”、“大女”,七歲至十四歲爲“使男”、“使女”,六歲以下爲“未使男”、“未使女”。當然刑法和賦税制度各設不同年齡界限,兩個年齡結構之間未必存在任何繼承關係。

小結

通過上述分析所得到的結論可以歸納爲如下兩點:一、第二個判決意見的所謂“黥爲城旦”是“邦亡”罪的法定刑,該判決意見基於當時有關未成年犯罪的制定法規定不限制被告人的刑事責任,而以“老小不當刑”的行刑原則免除肉刑,僅實行“爲城旦”這一部分處罰,即“完爲城旦”。二、第一個判決意見主張“除多”,這開了未成年中年齡較小、判斷能力極有限的兒童免除刑事責任的先河。這個判決意見反映出秦律仍未設相應明文規定而官員已意識到兒童刑事責任問題的複雜情况。也可以説“除多”這一判決意見是《二年律令》簡 086 明文規定形成過程中的過渡性産物,應該不久後被相應明文規定所取代。這又體現出,當時的立法活動經常較爲直接地反映出來自個案審判的司法經驗。[②]

上述兩種判決意見的前提是,秦律已設有“大小”受刑能力的區别,而未從“小”中分出免除刑事責任的低年齡層次。後來在“大小”的大區别之外又將“小”細分爲兩種群體,與居延漢簡所見税賦制度的“使”與“未使”相似。未成年犯罪的年齡區分未必與賦税制度的相應劃分同源,但也不排除後來對兩個不同的年齡區分進行調整的可能性。據《漢書・刑法志》記載:

① 參見[日]森鹿三《居延出土の卒家属廩名籍について》,《立命館文学》第 180 號,1959,收入其著《東洋学研究・居延漢簡篇》,京都:同朋舍,1975,121-131 頁。七、八十年代之後出土了大量的秦漢法律文獻,但“使”與“未使”之别仍爲相關研究的基本框架。比如山田勝芳將漢代租税、徭役等負擔年齡整理如下:

漢代賦税、徭役等負擔的年齡結構表

小		大	
未使	使		傳籍
1—6 歲	7—14 歲	15 歲以上	23 歲以上
—	口錢(23 錢)	徭役・賦錢(120 錢)	兵役・徭役・賦錢

參見[日]山田勝芳《秦漢財政収入の研究》第四章《徭役・兵役》,東京:汲古書院,1993,282-303 頁。山田書中還指出 56 歲以上爲“老”,免除徭役、兵役、賦錢等負擔,上表暫省。

② 另一個較有代表性的例子是,張家山漢簡《奏讞書》案例四。被告人解不知相關情况而娶了亡人爲妻。奏讞文書表明,有關“娶亡人爲妻”的一條律文,對“弗知”的特殊情况并没有減刑的明文規定(“非有減”),但同出於張家山 247 號漢墓的《二年律令》提及這種特殊情况(簡 168)。

至成帝鴻嘉元年,定令:"年未滿七歲,賊鬬殺人及犯殊死者,上請廷尉以聞,得減死。"①

成帝時所製定的法令中,"七歲"成爲了未成年犯殊死等重大罪行能否減死的分水嶺。既然殊死等重大罪名都允許從輕處理,我們難以想象當時將犯了殊死以外普通罪名的六歲以下未成年置之不理。既然如此,這一法令會否全文原如下呢?

有罪年未滿七歲,除;其賊鬬殺人及犯殊死者,上請廷尉以聞,得減死。

若然,成帝鴻嘉元年令修改了《二年律令》簡 086 的明文規定,將未成年免除刑事責任的界限從十歲降到七歲,使其與未成年需要出"口錢"的年齡區分一致。換個視角,有關賦税制度年齡結構的研究多以居延漢簡和傳世文獻爲主要依據,戰國秦、秦代乃至漢初的相關年齡結構很有可能與上述刑事責任和受刑能力的年齡限制更接近一些。對司法和賦税制度年齡結構的進一步比較和分析似需再細看不同時代層次之間的變化。目前筆者的相關理解過於膚淺,衹好在此先擱筆,以待今後研究。

附記:小文内容承蒙東京外國語大學亞非語言文化研究所共同研究課題"簡牘学から日本東洋学の復活の道を探る——中国古代簡牘の横断領域的研究(3)"課題成員以及"中研院"歷史語言研究所劉欣寧小姐的批評指正,謹此表示衷心的感謝!

① 《漢書》卷二三《刑法志》,1106 頁。

嶽麓秦簡“蜀巴郡”考

湖南師範大學歷史與人類學研究所　鄒水杰

内容提要　嶽麓秦簡律令中表示郡名的“蜀巴”,標明秦統一前夕存在“蜀巴郡”。秦兵器銘文則記録著,至少在秦王政十三年(前234)前,主持兵器鑄造的衹有“蜀守”,表明郡名爲“蜀郡”。涪陵小田溪戰國墓葬群的規格與隨葬品顯示,至少在秦昭王時代,巴族君長仍然統治巴地,但楚、秦文化已經進入。秦滅巴國後,在相當長的時間内是以屬邦管理巴地縣道。直至統一前夕,才將巴地納入郡縣體制,但并未單獨置郡,而是并入蜀郡,成爲“蜀巴郡”。巴地獨立置郡應在秦統一後整合三十六郡之時。

關鍵詞　蜀巴　蜀守　屬邦　郡縣化

清以來,治沿革地理者,莫不關注秦郡的設置,尤其對於秦三十六郡的問題,引起了廣泛而持久的討論,成爲史學界一個古老而常青的話題。近年來由於考古材料不斷公布,秦代政區地理的研究出現了許多熱點,然分歧甚大,許多秦郡的設置和變遷迄今未有定説。相較而言,雖然蜀郡始置的情况複雜,年代認定困難,但至遲在秦昭王二十七年(前280)置有蜀郡,已經被出土文獻證實。問題是巴郡,《華陽國志・巴志》和《史記・張儀列傳》都語焉不詳,難以真正認定。雖然置郡的明確證據一直闕如,學者一般認爲在司馬錯、張儀的時代,是設置有巴郡的。① 然最新刊布的嶽麓秦簡律令中出現了“蜀巴”的郡名,讓原本模糊的局面變得

① 譚其驤先生影響很大的《秦郡新考》,即取赧王元年(惠文王後十一年,前314)置巴郡説。收入其著《長水集》,上册,北京:人民出版社,1987,2頁。最新的學術史綜述參看徐世權《學術史視野下的秦郡研究》,吉林大學博士學位論文,2017。

更加繁複。本文利用嶽麓秦簡律令中的相關記載,結合考古資料,分析考訂舊有史料,思考和研究"蜀巴郡"的問題,以求教于方家。

一　嶽麓秦簡律令中的"蜀巴郡"

蜀郡作爲較早設置的秦郡殆無疑義,但學者早已指出,對於具體置郡的時間和蜀相、蜀守并置的問題,《史記》中矛盾、顛倒、模糊之處頗多。[①] 而統一前巴郡的記載則更爲模糊。《史記》的《六國年表》《秦本紀》和《張儀列傳》均有秦通過蜀郡對巴地征服的記載,但有關巴郡設置的文字前後矛盾,互有衝突。《華陽國志・巴志》載:"秦惠文王遣張儀、司馬錯救苴、巴。遂伐蜀,滅之。儀貪巴、苴之富,因取巴,執王以歸,置巴、蜀及漢中郡,分其地爲四十一縣。"[②]有學者也因此認爲"巴、蜀及漢中郡"均爲其時所置,然《蜀志》記載:"周赧王元年,秦惠王封子通國爲蜀侯,以陳壯爲相。置巴郡,以張若爲蜀國守……三年,分巴、蜀置漢中郡。"[③]説明秦滅蜀國後是封蜀公子爲侯以統治蜀地。後文雖説置巴郡,但又接"以張若爲蜀國守",文字肯定存在混記或誤植。可見常璩所撰二志對巴、蜀置郡的記載存在衝突,不可盡信。[④] 而《史記・張儀列傳》衹載:"(惠王)卒起兵伐蜀,十月,取之,遂定蜀,貶蜀王更號爲侯,而使陳莊相蜀。"[⑤]衹是將蜀王貶爲蜀侯,并未記載置巴郡之事。李學勤先生根據荆門包山 2 號楚墓最後一條紀年簡文"大司馬悼滑將楚邦之師徒以救郙之歲"中的"郙"即巴國,認定前 316 年秦滅巴國。[⑥] 然其時秦楚之戰頻繁,簡文有悼滑將楚師救巴之事,表明秦楚在巴地的争奪,但并不能説明秦當時就滅了巴國,更不能將其作爲證據證明秦當時就設置了巴郡。孫華先生分析了秦昭王時三次由蜀地攻楚而非以巴郡爲基地的記載,進而指出:"秦滅巴蜀以後,在相當一段時期内,秦都是以蜀統巴,蜀地設郡置守以後,巴地亦無設郡置守的迹象。"他認爲至少在"蜀守若伐楚,取巫郡,及江南爲黔中郡"的昭襄王三十年(前 277)前,并

---

① 參見蒙文通《巴蜀史的問題》,《四川大學學報(社會科學版)》1959 年第 5 期,23-25 頁。

② [晋]常璩著,任乃强校注:《華陽國志校補圖注》,上海古籍出版社,1987,11 頁。

③ 任乃强改文句爲:"置巴、蜀郡,以張若爲蜀守。"他增加"蜀"字的依據是:"按《巴志》文當有。"而將"蜀國守"改爲"蜀守",則衹云"當衍"。他在其後以一長注説明改字前後均有難通處。參見《華陽國志校補圖注》,128-130 頁。

④ 徐中舒先生指出:"《華陽國志》序志篇:'司馬相如、嚴君平、揚雄、陽成子元、鄭伯邑、尹彭城、譙常侍、任給事等,各集傳説以作本紀,略舉其隅。'蜀亡後,蜀的歷史由蜀人口頭傳説,經過漢晋時代的文學家加以撰述,其中當然有許多是信史,其中屬於輾轉傳述增益附會之詞,也是不能免的。"參見其著《巴蜀文化初論》,《四川大學學報(社會科學版)》1959 年第 2 期,29 頁。

⑤ 《史記》卷七〇《張儀列傳》,北京:中華書局,1982,2284 頁。

⑥ 李學勤:《有紀年楚簡年代的研究・包山 2 號墓簡》"郙國與悼滑"條,收入其著《文物中的古文明》,北京:商務印書館,2008,447-452 頁。

不存在巴郡,秦楚在巴地的拉鋸狀況 也不適宜在巴地設郡。[①] 孫先生在没有直接證據支持的情况下,仍然推測秦於前277年置有巴郡,乃因他并不懷疑昭王時置巴郡的前人成説。[②]

新出嶽麓秦簡中没有出現蜀郡和巴郡,却明確記載了一個不見於傳世文獻的"蜀巴郡":

1.諸相與奸亂而䙴(遷)者,皆别䙴(遷)之,勿令同郡。其女子當䙴(遷)者└,東郡└、參川└、河内└、潁川└、請(清)河」、河間└、蜀巴└、漢中└、□▨(《嶽麓(伍)》,0864+2193[③])

從簡文"勿令同郡"和各郡名之間起分隔作用的鉤識符可知,簡文中的"蜀巴"是"蜀巴郡",[④] 并非"蜀"與"巴"分列。[⑤] 對於簡文的性質和時代,可從另外幾枚單簡中得出:

2.綰請許而令郡有罪罰當戍者,泰原署四川郡;東郡、三川、潁川署江胡郡;南陽、河内署九江郡……(0706)

3.罪(?)人而當戍請(清)河、河間、恒山者,盡遣戍□□地。清河、河間當戍者,各戍……(0864)

4.河内署九江郡;南郡、上黨、□邦道當戍東故徼者,署衡山郡。(0383)[⑥]

這幾枚簡雖由於殘斷不能直接編聯,但肯定是互有聯繫的"罰戍輸遷"令文。根據材料2,這條罰戍令是由"綰"上請的。這個綰有可能是《秦始皇本紀》所載二十六年(前221)至二十八年(前219)的丞相王綰。據辛德勇先生考證,二十六年秦始皇設三十六郡時,對諸郡做過調整:材料1中出現的河内郡,面積偏小,并入河東郡;材料1和3中出現的清河郡,大概設置於秦王政十四年(前233),二十六年受到調整,其東部歸入鉅鹿郡,西部合爲邯鄲郡。[⑦] 根據前賢和辛先生的考證,秦統一後的三十六郡中不存在河内郡與清河郡。又里耶秦簡顯示,廿七

---

① 孫華:《巴蜀爲郡考》,《社會科學研究》1985年第3期,65-68頁。朱聖鐘先生認爲巴郡政區的形成是一個歷史過程,完整意義上巴郡形成的時間在前277年前後。朱聖鐘:《論秦巴郡政區的形成》,《銅仁學院學報》2010年第1期,73-76頁。

② 近年周振鶴、李曉傑所著《中國行政區劃通史:總論·先秦卷》進一步申述赧王元年置巴郡説(上海:復旦大學出版社,2009,447頁)。

③ 陳松長主編:《嶽麓書院藏秦簡(伍)》,上海辭書出版社,2017,66頁。

④ 嶽麓秦簡肆0635有"遣就食蜀守"之句,但"就食"後應接地名,而非"蜀守",因此語義上有問題。細審圖版,最後釋爲"守"的字有殘,難以辨别。故暫存疑。陳松長主編:《嶽麓書院藏秦簡(肆)》,上海辭書出版社,2015,213頁。

⑤ "清河=間"之間没有鉤識符,乃"清河"正好寫在簡末,而另簡開頭則以有重文號的"=間"起首,故没有標識起分隔作用的鉤識符。

⑥ 陳松長:《嶽麓書院藏秦簡中的郡名考略》,《湖南大學學報(社會科學版)》2009年第2期,5-10頁。需要指出,材料7的簡0864在此文中標爲簡0865。

⑦ 辛先生在注中還解釋説,戴震認爲河内地區在秦三十六郡中應屬三川郡,從地域交通聯繫的角度看更爲合理。辛德勇:《秦始皇三十六郡新考》,收入其著《秦漢政區與邊界地理研究》,北京:中華書局,2009,71-72頁。

年(前220)二月洞庭守禮的文書中有“今洞庭兵輸内史及巴、南郡、蒼梧(簡16-5,16-6)”,[①]説明統一的翌年即置有巴郡。西安相家巷秦封泥中有“巴左工印”,整批封泥的年代在戰國晚期至秦代,[②]這個巴郡的時代有可能在秦統一後。無論如何,秦統一後明確置有巴郡,但不能因此推衍統一前也有巴郡。

簡文明確了一個事實,河内郡、清河郡衹延續到秦始皇二十六年,“蜀巴郡”最遲在廿七年二月前分出了“巴郡”。雖然綰遲至二十六年才任丞相,但秦時群臣皆可奏請,[③]因此上請文書可能是綰擔任丞相之前呈報。另一枚嶽麓秦簡則顯示文書發布于統一前夕:

5.·自今以來敢有盗取蜀巴、洞庭犀牛者,黥爲城旦舂。·六。(0550)[④]

簡中蜀巴與洞庭并列,陳偉先生早就推測洞庭郡與蒼梧郡是二十五年(前222)由黔中郡分置。[⑤] 里耶秦簡卅四年六月的文書中記有“今遷陵廿五年爲縣”(8-757)和“及蒼梧爲郡九歲”(8-758),坐實蒼梧郡和遷陵縣均爲廿五年所置。而材料4中的衡山郡,在嶽麓秦簡“奏讞狀”的《癸、瑣相移謀購案》中顯示,至少在廿五年五月就存在了。[⑥] 這樣一來,材料1這份上請文書衹可能是二十五年至二十六年之間的文書。綜合這些分析可得出,巴蜀地區統一前夕存在的是“蜀巴郡”,統一後才是蜀郡與巴郡分置。

而且嶽麓秦簡中多次出現“蜀巴”,説明既非孤證,也排除了抄寫者筆誤的可能:

6.諸書當傳者勿漕,└斷罪輸署蜀巴者,令獨水道漕傳。(《嶽麓(肆)》,0589)

7.●諸取有辠署(遷)輸〈輸〉及處蜀巴及取不當出關爲葆庸,及私載出扜關、漢陽關及送道之出蜀巴畍(界)者,其葆庸及所私載、送道者亡及雖不亡,皆以送道亡故徼外律論之。(《嶽麓伍》,1105+1124)

8.●諸有辠當署(遷)輸蜀巴及恒署(遷)所者,辠已決,當傳而欲有告及行有告,縣官皆勿聽而亟傳詣署輸〈輸〉所,勿留。 ·十九。(《嶽麓(伍)》,1123+0966)

根據材料7,律文明確以“蜀巴界”表示蜀巴郡的行政區界,且郡界上最重要的關口是扜關和漢陽關。扜關見於張家山漢簡《津關令》,屬於漢初五關之一。整理小組已經指出,扜關即漢

① 里耶秦簡博物館、出土文獻與中國古代文明研究協同創新中心中國人民大學中心編著:《里耶秦簡博物館藏秦簡》,上海:中西書局,2016,68-69頁。

② 劉慶柱、李毓芳:《西安相家巷遺址封泥考略》,《考古學報》2001年第4期,445-449頁。

③ 《嶽麓(肆)》簡1417載:“·行書律曰:縣請制,唯故徼外盗,以郵行之,其他毋敢擅令郵行書。”則縣也可直接向皇帝奏請。

④ 參陳松長《嶽麓秦簡中的令文格式初論》,《上海師範大學學報(哲學社會科學版)》2017年第6期。

⑤ 陳偉:《秦蒼梧、洞庭二郡芻論》,《歷史研究》2003年第5期,168-172頁。

⑥ 奏讞書開頭顯示時間爲廿五年,案件文書中有:“五月甲辰,州陵守綰、丞越、史獲論令癸、瑣等各贖黥。癸└、行戍衡山郡各三歲,以當灋(法)。”朱漢民、陳松長主編:《嶽麓書院藏秦簡(叁)》,上海辭書出版社,2013,13頁,簡1221。

志中的巴郡魚復縣江關。[1] 王子今、劉華祝先生指出即《史記》中的“扞關”。《史記·楚世家》載:“肅王四年,蜀伐楚,取兹方。於是楚爲扞關以距之。”[2]《史記·張儀列傳》記惠文王後元十四年(前311),張儀游説楚王:“秦西有巴蜀,大船積粟,起於汶山,浮江已下,至楚三千餘里。舫船載卒,一舫載五十人與三月之食,下水而浮,一日行三百餘里,里數雖多,然而不費牛馬之力,不至十日而距扞關。扞關驚,則從境以東盡城守矣,黔中、巫郡非王之有。”[3]則扜關是巴與楚之重要邊關。漢陽關,《漢書·地理志》“漢中郡褒中縣”下有:“都尉治漢陽鄉。”《補注》王先謙曰:“《元和志》,漢陽關,在褒中縣北九十里,漢都尉治。”[4]《太平寰宇記》卷一三三《山南西道一》“褒城縣”下云:“漢陽關,在縣西北,即漢時所立。”[5]則漢陽關在褒谷南端與金牛道的連接之關口,在蜀郡北邊與漢中郡的邊界上。[6]

根據這條律文,蜀巴郡與漢中郡、楚國的邊界曾爲秦楚邊界,臨近統一時仍以扜關、漢陽關和秦楚故徼[7]爲蜀巴郡界,説明蜀巴郡包括了整個巴蜀地區。律文之所以要如此强調蜀巴郡界,是因爲蜀巴郡爲秦流放罪人的遷所,律令明確規定逃亡出界按“送道故徼外律”論處。

二　秦兵器銘文中的“蜀守”

根據嶽麓秦簡證明秦統一前夕置有蜀巴郡,但并不能上溯至更早的時期。傳世文獻和秦兵器銘刻中都衹有“蜀守”,既不見“巴守”,也不見“蜀巴守”,意味著秦兵銘文衹能證明蜀郡的存在。如1986年張家界三角坪戰國墓出土的秦昭王二十七年“蜀守若戈”:“廿七年蜀

---

① 張家山二四七號漢墓竹簡整理小組編著:《張家山漢墓竹簡[二四七號墓]》(釋文修訂本),北京:文物出版社,2001,206頁。

② 《史記》卷四〇《楚世家》,1720頁。

③ 《史記》卷七〇《張儀列傳》,2290頁。

④ [清]王先謙:《漢書補注》,北京:中華書局影印虚受堂刊本,1983,772頁。

⑤ [宋]樂史撰:《太平寰宇記》,王文楚等點校,北京:中華書局,2007,2616頁。

⑥ 《華陽國志·巴志十》載:“故巴亦有三硤。巴楚數相攻伐,故置扞關、陽關及沔關。”任乃强注曰:“‘陽關’,鄧芝爲江州都督時所治,見下文。其故址今爲江北縣之唐家沱。在朝天門下三十里,當銅鑼峽西口,有平地與江州連接,故芝駐此,以扞江州。大抵巴弱楚强後,巴先失巫,故置扞關於魚復(江關),迨楚已得枳,巴乃退扼銅鑼、明月、雞鳴三峽,而作陽關。‘沔關’,無可考見。漢水,古稱沔水。巴國備楚,從江道外,惟上庸一隅有逾大巴山下達沔水之路。巴、蜀、秦、楚俱曾互争漢中。疑巴在徙都閬中時,曾奄有苴地,乃因七盤關置守以衛閬中,扞禦沔中(即漢中)之敵,故稱爲沔關耶?”參《華陽國志校補圖注》,29頁注8,及《江州三峽圖》。如果按照《巴志》所載和任乃强先生此注,則簡文應讀爲“私載出扜關、漢、陽關”,漢關或即沔關,實爲川陝界上的七盤關。劉琳先生則引卷五岑彭“破(公孫)述荆門關及沔關”,疑即《水經注·江水》之弱關:“弱關在建平秭歸(今湖北秭歸)界。”“弱”當是“沔”之誤。參見[晋]常璩撰、劉琳校注《華陽國志校注》,成都:巴蜀書社,1984,59-61頁注五。

⑦ 里耶秦簡8-461載:“邊塞曰故塞,毋塞者曰故徼。”湖南省文物考古研究所:《里耶秦簡(壹)》,北京:文物出版社,2012,圖68頁,文32頁。

守若,西工帀(師)乘,丞□禺。江武庫。"[1]陝西歷史博物館藏昭王三十四年"蜀守戈":"卅四年蜀守□造,西工帀(師)□,丞□,工□。成,十,卬(邛),陜。"[2]1987年青川縣白河鄉發現的秦王政九年(前238)"相邦吕不韋戟":"九年相邦吕不韋造。蜀守金,東工守文居戈三。成都。蜀東工。"[3]以及民間收藏的秦王政十三年"蜀守顛戈":"十三年蜀守顛造,西工昌,丞背,工是。"[4]睡虎地秦簡中也將遷往蜀地稱"遷蜀邊縣"(《封診式》,簡46、47)。從銘文來看,至少秦王政十三年前都爲蜀郡。

秦兵器中還有"二十六年蜀守武戈",銘文爲:"武。廿六年蜀守武造,東工師宦,丞耒,工□。"王輝先生根據部分學者的意見,將其年代繫於秦始皇二十六年。[5] 這樣一來,銘文的"蜀守"就與簡文的"蜀巴"存在一定程度的矛盾了。但追溯此戈的發掘與研究過程,就會發現這個年代的認定存在問題。

此銅戈出土於小田溪墓葬群中。1972年四川涪陵小田溪發掘了3座戰國墓,其中3號墓出土有銅戈。發掘者將銘文釋爲:"武。廿六年蜀月武造,東工師宦,丞業,工□。"爲了認定3座墓葬的年代,發掘者對隨葬品進行了分析,得出的結論爲:"小田溪3座土坑墓出土的文物,其中一部分是和重慶市巴縣冬筍壩及廣元縣寶輪院兩地的船棺葬出土的銅兵器(柳葉劍、短式銅矛、銅鉞等)、銅釜甑、銅鍪;陶器中的繩紋釜、繩紋圜底罐等的造型與紋飾屬於同一類型。第1號和第3號墓出土的無廓弩機、弩機臂蓋與成都羊子山第172號墓出土的弩機、弩機臂蓋相同。第2號墓出土的鏤空雙龍紋銅鏡和湖南長沙楓樹山第11號墓出土的戰國方形透雕蟠螭紋鏡形相似,僅圖案不同。因此,這3座墓的時代應屬於戰國時期。"[6]發掘者根據墓葬年代和銘文,將戈的年代定爲昭襄王二十六年(前281)。

很快,于豪亮先生將銘文改釋爲"二十六年蜀守武",并以秦兵器銘文中"工帀"與"工師"寫法的先後分期,結合文獻中張若從周赧王元年(前314)至秦昭王三十年(前277)均爲蜀守的記載,采用排除法,認爲銘文中的廿六年,既不是秦惠王二十六年(以前後元合計),也不是秦昭王二十六年,因而將戈的年代定爲秦始皇二十六年。[7] 此後,童恩正、龔延萬先生也

---

① 王輝、王偉:《秦出土文獻編年訂補》,西安:三秦出版社,2014,61頁。

② 王輝、王偉:《秦出土文獻編年訂補》,64頁。

③ 尹顯德:《四川青川出土九年吕不韋戟》,《考古》1991年第1期,16-17頁。另有黄家祥釋文爲:"九年相邦吕不韋造。蜀守宣,東工守文,丞武,工極。成都。蜀東工。"參見王輝、王偉《秦出土文獻編年訂補》,122頁。

④ 王輝、王偉:《秦出土文獻編年訂補》,124頁。此戈、照片見宛鵬飛編著《飛諾藏金(春秋戰國篇)》,鄭州:中州古籍出版社,2012,17-20頁。

⑤ 王輝、王偉:《秦出土文獻編年訂補》,137頁。

⑥ 四川省博物館、重慶市博物館、涪陵縣文化館:《四川涪陵地區小田溪戰國土坑墓清理簡報》,《文物》1974年第5期,68-69頁,圖版74頁。

⑦ 參見于豪亮《四川涪陵的秦始皇二十六年銅戈》,《考古》1976年第1期,後收入《于豪亮學術論集》,上海古籍出版社,2015,199-201頁。

將“蜀月”改釋爲“蜀守”,但他們認爲,《蜀志》記載秦昭王廿二年(前285)才正式廢蜀侯而設蜀郡,以張若爲郡守;《史記》記載直至昭王三十年,蜀守仍然爲張若,故昭王二十六年的蜀守不能爲“武”。他們也信從昭王及以前均爲“工帀”,至戰國末期才改作“工師”的説法,因而同樣將此戈定爲秦始皇二十六年。① 這兩篇文章將“蜀月”改釋爲“蜀守”,②極有利於對銘文的理解,但時代的認定都嚴重依賴張若爲蜀守的文獻記載,認爲不可能同時存在另一个蜀守武。有關铭文中的“帀”與“師”,隨著出土秦兵器銘文的增多,可以發現較早的兵器銘文中也出現“工師”,如秦惠文王後四年(前321)的“相邦張儀戟”和“十三年相邦儀戈”,③尤其是2010年發現的昭襄王八年(前299)漆豆,底盤右邊有3行15字的銘文:“八年相邦薛君造,雍工帀效,工大人申。”左邊有3行14字的銘文:“八年丞相殳造,雍工師效,工大人申。”④同一器物上同時所刻銘文,“帀”與“師”并存,説明并不能因此而斷定銘文年代的早晚。⑤ 因此,墓葬中隨葬器物的年代認定及文化面貌,仍然是此銅戈斷代的最重要依據。

除了前述3座戰國墓,1980年底,在小田溪又發掘了3座土坑墓和1座殘墓,發掘簡報的結論爲:“這次發掘的3座土坑墓,較上次3座墓(M1–M3)小,隨葬器物也不如那3座墓豐富。隨葬器物中幾種主要銅器如釜、鍪、釜甑、壺、盆、鉞以及陶釜等形制,與上次發掘者相同。這次出土的三角雲紋銅壺與1976年湖北雲夢出土的銅壺相同。環柄刀與四川犍爲、新都戰國墓所出相似。二弦紋鏡與重慶冬筍壩、四川青川縣戰國墓所出一樣。陶豆與重慶冬

① 參見童恩正、龔延萬《從四川兩件銅戈上的銘文看秦滅巴蜀後統一文字的進步措施》,《文物》1976年第7期,84頁。

② 有關這兩字的釋讀,長時間内意見并不統一。1974年清理簡報爲“蜀月”,1981年徐中舒、唐嘉弘先生文章采用“蜀月”;1976年于豪亮和童恩正、龔廷萬先生分別發文改釋爲“蜀守”,1985年陳平先生重申爲“蜀守”;1979年四川博物館發文章辟“皋月”新解,1983年王家祐、劉磐石先生聯名發表文章取“皋月”,1983年饒宗頤先生也采“皋月”説。參見陳平《“蜀月”、“蜀守”、與“皋月”小議——涪陵廿六年秦戈兩關鍵銘文釋讀辨正》,《文博》1985年第5期,48–51頁。

③ 王輝、王偉:《秦出土文獻編年訂補》,36、40頁。

④ 王輝、王偉:《秦出土文獻編年訂補》,49頁。

⑤ 筆者據有紀年的秦兵器銘文統計,春秋時代的7件均寫作“左右帀”;從惠文君四年(前334)開始,至昭王五十年(前257)的49件兵器中,有19件作“工師”,13件作“工帀”,5件省作“工某”(其中4件在昭王卅七年以後);另有豆、鼎、盒共3件作“工師”,5件作“工帀”;兩種寫法并未體現明顯的時代先後差异。從莊襄王元年(前249)開始至二世元年(前209)的37件紀年銘兵器中,有4件作“工師”,33件省作“工某”。説明“工師”的寫法難以認定時代,而省作“工某”却是昭襄王晚期、莊襄王至秦王政時代最明顯的銘文特點,由此也可證“蜀守武戈”更可能是較早鑄造的兵器。陳平先生排比了戰國秦戈的形制,他得出:中長胡三穿很可能是秦昭王末年以前秦戈常制,長胡四穿是秦莊襄王和秦始皇時秦戈的特徵,可以輔助戰國型秦戈的斷代。參見陳平《試論戰國型秦兵的年代及有關問題》,載《中國考古學研究論集——紀念夏鼐先生考古五十周年》,西安:三秦出版社,1987,311–321頁。但他的研究是以本戈爲秦始皇二十六年標準器的基礎上得出,且他也説這衹是一個輔助性標準,并非絶對。董珊先生指出易縣燕下都出土的十八年漆工戈,形制屬于中長胡二穿型,但年代屬秦王政而非昭王時代。董珊:《論陽城之戰與秦上郡戈的斷代》,《古代文明》第3卷,北京:文物出版社,2004,345頁。井中偉先生也指出秦二世元年丞相斯戈爲中長胡二穿型。井中偉:《早期中國青銅戈・戟研究》,北京:科學出版社,2011,235–236頁(感謝王立新先生惠告本條信息)。最近王丹、夏曉燕介紹了荆州博物館藏一件“秦昭王五十二年”的長胡四穿銅戈,銘文爲:“五十二年,蜀叚守竈造,東工師□,丞枚,工云。”王丹、夏曉燕:《荆州博物館藏“五十二年”秦戈考》,《文物》2018年第9期,37–40頁;銘文中“叚”字參考劉剛《荆州博物館藏五十二年秦戈銘文補正》,簡帛網,2018年11月6日。都説明陳平先生所説的輔助斷代標準并不完全可靠。

筍壩戰國墓出土的早期的豆型式相似。陶壺在器形上則早於冬筍壩,陶印上兩個符號與冬筍壩、昭化寶輪院等地所出銅兵器上符號相似,但組合不同。玉龍佩與中原地區東周時期常見的相似。因此,這3座墓的時間都屬戰國時期。”[①]此後,1993年又發掘了9號墓,發掘者認爲:“小田溪M9爲長方形豎穴土坑墓,這種形制的墓葬廣泛流行於四川地區戰國晚期至西漢初。該墓出土器物以青銅器爲主,陶器少而且保存極差;所出器物與前兩次發掘一樣,絶大多數具有典型的巴蜀式特徵,如柳葉劍、短骹式矛、三角援戈、甑、辮繩紋耳釜、鍪以及虎紋、手心紋、鹿紋等裝飾。其銅容器組合爲釜、甑、鍪、罍、盆;兵器有劍、矛、鉞、戈、弩機、箭鏃等;陶器有大口圜底釜、小口圜底釜,均爲夾砂陶,飾粗繩紋。這類器物常見於四川戰國中晚期的巴蜀墓葬中。”[②]發掘者認爲小田溪墓葬群均爲戰國中晚期墓。2002年,重慶市考古研究所又發掘了11座戰國墓和2座漢墓。发掘者將戰國晚期巴文化墓分成兩組,A組墓葬包括M13、M14、M16-20,隨葬品中有楚文化因素,但不見秦文化因素器物,説明秦文化在巴國地域影響力還不强,因此將墓葬年代定爲巴、楚戰争時期;B組墓葬包括M10、M12、M15、M22,墓葬中有十分豐富的隨葬品,大部分體現出明顯的巴文化特徵,又有楚越文化器和秦、三晋文化特徵器物,因此,發掘者認爲M22爲秦滅楚(前223)前,而M12屬於戰國末期至統一秦的墓葬。[③] 研究者對墓群中出土部分青銅器作了合金配比分析後指出,本地區在鐘類樂器製作方面具有一定的巴文化地域特徵。[④]

之所以在此長篇引用考古發掘簡報的分析與結論,是因爲我們必須認識到,墓葬中的隨葬器物不可能晚於墓葬本身的年代。不同時期的不同發掘者,根據墓葬中的器物及其組合,對小田溪墓葬群的年代分析都認定爲戰國時期,或者定爲秦舉巴蜀前後的戰國晚期。他們的斷代是有根據的。因此,不能以一個有争議的銘文年代去反推墓葬的年代,[⑤]而必須將器物組合的文化特點與時代特徵和史實考訂相結合。段渝、譚曉鐘先生結合文獻史料進行考訂,指出公元前316年秦滅巴時,未曾移師取枳(今涪陵),枳地仍然爲巴國餘部所據。《秦本紀》所載昭王二十七年,“使司馬錯發隴西,因蜀攻楚黔中,拔之”,則枳入秦之年爲前280年。涪陵小田溪墓葬中有秦戈,有楚式編鐘、銅鏡,但更多的是巴人固有的文化因素,正是楚、秦

① 參見四川省文物管理委員會、涪陵地區文化局《四川涪陵小田溪四座戰國墓》,《考古》1985年第1期。又載國家文物局三峽工程文物保護領導小組湖北工作站編《三峽考古之發現》,武漢:湖北科學技術出版社,1998,426-430頁。

② 四川省文物考古研究所、涪陵地區博物館、涪陵市文物管理所:《涪陵市小田溪9號墓發掘簡報》,載四川省文物考古研究所《四川考古報告集》,北京:文物出版社,1998,186-196頁。

③ 參見重慶市文物考古研究所、重慶市文物局《涪陵小田溪墓群發掘簡報》,載重慶市文物局、重慶市移民局編《重慶庫區考古報告集2002卷·中》,北京:科學出版社,2010,1339-1375頁。

④ 楊小剛、鄒后曦、方剛:《涪陵小田溪墓群出土部分青銅器科技分析》,《文物春秋》2013年第3期,42-47頁。

⑤ 蔣曉春先生將小田溪墓葬群分爲M7一組,時代爲戰國晚期至秦;M1、M2、M3、M4、M5、M9另分爲一組,先根據銅戈銘文將M3定在秦代或秦漢之際,M1、M2定爲秦代,M4、M5、M9定在秦漢之際。參見蔣曉春《試論涪陵小田溪墓地的分期與時代》,《江漢考古》2002年第3期,69-75頁。

長期争奪巴國的戰争在巴文化上的具體表現和直接反映。墓葬年代當在楚、秦劇烈争奪枳地稍後,即應在秦昭王時,故"武廿六年戈"的年代當爲秦昭王之時。[①] 宋治民先生認爲小田溪墓葬群是巴蜀文化受外來文化影響的例子。他指出 1 號墓中的銅罍來自楚文化,弩機、編鐘、鋪首銜環均爲外來之物;2 號墓中的銅壺、方形雙龍紋銅鏡、漆奩等爲外來,可能來自楚文化;3 號墓中的錯銀銅壺、銅戈、漆奩爲外來之物;4 至 7 號墓的銅壺、銅鏡、陶壺等也爲外來。[②] 秦、楚文化因素和文化器物在巴蜀文化墓葬中出現,正是秦、楚文化擴張至巴地的反映,而不可能是秦國完全占有巴地幾十年後的文化現象。[③] 中國社會科學院考古所在編輯《殷周金文集成》時,將戈的時代定爲戰國,[④]也是綜合墓葬年代的判斷。因此,戈的年代不可能晚到秦始皇二十六年,發掘者定爲秦昭王二十六年是合適的。

但讓學者們倍感困惑的是,如果定昭王二十六年蜀守爲武,則蜀守張若何在?這也是于豪亮等學者們將戈改爲秦始皇時代的重要原因。近年由於多批秦簡的出土,秦代行政文書中存在大量"守官""假官"的現象,受到學者們的關注。其實秦兵器銘文中也出現過假守督造兵器的情況,如珍秦齋所藏昭王四十八年"上郡叚守鼂戈":"卌八年上郡叚守鼂造,漆工平,丞冠。上郡武庫。廣武。"[⑤]莊襄王元年"上郡叚守暨戈":"元年上郡叚守暨造,桼(漆)工壯,丞圂,工隸臣□。平陸。九。"[⑥]説明假守可以督造兵器,而且要刻上假守的名字,以明責任。但也有不寫假守的情況,1987 年登封八方村出土的三號戈銘文爲:"廿五年上郡守周造,高奴工師閒,丞申,工隸臣□。平周。"[⑦]然而前有"二十四年上郡守瘖戟",後有"二十五年上郡守厝戈"和"二十七年上郡守趞戈",學者均解釋爲司馬錯。[⑧] 因照片不甚清楚,如果能看到原物的發表者原釋文不誤,則"周"也可能是司馬錯任上郡守時的"假守"。這種現象在秦簡牘中常有呈現,也不一定將"守、假"二字在文書中體現出來,現在里耶秦簡文書中略舉幾例於下:

---

① 段渝、譚曉鐘:《涪陵小田溪戰國墓及所見之巴、楚、秦關係諸問題》,《四川文物》1991 年第 2 期,3-9 頁。

② 見宋治民《蜀文化與巴文化》,成都:四川大學出版社,1998,265 頁。

③ 湖北雲夢睡虎地秦墓 M7,根據槨室上陰刻的"五十一年曲陽士五邦"可知,入葬時間爲秦昭王五十一年(前 256)。雖隔白起拔郢祇二十餘年,但與秦始皇三十年(前 217 年)入葬的 M11 在隨葬器物的文化特徵上没有多大差别,體現出秦人墓隨葬器物的文化特徵。《雲夢睡虎地秦墓》編寫組:《雲夢睡虎地秦墓》,北京:文物出版社,1981 年,68-71 頁。這是秦在占領地迅速推行秦的文化風俗,移易當地習俗的體現。

④ 中國社會科學院考古研究所:《殷周金文集成》第 17 册,北京:中華書局,1992。圖版爲 11368,449 頁;文字説明見 84 頁。

⑤ 王輝、王偉:《秦出土文獻編年訂補》,69 頁。

⑥ 王輝、王偉:《秦出土文獻編年訂補》,74 頁。另有兩件秦王政三年吕不韋戈,也出現了"上郡假守定"。

⑦ 河南省文物研究所:《河南登封縣八方村出土五件銅戈》,《華夏考古》1991 年第 3 期,30-31 頁。劉雨、盧岩編著:《近出殷周金文集録》,1198 號,北京:中華書局,2002,228 頁。

⑧ 吴鎮烽將十九年、二十四年、二十五年、二十七年的五件兵器銘文都解成司馬錯所造,將本件戈中的"周"改釋爲"厝"。見吴鎮烽編著《商周青銅器銘文暨圖像集成》第 32 卷,上海古籍出版社,2012,365 頁,第 17287 號。

9.[廿七年四月乙][1]亥朔辛丑，琅邪叚守□敢告內史、屬邦、郡守主：琅邪尉徙治即默〼琅邪守四百卅四里，卒可令縣官有辟、吏卒衣用及卒有物故當辟征遝〼告琅邪尉，毋告琅邪守，告琅邪守固留費，且輒却論吏當坐者。它如律令。敢[告主][2]。郡一書。·以蒼梧尉印行事。／六月乙未，洞庭守禮謂縣嗇夫：聽書從事。□□、軍吏在縣界中者各告之。新武陵別四道，以次傳。別書寫上洞庭尉，皆勿留。／葆手。(8-657)

10.廿七年十一月戊申朔癸亥，洞庭叚(假)守昌謂遷陵丞：遷陵上坐反適辠當均輸郡中者六十六人，今皆輸遷陵。其聽書從事。它如律令。·以新武陵印行事。瘫手。(9-23)

11.卅三年正月壬申朔戊戌，洞庭叚(假)守□謂縣嗇夫：廿八年以來，縣所以令糴粟固各有數，而上見或別署或弗居。以書到時，亟各上所糴粟數後上見存，署見左方曰若干石、斗，不居見□。署主倉發。它如律令，縣一書。·以臨沅印行事。

二月壬寅朔甲子，洞庭叚(假)守齰追縣，亟上勿留。／䣄手。·以上衍印行事。

歇手。(12-1784)[3]

12.卅四年六月甲午朔乙卯，洞庭守禮謂遷陵丞：丞言徒隸不田，奏曰：司空厭等當坐，皆有它罪，耐爲司寇。有書，書壬手。令曰：吏僕、養、走、工、組織、守府門、削匠及它急事不可令田，六人予田徒四人。徒少及毋徒，薄移治虜御史，御史以均予。今遷陵廿五年爲縣，廿九年田，廿六年盡廿八年當田，司空厭等失弗令田，弗令田即有徒而弗令田且徒少不傅於奏。及蒼梧爲郡九歲乃往歲田。厭失，當坐論。即如前書律令。／七月甲子朔癸酉，洞庭叚(假)守繹追遷陵。／歇手。·以沅陽印行事。

七月甲子朔庚寅，洞庭守繹追遷陵：亟言。／歇手。·以沅陽印行事。／八月癸巳朔癸卯，洞庭叚(假)守繹追遷陵，亟日夜上，勿留。／卯手。·以沅陽印行事。／九月乙丑旦，郵人曼以來。／翥發。歇手。(8-755+8-756+8-757+8-758+8-759+8-1523)

材料9、10顯示，始皇二十七年六月爲洞庭守禮，而同年十一月則爲假守昌；材料11中，三十三年正、二月的洞庭假守爲齰；材料12中，三十四年六月仍爲洞庭守禮，但七、八月則爲假守繹，而且可以直接寫爲"洞庭守繹"。可以發現，正式行政文書中頻繁出現的"假守"，并不是漢代那種可以轉任爲"真守"的"試用"，而是短時間的"代理"。但由於假守是真正行使太守的職權，因此也可以直接寫爲"守"。里耶秦簡縣下諸官嗇夫中，有一個叫"武"的倉吏，廿七年十二月丁酉寫作"倉武"(8-1551)，但端月(正月)丁未則分別寫作"倉武"(9-117)和"倉

① 此處的年月爲唐俊峰所補。參見唐俊峰《秦漢的地方都官與地方行政》，(臺北)《新史學》25卷3期，2014年9月。

② "告主"二字已殘，根據文書格式補。

③ 里耶秦簡博物館、出土文獻與中國古代文明研究協同創新中心中國人民大學中心編著：《里耶秦簡博物館藏秦簡》，135頁。

守武"(9-134),廿八年六月又爲"倉武"(8-1490+8-1518)。在正式文書中的這種寫法,無疑透露出一種信息,即文書職名中的"守"與"假"有時不一定要明確寫出來。

回到"蜀守武戈",如果昭王二十六年的某個時候,蜀守若有公事離開治所一段時間,暫時由武假守。武督造兵器時,正式的銘文應刻上"蜀假守武造",但也可能直接刻上"蜀守武造",因而在蜀守若任職的時間内也可能出現蜀守武督造的戈,二者并非完全衝突。"二十六年蜀守武"銅戈還是按墓葬年代斷爲昭王時期的兵器更爲合適。

史籍記載也不支持秦統一後仍然在蜀地鑄造兵器的情況。《秦始皇本紀》載二十六年:"收天下兵,聚之咸陽,銷以爲鐘鐻,金人十二,重各千石,置廷宫中。"[①]秦始皇認爲通過戰争統一了六國,就達到了止戰的目的,因而不再需要兵器。在這種情況下,雖不能説天下兵器完全收歸咸陽,但蜀郡如何可能繼續鑄造銅戈?黄盛璋先生也因爲"蜀守武"與"蜀守張若"的衝突,强解此戈鑄於銷兵器之前。[②] 而根據嶽麓秦簡可知,統一之前則爲"蜀巴郡",因而不能爲"蜀守"。學者對秦兵銘文的搜集與著録,除此戈外,也不見其他秦始皇二十六年的兵器。這也能説明此戈非秦始皇二十六年器。

這樣一來,已出土秦兵銘文能够認定的"蜀守"年代下限爲秦王政十三年,與嶽麓秦簡律令中秦王政二十五年的"蜀巴郡"并不存在衝突。

三　蜀與蜀巴反映的時代變化

從昭王二十七年直至秦王政十三年,秦兵器銘文中一直祇稱"蜀守",管理蜀地。嶽麓簡律令顯示,至少在二十五年至二十六年間存在"蜀巴"的郡名,管轄整個巴蜀地區。秦兵器銘文中的"蜀守"是官方用語,嶽麓秦簡的"蜀巴"是正式法律用語,二者都具有權威性。從時間的維度分析,可能秦時存在"蜀郡"與"蜀巴郡"這種歷時態的郡名稱謂和轄區的變化,即秦早先祇在征服的蜀地置蜀郡,後來由於秦滅巴國,在羈縻統治一段時間後,漸將巴地納入郡縣體制,但并未獨立設置巴郡,而是將巴地劃入蜀郡,將郡名改稱"蜀巴郡"。這個改變的時間可能已是統一前夕。秦對巴地的羈縻統治時期,仍然由巴族君長管理本族部屬,君長接

① 《史記》卷六《秦始皇本紀》,240 頁。

② 黄先生還指出"蜀"字與丞相觸監造戈(昭襄王十五或十六年)所從"蜀"旁全同,"年"字寫法亦同相幫樛斿兩戈(惠文君四年)。參見黄盛璋《秦兵器分國斷代與有關制度研究》,《古文字研究》第 21 輯,北京:中華書局,2001,249 頁。這種文字寫法的相同,正好表明此戈應爲較早之器。

受秦中央屬邦的管理。[①]《後漢書·南蠻西南夷列傳》載:“及秦惠王并巴中,以巴氏爲蠻夷君長,世尚秦女,其民爵比不更,有罪得以爵除。”[②]説明巴地入秦,巴族君長已歸爲秦民,接受秦爵,但仍然可以君長的名號管理部屬。

徐中舒先生指出:“秦滅巴後,巴族政權就從此崩潰了。代之而起的并不是秦國的郡縣制,而是南郡以西的巴濮族與閬中周圍的姬姓巴族的氏族制或家族制的大姓統治。這樣(或爲“這些”之誤)政權,也必然要在秦國的卵翼下,才能够存在。同時,他們必須向秦國繳納貢賦,因此這些部族就不能再稱之爲巴了。賨就是在這樣條件下産生的名稱。”[③]《輿地紀勝》卷159《景物下》“銅梁山”條引陳壽《益部耆舊傳》云:“昔楚襄王滅巴子,封廢子於濮江之南,號銅梁侯。”[④]段渝、譚曉鐘先生徵引這條材料,認爲這個“巴子”即鎮守枳的巴廢王子,小田溪M1、M2就與巴王子有關。[⑤] 文物專家在研究了M1、M2出土的編鐘、有“王”字的銅鉦和錞于等高等級的隨葬器物後指出,小田溪墓地可能是戰國晚期巴國的王陵所在地。[⑥] 這就説明巴地在初入秦後的一段時間内,還保留著巴王的稱號。

到統一前夕,由於郡縣一元化進程的推動,秦將原屬邦轄下之巴地納入蜀郡管理,[⑦]正式的郡名就改爲“蜀巴郡”,但統一後旋即分置蜀、巴二郡。由於“蜀巴郡”存在的時間很短,加上歷史傳統和習慣的影響,在傳世文獻中并没有看到“蜀巴郡”。如果没有嶽麓秦簡中律令的記載,這一過程便不可能復原。

這種情形在其他秦郡上也存在過,如上引蜀守張若攻取的巫郡與黔中郡,在封泥中却存在過“巫黔郡”。周曉陸先生認爲,巫郡、黔中郡爲楚故郡,秦先下楚黔中,再下楚巫郡,將二者合并稱巫黔郡在情理之中。[⑧] 后曉榮先生認爲:“或秦初名黔中郡,并楚巫郡後改稱巫黔

---

① 睡虎地秦簡《法律答問》載:“·臣邦真戎君長,爵當上造以上,有罪當贖者,其爲群盗,令贖鬼薪鋈足;其有府(腐)罪,【贖】宫。其他罪比群盗者亦如此。”(簡113-114)這裏的“臣邦真戎君長”,就是臣服於秦的戎族君長,由中央屬邦管理。巴族君長在臣服秦後,并非立即由郡管轄,同樣由屬邦管理。或蜀地在入秦之初也是如此,因而置有蜀侯。另《秦本紀》惠文君十一年載秦“縣義渠”,也不廢其君,直至昭王時仍然有“義渠戎王”。

② 《集解》引劉攽曰:“巴氏之君,可有爵耳,民何故輒得之? 明衍民字。”王先謙:《後漢書集解》卷七六《南蠻西南夷列傳》,北京:中華書局影印虚受堂刊本,1984,994頁。

③ 徐中舒:《巴蜀文化續論》,《四川大學學報(社會科學版)》1960年第1期,25頁。

④ [宋]王象之:《輿地紀勝》,北京:中華書局影印岑氏懼盈齋本,1992,4321頁。

⑤ 段渝、譚曉鐘:《涪陵小田溪戰國墓及所見之巴、楚、秦關係諸問題》,7-9頁。

⑥ 參見國家文物局主編《中國文物地圖集·重慶分册上》,北京:文物出版社,2010,219頁。

⑦ 郭永秉、廣瀨薰雄先生根據紹興出土的“二年屬邦守蓐戈”認爲:“在紹興及其附近地區,秦代有一段時間設置過屬邦。大致可以作如下推測,這一地區當時爲百越所居,秦征服此地後,首先設置屬邦,中間經歷種種變遷,最後定名爲會稽郡。”郭永秉、廣瀨熏雄:《紹興博物館藏西施山遺址出土二年屬邦守蓐戈研究——附論所爲秦廿二年丞相戈》,載復旦大學出土文獻與古文字研究中心編《出土文獻與古文字研究》第4輯,上海古籍出版社,2011,123頁。他們同樣揭示了東南邊地從屬邦走向郡縣化的過程。

⑧ 參見周曉陸等《於京新見秦封泥中的地理内容》,《西北大學學報(哲學社會科學版)》,2005年第4期,

郡。"[①]晏昌貴先生則認爲,前 280 年司馬錯攻取楚黔中,三年後張若取楚巫郡及江南地,合而爲黔中郡。接下來楚人反攻,拔取臨江十五城。可能是秦人在楚攻取"江旁十五邑"後,將黔中郡改爲"巫黔郡"。[②] 晏先生在對莊襄王之前的秦郡作了全盤考證之後指出,秦郡的發展是一個動態的過程,大致可分爲上郡型(沿而未變)、蜀郡型(郡國并行)和河外型(變化重大)三種模式。黔中郡(或巫黔郡)即屬河外型,即郡名和轄界均有重大變化。[③] 但從傳世文獻的蜀郡和嶽麓秦簡所示的蜀巴郡、以及統一後分置蜀郡與巴郡的變化來看,蜀郡除了存在有郡有國有蠻夷君長的時間段上之複雜組合,還存在名稱和轄界的變化,早期分出漢中郡,統一後又分出巴郡,同樣屬於有著複雜變遷的郡。

綜上所述,根據秦兵器銘文和嶽麓秦簡的記載,至遲在昭王時代,蜀地開始實施單一的郡縣管理體制,設置蜀郡管理縣道;小田溪墓葬表明巴地仍然有巴族君長,入秦後應該是接受中央屬邦的管理。到統一前夕,巴地劃入蜀郡,納入郡縣體制,郡名改爲蜀巴郡。統一後,蜀郡、巴郡分置。巴蜀地區的郡縣化過程,是秦邊地郡縣化的縮影和典型,反映了秦征服邊地的艱難過程與統治政策的成功探索。

附記:本文爲楊振紅教授主持的湖南師範大學歷史文化學院嶽麓秦簡讀書班成果之一,得到楊振紅、熊賢品、楊超等先生的幫助,特此致謝!

① 后曉榮:《秦代政區地理》第 3 章《秦置郡新證》,北京:社會科學文獻出版社,2009,73-74 頁。

② 晏昌貴:《睡虎地秦簡"十二郡"及相關問題》,載陳偉等《秦簡牘整理與研究》,北京:經濟科學出版社,2017,109 頁。

③ 晏昌貴:《睡虎地秦簡"十二郡"及相關問題》,113 頁。

新出嶽麓秦簡和睡虎地秦人木牘家書考釋*

華南師範大學法學院　曹旅寧

内容提要　雲夢秦墓出土的兩封家書是秦滅楚戰爭的直接史料。通説以爲家書中的反城即淮陽，淮陽之戰从秦王政二十三年冬持續至二十四年夏；新説以爲反城指楚國都城壽春。結合新出嶽麓秦簡中的材料來看，反城爲楚國都城壽春的新説不能成立，通説的主張是可靠的。這是關係到秦滅楚戰爭何時結束的大問題。此外，關於秦滅楚的戰争過程，《史記》的記載存在歧异，從簡牘資料來看，應是秦軍先擊破項燕軍，方入楚都壽春虜楚王負芻。

關鍵詞　嶽麓秦簡　睡虎地木牘　淮陽　壽春

睡虎地4號秦墓所出6號及11號兩封木牘家書是涉及戰國末期秦滅楚過程最直接的史料之一。

睡虎地4號秦墓所出11號木牘家書起首即云："二月辛巳。"[①]檢張培瑜《根據新出曆日簡牘試論秦和漢初的曆法》，秦王政二十四年二月甲子朔，辛巳爲十八日。二十二年二月丙午朔、二十三年二月庚子朔、二十五年二月戊午朔，皆無辛巳日。[②] 黄盛璋據汪曰楨《長術輯要》、新城新藏《戰國秦漢長曆圖》定秦王政二十四年二月癸亥朔，辛巳爲十九日，而秦王政二

* 本文寫作得到國家社會科學基金重點項目"新出秦漢令與中國法制文明的形成研究"(17AFX005)的資助。

① 李均明、何雙全：《散見簡牘合輯》，北京：文物出版社，1990，83頁。11號木牘家書釋文全文見同書83頁，6號木牘家書釋文全文見同書84頁，下文所涉木牘家書釋文皆據此，不另注。

② 張培瑜：《根據新出曆日簡牘試論秦和漢初的曆法》，《中原文物》2007年第5期。

十二年二月、二十三年二月皆無辛巳日。[①] 與我們的推算基本相符,十八日與十九日,僅差一日。再次確定時間十分關鍵,據此可以確認這兩份家書實寫於秦滅楚戰爭時期。

睡虎地4號秦墓11號木牘:"黑夫等直佐淮陽,攻反城久,傷未可智也。""書衣之南軍毋……不也。"6號木牘:"聞新地城多空不實者,且令故民有爲不如令者實……以驚居反城中故……新地入盗,衷唯母方行新地,急急。"根據嶽麓秦簡,新地即新占領地區。這裏指秦楚交戰的拉鋸地區,黑夫、驚親歷該地區的兵荒馬亂,又有盗賊出没,聽説政府要遷徙犯法者充實其地,告誡衷不要前往新地。

從家書中可看出,黑夫、驚、衷兄弟三丁尚有一丁在家。秦王政二十三年王翦攻楚,隨後秦王政雖游郢陳,尚未全民總動員。這與長平之戰時,昭王親赴河内,悉傅十五歲以上男子上戰場,遮絶趙救及糧食形成鮮明對比。由此可見,淮陽戰事的激烈程度不若長平之戰。秦時徵兵以行政區劃郡、縣、鄉爲單位,嶽麓秦簡《數》有以鄉爲單位遣返鄉卒(士兵)的算題可以爲證。這也是爲什麽黑夫、驚同在一個戰鬥單位的原因。嶽麓秦簡《數》還有每100人按10:5:3的比例分配戟、弩、負(服)的算題,戟、弩的意思是明確的,負則爲盛箭袋。可見戰士兵器由公家配給的實況。[②] 至於衣服,從家書來看,當由士卒自備。

馬非百認爲秦軍以淮陽爲進攻根據地。[③] 辛德勇認爲反城可能係楚都壽春。[④] 但家書牽涉寄錢寄衣物事,地點必須精確,書信中點明淮陽即交戰地,是在淮陽城周邊攻打淮陽反城明矣。家書中"書衣之南軍毋……不也",正説明由南郡徵發的士卒向淮陽進發,正好處在南軍北伐的方位。當時秦已滅魏,秦軍由大梁進攻淮陽一路,正好處在北軍南征的方位。

如果是淮南之叛,反城又是壽春,身處反城周邊及反城中,請求安陸家中寄衣物的士卒家書中又怎麽會提及六百里外的淮陽呢!這是情理不通之二。恢復歷史場境,缺乏主觀排比固然不妥,然不通情理之處過多,人爲構築的所謂合情合理也就不免崩塌。

根據家書中黑與驚仍身著冬裝的情景,可以考慮王翦是在二十三年冬季進攻楚國,當時汝水、潁水、淮水皆已結冰不成阻礙,加上這一地區基本是平原無其他天然屏障可守,堅守城池待援是唯一選擇。淮陽爲楚故都,楚人在此經營多年,楚自陳遷都壽春至楚亡不過二十

① 黄盛璋:《雲夢秦墓兩封家信中有關歷史地理的問題》,《文物》1980年第8期。黄先生指出:"他們從軍可能在冬天,穿的是冬衣,天气熱了需换夏衣。第一信還説衹要給黑夫帶錢來,自已就地買布縫製就好了,這時還在二月,不那末急;寫第二信就急成那个様子,大約是由於天气轉熱,衣著必須换季。从這情况推斷,寫第二封信,應在三月以後快進入夏季以前,弄清楚這點,對於推斷攻打淮陽的時間,是很有助益的。"

② 陳松長等著:《嶽麓書院藏秦簡的整理與研究》,上海:中西書局,2014,188-190頁。

③ 馬非百:《雲夢秦簡中所見的歷史新證舉例》,《鄭州大學學報》1978年第2期;參見馬非百《秦集史》,北京:中華書局,1982,643-644頁。

④ 辛德勇:《雲夢睡虎地秦人簡牘與李信王翦南滅荆楚的地理進程》,《出土文獻》第5輯,上海:中西書局,2014。

年,城垣堅固自不在話下。[①] 壽春至陳交通距離約 300 公里,按秦時里程日行八十里計算,尚需一定時日方可到達。反城如果是壽春,家書就没有必要提到六百里外的淮陽。第二封家書不提淮陽,説明人仍在淮陽,錢及衣仍寄此處,否則會反復交待。

司馬遷《史記》記秦滅楚過程有歧异。司馬遷撰寫《史記》的時間通説是太初初年,距戰國末年秦滅楚已近一百一十餘年。《秦始皇本紀》《王翦傳》謂王翦先入壽春俘楚王負芻,再擊敗項燕軍。至於《楚世家》《六國年表》《蒙恬傳》則謂擊敗項燕方入壽春俘楚王負芻。[②] 睡虎地秦簡《編年記》與後者相同。馬雍、黄盛璋、馬非百、田餘慶、辛德勇據《編年記》及雲夢秦人家書予以考异解説,但他們都堅持前者的時間順序。加上《編年記》相關記事關鍵文字殘缺,釋讀不易。雖然田餘慶在黄盛璋、馬雍所論基礎上進一步深化;辛德勇在馬非百所論基礎上進一步深化,但都没有更多的直接證據,如田餘慶主張韓楚反秦勢力結成統一戰綫云云。其實項燕兵敗,楚國野戰軍即不存在,戰争結局就已篤定,睡虎地及嶽麓秦簡所反映的楚國民間小股反叛自然形不成氣候。但秦滅楚主要交戰區域當爲今豫東至淮北,再至淮南則是明確的。

"廿一年,韓王死,昌平君居其處。有死□屬。廿三年,興,攻荆,□□守陽□死。四月,昌文君死。廿四年,□□□王□□",[③]整理小組注釋説昌平君、昌文君爲曾仕秦之楚公子。秦攻荆包括李信、王翦統兵兩個階段,前者統兵二十萬,後者則統兵六十萬。黑父、驚廿三年冬被徵發,一直征戰至廿四年夏四月。如果《編年記》没有誤書的話,可見淮陽戰况相當激烈。戰事可能一直持續到壽春陷落,楚王負芻被俘方告一段落。馬雍據《編年記》指出:李信、蒙恬以及後來王翦、蒙武所攻擊的楚軍都是指項燕、昌平君的軍隊,這些戰役主要在今河南省東南部進行。[④] 實際是想調和《史記》記載的歧异。《王翦傳》:"李信攻平與,蒙恬攻寢,大破荆軍。信又攻鄢郢,破之,於是引兵而西,與蒙恬會城父。荆人因隨之,三日三夜不頓舍,大破李信軍,入兩壁,殺七都尉,秦軍走。"[⑤]按:都尉爲將軍之下的武官。秦中央有都尉,地方有郡尉即郡都尉。兩壁則可參考嶽麓秦簡《數》中的算題想象一番。蕭燦指出:嶽麓秦簡"數"中有一"營軍之術"的算術題,計算出 1000 人的軍隊構築的營壘大小是:小型規模的

① 楚頃襄王東遷郢陳,楚考烈王二十二年(前 241)東遷壽春,顯然想守淮以自保。距前 223 年楚亡還不到二十年。

② 《史記·六國年表》:"四,秦破我將項燕。五,秦虜王負芻。秦滅楚。"《史記·楚世家》:"王負芻二年,秦使將伐楚,大破楚軍,亡十餘城。四年,王翦破我軍於蘄,而殺將軍項燕。五年,王翦蒙武,遂破楚國,虜楚王負芻,滅楚名爲楚郡云。"《史記·蒙恬列傳》:"蒙武爲秦裨將,與王翦攻楚,大破之,殺項燕。二十四年,蒙武滅楚,虜楚王。"分别見《史記》卷一五《六國年表》、卷四〇《楚世家》、卷八八《蒙恬列傳》,北京:中華書局,1982,757、1738、2565 頁。

③ 睡虎地秦墓竹簡整理小組:《睡虎地秦墓竹簡》,北京:文物出版社,1990,7 頁。

④ 馬雍:《讀雲夢秦簡〈編年記〉書後》,中華書局編輯部編《雲夢秦簡研究》,北京:中華書局,1981,36 頁。

⑤ 《史記》卷七三《白起王翦列傳》,2339 頁。田餘慶改"城父"爲"父城",見其《説張楚》,《歷史研究》1989 年第 2 期。里耶秦簡三見"城父",見陳偉主編《里耶秦簡牘校釋(第一卷)》,武漢大學出版社,2012,278、345、452 頁。

營壘綿延 1440 步(即 4.8 里);中型規模的營壘綿延 1920 步(即 6.4 里);大型規模的營壘綿延 2400 步(即 8 里)。[①] 其换算關係是秦制 1 里等於現在的 415.8 米。秦制 1 里等於 300 步,1 步等於 6 尺,1 尺等於 23.1 厘米。由此可見,李信兵寡、輕敵,楚人誘其深入,李信欲與蒙恬合兵未成,被楚重擊,李信兵敗退,爲楚追擊包圍聚殲,餘部敗走,退出楚境。二十三年,秦王政使王翦將擊荆,取陳以南至平輿,虜荆王。前此李信將兵擊荆進軍路綫也當大致如此。

《編年記》喜的消息來源除官方信息外,也有可能來自同鄉安陸參戰士卒家書。

至於辛德勇説昌平君、昌文君越獄潛逃淮南,顯然受燕太子丹潛逃、齊孟嘗君雞鳴狗盜故事影響,[②]而雲夢秦簡《編年記》云廿年韓王徙某山確實可能爲南郡江陵附近。除喜關注南郡安陸當地時事新聞外,[③]新出秦令載徙齊、魏、荆、代反秦從人至巴縣鹽或洞庭守難亡所苦作,[④]秦王政徙趙王安於房陵,均當經過南郡。如果秦王政對韓王安的處置類似,置江陵附近某山嚴加看管是最合適不過的。十七年滅韓俘韓王安囚禁四年至廿一年,韓王死,昌平君居其處,參與反秦的昌平君、昌文君也安置在此并先後死去。陳勝起事前夕曾談及秦公子扶蘇和楚將項燕,説項燕愛士卒,深得軍心,或被殺或逃亡,現在仍可以爲號召,對昌平君、昌文君則不置一詞。

雲夢 4 號秦墓 11 號木牘家書中有“書到皆爲報,報必言相家爵來未來,告黑夫其未來狀”“辭相家爵不也”。有學者認爲這是自淮陽前綫兩次詢問立功受爵通知到家否?[⑤] 嶽麓秦簡所載秦令有:

> 制詔丞相御史:兵事畢矣,諸當得購賞貰責(債)者,令縣皆亟予之,令到縣,縣各盡以見(現)錢,不禁(簡 308)者,勿令巨辠,令縣皆亟予之。丞相御史請:令到縣,縣各盡以見(現)錢不禁者亟予之,不足,各請其屬(簡 309)所執灋,執灋調均;不足,乃請御史,請以禁錢貸之,以所貸多少爲償,久易(易)期,有錢弗予,過一金,(簡 301)貲二甲。(簡 311)[⑥]

> 里人令軍人得爵受賜者出錢酒肉飲食之,及予錢酒肉者,皆貲戍各一歲。其先自告,貲典、老☐(簡 379)各一甲,弗智(知),貲各一盾,有不從令者而丞、令、令史弗得,貲各一盾,以爲恒。(簡 380)

---

① 陳松長等著:《嶽麓書院藏秦簡的整理與研究》,186 頁。

② 辛德勇:《雲夢睡虎地秦人簡牘與李信王翦南滅荆楚的地理進程》。

③ 曹旅寧:《睡虎地秦簡〈編年記〉性質探測》,《北大史學》第 14 輯,2009。

④ 陳松長主編:《嶽麓書院藏秦簡(伍)》,上海辭書出版社,2017,43-45 頁。李洪財:《秦簡牘所見從人考》,《文物》2016 年第 12 期。曹旅寧:《嶽麓秦簡從人和里耶秦簡秦始皇三十五年放免詔令》,待刊稿。

⑤ 張金光:《秦制研究》,上海古籍出版社,2004,759 頁。

⑥ 陳松長主編:《嶽麓書院藏秦簡(肆)》,上海辭書出版社,2015,197-198 頁。爲方便稱引,本文采用竹簡整理號。

材官、趨發、發弩、善士敢有相責(債)入舍錢酉(酒)肉及予者,捕者盡如此令,士、吏坐之,如鄉嗇夫。貲丞、令、(簡381)令史、尉、尉史各一甲。丞相下,尉布,御史議:吏敢令後入官者出錢財酒肉,入時共分飲食及出者,皆[貲]二甲,責費。(簡382)[①]

這兩條秦令反映了參戰秦軍士卒爵賜及經濟權益的保護。至於能否兑現以及兑現的程度,現在還没有直接的材料可以説明。但是如果反城爲壽春,攻占壽春就標志著兵事畢,士兵就會復員返鄉了,6號木牘即第二封家書中就不會有錢及衣“室弗遺,即死矣,急急急”的語句了。這説明此時戰爭仍然處於持續狀態之中。

可見,對這兩封秦人家書的考釋問題雖小,却關係到秦何時滅楚,統一中國兼并戰爭何時結束的大問題。

① 陳松長主編:《嶽麓書院藏秦簡(肆)》,220-221頁。

《嶽麓書院藏秦簡(肆)》60-64簡試析*

華東政法大學法律古籍整理研究所　陳迪

内容提要　《嶽麓書院藏秦簡(肆)》60-64簡屬於秦代《亡律》的佚文,内容主要涉及窩藏逃亡罪犯行爲的制裁規定,其中理解難點在於第一類被容留之犯罪的具體構成。從相關資料來看,具體犯罪者包括以下四種:盜賊旞(遂)者當黥城旦舂以上;諸亡坐所去亡與盜同法者當黥城旦舂以上;命者;亡城旦舂、鬼薪白粲。另外,"命"在秦漢律中表示針對確定是重罪的逃亡罪犯在依靠當地官府力量無法捕獲的情況下,予以公開緝捕的一種手段,"重罪"的標準就是法定刑完城旦、鬼薪白粲以上。

關鍵詞　嶽麓秦簡　與盜同法　坐所去亡　命者

一

060-064簡在《嶽麓書院藏秦簡(肆)》當中屬於抄寫較爲完整、但内容較難理解的律文,其中涉及秦漢司法相關術語、概念、刑罰、身份以及律文結構等諸多信息,本文試對此律文進行初步的分析與解讀,以求教於方家。

整理小組所作60-64簡釋文如下:

盜賊旞(遂)者及諸亡坐所去亡與盜同法者當黥城旦舂以上及命者、亡城旦舂、鬼薪

* 本文係國家社科基金青年項目"里耶、嶽麓簡牘所見秦代的犯罪與刑罰執行研究"(18CFX007)的階段性成果。

白粲舍人室、人舍、官舍,主舍者不智(知)其亡,贖耐。其室人、舍人存而年十八歲者及典、田典不告,貲一甲。伍不告,貲一盾∟。當完[①]城旦舂以下到耐罪及亡收、司寇、隸臣妾、奴婢闌亡者,舍人室、人舍、官舍,主舍者不智(知)其亡,貲二甲。其室人、舍人存而年十八歲以上者及典、田典、伍不告,貲一盾。[②]

核對圖版,可確定以上筆迹均相對清晰,文字的釋讀并無太大問題。同時編聯上也没有問題,[③]這是進行討論的前提。本條律文主要針對"舍罪人"這一犯罪行爲的具體處罰規定,處罰的對象主要是直接實施了違法收留行爲的人,即容留逃亡罪犯或嫌疑人居住之人,律文詳細規定具體收留處所的種類:有"人室""人舍",以及"官舍"。除去直接實施犯罪行爲之人而要被論處之外,該秦律條文還規定了根據連坐原則需承擔連帶責任受制裁者,具體包括同室、同舍年滿十八歲之人以及典、田典與伍人。

以上是本條律文的主要内容,律文的主要難點集中在收留對象身份種類的劃分理解上,其將被收留之人劃分爲兩大類,其中理解的難點在於第一類罪犯的具體分類。本文擬就該問題展開討論。目前所見,關於律文規定的第一類罪犯的斷讀和理解主要包括以下幾種觀點:

(一)盜賊旞(遂)者及諸亡坐所去亡與盜同法者當黥城旦舂以上及命者、亡城旦舂、鬼薪、白粲舍人室……當完城旦舂以下到耐罪及亡收、司寇、隸臣妾、奴婢闌亡者舍人室……

《嶽麓簡(肆)》整理小組之理解

(二)盜賊旞(遂)者及諸亡、坐所去亡、與盜同法者當黥城旦舂以上及命者、亡城旦舂、鬼薪、白粲舍人室……當完城旦舂以下到耐罪及亡收、司寇、隸臣妾、奴婢闌亡者舍人室……

朱紅林先生之理解[④]

(三)(1)盜賊旞(遂)者及(2)諸亡坐所去亡與盜同法者當黥城旦舂以上及(3)命者亡城旦舂、鬼薪白粲舍人室……當完城旦舂以下到耐罪及亡收、司寇、隸臣妾、奴婢闌亡者舍人室……

王捷先生之理解[⑤]

---

① 整理小組釋文此處誤增"爲"字,現據原簡圖版删去。

② 陳松長主編:《嶽麓書院藏秦簡(肆)》,上海辭書出版社,2016,58-60 頁。以下簡稱《嶽麓簡(肆)》。

③ 參見紀婷婷、張馳《〈嶽麓四·亡律〉編聯芻議(精簡版)》,簡帛網,2016 年 9 月 12 日。

④ 朱紅林:《〈嶽麓書院藏秦簡〉(肆)補注(二)》,《簡牘與戰國秦漢歷史:中國簡帛學國際論壇 2016》學術會議論文集,香港,2016,398 頁。

⑤ 王捷於 2017 年 8 月 5 日在華東政法大學《嶽麓書院藏秦簡(肆)》讀書會上提出。以(1)(2),以及(3)作爲區分之標志。

澄清問題的關鍵點在於如何理解"當黥城旦舂以上"所指代之對象、"命者"的具體内涵與特徵,故下文主要圍繞這兩點展開討論,在對以上三種觀點予以檢討的同時提出新的看法。

二

首先,就"盜賊旞(遂)者及諸亡坐所去亡與盜同法者當黥城旦舂以上"展開討論。

雖然有整理小組的斷句,但因《嶽麓簡(肆)》體例中未設譯文,無法獲知(一)的具體解讀。周海鋒先生作爲整理小組主要成員,其博士學位論文以《嶽麓簡(肆)》爲研究對象,對此段簡文的理解如下:

> "諸亡坐所去亡與盜同法者當黥城旦舂以上"指那些按照與盜同法的原則處以黥爲城旦舂以上刑罰的逃亡者。[①]

從其表述來看,是將"諸亡坐所去亡與盜同法者當黥城旦舂以上"作爲一種逃亡者之類型。從"坐所去亡"可推定,是因逃亡本身作爲違法犯罪行爲而受到制裁,而非逃亡者在逃亡之前所犯之罪。另外,正如周海鋒先生所言,這些罪行在秦律中依照盜罪的相關規定進行處罰,而且法定刑罰達到了黥爲城旦舂以上的標準。

然而,周海鋒先生對"盜賊遂者""及命者"等與上述"諸亡"之關係如何,并未有進一步分析,僅表示還未最終確定。

朱紅林先生僅僅提出將"亡""坐所去亡""與盜同法"區别爲并列的三種類型,而"亡"可能存在有罪而亡以及犯亡罪兩種情形。如以此斷句,雖然邏輯上可以符合"黥城旦舂以上"的規定,但"亡"明顯可以涵蓋"坐所去亡",而且與後文的"與盜同法者"在範圍上也有一定程度的重合。

在華政讀書會上,王捷先生提出如下的另外一種理解,即上文所見之(三):

> (1)盜賊旞(遂)者及(2)諸亡坐所去亡與盜同法者當黥城旦舂以上及(3)命者亡城旦舂鬼薪白粲

即以連詞"及"字以及"命者亡"作爲釋讀的關鍵點來區分此處簡文列舉的逃亡犯罪主體,將其分爲三類主體:(1)盜賊遂者;(2)諸亡坐所去亡與盜同法者當黥城旦舂以上;(3)命者亡城旦舂鬼薪白粲。從條文解讀而言,語意確實較爲平順。但仔細分析,還是有一些疑點與困惑。

---

① 周海鋒:《秦律令研究——以〈嶽麓書院藏秦簡〉(肆)爲重點》,湖南大學博士學位論文,2016,41頁。

首先,(1)與(2)(3)從内容上看,似乎并不是處於相同層次的類型。即相較(2)(3)而言,(1)所指代的犯罪對象更爲寬泛,無法與前兩者保持在同一劃分標準層面而并列。具體分析如下:

盜賊遂者,應理解爲犯盜賊罪而逃亡之人。遂,嶽麓肆整理小組引《説文》:"遂,亡也。"[①]其説可從。《嶽麓簡(肆)》93-94 簡:

> □□□罪而與郡縣道及告子居隴西縣道及郡縣道者,皆毋得來之中縣道官。犯律者,皆作其數,及命者旞(遂),盜賊亡,司寇、隸臣妾、奴婢闌亡者,吏弗能審而數,其縣道嗇夫……[②]

其簡首三字模糊而不可識,大致推斷 93 簡内容,應是被安置在郡、隴西等特定區域的罪犯禁止進入中縣道地區的規定。地方官員需要負責登記違反此律之人的名籍以及逃亡犯罪者的具體信息。94 簡中明確指出了具體記録的逃亡者類型:"命者旞(遂),盜賊亡,司寇、隸臣妾、奴婢闌亡",很明顯,這是由并列三個動賓短語構成的三類不同身份的逃亡者,遂與亡、闌亡并舉,故"遂"解釋爲亡確實比較合理。另外,睡虎地秦簡《秦律雜抄》26-27 簡:"豹旞(遂),不得,貲一盾。·公車司馬獵律。"整理小組解釋:"遂,亡也。"[③]

如上述推論不誤,則"盜賊遂者"即盜賊亡者。如果此律文直觀解釋,即犯盜、賊相關的犯罪行爲而逃亡者。秦漢律中對於相關犯罪規定十分詳密。僅以一般盜竊罪爲例,彭浩先生已經結合《睡虎地秦簡》《龍崗秦簡》《二年律令》記載復原了秦的"盜竊"罪法律規定:[④]

表 1 秦律一般盜竊罪的法定量刑標準

盜竊贓值(單位:錢)	法定刑
1 以下	不詳[⑤]
1-22	貲一盾

① 陳松長主編:《嶽麓書院藏秦簡(肆)》,78 頁。

② 陳松長主編:《嶽麓書院藏秦簡(肆)》,69-70 頁。

③ 睡虎地秦墓竹簡整理小組編:《睡虎地秦墓竹簡》,北京:文物出版社,1990,85-86 頁。另外補充一點,《二年律令》107 簡有"守將奴婢而亡之,篡遂縱之",《奏讞書》云"篡遂縱囚",張家山漢簡整理小組釋"篡"爲"劫奪"之義,即《漢書·成帝紀》注:逆取曰篡。遂,道路。張建國先生認爲此處之"遂"隱含"偷偷地、暗地"之意義,可能類似《唐律》中的"竊囚"(見張建國《張家山漢簡〈具律〉121 簡排序辨證》,《歷史研究》2004 年第 6 期)。然三國時代出土文字資料研究班在贊同整理小組解釋基礎上,引《説文解字》曰:"遂,亡也",提出遂的另外一種可能的解釋([日]冨谷至編:《江陵張家山二四七號墓出土漢律令の研究　譯注篇》,京都:朋友書店,2006,72 頁)。楊振紅先生提出:"遂,指實現,完成,指已經判定罪刑。""篡遂"即"劫取已經判刑的囚犯"(楊振紅:《"南郡卒史復攸庫等獄簿"再解讀》,徐世虹主編《中國古代法律文獻研究》第 8 輯,北京:社會科學文獻出版社,2014,121 頁)。今據《嶽麓簡(肆)》所見,"遂"似作"亡"解爲宜。

④ 彭浩:《談〈二年律令〉中"鬼薪白粲"加罪的兩條律文》,武漢大學簡帛研究中心主辦《簡帛》第 2 辑,上海古籍出版社,2007,439 頁。

⑤ 關於盜竊罪中贓值"不盈一錢"是否存在刑罰,存在爭議。

續表

盗竊贓值(單位:錢)	法定刑
22-110	貲二甲
110-220	耐爲隸臣妾
220-660	完爲城旦舂
660 以上	黥爲城旦舂

資料來源:彭浩《談〈二年律令〉中"鬼薪白粲"加罪的兩條律文》

需要注意,此處是針對一般犯罪主體的盜竊罪規定,而不涉及特殊身份主體盜竊以及團夥盜竊的特別規定。[①] 根據上表,我們可以發現一般盜竊罪法定刑有五個等級。另外如賊殺人法定刑爲死刑。因此,如果僅言"盜賊亡者"而不加進一步的限定,其所包含的法定刑跨度極大,從較輕的貲刑直至死刑都有可能是"盜賊亡者"所要受到的刑罰。

此時需要指出,(2)(3)是以某一具體法定刑或者身份作爲劃分依據的,即限定在法定刑在"黥城旦舂以上"的犯罪者以及"城旦舂""鬼薪白粲"等徒隸。相較之下,(1)表述所涵蓋的應承擔刑罰的犯罪對象太過寬泛,遠遠超過了前兩者,形成了律文上的不統一。而筆者認爲此條律文所區分的原則即在於所窩藏罪犯所要承擔刑罰的輕重,故與此法律規範的立法原則存在矛盾之處。

當然,這一推論僅僅源自邏輯上的推理,雖然合理却未必一定符合秦漢律規定的實際情形。所謂"王者之政,莫急於盜賊",秦漢法律以盜、賊相關犯罪行爲爲重點規制對象,故有時會在律文單獨列出針對此兩類犯罪行爲的懲治規定。如《二年律令・捕律》152 簡:

> 捕盜賊、罪人,及以告劾逮捕人,所捕格鬭而殺傷之,及窮之而自殺也,殺傷者除,其當購賞者,半購賞之。[②]

很明顯,從邏輯角度而言,盜賊應該包含在後面"罪人"之中,但此處却單列"盜賊"。可見確實有此種例外情況之出現。綜上而言,"盜賊遂者"作爲單獨一類還是有可能的。

而真正產生疑問的則是"黥爲城旦舂以上"指代對象的問題。(2)諸亡坐所去亡與盜同法者當黥城旦舂以上,存在進一步討論的空間。爲理解這一關鍵問題,首先需要將視綫聚焦在"與盜同法"上,同時兼及實際的操作層面。

---

① 如所謂求盜、害盜盜竊,見《法律答問》1-2 簡;團夥盜竊的如"五人盜",見《法律答問》1-2 簡;又如"群盜",見《二年律令・賊律》65-66 簡。

② 張家山二四七號漢墓竹簡整理小組編著:《張家山漢墓竹簡[二四七號墓]》(釋文修訂本),北京:文物出版社,2006,29 頁。

“與盗同法”的具體理解與適用原則,許多學者有過討論,[①]本文不贅述,主要采納張傳璽博士對秦漢律中“與盗同法”的觀點:

> “與盗同法”,指的是其前部罪狀按照關於“盗”的基準規定加以處理……此處“盗”專指“竊盗”……并不涉及對前部罪狀的定性。[②]

如以上理解不誤,則“與盗同法”的基準規定就是上文所揭示的秦律一般“竊盗”的處罰規定,[③]盗竊罪最高法定刑就是“黥爲城旦舂”。因爲“以上”限定詞的存在,可推斷“黥爲城旦舂以上”并非僅僅衹是就“與盗同法”的罪行適用,應該也對其他罪狀適用,否則“以上”無處安放,或者説“以上”的存在就毫無必要。這是另一個也是較爲重要的疑問。如果把“亡坐所去亡與盗同法”理解爲一種犯罪行爲,似乎與“以上”産生矛盾。當然這一推論前提是上述對“與盗同法”的解讀是正確的。

爲解決這一矛盾,需要重新考慮“黥城旦舂以上”所指代的對象。有人提出可將此斷句爲“諸亡坐所去亡、與盗同法者當黥城旦舂以上”,將(2)進一步分解成兩小類具體犯罪,即(2-1)諸亡坐所去亡當黥城旦舂以上;(2-2)諸亡與盗者同法當黥城旦舂以上。[④] 如此則,“當黥城旦舂以上”修飾的應該是(2-1),而(2-2)其實應該表述爲“諸亡與盗同法當黥城旦舂”,其逃亡犯罪行爲的法定刑可換算爲贓值過 660 錢的一般盗竊罪的法定刑,即黥爲城旦舂。

但是,這一理解存在一個問題:(2-1)與(2-2)兩者有很大的重合性。仔細比較兩者,可以發現(2-1)實際上應該包括了(2-2)的情形,此處完全可以合并爲“諸亡坐所去亡當黥城旦舂以上”,無需再加上“與盗同法”四字,故此種斷句不可取。

將“坐所去亡”與“與盗同法”分開理解還有一個較爲重要的矛盾無法解決:秦及漢初對一般逃亡行爲的法定刑罰是耐刑,無法達到黥城旦舂刑。

---

① 相關研究成果可參考彭浩《談〈二年律令〉中“鬼薪白粲”加罪的兩條律文》。[日]冨谷至《二年律令に見える法律用語-その(一)》,《東方學報(京都)》第 76 册,2004,228 頁。朱紅林《竹簡秦漢律中的“與同法”和“與同罪”》,收入其著《張家山漢簡〈二年律令〉研究》,哈爾濱:黑龍江人民出版社,2008。[德]陶安《秦漢刑罰体系の研究》,東京:創文社,2009,14-18 頁。陳光《秦漢律令體系中的“與盗同法”》,東北師範大學碩士學位論文,2010。支强《秦漢法律用語研究》,中國政法大學博士學位論文,2013。張銘《〈奏讞書〉中的秦漢財産犯罪案件》,王沛主編《出土文獻與法律史研究》第 2 輯,上海人民出版社,2013。張傳璽《秦漢律與唐律法律術語研究》,中國政法大學博士後研究工作報告,2016。周敏華《〈二年律令〉中的“與……同法”試探》,《故宫學術季刊》第 26 卷第 3 期,臺北,2009。

② 張傳璽:《秦漢律與唐律法律術語研究》,44-45 頁。

③ 不涉及諸如群盗、强盗等特殊盗罪的規定。

④ 此處蒙張傳璽博士提醒。需要指出,因爲此條屬於《亡律》,所藏匿之違法者必然當爲逃亡之人,故“諸亡”之“亡”應該是作爲前提性的限制條件而存在,“與盗同法”前應該有“亡”字。

A.不會笞及除,未盈卒歲而得,以將陽癖,卒歲而得,以闌癖,又行其笞。

《嶽麓簡(肆)》043 簡[①]

B.闌亡盈十二月而得,耐。不盈十二月爲將陽,繫城旦舂。

《嶽麓簡(肆)》091 簡[②]

C.吏民亡,盈卒歲,耐;不盈卒歲,繫城旦舂。

《二年律令 · 亡律》157 簡[③]

從 A、B、C 所見的秦及漢初所見《亡律》規定來看,就單純逃亡犯罪,當時以逃亡時間長短劃分爲兩類,即超過一年的闌亡,以及不滿一年的將陽,[④]前者的法定刑是耐刑,後者則是繫城旦舂。

回到律文,如果將"諸亡坐所去亡"乃至"諸亡""坐所去亡"分别理解爲一種獨立類型,那麼律文所限定的所謂"黥城旦舂以上"的條件就會落空,或者説根本是不需要考慮的情况。進而會發現單純的"諸坐所去亡"應該歸屬第二大類,即"完城旦舂以下到耐罪"。分析至此,可以確認律文中規定"與盗同法"存在的必要性,秦時法律規定了某些特定的逃亡犯罪并不以直接逃亡犯罪行爲定罪量刑,而是根據"與盗同法"原則論處,例如:

D.十四年七月辛丑以來,諸居貲贖責(債)未備而去亡者,坐其未備錢數,與盗同法。

《嶽麓簡(肆)》066 簡[⑤]

可知,居貲贖責之人未完成抵償勞役而逃亡,并不是以逃亡時間長短論處其刑罰,而是以所拖欠的勞役折抵錢數按照一般盗竊罪的相關贓值標準予以量刑。

綜上,筆者傾向於最早整理小組與周海鋒之斷句,同時又要解決"以上"的理解問題,那麽就需要考慮之前討論"盗賊遂者"時提出的疑問之處。綜合來看,"當黥城旦舂以上"指代的是"盗賊遂者"以及"諸亡坐所去亡與盗同法者"兩類人:故可分爲(1〈2〉-1)"盗賊遂者當黥城旦舂以上",(1〈2〉-2)"諸亡坐所去亡與盗同法者當黥城旦舂以上",具體而言,兩類人是(1〈2〉-1)逃亡盗賊所犯罪行應當被判處黥爲城旦舂以上者;(1〈2〉-2)逃亡行爲被按照一般盗竊罪法定刑判處黥爲城旦舂者。相較而言,此種分類既可以解決第一個疑問,也可以解決第二個困惑。因此,目前作如此理解似更爲合適。

① 陳松長主編:《嶽麓書院藏秦簡(肆)》,53 頁。

② 陳松長主編:《嶽麓書院藏秦簡(肆)》,69 頁。

③ 張家山二四七號漢墓竹簡整理小組編著:《張家山漢墓竹簡[二四七號墓]》(釋文修訂本),30 頁。

④ 彭浩:《"將陽"與"將陽亡"》,簡帛網,2012 年 9 月 23 日。陳松長:《睡虎地秦簡中的"將陽"小考》,《湖南大學學報(社會科學版)》2012 年第 5 期。

⑤ 陳松長主編:《嶽麓書院藏秦簡(肆)》,60 頁。

三

關於"命者"的歸屬,整理小組的斷句似乎暗示將"命者"屬上讀;而王捷提出所謂"命者亡"即"亡命者",故將"命者"屬下讀而形成(3)命者亡城旦舂鬼薪白粲。筆者則認爲"命者"當單獨一類,既不與"諸亡"產生聯繫,又不與下文的"亡城旦舂、鬼薪、白粲"相關。那麼何謂"命者"則是必然無法回避的問題。

以往諸家之解釋多圍繞"亡命"之"命"展開,占據主導地位的一般觀點認爲"命"即"名籍"或引申作"脱漏名籍",如《史記・張耳陳餘列傳》"張耳嘗亡命游外黄"晋灼曰:"命者,名也。謂脱名籍而逃。"崔浩注:"亡,無也。命,名也。逃匿則削除名籍,故以逃爲亡命。"[①]進一步理解爲削除名籍。

隨著張家山漢簡《二年律令》、居延新簡、敦煌懸泉漢簡相繼公布,可以發現"命者"是作爲特定法律術語出現在漢朝法律當中的。日本學者保科季子重新檢視史料,對秦漢法律文獻中所見的作爲動詞的"命"與"命者"有過全面與細緻的梳理。認爲此處作爲動詞的"命"的理解,當依據《漢書・刑法志》"已論命復有笞罪者"晋灼注釋:"命者,名也,成其罪名也。"以及《文選・謝平原内史表》"張敞亡命,坐致朱軒"李善注:"命,名也。謂所犯罪名已定,而逃亡避之,謂之亡命。"在當時是確定罪名的司法手續之義。結合睡虎地秦簡《封診式》記載,可進一步認爲所謂"命者"就是"尚未被官府捉到,仍在逃亡中但其罪名已經確定"之人。具體而言,"命"是在"論"之後的司法程式階段,即將已經確定的刑罰通知有關部門的命令。[②]

《嶽麓簡(肆)》爲探討"命者"提供了更多的法律文獻資料,本條即是一例。《嶽麓簡(肆)》整理小組在注釋簡 47"不得,命之"時曰:"命,出告示緝拿。"[③]

以上第一種關於"命"的"脱漏户籍説"於"亡命"之詞中可作合理解釋,但却無法合理解釋秦及漢初律令中作爲動詞的"命"。諸如:

---

① 《史記》卷八九《張耳陳餘列傳》(點校本二十四史修訂本),北京:中華書局,2014,3122 頁。

② 具體參見[日]保科季子《亡命小考——兼論秦漢的確定罪名手續"命"》,武漢大學簡帛研究中心主辦《簡帛》第 3 輯,上海古籍出版社,2008,347、352、354 頁。秦漢簡牘所見"命者"以及傳世文獻所見"亡命"與"命"的研究,主要可參見[日]保科季子《亡命小考——兼論秦漢的確定罪名手續"命"》。另有討論文章如陶傳祥《秦律"亡命"考論》,《南都學刊(人文社會科學學報)》2016 年第 2 期;周海鋒《秦律令研究——以〈嶽麓書院藏秦簡〉(肆)爲重點》,湖南大學博士學位論文,2016,30-33 頁。王偉《睡虎地秦簡文本復原二題》,《中國礦業大學學報(社會科學版)》2016 年第 6 期;朱紹侯《對幾種"亡命"説的分析與評論》,《中原文化研究》2017 年第 4 期。

③ 陳松長主編:《嶽麓書院藏秦簡(肆)》,77 頁注釋 58。據周海鋒博士論文所言,德國學者勞武利、史達於 2014 年與陳松長先生討論《亡律》時持此觀點。轉引自周海鋒《秦律令研究——以〈嶽麓書院藏秦簡〉(肆)爲重點》,31 頁注釋 2。

A.城旦舂亡而得,黥,復爲城旦舂;不得,命之。自出殹(也),笞百。

《嶽麓簡(肆)》47 簡[①]

B.群盜、命者,及有罪當命未命,能捕群盜、命者,若斬之一人,免以爲庶人。

《二年律令・捕律》153 簡[②]

A 與 B 分别爲秦律與漢律的規定,很明顯,除"命者"之"命"外,其餘的"命"均爲動詞,推測應是一種抓捕逃犯的特定手續。如果將"脱漏名籍"代入其中,"命之"即爲"使其脱漏名籍",而"當命"則是"應該脱漏户籍",這既會使律文前後内容産生明顯的矛盾,更不符合秦漢户籍管理的相關規定與實情。故第一種觀點可最先予以排除。

接下來需要討論第二種觀點與第三種觀點的理解,將這兩種觀點代入秦漢律相關律文,某種程度上似乎都可解釋得通。但是分析《漢書・刑法志》原文以及晋灼之注釋,却會發現一些疑問。晋灼是針對"論命"之"命"所作的注解,但是"論"作爲司法術語,一般認爲其是定罪量刑之義。[③] 很明顯,此時所謂"定罪名"即可被包括於"論"的階段,而將"論"之後的"命"再理解爲"定罪名"似乎存在前後重複之嫌。即使如保科季子先生所言,具體可理解爲將在逃之罪犯已經確定的刑罰通知有關部門,却失之籠統,或者説有必要追問這一步驟到底有何實際意義?以下即嘗試解答這一問題。

"論命"在正式律文中有時又可以被簡稱爲"命":

C.……有罪當完城旦舂、鬼薪白粲以上而亡,以其罪命之;耐隸臣妾罪以下,論令出會之。其以亡爲罪,當完城旦舂、鬼薪白粲以上不得者,亦以其罪論命之。

《二年律令・具律》122-124 簡[④]

此條律文有許多不同的解讀,[⑤]周海鋒先生指出,此處律文"命之"當即下面的"論命之"之省稱,[⑥]從律文内容邏輯角度而言,確實較爲可能。此時,反而可以確定完整的"論命之"之"命"具體涵義不當爲"定罪名",而是應該更爲具體,即對在逃之重罪者予以公開緝捕。驗之以《嶽麓簡(肆)》上舉之 A:

---

① 陳松長主編:《嶽麓書院藏秦簡(肆)》,51 頁。

② 張家山二四七號漢墓竹簡整理小組編著:《張家山漢墓竹簡[二四七號墓]》(釋文修訂本),29 頁。

③ 作爲重要秦漢治獄程式之術語,"論"的研究成果較多,主要可參看張建國《帝制時代的中國法》,北京:法律出版社,1999。[日]籾山明著,李力譯《中國古代訴訟制度研究》,上海古籍出版社,2009。[德]陶安《試探"斷獄"、"聽訟"與"訴訟"之别——以漢代文書資料爲中心》,張中秋編《中國法律形象的一面——外國人眼中的中國法》,北京:中國政法大學出版社,2012。萬榮《秦與漢初刑事訴訟程式中的判决:"論"、"當"、"報"》,武漢大學簡帛研究中心主辦《簡帛》第 11 輯,上海古籍出版社,2015。

④ 張家山二四七號漢墓竹簡整理小組編著:《張家山漢墓竹簡[二四七號墓]》(釋文修訂本),25 頁。

⑤ 可參看[日]保科季子《亡命小考——兼論秦漢的確定罪名手續"命"》,350-351 頁。

⑥ 周海鋒:《秦律令研究——以〈嶽麓書院藏秦簡〉(肆)爲重點》,31 頁。

城旦舂亡而得,黥,復爲城旦舂;不得,命之。自出殹(也),笞百。

首先,此處之"命"當爲"論命"的省稱。分析内容可知,依靠原來當地之抓捕力量已經無法順利將逃亡之城旦舂捕獲歸案時,自然需要予以公開通緝逃亡之罪犯。

漢簡中也有相關的例子:

D.☑□居延所命髡鉗釱左止洛都毋崔□☑　　117.32[①]

E.移魏郡元城逮書曰命髡鉗笞二百☑　　E.P.T51:470[②]

還有一點,所謂的"命者"并非指代所有的逃亡罪犯,從C來看,漢初被"命"之罪犯應該是其所犯之罪法定刑在"完爲城旦舂、鬼薪白粲"以上。綜合而言,所謂"命"具體指秦漢時針對確定是重罪的逃亡罪犯在依靠當地官府治安力量無法捕獲的情况下,予以公開緝捕的一種程序手段。同時,在律文中,"論命之"經常會被省稱爲"命之",此時的"命之"作爲廣義的概念,具備了"論"的性質與作用,故而會産生有晋灼所謂"成其罪名"之解釋。

回到律文,在理解了"命者"之後,還需要解決一個"矛盾",即按照漢初《二年律令·具律》所言,所謂"命者"應該是法定刑在"完城旦、鬼薪白粲以上"之罪犯;然而本律文規定的第二類罪犯類型是"當完城旦舂以下……",明顯也是包括"完城旦"之罪犯,兩者出現了重合。對此,解釋的關鍵點在於"鬼薪、白粲"上,丁義娟通過比照《睡虎地秦簡》以及《二年律令》所見鬼薪加重刑的差异,指出:

> 秦代鬼薪白粲和完城旦舂的服刑待遇還有較大的差别,而在《二年律令》中則相差無幾……隨著時間的推移,鬼薪白粲和完城旦舂的服刑待遇有一個差距相對縮小的過程。[③]

相較完城旦舂,秦時之鬼薪白粲當更爲接近黥城旦,與鬼薪白粲并列之"命者"限定的最低法定刑當是"黥爲城旦舂"。除了A以外,另有以下《嶽麓簡(肆)》律文可作爲旁證:

F.城旦舂司寇亡而得,黥爲城旦舂,不得,命之。　　50簡[④]

G.佐弋之罪,命而得,以其罪罪之。自出殹(也),黥爲城旦舂。它罪,命而得,黥爲城旦舂,其有大辟罪罪之。自出殹(也),完爲城旦舂。　　51-52簡[⑤]

① 謝桂華、李均明、朱國炤:《居延漢簡釋文合校》,北京:文物出版社,1987,190頁。

② 甘肅省文物考古研究所、甘肅省博物館、中國文物研究所、中國社會科學院歷史研究所編:《居延新簡:甲渠候官》,北京:中華書局,1994,89頁。

③ 丁義娟:《"鬼薪白粲"地位再認識》,徐世虹主編《中國古代法律文獻研究》第6輯,北京:社會科學文獻出版社,2012,219頁。

④ 陳松長主編:《嶽麓書院藏秦簡(肆)》,55頁。

⑤ 陳松長主編:《嶽麓書院藏秦簡(肆)》,55、56頁。

綜上,秦時所謂"命者"特指犯有"黥城旦"以上確定之刑罰的罪犯,這也與本文第一部分論述之最低法定刑爲"黥城旦"相符合。最後的"亡城旦、鬼薪白粲"是就已經判刑并予以執行的刑徒加以限定。

四

最後還要補充説明一點,在目前所見秦漢律中,"及"作爲連詞也被廣泛使用,成爲我們理解秦漢律文結構的重要鑰匙。許多學者對"及"的用法與作用有過相關研究,[①]其中以張建國先生的成果最有代表性。

張建國先生討論了《漢書・刑法志》文帝改革的相關記載:

> 當斬右止,及殺人先自告,及吏坐受賕枉法,守縣官財物而即盜之,已論命復有笞罪者,皆弃市。[②]

認爲此處"及"字的存在切斷了"及"字前後之間的關係,具體而言,上述"先自告"不能往上追溯與"斬右止"發生聯繫,"已論命復有笞罪者"更不能越過後一個"及"字與"殺人先自告"産生聯繫(而顔師古恰恰如此理解)。[③] 張建國先生得出的"及"字使用原則也應用到了其對秦漢律律文結構的解讀和分析上,以對《二年律令》121、107、108、109 簡的排序和解讀爲代表。他又作了如下總結:

> 各條款内部,還通過"及"字細分,基本是一些内容緊密相關的再同時并列,這時使用"及"是有意義的而不是可有可無的。它進一步把性質不相同的詞、短語或句分開。另外,"及"字所構成的并列可以通過與條文其他成分的組合構成更小的句子,如果展開,實質上類似於現代法律中條款下面的"項"。[④]

回到本文所討論的問題,以兩個"及"字區分第一類具體被舍之罪人的依據當基於相同的分析。對於張建國先生提出"及"字適用的觀點,確實可以在諸如《二年律令》律文中得以驗證,但不可忽視其中一個十分重要的前提,"及"字所相隔的前後短語或詞彙必須是在同一層次上,具體以上述《漢書・刑法志》内容爲例,(1)當斬右止;(2)殺人先自告;(3)吏坐受賕

① 可參看張建國《漢文帝改革相關問題點試詮》,收入其著《帝制時代的中國法》,北京:法律出版社,1999。張建國《張家山漢簡〈具律〉121 簡排序辨證——兼析相關各條律文》,《法學研究》2004 年第 6 期。王三峽《〈二年律令〉中的并列結構》,《長江大學學報(社會科學版)》2008 年第 2 期。張傳璽《秦漢律與唐律法律術語研究》,中國政法大學博士後研究工作報告,2017。

② 《漢書》卷二三《刑法志》,北京:中華書局,1962,1099 頁。

③ 具體論述參見張建國《漢文帝改革相關問題點試詮》,210-215 頁。

④ 可參見張建國《張家山漢簡〈具律〉121 簡排序辨證——兼析相關各條律文》。

枉法,守縣官財物而即盜之,已論命復有笞罪者,在張建國先生理解中應該是同一層次并列的三種具體犯罪行爲。以此爲前提,“及”字作爲連詞同時具有的切斷前後聯繫的作用才能發揮。這點十分重要,因爲“及”是使用頻率最高的連詞,既可以連接詞與詞,也可以連接詞與短語,還可以連接短語與短語。[①] 需要指出的是,在秦漢律中多見多層次結構的條款。在這樣的律條中,上述以“及”字切斷前後短語聯繫的原則需要具體考慮,或者説加以補充説明,如以下例子:

A.取人妻及亡人以爲妻,及爲亡人妻,取及所取,爲謀者知其情,皆黥爲城旦舂……

《二年律令·亡律》168 簡[②]

很明顯,此律條文通過“及”可劃分爲兩個層次:第一層次有(A-1)取人妻及亡人以爲妻,取及所取,爲謀者知其情,皆黥爲城旦舂;(A-2)爲亡人妻,取及所取,爲謀者知其情,皆黥爲城旦舂。(A-1)以“及”字可劃分爲第二層次,娶妻分爲兩種情況,即(A-1-1)取人妻,取及所取,爲謀者知其情,皆黥爲城旦舂;(A-1-2)取亡人以爲妻,取及所取,爲謀者知其情,皆黥爲城旦舂。此種情況下,“取及所取,爲謀者知其情”作爲(A-1-1)與(A-1-2)的共同要件,跨過了後面的第二個“及”字。

以上討論可以明確一點,“及”作爲連詞在秦漢律中具有切斷前後短語聯繫的用法,但這一原則適用的前提是“及”前後短語處於同一層次上。如果同一律文中所見多個“及”字表示不同的層次短語或句子時,需要具體分析律文內容來確定律條內部的子項和條款。此《亡律》律文中之“及”字就是在區分不同層次的條款情形下適用的。

最後,綜合以上的討論,可將《嶽麓簡(肆)》60-64 簡律文所見收留的第一類罪犯具體理解爲以下四種:

(1)盜賊旞(遂)者當黥城旦舂以上

(2)諸亡坐所去亡與盜同法者當黥城旦舂以上

(3)命者

(4)亡城旦舂、鬼薪白粲

① 王三峽:《〈二年律令〉中的并列結構》。

② 張家山二四七號漢墓竹簡整理小組編著:《張家山漢墓竹簡[二四七號墓]》(釋文修訂本),31 頁。

秦"訾税"平議*

北京師範大學歷史學院
出土文獻與中國古代文明研究協同創新中心　凌文超

内容提要　嶽麓書院藏秦簡"識劫㛷案"中提到的"訾税",是依據編户訾産臨時徵收的財産税,應與短時期内財政需求急劇增加有關。秦律對於私下債款計入家訾缺乏明確規定,債權人可以通過放弃債款,豁免匿訾税之罪。秦訾税主要針對的是方便清查的訾産。雖然秦代因賦役、貲罰徵繳等的需要,經常對編户訾産進行調查,但是,從户籍等文書中未見"户訾"記録等情形來看,秦代尚未全面對編户民户訾進行法定常規的清查、登記,與此相關的"訾税"不可能是常税,而應當是臨時税。

關鍵詞　識劫㛷案　訾税　户訾調查　臨時税

秦代是否存在按家户訾産多少徵收的賦税(即財産税、訾税),過去由於史料不足徵,學界或闕而不論,或認爲秦代不存在財産税。[①] 近年來,隨着里耶秦簡、嶽麓秦簡的刊布,學界利用相關新資料得出了新認識。例如,高敏依據里耶秦簡"貲錢"的記録,認爲秦始皇時期已有居民財産税的徵收。[②] 正如石洋所指出的,秦律中的"貲"專門表示"貲罰",尚未與具有財

* "中央高校基本科研業務費專項資金資助"(supported by "the Fundamental Research Funds for the Central Universities")。

① 王彦輝:《論漢代的"訾算"與"以訾徵賦"》,《中國史研究》2012 年第 1 期,收入其著《秦漢户籍管理與賦役制度研究》,北京:中華書局,2016,159-166 頁。

② 高敏:《吴簡中所見孫權時期户等制度的探討——讀〈長沙走馬樓三國吴簡·竹簡[壹]札記之三〉》,《史學月刊》2006 年第 5 期,收入其著《長沙走馬樓簡牘研究》,桂林:廣西師範大學出版社,2008,92-93 頁。

産意義的“訾”混通。[1] 里耶秦簡中“貲錢”乃罰款,與財産税無關。

嶽麓書院藏秦簡“識劫冤案”中明確記録的“訾税”,爲探討秦代財産税及其性質提供了極寶貴的史料。兹將簡文迻録如下(稍改標點):

【敢潚(讞)】之:十八年八月丙戌,大女子冤自告曰:“七月爲小走馬羛占家訾。羛當責大夫建、公卒昌、士五積、喜、遺錢六萬八千三百,有券。冤匿不占吏爲訾。冤有布市肆一,舍客室一。公士識劫冤曰:‘以肆、室鼠(予)識。不鼠(予)識,識且告冤匿訾。’冤恐,即以肆、室鼠(予)識。爲建等折弃券,弗責。先自告,告識劫冤。”

冤曰:“與羛同居,故大夫沛妾,沛御冤,冤産羛、女姎。沛妻危以十歲時死,沛不取(娶)妻。居可二歲,沛免冤爲庶人,妻冤。冤有(又)産男必,女若。居二歲,沛告宗人、里人大夫快、臣、走馬拳、上造嘉、頡曰:‘沛有子冤所四人,不取(娶)妻矣。欲令冤入宗,出里單賦,與里人通飲食。’快等曰:‘可。’冤即入宗,里人不幸死者出單賦,如它人妻。居六歲,沛死。羛代爲户、爵後,有肆、宅。識故爲沛隸,同居。沛以三歲時爲識取(娶)妻,居一歲,爲識買室,賈(價)五千錢,分馬一匹、稻田廿畝,异識。識從軍,沛死來歸,謂冤曰:‘沛未死時言以肆、舍客室鼠(予)識,識欲得。’冤謂:‘沛死時不令鼠(予)識,識弗當得。’識曰:‘冤匿訾,不鼠(予)識,識且告冤。’冤以匿訾故,即鼠(予)識肆、室。沛未死,弗欲以肆、舍客室鼠(予)識。不告冤,不智(知)户籍不爲妻、爲免妾故。它如前。”

·識曰:“自小爲沛隸。沛令上造狗求上造羽子女齡爲識妻,令狗告羽曰:‘且以布肆、舍客室鼠(予)識。’羽乃許沛。沛已爲識取(娶)齡,即爲識買室,分識馬、田,异識,而不以肆、舍客室鼠(予)識。識亦(?)弗(?)求(?),識已(?)受它。軍歸,沛已死。識以沛未死言謂冤,冤不以肆、室鼠(予)識,識且告冤匿訾。冤乃鼠(予)識,識即弗告。識以沛言求肆、室,非劫冤。不智(知)冤曰劫之故。它如冤。”

·建、昌、積、喜、遺曰:“故爲沛舍人。【沛】織(貸)建等錢,以市販,共分贏。市折,建負七百,昌三萬三千,積六千六百,喜二萬二千,遺六千。券責建等,建等未賞(償),識欲告冤,冤即折券,不責建。它如冤。”

·姎、快、臣、拳、嘉、頡言如冤。

·狗、羽、齡言如識。

·羛、若小,不訊;必,死。

·卿(鄉)唐、佐更曰:“沛免冤爲庶人,即書户籍曰‘免妾’。沛後妻冤,不告唐、更。今籍爲免妾。不智(知)它。”

---

① 石洋:《戰國秦漢間“貲”的字義演變與其意義》,《華東政法大學學報》2013年第4期,150-160頁。

·詰識:"沛未死雖告狗、羽且以肆、舍客室鼠(予)識,而後不鼠(予)識,識弗求,已爲識更買室,分識田、馬,异識,沛死時有(又)不令。羛已代爲户後,有肆、宅,識弗當得。何故尚求肆、室曰'不鼠(予)識,識且告媛匿訾'?媛即以其故鼠(予)識,是劫媛,而云非劫,何解?"

識曰:"□欲得肆、室,媛不鼠(予)識,識誠恐謂'且告媛',媛乃鼠(予)識。識實弗當得。上以識爲劫媛,辠(罪)識,識毋以避。毋它解。辠(罪)。它如前。

·問:匿訾税及室、肆,臧(贓)直(值)各過六百六十錢。它如辭。

·鞫之:媛爲大夫沛妾。沛御媛,媛産羛、女夾。沛妻危死,沛免媛爲庶人,以爲妻,有(又)産必、若,籍爲免妾。沛死,羛代爲户後,有肆、宅。媛匿訾税直(值)過六百六十錢,[1]先自告,告識劫。識爲沛隸,沛爲取(娶)妻,欲以肆、舍客室鼠(予)識。後弗鼠(予),爲買室,分馬一匹,田廿畝,异識。沛死,識後求肆、室,媛弗鼠(予)。識恐謂媛"且告媛匿訾",媛以故鼠(予)肆、室。肆、室直(值)過六百六十錢。得。皆審。疑媛爲大夫妻、爲庶人及識罪(罪)。毄(繫)。它縣論。敢瀲(讞)之。

·吏議:媛爲大夫□妻,貲識二甲;或曰:媛爲庶人,完識爲城旦:纍(繵)足輸蜀。[2]

對于本案兩次明確提到的"訾税",學界存在不同的認識。一類意見認爲,此"訾税"即財産税,但在具體看法上存在差异。賈麗英認爲,"訾税"一詞的出現,明確證實了秦代存在資産税,當時資産税的徵收是以資産多少按比例徵税,而不是户等。[3] 朱德貴、莊小霞指出秦訾税計徵的時間爲每年七月,訾税徵收可能并非直接針對財産按比例徵税,而是以"訾算"作爲徵收的基礎和前提條件。[4] 齊繼偉則認爲,"訾税"屬商業活動者的財産税。[5]

另一類意見認爲,此"訾税"不能輕易地視作財産税。王彦輝主張,本案提到的"訾税"應當屬於經營税,因爲這筆錢放貸的目的是"以市販,共分贏"。[6] 朱聖明贊同該"訾税"僅針

---

① "訾税"原逗開,今據黄傑意見改。黄傑:《〈嶽麓書院藏秦簡(叁)〉釋文注釋商補》,《簡帛》第10輯,上海古籍出版社,2015,119頁。

② 朱漢民、陳松長主編:《嶽麓書院藏秦簡(叁)》,上海辭書出版社,2013,153-162頁。

③ 賈麗英:《秦簡〈識劫媛案〉反映的秦代資産税》,《光明日報·理論周刊·史學》2014年9月3日第4版。賈麗英:《吴簡中的"訾"與"户品出錢"——兼論秦漢至三國吴的資産税》,中國秦漢史研究會第十四屆年會暨國際學術研討會論文集,成都,2014年8月15-19日。石洋亦認爲,訾税是按財産多寡徵收的賦税。石洋:《〈漢書·景帝紀〉"訾算十""訾算四"新詮——關于西漢前期一條經濟史料的辯證》,《簡帛研究二〇一五(春夏卷)》,桂林:廣西師範大學出版社,2015,123-124頁。

④ 朱德貴、莊小霞:《嶽麓秦簡所見"訾税"問題新證》,《中國經濟史研究》2016年第4期,80-96頁。

⑤ 齊繼偉:《秦漢"訾税"補論——從嶽麓秦簡"識劫媛案"説起》,《簡帛研究二〇一七(春夏卷)》,桂林:廣西師範大學出版社,2017,163-167頁。

⑥ 王彦輝:《秦簡"識劫媛案"發微》,《古代文明》2015年第1期,80頁。

對貸出之錢，但他將此税理解爲“貰貸税”“息租”。[①]

從“媛自告”和“問”“鞫之”的内容來看，“匿訾税”具體針對的是“占家訾”中的“匿訾”部分，相應地，“訾税”就是“家訾”之税。因此，將“訾税”理解爲依據家户資産徵收的財産税是可取的。同時，沛的户籍藏鄉，未注明市籍，且編入里、單組織，其身份應屬普通的編户民。[②] 秦代“黔首”兼事農業和市販是很常見的現象，如嶽麓秦簡載：

> 律曰：黔首不田作，市販出入不時，不聽父母笱若與父母言，父母、典、伍弗忍告└，令鄉嗇夫數謙（廉）問，捕毄（繫）（1686）[③]

因此，不能因爲沛出貸市販之錢，就認爲他是商業活動者。“識劫媛案”所涉羛家“訾税”，本應税及已占家訾和出貸市販之錢，且沛、羛爲鄉里編户民，可見，訾税應是針對平民的税種。

然而，仍需要進一步討論的是，該“訾税”是常税，還是臨時税？在研究這一問題之前，我們首先有必要討論一下該案的判罰。在審訊過程中，無論是“問”（訊問），還是“鞫”（確認犯罪事實），都認定媛“匿訾税直（值）過六百六十錢”。然而，在“吏議”（議罪）環節，并未對媛進行任何處罰。爲何媛能免于罪責呢？按嶽麓秦簡律令的規定：

> ●十三年六月辛丑以來，明告黔首：相貸資緍者，必券書吏└，其不券書而訟，乃勿聽，如廷律。前此令不券書訟者，爲治其緍，毋治其息，如内史律。[④]

秦王政十三年（前234）六月以來，秦官府要求民衆之間發生的借貸，應向吏主者提交券書備案（同時應當要繳納貰貸税），但是，未備案的情况仍然存在，對此，官方也衹是不受理其訴訟而已，即未備案者官方不保護借貸雙方的權益。由此看來，官方并未全面介入民間的借貸行爲。從媛“匿訾”及其陳述來看，沛“織（貸）建等錢以市販”過程中，雖然雙方有券，但并未提交給吏，沛與建等的金錢往來純屬民間私下借貸，不受官方保護。因此，媛有權放弃其債券和貸款，而官方不會横加干涉。《史記·高祖本紀》云：

> （高祖）好酒及色。常從王媪、武負貰酒，醉卧，武負、王媪見其上常有龍，怪之。高祖每酤留飲，酒讎數倍。及見怪，歲竟，此兩家常折券弃責。[⑤]

即當時弃債之例。據媛、建等雙方的陳述，媛放弃了出貸之錢後，就不再存在“匿訾”行爲，也就不存在“匿訾税”之罪，故“吏議”没有處罰媛的内容。據此，我們或者還可以説，除了已經

---

① 朱聖明：《論西漢至孫吴的財産税——基于史料的考辨》，中國秦漢史研究會第十五届年會暨海昏歷史文化國際學術研討會論文集，江西南昌，2017年10月14-15日。

② 王彦輝指出，大夫沛的户籍屬民籍，爲南郡地區鄉里豪民。參見其作《秦簡“識劫媛案”發微》，74-83頁。

③ 陳松長主編：《嶽麓書院藏秦簡（伍）》，上海辭書出版社，2017，133頁。

④ 陳松長主編：《嶽麓書院藏秦簡（肆）》，上海辭書出版社，2015，194-195頁。

⑤ 《史記》卷八《高祖本紀》，北京：中華書局，1959，343頁。

“券書吏”的款項,民衆私藏的貨幣財富,除非自占,或他人揭發,一般很難計入家訾進行徵税。這一點,我們認爲有必要先予以確認。

按娩的申訴:識原爲與沛同居的隸屬;[①]三年前沛爲識娶妻,兩年前與識分户;分户後,識從軍,沛死後才歸來。從識分户、從軍以來的兩年中,他對于沛的家事和娩的匿訾行爲不可能皆知悉。識獲知沛放貸之事,應當在兩年前,即與沛同居之時。假若秦代訾税是常税,那麽,在娩此次匿訾税之前,沛也應繳納訾税。如果沛在繳納訾税時没有匿訾,放貸之款也占上家訾,那麽,官方很容易通過存檔,隱核到娩的匿訾行爲,故不存在這種可能性。如果沛原來同樣存在匿訾行爲,識告發娩,同樣會牽扯到沛匿訾税。識作爲沛的隸屬,參照張家山漢簡《二年律令·告律》的規定:

子告父母,婦告威公,奴婢告主、主父母妻子,勿聽而弃告者市。[②]

隸屬告主,可能也將受到嚴厲的懲處。據娩的申訴,識之所以不告娩,是因爲他不知道,娩在户籍上的身份仍爲免妾而不是妻;换言之,在娩看來,識一旦知道娩的户籍身份不爲妻,官方不會承認識與娩之間存在隸屬關係,識衹要認識到告發娩很可能成功,且没有受懲處的風險,那麽,他一定會告發娩的匿訾行爲。在沛、識主隸關係確定,且識認爲娩原爲主妻的情况下,識不可能去告娩匿訾(連及沛)而罪及己。[③] 因此,這種沛、娩皆匿訾的可能性應當也是不存在的。由此看來,識以告發匿訾行爲恐猲娩,應當僅僅存在于秦王政十八年七月的這次占

① 過去學界普遍將“隸”理解爲奴隸、奴僕,但陳絜認爲,秦代“隸”已經固化成某類下等民衆的專名,所體現的主要應該是不同階層間的依附關係,而不是某一階級的代號。參見其作《嶽麓簡“識劫娩案”與戰國家庭組織中的依附民》,中國文化遺産研究院編《出土文獻研究》第14輯,上海:中西書局,2015,88-92頁。

② 張家山二四七號漢墓竹簡整理小組:《張家山漢墓竹簡[二四七號墓]》(釋文修訂本),北京:文物出版社,2006,27頁。

③ 值得指出的是,識自始至終未告發娩,因而不存在隸告主之罪的認定。不過,從“吏議”的内容來看,娩之身份、娩與識的關係,與識的定罪密切相關。整理者、曹旅寧、王彦輝都專門就此問題展開過具體探討(詳見朱漢民、陳松長主編《嶽麓書院藏秦簡(叁)》,165頁;曹旅寧《〈嶽麓秦簡(三)〉案例八識劫冤案中奏讞的法律適用問題》,簡帛網,2013年10月22日;王彦輝《秦簡“識劫娩案”發微》,79—80頁)。從識認定娩爲主妻而不敢告發來看,即使沛“异識”,識從軍歸來可能免去隸之廝役(《春秋經傳集解》卷二九哀公二年云:“克敵者……人臣、隸、圉免”,“免”,杜預注:“去廝役”,上海古籍出版社,1988,1717、1719頁),識與沛及其妻的主隸關係也仍未解除,仍然爲官府所承認。因此,如果“吏議”認定娩爲大夫沛妻,娩與識就存在主隸關係,按王彦輝的説法,“識劫娩案”屬於“家罪”範疇,量刑較輕;或者參照睡虎地秦簡《法律答問》的判處:“司寇盗百一十錢,先自告,可(何)論?當耐爲隸臣,或曰貲二甲。”(睡虎地秦墓竹簡整理小組:《睡虎地秦墓竹簡》,北京:文物出版社,1990,95頁)隸識贓值超過百一十錢(過六百六十錢),但不屬於自告,故“貲識二甲”。如果“吏議”認定娩爲庶人(免妾),娩與識之間應當就不存在主隸關係。按王彦輝的意見,該案應按庶人法論罪,量刑較重。正如整理者指出的,按睡虎地秦墓竹簡《法律答問》“不盈五人,盗過六百六十錢,黥劓以爲城旦。”(睡虎地秦墓竹簡整理小組:《睡虎地秦墓竹簡》,93頁),識爵公士,參照張家山漢簡《奏讞書》“律曰:……當黥公士、公士妻以上,完之”,《二年律令·具律》“公士、公士妻……有罪當刑者,皆完之”,(張家山二四七號漢墓竹簡整理小組:《張家山漢墓竹簡[二四七號墓]》(釋文修訂本),108、20頁),識因爵减而完爲城旦。至於“纍(緌)足輸蜀”,從“詰”與“鞫之”的内容來看,官方認定識并非“求肆、室”,而是“劫娩”“恐謂娩”,識的行爲頗爲驁悍。參照張家山漢簡《奏讞書》:“律曰:……敖悍,完爲城旦舂,鐵緌其足,輸巴縣鹽”(張家山二四七號漢墓竹簡整理小組:《張家山漢墓竹簡》[二四七號墓]》(釋文修訂本),108頁),故懲罰識“纍(緌)足輸蜀”。

家訾過程中。此前,秦應當并未經常性徵收訾税,訾税衹是臨時性的税種。

秦代訾税徵收的臨時性,還可以從當時户訾的調查、記録的一般情形進行探討。[①]《商君書·去彊》曰:

> 彊國知十三數:竟内倉口之數,壯男壯女之數,老弱之數,官士之數,以言説取食者之數,利民之數,馬牛芻藁之數。欲彊國,不知國十三數,地雖利,民雖衆,國愈弱至削。[②]

商鞅提出的"彊國知十三數"中,與户訾相關的是"馬牛芻稿之數"。然而,馬牛芻稿對于"彊國"而言,主要作爲傜役、軍國之用,而不是訾税的徵收。據此難以推斷秦代對民衆户訾有具體的掌握。

秦代興傜時存在資産登記行爲。嶽麓秦簡《傜律》曰:

> 歲興傜徒,人爲三尺券一,書其厚焉。節(即)發傜,鄉嗇夫必身與,典以券行之。田時先行富有賢人,以閑時行貧者,皆月券書其行月及所爲日數,而署其都發及縣請└。[③]

每年興發傜徒時,服役者每人製作一枚三尺券,在上面登記其"財物(産)多少"。鄉官里典由當地人擔任,對鄉里居民的貧富比較了解,百姓登記的家産應當大致反映了鄉里民户財富的高下。發傜時,鄉嗇夫和里典再按券書登記的富貧,分農忙、農閑時節徵發富人和窮人。秦興傜時"人爲三尺券一書其厚焉",并非秦代官方從上而下的家訾調查,而是民衆自書家産,在這裏,財富高下也衹作爲興傜次序的依據,與訾税并無關聯。

再從"傜"的性質來看,據里耶秦簡所記:

> 廿七年二月丙子朔庚寅,洞庭守禮謂縣嗇夫、卒史嘉、叚(假)卒史穀、屬尉。令曰:"傳送委輸,必先悉行城旦舂、隸臣妾、居貲贖責。急事不可留,乃興傜"。└今洞庭兵輸内史及巴、南郡、蒼梧,輸甲兵當傳者多。節(即)傳之,必先悉行乘城卒、隸臣妾、城旦舂、鬼薪白粲、居貲贖責、司寇、隱官、踐更縣者。└田時殹(也),不欲興黔首。嘉、穀、尉各謹案所部縣卒、徒隸、居貲贖責、司寇、隱官、踐更縣者薄,有可令傳甲兵,縣弗令傳之而興黔首,興黔首可省少弗省少而多興者,輒劾移縣。縣亟以律令具論當坐者,言名史泰守府。嘉、穀、尉在所縣上書。嘉、穀、尉令人日夜端行。它如律令。(J1⑯5 正面)[④]

興傜之前要先使用徒隸、踐更者,衹有在刑徒、債務者、踐更者等常規的勞動力不够的情況下

---

① 關於秦漢財産調查的具體情形,石洋有很好的分析,參見其作《秦漢財産調查制度初探》,《漢學研究》第 33 卷第 1 期,2015,1-32 頁。

② 蔣禮鴻撰:《商君書錐指》卷一《去彊》,北京:中華書局,1986,34 頁。

③ 陳松長主編:《嶽麓書院藏秦簡(肆)》,149 頁;釋文及標點另參陳偉《嶽麓書院秦簡〈傜律〉的幾個問題》,《文物》2014 年第 9 期,82-83 頁。

④ 湖南省文物考古研究所等:《湖南龍山里耶戰國——秦代古城一號井發掘簡報》,《文物》2003 年第 1 期,27、33 頁。

才可以興傜。由此看來,"傜"一開始衹是臨時補充的勞役,衹有在常規的勞動力不够的情况下才可以徵發。[①] 一旦局勢穩定,國家將減少發傜,甚至免傜。例如,秦《碣石刻石》云:"地勢既定,黎庶無傜,天下咸撫。"[②]其中雖然不無誇飾的成分,但也表明理論上國家無事就不必興傜。以此爲前提的編户民"書其厚",相應地并非每年例行的手續,無傜即不必自書家産。

秦代執行貲罰時也存在訾産調查行爲。嶽麓秦簡《司空律》曰:

諸有貲贖責(債)者,訾之,能入者令入,貧弗能入,令居之。(1260)[③]

秦代民衆有貲贖債者,官方首先要調查其家訾。里耶秦簡中有不少陽陵發往洞庭郡轉遷陵縣追討貲錢的文書,兹舉一例如下:

卅三年四月辛丑朔丙午,司空騰敢言之:陽陵宜居士五毋死有貲餘錢八千六十四,毋死戍洞庭郡,不智何縣署。·今爲錢校券一上謁言洞庭尉,令毋死署所縣責以受陽陵司空。司空不名計問何縣官,計年爲報。已訾其家,家貧弗能入。乃移戍所報署主責發,敢言之。

四月己酉,陽陵守丞廚敢言之。寫上謁報,報署金布發,敢言之。丿儋手。(9-1正)

該文書末尾特别注明了"已訾其家,家貧弗能入"。[④] 可見,在秦統一後的秦始皇三十三年(前214),文書行政與律令規定仍然是一致的,秦官府在罰貲時,需要去調查貲債者的家訾。這説明,秦官府可能并無民户家訾全面而可信的年度記録,否則他們首先就可以根據常規的"户訾"存檔進行貲罰和徵繳。如果官府有"户訾"存檔爲憑,貲罰時,衹有當貲罰額度超過户訾,或者能入貲錢却拖欠時,他們才有必要去清查貲債者的家訾具體有多少及其變動情况,以確保盡可能地追討貲錢。從貲罰未以"户訾"存檔爲據,且貲罰時要開展例行的家訾調查(很可能也衹是口頭詢問"能入、弗能入")可知,這類家訾調查在秦代仍然衹是有特定目的的臨時行爲。

特别值得注意的是,里耶秦簡遷陵縣南陽里户口簡中未見"户訾"的記録,例如:

① 參見[日]廣瀨熏雄《張家山漢簡所謂〈史律〉中有關踐更之規定的探討》,《人文論叢(2004年卷)》,武漢大學出版社,2005,271-284頁;《更傜辨》,中國社會科學院簡帛學國際論壇論文,2006年11月。[日]藤田勝久:《中國古代國家と郡県社會》第二編第五章《漢代の傜役労働と兵役》,東京:汲古書院,2005,466-468頁。

② 《史記》卷六《秦始皇本紀》,252頁。又如《後漢書》卷二《明帝紀》云:"是歲,天下安平,人無傜役。"北京:中華書局,1965,115頁。

③ 陳松長主編:《嶽麓書院藏秦簡(肆)》,155頁。

④ 相關簡例還有9—2、3、4、5、6、7、8、9、10、11、12。湖南省文物考古研究所編《里耶秦簡(貳)》,北京:文物出版社,2017,圖版3-8頁,釋文3-5頁。本文所引第9層簡牘,均出自該書,不另注。

南陽户人荆不更蠻强,妻曰嗛,子小上造□,子小女子驼,臣曰聚。

伍長(K27)[①]

學界多稱這類户口簡爲“户版”,或徑稱“户籍”,[②]并傾向于認爲其性質爲户籍。關于其年代,學界多傾向于在秦并里耶之後(也有學者根據考古信息,認爲是西漢的户籍牒)。[③] 户訾是訾税、以訾征賦、户調等的直接依據。與東漢、孫吴户口簡中有整齊的“訾若干”記録不同,該秦代户口簡中未見户訾記録,或有可能,户訾一直到秦統一前後都未成爲户籍例行的登録項目。[④]

值得説明的是,秦代選吏、徙豪富雖然也參考户訾,但户訾并未因此而例行登記。例如,《史記·淮陰侯列傳》載:“(韓信)始爲布衣時,(家)貧無行,不得推擇爲吏。”[⑤]但是,同樣是“貧無行”的張儀,却仍然可以游説諸侯,“從楚相飲”,并通過各種手段出任秦國客卿。[⑥]又如,酈食其“家貧落魄,無以爲衣食業,爲里監門吏”,後來追隨劉邦,號爲廣野君。[⑦]帶有鄉舉里選孑遺的“推擇爲吏”祇是秦代取吏的方式之一,且非當時仕進的主流,[⑧]并不能推動户訾的普遍登記。秦統一過程中,還經常遷徙山東豪富,但針對的主要是六國的豪强大族,[⑨]對象特定,且多爲臨時性行爲。這也不意味着針對編户民進行普遍的户訾調查。

從這些情形來看,因賦役、貲罰徵繳的需要,即使秦代財産登記、調查在事實上經常存在,從户籍等文書中未見“户訾”登記等情形來看,秦很長時期内“户訾”調查與登記仍然是配合賦役征派、貲罰的臨時行爲。如果秦代對户訾有經常性地調查與登記,官府就可以直接依據户訾興徭、追繳貲債,而不必臨時登記、調查。據此,我們認爲,秦代可能尚未自上而下地對編户民户訾進行法定常規的全面清查、登記,因此,秦代“訾税”不可能是常税,而應當是

---

① 湖南省文物考古研究所編著:《里耶發掘報告》,長沙:嶽麓書社,2007,203頁。

② 參見張榮强《湖南里耶所出“秦代遷陵縣南陽里户版”》,《北京師範大學學報(社會科學版)》2008年第4期,收入其著《漢唐籍帳制度研究》,北京:商務印書館,2010,7-36頁;黎明釗《里耶秦簡:户籍檔案的探討》,《中國史研究》2009年第2期,5-23頁;陳絜《里耶“户籍簡”與戰國末期的基層社會》,《歷史研究》2009年第5期,23-40頁。

③ 劉瑞:《里耶古城北城壕出土户籍簡牘的時代與性質》,《考古》2012年第9期,69-74頁。

④ 里耶秦簡9-379:“□圕啓陵鄉嗇夫,律曰:上户出五錢,以”。秦律規定的“上户出五錢”之“上”,是動詞,還是與“户”組成名詞“上户”(上品户、上等户)?因律文殘缺,暫不好確定。如果是後者,秦代就已經存在户等的劃分,而户等出現的前提是户訾的經常性調查與登記。從現有材料來看,秦代户訾調查、登記多爲臨時行爲,户等制在當時應當是不存在。“上户出五錢”應是上繳的某種户税,“上”作動詞解爲宜。

⑤ 《史記》卷九二《淮陰侯列傳》,北京:中華書局,1982,2609頁;《漢書》卷三四《韓信傳》作“家貧無行”,北京:中華書局,1962,1861頁。

⑥ 《史記》卷七〇《張儀列傳》,2279頁。

⑦ 《史記》卷九七《酈生列傳》,2691-2693頁。

⑧ 黄留珠先生歸納秦代仕進的途徑主要有:保舉、軍功、客、吏道、通法、徵士、世官等,其中,吏道包括“推擇爲吏”與“考試取吏”兩種方式。參見其著《秦漢仕進研究》,西安:西北大學出版社,1985,52-55、74頁。

⑨ 如遷趙人卓氏、山東程鄭于蜀臨邛;遷魏人孔氏于南陽。《史記》卷一二九《貨殖列傳》,3277-3278頁;《史記》卷六《秦始皇本紀》:“徙天下豪富于咸陽十二萬户”,239頁。

臨時税。

至於"識劫㛷案"中訾税的臨時徵收,從其發生的年代來看,秦王政十八年(前229),"大興兵攻趙",派王翦、端和、羌瘣三路大軍攻打趙國,[①]軍費開支浩大,因而臨時要求編户占家訾,徵收"訾税"作爲軍賦。"識劫㛷案"可能就是在此背景下發生的。按《漢書·蕭望之傳》云:

> 今有西邊之役,民失作業,雖户賦口斂以贍其困乏,古之通義,百姓莫以爲非。[②]

戰時按户口籌措軍賦,彌補財政開支的不足,是自古以來的普遍施用且爲百姓所接受的原則。"識劫㛷案"涉及的秦代"訾税",具體而言,其性質很有可能就是這類因戰事臨時按家户訾産徵收的軍賦。這與王莽時期爲攻打匈奴,"一切税天下吏民,訾三十取一"的做法基本相同。[③] 當然,我們也不排除,由其他原因造成財政短缺或急需費用的情況下,臨時徵收訾税的可能性。例如,《盐铁论·散不足》云"(秦始皇)數幸之郡縣,富人以貲佐,貧者築道旁",[④]所謂"富人以貲佐",與"識劫㛷案"提到的"訾税",似乎也存在相通之處。

附記:拙文的修改得到石洋先生的惠助,謹致謝忱!

① 《史記》卷六《秦始皇本紀》,233頁。
② 《漢書》卷七八《蕭望之傳》,3276頁。
③ 《漢書》卷九九下《王莽傳下》,4155頁。
④ 王利器校注:《鹽鐵論校注(定本)》卷六《散不足》,北京:中華書局,1992,355頁。

同樣的史實,不同的記録

——以有關秦始皇之死與胡亥繼位的記録爲中心

[韓]成均館大學東亞學術院　金慶浩

内容提要　北大漢簡《趙正書》與湖南益陽兔子山遺址9號井出土的秦二世詔書中關於秦代歷史的記載與《史記》有明顯不同。《史記》的編撰目的在於宣揚漢室的盛德,因此,司馬遷否定秦朝,强調漢朝的正統性和漢朝皇帝盛德的這些歷史記述,都反映出他認爲漢朝繼承的是"扶蘇—蒙毅—蒙恬"這些"敗者的正統性"歷史,而不是《趙正書》中記載的秦始皇死後由"胡亥—李斯—趙高"等繼承的"勝者的非正統性"歷史。《趙正書》的發現,可以證明秦漢時期除《秦記》以外,還有很多記録秦代歷史的書籍存在於世。但在尚未究明秦代所有歷史的情況下,難以斷言《趙正書》内容的真僞。《趙正書》很有可能是漢朝建國以後,基於對秦朝的否定與確定漢朝正統性的"時代需要"編撰而成的。

關鍵詞　《史記》　秦始皇　胡亥　《趙正書》

序論

司馬遷編撰的《史記》是理解中國古代史最具代表性的歷史書籍,從傳説時代的黄帝到司馬遷所在的漢武帝時期爲止,是在"一紀三大變"的認識下編撰而成的通史,也是當時的現代史。[①]《史記》記述的時間跨度爲從神話時代到人間時代;從周到春秋戰國,以及秦漢統一王朝的成立,《史記》的整體内容分爲《本紀》《世家》《表》《書》《列傳》等五個部分。[②]《史記》的記述中,從五帝時代開始到秦始皇時代采取了通史記述形式,而從秦始皇死後發生的叛亂開始,中經項羽、劉邦時期,最後到漢武帝時期的内容中,大部分都與《漢書》中記述的内容相一致。因此,一直以來的大部分秦漢史研究都是以《史記》與《漢書》的内容爲中心的。在中國,隨著大量秦漢時期資料的發掘、出土和整理,近年來,各界學者都積極地利用這些出土資料進行相關研究。[③] 但是,司馬遷在編撰《史記》時是否利用了漢王朝的書籍,亦或是選擇性地參考了一部分先行資料來稱頌一個國家的功德,這些方面都體現出《史記》的局限性。

因此,編撰《史記》的過程中,除傳世文獻以外,無法得知司馬遷還利用、參考過哪些資料,以及這些資料的具體情況和詳細編輯方式。雖是如此,之所以能克服這些局限性,更進一步地進行《史記》的相關研究,都要歸功於不斷發掘出土的戰國、秦漢時期的出土資料。[④]在秦代研究中正式利用出土資料之前,學者們都是以《史記》的《秦本紀》和《秦始皇本紀》等文獻資料中的相關資料爲中心展開研究的。[⑤]《秦本紀》以秦的祖先是顓頊帝的後裔這一記載爲開端,以記述祖先功德的内容和戰國時期獻公十一年周太史儋預言秦將統一六國的記録[⑥]爲中心,記述了直到秦始皇即位稱帝的内容。司馬遷在該篇末尾將秦的統一與滅亡過程記述如下:

①(莊襄王三年)五月丙午,莊襄王卒,子政立,是爲秦始皇帝。秦王政立二十六年,初并天下爲三十六郡,號爲秦始皇。秦始皇五十一年而崩,子胡亥立,是爲二世皇帝。三年,諸侯並起叛秦,趙高殺二世,立子嬰。子嬰立月餘,諸侯誅之,遂滅秦。其語在《始皇本紀》中。[⑦]

---

① 《史記》卷二七《天官書》:"夫天運,三十歲一小變,百年中變,五百載大變;三大變一紀,三紀而大備。此其大數也。爲国者必貴三五。上下各千歲,然後天人之際續備。"(北京:中華書局,1959,1344 頁)伊藤德南:《史記十表に見る司馬遷の歷史觀》,東京:平河出版社,1994。

② 佐藤武敏:《司馬遷の研究》第七章《〈史记〉の編纂過程》,附編第二章《〈史記〉の内容上の特色》,東京:汲古書院,1997;李成珪編譯:《史記—中國古代社會 의 形成—》,史記解説第四章《構成 과 叙述 의 特色》,首爾大學校出版部,1987,57-68 頁。

③ 藤田勝久:《史記戰國史料の研究》第一篇第一章《〈史記〉と中國出土帛書》,東京大學出版會,1997;《簡牘、帛書の發見と〈史記〉研究》,《愛媛大學法文學部論集》人文科學編 12,2002;《史記秦漢史の研究》序章,2015,3-70 頁。

④ 睡虎地秦簡、龍崗秦簡等秦代出土文獻資料的圖版、釋文、注釋都出自於陳偉主編《秦簡牘合集(壹)-(肆)》,武漢大學出版社,2014;陳偉主編《秦簡牘合集:釋文注釋修訂本(壹)-(肆)》,武漢大學出版社,2016。

⑤ 藤田勝久:《史記戰國史料の研究》第二篇第一章《〈史記〉秦本紀の史料的考察》。有關《史記》性質的专著有佐藤武敏《司馬遷の研究》附編《〈史記〉はどういう書物か》,東京:汲古書院,1997。

⑥ 《史記》卷五《秦本紀》:"秦之先,帝顓頊之苗裔孫曰女脩。"(173 頁)"(獻公)十一年,周太史儋見獻公曰:'周故與秦國合而别,别五百歲復合,合七十歲而霸王出。'"(201 頁)

⑦ 《史記》卷五《秦本紀》,220-221 頁。

在《秦本紀》中衹記述到秦王政繼位。從秦始皇繼位後到二十六年統一的過程、秦始皇之死、秦二世胡亥在位三年以及子嬰繼位後秦國滅亡的詳細内容都收録在《秦始皇本紀》之中。司馬遷繼《秦本紀》的叙述之後，在《秦始皇本紀》中記有：嬴政繼位成爲秦王之後，與東方六國征戰勝利，戰勝之後即位稱帝，在位僅十二年，第五次出巡時駕崩，第二任皇帝胡亥，與第三任皇帝子嬰繼位到秦滅亡，秦朝三代皇帝共十五年的過程。因此，在討論中國歷史上最初的統一帝國——秦的歷史時，最具有可信性的記載便是《秦始皇本紀》，應該以《史記》爲中心來理解有關秦帝國的建立和秦始皇。①

《秦始皇本紀》的記述内容主要以皇帝的政績與大事爲中心，②加之，據《史記・太史公自序》中明確指出，司馬遷編撰的《史記》講述的是從黄帝開始到司馬遷生活的漢武帝時期的内容。③ 即，《秦始皇本紀》是將這一過程以編年記形式記録的整體内容的一部分。《秦始皇本紀》中司馬遷描述的秦始皇是秦始皇死亡一百多年之後的面貌，因此，記述的内容與實際情况會産生一定差距。加之，父親司馬談留給司馬遷的遺言提及，《春秋》的記述截止於獲麟的相關内容，其後四百年間諸侯相争，史官也放弃記録歷史。④ 另外，司馬遷還叮囑壺遂要記録下武帝的聖德。⑤ 考慮到這一情况，且由於司馬遷生活在漢武帝治世時期，説他是爲了記述武帝與武帝時代而編撰了《史記》也并無大礙。⑥ 在這個意義上，與其説記述《秦始皇本紀》是爲了描寫秦始皇，不如説作者的目的是爲了借此記述當代掌握最高權力的漢武帝。因此，爲能更準確地理解秦始皇，就有必要重新討論《史記》中描述秦始皇的相關記録。加之，《史記》的記録并不是司馬遷的創作，而是參考流傳下來的史料進行編撰的，因此更應該從批判的角度解釋《史記》的記述内容。特别是《秦始皇本紀》，其中包括紀年、系譜、統一時期的論議記事，與評價秦王的相關傳承記事爲中心的統一以前的記事，以及統一以後與巡幸、祭祀儀禮、陵墓相關的信息。但《秦始皇本紀》中幾乎很難找到有關行政、法律、裁判、財政系統

① 林劍鳴：《秦史稿》，上海人民出版社，1981；《秦國發展史》，西安：陝西人民出版社，1981。

② 有關《秦始皇本紀》的研究，參考資料如下：栗原朋信：《秦漢史の研究》之《史記の秦始皇本紀に關する二、三の研究》，東京：吉川弘文館，1960，1–122 頁；鶴間和幸：《秦帝國の形成と地域》緒論《秦帝國の形成と地域—秦始皇の虚像を超えて》，東京：汲古書院，2013，以及《司馬遷の時代と秦始皇—秦始皇本紀編纂の歷史的背景》，《東洋學報》77–1、2，1995；李開元：《解構〈史記・秦始皇本紀〉——兼論 3+N 的歷史知識構成》，《史學集刊》2012 年第 4 期。

③ 《史記》卷一三〇《太史公自序》："太史公曰：余述歷黄帝以來至太初而訖，百三十篇。"（3321 頁）

④ 《史記》卷一三〇《太史公自序》："自獲麟以來四百有餘歲，而諸侯相兼，史記放絶。"（3295 頁）

⑤ 《史記》卷一三〇《太史公自序》："主上明聖而德不布聞，有司之過也。且余嘗掌其官，廢明聖盛德不載，滅功臣世家賢大夫之業不述，墮先人所言，罪莫大焉。"（3299 頁）

⑥ 逯耀東：《抑鬱與超越：司馬遷與漢武帝時代》，北京：生活・讀書・新知三聯書店，2008。

的資料。反之,這些相關資料却出現在出土文獻之中。[①] 究其緣由,也許就如《太史公自序》中所言"太史公既掌天官,不治民"[②]一樣,由於司馬遷是負責掌管天文、祭祀、儀禮的官吏,很有可能忽略選擇法律方面的資料。因此,如果可以依據包含有法律、裁判、財政等主要性質的出土資料能够考查清楚戰國以及秦代的全部歷史内容,那麽,就能進而考查清楚司馬遷參考利用的資料,也就是説可以瞭解司馬遷取捨選擇資料的性質特徵。[③]

出土資料的記録作爲與秦始皇同一時期的資料,是值得關注的。不僅是《秦始皇本紀》,出土資料中還包括除《史記》記述以外的非常多元化的内容。因此,在研究秦始皇時期時,學者們有必要"傾聽"從地下傳來的出土資料信息。與秦國歷史相關并具有代表性的考古發現是秦始皇陵園與兵馬俑坑,以及發現於湖北省雲夢縣的睡虎地秦簡。[④] 這兩大發現向世人們展示出秦國軍事能力與法律統治實際情況。除此以外,里耶秦簡、嶽麓書院藏秦簡、北京大學藏漢簡等資料都是理解研究秦國文書行政、法律制度等實際情況的珍貴出土資料。

最近,在這些出土資料之中,發現了與《史記·秦始皇本紀》的記述内容不同的秦始皇記事資料,即由52枚竹簡構成的編制於漢初的題爲《趙正書》的資料。[⑤] 另外,出土於湖南省益陽市古井的《秦二世元年文書》的内容也與《秦始皇本紀》中記録的秦始皇遺詔有所不同。[⑥] 在以往的中國古代史研究中,從未對《史記》産生疑問,要如何接受和運用除《史記》以外的記述内容呢?再者,與秦始皇有關的記事史實又是什麽呢?就目前來講,至少須要重新討論與秦始皇有關的記事。爲便於叙述和分析這一問題,首先要考察的是兩個對比資料,即,《秦始皇本紀》與《趙正書》的内容結構。

---

① 具有代表性的有:湖南省文物考古研究所:《里耶秦簡(壹)》,北京:文物出版社,2012;里耶秦簡博物館、出土文獻與中國古代文明研究協同創新中心中國人民大學中心:《里耶秦簡博物館藏秦簡》,上海:中西書局,2016;朱漢民、陳松長主編:《嶽麓書院藏秦簡(壹)-(肆)》,上海辭書出版社,2010,2011,2013,2015;北京大學出土文獻研究所編:《北京大學藏西漢竹書(壹)-(伍)》,上海古籍出版社,2015,2012,2015,2014,2015。

② 《史記》卷一三〇《太史公自序》:"太史公既掌天官,不治民。"(3293頁)

③ 藤田勝久:《史記戰國列伝の研究》,東京:汲古書院,2011,24-25頁。

④ 睡虎地秦墓竹簡整理小組編:《睡虎地秦墓竹簡》,北京:文物出版社,1990。

⑤ 有關北京大學藏西漢竹書的初期整理情況,參看北京大學出土文獻研究所工作簡報《北京大學藏西漢竹書入藏以來工作紀要》總第1期,2009年10月,1-8頁;《北京大學收藏珍貴西漢竹書》,《光明日報》2009年11月6日,第2版。

⑥ 湖南省文物考古研究所、益陽市文物處:《湖南益陽兔子山遺址九號井發掘簡報》,《文物》2016年第5期;張春龍、張興國:《湖南益陽兔子山遺址九號井出土簡牘概述》,《國學學刊》2015年第4期;孫家洲:《兔子山遺址出土〈秦二世元年文書〉與〈史記〉紀事抵牾解釋》,《湖南大學學報(社會科學版)》2015年第3期。

一 《史記・秦始皇本紀》的結構與記述

秦國的形成與發展過程大體上可以分爲三個階段。① 第一階段,從春秋時代到孝公爲止。德公時期,從西垂(漢代隴西郡西縣附近)遷都至雍城,孝公時期又將咸陽定爲都邑。特别是孝公時期,商鞅兩次變法,促進富國强兵的政策與實施的制度都爲統一六國奠定了基礎;第二階段,從孝公到秦王政繼位爲止的時期。這一時期,是將秦的制度、郡縣制度,以及法令的實施範圍擴張至占領地的時期。發現於南郡的睡虎地秦簡中的相關法律條文便是很好的實證;第三階段,秦王政二十六年(前 221)滅六國統一天下。這一時期,秦國向被占領的諸侯國貫徹秦制,爲確認實施情况,先後五次巡行。②

《史記・秦始皇本紀》詳細地記録了上述秦國的形成與發展過程,以及秦始皇如何完成統一大業,又如何在短短十五年後走向滅亡的過程。《秦始皇本紀》的内容結構大體上可分爲四個的部分。

表 1 《史記・秦始皇本紀》的結構

	區分	相關記事
A	司馬遷記述的部分	秦始皇者,秦莊襄王子也……始皇自以爲功過五帝,地廣三王,而羞與之侔。善哉乎賈生推言之也!
B	賈誼《過秦論》③	秦并兼諸侯山東三十餘郡……貴爲天子,富有天下,身不免于戮殺者,正傾非也。是二世之過也。
C	别本秦世系	襄公立,享國十二年……右秦襄公至二世,六百一十歲。
D	班固評價《秦始皇本紀》	孝明皇帝十七年十月十五日乙丑……吾讀秦紀,至于子嬰車裂趙高,未嘗不健其决,憐其志。嬰死生之義備矣。

① 據王國維《秦都邑考》(《觀堂集林》,北京:中華書局,1959,532 頁)可知:第一,西周時期雍城以西地區是秦的本國(西垂、犬丘);第二,周室東遷,是秦國占領岐山西部地區的時期(汧渭之會、平陽、雍);第三,戰國以後,秦國東進,先後以涇陽、櫟陽、咸陽爲都邑,隨著都邑的移動,國勢漸增得以發展。

② 《秦始皇本紀》二十六年條中記録的統一政策與追封莊襄王爲太上皇的詔令可見於《里耶秦簡(壹)》第八層簡牘8-461 簡(原簡 8-455)《秦始皇詔令木牘》(《里耶秦簡(壹)》,32-33 頁),與記録了由中央的御史大夫將皇帝的制書傳達至地方的 8-159 簡(《里耶秦簡(壹)》,19-20 頁)。有關 8-461 簡《秦始皇詔令木牘》的内容,參看張春龍、龍京沙《湘西里耶秦簡 8-455 號》;胡平生《里耶秦簡 8-455 號木方性質芻議》,兩篇論文皆收録於《簡帛》第 4 輯,上海古籍出版社,2009。

③ 賈誼:《過秦論(上、中、下)》,王洲明、徐超校注《賈誼集校注》,北京:人民文學出版社,1996,1-22 頁。《秦始皇本紀》中引用的《過秦論》,下篇被置於最開始的部分,上篇位於中間,中篇位於最後。另外,《陳涉世家》最後部分引用了《過秦論》的上篇,有些混淆。有關《史記》中引用的《過秦論》,參看佐藤武敏《〈史記〉に見える過秦論》,《中國古代史研究》第 7 集,東京:研文出版社,1997,89-104 頁。佐藤氏認爲,《秦始皇本紀》中引用的并不是《過秦論》的全篇,初次引用部分屬《過秦論》的下篇。

表 1-A 司馬遷記述的部分是《秦始皇本紀》的結構中所占比重最大的部分。司馬遷在編撰《秦始皇本紀》時使用的主要史料是編年記事史料、王侯世系史料、詔令奏事、石刻史料以及歷史故事等。[①] 使用編年記事史料進行編撰時,如《史記・六國年表》序所言記事一樣,根據《秦記》的資料,繼承《春秋》,編制了從周元王到秦二世皇帝胡亥時期的大事表。[②] 雖然《秦記》的内容并未流傳至今,但以編年大事記的形式記録了秦國的重大國事。因此,以《秦記》的記述體系爲依據編撰的《史記》十表,《秦本紀》與《秦始皇本紀》的紀年記事也都采用了類似的形式。但表 1-C 的《別本秦世系》[③]是《秦始皇本紀》的另一個記述特徵,可知《秦始皇本紀》的記述中,就同一件歷史事件,使用了兩種王侯世系資料:一種是如上述《六國年表》一樣,綜合了各國王侯世系的資料;另一種是衹記録一國王侯世系的《秦始皇本紀》所附《別本秦世系》。即,《秦始皇本紀》後半部分記録的秦世系參看的不是編輯《六國年表》《秦本紀》《秦始皇本紀》時所使用的《秦記》,很有可能是其他系統的資料。[④] 因此,表 1-A 司馬遷記述的部分與表 1-C 的《別本秦世系》中記録的是同一史實,却各有不同。例如,有關秦始皇的出生與死亡的記事,爲便於論述,整理如下表。

表 2 《秦始皇本紀》所見秦始皇的出生與死亡記事

	表 1-A 司馬遷記述部分	表 1-C 的《別本秦世系》
出生	秦始皇者,秦莊襄王子也。莊襄王爲秦質子于趙,見吕不韋姬,悦而取之,生始皇。以秦昭王四十八年正月生于邯鄲。及生,名爲政,姓趙氏。年十三歲,莊襄王死,政代立爲秦王。	莊襄王享國三年。葬茝陽。生秦始皇。吕不韦相。
死亡	(三十七年)七月丙寅,始皇崩于沙丘平臺……行從直道至咸陽,發喪。太子胡亥襲位,爲二世皇帝。九月,葬始皇酈山。	始皇享國三十七年。葬酈邑。生二世皇帝。始皇生十三年而立。

上述《表 2》的記事,雖然形式上與秦世系資料相似,但内容上却有差异,比如有關出生的記事。表 1-A 中詳細記述説,秦始皇是莊襄王的兒子,莊襄王在趙國作質子時,娶了吕不韋的女人,生子名爲"趙政"。但表 1-C 却未記述與出生有關的内容,衹言及秦始皇是莊襄

① 李開元:《解構〈史記・秦始皇本紀〉——兼論 3+N 的歷史知識構成》,51-52 頁。

② 《史記》卷一五《六國年表》:"秦既得意,燒天下詩書,諸侯史記尤甚,爲其有所刺譏也。詩、書所以復見者,多藏人家,而史記獨藏周室,以故滅。惜哉,惜哉! 獨有秦記,又不載日月,其文略不具……余于是因秦記,踵春秋之後,起周元王,表六國時事,訖二世,凡二百七十年,著諸所聞興壞之端。後有君子,以覽觀焉。"(686-687 頁)

③ 李開元:《解構〈史記・秦始皇本紀〉——兼論 3+N 的歷史知識構成》:"可知司馬遷使用的基本資料是《秦記》,附於《秦始皇本紀》後半部的秦世系雖然是司馬遷没有使用過的佚文世系資料,但其可信度高,因此將其命名爲《別本秦世系》。"(55 頁)本文認同,并使用這一資料名稱。

④ 藤田勝久:《史記戰國史料の研究》第二篇第一章《〈史記〉秦本紀の史料的考察》,東京大學出版會,1997,228-235 頁。

王所生,以及吕不韋任丞相的内容,明確了吕不韋的存在。另外,與秦始皇的出生相關的記事,還有《史記·吕不韋列傳》中的部分内容:

②吕不韋取邯鄲諸姬絶好善舞者與居,知有身。子楚從不韋飲,見而説之,因起爲壽,請之……姬自匿有身,至大期時,生子政。子楚遂立姬爲夫人。[①]

上述表 1-A 記述的出生部分與《吕不韋列傳》中的記録相似,其父莊襄王曾在趙國作質子,吕不韋的妾趙姬隱瞞懷孕的事實,成爲莊襄王的夫人,生子"趙政"。可見作者對於秦王的出生表現出的態度并非好意。反之,表 1-C 中衹簡單記述了秦始皇的出生與陵墓。可推測,上述表 1-A 與表 1-C 中有關秦始皇出生記述的差异,是司馬遷在流傳下來的有關秦始皇出生的衆多故事史料中,根據《史記》的各個部分的結構需要,取捨選擇并加以記述的結果。

這一史實也見於《史記·孫子列傳》的相關記事。《孫子列傳》的主要内容之一是孫武在吴王闔廬面前訓練女官的故事,出土於西漢武帝時期的山東省銀雀山二號漢墓的竹簡《孫子兵法·見吴王》中也記録有這一故事。[②] 此墓出土的竹簡《見吴王》是墓主從文帝時期開始使用的文獻,[③]不僅是比《史記》更早的記録,其内容也比《史記·孫子列傳》多,可見這是司馬遷在編撰《孫子列傳》時選取的參考資料。此種記述也見於編撰年代被推定爲文帝十二年(前 168)的出土於馬王堆三號漢墓的《戰國縱横家書》。[④]《戰國縱横家書》共有 27 篇,其中《史記》8 篇,《戰國策》10 篇是相同的内容。[⑤] 即,司馬遷在編撰《史記》的相關内容時,也參考利用了《戰國縱横家書》的相關記事。

反之,《史記·伍子胥列傳》的記述與上述竹簡《孫子兵法·見吴王》,以及《戰國縱横家書》的記述不同,司馬遷并未利用相關資料。《伍子胥列傳》的結構以《左傳》的紀年爲基礎,利用《國語》《吕氏春秋》《淮南子》《越絶書》《戰國策》《新序》《説苑》等多元化的資料。這些文獻是傳世文獻,司馬遷所利用的資料涉及哪一部分,哪些内容是相同的,都是難以確認和比較的。與此相聯繫,下面將例舉《史記·伍子胥列傳》中記述的相關内容。

③子(胥)前多(功),後(戮)死,非其智(衰)也。[⑥]

---

① 《史記》卷八五《吕不韋列傳》,2508 頁。

② 銀雀山漢墓竹簡整理小組:《銀雀山漢墓竹簡·釋文注釋》,北京:文物出版社,1985,34-37 頁。有關墓葬的年代,參看山東省博物館、臨沂文物組《山東臨沂西漢墓發現〈孫子兵法〉和〈孫臏兵法〉等竹簡的簡報》,《文物》1974 年第 2 期。

③ 銀雀山漢墓竹簡整理小組:《銀雀山漢墓竹簡》,釋文注釋 5 頁。

④ 馬王堆漢墓帛書整理小組:《戰國縱横家書》,北京:文物出版社,1976。

⑤ 《史記》與《戰國縱横家書》的相關内容有《魏世家》《趙世家》《韓世家》《田敬仲完世家》《穰侯列傳》,以及《蘇秦列傳》的部分内容。

⑥ 荆門市博物館:《郭店楚墓竹簡·窮達以時》,北京:文物出版社,1998,145 頁。

④伍子胥前功多,後戮死,非知有益衰也。前遇闔廬,後遇夫差也。[①]

上述引文③是戰國時期郭店一號楚墓中出土的《郭店楚墓竹簡・窮達以時》的内容[②],引文④是《説苑》的記述。③④都是與伍子胥的評價相關的内容。當然,《史記・伍子胥列傳》的前半部是伍子胥進攻楚國的記事,後半部記述的是與越的攻防相關的史實。因此,雖然可將其看作是包括直至戰國時期評價伍子胥死亡的内容,但相同内容未見於《史記》。這種與伍子胥的評價相關的記述也出現在漢初張家山漢簡《蓋廬》的記録中。[③] 主要内容是以吴王闔廬與伍子胥的對話形式記録在案的,其中包括治國、用兵的内容,除此以外,也反映出强烈的兵家、陰陽家的色彩。即,將伍子胥評價爲兵法家。[④] 但《伍子胥列傳》《蓋廬》的主要内容爲包含討論兵法、治國的記事。[⑤] 因此,雖然《蓋廬》中反映出的伍子胥的人物形象是《史記》中未使用的資料,但仍能通過這一内容瞭解漢代評價伍子胥的一個方面。

司馬遷在編撰《史記》時,特别關注過與出土資料的關係,并決定是否引用這一資料。與《史記》内容相同的出土資料有銀雀山竹簡《孫子》,或是馬王堆帛書《戰國縱横家書》,都是編撰於漢代的文獻。反之,《郭店楚墓竹簡・窮達以時》,和上述伍子胥的相關記事,以及從《史記》的《五帝本紀》到《周本紀》,還有《河渠書》的内容,都與上海博物館藏楚簡《容成氏》中記録的内容有所關聯,都是記録從戰國至漢代的資料。[⑥] 特别是《容成氏》中記録了舜任命禹爲司工、命其管理被分爲九州的中國全域的治水問題。[⑦] 這一内容與以往《尚書・禹貢》中描述的大禹治水可以相互聯繫。但《容成氏》中的記述與《禹貢》不同,并未言及山嶽、土地情況(田賦、土特産、交通等)。加之,其他傳世文獻中記載的九州説,即,九州的名稱與内容没有一致的地方(參看表3),强調《尚書》等傳世文獻中未記録的“漢水”以南地區的治水記事,可以看出作者將楚地看作特别領域的意圖。

---

① [漢]劉向著,楊以瀅校:《説苑》卷一七《雜言》,北京:中華書局,1985,168頁;[漢]韓嬰著,許維遹校釋《韓詩外傳集釋》卷七:“伍子胥前功多,後戮死,非知有盛衰也,前遇闔廬,後遇夫差也。”(北京:中華書局,1980,89頁),可見同一字句。

② 淺野裕一:《古代思想史と郭店楚簡》第三章《〈窮達以時〉の〈天人の分〉について》,東京:汲古書院,2005,67-90頁。

③ 張家山二四七號漢墓竹簡整理小組編:《張家山漢墓竹簡》,北京:文物出版社,2001;邵鴻:《張家山漢簡〈蓋廬〉研究》,北京:文物出版社,2007。

④ 邵鴻:《張家山漢簡〈蓋廬〉研究》,19頁。

⑤ 張家山漢簡《蓋廬》:“蓋廬問申胥曰:凡有天下,何毁何舉,何上何下?治國之道,何慎何守?使民之方,何短何長?盾(循)天之則,何去何服?行地之德,何范何極?用兵之極何服?申胥曰:凡有天下,無道則毁,有道則舉。行義則上,廢義則下。治民之道,食爲大葆,刑罰爲末,德正(政)爲首……”(275頁)可知,政治是治國的根本,道義有無是國家興亡的關鍵,治民的道是衣食豐足,重視德政。

⑥ 《容成氏》見馬承源主編《上海博物館藏楚竹書(二)》,上海古籍出版社,2002,圖版91-146頁;釋文注釋247-293頁。

⑦ 馬承源主編:《上海博物館藏楚竹書(二)》,圖版115-120頁,第23-28號簡上端(“北爲名浴五百”)。

表 3 《尚書》《史記》《容成氏》中的九州名

文獻名	九州的名稱									出處
尚書	冀州	兖州	青州	徐州	揚州	荆州	豫州	梁州	雍州	禹貢篇
史記	冀州	沇州	青州	徐州	揚州	荆州	豫州	梁州	雍州	夏本紀
容成氏	夾州	湰州	竞州	簷州	丼州	劏州	鄒州	敍州	虘州	上博楚簡

據上述資料可知,《容成氏》的記事是與《史記·夏本紀》,或是《河渠書》不同系統的資料。[①]即,戰國時期楚簡《容成氏》中記録的帝王與傳説是司馬遷在編撰《史記》時未能涉及的文本資料,這説明比秦漢更早的時期,還存在與《尚書》這種經書類不同系統的資料。《史記》不僅是司馬遷取捨選擇各種資料後編撰而成的史書,戰國以降流傳下來的故事資料在編撰《史記》時也成爲重要的史料來源。[②] 西漢的劉向將這些故事資料整理爲《戰國策》《新序》《説苑》等書籍。因此,與劉向相比,司馬遷更早地接觸這些故事資料,并在編撰《史記》時靈活運用了這些資料。

故事資料被編入《秦始皇本紀》的典型事例是齊人茅焦向秦王政諫言,迎接咸陽宫外的母親的記事(⑤),以及秦始皇三十五年的記事,建設阿房宫與坑儒事件(⑥)。但這兩件記事都見於《説苑》,衹取相關内容的首、尾部分,整理如下:

> ⑤秦始皇太后不謹,幸郎嫪毐,封以爲長信侯……取皇太后遷之于萯陽宫……乃立焦爲仲父,爵之上卿,皇帝立駕,千乘萬騎,空左方自行迎太后萯陽宫,歸于咸陽。[③]
>
> ⑥作前殿阿房東西五百步,南北五十丈,上可以坐萬人,下可建五丈旗……乃使御史悉上諸生,諸生傳相告,犯法者四百六十餘人,皆坑之。[④]

故事資料大體上是戰國時期以來,游士們編撰的游世資料,多數年代不明,史實與虛構内容相混淆。[⑤] 因此,相較於紀年、諸子類的資料,須要嚴格考察資料的可信度。最近北京大學公

---

① 淺野裕一:《竹簡が語る古代中國思想(一)—上博楚簡研究》,《〈容成氏〉における禪讓と放伐》,東京:汲古書院,2005,3-34 頁;陈伟:《新出楚簡研讀》第四章《上博竹書研讀(一)》,武漢大學出版社,2010,154-164 頁。

② 李零:《簡帛古書與學術原流》第六講《簡帛古書的體例與分類》,北京:生活·讀書·新知三聯書店,2004,204 頁,指出諸子書在"借古喻今"時,取寓言的形式,例如《韓非子》的《内儲説》《外儲説》都是"語"類故事,作爲辯論和游説的資本,被稱作是一種"資料庫"。

③ 《説苑》卷九《正諫》,85-86 頁。

④ 《説苑》卷二〇《反質》,203-204 頁。

⑤ 據李開元的分析可知,"荆軻刺秦王""鴻門宴""陔下之戰"等故事在《史記》的記述中是口述傳承的重要史料(《論〈史記〉叙事中的口述傳承——司馬遷與樊他廣和楊敞》,黄留珠、魏全瑞主編《周秦漢唐文化研究》第 4 輯,西安:三秦出版社,2006,71-79 頁)。反之,《秦始皇本紀》中的"焚書坑儒"并不是歷史事實,是僞造的記事(《焚書坑儒的真僞虛實——半樁僞造的歷史疑案》,《史學集刊》2010 年第 6 期)。

布了收藏的與《秦始皇本紀》記述内容相關的故事資料,即秦漢時期竹書《趙正書》的内容。[①]據整理者指出,《趙正書》是西漢初期的資料,是東方六國貴族子孫們編撰的文本。值得注意的是,其主要内容包含與秦始皇之死有關的部分,以及《史記》的部分内容。新發現的與秦始皇之死有關的記事是司馬遷在編撰《史記》時并未采用的資料,後文將討論這一記事的真僞問題。

二 《史記》中的“秦始皇之死”

《秦始皇本紀》中,司馬遷的著述部分是表1-A,可細分爲:從出生到秦始皇二十六年兼并諸侯國的時期;從秦始皇二十六年開始到三十七年駕崩的時期;從胡亥繼位以後到秦國滅亡的時期。就兼并諸侯國的過程,與《秦本紀》的内容相結合,顯示秦因祖先功德而繁盛,又因天命繼承周室。但有關從秦始皇二十六年統一以後,直至三十七年駕崩這一時期的記述與描述秦繁榮時期的内容不同,重點强調衰退與滅亡的過程,以及否定秦始皇。這種記述始於代替統一以後持續了六年的“和平”時代[②]的與北方匈奴開始的戰争,以及醉心於圖讖,宣揚妄圖成爲神的無限欲望的第四次巡行(秦始皇三十二年,前215),相關記事摘要如下:

> 因使韓終、侯公、石生求仙人不死之藥……燕人盧生使入海還,以鬼神事,因奏録圖書曰“亡秦者胡也”。始皇乃使將軍蒙恬發兵三十萬人北擊胡,略取河南地。[③]

三十三年與三十四年連續兩年都記載有上述與戰争相關的内容,即,三十四年的“焚書”事件與三十五年建造阿房宫,以及稱自己是“真人”,活埋460餘名諸生的“坑儒”事件。加之,司馬遷在三十五年的記事中,將秦始皇記述爲“天下畏罪持禄,莫敢盡忠”,“上不聞過而日驕,下懾伏謾欺以取容”等,[④]都屬批判性内容。

在秦始皇三十六年的記事中,詳細記載了與死亡、滅亡前兆有關的内容。秦始皇三十六年記録的主要内容是天體异變,以及墜落的隕石上刻有“秦始皇死而地分”等,還記録有居住在隕石墜落地附近撿到隕石的人們都相繼被殺,隕石也被燒毁。這與三十五年的記録中提及將所有違抗法令的人都葬在咸陽,長子扶蘇諫言被發配至蒙恬所在的上郡地區[⑤]一脈相

① 北京大學出土文獻研究所編:《北京大學藏西漢竹書(叁)》,上海古籍出版社,2015;趙化成:《北大藏西漢竹書〈趙正書〉簡説》,《文物》2011年第6期;姚磊:《北大藏漢簡〈趙正書〉釋文補正》,《古籍整理研究學刊》2016年第1期。

② 《史記》卷六《秦始皇本紀》:“三十年,無事”(251頁),記述的是統一以後秦國安定的情形。

③ 《史記》卷六《秦始皇本紀》,252頁。

④ 《史記》卷六《秦始皇本紀》,258頁。

⑤ 《史記》卷六《秦始皇本紀》:“始皇長子扶蘇諫曰:‘天下初定,遠方黔首未集,諸生皆誦法孔子,今上皆重法繩之,臣恐天下不安。唯上察之。’始皇怒,使扶蘇北監蒙恬于上郡。”(258頁)

承，都是反映秦始皇的無德。司馬遷一方面記述了秦始皇繼承祖先功德，完成統一偉業，另一方面又將二十八年以後帝國的衰敗和秦始皇的無德作爲主要記述内容。這樣記述的目的可能在於試圖説明秦帝國滅亡的原因，并將秦始皇的無德、突然駕崩、胡亥繼位，以及圍繞這些事件的陰謀看作是招致帝國從統一到衰敗直至走向滅亡的主要原因。

秦始皇未能預料到自己會在三十七年駕崩，踏上了成爲最後一次的第五次出巡。出發日期是十月癸丑。據周家臺 30 號墓中出土的秦始皇三十七年曆譜，癸丑是十月三日，[①]在結束第四次出巡的五年後。隨行人員包括丞相李斯、中車府令趙高，以及胡亥。秦始皇抵達平原津以後便開始生病，病勢危重，給長子扶蘇留下"與喪會咸陽而葬"的遺詔，七月丙寅日（21日）死於沙丘平臺。[②] 但周家臺秦墓出土曆譜中的三十七年七月并未記有丙寅日，反之，六月二十日與八月二十一日是丙寅日，[③]如此看來，就秦始皇的死亡日期，是司馬遷單純的筆誤，還是與三十六年開始預示死亡的"今年祖龍死"的記録相呼應的手法，尚未明確。如果這些記録都是司馬遷蓄意爲之，那麽，他參考的是哪些書籍呢？當然，目前并無證據可以證實這一推論，但却無法否認其可能性。如果司馬遷有意記録曆譜中并未記録的七月丙寅，那麽，比起時間綫索，作者試圖通過《秦始皇本紀》的全部内容更加鮮明地表現出秦始皇從統一到駕崩即所謂統一的崩潰這種表述。無論如何，接觸過三十六年"今年祖龍死"這一記録的秦始皇在心理上會産生很大動蕩，可是，第二年出巡途中駕崩一事仍存疑問。

《史記》中與秦始皇之死相關的内容可分爲：1）三十七年（前 210）第五次出巡；2）死於沙丘平臺與沙丘之謀；3）返回咸陽；4）胡亥繼位等内容，整理如下：

① 湖北省荆州市周梁玉橋遺址博物館編：《關沮秦漢墓簡牘》，北京：中華書局，2001；程鵬萬：《周家臺秦墓所出秦始皇三十六、三十七年曆譜簡的重新編聯》，《史學集刊》2006 年第 3 期；王貴元：《周家臺秦墓簡牘釋讀補正》，《考古》2009 年第 2 期；李忠林：《周家臺秦簡曆譜繫年與秦時期曆法》，《歷史研究》2010 年第 6 期。另外，黄一農《周家臺 30 號秦墓曆譜新探》（《文物》2002 年第 10 期）指出，第 80-91 號曆譜如按照古顓頊曆推算，并不是秦始皇三十七年，而是與秦王政十一年的月朔干支一致。但李忠林根據朱漢民、陳松長主編《嶽麓書院藏秦簡（叁）》（上海辭書出版社，2013）中所見月朔干支，否定了黄一農的見解。不僅如此，朱漢民、陳松長主編《嶽麓書院藏秦簡（叁）》以及《嶽麓書院藏秦簡（壹）》所載《質日》中的内容與《周家臺 30 號秦墓簡牘》的内容、形式一致，筆者認同此見解。

② 《史記》卷六《秦始皇本紀》："上病益甚，乃爲璽書賜公子扶蘇曰'與喪會咸陽而葬'，書已封，在中車府令趙高，行符璽事所，未授使者。七月丙寅，始皇崩于沙丘平臺。"（264 頁）

③ 湖北省荆州市周梁玉橋遺址博物館編：《關沮秦漢墓簡牘》，北京：中華書局，2001，99-10 頁；徐錫祺：《西周（共和）至西漢曆譜》，北京科學技術出版社，1997，1264 頁。

表4　與秦始皇之死相關的《史記》記録

1)三十七年(前210)第五次出巡

出處	相關記事
秦始皇本紀	三十七年十月癸丑,始皇出游。左丞相斯從,右丞相去疾守。少子胡亥愛慕請從,上許之……至平原津而病。始皇惡言死,群臣莫敢言死事。上病益甚,乃爲璽書賜公子扶蘇曰:"與喪會咸陽而葬。"書已封,在中車府令趙高行符璽事所,未授使者。
李斯列傳	始皇三十七年十月,行出游會稽,并海上,北抵琅邪。丞相斯、中車府令趙高兼行符璽令事,皆從。始皇有二十餘子,長子扶蘇以數直諫上,上使監兵上郡,蒙恬爲將。少子胡亥愛,請從,上許之。餘子莫從。
蒙恬列傳	始皇三十七年冬,行出游會稽,并海上,北走琅邪。道病,使蒙毅還禱山川,未返。

2)死于沙丘平臺與沙丘之謀

出處	相關記事
秦始皇本紀	七月丙寅,始皇崩于沙丘平臺……趙高故嘗教胡亥書及獄律令法事,胡亥私幸之。高乃與公子胡亥、丞相斯陰謀破去始皇所封書賜公子扶蘇者,而更詐爲丞相斯受始皇遺詔沙丘,立子胡亥爲太子。更爲書賜公子扶蘇、蒙恬,數以罪,(其)賜死。語具在《李斯傳》中。
李斯列傳	其年七月,秦始皇至沙丘,病甚,令趙高爲書賜公子扶蘇曰:"以兵屬蒙恬,與喪會咸陽而葬。"書已封,未授使者,始皇崩。書及璽皆在趙高所,獨子胡亥、丞相李斯、趙高及幸宦者五六人知始皇崩,餘群臣皆莫知也。李斯以爲上在外崩,無真太子,故秘之。置始皇居轀輬車中,百官奏事上食如故,宦者輒從轀輬車中可諸奏事。 于是乃相與謀,詐爲受始皇詔丞相,立子胡亥爲太子。更爲書賜長子扶蘇曰:"朕巡天下,禱祠名山諸神以延壽命。今扶蘇與將軍蒙恬將師數十萬以屯邊,十有餘年矣,不能進而前,士卒多秏,無尺寸之功,乃反數上書直言誹謗我所爲,以不得罷歸爲太子,日夜怨望。扶蘇爲人子不孝,其賜劍以自裁!將軍恬與扶蘇居外,不匡正,宜知其謀。爲人臣不忠,其賜死,以兵屬裨將王離。"封其書以皇帝璽,遣胡亥客奉書賜扶蘇于上郡……使者至,發書,扶蘇泣,入内舍,欲自殺……即自杀。
蒙恬列傳	始皇至沙丘崩,秘之,群臣莫知。是時丞相李斯、公子胡亥、中車府令趙高常從。高雅得幸于胡亥,欲立之,又怨蒙毅法治之而不爲己也。因有賊心,乃與丞相李斯、公子胡亥陰謀,立胡亥爲太子。太子已立,遣使者以罪賜公子扶蘇、蒙恬死。

3)返回咸陽

出處	相關紀事
秦始皇本紀	行,遂從井陘抵九原……行從直道至咸陽,發喪。
李斯列傳	使者還報,胡亥、斯、高大喜。

續表

出處	相關紀事
蒙恬列傳	扶蘇已死，蒙恬疑而復請之。使者以蒙恬屬吏，更置。胡亥以李斯舍人爲護軍。使者還報，胡亥已聞扶蘇死，即欲釋蒙恬。

4）胡亥繼位

出處	相關記事
秦始皇本紀	太子胡亥襲位，爲二世皇帝。
李斯列傳	至咸陽，發喪，太子立爲二世皇帝。以趙高爲郎中令，常侍中用事。
蒙恬列傳	喪至咸陽，已葬，太子立爲二世皇帝。

首先，關於1）三十七年（前210）第五次出巡，衹有《秦始皇本紀》中言及秦始皇在平原津發病的事實，其他兩種資料中并未提及。加之在《秦始皇本紀》中，非常明確地將開始出巡的日期記爲十月癸丑日（3日），《李斯列傳》中記爲“十月”，《蒙恬列傳》中記爲“冬”。此種記述上的差异，可能由於本紀是依據準確的時間綫索進行記述的。2）沙丘之死與僞詔的相關内容。三種資料中都記作秦始皇死於沙丘，但有關死亡日期，《秦始皇本紀》是“七月丙寅”，其他兩種資料中一種記爲“七月”，另一種則未提及。這種記述差异，與出巡初始日的記録一樣，因爲本紀有明確的時間綫索，所以無需贅言。

僞造詔書包括兩個内容，一是在趙高的主導下，李斯與胡亥共同謀議將胡亥立爲太子，另一個是賜死公子扶蘇與蒙恬。這都是由趙高主導指使的，按照趙高的主張將胡亥推上帝位的事實，都能表現出大秦帝國的無德，也反映出這些内容與帝國的滅亡有直接關係。所以，《秦始皇本紀》與《蒙恬列傳》中直接將這些内容表述爲是在趙高主導下，丞相李斯與胡亥共同謀劃的“陰謀”，强調其負面意義；反之，《李斯列傳》中記爲“相與謀”，記述爲三人共同謀劃，認爲胡亥登上太子之位屬正常過程。此種表述上的差异可以看出司馬遷的觀點，即，强調“扶蘇—蒙毅—蒙恬”這一大義名分，從歷史現實來講，是站在敗者的立場上賦予其正當性。對於3）返回咸陽，衹有在《秦始皇本紀》的記録中可見是利用了從井陘到九原的直道到達咸陽，其他兩種資料中衹提到返回咸陽的事實。最後，有關胡亥繼位，《秦始皇本紀》與《蒙恬列傳》衹記録了胡亥成爲第二代皇帝的客觀事實，《李斯列傳》中還記録有趙高掌控權力中樞的内容。由此可知，圍繞秦始皇之死，《史記》中的各種記録雖有差异，但大體上都是一致的，并强調和記述了胡亥、趙高以及李斯的無德行爲。

三　有關秦始皇之死與胡亥繼位的其他記録

以往,有關秦始皇之死的表述依據的都是上文討論的《史記》中的相關内容。但是,最近却發現了與《史記》記載有所不同的新資料,即北京大學所藏漢簡中記有秦始皇相關内容的《趙正書》。據整理者指出,《趙正書》的編撰年代可能是早於武帝的西漢初期。[①] 因此,考慮到司馬遷編撰《史記》的時期是武帝後期,那麼《趙正書》則是成書早於《史記》的文獻。另外,現存的52枚竹簡中,整簡46枚,殘簡4枚(除缺字較多的兩枚以外),大部分竹簡保存狀態良好,未見遺失簡牘。[②]《趙正書》作者在全篇中使用"秦王""趙政"以及"胡亥"等稱謂,并未使用類似於《史記》中使用的"秦始皇"與"秦二世皇帝"這種"皇帝"的表述方式。這説明作者是漢初時期否定秦正統性的士人之一。[③]

《趙正書》的記述特徵是記"言"爲主、記"事"爲輔,屬"事語"類文獻。[④] 從内容來看,屬雜記,可歸爲"小説家"。[⑤] 雖然班固,或是劉向、劉歆等認爲小説家屬"九流之外"的第十家,并未予以高評,但仍舊認可其中有可參考的内容。[⑥] 加之,《史記》言及"吾適故大梁之墟,墟中人曰",[⑦]"吾如淮陰,淮陰人爲余言",[⑧]"吾適豊沛,問其遺老",[⑨]在各篇的結尾都記有"太史公曰",閭里的故事被選作《史記》的著述資料。因此,《趙正書》的記事中,與《史記》的内容有類似的部分,這在司馬遷編撰《史記》的過程中是非常自然的現象。

由52枚簡構成的《趙正書》的記事從秦始皇第五次巡行途中死亡開始,到秦二世皇帝胡亥繼位,殺害其他公子、大臣,最後致使秦帝國滅亡的過程。是將秦始皇、李斯、胡亥、子嬰的言行以對話的形式編撰而成的文獻。其中可見與秦始皇之死相關的記事與《史記·秦始皇本紀》中的記述有所不同。首先,將《趙正書》的相關記事整理如下:

---

① 趙化成:《北大藏西漢竹書〈趙正書〉簡説》,66頁。

② 北京大學出土文獻研究所編:《北京大學藏西漢竹書(三)》,187頁。但據趙化成《北大藏西漢竹書〈趙正書〉簡説》(64頁)指出,現存51簡,整理後爲50簡,在整理過程中簡的數量有所變化。

③ 《漢書》卷四二《張蒼傳》:"漢興二十餘年,天下初定,公卿皆軍吏。蒼爲計相時,緒正律曆。以高祖十月始至霸上,故因秦時本十月爲歲首,不革。推五德之運,以爲漢當水德之時,上黑如故。吹律調樂,入之音聲,及以比定律令。若百工,天下作程品。至于爲丞相,卒就之。故漢家言律曆者本張蒼。"(北京:中華書局,1962,2908頁)

④ 張政烺:《〈春秋事語〉解題》,《文物》1977年第1期,36-39頁;章學誠《文史通義》卷一《易教上》:"古人不著書,古人未嘗離事而言理。"(北京:中華書局,1985,1頁)

⑤ 陳侃理:《〈史記〉與〈趙正書〉——歷史記憶的戰争》,《中國史學》第26卷,日本中國史學會,2016,28頁。

⑥ 《漢書》卷三〇《藝文志》:"小説家者流,蓋出于稗官街談巷語,道聽塗説者之所造也。孔子曰:雖小道,必有可觀者焉,致遠恐泥,是以君子弗爲也……諸子十家,其可觀者九家而已。"(1745-1746頁)

⑦ 《史記》卷四四《魏世家》,1864頁。

⑧ 《史記》卷九二《淮陰侯列傳》,2629頁。

⑨ 《史記》卷九五《樊酈滕灌列傳》,2673頁。

a)·昔者,秦王趙正出斿(游)天下,環(還)至白(柏)人而病。病篤(篤),喟然流涕,長大(太)息謂左右曰"天命不可變于(乎)?吾未嘗病如此,悲也……"[1-2 簡]

b)趙正流涕而謂斯曰:"吾非疑子也,子,吾忠臣也。其議所立。"丞相斯、御史臣去疾昧死頓首言曰:"今道遠而詔期窘,臣恐大臣之有謀,請立子胡亥爲代後。"王曰:"可。"王死而胡亥立,即殺其兄夫(扶)胥(蘇)、中尉恬。[15-16 簡]

c)秦王胡亥弗聽,遂行其意,殺丞相斯,立高,使行丞相御史之事。未能冬(終)其年,而果殺胡亥。將軍張(章)邯入夷其國,殺高。曰:胡亥,所謂不聽閑(諫)者也,立四年而身死國亡。[48-50 簡]

上述《趙正書》a)、b)的記録與表 4-1、表 4-2 中《史記》的内容各相呼應。《趙正書》c)記録的是《史記·秦始皇本紀》與《李斯列傳》中二世二年與三年的内容,即與趙高對李斯和胡亥實施處刑、子嬰殺害趙高的内容相對應。兩種記録的差异可整理如下:首先,據表 4-2 的《秦始皇本紀》可知,秦始皇在平原津發病,死於沙丘平臺,但《趙正書》a)中記録爲在柏人發病,病勢嚴重致死,并未記録死亡地點。另外,《趙正書》b)中記録胡亥繼位并不是依據留給長子扶蘇的僞詔,而是在第五次出巡的過程中,隨行的丞相李斯與御史大夫馮去疾向秦始皇諫言,并得到秦始皇認可。再據《趙正書》c)可知,李斯被胡亥所殺,胡亥又被趙高殺害,而殺害趙高的人是章邯。即,《趙正書》的記録與《秦始皇本紀》的内容相去甚多。

上述《趙正書》中有關秦始皇死前的記録,或是秦始皇與李斯的對話"故復召丞相斯曰",都未見於《史記》。① 因此,可以推測《趙正書》的内容與《史記》有不同的叙事部分。此種差异可能是因爲就秦始皇駕崩一事,有很多種文字資料,司馬遷衹選擇其一進行參考、編撰。也就是説,有必要重新認真審視到目前爲止作爲中國古代史研究的主要史料之一的《史記》的史料内容和性質。有關這種記述上的差异,有必要關注《趙正書》b)的相關内容。

據表 4-2 可知,秦始皇在第五次出巡之際,觀察長子扶蘇和少子胡亥的動向,然後以監視蒙恬爲由將扶蘇逐至西北邊境,秦始皇寵愛胡亥,讓其隨同第五次出巡。但《秦始皇本紀》中記載,秦始皇在臨終時,給扶蘇留下内容爲"與喪會咸陽而葬"的遺詔,可將這一行動理解爲秦始皇有意將帝位傳給長子扶蘇。反之,《趙正書》b)的記録中,秦始皇在臨終之際,李斯諫言"議所立","請立子胡亥爲代後",秦始皇的回答是"可",因爲胡亥繼位是在秦始皇駕崩

① 《趙正書》第 3-8 簡:"而告之曰:'吾自視天命,年五十歲而死。吾行年十四而立,立卅七歲矣,吾當以今[歲]死,而不智(知)其月日,故出斿(游)天下,欲以變氣易命,不可于(乎)?今病篤(篤),幾死矣。其亟日夜揄[輸],趣(趨)至甘泉之置,毋須後者。其謹微密之,毋令群臣智(知)病。'病即大甚,而不能前,故復召丞相斯曰:'吾霸王之壽足矣,不奈吾子之孤弱何……其後不勝大臣之分(紛)争,争侵主。吾聞之。牛馬鬬(鬭)而閩(蚊)寅(虻)死其下;大臣争,賫(齊)民古(苦)。吾衣(哀)令(憐)吾子之孤弱,及吾蒙容之民,死且不忘。其議所立。'"(北京大學出土文獻研究所編:《北京大學藏西漢竹書(叁)》,189-190 頁,下劃綫爲引用者)

之前就已經决定的事宜,此處的記述便反映出胡亥繼承帝位的過程正當無疑,并不是通過謀劃繼承帝位。據《秦始皇本紀》的記述可知,扶蘇雖仁愛賢明,但其政見與秦始皇相悖,胡亥則昏庸殘虐,不適合繼承帝位。因此,如此相互矛盾的記述,與如何解釋秦亡、漢興的歷史過程密切相關。

2013 年湖南省益陽縣兔子山遺址九號井出土一枚木牘,其主要内容是秦二世元年十月甲午日頒布的詔書,如下:

> 天下失秦始皇,皆遽恐悲哀甚。朕奉遺詔,今宗廟吏及著以明至治大功德者具矣,律令當除定者畢矣。元年,與黔首更始,盡爲解除流罪,今皆已下矣。朕將自撫天下吏、黔首。其具行事,已(以)分縣撫黔首,毋以細物苛劾縣吏。亟布。[①]

上述引文是胡亥繼位之後頒布的詔書。其中"朕奉遺詔"意爲强調胡亥繼位的正當性,安撫天下百姓,欲施惠政。[②] 此詔書與《趙正書》的内容相通,司馬遷知道秦始皇在臨終前將帝位傳給胡亥這一事實的可能性很高。那麼,《史記》中將胡亥的繼位記述爲是與李斯、趙高共同謀議後繼位的理由是什麼呢?

與此相關聯,發現上述二世詔書的地點與臨近地區湖南省長沙市馬王堆漢墓中出土的《五星占》中并未記録秦二世紀年,僅記有"張楚"的字樣,依舊使用"秦始皇"紀年,秦滅亡後記爲"漢元年",可推測此種記録法的用意是否定胡亥的繼位。[③] 另外,陳勝起兵之前與吴廣商議時説,"吾聞二世少子也,不當立,當立者乃公子扶蘇",[④]即認爲胡亥的繼位不具正統性。[⑤] 此種否定胡亥繼位的記述也見於漢初時期的資料《史記·劉敬叔孫通列傳》,如下:

> 漢十二年,高祖欲以趙王如意易太子。叔孫通諫上曰:"昔者晋獻公以驪姬之故廢太子,立奚齊,晋國亂者數十年,爲天下笑。秦以不蚤定扶蘇,令趙高得以詐立胡亥,自使滅祀,此陛下所親見……[⑥]

叔孫通諫言不可隨意更换太子,舉秦例,因之前未立扶蘇爲太子,使得趙高假借帝命,立胡亥

---

① 關於該詔書釋文,現有幾種解釋意見。本文采納陳偉《〈秦二世元年十月甲午詔書〉通釋》,《江漢考古》2017 年第 1 期。除此以外,還有孫家洲《兔子山遺址出土〈秦二世元年文書〉與〈史記〉紀事抵牾解釋》,18-20 頁;張春龍、張興國《湖南益陽兔子山遺址九號井出土簡牘概述》,6-7 頁;吴方基、吴昊:《釋秦二世胡亥"奉詔登基"的官府報告》,簡帛網,2014 年 5 月 27 日。

② 孫家洲:《兔子山遺址出土〈秦二世元年文書〉與〈史記〉紀事抵牾解釋》,18 頁;加之,已經發現秦二世時期的令文,胡亥雖然治世短短三年,但作爲皇帝也實施了秦的統治。參見陳松長《嶽麓秦簡中的兩條秦二世時期令文》,《文物》2015 年第 9 期,88-92 頁。

③ 裘錫圭主編:《長沙馬王堆漢墓簡帛集成》第 1 册,北京:中華書局,2014,179 頁。

④ 《史記》卷四八《陳涉世家》,1950 頁。

⑤ 《史記》卷四八《陳涉世家》:"吾聞二世少子也,不當立,當立者乃公子扶蘇。"(1950 頁)

⑥ 《史記》卷九九《劉敬叔孫通列傳》,2724-2725 頁。

爲太子,這一決定招致帝國滅亡,而且劉邦也親見這一過程,向劉邦諫言嫡子廢位的不當。通過劉邦與叔孫通的對話可知,胡亥繼位并不是秦始皇的決定,而是趙高"詐立"。

根據秦末漢初的文獻記録和出土資料可知,認爲胡亥繼位屬"非正統"。此種認識可能是以在當時的時代背景下理解歷史事實爲基礎的。類似陳勝的這種反秦情緒,便成爲"胡亥不當立"的理由。另外,漢初的文獻或是出土資料的内容通過否定秦的正統性,從而强調新王朝的合法性是非常自然的現象。在秦末漢初的時代背景下,司馬談、司馬遷父子編著了《史記》。《史記》是"成一家之言"的史書,其編撰目的在於宣揚漢室的盛德。所以,司馬遷否定秦朝,强調漢朝的正統性和漢朝皇帝的盛德的這些歷史記述,都反映出他認爲漢朝繼承的是"扶蘇—蒙毅—蒙恬"這些"敗者的正統性"歷史,而不是《趙正書》中記載的秦始皇死後由"胡亥—李斯—趙高"等繼承的"勝者的非正統性"歷史。因此,記録有秦始皇在臨終時將胡亥指定爲繼承人的《趙正書》也慢慢地隨著時代的變化,逐漸消失於世。

四 《趙正書》記事的史實可信性

與秦始皇之死相關的《史記·秦始皇本紀》内容相异的《趙正書》的記事是否能反映出歷史事實呢?如前文所論,《史記》的記録非常正確。例如,孝文王的即位與死亡時間相距三日,[①]睡虎地秦簡《編年紀》中記爲"孝文王元年,立即死",[②]反映出《史記》的可信度。那麽,《趙正書》的相關記事是否也是以歷史事實爲依據的呢?與此相關,首先要討論秦始皇第五次巡行時的同行人物的相關記事。據《趙正書》的記録可知,秦始皇第五次巡行的主要同行人物有丞相李斯、御史大夫馮去疾、郎中令趙高,等等。與《史記》的相關記事相比較,李斯與趙高的同行記録準確無誤,馮去疾的記録相悖。

> ⑩三十七年十月癸丑,始皇出游。左丞相斯從,右丞相去疾守。[③]
>
> ⑪丞相斯、御史臣去疾昧死頓首言曰。[④]

據⑩《秦始皇本紀》的記録可知,馮去疾任右丞相一職時,秦始皇出游期間并未同行,而是留守負責守護宫城。相反,⑪的《趙正書》中,則記爲馮去疾任御史大夫一職,秦始皇出游時一同前往。[⑤] 即,三十七年秦始皇出游時,有關馮去疾的兩種相關記録完全不同。爲判斷

① 《史記》卷五《秦本紀》:"孝文王元年,赦罪人,修先王功臣,褒厚親戚,弛苑囿。孝文王除喪,十月己亥即位,三日辛丑卒,子莊襄王立。"(219頁)

② 睡虎地秦墓竹簡整理小組編:《睡虎地秦墓竹簡》,6頁。

③ 《史記》卷六《秦始皇本紀》,260頁。

④ 北京大學出土文獻研究所:《北京大學藏西漢竹書(叁)》,190頁。

⑤ 王子今:《論〈趙正書〉言"秦王""出游天下"》,《魯東大學學報(哲學社會科學版)》2016年第2期。

這一記録的真僞,下面將例舉《秦始皇本紀》二世元年的記事中,二世皇帝與趙高的對話内容。爲便於論述,引用全文如下:

⑫二世與趙高謀曰:"朕年少,初即位,黔首未集附。先帝巡行郡縣,以示彊,威服海内。今晏然不巡行,即見弱,毋以臣畜天下。"春,二世東行郡縣,李斯從。到碣石,並海,南至會稽,而盡刻始皇所立刻石,石旁著大臣從者名,以章先帝成功盛德焉。皇帝曰:"金石刻盡始皇帝所爲也。今襲號而金石刻辭不稱始皇帝,其於久遠也如後嗣爲之者,不稱成功盛德。"丞相臣斯、臣去疾、御史大夫臣德昧死言:"臣請具刻詔書刻石,因明白矣。臣昧死請。"制曰:"可"。遂至遼東而還。[①](下劃綫部分爲筆者標記)

一行:□□臣斯臣去疾御史大臣□

二行:昧死言

三行:臣請具刻詔書金石刻因明白

四行:矣臣昧死請

⑫的記事是秦始皇第五次巡行結束後的第二年,二世皇帝即位以後的事情。據上述記事可知,馮去疾的官職爲丞相。加之,這一記事與刻有上述記事的《泰山石刻》碑文可相對照,碑文共有四行内容(從右向左,1-4行)。[②]

對照⑫的記事中筆者標記有下劃綫的部分(丞相臣斯……臣昧死請)與《泰山石刻》碑文可知,兩者内容一致。因此,⑩與⑪的記事,以及⑫的記事雖然有一年左右的時間差,但馮去疾的官職很有可能是(右)丞相。因爲,據⑫《秦始皇本紀》的記事與《泰山石刻》碑文記録可知,馮去疾的名字後面出現了"御史大夫"一詞。即,馮去疾并不是御史大夫。因此,御史大夫很有可能是名爲"德"的人。如是,前一年(秦始皇三十七年)馮去疾的官職是右丞相的

① 《史記》卷六《秦始皇本紀》,267頁。

② 碑文(圖)中白色空白處爲筆者標記。《泰山石刻》碑文照片出自 최은철《書藝名碑鑒賞》,首爾:梨花文化出版社,2009,14頁。

可能性很高。兹將秦始皇之死相關的主要人物的官職整理如下:

表5 《史記》的《秦本紀》與《秦始皇本紀》中所見主要官職表

年代	右丞相	左丞相	御史大夫	廷尉	出處
武王二年	甘茂	樗里疾			二年,初置丞相,樗里疾、甘茂爲左右丞相(《秦本紀》)
秦始皇二十六年		王綰	馮劫	李斯	丞相綰、御史大夫劫、廷尉斯等皆曰……(《秦始皇本紀》)
秦始皇二十七年					
秦始皇二十八年	隗林	王綰			列侯武城侯王離、列侯通武侯王賁、倫侯建成侯趙亥、倫侯昌武侯成、倫侯武信侯馮毋擇、丞相隗林、丞相王綰、卿李斯、卿王戊、五大夫趙嬰、五大夫楊樛從,與議於海上。(《秦始皇本紀》)
秦始皇二十九年					
秦始皇三十年					
秦始皇三十一年					
秦始皇三十二年					
秦始皇三十三年					
秦始皇三十四年		丞相李斯			三十四年,適治獄吏不直者,築長城及南越地。始皇置酒咸陽宫,博士七十人前爲壽……始皇下其議。丞相李斯曰……(《秦始皇本紀》)
秦始皇三十五年					
秦始皇三十六年					
秦始皇三十七年	馮去疾(首見)	李斯			三十七年十月癸丑,始皇出游。左丞相斯從,右丞相去疾守。少子胡亥愛慕請從,上許之。(《秦始皇本紀》)
二世元年	馮去疾	李斯	德		春:丞相臣斯、臣去疾、御史大夫臣德昧死言:"臣請具刻詔書刻石,因明白矣。臣昧死請。"制曰:"可。"遂至遼東而還。(《秦始皇本紀》)
二世二年	馮去疾	李斯			二年冬,於是二世常居禁中,與高决諸事。其後公卿希得朝見,盜賊益多,而關中卒發東擊盜者毋已。右丞相去疾、左丞相斯、將軍馮劫進諫曰:……下去疾、斯、劫吏,案責他罪。(《秦始皇本紀》)

續表

年代	右丞相	左丞相	御史大夫	廷尉	出處
二世三年		趙高			三年,冬,趙高爲丞相,竟案李斯殺之。(《秦始皇本紀》)

據表5可知,這些人物在秦始皇完成統一偉業的過程中擔任主要角色。秦始皇二十六年統一時,丞相王綰、御史大夫馮劫、廷尉李斯是起到中心作用的人物。統一以後,李斯在秦始皇三十三年升任丞相,馮去疾在秦始皇三十七年首見出任右丞相一職。并且,明確可知二世皇帝即位以後,馮去疾也一直擔任右丞相一職,御史大夫是名爲"德"的人。因此,可知《趙正書》的記事内容與歷史事實相左。如是,通過考察秦始皇統一時最近其身的人物趙高的相關記事,可以明確地判斷出《趙正書》記事的真僞。引用相關記事如下:

⑬趙高者,諸趙疏遠屬也。趙高昆弟數人,皆生隱宫[①],其母被刑僇,世世卑賤。秦王聞高强力,通于獄法,舉以爲中車府令。高既私事公子胡亥,喻之决獄。高有大罪,秦王令蒙毅法治之。毅不敢阿法,當高罪死,除其宦籍。帝以高之敦于事也,赦之,復其官爵。[②]

⑭二世皇帝元年,年二十一。趙高爲郎中令,任用事。[③]

⑮王死而胡亥立,即殺其兄夫(扶)胥(蘇)、中尉恬。大赦罪人,而免隸臣高以爲郎中令。[④]

據上述引文可知,首先⑬的"赦之,復其官爵",與⑭⑮中所見被任命爲"郎中令"相互照應。但問題是,⑮《趙正書》中關於"免隸臣高以爲郎中令"的記載是真還是僞。據⑬可知,趙高的身份爲隱官。據秦漢法律可知,隱官是依靠工隸臣自身或是他人的斬首之功,由工隸臣免爲工,但因受肉刑身體殘缺的人免爲隱官,從事工役,[⑤]庶人以上、司寇、隸臣妾在未犯城旦舂、鬼薪白粲罪以上的罪時,因爲官吏故意或是疏忽遭受肉刑的情況,即便得到平反,也不能

① 最近整理發表的張家山漢簡《二年律令》与《里耶秦簡》中出現的秦漢時代隱官的意義時,以往學界都將"隱宫"的意義解釋爲受宫刑者,將其看作"隱官(在他人看不見的地方工作的人的身份名稱)"的誤記具有一定合理性。參看尹在碩《睡虎地秦墓竹簡譯注》,首爾:昭明出版社,2010,190-191頁。

② 《史記》卷八八《蒙恬列傳》,2566頁。

③ 《史記》卷六《秦始皇本紀》,266頁。

④ 北京大學出土文獻研究所編:《北京大學藏西漢竹書(叁)》,190頁。

⑤ 睡虎地秦簡《秦律十八种·軍爵》:"工隸臣斬首及人爲斬首以免者,皆令爲工。其不完者,以爲隱官工。"(55頁)

恢復其殘疾,因此免爲隱官。[1] 如此,隱官與庶人一樣,是通過赦免而成的身份,[2]可被輸甲兵,[3]國家會授予他們土地 50 畝和 1/2 宅,[4]有爵者與一般民衆一樣,是國家授予田宅的對象,其子可爲士伍。[5] 因此,就⑬與⑭的記事可知,不能否定趙高被任命爲中車府令,獲得郎中令官爵的可能性。但趙高的身份如果是“隸臣”,幾乎没有可能任郎中令一職,相關法律條文如下:

⑯欲歸爵二級以免親父母爲隸臣妾者一人,及隸臣斬首爲公士,謁歸公士而免故妻隸妾一人者,許之,免以爲庶人。[6]

⑰捕盗鑄錢及佐者死罪一人,予爵一級。其欲以免除罪人者,許之。捕一人,免除死罪一人,若城旦舂、鬼薪白粲二人,隸臣妾、收人、司空三人以爲庶人。[7]

僅看上述兩個條款便可知,秦漢時期的法律規定,隸臣妾等奴婢與刑徒被赦免後的身份是庶人。因此,⑮的記事中,隸臣身份的趙高被赦免,成爲郎中令的記事有悖於當時的法律規定。筆者認爲,這有可能是《趙正書》的編寫者,根據身份卑賤的趙高成爲郎中令的事實,爲强調其身份之卑賤,象徵性地將其記述爲隸臣身份。如果此推測屬實,那麼《趙正書》的記述依據的雖然是歷史事實,但仍有部分内容反映的是編者意志的虚假内容。

結語

新發現的《趙正書》中,記有與《史記》内容相左的秦王趙正的故事,約有 1500 字,書寫在 52 枚竹簡上。《趙正書》仍將統一以後的秦始皇稱爲秦王,否定了秦始皇的皇帝身份。另外,與此書描述的秦始皇之死相關聯,秦王在柏人得病,而《史記》中的記載則是在平原津得病。《史記》記述,秦始皇死後,胡亥、趙高、李斯三人在沙丘密謀,篡改秦始皇立長子扶蘇爲帝的遺詔,改立胡亥繼位。但《趙正書》中則記載秦始皇舉行推舉胡亥繼位的會議,秦始皇同

---

① 張家山漢簡《二年律令》:“庶人以上,司寇、隸臣妾无城旦舂、鬼薪白粲罪以上,而吏故爲不直及失刑之,皆以爲隱官。”(150 頁)

② 任仲爀:《秦漢律의 庶人》,《中國古中世史研究》第 22 輯,中國古中世史學會,2009,227-229 頁。

③ 湖南省考古文物研究所:《里耶發掘報告》,長沙:嶽麓書社,2006,193 頁,8⑯6 簡:“今洞庭兵輸内史及巴、南郡、蒼梧,輸甲兵當傳者多節傳之。必先悉行乘城卒、隸臣妾、城旦舂、鬼薪、白粲、居貲、贖責(債)、司寇,隱官,踐更縣者。”

④ 張家山漢簡《二年律令・户律》:“司寇、隱官各五十畝。司寇隱官半宅。欲爲户者,許之。”(176 頁)

⑤ 有關秦漢士伍的身份與性質,參看任仲爀《秦漢律의 耐刑—士伍로의 수렴 시스템과 관련하여—》,《中國古中世史研究》第 19 輯,中國古中世史學會,2008;林炳德《秦、漢時代의 士伍와 庶人》,《中國古中世史研究》第 20 輯,中國古中世史學會,2008,等。

⑥ 《秦律十八种・軍爵》,見睡虎地秦墓竹簡整理小組編《睡虎地秦墓竹簡》,55 頁。

⑦ 《二年律令・錢律》,見張家山二四七號漢墓竹簡整理小組編《張家山漢墓竹簡》,160 頁。

意胡亥繼位,這與《史記》的記述明顯不同。特别是,據2013年湖南省益陽市兔子山遺址9號井出土的秦代竹簡可知,繼位後不久的二世皇帝稱"天下失始皇帝,皆遽恐悲哀甚。朕奉遺詔",表述了父親去世後的決心。通過與秦始皇之死相聯繫,分析與《史記》内容相异的《趙正書》的内容,可以發現,西漢初期,記述或是口傳秦始皇之死的各種版本紛呈,對此,各編撰者根據個人的選擇標準,導致同一事件的記述内容必然出現相異之處。

如果説《趙正書》是比成書於武帝晚年的《史記》更早的編撰於武帝前期的書籍的話,那麽司馬遷也可能知道此書的存在。祇是司馬遷没有記述"胡亥爲後繼者的故事",而是選擇了"扶蘇爲後繼者的故事"。與秦始皇相關的故事相傳甚多,司馬遷不得不從中作出抉擇。《史記》中雖然有异説并存的情况,也有排除异説的情况。以秦始皇的後繼者爲中心的事件中,定會有分别支持長子扶蘇的勢力和支持小兒子胡亥的勢力。前者爲蒙恬與蒙毅一族,後者是李斯與趙高等人。《史記》的故事是以前者——"政治失敗者"的立場爲中心進行叙述的。

分析《趙正書》流行的時期和《史記》的編撰過程可知,爲編著《史記》,司馬遷會參考、依據、抄録衆多資料,其中便會有像《趙正書》一樣對秦國持否定態度的書籍。因此,《趙正書》的發現,可以證明秦漢時期除《秦記》以外,還有很多記録秦歷史的書籍存在於世。其與《史記》内容不同,則是可以證明在編撰《史記》時删選相關資料的實例。在漢帝國的"大一統"背景下,對不同資料進行綜合整理,被司馬遷看作是將諸子百家的雜語整理爲"一家"的學問。[①] 雖是如此,《趙正書》的編撰過程也"以史爲鑒",不限於與秦始皇有關的記事,在尚未究明秦代所有歷史的情況下,難以斷言《趙正書》内容的真僞。因爲隨著《趙正書》竹簡的發現,讓世人知道了有關秦始皇之死的記録,除《史記》以外,還有其他的版本存在。這一事實説明,《趙正書》很有可能是漢朝建國以後,基於對秦朝的否定與確定漢朝正統性的"時代需要"編撰而成的。像這樣不斷發現有關同一史實的多元化記録,進而不斷地重新詮釋,最大限度地展示出這些資料中包含的歷史意義,是建立新歷史的過程。因此,我們不能放鬆對這一方面的關注,期待從兩千年前的"地下"會傳來其他可以讓我們更準確地瞭解秦始皇之死的出土資料。

本文韓文版刊載於《大東文化研究》(韓國)第100輯,2017。

① 《史記》卷一三〇《太史公自序》:"成一家之言,厥協六經異傳,整齊百家雜語。"(3319-3320頁)

秦漢時期“符”的尺寸及其演變*

——兼論嶽麓秦簡肆《奔警律》的年代

南開大學歷史學院　楊振紅

内容提要　歷來對秦漢時期符的尺寸存在异説。將傳世文獻和出土簡牘材料充分結合,可證秦統一後始將所有的符包括銅虎符、竹使符等均統一爲六寸,許慎説是正確的,而應劭説是錯誤的。西北出土的出入符、警候符、取茭符等實測長度爲14.5厘米,爲漢尺六寸,可爲實物證據。嶽麓秦簡肆《奔警律》的五寸符當是改制前的符制。

關鍵詞　符的尺寸　竹使符　奔警律　秦符制改革

“符”和印、璽、節等一樣,是古代重要的憑證信物。由於傳世文獻記載存在矛盾,歷來對秦漢時期符的尺寸存在异説。20世紀以來,在出土秦漢簡牘中發現了很多有關“符”的簡,一些簡文中明確出現了“六寸符”一詞,提供了寶貴的新資料,使得符制研究有了很大推進。① 但目前仍有一些問題未得到解決。2015年《嶽麓書院藏秦簡(肆)》②刊布,其中《奔警律》中出現了“五寸符”。這一發現在豐富了符制材料的同時,也使得問題更趨複雜。那麽,秦漢時期符的尺寸是否是統一的,其間是否經歷過變化,是如何變化的? 本文擬在前賢的基礎上,嘗試對這些問題作進一步的討論。

---

* 本文係國家社科基金重大項目“先秦樂學文獻整理與研究”(17ZDA250)成果。

① 相關學術史請參見郭偉濤《漢代的出入關符與肩水金關》,西北師範大學歷史文化學院等編《簡牘學研究》第7輯,蘭州:甘肅人民出版社,2018,96-97頁。

② 陳松長主編:《嶽麓書院藏秦簡(肆)》,上海辭書出版社,2015。下文簡稱“嶽麓肆”。

一　漢代的竹使符及其流變

《史記·孝文本紀》載文帝二年:

九月,初與郡國守相爲銅虎符、竹使符。[①]

據此,文帝二年始創立皇帝、中央與郡國守相之間使用銅虎符、竹使符的制度。《漢書·文帝紀》的記載略有不同:

九月,初與郡守爲銅虎符、竹使符。[②]

僅僅提到郡守,而不包括諸侯國相。《史記》日本古注在其下出注:

《通鑒》卷十三《高后紀》:"八月,丙午,齊王欲使人誅相;相聞之,乃發卒衛王宫。魏勃紿邵平曰:'王欲發兵,非有漢虎符驗也。'"胡注:"張晏曰:'符以代古之圭璋,從簡易也。'予據《史記·文帝紀》:'三年[③]九月,初與郡國守相爲銅虎符。'既有'初'字,則前乎文帝之時當未有銅虎符也。召平、魏勃事在三年之前,何緣有虎符發兵!班史於《文紀》三年,祇書'初與郡守爲銅虎符',汰去'國相'二字。温公則但書勃語於此,而《文紀》不復書。豈亦有疑於此邪。"[④]

指出《資治通鑒·高后紀》轉引魏勃語,説諸侯王發兵需漢虎符。胡三省注認爲,此事既然發生在漢文帝二年創立銅虎符制之前,表明此前漢與諸侯國相之間早就使用銅虎符發兵。《漢書·文帝紀》删掉"國相"二字,以及司馬光特意引魏勃語,可能都是因爲懷疑《史記》的記載是錯誤的。胡三省的説法頗有道理。吕后時期既然已經存在虎符發兵制,其發出的對象是誰值得進一步探討,由於主題的原因,本文略而不論。

關於銅虎符、竹使符,《史記集解》和《索隱》分别作注:

《集解》:應劭曰:"銅虎符第一至第五,國家當發兵,遣使者至郡合符,符合乃聽受之。竹使符皆以竹箭五枚,長五寸,鐫刻篆書,第一至第五。"張晏曰:"符以代古之珪璋,從簡易也。"

《索隱》:《漢舊儀》銅虎符發兵,長六寸。竹使符出入徵發。《説文》云分符而合之。

---

① 《史記》卷一〇《孝文本紀》,北京:中華書局,1982,424頁。

② 《漢書》卷四《文帝紀》,北京:中華書局,1962,118頁。

③ 此處的"三年"誤,當爲"二年"。

④ 張玉春疏證:《〈史記〉日本古注疏證》十《孝文本紀第十》,濟南:齊魯書社,2016,74頁。

小顔云"右留京師,左與之"。《古今注》云"銅虎符銀錯書之"。張晏云"銅取其同心也"。[①]

據此,竹使符長五寸,銅虎符長六寸。《漢書》顔師古注所引有所不同:

應劭曰:"銅虎符第一至第五,國家當發兵,遣使者[②]至郡合符,符合乃聽受之。竹使符皆以竹箭五枚,長五寸,鐫刻篆書,第一至第五。"張晏曰:"符以代古之圭璋,從簡易也。"師古曰:"與郡守爲符者,謂各分其半,右留京師,左以與之。"[③]

未提《漢舊儀》所説銅虎符六寸,其餘大體相同。

值得注意的是,《索隱》提到《説文》,但并没有照録《説文》全文。事實上,《説文》所説符的長度爲六寸,與應劭説不合。《説文》竹部:

符,信也。漢制以竹,長六寸,分而相合。从竹,付聲。[④]

許慎説符是竹製的,與竹使符材質相同,但是長度却與應劭説不同,那麽他們所説是同一種符嗎?自裴駰、顔師古、司馬貞以及《文選》《通典》等多照搬應劭説,以爲竹使符長五寸,[⑤]或也引《説文》,却不提兩者的矛盾。直至段玉裁注《説文》才提及此事:

《周禮》門關用符節,注曰:"符節者,如今宫中諸官詔符也。"《小宰》"傅别"故書作"傅辨",鄭大夫讀爲"符别"。《漢孝文紀》"始與郡國守相爲銅虎符、竹使符",應劭云:"銅虎符一至五,國家當發兵,遣使至郡合符,符合乃聽受之。竹使符皆以竹箭五枚,長五寸,鐫刻篆書,第一至第五。"張晏曰:"符以代古之圭璋,從簡易也。"按許云六寸,《漢書》注作五寸,未知孰是。[⑥]

段玉裁因材料不足,故説"未知孰是"。時代稍晚的黄以周則説:"蓋漢諸符長短自有不同也。"[⑦]推測可能是因種類的不同,符的長短也不同。

漢文帝創立銅虎符、竹使符制度後,一直沿用到後代,唐初才廢止竹使符,先代以銀菟

---

① 《史記》卷一〇《孝文本紀》,424 頁。

② 原斷作:"國家當發兵遣使者,至郡合符",今據《史記》中華書局標點本改。《史記》卷一〇《孝文本紀》,424 頁。

③ 《漢書》卷四《文帝紀》,118 頁。

④ [清]段玉裁注:《説文解字注》第八篇上,北京:中華書局,2013,193 頁上。

⑤ 筆者以"竹使符"+"五寸"爲檢索詞查檢"中國基本古籍庫",共檢出 88 條材料。以"竹使符"+"寸"爲檢索詞,僅有一條文獻載竹使符長六寸,即清代王筠《説文解字句讀》卷五上"符"字下,在引應劭説後,又説:"《漢舊儀》:竹使符,長六寸。"(清刻本,"中國基本古籍庫"電子版)不知其所出。

⑥ [清]段玉裁注:《説文解字注》第八篇上,193 頁上。

⑦ [清]黄以周撰,王文錦點校:《禮書通故》卷四七《名物通故》,北京:中華書局,2007,1916-1917 頁。

符,後更以銅魚符。[①]《新唐書·車服志》載:

初,高祖入長安,罷隋竹使符,班銀菟符,其後改爲銅魚符,以起軍旅、易守長,京都留守、折衝府、捉兵鎮守之所及左右金吾、宫苑總監、牧監皆給之。[②]

新、舊唐書《高祖紀》在武德二年也均有記載:

夏四月辛卯,停竹使符,頒銀菟符於諸郡。[③]

(四月)辛巳,停竹使符,班銀菟符。[④]

《史記》日本古注所引《集覽》系統梳理了唐以前符制源流:

《集覽》:"符,兵符,符信也,輔也,所以輔信。古者以竹爲之,故字从竹。後世詐僞蜂起,以竹易得之物,不足爲之防,於是有銅、鐵、金、銀鑄爲物象而用之。漢文帝初,與郡國爲銅虎符、竹使符。應劭曰:'銅虎符長六寸,第一至五,國家發兵遣使,至郡合符,符合乃聽受之。竹使符,以竹箭五枚,長五寸,旁鎸篆書,亦一至五,出入徵發用之。'張晏曰:'符,以代古之珪璋,從簡易也。'顔師古曰:'與郡國爲符,各分一半,右留京師,左以與之,此漢制也。唐高祖入長安,罷隋竹使符,班銀菟符,其後改爲銅魚木契,朝廷徵發,下敕書契魚,都督郡府參驗,皆合,然後遣之。'"[⑤]

清人胡延作《鳳池恩波》詩:"鳳池春暖衍恩波,玉紐朱絲字不訛。竹契魚符遺製在,不愁少府費緡多。"[⑥]表明竹契魚符制度確實淵遠流長。

宋以前竹使符、魚符的尺寸,史籍無聞,但《遼史·儀衛志三》記載了遼代金魚符的尺寸:

<u>金魚符七枚,黄金鑄,長六寸</u>,各有字號,每魚左右判合之。有事,以左半先授守將,使者執右半,大小、長短、字號合同,然後發兵。事訖,歸於内府。[⑦]

---

① 魏晉至隋時用竹使符的例子,可參見《宋書》卷二《武帝紀中》:"天子策曰:'今命使持節、兼太尉、尚書左僕射、晋寧縣五等男湛授相國印綬,宋公璽紱;使持節、兼司空、散騎常侍、尚書、陽遂鄉侯泰授宋公茅土,金虎符第一至第五左,竹使符第一至第十左。"(北京:中華書局,1974,40頁)《南齊書》卷一《高帝紀上》:"〔今〕命使持節、兼太尉、侍中、中書監、司空、衛將軍、零都縣開國侯淵授〔公〕相國印綬,齊公璽紱;持節、兼司空副、守尚書令僧虔授齊公茅土,金虎符第一至第五左,竹使符第一至第十左。"(北京:中華書局,1972,18頁)《隋書》卷二六《百官志六》:"諸王皆假金獸符第一至第五左,竹使符第一至第十左。諸公侯皆假銅獸符,竹使符第一至第五。"(北京:中華書局,1973,728頁)

② 《新唐書》卷二四《車服志》,北京:中華書局,1975,525-526頁。《舊唐書》卷四五《輿服志》説:"高祖武德元年九月,改銀菟符爲銀魚符。"(北京:中華書局,1975,1954頁)恐誤。

③ 《舊唐書》卷一《高祖紀》,5頁。

④ 《新唐書》卷一《高祖紀》,6頁。

⑤ 張玉春疏證:《〈史記〉日本古注疏證》七七《信陵君列傳第十七》,第342頁。

⑥ 錢仲聯主編:《清詩紀事》第四册《光緒宣統朝卷·胡延》,南京:鳳凰出版社,2004影印本,3576頁上欄。疑"製"當作"制"。

⑦ 《遼史》卷五七《儀衛志三·符契》,北京:中華書局,1974,915頁。

遼代金魚符長六寸，授守將發兵之用。

二　秦漢簡牘中符的尺寸

王國維曾據崔豹《古今注》“凡傳皆以木爲之，長五寸，書符信於上。又以一版封之，皆封以御史印章”的説法，認爲五寸的傳是“最短之牘”，“爲通行之信”。他進而推測，秦、漢簡牘的長短存在一定比例，簡的長度是二十四的分數，牘的長度則是五的倍數，簡是秦制，牘是漢制。《史記·秦始皇本紀》：“數以六爲紀，符、法冠皆六寸”，六寸之符是“最短之策”，一尺二寸者是其二倍，二尺四寸者是其四倍。[1]

然而，20世紀在居延、肩水金關等西北漢簡中明確出現了符的尺寸。例如：

> 始元七年閏月甲辰居延與金關爲出入六寸符券齒百從第一至千左居
> 官右移金關符合以從事　·第八　　（居延合65.7）[2]
> 始元七年閏月甲辰居延與金關爲出入六寸符券齒百從第一至千左居
> □□□□□□合以從事　·第十八　　（居延合65.9）[3]
> 始元七年閏月甲辰居延與金關爲出入六寸符券齒百從第一至千　（居延合65.10）[4]
> 元鳳二年二月癸卯居延與金關爲出入六寸符券齒百
> 從第一至千左居官右移金關符合以從事第九百五十九　　（金關叁）73EJT26：16[5]

這些是居延製作的出入金關的通關符，簡文中稱作“出入六寸符”，實測長度約爲14.5厘米，寬2.1或2.4厘米。大庭脩據此反駁王國維説，認爲居延漢簡中僅發現了六寸符的事實爲《説文》提供了有力證據。馬縞的《中華古今注》以及《四部叢刊》所收宋嘉定本崔豹《古今注》“凡傳皆以木爲之”後面均寫作“長尺五寸”，由此可知今本《古今注》少了“尺”字，尺五寸者當爲乘傳者之“棨”。[6]

此後，在敦煌酥油土漢代烽燧遺址中出土的一枚寫有“■平望青堆隧驚候符左券齒百”

---

① 王國維著，胡平生、馬月華校注：《簡牘檢署考校注》，上海古籍出版社，2004，57-59頁。

② 此簡後收入謝桂華、李均明、朱國炤《居延漢簡釋文合校》上册，北京：文物出版社，1987，113頁。簡稱“居延合”。

③ 此簡後收入謝桂華、李均明、朱國炤：《居延漢簡釋文合校》上册，113頁。

④ 此簡後收入謝桂華、李均明、朱國炤：《居延漢簡釋文合校》上册，113頁。

⑤ 此簡後收入甘肅簡牘博物館、甘肅省文物考古研究所、甘肅省博物館、中國文化遺産研究院古文獻研究室、中國社會科學院簡帛研究中心編：《肩水金關漢簡（叁）》，上海：中西書局，2013。簡稱“金關叁”。

⑥ ［日］大庭脩著，徐世虹等譯：《秦漢法制史研究》第五篇第一章“漢代的關所與通行證”，上海：中西書局，2017，435-438頁。同名論文最初刊於《関西大学東西学術研究所論叢》第16期，1954。關於“棨”的問題，筆者擬另文論考。

的驚候符,長度爲14.5厘米,寬1.2厘米;[①]敦煌馬圈灣發現的寫有“合符取茭六十束”[②]的領茭符,“長約漢尺六寸”。[③] 這樣,六寸符的範圍就不限於出入關符,還包括驚候符、領茭符等。徐樂堯據此明確反對傅振倫“六寸之符”的提法[④],認爲“據現有漢簡資料看”,漢代不存在六寸以外的符。[⑤] 然而,由於西北漢簡中符的種類畢竟有限,諸如竹使符這樣著名的“符”尚沒有確切發現,而且,徐文也未將應劭説等傳世文獻資料充分納入到討論範圍中。[⑥] 徐氏的斷言尚缺乏足够的支撑。

1989年,在出土的湖北雲夢龍崗秦簡中也發現了六寸符:

> 六寸符皆傳□□□□□□□□□□☑(簡14)[⑦]

它的發現進一步增强了六寸符説。

然而,在2015年公布的《嶽麓書院藏秦簡(肆)》中却發現了六寸以外的符——五寸符。其出現在《奔警律》中,律文如下:

> 奔敬(警)律曰:先粼黔首當奔敬(警)者,爲五寸符,人一,右在[官][⑧],左在黔首,黔首佩之節(即)奔敬(警)。諸挾符者皆奔敬(警)故(1252)徼外盗徹所,合符焉,以譔(選)伍之。黔首老弱及痒(癃)病,不可令奔敬(警)者,牒書署其故,勿予符。其故徼縣道(1253)……[⑨]

《奔警律》是關於奔命警備的法律。秦律規定,當邊塞地區出現緊急軍情時,需從百姓中徵發年輕武勇緊急增援,稱作“奔命”。縣要給奔命的黔首製作五寸符,每人一個,一剖兩半,右半存放在官府,左半佩戴在黔首身上。黔首到了出警地進行合符。黔首中老弱及癃病者不能

---

① 敦煌縣文化館:《敦煌酥油土漢代烽燧遺址出土的木簡》,甘肅省文物工作隊等編《漢簡研究文集》,蘭州:甘肅人民出版社,1984,5頁。此簡收入李均明、何雙全編《散見簡牘合集》,簡206,北京:文物出版社,1990。

② 張德芳主編,張德芳著:《甘肅秦漢簡牘集釋:敦煌馬圈灣漢簡集釋》,簡1152A、B,蘭州:甘肅文化出版社,2013。

③ 參見徐樂堯《漢簡所見信符辨析》,《敦煌學輯刊》1984年第2期。另,齊繼偉依據《居延漢簡》《肩水金關漢簡》《敦煌漢簡》《敦煌馬圈灣漢簡》中的圖版對其中出入符、驚候符等符的尺寸進行了測量(齊繼偉:《西北漢簡所見吏及家屬出入符比對研究》,《敦煌研究》2018年第6期)。但這些圖版并不都是原大,因此數據的可靠性存在一定問題。

④ 傅振倫:《西漢始元七年出入六寸符》,《文史》第10輯,1980。

⑤ 徐樂堯:《漢簡所見信符辨析》,《敦煌學輯刊》1984年第2期。

⑥ 正如以往學者所指出,除了應劭説外,傳世文獻中還有其他説法。《續漢書》志二五《百官志二》“衛尉”條:“凡居宫中者,皆有口籍於門之所屬。宫名兩字,爲鐵印文符,案省符乃内之。若外人以事當入,本(宫)〔官〕長史爲封棨傳;其有官位,出入令御者言其官。”劉昭注:“胡廣曰:‘符用木,長(可)〔尺〕二寸,鐵印以符之。’”(《後漢書》,北京:中華書局,1965,3580、3581頁)關於“可”改爲“尺”字,《校勘記》:“據汲本、殿本改。”但《資治通鑒》卷三五《漢紀三七》胡三省注仍作“長可二寸”(《資治通鑒》,北京:中華書局,1956,1468頁)無論是“尺二寸”還是“二寸”,均與六寸不合。

⑦ 中國文物研究所、湖北省文物考古研究所編:《龍崗秦簡》,北京:中華書局,2001,76頁。

⑧ 整理者釋文補“縣官”,但根據漢簡文例,或應當僅補“官”一字爲宜。

⑨ 陳松長主編:《嶽麓書院藏秦簡(肆)》,上海辭書出版社,2015,126-127頁。

奔警,則不發放符。[①]

嶽麓秦簡《奔警律》五寸符的出現,使符的尺寸問題變得更加複雜。秦漢簡牘資料中既出現了六寸符,也出現了五寸符,到底該如何看待這個問題呢?有學者再次提出和黄以周一樣的觀點,認爲"秦漢符因用途不同其尺寸也有區别",《史記·秦始皇本紀》"符、法冠皆六寸"的説法不準確。[②] 然而,若將傳世文獻和出土簡牘資料充分結合進行綜合考察,或許可以找到解決矛盾的鑰匙。

三　秦始皇符制改革的劃時代意義

正如以往論者所引,秦始皇二十六年統一天下後,開始推行水德政治,數字皆用水德對應的"六","符、法冠皆六寸"。此事載於《史記·秦始皇本紀》:

> 始皇推終始五德之傳,以爲周得火德,秦代周德,從所不勝。方今水德之始,改年始,朝賀皆自十月朔。衣服旄旌節旗皆上黑。數以六爲紀,符、法冠皆六寸,而輿六尺,六尺爲步,乘六馬。更名河曰德水,以爲水德之始。[③]

如果仔細分析現有符的材料,就會發現它們均與這一記載不相矛盾。

雲夢龍崗秦簡簡14的六寸符可以看作是秦始皇符制改革的結果,龍崗秦簡的整理者將簡牘的年代下限定在秦二世三年可支持這一判斷。[④] 嶽麓秦簡《奔警律》中的五寸符應當是秦始皇二十六年統一天下前頒布的法令。但要做出這一判斷,我們必須首先對律文中出現的"黔首"一詞加以説明。如所周知,《史記·秦始皇本紀》記載的秦統一天下後推行的改制措施包括:"更名民曰'黔首'。"[⑤]故以往學界多將"黔首"的出現作爲確定秦簡年代爲秦統一後的證據之一,但近年來,一些學者注意到秦統一前的文獻中已經出現了"黔首"一詞,如《禮記·祭義》、《吴越春秋》、《越絶書》、《韓非子·忠孝》、《吕氏春秋》中的《愛類》《大樂》《古樂》等十四篇、《天水放馬灘秦簡》、《戰國策·魏策二》、《史記》載李斯《諫逐客書》、《銀雀山漢簡》中戰國時期文獻《守法守令等十三篇》等,因此"黔首"一詞不能作爲文獻年代判定的

① 關於此律的討論,請參見楊振紅《嶽麓秦簡 을 통해 본 秦漢 시기"奔命警備" 관련 법률》,《東洋史學研究》(韓國)第142輯,東洋史學會,2018,1-24頁。

② 齊繼偉:《西北漢簡所見吏及家屬出入符比對研究》。

③ 《史記》卷六《秦始皇本紀》,237-238頁。

④ 參見中國文物研究所、湖北省文物考古研究所編《龍崗秦簡》,"雲夢龍崗六號秦墓及出土簡牘概述"三"木牘、墓主與墓葬年代",7-8頁。

⑤ 《史記》卷六《秦始皇本紀》,239頁。

標準。[①] 傳世文獻的確很難確定其是否經過後人的改寫,但諸如《放馬灘秦簡》《銀雀山漢簡》等出土資料却是佐證"黔首"一詞在秦統一前已經廣泛使用的有力證據。因此,秦始皇統一後更名民曰黔首,應是和統一度量衡制度一樣,并非創立新制,而是把已有的秦制推廣到全國。

漢簡出土的諸如出入關符、驚候符、取茭符等均爲六寸,可視爲漢承秦制的結果。《漢舊儀》和《集覽》引應劭説漢代銅虎符長六寸,也與上述判斷相契合。雖然應劭説漢代的竹使符長五寸,但是從竹使符演變而來的遼代金魚符長六寸,或許可以反證竹使符的長度也是六寸,應劭説竹使符長五寸是錯誤的。清代王筠《説文解字句讀》卷五上"符"下所引《漢舊儀》"竹使符,長六寸"的説法,或可作爲佐證。

如果漢代的銅虎符、竹使符、出入關符、驚候符、取茭符等都是六寸的話,那麽,我們或許可以推論,至少在許慎時代,漢代所有的符均長六寸。也正因爲如此,《説文》解釋"符"的字義時,才没有特别標明是哪種符長六寸,而是泛泛地説竹製的符長六寸吧。

最後順帶提及,傳説周吕望所撰《六韜》中有《陰符》一節:

> 武王問太公曰:"引兵深入諸侯之地,三軍卒有緩急,或利或害,吾將以近通遠,從中應外,以給三軍之用,爲之柰何?"太公曰:"主與將有陰符,凡八等:有大勝克敵之符,長一尺;破軍擒將之符,長九寸;降城得邑之符,長八寸;却敵報遠之符,長七寸;警衆堅守之符,長六寸;請糧益兵之符,長五寸;敗軍亡將之符,長四寸;失利亡士之符,長三寸。諸奉使行符稽留者,若符事泄告者,聞者皆誅之。八符者,主將秘聞,所以陰通言語不泄中外相知之術,敵雖聖智,莫之能識。"武王曰:"善哉。"[②]

由此可知,周時符的長度因用途而不同,其中"請糧益兵之符"長五寸。而嶽麓秦簡《奔警律》的奔命符恰是益兵之符,這是巧合,還是秦統一之前確實存在《六韜》所講的繁複符制,尚需新材料加以驗證。

附記:本文爲楊振紅、鄔水杰主持湖南師範大學歷史文化學院《嶽麓書院藏秦簡(肆)》讀簡班成果之一。寫作過程中得到鄔水杰、李迎春先生及張楠、尚宇昌同學的幫助,特此致謝。

① 參見王子今《秦漢稱謂研究》,北京:中國社會科學出版社,2014,10-30頁;張伯元:《出土法律文獻叢考》,上海人民出版社,2013,39-41頁。

② 《六韜》卷三《陰符二十四》,清平津館叢書本,"中國基本古籍庫"電子版。筆者標點。

張家山漢簡《算數書》第 143 簡算題釋讀綜論 *

張顯成
西南大學漢語言文獻研究所、出土文獻綜合研究中心 馬永萍
連雲港市供銷合作總社 胡憶濤

内容提要 張家山漢簡《算數書》第 143 簡算題名稱原整理報告和時賢誤釋爲"鄆都",後改釋"斬都",據原簡照片和對比張家山漢簡相關文字,可知改釋是正確的。以往認爲該題的圖形同於《九章算術》中的"芻甍"或"壍堵"的觀點是錯誤的,且未能解釋題名"斬都"的詞源意義(得名之由)。都,是個楚方言詞,指"橛",即"短木樁、木橛子"類義。根據該題給出的條件、結果和算法(術)可知,題名"斬都",指砍削短木樁、木橛子而成的楔形,并特指砍削木樁而成的楔口向下、楔口的長度大於與之平行的楔座邊的長度的非標準楔形。"斬都"題是江東的學者對嶽麓書院藏秦簡《數》195/0456-196/J13 類算題的發展,該題與《九章算術》"羨除"題也具有聯繫,説明"斬都"題淵源有自。

關鍵詞 張家山漢簡《算數書》 鄆都 斬都 楚方言 非標準楔形

一 研究現狀

上個世紀 80 年代初在湖北江陵張家山 247 號漢墓中發掘出了大批漢簡,其中包括有名

* 本文爲國家社科基金項目(項目批准號:11XZS001)和西南大學創新團隊項目(項目批准號:SWU1509395)階段性成果。

的《算數書》。[①]《文物》於 2000 年第 9 期發表江陵張家山漢簡整理小組《江陵張家山漢簡〈算數書〉釋文》、彭浩《中國最早的數學著作〈算數書〉》,[②]文物出版社於 2001 年 11 月刊布整理報告。[③] 同年 7 月,該批漢簡的主要整理者之一同時也是《算數書》的主要整理者彭浩,在科學出版社出版《張家山漢簡〈算數書〉注釋》(以下簡稱"彭書"),該書是《算數書》整理研究成果中影響最大的專著,因爲該書不光對《算數書》給予了詳細注釋,并且還系統地給出了各題的演算法,若是幾何題,還繪出了該題的幾何圖形。自《江陵張家山漢簡〈算數書〉釋文》發表之後,學界對《算數書》的釋讀展開了不少研究,産生了不少成果。不過,儘管《算數書》的研究已近 20 年,但包括整理報告在内的時賢對《算數書》第 143 簡算題的解讀還存在一些問題,很有必要繼續研究予以補正。

第 143 簡共 44 字,内容是一道完整的幾何算題,即開始稱之爲"鄆都"後來改稱"斬都"的算題。該簡整理報告的釋文及注釋如下:

> 鄆都　鄆都下厚四尺,上厚二尺,高五尺,袤二丈,責(積)百卅(三十)三尺少半尺。术(術)曰:倍上厚,以下厚增之,以高及袤乘之,六成一。
>
> 整理小組注:"鄆都:疑讀作'塹堵',據簡文所述可知,其上底是一矩形,下底是一楔形,并不同於《九章算術·商功》的'塹堵',而與'芻甍'形同。"[④]

彭浩《張家山漢簡〈算數書〉注釋》的釋文與整理報告基本相同,衹是"術(術)曰"前是逗號而已。彭書的注釋也與整理報告基本相同,該書注曰:

> 鄆都,疑讀作"塹堵"。據簡文所述可知,其上底是一矩形、下底是一綫段的楔形(見下圖),并不同於《九章算術》商功章的"塹堵",而與"芻甍"形同。[⑤]

彭浩《中國最早的數學著作〈算數書〉》説[⑥]:

> "鄆都"疑讀作"塹堵"。

《中國科技史料》2001 年第 3 期刊發郭書春《〈算數書〉校勘》,[⑦]也釋題名爲"鄆都",其釋文與整理報告的釋文僅有一處不同,即將"責(積)"徑寫作"積",并認爲原簡作"責"是訛

---

① 原簡寫作"筭數書"。

② 江陵張家山漢簡整理小組:《江陵張家山漢簡〈算數書〉釋文》,《文物》2000 年第 9 期,78-84 頁;彭浩:《中國最早的數學著作〈算數書〉》,《文物》2000 年第 9 期,85-90 頁。

③ 張家山二四七號漢墓竹簡整理小組:《張家山漢墓竹簡[二四七號墓]》,北京:文物出版社,2001。除《算數書》外,該整理報告還同時刊布了 247 號墓中的以下幾種文獻:《曆譜》《二年律令》《奏讞書》《脈書》《蓋廬》《引書》《遣策》。

④ "袤二丈"後作句號爲佳,因後面一句"責(積)百卅(三十)三尺少半尺"是答案,與前面的内容(條件)不同。

⑤ "見下圖",指該書下文所繪圖。關於該圖,下文將有説。

⑥ 彭浩:《中國最早的數學著作〈算數書〉》,《文物》2000 年第 9 期,89 頁。

⑦ 郭書春:《〈算數書〉校勘》,《中國科技史料》2001 年第 3 期,202-219 頁(以下引文見 214 頁)。

誤,郭氏在題名"鄆都"下和"積"下分別注曰:

> "鄆都"是《九章算術》的"芻甍"。彭文認爲"鄆都"是"壍堵",未允。[①]
>
> "積",原簡訛作"責",《釋文》校正。[②]

《内蒙古師大學報》2001 年第 3 期發表郭世榮《〈算數書〉勘誤》,[③]也釋題名爲"鄆都",其釋文與整理報告基本相同,衹是將整理報告的"卌(三十)"寫作"卅","术(術)"徑寫作"术",并認爲其圖形是"上下倒置的芻甍",郭文曰:

> 此題、答、術均正確。但彭文説:"鄆都,疑釋爲'壍堵'"。[④] 此説誤。但他所説鄆都的圖形正確。鄆都給出的公式與《九章算術》商功章芻甍術中的公式同,芻甍術曰:"倍下袤,上袤从之,以广乘之,又以高乘之,六而一。"因此,鄆都是上下倒置的芻甍。

《自然科學史研究》2001 年第 3 期發表鄒大海《出土〈算數書〉初探》,[⑤]也釋題名爲"鄆都",其釋文與郭世榮完全相同,也認爲"形狀"與"芻甍同形",鄒文對題意的説明如下:

> 《算數書》的鄆都從音讀上看應爲《九章》的壍堵,[⑥]但從形狀上看與壍堵相去甚遠,而與芻甍同形,兩者公式相同但表述不同,術語也有异。

臺北《HPM 通訊》2002 年第 2、3 期合刊發表洪萬生、林倉億《〈算數書〉部分題名的再校勘》,[⑦]也釋題名爲"鄆都",其釋文與郭世榮完全相同,也認爲其形狀與芻甍相同,該文對題意的説明如下:

> 鄆都即《九章算術》中的芻甍。

2004 年,[英]古克禮(Christopher Cullen)的著作《中國公元前二世紀數學集〈筭數書〉英譯及注釋》(*The Suàn Shù Shū*,筭數書"*Writings on Reckoning*":*A Translation of a Chinese Mathematical Collection of the Second Century BC, with Explanatory Commentary*),也將題名寫作"yùn dū 鄆都",并直接英譯爲"wall of Yùn"(鄆之墻),并解釋道:"鄆,山東省的一個古地名,

---

① "彭文",指彭浩《中國最早的數學著作〈算数書〉》,《文物》2000 年第 9 期,85-90 頁。下條所引郭世榮《〈算数書〉勘誤》的"彭文"所指同。

② 郭文的意思是:"積"字,原簡訛作了"責",《釋文》予以了校正。

③ 郭世榮:《〈算數書〉勘誤》,《内蒙古師大學報》(自然科學漢文版)2001 年第 3 期,276-285 頁(以下引文見 283 頁)。

④ 此處引用"彭文"不太確,彭浩《中國最早的數學著作〈算數書〉》原文是:"'鄆都'疑讀作'壍堵'。"(見上文)且中間没有逗號。

⑤ 鄒大海:《出土〈算數書〉初探》,《自然科學史研究》2001 年第 3 期,193-205 頁(以下引文見 201 頁)。

⑥ 郭文在"壍堵"下注曰:"彭浩先生已説過'鄆都'疑讀作'壍堵'。"郭文所引彭浩語指彭浩《中國最早的數學著作〈算數書〉》語。

⑦ 洪萬生、林倉億:《〈算數書〉部分題名的再校勘》,《HPM 通訊》2002 年第 2、3 期合刊,6-25 頁。

都,可能是‘堵’的借用。”[①]這顯然是不正確的。

以上諸家的觀點基本相同,一是將《算數書》第 143 簡算題的名稱隸爲“郰都”,二是認爲其圖形或同於“壍堵”,或同於“芻甍”。持這類觀點的論著還有不少,此不一一贅述。以上無論是題名的釋讀還是幾何圖形的解讀,均是錯誤的。[②]

至 2006 年,對《算數書》第 143 簡算題的研究有了新的進展,主要表現在對題名的隸定釋讀和對該題幾何圖形的解讀兩方面。

[日]大阪工業大學張家山漢簡《算數書》研究會《漢簡〈算數書〉——中國最古の數學書》,發現題名當隸定爲“斬都”,原隸定爲“郰都”誤,爲是。但是,該書又將“斬都”釋爲《九章算術》的“塹堵”,[③]這是不正確的。

同年,文物出版社出版整理小組《張家山漢墓竹簡[二四七號墓](釋文修訂本))》(以下簡稱《釋文修訂本》),吸收了有關題名隸定的新成果,將“郰都”改釋爲了“斬都”,爲是,但仍注曰:“斬都,疑讀作‘壍堵’。”[④]也就是説,仍堅持讀作“壍堵”的觀點。

同年,我們發現該題的幾何圖形是楔口向下、楔口的长度大于与之平行的楔座边的长度的非标准楔形。[⑤] 之後,我們在不知曉學界有改釋“郰都”爲“斬都”成果的情況下,也發現題名原隸定爲“郰都”錯誤,當隸爲“斬都”。有關成果曾在 2006 年 10 月西南大學主辦的“出土文獻與比較文字學研究博士論壇”上宣讀。[⑥]

《曲阜師範大學學報》2010 年第 3 期發表郭書春《〈筭數書〉“斬都”求積公式造術初探》(以下簡稱“郭文 2”)。[⑦] 此文吸收了題名改釋“斬都”的成果和臺灣清華大學陳良佐關於

---

① [英]古克禮(Christopher Cullen):*The Suàn Shù Shū*,筭數書“*Writings on Reckoning*”:*A Translation of a Chinese Mathematical Collection of the Second Century BC*, *with Explanatory Commentary*,Needham Research Institute Working Papers 1, 2004,PP.91-93。

② 下文將會有詳説。

③ 張家山漢簡《算數書》研究會:《漢簡〈算數書〉——中國最古の數學書》,京都:朋友書店,2006,36-37 頁。因爲“塹”從“斬”聲,二字古音同;“都”“堵”二字均從“者”聲,二字古音也同,這可能是該書認爲“斬都”就是《九章算術》的“塹堵”的原因。“壍堵”,古籍中又寫作“塹堵”,“壍”“塹”二字爲异體關係。

④ 張家山二四七號漢墓竹簡整理小組:《張家山漢墓竹簡[二四七號墓]》(釋文修訂本),北京:文物出版社,2006,151 頁。

⑤ 詳見胡憶濤《張家山漢簡〈算數書〉整理研究》,西南大學碩士論文,2006 年 5 月通過答辯,指導教師張顯成。有關此題的幾何圖形及其解法,下文將有詳述。

⑥ 在“論壇”上宣讀後,方有與會博士生告之,日本學者已先行改釋爲“斬都”了,可謂不約而同,也感謝相告的博士生!

⑦ 郭書春:《〈筭數書〉“斬都”求積公式造術初探》,《曲阜師範大學學報》2010 年第 3 期,120-124 頁。這裏簡稱“郭文 2”,是與上引郭書春《〈算數書〉校勘》(《中國科技史料》2001 年第 3 期)相區別。

“斬都”幾何圖形解讀的意見,其圖形如下:①

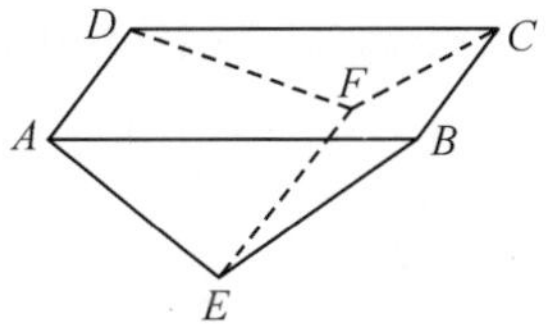

“郭文 2”對算題幾何圖形的解讀是正確的,但僅以 A、B、C、D、E、F 來表示圖形的各角,而圖形中的各邊所代表的是算題中所説的哪條邊(題中有“下厚”“上厚”“高”“袤”諸條邊),不得而知,故其表述還不够明確。

由上可知,張家山漢簡《算數書》第 143 簡算題研究的新進展有兩個方面,一是在題名上改釋原來的“鄆都”爲“斬都”,二是在幾何圖形上已否定了原來認爲與“芻甍”同形或認爲同於“芻甍”的觀點,這些進展都是可喜的。

但遺憾的是,在學界發表以上新成果後,學界仍有持原觀點者,主要是國外的一些成果,如:

2008 年,[美]道本周(Joseph W. Dauben)《〈算數書〉英譯及注釋》(算數書 *Suan Shu Shu A Book on Numbers and Computations: English Translation with Commentary*),仍將題名寫作“鄆都”,且給出的幾何圖形也是《九章算術》“壍都”的圖形。②

[法]安立明(Rémi ANICOTTE)的博士論文《從〈算數書〉看中國的計數法與漢語稱數法》(*Nombres et expressions numériques en Chine à l' éclairage des Écritssur les calculs* [*début du 2e siècleavantnotre ère*]),仍將題名釋爲“鄆都”,也是將幾何圖形解讀爲《九章算術》“壍都”的圖形。③

以上這些成果在新的研究成果已發表後還在持原有觀點,顯然是没有及時吸收有關成果造成的。

學界有關《算數書》第 143 簡算題研究的成果較多,以上衹是列其代表性者,餘不再贅述。

要真正徹底解決第 143 簡算題的解讀問題,必須要解決三方面問題:一是題名到底當如何隸定,改釋爲“斬都”是否正確。二是題意(即幾何圖形)到底當怎樣解讀,如“郭文 2”那樣

---

① 下圖屬“郭文 2”的“圖 2”。“郭文 2”在列出下圖之前説:“2006 年 8 月洪萬生教授在臺北召集的‘《筭數書》及相關簡牘國際研討會’上,學者們就‘斬都’的形狀展開了熱烈討論,但莫衷一是。其中一種意見是‘斬都’爲圖 2 的形狀,筆者認爲較有道理。近日頃接臺灣清華大學陳良佐教授寄來大作《〈筭數書〉中的體積問題與中國古代體積理論的四個基本原理》,發現其中也將斬都繪成圖 2 的形狀。”

② Joseph W. Dauben(道本周):“算數書 Suan Shu Shu A Book on Numbers and Computations: English Translation with Commentary”,*Archive for History of Exact Sciences*, 62,2008,PP.155-157。

③ Rémi ANICOTTE(安立明):*Nombres et expressions numériques en Chine à l' éclairage des Écritssur les calculs* (*début du 2e siècleavantnotre ère*), 2012。

解讀是否正確。三是題名的意義是什麼,即得名之由、命名之意是什麼,亦即題名是什麼意思,爲什麼要命爲這個名稱。這三方面問題又是相互聯繫的,僅解決其中一方面或兩方面,此題的解讀都不算完全徹底,因爲衹有這三方面問題都得到解決了,整個算題的問題才算徹底解決了。以下我們就從這三方面來進行論述。

二　題名當釋“斬都”再證

如上所言,包括整理小組在内的時賢開始都釋題名爲“鄆都”,後來改釋爲“斬都”,這是正確的。因爲這一問題非常重要,下面不妨再予以佐證。

遍查《算數書》第143簡以外的所有出土簡帛(楚簡帛、秦簡、兩漢簡帛、三國簡、兩晋簡),均未見“鄆”字,故僅從此點來講,原來隸定爲“鄆都”就非常可疑。

查核圖版可知,原來所謂的“鄆”字實際上是“斬”字。下面是第143簡一開始“斬都”二字的圖版及本文的隸定(見右下)。

斬
都
斬
都

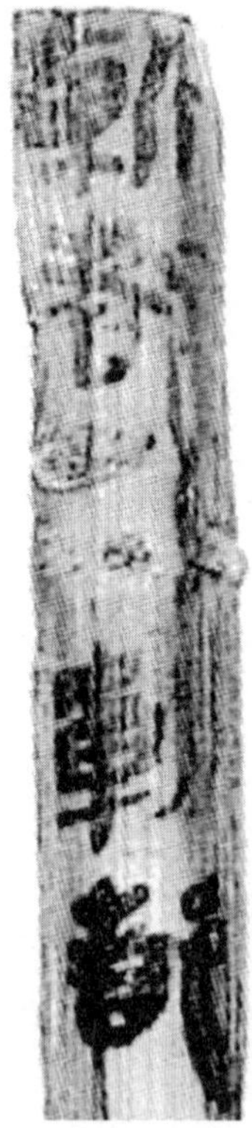

此二字未用重文號,故也可説是四字。第二字與第三字間爲編繩處,該書爲先編後寫,故二字間距較大。第一、三字爲同一字,第二、四字爲同一字。

從圖版可清楚看出,第一、三字左邊構件是“車”,不是“軍”。

我們將原簡此四字作一些對比,即可更清楚地説明當釋“斬都”。第二、三字的右邊構件雖不太清晰,[①]但第一、四字的右邊構件是很清楚的。通過對比可知,第一、三字與第二、四字的右邊構件完全不同,并非都是“阝(邑)”,第四字及第二字爲“阝(邑)”無疑,但第一字决不是“阝(邑)”,而是“斤”,自然第三字右邊構件也應是“斤”。

通過以上對這四個簡文字形的觀察可知,所謂“鄆都”,實際上是“斬都”。

爲了充分説明釋爲“斬都”的可信性,下面再將第一、三字與同批簡對比。先與同批簡的“斬”字對比:

① 實際上第二字右邊構件“阝(邑)”完全可識。

(二年律令88:當~爲城旦者)　(二年律令2:皆要~)

(二年律令142:或誅~除)　(奏讞書34:~左止爲城旦)

“斬”字在張家山漢簡共出現34次。通過對比可知,以上所列“斬”字與第143簡第一字寫法均相同,故第一字當釋“斬”。第三字雖右邊不太清晰,既然第一字當釋“斬”,自然第三字也當釋“斬”。

爲了進一步證明第143簡第一、三字的左邊構件是“車”而不是“軍”,下面不妨再將張家山漢簡中的“軍”和从“軍”的“揮”字與之對比:

以下是“軍”字:

(奏讞書116:魁都從~)　(二年律令471:將~)

(奏讞書39:以~告)　(蓋廬33:~急以却)

“軍”在張家山漢簡共出現50次。通過以上對比可知,這些“軍”字均無第143簡第一、三字所謂“鄆”的左邊寫法。

以下是“揮”字:

(引書15:反昔手北而~頭)　(引書26:左右上下~之)

(引書45:而力~左足)

“揮”字在張家山漢簡共出現11次。通過以上對比可知,其構件“軍”均無第143簡第一、三字所謂“鄆”的左邊寫法。

下面再將第143簡第一、三字的左邊構件與張家山漢簡中从“車”的字進行對比,以證明第一、三字左邊構件是“車”:

以下是左邊从“車”的“輒”字:

(二年律令305:~謁吏典)　(二年律令247:~爲之)

(二年律令19:事已~收臧)

“輒”字在張家山漢簡共出現14次。通過對比可知,其左邊構件“車”均與第143簡第一、三字的左邊構件相同。

以下是左邊从“車”的“輕”字:

(二年律令215:獄無~重關於正)　(奏讞書194:欺死父罪~于侵欺生父)

“輕”字在張家山漢簡中共出現8次。通過對比可知,其左邊構件“車”均與第143簡第一、三字的左邊構件相同。

以下是左邊从“車”的“輯”字：

(奏讞書 147：今新黔首實不安~) (引書 85：力張左~)

“輯”字在張家山漢簡中共出現 3 次。通過對比可知，其左邊構件“車”均與第 143 簡第一、三字的左邊構件相同。

通過以上將第 143 簡第 1、3 字的左邊構件與同是張家山漢簡的左邊从“車”之字的對比，也證明第 143 簡第一、三字左邊構件是“車”而不是“軍”。

以上我們對有關字形所作的全面對比，充分説明包括原整理報告在内的題名隸定爲“鄆都”是錯誤的，後改隸爲“斬都”是正確的。

三　“斬都”題意解讀補正

由上可知，包括整理者的原報告、《釋文修訂本》以及不少學者，大都認爲 143 簡算題或與《九章算術》的“芻甍”同形，少部分認爲與“壍堵”同形。這兩種解讀都是錯誤的，實際上，143 簡題與“芻甍”和“壍堵”都不同形，是另外一道幾何題。

下面先看《九章算術》的“芻甍”題：

> 今有芻甍，下廣三丈，袤四丈；上袤二丈，無廣；高一丈。問積幾何？答曰：五千尺。術曰：倍下袤，上袤從之，以廣乘之，又以高乘之，六而一。

根據學界的共識，“芻甍”的形狀屬楔形，其楔口的長度比與之平行的楔座邊的長度短，也就是古時草棚屋頂的形狀，其“屋脊”比與之平行的“屋檐”短。[①]“上袤二丈”，即楔口(屋脊)的長度爲 2 丈。“袤四丈”，即與楔口平行的楔座邊(與屋脊平行的那一側屋檐)的長度是 4 丈；“袤”，指下袤，承前省“下”。“下廣三丈”，即楔座另一條邊(與楔口相鄰的邊，亦即另一側屋檐)的長度是 3 丈。“無廣”，即“上無廣”，承前省“上”。“高一丈”，即楔座至楔口的高度(屋檐至屋脊的垂直高度)爲 1 丈。因“上無廣”，故芻甍的形狀是楔形。“芻甍”的形狀如

① 芻，本指刈草。《説文·艸部》：“芻，刈艸也。象包束艸之形。”([漢]許慎：《説文解字》，北京：中華書局，2013，19 頁上)[漢]袁康《越絶書·外傳記吴王占夢》：“夫越王勾踐雖東僻，亦得繫於天皇之位，無罪，而王恒使其芻莖秩馬，比於奴虜。”(李步嘉校：《越絶書校釋》，北京：中華書局，2013，286 頁)後泛指喂牲畜的草。《玉篇·艸部》：“芻，茭草。”(《宋本玉篇》，北京市中國書店，1983，259 頁)《孟子·公孫丑下》：“今有受人之牛馬而爲之牧之者，則必爲之求牧與芻矣；求牧與芻而不得，則反諸其人乎？”甍，屋脊，屋棟(楊伯峻譯注：《孟子譯注》，北京：中華書局，2010，85-86 頁)。《説文·瓦部》：“甍，屋棟也。”王筠句讀：“此是屋上之長材，椽所憑依者也，今俗謂之屋脊。”([清]王筠：《説文解字句讀》，北京：中華書局，1988，510 頁上)《左傳·襄公二十八年》：“猶援廟桷，動於甍。”杜預注：“甍，屋棟。”孔穎達疏：“此是屋上之長材，椽所以凭依者也。今俗謂之屋脊。”(楊伯峻編注：《春秋左傳注》(修訂本)，北京：中華書局，2016，1688 頁)所以，芻甍的形狀就是楔口的長度比與之平行的楔座邊的長度短的楔形，有似於古時草棚屋頂的形狀。

下圖(a爲“上袤”,b爲“下袤”,c爲“下廣”,h爲“高”。單位:尺):

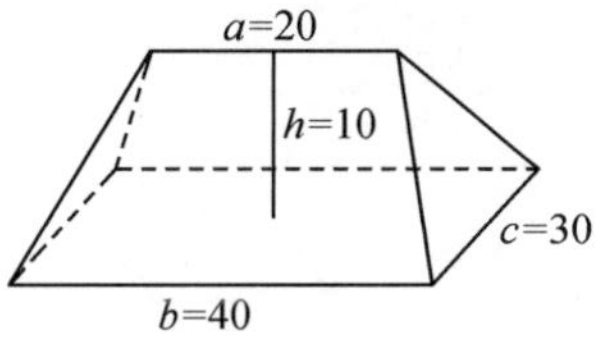

依“芻甍”題給出的演算法(術),該體積求解如下:

體積 $V=\frac{1}{6}\times(2b+a)ch=\frac{1}{6}\times(40\times2+20)\times30\times10=5000$ 尺^3

下面再看《九章算术》的“壍堵”題:

今有壍堵,下廣二丈,袤一十八丈六尺,高二丈五尺,問積幾何?答曰:四萬六千五百尺。

根據學界的共識,“壍堵”的幾何圖形是兩底面爲直角三角形的正柱體,亦即長方體的斜截平分體,其形狀如下圖(a爲下廣,b爲袤,h爲高。單位:尺):

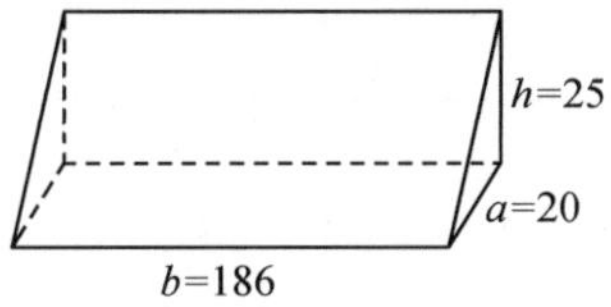

“壍堵”體積求解如下:

體積 $V=\frac{1}{2}\times bah=\frac{1}{2}\times186\times20\times25=46500$ 尺^3

以上是《九章算術》“芻甍”和“壍堵”的題意及其幾何圖形,下面看《算數書》第143簡“斬都”的題意及其幾何圖形。細審該題可知,“斬都”的形狀也屬楔形,但爲非標準楔形,其楔口向下,楔口長度比與楔口平行的楔座邊的長度大(比值爲4∶2)、與楔口平行的楔座邊的長度小於相鄰楔座邊的長度(比值爲2∶20)。“下厚四尺”,即楔口的長度爲4尺。“上厚二尺”,即與楔口平行的楔座邊的長度爲2尺。“高五尺”,即楔座至楔口的高度爲五尺。“袤二丈”,即“上袤二丈”,亦即楔座的另一條邊的長度爲20尺。還有必要指出的是,“斬都”的“上袤”那一條邊的長度爲20尺,“上厚”的長度爲2尺,這是在解讀“斬都”題意時必須要注意的。

根據題意,“斬都”的圖形如下(a爲下厚,b爲上厚,h爲高,c爲上袤。單位:尺):

---

① 有趣的是,現代數學的楔形計算公式與兩千年前的計算公式是相同的,均爲:$V=\frac{1}{6}(2b+a)ch$。

正視圖(楔口向下)	側視圖(楔口向下)	俯視圖(楔口向下)
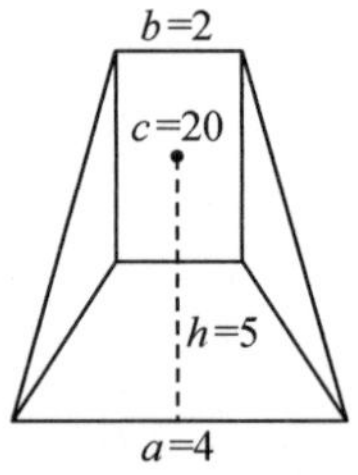	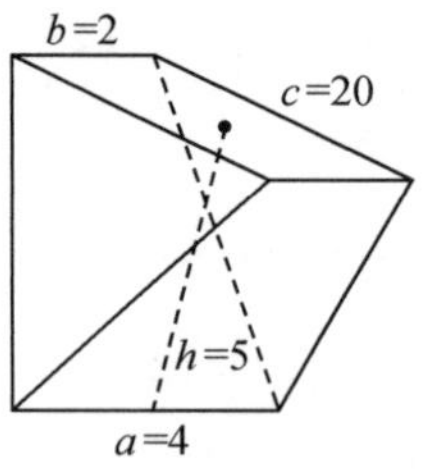	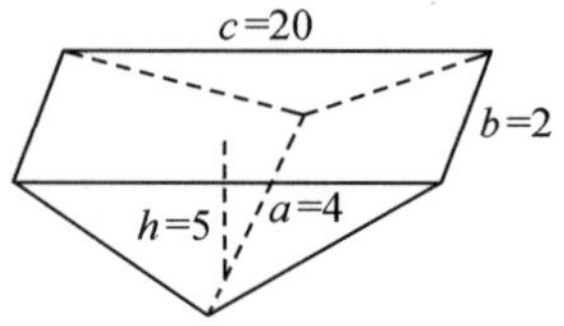

如果將此圖形上下倒置,則爲:

正視圖(楔口向上)	側視圖(楔口向上)
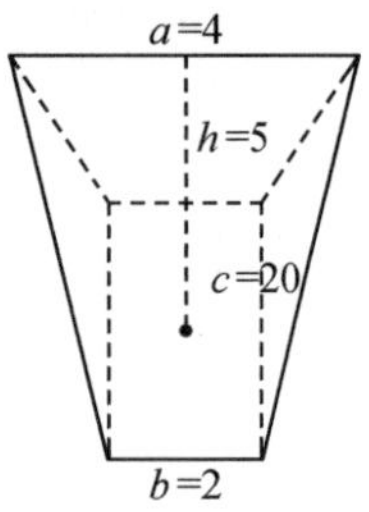	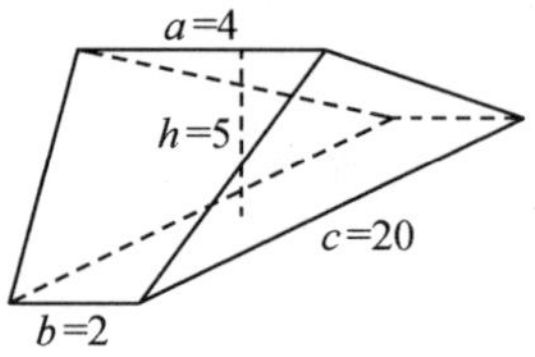

依“斬都”題給出的演算法(術),該體積求解如下:

體積 $V=\frac{1}{6}\times(2b+a)hc=\frac{1}{6}\times(2\times2+4)\times5\times20=133\frac{1}{3}$尺^3

正好與原題答案“責(積)百卌(三十)三尺少半尺”相合。

需要説明的是,以往認爲該題的幾何圖形是“芻甍”(上下倒置的芻甍)的觀點是錯誤的。鑒於彭浩的觀點最具代表性且影響最大,故以之爲例予以説明。彭浩《張家山漢簡〈算數書〉注釋》一書所繪圖形如下①:

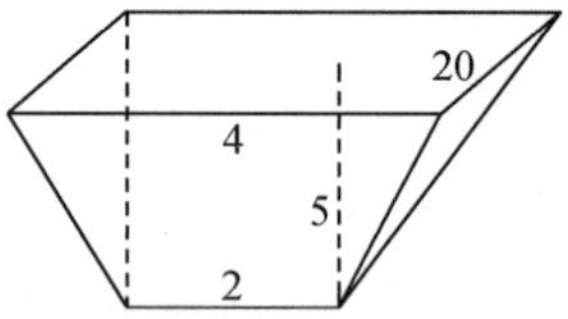

現不妨將彭書圖形與正確圖形作一對比:

① 彭浩:《張家山漢簡〈算數書〉注釋》,北京:科學出版社,2001,104 頁。順便指出的是,彭書所繪圖形將“袤二丈”(與楔口平行的楔座邊的相鄰邊的長度 20 尺)那條邊的綫段繪得太短,故若僅從所繪圖形來看(而不看標的數字),倒真的是“上下倒置的芻甍”了。

彭書圖形	正確圖形
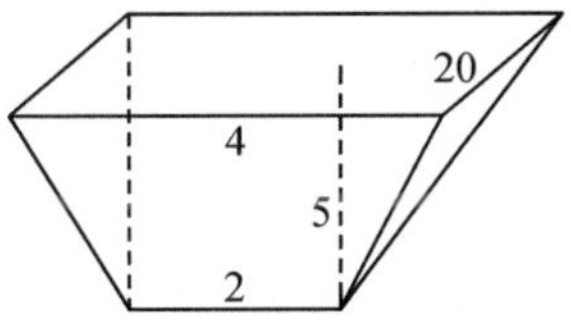	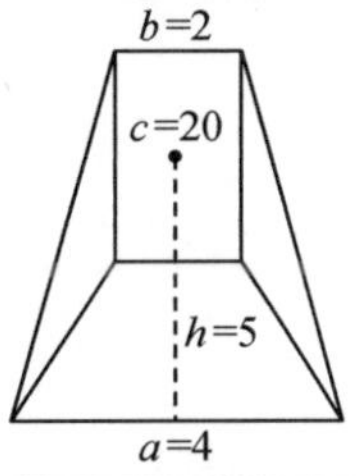

通過對比可知,彭書圖形將楔形的楔口和與楔口平行的楔座邊這兩條邊的長度解讀反了,也就是説,彭書將原題的“上厚(2 尺)”與“下厚(4 尺)”的位置解讀反了,所以描繪出的圖形不確。彭書所繪圖,實際上是“上厚 4 尺”“下厚 2 尺”。如果按照彭書此圖和給出的各邊長度,則體積爲:

$$V=\frac{1}{6}\times(4\times2+2)\times5\times20=166\frac{2}{3}尺^3$$

顯然與原題體積爲 $133\frac{1}{3}尺^3$(“百卅三尺少半尺”)的答案不相合。

彭書對題意理解有誤,所繪的圖形也相應有誤,但彭書爲了使答案與原題相合,便“計算如下”:

$$(2\times2+4)\times5\times20\times\frac{1}{6}=133\frac{1}{3}(尺^3)$$

但這一算法使得所繪圖形與所計算的公式相矛盾。

彭浩《中國最早的數學著作〈算數書〉》一文給本題列的“算式”和有關説明如下:

> $$V=\frac{1}{6}(2a_1+a_2)hL$$
>
> 式中的 a_1 是“上厚”,a_2 是“下厚”,h 是高,L 是袤。①

這個“算式”顯然是正確的,但如果比較一下彭文實際計算,則是將“上厚”與“下厚”對調了,也就是説,彭氏將原題的“上厚”與“下厚”的位置理解反了,從而導致對幾何圖形的解讀有誤。

爲了更清楚地説明《算數書》“斬都”與《九章算術》“芻甍”和“塹堵”是不同的題,下面我們再把“芻甍”“塹堵”分别與“斬都”各自的圖形進行對比。

《九章算術》“芻甍”與《算數書》“斬都”的幾何圖形對比如下:

---

① 彭浩:《中國最早的數學著作〈算數書〉》,《文物》2000 年第 9 期,89 頁。

<table>
<tr><td>《九章算術》“芻甍”</td><td>《算數書》“斬都”
（正視圖，上爲原形，下爲倒置後的圖形）</td></tr>
<tr><td rowspan="2">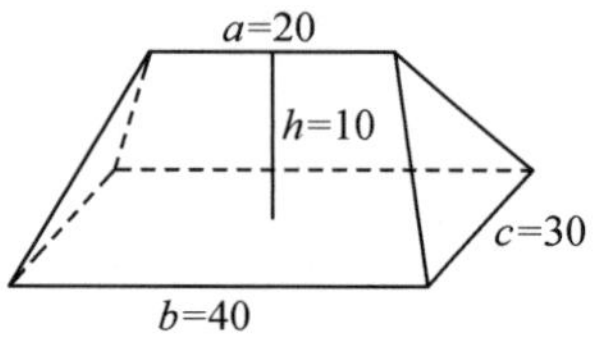
</td><td>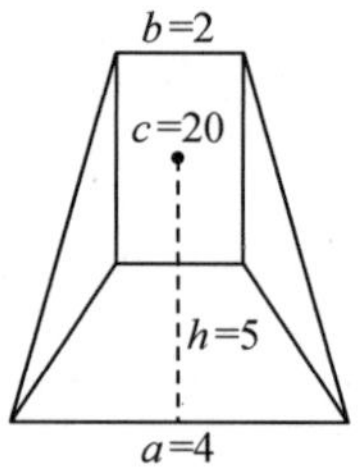
</td></tr>
<tr><td>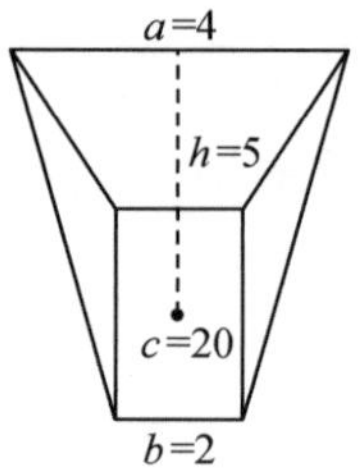
</td></tr>
</table>

有必要强調説明的是，《九章算術》“芻甍”與《算數書》“斬都”對各邊的稱謂有所不同，現列表對比如下：

文獻名	楔口及長度/本文代碼	與楔口平行的楔座邊及長度/本文代碼	楔座另一條邊及長度/本文代碼
《九章算術》“芻甍”	上袤（二丈）/a	下袤（四丈）/b	下廣（三丈）/c
《算數書》“斬都”	下厚（四尺）/a	上厚（二尺）/b	袤（二丈）/c

通過名稱的對比可知，《九章算術》“芻甍”的“上袤”“下袤”“下廣”，分别就是《算數書》“斬都”的“下厚”“上厚”“袤”，《九章算術》比《算數書》成書要晚，其稱呼似乎顯得規範一些。

通過各邊長度的對比也可知，a 與 b 的比值，《九章算術》“芻甍”爲 a∶b=2∶4，而《算數書》“斬都”爲 a∶b=4∶2，這也充分説明二者的幾何圖形是不同的。再者，與楔口方向平行的那一條楔座邊（b）的長度，同相鄰邊（c）長度的比例，“芻甍”是 b∶c=40∶30，而“斬都”是 b∶c=2∶20，二者比值懸殊甚遠，這也説明二者的幾何圖形是不同的。

通過以上對比可知，以往學界關於“斬都”（即所謂“鄆都”）的圖形是“上下倒置的芻甍”這一認識是錯誤的，因爲“斬都”是非標準楔形，是楔口（a）的長度（4 尺）大於與之平行的楔座邊（b）的長度（2 尺）、與楔口平行的楔座邊（b）的長度（2 尺）小於相鄰楔座邊（c）的長度（20 尺）的楔形，所以“斬都”（即所謂“鄆都”）絶不是“上下倒置的芻甍”。

以上是“芻甍”與“斬都”的圖形對比，下面將《九章算術》“壍堵”與《算數書》“斬都”的幾何圖形予以對比如下：

壍堵圖形 （a 爲下廣，b 爲袤，h 爲高。單位：尺）	斬都圖形 （a 爲下厚，b 爲上厚，c 爲上袤，h 爲高。單位：尺）
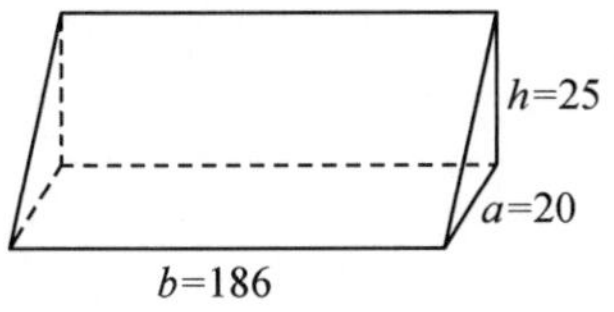	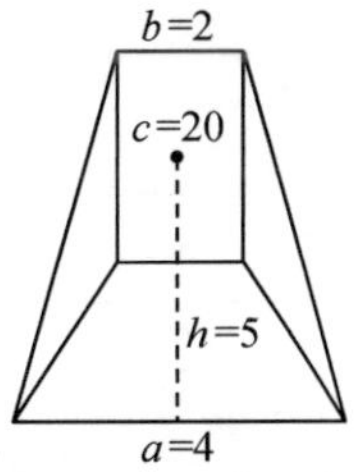

有必要指出的是，“斬都”與“壍堵”雖然語音上關係密切，[①]但二者所指的幾何圖形是不同的。如前所述，《算數書》“斬都”的幾何圖形是楔口向下、楔口長度比與楔口平行的楔座邊的長度大、與楔口平行的楔座邊的長度小於相鄰楔座邊的長度的非標準楔形。《九章算術》“壍堵”的幾何圖形是兩底面爲直角三角形的正柱體，亦即長方體的斜截平分體。[②] 如上所引整理報告及彭書所注等也發現了將“鄆都”讀作“壍都”在題意上不相合。

如上“一”所述，“郭文 2”將斬都的幾何圖形繪爲下圖：

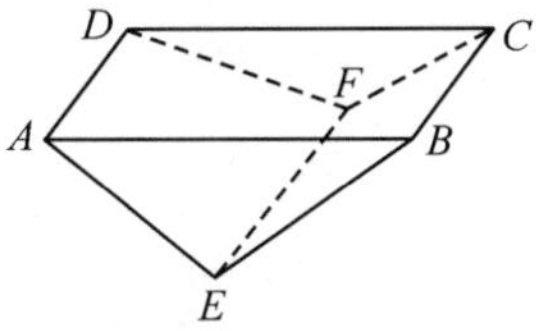

如上所述，“郭文 2”對算題幾何圖形的解讀是基本正確的，但僅以 A、B、C、D、E、F 來表示圖形的各角，使得圖形中的各邊所代表的是算題中所説的哪條邊（題中有“下厚”“上厚”“高”“袤”諸條邊），不得而知，故其表述還不够明確。現將“郭文 2”的圖形與筆者的圖形對比如下：

① “斬”爲莊母（正齒音）談部，“壍”爲清母（齒頭音）談部，二者韻同聲相近。“都”與“堵”均爲端母魚部，二者音同。故若僅從語音上看，“斬都”與“壍堵”是可相通的。

② 當然，“壍堵”的幾何圖形也可説是楔形，是楔口長度等同於與之平行的楔座邊的長度的楔形，但它與“斬都”的圖形是不同的，題意自然不同。

<table>
<tr><th>"郭文2"圖形</th><th>筆者圖形(上爲正視圖,下爲俯視圖)
(a爲下厚,b爲上厚,c爲上袤,h爲高。單位:尺)</th></tr>
<tr><td rowspan="2">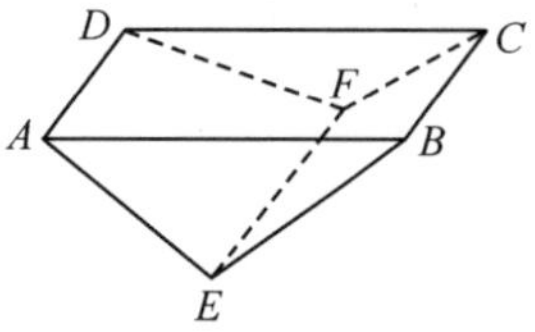
</td><td>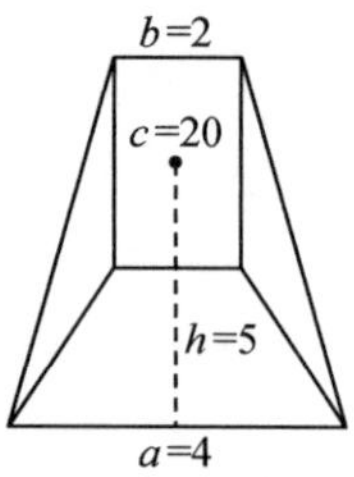
</td></tr>
<tr><td>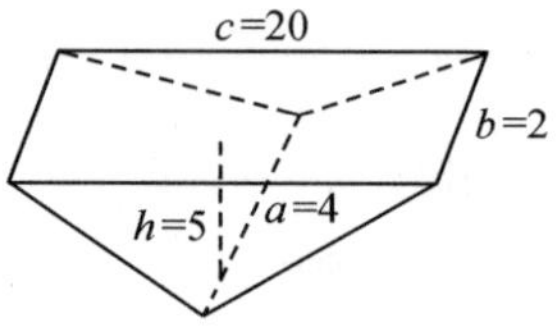
</td></tr>
</table>

通過比較可知,"郭文2"與筆者圖形各邊的對應關係如下:

"斬都"邊名及長度	"郭文2"圖形邊	本文圖形邊
下厚,4尺	EF	a
上厚,2尺	BC、AD	b
(上)袤,20尺	AB、DC	c
高,5尺	無(未標示)	h

通過以上論述可知,"郭文2"對算題幾何圖形的解讀是基本正確的,但"郭文2"圖形意義的表述不太通俗易懂。如果將"郭文2"圖形的表述予以優化,則可表述如下:

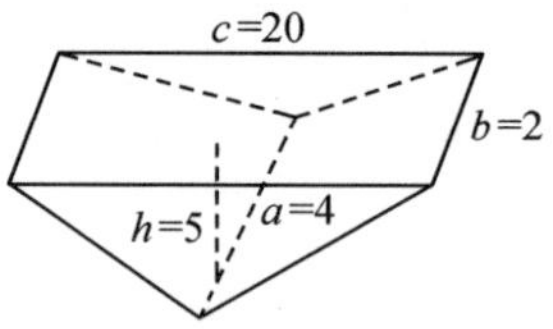

如是,也就通俗易懂了。

嶽麓書院藏秦簡《數》有一道立體幾何算題,編號爲195/0456-196/J13:[①]

> 城上廣二丈,下廣五丈,上袤六丈六尺,下毋(無)袤,高六丈四尺,積尺六萬三千三百六十尺。术(術)曰:以上(195/0456)☐廣袤相乘,高乘之,二成一尺。(196/J13)

此題寫在兩枚簡上,其中第一枚簡(195/0456)爲整簡,末二字爲"以上",第二枚簡(196/

① "/"前爲整理者據内容編的序號,後爲簡的原始編號。見朱漢民、陳松長主編《嶽麓書院藏秦簡(貳)》,上海辭書出版社,2011,彩色圖牘見27頁,紅外綫圖版見141-142頁。爲便於表述簡文的起迄,隨文標出簡號。

J13）上端殘約三分之一，甚惜。細審可知，該題的幾何圖形實際上指的是城高低相接過渡處的圖形，且其圖形與“斬都”題圖形是類似的，衹是“術”（算法）不同而已。其圖形和算法如下：

正視圖（a 爲下廣，b 爲上廣，c 爲袤 6.6，h 爲高。單位：丈）[①]

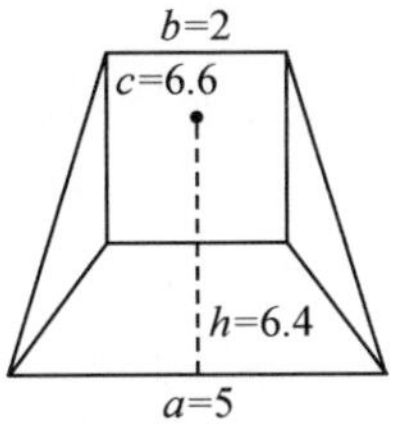

該題“術”的文字已殘不少，具體算法未能確定，但與張家山漢簡“斬都”題的“術”不一樣是肯定的。推測其算法如下：[②]

$$V=\frac{1}{2}(20\times66\times64)+2\times\frac{1}{6}\left[\left(\frac{50-20}{2}\right)\times66\times64\right]=63360\text{ 尺}^3$$

不妨將《數》的圖形與“斬都”圖形對比如下：

<table>
<tr><th>《數》195/0456－196/J13 圖形（正視圖）
（a 爲下廣，b 爲上廣，c 爲袤 6.6，h 爲高。單位：丈）</th><th>“斬都”圖形（正視圖）
（a 爲下厚，b 爲上厚，c 爲上袤，h 爲高。單位：尺）</th></tr>
<tr><td>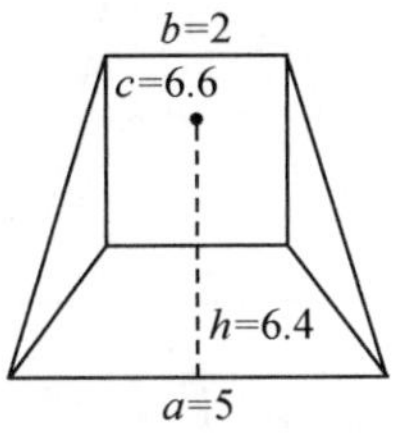
</td><td>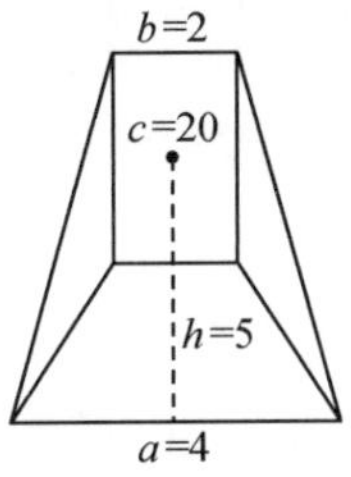
</td></tr>
</table>

嶽麓書院藏秦簡《數》195/0456－196/J13 算題的發現，也從側面證明了張家山漢簡“斬都”題圖形如上解讀的科學性。

郭書春在《九章筭術譯注》一書中解析劉徽注時分析過“羨除”的幾種特殊形式，郭氏解釋劉徽注語“凡塹堵上袤短者，連陽馬也”[③]時説：“凡是塹堵上袤比羨除的上廣短的羨除，由一個塹堵及兩側的陽馬組成，如圖（1）（2）。顯然，這兩種羨除在數學上没有什麼不同。自此劉徽討論兩廣相等的另外幾種羨除。”[④]接着，郭書繪出由此兩類所包含的以下四種特殊形式圖：[⑤]

---

① 下圖爲正視圖，《嶽麓書院藏秦簡（貳）》141 頁所繪圖爲側視圖。

② 因該題“術”的簡文已殘不全，現根據所存的“術”殘文，將該題换算成 1 個“塹堵”和兩個“鱉臑”來計算。

③ 詳見郭書春《九章筭術譯注》，上海古籍出版社，2009，201 頁。筭，今通行寫作“算”，郭書寫作“筭”。

④ 末句的意思是：這是劉徽討論兩廣相等的另外幾種羨除。

⑤ 以下四種圖形，（1）（3）爲一類，（2）（4）爲一類。

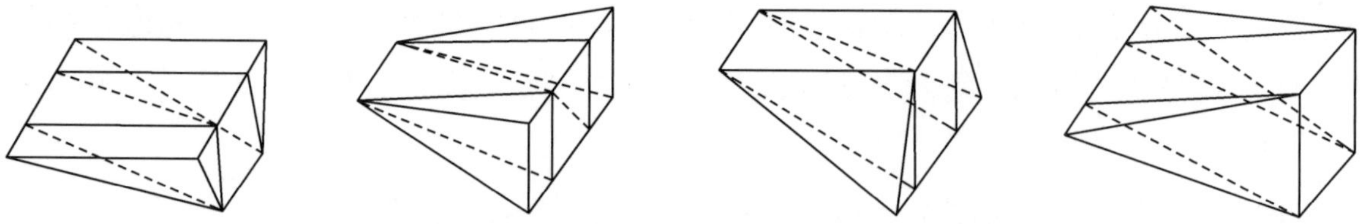

(1)　(2)　(3)　(4)

如果我們將《算數書》"斬都"的圖形與上圖對比,即可知上圖形(4)與"斬都"圖形同類。試將上圖形(4)與"斬都"圖形對比如下:

"羨除"的特殊形式圖形(4) 上爲劉書原圖(契口向左) 下爲左轉 90^0 圖(契口向下)	"斬都"圖形(正視圖) 上爲保留數值圖 下爲去掉數值圖
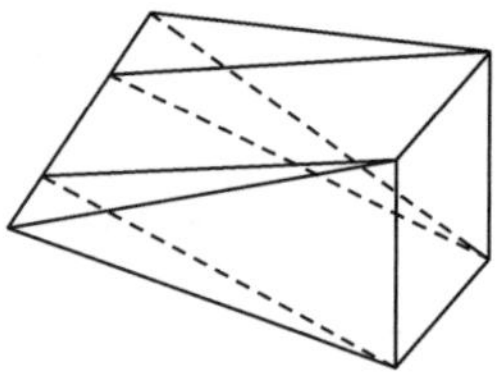	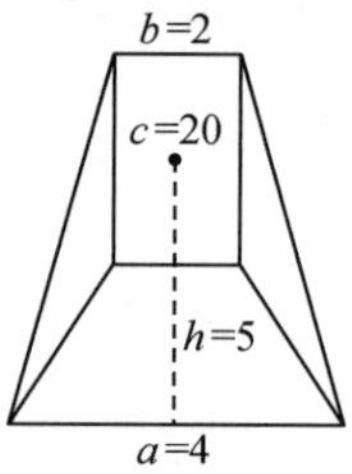
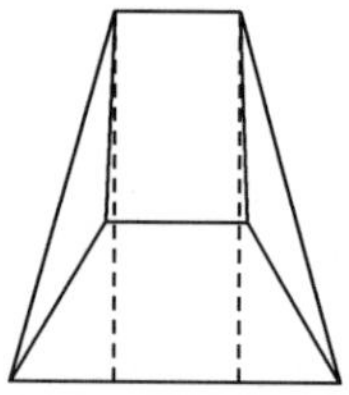	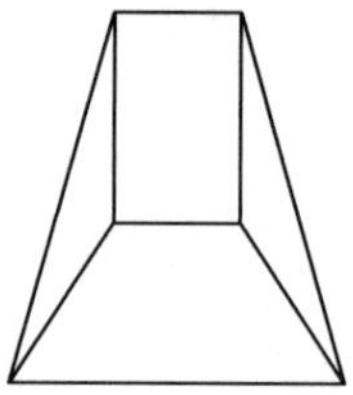

這些都説明,張家山漢簡《算數書》的"斬都"題與秦漢時期的其他數學文獻是有聯繫的,并不是空穴來風。

四　"斬都"命名解讀補正

以上論證已説明,包括張家山漢簡整理小組在内的不少時賢對"斬都"題圖形的解讀都不準確。"斬都"(即原所謂"鄆都")并不是《九章算術》的"芻甍",二者的幾何圖形大不相同,《九章算術》的"芻甍"形狀是楔口向上、楔口長度小於與之平行的楔座邊的長度(比值 2∶4)、與楔口平行的楔座邊的長度大於相鄰楔座邊的長度(比值 4∶3)的標準楔形,而《算數書》的"斬都"正相反,是楔口向下、楔口長度大於與之平行的楔座邊的長度(比值 4∶2)、與楔口平行的楔座邊的長度小於相鄰楔座邊的長度(比值 2∶20)的非標準楔形。所以,即使將斬都圖形倒置,也絶不類"芻甍"形狀,即絶不類"草棚屋頂的形狀"。"斬都"的幾何圖形也不同於《九章算術》的"塹堵",因爲"塹堵"是兩底面爲直角三角形的正柱體,亦即長方體的斜截平分體。如果要說張家山漢簡《算數書》的"斬都",與《九章算術》的"芻甍"和"壍堵"三者的幾何圖形具有什麼共同點的話,那就是三者都可說是楔形;但三者又是不同類型的楔形,絶不是同類幾何圖形。如果要説張家山漢簡《算數書》的"斬都"的圖形與《九章算術》有什麼聯繫的話,倒是可以説與《九章算術》"羨除"的特殊形式圖形之一種相類。

接下來我們必須要解决的問題是,何爲"斬都"呢?此題名的意義是什麼,即得名之由、命名之意是什麼,亦即題名是什麼意思,爲什麼要命爲這個名稱,用現代語言學術語來説,就是"斬都"的詞源意義是什麼?且此題名與題意相關嗎?這是我們解讀"斬都"題無法回避的問題。下面試予以解析。

斬,本指古代的一種刑罰車裂,引申爲砍殺。《説文・車部》:"古用車裂,後人乃法車裂之意而用鈇鉞,故字亦从車。斤者,鈇鉞之類也。"[①]《釋名・釋喪制》:"斫頭曰斬,斬腰曰腰斬。"[②]《周禮・秋官・掌戮》:"(掌戮)掌斬殺賊諜而搏之。"鄭玄注:"斬以鈇鉞,若今要(腰)斬也;殺以刀刃,若今弃市也。"[③]《史記・陳涉世家》:"失期,法皆斬。"[④]再引申爲泛指砍或砍斷。《周禮・考工記・輪人》:"輪人爲輪,斬三材必以其時。"[⑤]《墨子・非攻下》:"芟刈其禾稼,斬其樹木。"[⑥]

都,有"橛"義,即"短木樁、木橛子"類義,上古時此義是個方言詞。《方言》卷五:"橛,燕之東北朝鮮洌水之間謂之椴。"郭璞注:"椴,楬杙也,江東呼都。"[⑦]《廣雅・釋宫》:"椴,杙也。"王念孫疏證:"椴之言段也,今人言木一段兩段是也。"又《釋宫》:"橛,杙也。"王念孫疏證:"凡木形之直而短者謂之橛。"[⑧]這裏需要注意的是,正如上引郭璞注所説:"椴,楬杙也,江東呼都。"張家山漢簡《算數書》的出土地點正屬於"江東"楚方言區,從此點上講,釋"都"爲"橛"正與郭注相合。[⑨]

斬都,即斬削短木樁,砍削木橛子,《算數書》中的算題"斬都"一名自然指砍削短木樁、木橛子而成的楔形,并特指砍削木樁而成的楔口向下、楔口的長度大於與之平行的楔座邊的長度、與楔口平行的楔座邊的長度小於相鄰楔座邊的長度的楔形(屬非標準楔形)。通過以上對該題内容的分析可知,"斬都"所指的幾何圖形正是這種圖形。據此我們可以推測,"斬

① [漢]許慎撰,[清]段玉裁注:《説文解字注》,北京:中華書局,2013,737 頁上。

② [漢]劉熙撰,[清]畢沅疏證,[清]王先謙補,祝敏徹、孫玉文點校:《釋名疏證補》,北京:中華書局,2008,286 頁。

③ [漢]鄭玄注,[唐]賈公彦疏:《周禮注疏》,上海古籍出版社,2010,1397 頁。

④ 《史記》卷四八《陳涉世家》,北京:中華書局,2014,2366 頁。

⑤ [漢]鄭玄注,[唐]賈公彦疏:《周禮注疏》,1525 頁。

⑥ [清]孫詒讓:《墨子閒詁》,北京:中華書局,2001,141 頁。

⑦ [清]戴震:《戴震全書・方言疏證》,合肥:黄山書社,2010,92 頁。

⑧ [清]王念孫:《廣雅疏證》,上海古籍出版社,2016,1092 頁。

⑨ 有必要順便指出的是,由於文獻流傳的原因,原來人們未能找到"都"表示"橛、短木樁、木橛子"義的文獻用例,現出土文獻正好爲我們提供了確切的用例,亦説明出土簡帛文獻在語言文字史研究方面的實貴價值。

都"算題是江東的學者對嶽麓書院藏秦簡《數》195/0456-196/J13 類算題的發展,幾何圖形未變,祇是將"術"(算法)變了的結果。同時,從數學發展史的角度出發,將"斬都"題與嶽麓書院藏秦簡《數》195/0456-196/J13 算題、《九章算術》"羨除"算題的特殊形式一并予以考察,可知三者是具有聯繫的,説明"斬都"算題淵源有自,不是空穴來風。

總之,要正確解讀張家山漢簡《算數書》,必須既要重視文字的隸定釋讀,也要重視題意的理解分析,還得重視題名的命名之意的研究,同時注意與同時期的其他數學文獻一并考察,方才有可能真正弄清楚原書原題的意旨和淵源。當然,這一工作是十分艱難的,不可能一蹴而就,需要學界同仁的長期努力。以上所論,敬請方家指正。

附記:本文蒙匿名審稿專家惠賜寶貴的修改意見,特致謝忱!

關於馬王堆帛書“朱縣”的一個推測

復旦大學出土文獻與古文字研究中心　程少軒

内容提要　馬王堆帛書《刑德》甲篇與乙篇所見星宿分野中的“魏氏朱縣”應該是指魏國的河東地區；“朱縣”可能是用河東地區的重要城邑指代整個地區；作爲城邑名的“朱縣”或許是魏人爲避先祖魏絳的名諱而爲“绛縣”所起的同義詞别名。

關鍵詞　馬王堆帛書　星宿分野　朱縣　绛縣

馬王堆帛書《刑德》甲、乙兩篇，均抄有一段有關星宿分野的文字。根據抄寫情況判斷，乙篇内容係抄自甲篇，因此這兩個版本除用字略有差异外，内容基本一致：

房左驂，汝上也；其左服，鄭地也；房右服，梁地也；右驂，衛。婺女，齊南地也。虛，齊北地也。危，齊西地也。營室，魯。東壁，衛。婁，燕。胃，魏氏東陽也。参前，魏氏朱縣也；其陽，魏氏南陽；其陰，韓氏南陽。畢，韓氏晋國。觜觿，趙氏西地。罰，趙氏東地。東井，秦上郡。輿鬼，秦南地。柳，西周。七星，東周。張，荆北地。[①]

① 裘錫圭主編：《長沙馬王堆漢墓簡帛集成（伍）》，北京：中華書局，2014，16－17 頁、48 頁。原釋文隸定較嚴格，引用時改爲寬式。

陳松長、[1]劉樂賢、[2]晏昌貴[3]三位先生對這段星宿分野作過專門研究,解決了很多問題。但其中的"魏氏朱縣",一直没有得到很好的解釋。陳松長先生和劉樂賢先生均對朱縣存疑待考,晏昌貴先生則認爲該地即《史記・韓世家》所見之"朱":

> 《史記・韓世家》載昭侯二年(前361年):"宋取我黄池。魏取朱。"《六國年表》同。錢穆《史記地名考》引《水經・沁水注》,"疑'朱'或以朱溝水名,當在今沁陽縣境内。"楊寬則據同年宋取黄池事,疑朱在黄池附近。今按:今河南沁陽屬韓之南陽,已見上考。錢説恐不確。同年魏徙都大梁,伐韓取朱與徙都大梁應是魏國具有連貫性的戰略行爲,意在取朱以作爲大梁的外圍屏障。黄池在大梁(今開封)東北,是比較符合這一形勢的。此外,據上考,魏南陽在東爲陽,韓南陽在西爲陰,帛書分野與"参(昴)前"相對應的朱縣應位於黄河以南,大梁以西、以北地區,具體地望待考……從分野所涉及地理範圍看,以韓、魏二國最爲詳細,韓氏有南陽、鄭地、晋國,魏氏有南陽、東陽、朱縣、梁地,數量上超過其他諸侯國。尤其是魏國,不僅數量最多,還出現了像朱縣一類小地名,前所未聞。[4]

"魏氏朱縣"是不是見於《韓世家》的"朱"?它在哪裹?爲什麽用縣名表示分野?對這些問題,學界并未達成一致意見。

在闡述我們的推論之前,先簡單談一談對帛書星宿分野的整體理解。借用劉樂賢先生"帛書、《淮南子・天文》《漢書・地理志》的分野説比較"表,將帛書星宿分野信息與傳世文獻中兩種代表性的分野説列表如下:

表1　帛書、《淮南子・天文》《漢書・地理志》的分野説比較[5]

星宿	馬王堆帛書	《淮南子・天文》	《漢書・地理志》
角	×	鄭	韓
亢	×	鄭	韓
氐	×	宋	韓

① 陳松長:《馬王堆帛書〈刑德〉甲、乙本的比較研究》,《文物》2000年第3期,收入其著《簡帛研究文稿》,北京:綫裝書局,2007,138-154頁;陳松長:《帛書〈刑德〉的分野占小考》,收入其著《馬王堆帛書〈刑德〉研究論稿》,臺北:臺灣古籍出版社,2001,79-84頁;陳松長:《帛書〈刑德〉分野説略考》,《"中國的視覺世界"國際會議論文集》,巴黎《語彙叢刊》2005年11月,收入其著《簡帛研究文稿》,北京:綫裝書局,2007,165-173頁。

② 劉樂賢:《馬王堆漢墓星占書初探》,《華學》第1輯,廣州:中山大學出版社,1995,111-121頁;劉樂賢:《馬王堆帛書〈星占書〉釋叢》,收入其著《簡帛數術文獻探論》,武漢:湖北教育出版社,2003,189-212頁;劉樂賢:《簡帛文獻中的星宿分野資料》,收入其著《簡帛數術文獻探論》,243-254頁;劉樂賢:《馬王堆天文書考釋》,廣州:中山大學出版社,2004。

③ 晏昌貴:《馬王堆帛書星宿分野考》,《湖南省博物館館刊》第8輯,2011,18-23頁。

④ 晏昌貴:《馬王堆帛書星宿分野考》,21、23頁。

⑤ 劉樂賢:《簡帛文獻中的星宿分野資料》,245-246頁。

續表

星宿	馬王堆帛書	《淮南子・天文》	《漢書・地理志》
房	（左驂）汝上 （左服）鄭地 （右服）梁地 （右驂）衛	宋	宋
心	×	宋	宋
尾	×	燕	燕
箕	×	燕	燕
斗	×	越	吴
牽牛	×	越	粤
婺女	齊南地	吴	粤
虚	齊北地	齊	齊
危	齊西地	齊	齊
營室	魯	衛	衛
東壁	衛	衛	衛
奎	×	魯	魯
婁	燕	魯	魯
胃	魏氏東陽	魏	×
昴	×	魏	趙
畢	韓氏晋國	魏	趙
觜觿	趙氏西地	趙	魏
參	（前）魏氏朱縣 （陽）魏氏南陽 （陰）韓氏南陽 （罰）趙氏東地	趙	魏
東井	秦上郡	秦	秦
輿鬼	秦南地	秦	秦
柳	西周	周	周
七星	東周	周	周
張	荆北地	周	周
翼	×	楚	楚

續表

星宿	馬王堆帛書	《淮南子·天文》	《漢書·地理志》
軫	×	楚	楚

對於帛書星宿分野學説的時代,劉樂賢先生認爲"内容約形成於公元前304年至公元前284年之間";[①]晏昌貴先生則認爲"帛書分野的年代當在戰國中期,很可能就形成於公元前328年至前290年之間"。[②] 他們判定帛書分野學説時間的方法是一致的,即根據帛書中出現的地名,結合史書記載斷定時間的上下限。例如帛書中鄭國已滅,衛國猶存,魏已遷都大梁,秦已據有上郡,等等。之所以他們的結論在年份上有差异,是因爲他們對一些地名與史事關係的認識有所不同。無論如何,帛書分野學説形成的時間在公元前四世紀末至三世紀初,當無疑問。

根據帛書信息,結合傳世文獻的記載,劉樂賢先生認爲:

> 帛書所記載的可能是比較原始或未經整齊劃一過的早期分野學説,傳世文獻所記載的是經過後人整齊劃一的分野學説,故二者在細節上有些差别。當然,它們的來源應該相同,多數説法也較爲一致。這一點在上面所列對照表中已有清楚的體現。[③]

劉樂賢先生的看法,已爲學界廣泛接受。我們也基本同意他的觀點。但在此基礎上,我們要補充一些新的看法。

第一,房宿四星分主汝上、鄭、梁、衛,與其他各星宿分野的内容,文氣不接,邏輯衝突。首先,房宿四星,以一宿之内四顆星的南北方位分主四地;其餘各宿,即便一宿之内有所分工,也并非以星宿之方位與地理之方位對應,兩者存在顯著不同。其次,其餘星宿分野中,已有衛國,與房宿之衛國重複(其實鄭、梁等邏輯上亦有重複,詳見後文討論)。再次,如上表所示,其餘諸宿自婺女至張宿,基本是連續的;而房宿孤懸於一側。與其餘諸宿相比,房宿這段文字當有另外之獨立的文本來源。

第二,除了房宿部分,其餘諸宿基本連續,内部邏輯一致,是擁有共同文本來源的、邏輯完整的星宿分野體系。這個分野學説的文本,是在戰國時代群雄競相吞并、政區地理變動極爲劇烈的時代背景下,以一個與《淮南子·天文》《漢書·地理志》等傳世文獻有同樣理論來源的早期分野學説爲基礎,修改而成的。

第三,針對早期分野學説進行的改編,大概有多種邏輯。尚有迹可循的有兩種,一種是將舊國之分野改劃爲新國。例如,婺女本當是吴越之分野,但當時吴已滅亡,越則散爲百邦,

① 劉樂賢:《馬王堆漢墓星占書初探》,120頁。
② 晏昌貴:《馬王堆帛書星宿分野考》,22頁。
③ 劉樂賢:《簡帛文獻中的星宿分野資料》,248頁。

齊國向南擴張,據有原屬於吴越北部的領土,因此婺女被改爲齊南地。另一種是將星宿之分野再細化,以適應該星宿所主之國政區的變化。例如秦國在東井與輿鬼,帛書細化爲秦上郡和秦南地。總之,無非是星宿、國名、地域三者,取其中部分爲定點,調整其餘,加以取捨。帛書這套方案没有傳下來,大概是因爲相關調整難以適應後來更爲劇烈的政區變化。

第四,自婺女至張宿,幾乎涵蓋了戰國華夏全境,所缺的衹有一些邊邊角角,例如齊東、荆南、巴蜀等。這些地域,在春秋時期均屬於邊陲,未納入華夏控制範圍内。可以説,房宿之外諸宿所形成的星宿分野體系是基本完整的。其地理空間,是建立在"春秋時期華夏全境"這一基礎上的。因此,作爲帛書所見星宿分野體系所據之基礎的舊分野學説,應該是春秋時期的某一流派。

如果我們以上四點理解不誤,則帛書中胃、畢、觜觿、参各宿各星所主趙、魏、韓三國分野,均是在早期學説以這些星宿對應晋國的基礎上,再將星宿、國名、地域的對應關係進一步細化而成的。這種細分,從邏輯上説,諸星宿一定會嚴格對應趙、魏、韓三國當時的全部領土,既不會多,也不會少。至於房宿中出現已屬韓國的鄭和已屬魏國的梁,源於鄭、宋滅國後對原有區域的細分,屬於另一套邏輯,與對胃、畢、觜觿、参各宿的處理不在同一個體系内。

在以往的研究中,幾乎所有的學者都認爲"魏氏東陽""魏氏南陽""韓氏南陽"中的"東陽"和"南陽"是郡名。我們認爲這是不對的。同樣屬於三晋的趙國,被分爲"趙氏東地"和"趙氏西地",這是以太行山爲界,將趙國的領土細分爲兩個區域。既然對原春秋晋國的區域遵循同一邏輯細分,"南陽""東陽"等也應該是區域名而非郡名。陰和陽是一組地理方位詞,東南爲陽,西北爲陰,廣泛用於古代地理、數術等技術類文獻,劉樂賢先生有專文討論。[①]戰國時期之所以有"東陽""南陽"這樣的地名,是因爲根據當時的地理概念,東、南兩方爲陽。應該是先有"東南爲陽"的地理觀念,再有"東陽""南陽"這樣的區域名,最後才以這類區域名爲郡名。[②] 學者多以"東陽""南陽"爲郡名,恐怕是被思維定勢誤導了。

衹有把"東陽"和"南陽"看成區域名,對韓國分野的劃分才顯得合理。帛書將韓國劃分爲"韓氏晋國"和"韓氏南陽"。陳松長先生認爲,"韓氏晋國"指"韓國所分的晋國之地",[③]此説當可信從。"韓氏晋國"加上"韓氏南陽",就是當時韓國全境。戰國時期韓國的擴張,主要是吞并東南方的鄭國。所以,"韓氏南陽"的區域,是該分野學説撰寫時,除了韓國所據有的晋國故地外,向南擴張所得的以故鄭國爲主的大片領土。

把"東陽""南陽"看成區域而非特定的郡名,不但可以講清楚韓國的分野,魏國的三個

① 劉樂賢:《陰國、陽國考》,收入其著《簡帛數術文獻探論》,314–321頁。

② "東陽"亦有再降爲縣名的例子。六安出土"廿三年东陽"戈(見李龍俊、秦讓平《安徽六安出土"廿三年东陽"戈考》,《東南文化》2017年第1期),銘文中"東易(陽)"爲縣名。此例承吴良寶先生提示。

③ 陳松長:《帛書〈刑德〉分野説略考》,165–173頁。

地名"魏氏東陽""魏氏南陽""魏氏朱縣"的關係也可以厘清了。衆所周知,魏國的領土較爲分散,三家分晋時,魏國即擁有東西兩片不相聯屬的領地。即使後來向東、向南擴張占據了不少領土,魏國的領土仍很不規則,難以像韓國那樣以晋國故地和擴張新土來劃分。好在"東陽""南陽"這樣的地名,方位特徵十分明顯,可以推測出"魏氏東陽"是指魏國太行山以東的區域,"魏氏南陽"則是指魏國太行山以南的區域。準此,則"魏氏朱縣"當指魏國除去太行山以東、太行山以南的領土之外的部分。"魏氏朱縣"幾乎可以肯定不在今沁陽境内,也不在黄池附近,[①]而衹能是擁有安邑、垣、絳、曲沃諸城邑的河東地區,是對這片廣闊區域的統稱。

這個區域爲何叫"朱縣"? 或者説,爲什麽用"朱縣"這一縣級行政區作爲那麽大一片區域的代稱? 我們認爲,這個朱縣應該就是故晋國之首都絳。稱"絳"爲"朱"是爲避魏國祖先魏絳之名諱而以同義詞代之。

避諱起源甚早,春秋時期即有明確的避諱之例。《左傳·桓公六年》:

> 名有五:有信,有義,有象,有假,有類。以名生爲信,以德命爲義,以類命爲象,取於物爲假,取於父爲類。不以國,不以官,不以山川,不以隱疾,不以畜牲,不以器幣。周人以諱事神,名終將諱之。故以國則廢名,以官則廢職,以山川則廢主,以畜牲則廢祀,以器幣則廢禮。晋以僖侯廢司徒,宋以武公廢司空,先君獻、武廢二山,是以大物不可以命。[②]

晋僖公名司徒,爲避諱晋國改司徒爲中軍,此是春秋晋人避諱的典型例證。文獻亦有戰國魏人避諱之例,見於《韓詩外傳》:

> 魏文侯有子曰擊,次曰訴,訴少而立之以爲嗣。封擊於中山,三年莫往來。其傅趙蒼唐諫曰:"父忘子,子不可忘父。何不遣使乎?"擊曰:"願之,而未有所使也。"蒼唐曰:"臣請使。"擊曰:"諾。"於是乃問君之所好與所嗜。曰:"君好北犬,嗜晨鴈。"遂求北犬晨鴈賫行。蒼唐至,曰:"北蕃中山之君,有北犬晨鴈,使蒼唐再拜獻之。"文侯曰:"嘻!擊知吾好北犬,嗜晨鴈也。"則見使者。文侯曰:"擊無恙乎?"蒼唐唯唯而不對。三問而三不對。文侯曰:"不對何也?"蒼唐曰:"臣聞諸侯不名君。既已賜弊邑,使得小國侯,君問以名,不敢對也。"文侯曰:"中山之君無恙乎?"蒼唐曰:"今者臣之來,拜送於郊。"[③]

---

① 春秋時期平肩弧足空首布有銘作"朱"者,一般認爲是地名。吴良寶先生據《史記·韓世家》"魏取朱"的記載,推測此"朱"可能屬於鄭國,説見其所著《中國東周時期金屬貨幣研究》,北京:社會科學文獻出版社,2005,40頁。貨幣銘文中的地名"朱",與"魏氏朱縣"應該不是一地。

② [晋]杜預注,[唐]孔穎達疏:《春秋左傳正義》,[清]阮元校刻《十三經注疏》,北京:中華書局,1980,3801-3803頁。

③ [漢]韓嬰撰,許維遹校釋:《韓詩外傳集釋》卷八,北京:中華書局,1980,279-281頁。

魏文侯和他兒子魏擊的臣子趙蒼唐寒暄的時候直呼魏擊之名，趙蒼唐因爲魏擊已經被封爲中山之君而避諱，不回答魏文侯的問題。可見戰國時期有些魏人在避諱方面是比較講究的。

魏絳是晋悼公時期晋國重臣，在司法、外交、軍事方面有卓越的才能，被封於後來成爲魏國最初都城的安邑，是魏氏最爲重要的先祖之一。魏人爲此重要先祖避諱，爲絳地取一個别名，是説得通的。

“絳”和“朱”都指紅色，是一組同義詞。因避諱而改用同義詞，十分常見。秦時因避秦始皇之父子楚名諱，將楚改稱爲荆；漢時因避文帝劉恒、景帝劉啓之諱，將恒山改爲常山，將啓封改爲開封，均是以同義詞更改地名之例。

絳是故晋都城，是河東地區最重要的城邑之一。以重要城邑指代大片區域，戰國時代亦十分常見。例如魏國以梁爲都城，文獻中常以梁指代魏國；楚國以郢爲都城，文獻中常以郢指代楚國。戰國秦漢的一些郡名，就來源於當地的重要城邑，如代、瑯琊、邯鄲等，這些其實也是以重要城邑指代大區域的例子。之所以用别名爲朱的絳指代河東地區，而非魏國最初的都城安邑，恐怕與該分野理論源於春秋有關。春秋時期安邑的重要性遠不及作爲晋都的絳，最初的文本如果出現相關地名，時人一定會選擇絳而非安邑。在帛書文本中，“魏氏朱縣”與“韓氏晋國”的邏輯類似，它們均强調了相關區域與故晋國的密切關係。

從傳世文獻來看，衹有“绛縣”而無“朱縣”，可見“朱縣”這種别名或許衹在小範圍内使用過，流傳并不廣。帛書分野學説時間在公元前四世紀末至三世紀初。就在這一學説形成後不久，河東地區被秦國攻占，“朱縣”這種别名或許很快就廢止了。需要特别説明的是，先秦秦漢文獻避諱多不嚴，所以當時的文獻中可能會存在“朱縣”“绛縣”混用的情况。《竹書紀年》爲戰國魏之抄本，在今輯本中也出現了數次地名“絳”——這與西漢前期的銀雀山漢簡多次出現漢高祖名諱“邦”的情况類似。在《刑德》乙篇中，“朱”字被不明文義的抄手誤抄作字形相近的“未”。可見在秦末漢初馬王堆帛書抄寫使用的年代，大概已經没有多少人知曉朱縣與绛縣的關係了。

以上是我們在分析星宿分野學説流變的基礎上，對馬王堆帛書“朱縣”的一點推測，未安之處，尚祈方家批評指正。

長沙走馬樓西漢簡中的文字异寫現象例説*

湖南大學嶽麓書院
出土文獻與中國古代文明研究協同創新中心　陳松長

内容提要　長沙走馬樓西漢簡中的文字异寫現象較爲突出,主要表現爲隨意增減筆畫、筆畫誇張變形、構件簡省、構件同化和异化等。這種异寫現象應與西漢早中期文字構形尚未規範定型有關。走馬樓西漢簡的文字書寫多少保留了秦簡文字的構形痕迹,直接或間接地傳承了西漢早期長沙馬王堆帛書抄寫年代的文字構形特點。

關鍵詞　走馬樓西漢簡　文字　异寫現象

長沙走馬樓西漢簡是西漢中期,即漢武帝元狩元年(前122)前後長沙國第二代劉姓長沙王劉庸在位期間的官府文書,[①]這批簡共有2000多枚,内容雖都是行政或司法文書,但并不是同一個書手所寫,故其書體風格多有差异,但不管其書體風格差异多大,其所書寫的字體大都是隸書(間有章草),這批簡上的隸書文字給我們一個明顯的感覺就是書寫自由隨意,同一個文字的异寫現象相當突出,這種文字的大量异寫使這批簡牘文字的形體變化多樣,而

* 本文爲國家社科學基金重大攻關項目“長沙走馬樓西漢簡的整理與研究”(批准號17GZD181)的前期研究成果。

① 長沙簡牘博物館、長沙市文物考古研究所聯合發掘組:《2003年長沙走馬樓西漢簡牘重大考古發現》,中國文物研究所編《出土文獻研究》第7輯,上海古籍出版社,2005,61頁。

這也給西漢中期的异體字分析提供了衆多新的材料。

這裏,我們之所以不直稱其爲异體字,是因爲學界對异體字的認識多不統一,就是如裘錫圭先生所舉的 8 類狹義的异體字,[①]嚴格地説還都是所謂的“异構字”,即用不同的構形方式或用不同的構件構成的异體字,它也没包括我們所説的异寫字,這里所説的异寫字,主要是指因書寫變异而造成的异體字,[②]因此,本文主要從文字學的角度,對長沙走馬樓西漢簡中文字异寫現象進行例舉性考察和分析,以期初步梳理一下西漢中期文字异寫現象的種類,并在此基礎上,對其异寫的原因試作一些討論。

簡文中异寫字的現象很多,往往是同一個書手,所寫的同一個字,其筆畫或偏旁構件都可以隨意變化,但仔細查看,這種隨意性又往往是有其异寫演變的痕迹可尋的,如簡文中比較常見的“錢”字,就有多達 7-8 種形體,這些异寫的字,如果不在上下文的語義環境中,多有不認識的可能,如 1014 和 1037,這兩個字單獨拿出來,一下子可真不敢認,但如果我們將這些形體各异的“錢”字排出來,則其异寫變化的綫索還是很清楚的:

① 1001 ② 1037 ③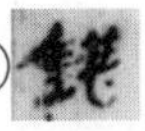 1037 ④ 1037

⑤ 1013 ⑥ 1013 ⑦ 1014

這 7 個“錢”字,有的還出自同一條簡上,如 1037 簡中出現 3 次,但每次都不一樣,由此可見其字的書寫相當自由,但有趣的是,這個字左邊的“金”旁很少變化,右邊却在不斷的變化中,這也許是此字的右邊在當時尚没定型,故書手可以隨意書之。仔細觀察,其未定型的主要表現反映在點畫的變异之中,如以第一個字形作爲定型的形體來看其他 6 個字形,其筆畫的變异都有迹可尋,如第②個字與第①個的差别,主要是結尾的那一斜筆變成了點畫而已,而第③個字與第②個字的差异是上面的一點穿過了三横畫,變成了一筆長斜畫。第④個字則將上面的三横省掉了一筆,變成了兩横,第⑤個字則是三横都不横穿那一竪筆,變得與“片”字的構形相仿,第⑥個字則是將那一長斜筆斷成兩截,且中間錯位,并將下部簡化成了“下”字,第⑦個字則是在將那一長斜筆斷開錯位的同時,其收尾還向右横拖來强化原來的勾筆,形成一種特殊的形體。

又如“臨湘”的“臨”字,在簡文中也是一個最常見的字,但其同形异構的現象也很嚴重,我們稍加檢索,就發現有很多不同的形體:

---

① 裘錫圭:《文字學概要》,北京:商務印書館,1988,198-201 頁。

② 參見王麗娜《試談异體字的定義及類型》,《忻州師範學院學報》2009 年第 1 期,40-42 頁。

① 1201 ② 1133 ③ 1172 ④ 1175

⑤ 1134 ⑥ 1135 ⑦ 1143 ⑧ 1129

我們且以比較標準的第一個字形來看其他 7 個字形的變异,其變化主要表現在文字構件的簡省和簡化方面,如第②個字是用兩橫筆來替代了“口”這個構件,第③個字則是在第②個的基礎上省略了一個“口”,第④個則是將第③個字的上面一横改寫到了“口”的下面,第⑤個字則省掉了上面的一撇,且將“口”這個構件寫成了倒三角形,第⑥個字在第④形的基礎上,將“口”簡化爲三點,帶有了章草的意味,第⑦字則將下面的三個“口”簡省爲兩筆,已經是章草的寫法了。第⑧個字則更是有意的草化,其右下的三個“口”就用一筆取代了,這種草化,其實都是書寫者對文字隨意异寫所造成的。

這種文字异寫的現象在走馬樓西漢簡中可以説是比比皆是,我們從文字構形的原理來分析,這種文字异寫的現象,大都表現在下列幾個方面:

1.隨意增減筆畫

筆畫的增減是最常見的异寫現象之一,有些筆畫的增減并不影響文字的形體辨認,如“券”字,作爲正字中間應該是兩横,作 1007,但簡文中或增筆爲三横,如 1001,很多則省簡爲一横,如 1005  1007,這種筆畫的增減可以説還没有影響到對其“券”字形體的認知和判斷,尚不會有文字理解的歧義。再如“所”字,其正體當是 1030,但簡文中好幾次出現作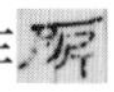 1021  1023 和 1030,值得注意的是,同是 1030 簡,一個寫爲正體,一個則多加一筆,這一筆實際上没有任何文字構形上的意義,僅僅是一種起裝飾作用的羨筆而已,故同樣無礙於對其字形的認知。但除了這種情况外,有些字的筆畫增減或可直接影響文字的釋讀,如“物”字右邊所從的“勿”,作爲聲符本是很固定的,但簡文中却在“勿”字的上面再加一撇,寫作 1004  1004,這就很不好辨認,初一看還以爲是什麽構件的省略呢,核之上下文,它顯然就是一個“物”字,這多加的一撇,也就是書手任性的羨筆而已。又如“溪”字,左邊“水”旁,右邊上從“手”,1080 簡中寫作,這是比較規範的寫法,但在 1003 簡中却寫作,右邊“奚”字所從的“手”省了一筆,訛成了“匕”或“口”,如果單獨辨認,真不知是何字,衹有在上下文中才能確定這就是“溪”字的隨意簡省筆畫所形成的异寫字。再如 1133 簡上“昭陵”的“昭”字,竟然寫作,左邊的“日”寫作“口”,合起來就完全不知是什麽字了,而衡之上下文可知,這衹能是“昭”字,書手隨意的簡省筆畫,實際上造成了一個不識的訛字,故這類隨意增減筆畫的异寫字,是應該清理和剔除的對象之一。

2.筆畫誇張變形

文字的構形筆畫不論是哪種字體，都有一個度的制約，如果特别的誇張，那往往會造成新的异寫字，簡文中較有代表性的如“智”字，就因筆畫誇張變形而幾不可識，如在1001簡中寫作，在1007簡中寫作，均不敢直接認知，因其左上寫成了“夫”，右上寫作長捺的“戈”，下面則寫得象個“目”字，將三者組合起來一看，初似一個新的不認識的字，而此字給人最大的錯覺就是右上那一斜筆，拉得那麽誇張，完全將下面的所謂“目”字框於其内，給人以全新的感覺。其實，這就是“智”字的誇張异寫，其中左上省了“矢”字的一撇，右上將“于”字的竪筆誇張變形爲一長斜筆，再將下面的“口”簡省爲一筆，從而變形爲這個比較特殊的形體。這種誇張變形，我們也可從其他异寫的字體中看到其漸變的痕迹，如1079簡中“智”寫作“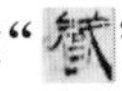”，這應該是基本保存原形的“智”，唯一的變形還衹是右上部的“于”訛變成了“戈”，到1003簡中就寫作“”，其左上的“矢”省了一撇，而右上“戈”字的第二横又毫無道理地加了一小竪，把本要居中的“口”擠到一邊去了。再由此則誇張變形成1007簡中的“智”，這也就并不奇怪了。

再如“丞”字在簡文中很常見，其正體當是1175簡中的“丞”，字形作，但我們在其他簡中看到，“丞”的异寫字很多，或寫作117011291129和1126，其中1126簡中的“丞”字就是比較典型的筆畫誇張變形者，它有意地將中間那一竪特别誇張地拉長，然後用短横畫來取代“丞”字的其他筆畫，從而構成這個特别誇張變形的字，當然，這種誇張變形的構形方式并不是很普及，但在走馬樓西漢簡的文字异寫中，仍是一個不可忽視的現象。

3.構件簡省

文字構件的省略，是异寫的常見現象之一，它包括兩種情况，一種是構件的完全省略，如“受”字寫作12281001，這是在异寫的過程中，將兩手之間的文字構件“舟”給完全省略了。另一種是構件并没有完全省掉，而是構件本身發生的异變，如“智”字寫作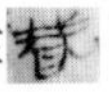1001，是將文字構件中的“口”簡省爲一個短横。又如“臨”字寫作1129，將三口簡省草化爲兩筆，“爲”字寫作1181，將上部的手簡省爲一斜筆，“薑”字寫作1037，將下面的“田”簡省爲兩點，這都是草化簡省的常見現象。再如“若”寫作1126，將草字頭簡省爲短竪折横的筆畫，這也是因草化而産生的構件簡省。此外，個别的構件簡省似乎并没有多少理據，如1077簡中出現的“强是”二字，分别寫成了，如果不是前面出現過“强是”二字，那真不知道這是兩個什麽字，其中的“是”還勉强可以説是草化的結果，但“强”字右邊的异寫就基本不可解釋，感覺是一種没寫完的狀况，如果真是如此的話，或許我們可稱其爲是一種書寫過程中

不經意留下的構件簡省。

4.構件同化、异化

除了文字構件的省略簡化之外,文字構件的同化現象也時有表現,其中最有代表性的是作爲偏旁部首的“木”和“牛”這兩個構件基本不分,完全同化,也就是以“牛”爲偏旁的字,大都寫作“木”,最典型的是簡文中有一組檢查傳舍狀況的簡,其中“牡牝瓦”的“牡牝”二字共出現了 14 次,其左邊的“牛”旁基本上都寫成了“木”旁,作 1030  1036,與這批簡中 1030 簡上所寫的“枚”字形體完全相同。不止如此,簡文中的“物”字更有特别寫作從“木”者,其文字异寫成 1001。

文字構件既有同化現象,更有同一個構件的异化現象,如前面所例舉的“錢”“臨”等字,都是同一構件异化的結果。再如“證”字,分别作 1003  1011  1080,一看就知其左右兩邊的構件都有异化,如左邊的“言”,1080 簡上的字就簡省了一横,而右邊的“登”,則出現了不同的异寫,异化非常嚴重,不僅是上部“癶”分别訛成了“非”和“羽”的變體,其下部的“皿”也是“豆”這個構件异化的結果。更有意思的是,同樣是訛成了“皿”,其形體也不相同,其中 1180 和 1011 兩個字的“皿”還基本保存了其中兩豎的構形特徵,而 1030 簡上的“皿”則完全异化,它將“皿”字構形中的兩短豎合并簡省爲一短豎,然後上接“口”形,下加一長横,其形體既與“皿”有异,又與“豆”這個構件發生了一些關係,這樣,同是一個“證”字的構件异化,也就産生了不同的异寫字形。

這種構件异化現象的例子還很多,例如同一個“尉”字就寫作 1038  1038  1132,三個字的异形主要也是對尉字左下的“示”這個構件的异化的結果,其中第一個將中間一豎上伸,寫成了一個“未”,第二個則將下面的左右兩筆連成一横,訛成了一個“主”,第三個則省了中間的一豎,變成了三横,這種構件的异化,平添了异寫字的各種不確定性。再如“案”字中的構件“女”就多被書寫者隨便地异化,分别作 1046  1046 和 1047,其中 1046 簡上的兩個“案”字都不同形,一個寫作一横兩豎,一個則寫成一横三豎,但不管是兩豎還是三豎,都與“女”這個構件相差很遠,衹有 1047 簡上的這個構件才與其正體 1150 較爲接近,因此,我們可以説,文字構件的异化乃是异寫字的主要類型之一。

文字構件的异化還表現在以不同的構件來構形,如“都”字,簡 1259 就寫作,左邊的構件很清楚,是“者”,其所構成的文字也就是我們現在熟知的“都”字,但簡文中好幾次寫作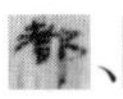、 1004  1005  1076,將其左邊的構件“者”字寫成了類似於“耆”。其實“者”和“耆”的形體差别是很大的,而“都”不可能由“耆”和“邑”組合而成,故抄寫者是明顯地將“都”字“者”這個構件誤寫成了“耆”的形狀,故這種异寫字實際上已是所謂“异構字”範

疇了。

長沙走馬樓西漢簡文字的异寫現象這麽豐富,這多少説明西漢早中期的文字構形尚没規範定型,尚處於一種相對自由隨意的時期。我們知道,秦漢之際是隸變的重要時期,當時的秦隸、古隸都處在不定型的演變當中,最有代表性的如睡虎地秦簡中的“秦隸”和馬王堆帛書中的“篆隸”“古隸”等都是當時文字异寫、异構最豐富的時期,特别是馬王堆帛書抄寫時代的下限在漢文帝十二年(前 168),它與走馬樓西漢簡的書寫時代(前 128–前 120)相隔不到 50 年,且都是長沙國首府臨湘的產物,其時的長沙國自漢初吴芮被封爲長沙王以來,一直偏安於一隅,少有戰争的破壞,故其文化的傳承是必然的事。這種文化的傳承自然包括文字書寫的定式和文字構形的特徵等各個方面,特别是其書手可能都出自長沙國本地,都是在長沙國這塊土地上生長起來的,那他們之間的文化傳承也是很自然的事,故這批簡文中的文字構形和异寫現象或多或少地保存著秦漢時期簡帛文字的一些痕迹和影子也就并不奇怪了。

例如,簡 1080 中有一個字寫作,最開始或釋爲從“土”的“埍”字,但其左邊并不是從“土”,而是從“士”,右邊也不是從“目”,而是從“䀠”。另外,簡 1001 中還有一個左邊從“女”,右邊寫得比較潦草的字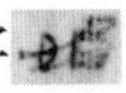,或釋爲“娟”,其實,其右邊也不是從“目”,而是“䀠”的异寫,是秦文字中“婿”的异寫字,應該隸定爲從“女”從“䀠”,也就是“婿”的秦文字遺存。《説文解字・士部》:“壻,夫也。從士,胥聲。”“婿,壻或從女。”[①]可知在許慎的時代仍認爲“婿”是“壻”的或體,兩者是一個字。睡虎地秦簡《魏户律》中出現了的兩個“贅婿”的“壻”都寫作從“士”從“䀠”,[②]與此形體完全相同。由此可知,簡文中的這個字也就是睡虎地秦簡中的“壻”字的直接傳承,故比較完整地保存了秦文字的一些構形特點。

除了秦簡文字的遺存之外,我們還發現這批簡文中的好些文字構形直接源自長沙馬王堆帛書中的古隸字體,其中最有代表性的如“受”這個字,在 1001 簡中就出現了三次,分别寫作或,其上部的手完全豎了起來,這種寫法在其他秦漢簡牘中相當少見,唯獨在馬王堆帛書中可以找到與其非常相近的文字形體。如馬王堆帛書《戰國縱横家書》中的“受”字就有寫作的,[③]兩相比較,簡文中衹是將“舟”這個構件省略了而已,其他的筆道和構形可以説完全相同,而以“受”爲偏旁構件的“辭”字也均寫作1001 或1080,其構形特點也與馬王堆帛書《戰國縱横家書》中的“辭”字構形基本相同。與此相類似的還有一個“聲”字的構形也頗有代表性,這個字分别寫作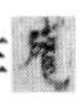1078 和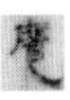1132,其構形的部件組合比較有意思,該字基本

① [漢]許慎:《説文解字・士部》,北京:中華書局,1980,8 頁。
② 睡虎地秦墓竹簡整理小組編:《睡虎地秦墓竹簡》,北京:文物出版社,1990,174 頁。
③ 陳松長:《馬王堆簡帛文字編》,北京:文物出版社,2001,154 頁。

取自馬王堆帛書《老子》甲本中的“聲”字,在帛書中這個字寫作,[①]兩相比較,形體基本相同,不同的是該字的下部將“耳”訛寫成了“邑”,從文字异寫的角度來看,這很可能是簡文的書手并不清楚“聲”字所從義符的意義,故形近而訛所造成。

這種直接取法長沙馬王堆帛書文字而又在構形上略有差异的异寫現象,在很大程度上反映了這批簡文的書寫者直接或間接地傳承了西漢早期馬王堆帛書抄寫時代的文字構形特點。這或許也説明,這批簡文的文字構形特徵和异寫現象并不是一蹴而就的,而應該是秦漢之際簡帛文字構形和書寫特點的一種延伸和發展。這也正好説明,西漢中期長沙國書手們所表現出來的异寫現象和構形特徵都不是憑空出現的,它與秦漢之際的簡帛文字之間不僅時代接近,地域相同,説不定書手之間還有師承關係,故其在文字構形和書寫方面保存和演繹著秦漢簡帛文字的特徵也就不足爲奇了。

① 裘锡圭主編:《長沙馬王堆漢墓簡帛集成(壹)》,北京:中華書局,2014,99 頁。

走馬樓西漢簡刑制史料初探*

湖南大學法學院　歐揚

内容提要　走馬樓西漢簡揭示了肉刑廢除後不久的刑制。梳理走馬樓西漢簡刑制史料,比勘《漢書·刑法志》刑制改革内容,應據簡文將顔師古删改的"籍笞"復原。漢文帝廢肉刑制詔中有"釱趾",屬於改制後的刑罰體系。刑罰名稱嚴格對應肉刑,致使簡文出現"笞一百、二百"等過渡期現象。"城旦籍髡笞"是刑徒名類。可據走馬樓西漢簡與其他出土文獻大致復原漢武帝時期刑制。《漢書·刑法志》大幅删改漢文帝制詔,而流傳中當有文字脱漏,因此今志文并非法令原貌,補充少量詞句并不能使之復原。

關鍵詞　走馬樓西漢簡　刑制　刑徒　籍笞　釱趾

2005年發掘組據簡文初步判斷走馬樓西漢簡的年代是漢武帝元朔、元狩年間,①在漢文帝、景帝刑制改革之後。通過對簡文與《漢書·刑法志》的對讀,可知刑制改革已在漢武帝時期的長沙國推行,簡文體現了過渡期刑制的獨特風貌。本文從籍笞、釱趾兩點展開探討。

---

* 基金項目:國家社科基金重大項目"長沙走馬樓西漢簡的整理與研究"(17ZDA181)、國家社科基金青年項目"秦亡漢興之際司法實態變遷研究"(16CFX008)。

① 長沙簡牘博物館、長沙市文物考古研究所聯合發掘組:《2003年長沙走馬樓西漢簡牘重大發現》,《出土文獻研究》第7輯,上海古籍出版社,2005,61頁。

一　籍笞

臣謹議請定律曰:諸當完者,完爲城旦舂;當黥者,髡鉗爲城旦舂;當劓者,笞三百;當斬左止者,笞五百;當斬右止,及殺人先自告,及吏坐受賕枉法,守縣官財物而即盜之,已論命復有笞罪者,皆弃市。

顔師古注:(前略)今流俗書本"笞三百""笞五百"之上及"劓者"之下有"籍笞"字,"復有笞罪"亦云"復有籍笞罪",皆後人妄加耳,舊本無也。[①]

以上是《漢書·刑法志》[②]廢肉刑部分,顔注指出"今流俗書"版本無單獨"笞"字,均作"籍笞",今志文無"籍"字是顔據"舊本"校改所致。張建國認爲"今流俗書"體現法令原貌,他所據之《漢書·刑法志》漢景帝改制部分,引如下:

景帝元年,下詔曰:"加笞與重罪無异,幸而不死,不可爲人。其定律:笞五百曰三百,笞三百曰二百。"猶尚不全。至中六年,又下詔曰:"加笞者,或至死而笞未畢,朕甚憐之。其减笞三百曰二百,笞二百曰一百。"[③]

張建國認爲"籍笞"即"加笞","籍"比"加"更好地體現了笞不是獨立的刑罰,而是附於髡鉗城旦舂的。他就此復原志文如下:

臣謹議請定律曰:諸當完者,完爲城旦舂;當黥者,髡鉗爲城旦舂;當劓者【籍笞】,【籍】笞三百;當斬左止者,【籍】笞五百;當斬右止,及殺人先自告,及吏坐受賕枉法,守縣官財物而即盜之,已論命復有【籍】笞罪者,皆弃市。[④]

"當劓者籍笞,籍笞三百"句,重複"籍笞"實無必要,而顔注指出"笞三百"上及"劓者"下"今流俗書"作"籍笞",明言兩處而非一處,原文當作"當劓者籍笞……籍笞三百",則今志文當非顔師古所見《漢書·刑法志》原貌,疑有脱漏。

材料一:走馬樓西漢簡 0623 左行

☑□□□□□人(?)等公士以上有籍笞二百至隸臣□

材料一所見走馬樓西漢簡"籍笞"辭例證實了張建國的觀點,應據簡文校《漢書·刑法志》諸

① 《漢書》卷二三《刑法志》,北京:中華書局,1962,1099、1100 頁。

② 下文省稱爲"志文",對通行版本的志文,下文稱"今志文"。

③ 《漢書》卷二三《刑法志》,1100 頁。

④ 張建國:《帝制時代的中國法》,北京:法律出版社,1999,193、194 頁。

“笞”爲“籍笞”。末尾未釋字墨迹漫漶，據殘筆及文義當是“罪”。“公士以上有籍笞二百至隸臣[罪]”，即公士爵以上之人有“籍笞二百”以下至隸臣的罪。“籍笞二百”是特定刑罰的簡稱，其全稱據志文是“髡鉗城旦舂籍笞二百”，在漢景帝改笞數後這是次死刑一等的刑罰。張建國指出顔師古校改之後“已論命復有笞罪者”易使人誤解爲再犯笞這種輕罪就會被處以死刑，實則是再犯較重的“籍笞罪”才處死。[①] 甚確。

爲了解漢“籍笞”之淵源，有必要分類梳理秦及漢初的笞。

第一，秦及漢初是存在可獨立適用的刑罰笞，因此不能獨立適用的笞稱“籍笞”或“加笞”以區別。

先探討對吏、民獨立適用的刑罰笞。

不會毄（繫）城旦舂者，以亡律諭〈論〉之。（嶽肆·040/2044）

不會收及隸臣妾之耐，皆以亡律論之。（嶽肆·041/2048）

不會司寇之耐者，以其【獄鞫已】論，其審當此【耐而不會，耐爲鬼薪。】（嶽肆·042/2101）

不會笞及除，未盈卒歲而得，以將陽癖（癖），卒歲而得，以闌癖，有（又）行其笞。（嶽肆·043/1989）[②]

引文是嶽麓書院藏秦簡[③]《亡律》“不會”四簡，其末簡内容與睡虎地秦簡《法律答問》第163簡所引律文相似：

“不會，治（笞）；未盈卒歲得，以將陽有（又）行治（笞）。”今士五（伍）甲不會，治（笞）五十；未卒歲而得，治（笞）當駕（加）不當？當。[④]（163）

據嶽麓秦簡《亡律》，引文兩處“不會笞”當連讀。[⑤] 朱紅林、吴雪飛等也提出此校改。[⑥]

闌亡盈十二月而得，耐。不盈十二月爲將陽，毄（繫）城旦舂。（嶽肆·091/0185）[⑦]

引文是嶽麓秦簡《亡律》另一律條。可見秦對黔首逃亡犯罪的處罰與睡虎地秦簡與嶽麓秦簡

① 張建國：《帝制時代的中國法》，194、195頁。

② 陳松長主編：《嶽麓書院藏秦簡（肆）》，上海辭書出版社，2015，52、53頁。按：“嶽肆·043/1989”，即此簡《嶽麓書院藏秦簡（肆）》卷内號043，嶽麓秦簡編號1989，下同。

③ 下文簡稱“嶽麓秦簡”。

④ 睡虎地秦墓竹簡整理小組編：《睡虎地秦墓竹簡》，北京：文物出版社，1990，131頁。

⑤ 對嶽麓秦簡《亡律》“不會”四簡的初步介紹，以及據此對睡虎地秦簡《法律答問》第163簡的校改，參見歐揚《嶽麓秦簡〈亡律〉日期起首律條初探》，第六届出土文獻與法律史研究暨慶祝華東政法大學法律古籍整理研究所成立三十周年學術研討會論文集，2016。

⑥ 朱、吴的論述已爲劉欣欣輯録。轉引自劉欣欣《秦漢亡律分類集釋》，湖南大學碩士學位論文，2017，42頁。

⑦ 陳松長主編：《嶽麓書院藏秦簡（肆）》，上海辭書出版社，2015，69頁。

所見"不會笞"的處罰相同。因爲逃避被執行笞而逃亡,受到的懲罰與普通逃亡一樣。可見"不會笞"之"笞"是獨立適用的較輕刑罰,針對官吏、黔首。

嶽麓秦簡有"不會閲",[①]即不在規定的檢閲日期報到,睡虎地秦簡《秦律雜抄》有"不會膚期",[②]即不在規定的牲畜評比日期報到。可見"不會"適用的情況很多,不限於刑罰。吴雪飛歸納《亡律》"不會"四簡内容爲"不會刑罰"。[③] 宫宅潔主持"秦代出土文字史料の研究班"也認爲"不會"四簡内容即"不會+刑罰"。[④] 然而"不會"是秦簡文,"刑罰"爲近現代概念,"不會刑罰"乃雜糅産物。另,"笞及除"與"毄(繫)城旦舂""收及隸臣妾之耐""司寇之耐"并列,其中繫城旦舂與收不是可獨立適用的刑罰。[⑤]《北京大學藏西漢竹書(伍)》之《六博》:

·問毄(繫)及會論者,在方中者,罪輕重未可智(知)。出在兼(廉)者,毋罪,易〈易〉解。在楬者,縣治之急。(31)在道者,久,未有夬(决)。在張者,喜。在曲者,治急。在詘者,深,難夬(决)。在長下,無罪。在高者,留久(32)而毋傷也,其還反(返),易〈易〉【解】。(33)

整理小組注:"論",指决罪。《漢書·嚴延年傳》:"冬月,傳屬縣囚,會論府上。"顔師古注:"總集郡府而論殺。"[⑥]

引文雖非律令,但其記載的法律術語無疑源於現實。"論"字用途較廣,不僅有執行刑罰的意思,也包含論罰以及收之意。[⑦] "不會論"是對《亡律》四簡的較好統稱。張家山漢簡《二年律令·具律》:

吏、民有罪當笞,謁罰金一兩以當笞者,許之。有罪年不盈十歲,除;其殺人,完爲城旦舂。(86)[⑧]

引文"吏、民有罪當笞","當笞"即被判處刑罰笞,其適用於"吏、民"。《具律》另有"有罪當

① 陳松長主編《嶽麓書院藏秦簡(肆)》,147頁。

② 睡虎地秦墓竹簡整理小組編:《睡虎地秦墓竹簡》,86頁。

③ 轉引自劉欣欣《秦漢亡律分類集釋》,42頁。

④ "秦代出土文字史料の研究"班([日]宫宅潔等):《嶽麓書院所藏簡〈秦律令(壹)〉譯注稿その(一)》,《東方學報》第92册(2017年12月),179-183頁。

⑤ "亡不仁邑里、官者"條所見"繫城旦舂"不是刑罰,參見歐揚《嶽麓秦簡〈亡律〉"亡不仁邑里、官者"條探析》,楊振紅、鄔文玲主編《簡帛研究二〇一六(春夏卷)》,桂林:廣西師範大學出版社,2016。

⑥ 北京大學出土文獻研究所編:《北京大學藏西漢竹書(伍)》,上海古籍出版社,2014,211頁。

⑦ 狹義的"論"指執行刑罰,參見歐揚《秦到漢初定罪程序稱謂的演變——取"當"爲視角比較〈嶽麓三〉與〈奏讞書〉》,王沛主編《出土文獻與法律史研究》第3輯,上海人民出版社,2014。

⑧ 張家山二四七號漢墓竹簡整理小組編著:《張家山漢墓竹簡[二四七號墓]》(釋文修訂本),北京:文物出版社,2006,21頁。

黥”“有罪當耐”起首的兩個律條,[①]皆承“吏、民有罪當笞”條而省“吏、民”,三者當源於同一制詔。三條揭示了笞、耐、黥三者是從輕到重的三類刑罰。而《具律》第108簡“皆如耐罪然”,意爲其列舉的行爲都依據“有罪當耐”起首條文來執行刑罰,因此第121、107、108、109簡也屬於該系列條文。[②]

綜上,可知秦及漢初存在可獨立適用的笞,是一種較輕的刑罰。

另有刑徒犯新罪時獨立適用的刑罰笞。張家山漢簡《二年律令·具律》:

> 鬼薪白粲有耐罪到完城旦舂罪,黥以爲城旦舂;其有贖罪以下,笞百。(120)[③]

鬼薪白粲犯贖罪以下罪,執行笞百。嶽麓秦簡《亡律》也多見對刑徒、奴婢逃亡的刑罰是笞,不贅述。

第二,秦及漢初存在作爲肉刑替代執行方式的笞,應是漢文帝以籍笞替代肉刑時參考的對象。張家山漢簡《二年律令·具律》:

> (前略)城旦舂有罪耐以上,黥之。其有贖罪以下,及老小不當刑、刑盡者,皆笞百。(後略)(91)[④]
>
> 人;奴婢有刑城旦舂以下至䙴(遷)、耐罪,黥𩑶(顔)頯畀主,其有贖罪以下及老小不當刑、刑盡者,皆笞百。(後略)(122)[⑤]

第91簡屬於“有罪當耐”條,城旦舂有耐以上罪,實際執行黥,如果城旦舂“刑盡”,執行笞百。據“有罪當黥”條,城旦舂犯黥罪,據黥、劓、斬左趾、斬右趾、腐的肉刑輕重序列,在其已受肉刑之上再施以更重一等之刑。“刑盡”指所有肉刑都已執行。[⑥] 第122簡針對的是奴婢刑盡和老小不當刑等情況。

可見,作爲肉刑執行替代方式的笞在漢初已經出現,在城旦刑盡、老小不當刑等特殊情況下適用。張家山漢簡《二年律令·具律》:

> (前略)城旦刑盡而盜臧(贓)百一十錢以上,若賊傷人及殺人,而先(91)自告也,皆

---

① 張家山二四七號漢墓竹簡整理小組編著:《張家山漢墓竹簡[二四七號墓]》(釋文修訂本),21頁。

② 《二年律令與奏讞書》將第121簡調整至第107簡之前,參見彭浩、陳偉、[日]工藤元男主編《二年律令與奏讞書——張家山二四七號漢墓出土法律文獻釋讀》,上海古籍出版社,2007,135頁。按:第121、107、108、109簡涉及對城旦舂、鬼薪白粲刑徒犯新罪的執行方式,其列舉的諸多情況多實際執行肉刑,從字面上理解“皆如耐罪然”是解不通的。

③ 張家山二四七號漢墓竹簡整理小組編著:《張家山漢墓竹簡[二四七號墓]》(釋文修訂本),25頁。

④ 張家山二四七號漢墓竹簡整理小組編著:《張家山漢墓竹簡[二四七號墓]》(釋文修訂本),21頁。

⑤ 張家山二四七號漢墓竹簡整理小組編著:《張家山漢墓竹簡[二四七號墓]》(釋文修訂本),25頁。

⑥ 本文贊同“三國時代出土文字資料研究班”對“刑盡”的觀點,參見彭浩、陳偉、工藤元男主編《二年律令與奏讞書——張家山二四七號漢墓出土法律文獻釋讀》,128頁。

弃市。(92)[①]

(前略)刑盡而賊傷人及殺人,先自告也,弃市。(後略)(122)[②]

《漢書·刑法志》:

當斬右止,及殺人先自告,及吏坐受賕枉法,守縣官財物而即盗之,已論命復有【籍】笞罪者,皆弃市。[③]

據引文可知,律文規定"城旦刑盡"者犯若干罪行則處以弃市,當是刑制改革之時羅列幾種情况要處以弃市的淵源。在刑制改革前後都有已受死刑之次刑罰的刑徒犯新罪的處罰問題,羅列應該處死的若干情况,可以説是必然的。作爲肉刑替代的笞與重刑徒犯某些新罪則處死的規定,兩者都爲漢文帝刑制改革制詔所借鑒。

笞在特殊情况下是肉刑的替代執行方式,在刑制改革後籍笞成爲肉刑的替代刑罰,類似髡鉗本是城旦舂的監管方式,被納入到改制後的刑罰體系。

第三,作爲懲戒方式而非刑罰的笞,在秦及漢初很常見。

秦簡以及西漢簡無疑存在獨立適用的對吏、民的懲戒笞。[④] 而懲戒刑徒的笞有若干特點。一,針對刑徒,而不是官吏及黔首。二,不是刑罰的替代方式。三,刑徒并不因爲被笞而改變其刑徒名類,其監管方式亦不變,這不同於刑罰和"繫城旦舂"。四,懲戒方式的笞,又分律令規定的懲戒與官吏較爲隨意的懲戒兩種。睡虎地秦簡《秦律雜抄》:

(前略)城旦爲工殿者,治(笞)人百。大車殿(19),貲司空嗇夫一盾,徒治(笞)五十。(後略)(20)[⑤]

這是律令規定的對刑徒的懲戒笞,"城旦爲工"評爲殿,則笞百以示懲戒。"徒"應指司空嗇夫管理的參與修治大車的刑徒。張家山漢簡《二年律令·賊律》:

父母毆笞子及奴婢,子及奴婢以毆笞辜死,令贖死。(39)[⑥]

---

① 張家山二四七號漢墓竹簡整理小組編著:《張家山漢墓竹簡[二四七號墓]》(釋文修訂本),21頁。

② 張家山二四七號漢墓竹簡整理小組編著:《張家山漢墓竹簡[二四七號墓]》(釋文修訂本),25頁。

③ 《漢書》卷二三《刑法志》,1099頁。

④ 如睡虎地秦簡《秦律十八種》第14簡:"(前略)其以牛田,牛減絜,治(笞)主者寸十。有(又)里課之,最者,賜田典日旬;殿,治(笞)卅。厩苑律"。又見《嶽麓書院藏秦簡(肆)》第133(1290)、134(1292)簡:"(前略)典、老弗告,治(笞)□□。(後略)"又見張家山漢簡《二年律令·行書律》第273簡:"郵人行書,一日一夜行二百里。不中程半日,笞五十;過半日至盈一日,笞百;過一日,罰金二兩。郵吏居界過書。"按:這些辭例中的笞針對的不是典型的犯罪,所以其是否是刑罰笞必然存在争議。

⑤ 睡虎地秦墓竹簡整理小組編:《睡虎地秦墓竹簡》,84頁。

⑥ 張家山二四七號漢墓竹簡整理小組編著:《張家山漢墓竹簡[二四七號墓]》(釋文修訂本),14頁。

諸吏以縣官事笞城旦舂、鬼薪白粲,以辜死,令贖死。(48)[①]

即使在律文没用明確規定懲戒條件的情况下,官吏可隨意對刑徒施加懲戒笞,對城旦舂、鬼薪白粲這兩類重刑徒,即使笞殺之,官吏也可贖罪。官吏此權正如父母對子女、奴婢的隨意懲戒權。

第四,附論刑制改革之後死刑的加笞。《肩水金關漢簡》:

丑命加笞八百要斬

□丑命加笞八百要斬

□月丁未命笞二百弃市(削衣)(73EJT1:93)[②]

這是一枚削衣殘片,三行都有日期和"命",當是刑罰執行文書簿的殘片,其中兩行都有的"加笞八百腰斬"當是固定搭配,"笞二百弃市"也當是固定的。走馬樓西漢簡有"命笞二百弃市"辭例。與此有關的是具五刑。[③]《漢書·刑法志》:

然其大辟,尚有夷三族之令。令曰:"當三族者,皆先黥,劓,斬左右止,笞殺之,梟其首,菹其骨肉於市。其誹謗詈詛者,又先斷舌。"故謂之具五刑。[④]

具五刑"笞殺之"即腰斬、弃市加笞之濫觴,兩者都是在各自時代的刑罰體系中揀選出所有能殘害罪人的方式,在執行死刑的場合,加諸罪人。在廢肉刑後,能够給腰斬、弃市的罪人帶來傷害而官吏能嫻熟地執行的衹有加笞。死刑加笞與本文主要探討的替代肉刑之加笞、籍笞不同。

綜上,材料一所見"籍笞二百"是刑制改革之後的特定刑罰簡稱,笞在秦及漢初的某些特定情况下是肉刑替代執行方式,另有獨立適用的較輕刑罰笞和作爲懲戒方式的笞,刑制改革之後有執行腰斬、弃市之時的加笞。

走馬樓西漢簡中有涉及"籍笞"刑罰執行的材料。

材料二:走馬樓西漢簡第0549簡、第0596簡

臧(贓)并直(值)錢千三百廿八。臧(贓)留千錢以上,得,毄牢。駕(加)論髡鉗(0549右行)

血婁、齊└,血婁笞一百、二百鈦左右止(趾),齊笞百鈦左止(趾),皆(0549左行)

---

① 張家山二四七號漢墓竹簡整理小組編著:《張家山漢墓竹簡[二四七號墓]》(釋文修訂本),15頁。

② 甘肅簡牘保護研究中心、甘肅省文物考古研究所、甘肅省博物館、中國文化遺産研究院古文獻研究室、中國社會科學院簡帛研究中心編:《肩水金關漢簡(壹)》,上海:中西書局,2011,16頁。

③ 關於具五刑,較新的研究見宋潔《"具五刑"考——兼證漢文帝易刑之前存在兩個"五刑"系統》,《中國史研究》2014年第2期。

④ 《漢書》卷二三《刑法志》,1104頁。

爲城旦籍髡笞。其聽書司空吴人髡傳依所當衣(0596 右行)

服,移校九年癰(應)獄計除録血婁、齊所共盗昌錢八百(0596 左行)

根據走馬樓西漢簡諸多相關文例確認第0549簡、第0596簡相連。在走馬樓西漢簡的諸多辭例中,“駕(加)論”多作“駕(加)論命”,“城旦籍髡笞”可見完整形式“城旦籍髡鉗笞”。

簡文記載官吏對血婁、齊執行刑罰,血婁“駕(加)論髡鉗,笞一百、二百鈦左右止(趾)”,齊“駕(加)論髡鉗,笞百鈦左止(趾)”,兩人“皆爲城旦籍髡笞”。

首先,探討略難解的血婁“笞一百、二百”,此類辭例在走馬樓西漢簡多見。

“髡鉗笞一百、二百鈦左右止(趾)”對應改制前的黥劓斬左趾爲城旦,其籍笞分爲兩部分,“笞一百”的執行對應劓,“笞二百”對應斬左趾,合稱“笞一百、二百”,因此籍笞數不能合計爲三百,正如劓與斬左趾是兩種肉刑,物理上不可能一刀執行。“笞一百、二百”頗有過渡期獨特風貌。

其次,以齊的刑罰爲例,“駕(加)論髡鉗,笞百鈦左止(趾),爲城旦籍髡笞。”“髡”“笞”出現兩次。考論秦漢刑事訴訟程序的學者有劉海年、[①]張建國、[②]宫宅潔、[③]籾山明、[④]李均明、[⑤]高恒、[⑥]徐世虹等[⑦],這裏在諸家豐碩成果之基礎上試析秦及西漢獨立於定罪量刑程序的刑罰執行程序,以解釋兩次出現的“髡”“笞”。

“髡”“笞”出現兩次,前爲執行刑罰之目,後爲賦予刑徒之名,不是重複。此句動詞完整形式“駕(加)論命”,可分爲“論”“命”兩層。其中“論髡鉗笞百鈦左止(趾)”是官吏物理上執行刑罰。“皆(命)爲城旦籍髡笞”是指官吏賦予兩名罪囚“城旦籍髡笞”這一刑徒名類。此刑徒名類全稱“城旦籍髡鉗笞”意爲附加了髡鉗、笞的城旦刑徒,進一步證實《漢書·刑法志》本作“籍笞”而非“笞”。

刑罰執行的例子有“耐爲隸臣”,“耐”是物理上執行,“(命)爲隸臣”指官吏命罪人爲隸臣這一刑徒名類。秦及西漢官吏執行耐與肉刑,都有上述兩個層面。賦予刑徒身份的動詞多用“命”,所命之刑徒名類即“名”。物理上執行笞、耐等刑罰多稱“行”。[⑧] 睡虎地秦簡《法

① 劉海年:《秦的訴訟制度》,《中國法學》1985年第1期。

② 張建國:《漢簡〈奏讞書〉和秦漢刑事訴訟程序初探》,《中外法學》1997年第2期。

③ [日]宫宅潔著,徐世虹譯:《秦漢時期的審判制度——張家山漢簡〈奏讞書〉所見》,[日]籾山明主編《中國法制史考證》第一卷丙編,北京:中國社會科學出版社,2004。

④ [日]籾山明著,李力譯:《中國古代訴訟制度研究》,上海古籍出版社,2009。

⑤ 李均明:《簡牘所反映的漢代訴訟關係》,收入其著《簡牘法制論稿》,桂林:廣西師範大學出版社,2011。

⑥ 高恒:《漢代訴訟制度論考》,收入其著《秦漢簡牘中法制文書輯考》,北京:社會科學文獻出版社,2008。

⑦ 徐世虹主編:《中國法制史》第二卷第十八章《兩漢時期的訴訟程序》,北京:法律出版社,1999。

⑧ 秦簡語涉物理執行,多以“行”爲動詞,不限於刑罰執行,見於《嶽麓書院藏秦簡(伍)》的,就有“吏已請行其罰”(嶽伍·148/1171),“行其勞論、賜”(嶽伍·151/1669),“行其所犯律令辠”(嶽伍·169/1730),“毋行其賞”(嶽伍·190/1616)等。

律答問》:

> 葆子獄未斷而誣告人,其罪當刑爲隸臣,勿刑,行其耐,有(又)毄(繫)城旦六歲。(後略)(109)[①]

"行其耐"指物理上執行耐,又前引嶽麓秦簡《亡律》"不會笞"簡有"行其笞",即執行笞。張家山漢簡《二年律令·具律》:

> 有罪當耐,其法不名耐者,庶人以上耐爲司寇,司寇耐爲隸臣妾。隸臣妾及收人有耐罪,毄(繫)城旦舂六歲。毄(繫)日未備而復有耐罪,完(90)爲城旦舂。(後略)(91)[②]

"有罪當耐,其法不名耐者",即律令條文規定對罪行處以"耐",然而不"名"耐者。此"名"是動詞,功能同其他辭例所見"命","不名耐者"指條文没有賦予罪人刑徒名類,後文都在解決此問題。[③]

"名""命"音義都聯繫緊密。吴澤順所輯《春秋繁露》音訓材料有一條:"名之爲言鳴與命也。"名,明耕。鳴,鳴耕。命,鳴耕。[④] "命"是通過"鳴"即語言進行的,官吏對罪人的"論命"同樣通過語言,這與物理上之執行不同。前引《漢書·刑法志》之"已論命復有【籍】笞罪者",晋灼注:"命者,名也,成其罪也。"[⑤]晋以名訓命,揭示了刑罰執行程序"命"的意義,"成其罪",罪指刑罰,經過"論命",官吏賦予罪囚特定的刑徒名類,其刑罰完備即"成"。前引肩水金關削衣所見腰斬、弃市之"命"即死刑執行之命。刑徒名類體系是秦漢社會有爵、無爵、刑徒的身份體系序列中不可缺少的一部分,秦簡中就將其歸類爲"事"(即身份)。

> 【下】而因以獄斷未過六旬以賞除免爲庶人者,皆當各復故吏(事),不得爲庶人,各以計椯籍逐之。·廷甲 四(嶽伍·193/1685)[⑥]

據上下文此處"復故吏(事)"指恢復其過去的刑徒名類,此"吏(事)"專指刑徒名類,而睡虎地秦簡《封診式》多見"名事里"之"事"指身份,包含了刑徒身份。"命"在秦漢不僅指賦予刑徒名類,也可以賦予其他身份。如《二年律令·亡律》第 162 簡:"奴婢爲善而主欲免者,許

---

① 睡虎地秦墓竹簡整理小組編:《睡虎地秦墓竹簡》,119 頁。

② 張家山二四七號漢墓竹簡整理小組編著:《張家山漢墓竹簡[二四七號墓]》(釋文修訂本),21 頁。

③ 對"其法不名耐者",三國時代出土文字資料研究班譯爲"在法律上不能確定耐刑名的情况下",專修大學《二年律令》研究會譯爲"在該條文中没有附帶耐勞役刑規定的情况下",石岡浩認爲都可從。轉引自[日]石岡浩撰,徐世虹譯《收制廢止所見西漢文帝刑制改革之發端——從爵制的混亂到刑罰的破綻》,楊一凡、[日]寺田浩明主編《日本學者中國法制史論著選(先秦秦漢卷)》,北京:中華書局,2016,491 頁。按:諸位日本學者的意見都是指條文没有規定刑徒名類,本文與之一致,然而諸氏將刑徒名類稱爲"刑名"或"勞役刑",其實刑徒名類一定,勞役、監管方式也就隨之而定。

④ 吴澤順:《清以前漢語音訓材料整理與研究》,北京:商務印書館,2016,445 頁。

⑤ [清]王先謙補注:《漢書補注》,上海古籍出版社,2009,1543 頁。

⑥ 陳松長主編:《嶽麓書院藏秦簡(伍)》,上海辭書出版社,2017,132 頁。

之,奴命曰私屬,婢爲庶人,皆復使及筭(算),事之如奴婢。(後略)”[①]

僅就嶽麓秦簡《爲獄等狀四種》而言,涉及刑罰執行的材料多見。

表1　嶽麓秦簡《爲獄等狀四種》刑罰執行相關内容舉例[②]

案例	刑罰執行相關内容	備注
案例〇一	(1)五月甲辰,州陵守綰、丞越、史獲論令癸、瑣等各贖黥。癸、行戍衡山郡各三歲以當灋。先備贖。(013—014) (2)綰等以盗未有取吏貲灋戍律令論癸、瑣等。□令瑣等環(還)癸等錢。(015—016)	(1)有日期、主持官吏的,并且符合格式的典型論令文書; (2)綰説明論癸、瑣等時的情况。揭示了官吏執行刑罰必須明確所適用的律令條文。
案例〇八	(1)九月丙寅,丞相、史如論令妘贖舂。(140) (2)己卯,丞相、史如論磔☐(141)	兩者都是有日期、主持官吏的,并且符合格式的典型論令文書。

可知刑罰執行程序獨立於定罪量刑程序,由司法官吏主持,有確定日期,有格式規定嚴格的特定司法文書。官吏執行刑罰的動詞爲“論令”,因此可稱刑罰執行司法文書爲論令文書。既然刑罰執行必有確定的日期,而不在特定日期報到的都稱“不會”,與前引嶽麓秦簡《亡律》“不會論”四簡吻合。

“已論令”簡稱“已令”。睡虎地秦簡《法律答問》:

廷行事有罪當䙴(遷),已斷已令,未行而死若亡,其所包當詣䙴(遷)所。(60)

整理者認爲“已斷已令”即《漢書·刑法志》“已論命”。[③] 甚確。“已斷已令”指獄已斷決,且罪人已論命,即刑罰執行完畢。“已斷”“已令”并列,可知論令是獨立於斷獄的,即當時刑罰執行獨立於判決。

既然執行刑罰稱“論令”,則刑罰執行之日即“令日”。

司空律曰:有辠以貲贖及有責(債)於縣官,以其令日問之,其弗能入及償,以令日居之,日居八(嶽肆·257/0350)

(中略)

食(?)居作(?)爲它縣吏及冗募群戍卒有貲贖責(債)爲吏縣及署所者,以令及責(債)券日問其入,能入者,(嶽肆·260/0795)[④]

① 張家山二四七號漢墓竹簡整理小組編著:《張家山漢墓竹簡[二四七號墓]》(釋文修訂本),30頁。
② 參見陳松長主編《嶽麓書院藏秦簡(壹—叁)釋文修訂本》,上海辭書出版社,2018。
③ 睡虎地秦墓竹簡整理小組編:《睡虎地秦墓竹簡》,107頁。
④ 陳松長主編:《嶽麓書院藏秦簡(肆)》,153、154頁。

據第 0795 簡“以令及責券日問其人”,[①]有“責(債)券日”,而律文起首“以其令日問之”省略了針對“有責(債)於縣官”者的“責券日”。可知,司法官吏在“令日”執行“有辠以貲贖”者的貲贖刑罰,先問被執行人的財産狀況,如果有錢可入則入,無錢可入則以居作官府來抵償貲贖,居作期從“令日”算起。“令日”指刑罰執行日。

犯較重罪而逃亡者,官吏須命之。張家山漢簡《二年律令·具律》:

> (前略)有罪(122)當完城旦舂、鬼薪白粲以上而亡,以其罪命之;(中略)亦以其罪(123)論命之。(後略)(124)[②]

引文大意:犯有當完爲城旦舂、鬼薪白粲以上的罪而逃亡的,應以其“罪”(指刑罰)來命名其刑徒名類,即“完爲城旦舂、鬼薪白粲以上”的一種。據“亦以其罪論命之”可知“命”之全稱是“論命”,即對應《漢書·刑法志》“已論命復有【籍】笞罪者”。官吏不可能在物理上對在逃之人執行刑罰,僅能用語言文字對其“命”以刑徒名類,可知物理執行刑罰與賦予刑徒名類在特定情況下是可分的。

> 盜賊旞(遂)者及諸亡作所去亡與盜同灋者當黥城旦舂以上及命者亡城旦舂、鬼薪白粲舍人(嶽肆·060/2011)[③]

據“命者亡城旦舂、鬼薪白粲”可知“命”的内容就是城旦舂、鬼薪白粲等刑徒名類。如此,秦漢“亡命”問題聚訟兩千年之後又有了新的論證材料。保科季子梳理了歷代對“亡命”的解讀,認爲“命”是“確定罪名手續”,周海鋒引用保科季子觀點來解讀嶽麓秦簡《亡律》所見“命之”等辭例。[④] 秦及漢初簡牘所見“命者”是被論命者,“亡命者”是在逃之被論命者。若干學者主要依據東漢魏晋以後的“亡命”辭例推導秦及漢初“亡命”本義,值得商榷。[⑤]

綜上,“耐爲隸臣”可分爲兩個層面:論行耐,論命爲隸臣。材料二之齊“駕(加)論髡鉗,笞百釱左止(趾),爲城旦籍髡笞”同樣可析爲“加論(刑罰),(命)爲城旦籍髡笞”。官吏於執行日將刑罰施加於齊之身,而“城旦籍髡笞”是刑徒名類,官吏在執行日將此身份賦予齊。刑罰“髡鉗城旦笞一百釱左趾”對應文字簡略的刑徒名類“城旦籍髡笞”,區别於“城旦”“髡鉗城旦”等其他名類的城旦刑徒。

---

① 此“責”不該括注“債”,此處“責”是動詞索要之意,“責券日”,索要券上記載債務之日。

② 張家山二四七號漢墓竹簡整理小組編著:《張家山漢墓竹簡[二四七號墓]》(釋文修訂本),25 頁。

③ 陳松長主編:《嶽麓書院藏秦簡(肆)》,58 頁。按:對本簡標點有校改,改釋“坐”爲“作”。

④ [日]保科季子:《亡命小考——兼論秦漢的確定罪名手續“命”》,《簡帛》第 3 輯,上海古籍出版社,2008,349 頁。周海鋒:《嶽麓書院藏秦簡〈亡律〉研究》,楊振紅、鄔文玲主編《簡帛研究二〇一六(春夏卷)》,桂林:廣西師範大學出版社,2016,165 頁。

⑤ 主要通過東漢以後的辭例解讀“亡命”的較新成果見朱紹侯《對幾種“亡命”説的分析與評議》,《中原文化研究》2017 年第 4 期。

西北漢簡可見籍笞相關辭例。《敦煌馬圈灣漢簡》:

迺三月壬戌玉門官大奴髡鉗曹百破虜治罷都護事司馬丘長錢(789)

校釋:"曹"原釋爲"首"。[①]

據圖版及文義,所謂"曹"字當釋"笞","髡鉗笞百"是刑徒名類,其與材料二的齊所受刑罰相同。可知西北漢簡所見的刑徒名類略不同於武帝時期長沙國。

二　釱趾

材料二血婁的刑罰是"髡鉗笞一百、二百釱左右止(趾)",而齊"髡鉗笞百釱左止(趾)"。走馬樓西漢簡其他釱趾辭例皆類此,釱趾與髡鉗、籍笞之間存在固定搭配。

濱口重國認爲曹魏新律"髡刑有四"是以下五種之中的四種:"髡鉗城旦""髡鉗城旦+笞一百""髡鉗城旦+笞二百""釱左趾+笞二百""釱右趾+笞二百"。[②] 可見學界對釱趾在刑罰體系中的位置問題討論已久。

今本《漢書·刑法志》正文無釱趾,見於注:

臣瓚曰:文帝除肉刑,皆有以易之,故以完易髡,以笞代劓,以釱左右止代刖。今既曰完矣,不復云以完代完也。此當言髡者完也。[③]

大意:文帝廢除肉刑,都有用以替代的刑罰,因此以完替代髡,以笞替代劓,以釱左右趾替代刖。如今既已説完,不(當)重複説以完替代完。此處應當是説髡者(替代以)完。

臣瓚注針對正文"諸當完者,完爲城旦舂",却揭示了臣瓚所見志文語涉"以釱左右止代刖",王先謙指出:"以釱左右趾代刖,尋志文定律實不然。"[④]今志文無釱趾,没有反映刑制改革法令的原貌,必經删減。

傳世文獻也見作爲刑罰的釱趾。《史記·平準書》:

敢私鑄鐵器煮鹽者,釱左趾,没入其器物。

《史記集解》引韋昭曰:釱,以鐵爲之,著左趾以代刖也。[⑤] 引文年代是漢武帝時期,與走馬樓西漢簡大致同時。據材料二,引文"釱左趾"指全稱爲"髡鉗笞百釱左止(趾)"的刑罰。韋昭

① 張德芳:《敦煌馬圈灣漢簡集釋》,蘭州:甘肅文化出版社,2013,581頁。

② [日]濱口重國:《漢代釱趾刑曹魏刑名》,《東洋學報》第二五卷第四號,1938,後收入其著《秦漢隋唐史研究(上卷)》,東京大學出版社,1966,667-681頁。轉引自周東平主編《〈晋書·刑法志〉譯注》,北京:人民出版社,2017,193頁。

③ 《漢書》卷二三《刑法志》,1099頁。

④ [清]王先謙補注:《漢書補注》,1543頁。

⑤ 《史記》卷三〇《平準書》,北京:中華書局,1982,1429頁。

注之“鈦著左趾”針對《史記》“鈦左趾”而言,“以代刖也”是指鈦趾的意義,類似臣瓚“以鈦左右止代刖”。可見“以鈦代刖”之説廣爲流傳,并不是臣瓚、韋昭等人的事後歸納,當源於漢文帝制詔,惜今志文已不存。

東漢末年鈦趾依然是刑罰體系的組成部分。《晋書·刑法志》:

(曹操)於是乃定甲子科,犯鈦左右趾者易以木械,是時乏鐵,故易以木焉。[①]

韋昭説漢鈦是鐵械,而曹操之時以乏鐵故改爲木械。可見鈦趾的執行在漢代一直没有廢弃。

文獻記載東漢有被稱爲“右趾”的刑罰。《後漢書·明帝紀》:

天下亡命殊死以下,聽得贖論:死罪入縑二十匹,右趾至髡鉗城旦舂十匹,完城旦舂至司寇作三匹。[②]

張建國指出,《後漢書》等文獻所見“右趾”不是指斬右趾,文帝廢肉刑後斬趾從未被恢復爲常刑,“右趾”指鈦右趾。漢景帝一度以斬右趾爲死刑的寬宥刑。[③] 本文認爲文獻所見“右趾”全稱即材料二所見“髡鉗笞一百、二百鈦左右止(趾)”。僅有一種刑罰含鈦右趾的因素,因此“右趾”可作其簡稱。《後漢書》所見“右趾”指次死刑一等的刑罰,與走馬樓西漢簡辭例吻合。

東漢出土文獻亦見“右趾”這一刑罰省稱。《長沙尚德街東漢簡牘》:

與伯季父子奸,右止。(254正面)[④]

西北漢簡有鈦趾辭例。《居延漢簡》:

□居延所命髡鉗鈦左止洛都毋崔□(117.32)[⑤]
望幸苑髡鉗鈦左右止大奴馮宣(40.1)[⑥]
(前略)坐施髡鉗鈦左止城旦昌□等(後略)(EPS4T2.69)[⑦]

居延簡“髡鉗鈦左止”“髡鉗鈦左右止”冠於人名前,可見是刑徒名類,所受刑罰分别對應走馬樓西漢簡中的齊、血婁。既然居延簡的刑徒名類中有鈦趾的因素,可證實刑罰中含鈦趾,居延簡與長沙走馬樓西漢簡這分别出自邊疆和内地的兩批出土文獻在鈦趾上吻合,可知漢

---

① 《晋書》卷三〇《刑法志》,北京:中華書局,1974,922頁。
② 《後漢書》卷二《明帝紀》,北京:中華書局,1965,98頁。
③ 張建國:《帝制時代的中國法》,180-184頁。
④ 長沙市文物考古研究所編:《長沙尚德街東漢簡牘》,長沙:嶽麓書社,2016,172頁。
⑤ 簡牘整理小組編:《居延漢簡(貳)》,臺北:“中研院”歷史語言研究所,2015,31頁。
⑥ 簡牘整理小組編:《居延漢簡(壹)》,臺北:“中研院”歷史語言研究所,2014,131頁。
⑦ 甘肅省文物考古研究所甘肅省博物館、中國文物研究所、中國社會科學院歷史研究所編:《居延新簡:甲渠候官》,北京:中華書局,1994,248頁。

文帝、景帝刑制改革制詔必含鈦趾。

根據前文對走馬樓西漢簡及西北漢簡所見籍笞、鈦趾的討論,比勘《漢書・刑法志》,作下表。

表2　西漢刑制改革前後刑制對照表

<table>
<tr><th rowspan="2">漢文帝廢肉刑之前的刑罰</th><th rowspan="2">漢景帝改加笞數之後的刑罰</th><th rowspan="2">文獻所見刑罰簡稱</th><th colspan="2">相應刑徒名類</th></tr>
<tr><th>西北漢簡</th><th>走馬樓西漢簡</th></tr>
<tr><td>完爲城旦舂</td><td>完爲城旦舂</td><td></td><td></td><td></td></tr>
<tr><td>黥爲城旦舂</td><td>髡鉗爲城旦舂</td><td></td><td></td><td></td></tr>
<tr><td>黥劓爲城旦舂</td><td>髡鉗笞百鈦左趾</td><td>鈦左趾</td><td>髡鉗笞百;
髡鉗鈦左趾</td><td rowspan="2">城旦籍髡鉗笞</td></tr>
<tr><td>黥劓斬左趾爲城旦舂</td><td>髡鉗笞一百、二百鈦左右趾</td><td>籍笞二百;
右趾;
鈦左右趾</td><td>髡鉗鈦左右趾</td></tr>
<tr><td>黥劓斬左右趾爲城旦舂</td><td>弃市(加笞二百)</td><td></td><td></td><td></td></tr>
</table>

據表可知,《漢書・刑法志》通行版本記載的改制後刑罰很簡略,而走馬樓西漢簡所見的司法官吏多以全稱書寫刑罰,可見地方司法官吏必然知曉諸刑罰的完整形式,因此頒布郡縣的廢肉刑制詔不可能如今志文一般簡略。《漢書・刑法志》所見廢肉刑制詔必經班固删節,而且如前所述今志文又非臣瓚、顔師古所見志文之舊貌。詳情待考。若干學者以增補少量詞句的方式校改志文,成就卓著,然而循此路徑是無法恢復制詔之原貌的。[①]

另,臣瓚注:"今既曰完矣,不復云以完代完也。此當言髡者完也。"改制前後都有"完爲城旦舂",兩者語境是各自時代的刑罰體系,"完"凸顯其與其他刑罰的差异。改制前之"完"指未受肉刑而肢體完備,區别於肉刑,而改制後之"完"指未髡鉗、加笞、鈦趾,區别於髡鉗城旦舂以上的刑罰。臣瓚所謂"髡者完也"符合事實,即改制前"完爲城旦舂"不受肉刑,但當有髡鉗等處置,衹是髡不是刑罰的組成部分。[②]

① 相關討論集中在"有年而免"部分,張建國提出正文竄入注文説,石岡浩據此提出北宋版《漢書・刑法志》相關部分的復原方案,陶安對石岡浩的復原作了評論。參見張建國《前漢文帝刑法改革及其展開的再探討》,收入其著《帝制時代的中國法》,北京:法律出版社,1999,191-206頁。[日]石岡浩:《北宋景祐刊〈漢書・刑法志〉第十四頁的復原——圍繞西漢文帝刑法改革詔文字的增減》,《中國古代法律文獻研究》第4輯,北京:法律出版社,2010。[德]陶安:《秦漢刑罰體系の研究》,東京外國語大學アジア・アフリカ言語文化研究所,2009,289-313頁。

② 傳世文獻見《漢書・外戚傳上》:"吕后爲皇太后,乃令永巷囚戚夫人,髡鉗衣赭衣,令舂。"按:"髡鉗衣赭衣"當是"完爲舂"刑徒的待遇,吕后以此待戚夫人。參見[清]王先謙補注《漢書補注》,5920頁。

走馬樓西漢簡刑制史料所見的加笞、鈦趾爲後世繼承。張建國考證曹魏髡刑四等爲："減右趾髡鉗五歲刑笞二百；減左趾髡鉗五歲刑笞二百；髡鉗五歲刑笞一百；髡鉗五歲刑"。考證晋髡刑四等爲："髡鉗五歲刑笞二百；(髡?)四歲刑；(髡?)三歲刑；(髡?)二歲刑"。[①]西晋"累笞不過千二百"，[②]"累笞"即累積加笞。南朝梁有"髡鉗五歲刑，笞二百"。[③] 北齊流刑、刑罪皆加鞭笞。[④] 北周徒刑、流刑亦皆加鞭笞。[⑤] 隋流刑加杖。[⑥] 明徒刑、流刑皆加杖。[⑦] 刑罰中的鈦趾在魏晋之後消亡，而加笞演變爲加鞭、加杖，延續至明清。

小結

走馬樓西漢簡刑制史料反映了西漢廢肉刑後不久的過渡期的獨特風貌。將簡文與《漢書・刑法志》對讀，應將"籍笞"校改入志文，"鈦趾"作爲刑罰組成部分當是漢文帝制詔規定的，因此改制之後的籍笞與鈦趾是有固定搭配關係的，在漢景帝改笞數之後即籍笞一百鈦左趾，籍笞一百、二百鈦左右趾。簡文所見"笞一百、二百"是過渡期特有現象。"城旦籍髡笞"是刑徒名類。《漢書・刑法志》收入漢文帝廢肉刑制詔時已對其大幅編刪，而今本又非臣瓚所見舊本，增補少量詞句無法復原制詔原文。在當代新出土秦漢刑制史料日漸豐富的趨勢下，對刑制改革這一論題仍然有深入探討的空間。

---

① 張建國：《魏晋五刑制度略論》，收入其著《帝制時代的中國法》，242–259 頁。

② 《晋書》卷三〇《刑法志》，929 頁。

③ 《隋書》卷二五《刑法志》，北京：中華書局，1973，698 頁。

④ 《隋書》卷二五《刑法志》，705 頁。

⑤ 《隋書》卷二五《刑法志》，707、708 頁。

⑥ 《隋書》卷二五《刑法志》，710 頁。按：《新唐書・刑法志》："自隋以前……而流、徒之刑，鞭笞兼用，數皆踰百。"見《新唐書》卷五六《刑法志》，北京：中華書局，1975，1408 頁。

⑦ 《明史》卷九三《刑法志一》，北京：中華書局，1974，2282 頁。

讀長沙走馬樓西漢簡札記*
——紀年與證律

長沙簡牘博物館　楊芬

内容提要　走馬樓西漢簡的紀年範圍從長沙康王元年至康王九年(前128—前120),其中大多數使用長沙王紀年,偶有使用漢帝王紀年。根據簡文内容及茬口形狀等,走馬樓西漢簡中一份和襄人、撟相關案卷中四個編號的簡可以綴合,其中涉及"證律""譯訊人出入罪人律"兩條律文。

關鍵詞　走馬樓　西漢　紀年　證律

一　紀年

關於走馬樓西漢簡的時代,發掘者曾根據天文史學者張培瑜、陳久金的《中國先秦史曆表》一書,查找與簡文對應的曆朔,指出"簡文記録的四年、五年、六年的曆朔,與漢武帝元朔四年、五年、六年的曆朔相合。簡文記録的七年、八年、九年的曆朔亦與漢武帝元狩元年、二年、三年的曆朔相合。"①簡文記録的這六年時間是從武帝元朔四年(前125)至元狩三年(前120)。發掘者的這一觀點,可據其他簡文得到驗證。如0109號簡:

---

* 本文係2017年國家社會科學基金重大項目:"長沙走馬樓西漢簡的整理與研究"(項目編號:17ZDA181)階段性成果。

① 長沙簡牘博物館、長沙市文物考古研究所聯合發掘組,宋少華、金平執筆:《2003年長沙走馬樓西漢簡牘重大考古發現》,中國文物研究所編《出土文獻研究》第7輯,上海古籍出版社,2005,61頁。

北平大女南，母姊占定王四年産，盡今五年年廿八　(0109)

該簡記録了名“南”大女的“名爵里”。南是定王四年出生，到今王五年時年齡爲二十八歲。《史記・漢興以來諸侯王年表》記載景帝前元元年（前156）“復置長沙國”，前元二年（前155）三月甲寅爲“定王發元年”。武帝元朔元年（前128）爲“康王庸元年”。《史記・五宗世家》記載“（劉發）立二十七年卒，子康王庸立。二十八年，卒，子鮒鮈立爲長沙王。”[①]因此公元前155—前129年，定王劉發在位，共27年，公元前128—前101年，康王劉庸在位，共28年。[②] 本條簡文記載的大女南，於定王四年（前152）出生，則28歲應爲公元前124年，正好即康王五年。[③] 從現已整理的簡文看，簡文記録的時間含括了自長沙康王元年至九年（前128—前120）共九年的時間。

走馬樓西漢簡中的紀年多是長沙王紀年，但也偶有使用漢帝王紀年的例子。

帝十五年十月庚申□・凡五十□☑　(0722)

這是一枚殘簡，其中“帝十五年”之“帝”應指漢武帝。《史記・孝武本紀》：“孝景十六年崩，太子即位，爲孝武皇帝……元年，漢興已六十餘歲矣，天下乂安，薦紳之屬皆望天子封禪改正度也。”[④]景帝十六年即公元前141年，武帝元年爲前140年，十五年即公元前126年，正處於西漢走馬樓簡紀年時段公元前128—前120年之間。

漢初歲首不在正月，而是十月。《史記・張丞相列傳》：“以高祖十月始至霸上，因故秦時本以十月爲歲首，弗革。”[⑤]説明漢初沿用了秦十月爲歲首的曆法，并未改變。《史記・漢興以來將相名臣年表》記載武帝太初元年（前104）：“改曆，以正月爲歲首。”[⑥]直到武帝時期，才將原來以十月爲歲首改爲以孟春正月爲歲首。所以走馬樓西漢簡記録的時間與中央一致，應當是以十月爲歲首。其中“帝十五年十月”正好是新年首月，對應的長沙王紀年應即長沙康王三年。

① 《史記》卷一七《漢興以來諸侯王年表》，卷五九《五宗世家》，北京：中華書局，1982，838-840、858、2100頁。

② “康王”一作“戴王”，見《漢書》卷一四《諸侯王表》：“元朔二年，戴王庸嗣，二十七年薨。”北京：中華書局，1962，413頁。

③ 周海鋒博士在領讀本條簡文時，已分析過以上内容。

④ 《史記》卷一二《孝武本紀》，451-452頁。

⑤ 《史記》卷九六《張丞相列傳》，2681頁。

⑥ 《史記》卷二二《漢興以來將相名臣年表》，1141頁。

二 證律

走馬樓西漢簡記録了一宗案卷,涉案者名爲襄人、撟等。先前曾發表相關的兩枚簡牘,[①]已有三位學者對其進行過討論。[②] 2018 年 5 月,走馬樓西漢簡整理小組在長沙簡牘博物館舉行了一次讀簡活動,我們得以研讀該案卷相關的更多簡牘。其中有一份麏、强秦、僕三人的訊辭,可命名爲《譯當訊麏、强秦、僕辤》,經過綴合之後標點如下:

(某年某月干支)[獄]史胡人爰書以襄人、撟辤證律告麏、强秦、僕。麏、强秦、僕皆不能楚言,即以襄人、撟辤,"證不言請(情)""擇(譯)訊人出入罪人律"出擇(譯)共里不更當。令訊麏、僕、强秦。當曰:强秦、麏、僕辤曰:皆士五,居溍溪溏(?)□。輊半士五共撟來言曰:爲脽夷主襄人收賨,麏、僕、强秦予撟腸各廿五斤,不智(知)當米數,撟去後,不識日强秦、麏、僕之田,到椄溪涌(?)見一吏□ (0161+0003)

〼□曰:前令共木收賨溍中,共木言曰得麏、僕、强秦腸各廿五斤,凡七十五斤,予襄人。襄人當與麏、僕、强秦爲券,襄人即予强秦、麏、僕券,已予。·如襄人、撟〼(0016+0123)

0161、0003 號簡是兩枚殘簡,但兩簡殘斷處茬口相合,辭例相接,因而可綴合。其中 0161 號殘簡長約 4.2 厘米,0003 號殘簡長約 43.6 厘米。兩段殘簡綴合之後簡長 47.8 厘米,此長度爲完整簡長度,但簡上段右側仍有約 4.2 厘米内容缺失,其缺失的文字可據其他簡辭例推出爲"某年某月干支"。

0016、0123 號簡也是兩枚殘簡,其殘斷處茬口相合,另外"當與麏、僕、强秦爲券"的辭例正好連讀,可綴合。0016 簡殘長約 25.6 厘米,0123 簡殘長 14 厘米,兩段綴合後殘長約 39.6 厘米,依然缺失約 6 厘米的簡長。

以上綴合的二簡與之前公布的兩枚相關簡字迹略有差异,書手應非一人。前次所公布的兩枚簡文字舒展,而簡(0161+0003)與(0016+0123)兩簡文字書寫略顯緊張,筆畫圓潤。下面疏通以上兩枚綴合簡的文義。

胡人,獄史之名。爰書,司法文書。《漢書·張湯傳》:"湯掘熏得鼠及餘肉,劾鼠掠治,傳

① 宋少華、金平:《2003 年長沙走馬樓西漢簡牘重大考古發現》,57-64 頁;[日]西林昭一:《簡牘名蹟選 2》(湖南篇二),東京:二玄社,2009,28-37 頁。

② 張俊民:《對長沙走馬樓西漢簡牘幾條簡文的認識》,簡帛網,2009 年 7 月 18 日;胡平生:《〈簡牘名蹟選 2〉所刊"走馬樓前漢簡"釋文校訂》,張德芳主編《甘肅省第二屆簡牘學國際學術研討會論文集》,上海古籍出版社,2012,415-420 頁;劉樂賢:《談走馬樓西漢簡中的兩條簡文》,《首都師範大學學報(社會科學版)》2013 年第 6 期。

爰書,訊鞫論報,并取鼠與肉,具獄磔堂下,父見之,視文辭如老獄吏,大驚,遂使書獄。"顔師古注:"傳謂傳逮,若今之追逮赴對也。爰,换也,以文書代换其口辭也。"①襄人、撟,两人名,在最早的釋文稿中,"撟"原釋作"搞",胡平生先生改釋作"撟"。② 證律告,亦可言"證律辨告",常見的法律術語。䴥、强秦、僕,三人名,③三位是這份訊辭的訊問對象,當是少數民族。

不能楚言,不會説楚人的方言。④ 此案件發生的地方無陽,⑤原爲楚地,儘管已是漢朝統治,但百姓通行語言仍是楚語。䴥、强秦、僕等三人是少數民族,居住在少數民族人口聚居地,所以不懂楚語。

襄人、撟辭,襄人和撟此前曾提交給官府訊辭。請,讀爲"情",實情、事實。擇,讀爲"譯",翻譯。⑥"證不言請(情)""譯訊人出入罪人律"爲兩條律文,所以斷讀,即作證不實律,以及翻譯訊問相關人等不實事求是、出入罪人之律。

出譯共里不更當,即挑選出一位翻譯,他居住在共里,名"當",爵位爲"不更"。

令訊䴥、僕、强秦,命當作爲翻譯,訊問䴥、僕、强秦等三人。因䴥、强秦、僕三人"不能楚言",不能在訊問中正常交流,所以請能通楚語與夷語的翻譯當來訊問。

皆士五,强秦、䴥、僕等三人都是士五。

輕半,地名。⑦ 共撟,人名,即爲襄人收賨的撟,身份是士五。

脽,丘阜。《史記·孝武本紀》:"於是天子遂東,始立后土祠汾陰脽上,如寬舒等議。"⑧司馬貞《索隱》:"脽,丘。"脽夷,一種少數民族的稱謂,或類似山越。賨,秦漢少數民族所繳的一種賦税。《説文》貝部:"賨,南蠻賦也。"⑨

腸,一種可以當米交賨的物資。

共木,或與共撟有一定的關係。從其他簡文看,襄人原是委托共撟去幫忙收賨,但這裏又稱作共木。

以上是對簡文的簡單疏通。其内容涉及的"證律"及"譯訊人出入罪人律"兩條律文值得討論。

在走馬樓西漢簡中,"證律"常以"以證律告",在簡牘中也稱作"以證律辨告"或"以證律辯告"的辭例出現。"辯告""辨告",用字不一,但意義一樣。在秦漢簡中,辨告出現的頻次

① 《漢書》卷五九《張湯傳》,2637頁。
② 胡平生:《〈簡牘名蹟選2〉所刊"走馬樓前漢簡"釋文校訂》,417頁。
③ 劉樂賢:《談走馬樓西漢簡中的兩條簡文》。
④ "楚"字,釋文初稿未能釋出,此爲讀簡會時陳松長先生所釋。
⑤ 根據(0080+0152)號簡文"撟,無陽共里壻子"可知。
⑥ 此觀點爲歐揚博士在一次小範圍讀簡會上首次提出。
⑦ 劉樂賢:《談走馬樓西漢簡中的兩條簡文》。
⑧ 《史記》卷一二《孝武本紀》,461-462頁。
⑨ [漢]許慎撰,[清]段玉裁注:《説文解字注》卷一二,上海古籍出版社,1988,282頁。

多於辯告。辨告,即頒布。《漢書·高帝紀下》:"吏以文法教訓辨告,勿笞辱。"顔師古注:"辨告者,分别義理以曉喻之。"①"以證律辨(辯)告"即以證律班告之義。下面再引走馬樓西漢簡兩例。

五年七月丁卯[具]獄亭長庚爰書,先以證律辨告播,乃訊。辭曰:士五,無陽共里墒子,吏令爲臾皇人擇(譯)。迺二月中不識日,嗇夫襄人在輕半,令播收責㵒溪,臾人□⧄五定予五棒船一艘,當米八斗。士五强秦、麐、僕予賜各廿五斤,凡七十五斤。播令安居士五周乘船下。播先去㵒溪,中環(還)輕半。襄人所收責(債)得[船]⧄ (0080+0152)②

⧄□書召[多]□[先]以證律辯告□□[名]劾(?)乘之辭

⧄[里]迺元年爲臨湘監□嗇夫廷調多爲守令史備盜賊 (0250)

"證律辨告"類似辭例,亦出現在其他簡牘中,或更詳細,如居延新簡。③

建武三年十二月癸丑朔乙卯,都鄉嗇夫宫,以廷所移甲渠候書召恩詣鄉,先以"證財物故不(EPF22:1)以實,臧五百以上,辭已定,滿三日而不更言請者,以辭所出入罪反罪之律"辨告,乃(EPF22:2)爰書驗問。 (EPF22:3)

建始元年四月甲午朔乙未,臨木候長憲敢言之。爰書:雜與候史輔,驗問燧長忠等七人,先以從所主及它部官卒買⧄

三日而不更言請書律辨告,乃驗問。燧長忠、卒賞等辭皆曰:名、郡、縣、爵、里、年、姓、官除各如牒。忠等毋從所主卒及它⧄ (EPT51:228)

⧄……□先以證不請律辨告,乃驗問,定

⧄……□□□□□前,游君前亡去,不知區處,來中 (EPT52:417)

而不更言請,辭所出入罪反罪之律辨告,乃爰書驗問。恭辭曰:上造,居延臨仁里,年廿八歲,姓秦氏。往十餘歲,父母皆死,與男同産兄良异居。以更始三年五月中,除爲甲渠吞遠燧長 (EPF22:330)

⧄先以證財物不以實律辨

⧄□有敢不予何齊 (EPT53:181)

以上相關辭例表述最爲詳細者是編號EPF22:3的簡文:"證財物故不以實,臧五百以上,辭已定,滿三日而不更言請者,以辭所出入罪反罪之律。"這段簡文出自著名的《候粟君所責寇恩

① 《漢書》卷一下《高帝紀下》,54–55頁。

② 簡0080原已發表,在走馬樓西漢簡整理小組第一次讀簡過程中,發現簡0080可與簡0152綴合。152簡長約3.6厘米,0080簡長約39.5厘米,綴合之後的簡仍約有3厘米的缺失,可容3–5字。

③ 下引簡文參考甘肅省文物考古研究所等編《居延新簡:甲渠候官與第四燧》,北京:文物出版社,1990。

事》簡册，其律文整體意思即：作僞證故意不按事實説明財産情況，獲贓錢超過五百錢以上，證辭確定後，滿三日不更改僞證説明實情的人，以其所作僞證使人定罪或脱罪的罪名定其罪。

其中“財物故不以實，臧五百以上”與具體案情有關，候粟君寇恩案本即財物糾紛。張家山漢簡《二年律令·盜律》55、56號簡：“盜臧（贓）直（值）過六百六十錢，黥爲城旦舂。六百六十到二百廿錢，完爲城旦舂。不盈二百廿到百一十錢，耐爲隸臣妾。不盈百一十錢到廿二錢，罰金四兩。不盈廿二錢到一錢，罰金一兩。”[①]張家山漢簡這段簡文盜贓的標準未見五百錢這一檔次。寇恩案記録乃東漢初年的案例，較《二年律令》的西漢時代晚，具體量刑已經發生變化。所以到東漢時期，盜贓罪的標準已有“五百錢”這一量刑標準。

“辤已定，滿三日而不更言請者，以辤所出入罪反罪之律”，張家山漢簡有相關律文。《二年律令·具律》110號簡：“證不言請（情），以出入罪人者，死罪，黥爲城旦舂；它各以其所出入罪反罪之。獄未鞫而更言請（情）者，除。吏謹先以辨告證。”[②]《具律》所言“獄未鞫而更言請（情）者，除”的“鞫”是“訊”後的一個訴訟環節。[③]“獄未鞫而更言請（情）者，除”即言訊問結束之後，還没有到鞫這一環節時，若更改了僞證，即可免罪。言下之意，若到了鞫這一環節還未更改僞證，那麽依然要“以其所出入罪反罪之”。對比張家山《二年律令·具律》，寇恩案因時代更晚，具體律文會有變化。兩者相比，可看出西漢時期到東漢初年，這一條律令的量刑由以程序標準改爲具體以三日作爲標準。

以上居延新簡中“辤已定，滿三日而不更言請者，以辤所出入罪反罪之律辨告”等類似辭例在走馬樓西漢簡中減省作“以證律辨告”，這説明證律的具體律文即如上文所言，因時代不同有所區别。在居延新簡所屬時代，其部分律文即“辤已定，滿三日而不更言請者，以辤所出入罪反罪之”。但在張家山漢簡所屬時代，其具體律文即《具律》中的“證不言請（情），以出入罪人者，死罪，黥爲城旦舂；它各以其所出入罪反罪之。獄未鞫而更言請（情）者，除。吏謹先以辨告證”。其有三層含義：一是“證不言請，以其所出入罪反罪之”；二是“證不言請，獄未鞫而不更言請（情）者，以其所出入罪反罪之”；三是吏在訊問之前，必先“以證律辨告證”。走馬樓西漢簡、居延新簡中的司法訊問文書證明，在實際操作中，“吏謹先以辨告證”的訊問程序一直要履行，所以訊問文書的訊辭中均有“以證律辨告”等類似内容。

值得注意的是，“不更言請者”中的“請”通“情”字，《荀子·正名》：“正名而期，質請而

① 張家山二四七號漢墓竹簡整理小組編著：《張家山漢墓竹簡［二四七號墓］》（釋文修訂本），北京：文物出版社，2006，16頁。

② 張家山二四七號漢墓竹簡整理小組編著：《張家山漢墓竹簡［二四七號墓］》（釋文修訂本），24頁。

③ 彭浩：《談〈奏讞書〉中的西漢案例》，《文物》1993年第8期。張建國：《漢簡〈奏讞書〉和秦漢刑事訴訟程序初探》，收入其著《帝制時代的中國法》，北京：法律出版社，1999，305-313頁。

喻。"王先謙《集解》引王念孫曰:"請,讀爲情。情,實也。言本其實而曉喻之也。"①無論在張家山漢簡、走馬樓西漢簡,還是上引居延新簡中,都用"言請"。《唐律疏議·詐僞》:"諸證不言情,及譯人詐僞,致罪有出入者,證人減二等,譯人與同罪。"②唐律中才開始使用"證不言情"。

以上討論的《譯當訊磨、强秦、僕辤》中,"以褱人、撟辤,'證不言請''譯訊人出入罪人律'出譯共里不更當",包含了兩層含義:一層是找到翻譯之人當爲訊問和被訊問方做翻譯。二層是對當進行辨告,其辨告者有三,分别是褱人與撟的訊辭、證律、譯訊人出入罪人律等。其中"譯訊人出入罪人律"的内容與張家山漢簡《二年律令·具律》111 號簡相似:"譯訊人爲詐(詐)僞,以出入罪人,死罪,黥爲城旦舂;它各以其所出入罪反罪之。"③對比前引張家山漢簡《二年律令·具律》"證不言請(情),以出入罪人者,死罪,黥爲城旦舂;它各以其所出入罪反罪之",説明漢時翻譯訊問時作僞,與證人作僞證,陷人入罪或爲人脱罪,其罪行量刑等同。但在唐律之中,二者的量刑却有了很大的變化。前引《唐律疏議·詐僞》條:"諸證不言情,及譯人詐僞,致罪有出入者,證人減二等,譯人與同罪。"唐律作僞證可減罪二等,而翻譯作僞,與罪人同罪,與西漢時期差别已大。

除了以上提到的四簡,走馬樓西漢簡中還有褱人、撟案卷其他不同涉案人的訊問之辭。這些簡長度一致,爲完簡長約 46 厘米的長簡,一般書文字兩行。對這些簡進行綜合考慮,應更能接近案件的事實原貌。

① [清]王先謙撰,沈嘯寰、王星賢點校:《荀子集解》,北京:中華書局,1988,423-424 頁。

② [唐]長孫無忌等撰,劉俊文點校:《唐律疏議》,北京:中華書局,1983,475 頁。

③ 張家山二四七號漢墓竹簡整理小組編著:《張家山漢墓竹簡[二四七號墓]》(釋文修訂本),24 頁。

附圖：

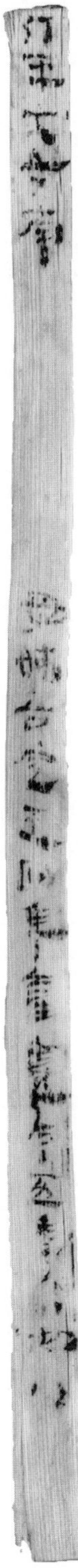

圖一：0109

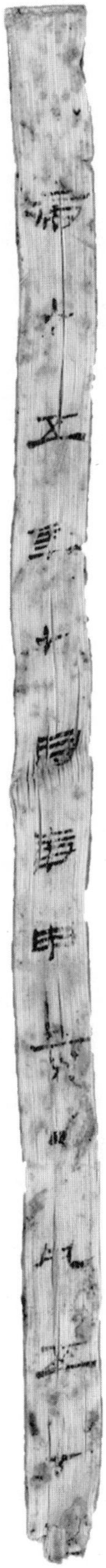

圖二：0722

圖三：（0161+0003）上　　下

圖四：（0016+0123）

走馬樓西漢簡的斷代*
——兼談草書的形成時間

湖南大學嶽麓書院　李洪財

内容提要　根據走馬樓西漢簡中的紀年,可以確定這批簡的斷代上限在漢武帝元朔元年(前 128),下限在元狩三年(前 120)。最遲在西漢武帝元朔年間草書已通行,并已經成爲一種新興字體,因此,原有書法史關於草書形成時間的看法應予更新。

關鍵詞　斷代　曆法　草書

走馬樓西漢簡自 2003 年在長沙出土後就受到學界的高度關注。2005 年發掘組在《出土文獻研究》上刊文説明了這批簡的斷代情況。[①] 發掘組將這批簡的斷代大致定爲西漢武帝早期,其斷代主要依據曆朔和書風書體,并説到這些材料與陳垣《二十史朔閏表》存在差异,但與張培瑜《中國先秦史曆表》(以下簡作《曆表》)相合,簡文記録的四年、五年、六年與漢武帝元朔四年、五年、六年的曆朔相合,七年、八年、九年曆朔也與元狩元年、二年、三年的曆朔相合。依此將這批簡的確切年代定爲元朔四年至元狩三年,即公元前 125 至公元前 120 年。這批簡有非常多的紀年内容,對西漢的曆法研究和這批簡的斷代,無疑是非常重要的參考材

* 本文爲國家社會科學基金一般項目"漢代簡牘草書整理與研究"(17BZS126)階段性成果;本文爲國家社科基金重大項目"長沙走馬樓西漢簡的整理與研究"(17ZDA181)階段性成果。

① 長沙市簡牘博物館、長沙文物考古研究所聯合發掘組:《2003 年長沙走馬樓西漢簡牘重大考古發現》,中國文化遺産研究院編《出土文獻研究》第 10 輯,上海古籍出版社,2005,57 頁。

料。但根據我們的釋文清理和初步研究,其中的紀年内容存在很多問題,同時這批簡的斷代也并不如發掘者最初所説的那麼簡單,很多紀年内容既有内部自身矛盾之處,也有不少與現有的各種曆表衝突的地方。關於這批簡的朔日與《曆表》衝突的現象比較複雜,我們會另文專門討論,本文主要根據最新釋文對原有的斷代作修訂,確定斷代後再談談這批簡的文字對草書形成的重要意義。

一 走馬樓西漢簡紀年内容與《曆表》對照

走馬樓西漢簡的紀年信息非常豐富,而且很多簡牘都記録了年月及朔日,爲這批簡牘斷代提供了非常重要的依據。不過,根據我個人的整理,這批簡所顯示的紀年問題很複雜,雖然可以確定是西漢簡,但并不是完全如發掘者所説與《曆表》相合,而且其年代的上限問題也需再討論。走馬樓西漢簡中的紀年從"元年"到"九年",而且每年都有多個月朔點。另外還出現了"帝十五年""定王四年",這也爲斷代提供了重要信息。通過查對,與《曆表》相合主要在武帝時期,但是也有很多朔日與景帝時期的朔日相合,爲了確定其中是否有向前追述的内容,將可對應景帝時期的朔日也一并列出。這批簡中有不少重要的紀年内容字迹不是十分清楚,爲了減少干擾,完全無法確認的紀年内容不作參考,有些字迹雖然不清楚,但是基本可確認釋讀,在文首加＊標明,并將不清楚的字迹用外框標示。下面我們按照簡牘中所見的紀年信息逐年進行説明。

(一)元年與二年

走馬樓西漢簡中出現可確定爲元年與二年且有月日内容的簡牘比較少,而且重複内容較多,故將兩年的内容合在一起考察。這兩年的具體紀年内容如下表 1。從表中可以看到,元年紀年内容其實衹有一處明確了朔日,據此我們對照《曆表》查到西漢景帝以後五月出現"丙子朔"的有:

景帝四年(前 153)的顓頊曆、殷曆、漢曆,[①]五月丙子朔;

武帝元狩元年(前 122)的顓頊曆、殷曆、漢曆,五月丙子朔;

如果按照五月丙子朔推算,五月爲大月,六月應該是丙午朔;五月爲小月,六月應該是乙巳朔。按照這兩個朔點查詢,六月不可能有"辛丑"這一天。二年紀年内容中除了表 1 所列,還有幾枚原簡字迹含混不清無法確定的簡牘,暫不作參考。其中第 10 列 0379 簡"十一月癸酉朔"明確了朔日,據此查找《曆表》有:

① 按:這裏的漢曆是指張培瑜先生根據出土文獻信息復原的一套曆法。

景帝中元三年(前147)的實曆,[1]十一月癸酉朔;

武帝元狩二年(前121)的顓頊曆、殷曆、漢曆,十一月癸酉朔。

接著按照《曆表》可對應的這兩個時間點,繼續查四月和十二月朔日,分别可知:四月爲辛丑朔,十二月癸卯朔。按照這兩個朔日推算,則四月無“丙申”日,距離四月最近的“丙申”日則在前一月的倒數第五天。十二月丙午即十二月初四。

表1 走馬樓西漢簡元年、二年紀年内容

序	1	2	3	4	5	6	7	8	9	10	11
簡號	0503	0633	0395	0399	0406	0423	0559	0754	0006	0379	0043
紀年内容	元年五月丙子朔己丑	元年六月癸卯	元年六月辛丑	元年六月辛丑	元年六月辛丑	元年六月辛丑	元年六月辛丑	元年六月辛丑	二年四月丙申	二年十一月癸酉朔戊戌	二年十二月丙午

(二)三年

走馬樓西漢簡中出現三年的紀年内容也較少,而且確定的朔日點不多,具體内容如下表2。經核對原簡,其中加*號的兩枚簡釋文中的加□字有些模糊,不是十分確定。尤其是第1列的0796簡,年、朔日、都比較清晰,唯獨月份不是十分清晰。

表2 走馬樓西漢簡三年紀年内容

序	1	2	3	4	5	6	7	8	9	10	11
簡號	0796	0080	0092	0133	0633	0754	1282	0399	0406	0559	2015
紀年内容	*三年[二]月辛未朔壬戌	三年三月乙丑,四月丙申、丙午	三年四月丙申	三年六月乙丑	三年六月乙酉	*三[年]六月丁[亥]	三年六月己巳朔壬午	三年七月乙丑	三年七月丁卯	三年七月乙丑	三年七月己亥朔

按照確定的七月朔日,查找《曆表》較相合的年月有:

景帝五年(前152)的實曆、顓頊曆二月辛未朔;顓頊曆六月己巳朔;顓頊曆、殷曆、漢曆七月己亥朔;

① 按:這裏的實曆是指根據現代天文學計算出的當時實際應用的曆法。

武帝元朔三年(前126)的顓頊曆、殷曆、漢曆二月辛未朔;顓頊曆、殷曆、漢曆六月己巳朔;殷曆、漢曆七月己亥朔。

走馬樓西漢簡與《曆表》對照可知,簡中所記第1列"二月辛未朔"可對應,但當月無壬戌日。三月是庚子朔或辛丑朔,依此推算可知當月都有乙丑日。第2列"三月乙丑"可對應。四月是己巳、庚午朔,依此推算當月有丙申日,第3列紀年内容可對應,但此月没有丙午日,第2列中的四月丙午無法對應。依此辦法逐個對照,六月紀年内容與《曆表》有衝突。按照《曆表》朔日推算,六月可以有乙酉(第5列)、丁亥(第6列),但不可能出現第4列的"乙丑"日。而且日期是按照一甲子順序排列,六月有乙丑日,下一個乙丑日當在八月份,七月不可能連續再出現乙丑日(第8列)。按照《曆表》七月朔日推算,七月有乙丑日,但衹有在殷曆、漢曆的情況下七月才可能出現丁卯日(第9列)。

(三)四年

四年的紀年内容具體如下表3。其中二月、五月、七月、八月都明確了朔日,第4列0046簡中出現了兩個時間點。按照確定的朔日,查找《曆表》有:

景帝元年(前156)的顓頊曆、殷曆、漢曆二月乙未朔;殷曆、漢曆五月甲子朔;殷曆、漢曆七月癸亥朔;殷曆、漢曆八月壬辰朔;

武帝元朔四年(前125)的殷曆、漢曆二月乙未朔;漢曆五月甲子朔;漢曆七月癸亥朔;顓頊曆、殷曆、漢曆八月壬辰朔。

表3 走馬樓西漢簡三年紀年内容

序	1	2	3	4	5	6	7	8	9
簡號	0006	0173	0856	0046	0243	0752	0256	0324	0964
紀年内容	四年二月乙未朔戊戌	四年二月戊戌	四年四月癸丑	四年五月甲子朔庚寅……六月丙申	四年七月癸亥朔丙子	四年七月癸亥朔己卯	四年八月壬辰朔乙未	四年八月壬辰朔戊午	四年八月壬辰

(四)五年

五年的紀年内容非常多,而且朔日點也多,多數月份的朔日點明確,具體内容如下表4。按照確定的朔日,查找《曆表》有:

景帝七年(前150)的實曆、顓頊曆二月己丑朔;顓頊曆、殷曆、漢曆三月己未朔;實曆四月戊子朔;實曆六月丁亥朔;七月實曆丙辰朔、顓頊曆和殷曆丁巳朔、漢曆戊午朔;

顓頊曆、殷曆、漢曆八月丁亥朔;顓頊曆九月丙辰朔;

武帝元朔五年(前124)的實曆、顓頊曆、殷曆、漢曆二月己丑朔;殷曆、漢曆三月己未朔;實曆、顓頊曆、殷曆、漢曆四月戊子朔;顓頊曆、殷曆六月丁亥朔;七月實曆丙辰朔、顓頊曆和殷曆及漢曆丁巳朔;漢曆八月丁亥朔;顓頊曆、殷曆、漢曆九月丙辰朔。

以上兩年的月朔,除了七月之外都可以對應。五年七月在走馬樓西漢簡中至少出現了五次,其中有兩次的紀年内容完全一致,僅第10列明確了朔日,第12列也出現了癸卯,但内容不完整,與第10列對比而言應該也是朔日,不過此朔日存在問題。按照其他幾個月的朔日推算,七月的朔日應該是丁巳才對。因爲第6、7列已經明確六月丁亥朔,第14、15、17都明確了八月丁亥朔,可知七月應該是大月,朔日在丁巳。而且,如果七月癸卯爲朔日,那麽辛巳(第8列)、癸巳(第10列)都當在上一個月中。如果以丁巳爲朔日,那麽丁卯、辛巳都在當月。因此日干支可能是以《曆表》所載朔干支推算的,但七月"癸卯朔"也不能説是錯,畢竟重複了兩次"癸卯",不能武斷説是偶然錯誤,很可能另一種曆法的七月朔日是"癸卯"。

表4　走馬樓西漢簡五年紀年内容

序	1	2	3	4	5	6	7	8	9	10
簡號	0054	0047	0504	0618	0638	0506	1808	0008	0010	0079
紀年内容	五年二月己丑朔丁酉……二月己亥	五年三月己未朔丁丑	五年四月戊子朔戊子	五年四月戊子朔戊子	五年四月戊子朔戊子	五年六月丁亥朔壬辰	五年六月丁亥朔癸巳	五年七月辛巳	五年七月丁卯	五年七月癸卯朔癸巳
序	11	12	13	14	15	16	17	18	19	20
簡號	0152	1372	0044	0088	0322	0009	0107	0002	0205	0034
紀年内容	五年七月丁卯	五年七月癸卯	五年八月戊申	五年八月丁亥朔戊申	五年八月丁亥朔庚戌	五年八月庚戌	五年八月丁亥朔丙午	五年九月辛酉	五年九月丙辰朔癸亥	五年九月甲戌
序	21	22	23	24	25	26	27	28	29	30
簡號	0041	0042	0049	0084	0085	0102	0121	1792	0848	0562
紀年内容	五年九月丙辰朔丁卯	五年九月丙辰朔戊午	五年九月己未	五年九月丙辰朔丁丑	五年九月丙辰朔壬申	五年九月丙辰朔丁卯	五年九月丙辰朔辛酉	五年九月丁巳	五年十月甲辰	五年十月壬辰

(五)六年

下表5爲六年的紀年内容,這一年的紀年内容非常特殊,其中出現了一個月有兩個朔日的情況(第7、8列),還出現了連續兩個月同一個朔日的情況(第12、13列)。我們對照《曆表》作了排查,結果如下:

> 景帝三年(前154)的顓項曆、殷曆、漢曆二月癸丑朔,實曆壬子朔;顓項曆、殷曆四月壬子朔;顓項曆、殷曆的六月辛亥朔;顓項曆、殷曆八月庚戌朔,實曆八月己酉朔,漢曆八月辛亥朔;顓項曆、殷曆、漢曆九月庚辰朔;殷曆、漢曆十一月乙酉。
>
> 武帝元朔六年(前123)的實曆、漢曆的二月癸丑朔;實曆、漢曆的四月壬子朔;漢曆的六月辛亥朔;顓項曆八月庚戌朔;殷曆九月庚辰朔;殷曆、漢曆十一月乙酉。

通過對比排查,走馬樓西漢簡六年的紀年内容大部分與以上兩年相合,但一個月兩種不同的朔干支,和兩個月同一朔日的情況,與《曆表》不符。而且第12列的庚辰朔,在當月不可能有甲寅日。

表5　走馬樓西漢簡六年紀年内容

序	1	2	3	4	5	6	7	8	9	10	11	12	13	14	15
簡號	0628	0908	0187	0467	0265	0476	0508	0275	1331	1483	0373	0428	0699	0538	0726
紀年内容	六年三月己亥	六年三月辛丑	六年四月壬子朔乙卯	六年五月壬午	*六年六月辛亥朔【丁】未	*六年六月辛【亥】朔	六年六月癸亥朔乙卯	六年六月辛亥朔癸酉	六年六月辛亥朔辛未	六年六月甲子	六年七月戊戌	六年八月庚辰朔甲寅	六年九月庚辰朔癸卯	六年十一月乙酉朔丙□	*六年十一月庚辰

(六)七年

七年的紀年内容中有幾枚簡文字太不清晰,爲了排除不確定因素都暫不作考察對象。下表6是走馬樓西漢簡中釋文比較確定的紀年内容。按照確定朔日點對照《曆表》,能够基本相合的結果如下:

> 景帝四年(前153)的實曆、顓項曆、殷曆、漢曆正月戊寅朔;殷曆、漢曆二月戊申朔;顓項曆、殷曆、漢曆三月丁丑朔;顓項曆、殷曆、漢曆五月丙子朔;顓項曆、殷曆、漢曆七月乙亥朔;殷曆、漢曆八月乙巳朔;顓項曆、殷曆、實曆、漢曆十一月己卯朔;
>
> 武帝元狩元年(前122)的顓項曆、殷曆、漢曆正月戊寅朔;漢曆二月戊申朔;顓項曆、殷曆、漢曆三月丁丑朔;顓項曆、殷曆、漢曆五月丙子朔;顓項曆、殷曆、漢曆七月乙亥

朔;殷曆、漢曆八月乙巳朔;實曆、顓頊曆、殷曆、實曆、漢曆十一月己卯朔。

表6　走馬樓西漢簡七年紀年内容

序	1	2	3	4	5	6	7	8	9
簡號	0138	0389	0194	0211	0540	0645	0369	0418	0509
紀年内容	七年正月戊寅朔戊子	七年二月戊申朔壬戌	七年三月丁丑朔癸未	七年三月丁丑朔庚子	七年三月戊寅	七年三月丁丑朔己亥	七年五月甲辰	七年五月丙子朔丙申	七年五月丙子朔丙申
序	10	11	12	13	14	15	16	17	18
簡號	0513	0544	0619	0707	0714	0769	0807	0882	2019
紀年内容	七年五月丙子朔甲午	七年五月丙子朔甲申	七年五月丙子朔丁酉	七年五月丙子朔壬辰	七年五月丙子朔乙未	七年五月丙子朔甲午	七年五月庚子	七年五月丙子朔丙	七年五月丙子朔癸巳
序	19	20	21	22	23	24	25	26	27
簡號	1801 正	0231	0334	1237	0115	0246	0955	0257	0441
紀年内容	七年五月丙子朔乙未	七年七月乙亥朔庚寅	七年七月乙亥朔庚寅	七年七月丙申	七年八月乙巳朔壬申	七年八月己巳	七年八月辛未	七年十一月己卯朔乙酉	七年十一月戊戌

(七)八年

下表7爲六年的紀年内容,對照《曆表》排查,得到可對應的結果如下:

景帝中元三年(前147)的顓頊曆、殷曆四月辛丑朔;顓頊曆、殷曆、漢曆五月辛未朔;實曆、顓頊曆六月庚子朔;顓頊曆、漢十月甲辰朔;實曆十一月癸酉朔,顓頊曆、殷曆、漢曆十一月甲戌朔;顓頊曆、殷曆十二月癸卯朔;

武帝元狩二年(前121)的顓頊曆、殷曆、漢曆四月辛丑朔;漢曆五月辛未朔;顓頊曆、殷曆、漢曆六月庚子朔;殷曆、漢曆十月甲辰朔;實曆十一月壬申朔,顓頊曆、殷曆、漢曆癸酉朔;殷曆、漢曆十二月癸卯朔。

這裏面第2列因爲原簡字迹漫漶,年月釋字不是十分確定,但是朔日和後面的日期比較清晰,對比可以確定釋字。這裏同樣存在日期衝突問題。辛丑朔下面不可能有丁酉日。辛丑朔,丁酉日當在上一個月的倒數第四天。

表 7　走馬樓西漢簡八年紀年内容

序	1	2	3	4	5	6	7	8	9	10	11	12
簡號	1875	0416	0666	1575	0795	1006	0542	0368	0134	0293	1806	1807
紀年内容	八年正月戊戌	[八]年[四]月辛丑朔丁酉	八年四月辛丑朔戊辰	八年四月辛丑朔壬寅	八年五月辛未朔壬申	八年六月庚子朔丙午	[八]年六月庚子朔丁卯	八年十月甲辰朔丁卯	八年十一月癸卯朔庚[戌]	八年十二月癸卯朔己巳	八年後九月戊戌朔丙[辰]	八年後九月戊戌朔丙辰

(八)九年

根據我們的調查,整個走馬樓西漢簡紀年内容衹到九年,之後再無連續的紀年内容。這批簡中紀年内容最多的是九年,而且從正月到六月朔日點連續排列。對照《曆表》排查,得到可對應的結果如下:

> 景帝六年(前 151)的實曆、顓頊曆、殷曆正月丙申朔;實曆、顓頊曆、殷曆、漢曆二月丙寅朔;實曆、顓頊曆、殷曆三月乙未朔,漢曆三月丙申朔;顓頊曆、殷曆、漢曆四月乙丑朔;漢曆五月乙未朔;顓頊曆、殷曆、漢曆六月甲子朔;顓頊曆、殷曆、漢曆十一月丁酉朔;
>
> 武帝元狩三年(前 120)的顓頊曆、殷曆、漢曆正月丙申朔;殷曆、漢曆二月丙寅朔;實曆三月甲午朔,顓頊曆、殷曆三月乙未朔;殷曆、漢曆四月乙丑朔;漢曆五月乙未朔;顓項曆、殷曆、漢曆六月甲子朔;顓頊曆、殷曆、漢曆十一月丁酉朔。

這裏唯有三月朔日與《曆表》不合。如果以三月朔日推算二月和四月的朔日,則結果與簡中九年二月、四月的朔日都衝突。所以如果第 9 列的紀年内容無誤,這月的紀年與同年其他月份的紀年可能不是一種曆法。

表 8　走馬樓西漢簡九年紀年内容

序	1	2	3	4	5	6	7	8	9	10	11	12
簡號	0557	0967	0127	0341	0534	0547	0575	0626	0176	0200	0283	0660
紀年内容	九年正月丙申朔辛酉	九年正月丙申朔□	九年二月丙寅朔甲申	九年二月丙寅朔甲申	九年二月丙寅朔己丑	九年二月丙寅朔甲申	九年二月丙寅朔丙寅	九年二月乙未	九年三月丁丑朔癸未	九年四月乙丑朔丁丑	九年四月乙丑朔丙寅	九年四月乙未朔[丁]□

續表

序	13	14	15	16	17	18	19	20	21	22	23	24
簡號	1333	1550	2122	0118	0132	0232	0233	0525	0583	0591	0597	0671
紀年内容	九年四月甲戌	九年四月丁丑	九年四月丁丑	九年五月乙未朔丁未	九年五月乙未朔辛酉	九年五月乙未朔丁未	九年五月乙未朔戊申	九年五月乙未朔丁未	九年五月己未朔丁未	九年五月乙未朔丁未	九年五月乙未朔丁未	九年五月乙未朔癸卯
序	25	26	27	28	29	30	31	32	33	34	35	36
簡號	0797	0868	0057	0166	0215	0465	0574	0578	2026 背	2057	0403	1805
紀年内容	九年五月乙未朔丁未	九年五月乙未朔己酉	九年六月甲子朔甲戌	九年六月甲子朔庚午	九年六月甲子朔庚午	九年六月甲子朔戊子	九年六月甲子朔庚午	九年六月甲子朔庚午	九年六月辛未	九年六月甲子	九年十一月丁酉朔庚子	九年十一月丁酉朔

二　走馬樓西漢簡的斷代問題

從上面的對比可以看到,各年都出現與《曆表》的朔干支衝突現象,這涉及到曆法問題,比較複雜,我們另文討論。拋開這個問題,也可看到走馬樓西漢簡紀年序列與《曆表》也并不能完全對應,而且并不衹是與武帝紀年可對應,有部分與景帝紀年也可對應。我們把上面的對應情況,列表如下:

表 9　走馬樓西漢簡紀年與《曆表》紀年對照

走馬樓簡	元年	二年	三年	四年	五年	六年	七年	八年	九年
景帝	景帝四年(前 153)	景帝中元三年(前 147)	景帝五年(前 152)	景帝元年(前 156)	景帝七年(前 150)	景帝三年(前 154)	景帝四年(前 153)	景帝中元三年(前 147)	景帝六年(前 151)
武帝	武帝元狩元年(前 122)	武帝元狩二年(前 121)	武帝元朔三年(前 126)	武帝元朔四年(前 125)	武帝元朔五年(前 124)	武帝元朔六年(前 123)	武帝元狩元年(前 122)	武帝元狩二年(前 121)	武帝元狩三年(前 120)

對照上表可以明顯看到,武帝時期的紀年與這批簡的紀年内容比較符合,而且序列比較規整,而景帝時期的對應内容排列無序,可排除從元年到九年的序列中有追述景帝的紀年内

容,所以還應從武帝時期的對應年來考察這批簡。不過,即使以武帝時期爲對照,這裏還可看到元年、二年有明顯的不對應問題。首先前面已經排除這兩年爲向前追述的紀年内容。按照這批簡元年、二年的朔干支推算,這兩年衹能是武帝元狩元年、元狩二年。那麽,元年、二年紀年内容的對應時間與後面的三年、四年……紀年内容就不在一個序列上。按照對應序列,這兩年應該是元朔元年、二年。如果假設這批簡元年、二年的朔干支有問題,將此元年、二年作爲元朔元年、二年考察,查得《曆表》元朔元年五月的朔干支分别是實曆己酉、顓頊庚戌、殷曆和漢曆都是辛亥朔。以這幾個朔干支來考察這批簡元年五月、六月的日干支,可知第 1 列五月的己丑日不在當月,但六月的辛丑日在當月。《曆表》元朔二年四月的實曆甲戌朔、顓頊乙亥朔、殷曆和漢曆是丙子朔,那麽表 1 四月的日干支都在當月,但表 1 第 10 列的日干支仍無法對應。雖然有無法對應的情况,但從紀年的數字序列來看,元年到九年是長沙王自己的紀年序列,如果夾雜另一種紀年方式應該有所區别,比如後面要説到的"帝十五年""定王四年"等,在年數前有限定。這裏説的"定王"在這批簡中多次出現,其無疑是指景帝之子劉發,《史記》載其在景帝二年(前 155)到武帝元朔元年(前 128)爲長沙王。劉發薨,劉庸繼位。劉庸元年就是武帝元朔元年(前 128)。所以這兩年與元狩元年、二年干支對應的情况應該衹是巧合,這兩年一定是元朔元年、二年。既然出現了劉發的謚號,至少可確定這批簡上限不早於公元前 128 年。

接著説下限的問題,這批簡所見的紀年最晚是"九年",根據《曆表》這一年是武帝元狩三年,即公元前 120 年,以此可以作爲這批簡的下限時間。而且,九年紀年内容在這批簡中出現的頻次最高,共出現了將近 40 次,九年之前的紀年内容逐漸減少,三年、四年的紀年内容都衹有十枚左右,這應該與此批簡通行使用的時間有關。離實際使用時間越遠涉及的人事就越少,紀年内容也就越少,所以這批簡的下限可定在公元前 120 年。這與發掘者所得時間一致。

此外還有幾枚簡的内容也可作斷代的參考信息。0109 簡記有"北平大女南姊占定王四年産盡今五年年廿八"。其中定王四年是公元前 152 年。這一年北平大女出生,二十八歲時爲"今五年"。這個"五年"恰好是二代劉姓長沙王劉庸即位後的第五年,與這批簡上的"五年"紀年内容所對應的時間正好一致,此年即武帝元朔五年(前 124)。簡號 0722 簡記"帝十五年七月庚申貢·凡五十☐"。這裏的"帝"指的應該是漢武帝,據《曆表》漢武帝十五年爲元朔三年(前 126),這年七月確有"庚申"日。此年爲二代長沙王劉庸繼位的第二年。另外還有簡號 1646 内容爲:"曰廷尉□亡當□孝文皇帝後七年十一☐"。這枚簡提到孝文皇帝,顯然是追記内容。總之,從所見的紀年内容來看,此批簡實際就是二代長沙王劉庸在位時的産物,上限可定在公元前 128 年,下限可定在公元前 120 年。

三　從走馬樓西漢簡看草書的成熟時間

我們曾對草書的萌芽與成熟時間有專文討論,當時還未見到這批簡,現在有必要根據這批新材料對過去討論的問題再做補充。草書的産生和萌芽問題目前衆説紛紜,尚無統一定論,除非有更早的草書新材料發現,否則這個問題很難再有突破。所以這裏不多説草書的萌芽和産生問題,主要討論草書的形成時間下限問題。

首先還要再提沙孟海的文章。1930年,沙孟海發表《隸草書的淵源及其變化》一文。該文先對整個中國文字的分體作了概説,對傳世文獻中的籀書、篆書、隸書、草書(即章草)、今隸(即真書)、行書、今草七個主要書體作了概述。然後對文獻中記載的書體排列順序、來源作了討論,提出傳世文獻記載中隸書、草書的演變順序存在問題。然後從《流沙墜簡》中選取出有年號、書體風格有代表性的簡,并按照字體分類。根據分類材料得出結論是:隸法在戰國時已有了,至遲在前漢宣帝時已成熟。草法在前漢宣帝時已有了,至遲在前漢末後漢初已成熟。今隸在前漢宣帝時也萌芽了,至遲在後漢順帝時已成熟。今草成熟期,約在後漢中葉。[①] 我們曾説過,這篇文章雖然結論存在一些問題,但不能不説極有開創之功,很多後世研究結論與此文結論相差并不大。如唐蘭《中國文字學》認爲"草書的成熟,至晚也在西漢末,東漢初",[②]還有裘錫圭認爲"草書正式形成爲一種字體,大概在西漢中期偏後","至遲不會晚於元、成之際,很可能在宣、元時代就已經形成了"。[③] 唐、裘二人研究結論與沙孟海結論基本不差多少。[④] 也是目前在草書最後形成時間上相對認可的結論。後來的大多數學者基本沿用了這一説法。不過現在走馬樓西漢簡出土之後,這個説法要重新修改。

走馬樓西漢簡中出現了大量草書字形,而且很多字形與後來的草書字形基本一致。爲了方便對比,下面我們截取一些字形。

表10　走馬樓西漢簡中的草書舉例

史	邑	别	遣	何	得	從
 0094	 0096	 0096	 0162	 0194	 0299	 0340

① 沙孟海:《隸草書的淵源及其變化》,《國立中山大學語言歷史學研究所周刊》第2集125-128期,1930,收入其著《沙孟海論書文集》,上海書畫出版社,1997。

② 唐蘭:《中國文字學》,上海世紀出版集團,2009,138頁。

③ 裘錫圭:《從馬王堆一號漢墓"遣册"談關於古隸的一些問題》,《考古》1974年第1期。

④ 此段内容轉述拙文《漢簡草書整理與研究》,吉林大學博士學位論文,2014,3頁。

續表

臨	案	賴	臨	湘	史	書
 0340	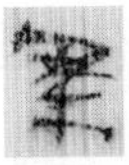 0340	 0344	 0344	 0344	 0347	 0391
買	武	爲	律	宫	將	昊
 0425	 0518	 0481	 0474	 0525	 0525	 0538
留	迺	寅	謂	死	分	宛
 0531	 0522	 0547	 0547	 0391	 0385	 0383

從表中所截取的字形可以看出,走馬樓西漢簡中很多文字并不祇是簡單的草率寫法,而是已具備草書的基本特徵:牽連與簡省。在此之前的一些材料中,也確實可以看到一些牽連簡省的文字,但祇能説明萌芽的個别現象,而在整批走馬樓簡中牽連與簡省已經不是個别偶爾現象,類似上面的草字還有很多,説明走馬樓西漢簡中的草書已經可作爲一種書體形式,而不是草書的萌芽狀態。許慎在《説文》序中説"漢興有草書",其所指的應該就是走馬樓這種草書。

走馬樓西漢簡草書出現的形式、草化方法、草化程度都與居延漢簡中的草書十分相似。都主要以時行時草的間雜形式出現,都是簡省爲主牽連爲輔的草化方法,草化程度雖比較高但還不具備規範性(如圖一[①])。不過相對而言,走馬樓西漢簡確實没有居延漢簡的簡省程度高,比如上表第一列的"得"、第二列的"書"、第三列的"將",這幾個字在這批簡中出現的頻率比較高,在居延漢簡中字形如下:

得  居新 EPT59:30　書  居 271:18　將  居 103:11[②]

這類字在居延漢簡中出現的頻率也比較高,對比可以看出居延簡的草寫簡省程度已經基本與後世完全成熟的草書字形一致。這類字形祇保留了原字的主要輪廓,但在走馬樓西漢簡中出現頻率較高的字形没有像居延簡一樣簡省,書寫仍然較複雜。不過這并不能因此而否定這批簡中的文字是以草書爲主,而這種草化特點反映了草書發展初期的狀況。居延

① 圖版對應釋文:
0041:五年九月丙辰朔丁卯守獄史它爰書案贖罪以下移之在所
0125:里武完城旦徒故官大夫攸大里兕官司空令史公乘攸臧郢/里外佐公乘南陽平陽里不識皆坐武故爲臨武丞盗所主守
0197:慶柣船一樓壽陵西都士五□練絲複衣一銅釪一不/知何人米二石柣船一㮋臧并直錢萬三千八百九十血婁有盗長賴令
② 字形引自李洪財《漢簡草字整理與研究(下編)》,70、134、139 頁。

簡的草書與後世完全成熟的草書對比也是如此。可以説,走馬樓西漢簡代表的是草書形成初期的特點,到了宣、元之際開始發生較大變化,因爲我們看到宣元之際的材料,其草書文字的牽連簡省程度和具備草法文字的數量上,都明顯變得更高更多。約到了王莽時期,草書出現飛躍式的變化,我們看到這個時期前後的尹灣漢簡中的草書《神烏賦》、馬圈灣漢簡中的草書,在用筆、結體、牽連形式等方面更加接近傳世的章草或今草。這時期所見的草書遠超西漢草書,此時草書已經完全成熟。至此草書開始進入不斷規範統一和藝術變化階段。我們可以看到,東牌樓東漢簡、尚德街東漢簡中的草書,與傳世王羲之的草書已經十分接近了,而且這時草書的草法不再是以前簡單的簡省和牽連,已經有很豐富的藝術表現力和變化形式。因此,如果從現在所見的實物來説,走馬樓西漢簡屬於草書形成後初期的狀態,宣元之際或西漢後期的草書簡代表的是草書發展中期的狀態,東牌樓東漢簡、尚德街東漢簡中的草書代表的是漢代草書全盛階段的狀態。

總之,走馬樓西漢簡的文字可確定爲草法特徵明顯的草書,那麽以往草書的形成時間要因爲這批新材料重新界定。可以確定,最遲在西漢武帝元朔年間草書已通行,并已經成爲一種新興字體。如果按照文字的發展規律來看,走馬樓西漢簡這種草書應該是很長一段時間演變的結果,據此可知許慎所説的漢興草書,應該指的就是走馬樓西漢簡這種字體形成初期的草書。

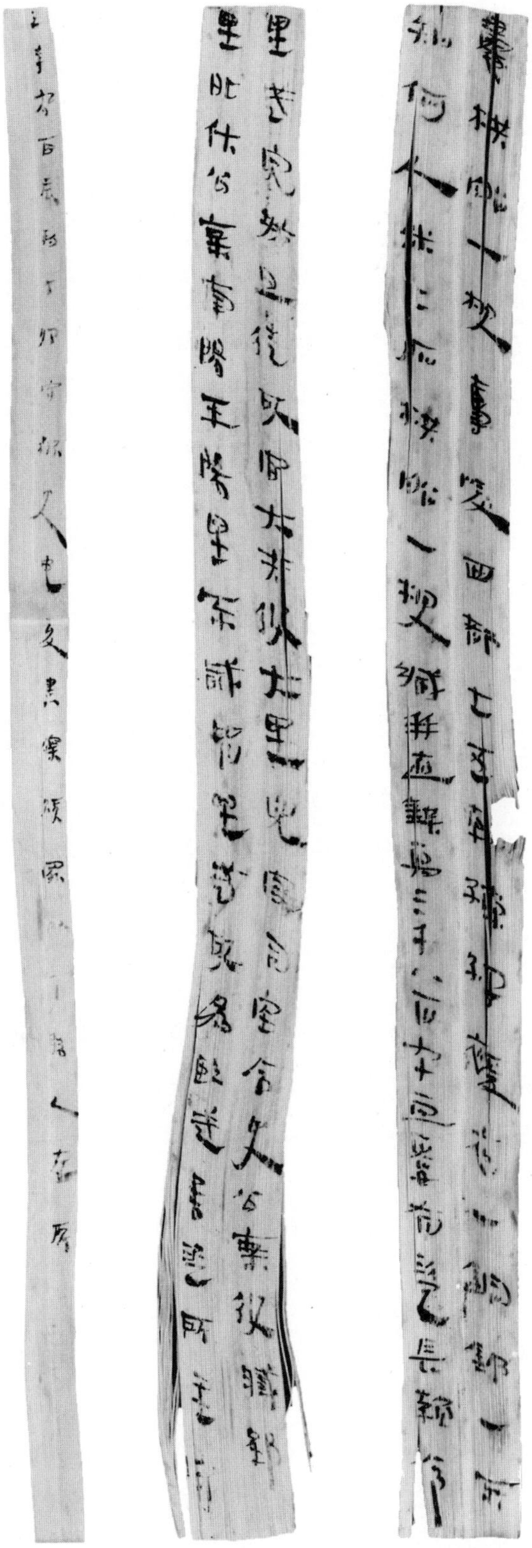

0041　　0125　　0197

圖一

再論西北漢簡中的“符”*

西北師範大學歷史文化學院　孫寧

内容提要　漢代西北屯戍機構中“符”應用廣泛,有出入符、警候符、迹符、吏遣符、取茭符、直符、伍符等,但并無“詣官符”,符作爲官方機構間的取信憑證,具有分置兩處、用以相合的特點。關於西北漢簡中“封符”的含義,今天還難以確解,“封印”符傳的觀點雖有合理性,但“封存”符的可能性也不能完全排除。

關鍵詞　西北漢簡　符　封符

上世紀以來西北地區簡牘的大量出土,爲漢代符、傳等相關問題的研究提供了豐富史料。前輩學者在符的形制、刻齒、分類、使用,以及符與傳、券、致的區別與聯繫等方面進行過

* 本文係國家社科基金青年項目“居延漢簡編年及相關問題研究”(15CZS007)的階段性研究成果。

相當激烈的討論,取得了較大成果。[①] 但由於簡牘材料的局限性和研究者觀察角度的不同,目前學界在符的分類、使用、演變等問題上仍有較大分歧。在前人研究成果的基礎上,筆者對西北簡牘中的符進行了重新考察,思考了符的分類、使用、流變等問題,現將一些粗淺想法略陳於斯,以求教於方家。

一 符的本質特點

符,作爲信用憑證,在戰國已較常見。楚懷王絶齊交時,“使勇士宋遺北辱齊王。齊王大怒,折楚符而合於秦。”[②]可見齊楚之間有維繫信用同盟關係的“符”。楚國勇士經宋至齊,“借宋之符”,[③]其中的“符”顯係越境之用,已類似後世的出入關符。《墨子·號令》講到城守時,多次提到“符”,既有吏卒之間的“信符”,也有“階門吏”“諸城門若亭”用來查驗出入的“符傳”。[④] 至於信陵君竊符救趙之“符”,則已明確是能够分而相合的兵符,與傳世“杜虎符”“新郪虎符”性質一致。降至秦漢,作爲中央集權體制下君主或長官的“大信”,符日益得到重視。《史記·高祖本紀》稱,劉邦至霸上,“秦王子嬰素車白馬,繫頸以組,封皇帝璽、符、節,降軹道旁”,[⑤]“符”與“璽”“節”一樣,是最高皇權的體現。秦漢中央除有“主符節事”的專職機構符節臺外,[⑥]僕射、御史中還有特定的“尚符璽者”,[⑦]地方則有以“主符”爲職任的史類吏

① 勞榦:《居延漢簡考釋之部·居延漢簡考證》“符券”條,臺北:“中研院”歷史語言研究所,1986,3-5頁;陳槃:《漢晋遺簡偶述》“符傳”條,《漢晋遺簡偶述之續》“漢符傳六寸本古制”條,收入其著《漢晋遺簡識小七種》,上海古籍出版社,2009,42-43、81頁;陳直:《居延漢簡綜論》“符傳通考”條,收入其著《居延漢簡研究》,北京:中華書局,2009,45-47頁;何智霖:《符傳述略——簡牘制度舉隅》,《簡牘學報》第7期,1980,283-292頁;薛英群:《漢代符信考述(上)(下)》,《西北史地》1983年第3、4期;徐樂堯:《漢簡所見信符辨析》,《敦煌學輯刊》1984年第2期;胡平生:《木簡出入取予券書制度考》,《文史》第36輯,北京:中華書局,1992,後收入《胡平生簡牘文物論稿》,上海:中西書局,2012,52-64頁;李均明、劉軍:《簡牘文書學》,南寧:廣西教育出版社,1999,418-421頁;汪桂海:《漢符餘論》,《簡牘學研究》第3輯,蘭州:甘肅人民出版社,2002,295-300頁;李均明:《秦漢簡牘文書分類輯解》,北京:文物出版社,2009,432-435頁;朱翠翠:《秦漢符信制度研究》,碩士學位論文,上海師範大學,2009,21-45頁;樂游、譚若麗:《敦煌一棵樹烽燧西晋符信補釋——兼説漢簡中“符”的形態演變》,《中國國家博物館館刊》2016年第5期;[日]大庭脩著,徐世虹譯:《漢簡研究》,桂林:廣西師範大學出版社,2001,134-149頁;[日]大庭脩著,徐世虹等譯:《秦漢法制史研究》,上海:中西書局,2017,496-499頁;[日]籾山明著,胡平生譯:《刻齒簡牘初探——漢簡形態論》,中國社會科學院簡帛研究中心編著《簡帛研究譯叢》第2輯,長沙:湖南人民出版社,1998,152-166頁;[日]伊藤瞳:《漢代符の形態と機能》,《史泉》第116號,2012,1—17頁。

② 《史記》卷四〇《楚世家》,北京:中華書局,2014,2077頁。本文所引《史記》均爲2014年中華書局版點校本二十四史修訂本,下文引用此版《史記》不再單獨説明。

③ 《史記》卷七〇《張儀列傳》,2781頁。

④ [清]孫詒讓撰,孫啓智點校:《墨子閒詁》卷一五《號令》,北京:中華書局,2001,586-619頁。

⑤ 《史記》卷八《高祖本紀》,459頁。

⑥ 《續漢書·百官志三》,北京:中華書局,1965,3599頁。

⑦ 《漢書》卷一九上《百官公卿表上》,北京:中華書局,1962,743頁。

員。[①] 居延出土有規範符使用的律令。[②] 對符的使用、管理已成爲秦漢行政生活的重要組成部分。

作爲權力信用關係的體現,秦漢時期有多種官方信物,有符,也有印璽、組綬、傳、節、致、棨等物。這些信物各有獨特的形制、功用,但由於它們在作爲官方意志的憑信方面具有一致性,故時人往往將其連稱,甚至混稱。睡虎地秦簡《法律答問》、張家山漢簡《二年律令・津關令》和肩水金關漢簡,以及《墨子・號令》《漢書・王莽傳》《後漢書・竇固傳》皆有"符傳"。張家山漢簡《二年律令・盜律》有"符致"。《史記・秦始皇本紀》《李斯列傳》《漢書・武五子傳》《霍光傳》有"符璽"。筆者認爲,連稱和混稱現象衹表明漢人對符、傳、致、節、璽印憑信功用一致性的認可,并不能證明符、傳、致、節、璽印在形制和使用方式上一致或趨於一致。具體到"符",我們既不能因爲其和傳都可用於通關,就忽視符需相合、傳需封印的顯著使用差异,也不能因爲有些封印文書上書有"符"字,而將符與璽印混爲一談。

傳世典籍對符的形制和使用特點有諸多描述,前輩學者征引備至,在此不贅。總體來説,筆者認爲"符"最本質的特點有二:第一、官方機構間使用的表示信用關係的憑證,其中官方機構可以是平級,也可以是上下級。第二、"符"最根本的形制特點是分置兩處、可以相合,正如徐樂堯所言:"合以爲信,乃符的基本特徵,也是符的必備條件。"[③]文獻中與"符"有關的內容大都是"剖符""合符""符會""符合""左券""右券"等,"合""會"是"符"實現憑信功能的特定方式,是其與璽印傳致節信的最大區別。至於其材質是竹、是木、是銅,長度是否一定爲六寸,刻齒還是剖莂,由於使用環境的不同,在界定"符"的內涵時倒可暫置不論。[④]

二 符的分類

以上文所述符的特點爲基礎,參考傳世文獻和前人研究成果,筆者擬從功能角度對西北

① 湖南省文物考古研究所編著:《里耶秦簡(壹)》(釋文部分)8-685號簡,北京:文物出版社,2012,45頁。

② 相關內容主要見於居延漢簡,參見[日]大庭脩著、徐世虹譯《漢簡研究》,135-137頁。

③ 徐樂堯:《漢簡所見信符辨析》,148頁。

④ 有些因素,例如長度,由於傳世文獻和簡牘自身經常有"六寸"的限定,故也可作爲判斷漢符的參考標準之一,但在體現符的本質上,長度應不如"合符"重要,故本文不認爲其是最本質的特點。

漢簡中符的類别梳理如下。[①]

(一)出入符

在西北漢簡中主要是用來出入關的符,有刻齒。肩水金關漢簡載:

槖佗野馬隧吏妻子與金關關門爲出入符　　73EJT21:136[②]

明確稱這種符爲“出入符”。有時也可稱“出入關符”(如73EJT37:344)和“入出符”(如73EJT37:1149)。如果該符僅爲出關使用,則可稱“出關符”(如EPT59:796)。有時根據所出入關塞名字,可徑稱某關符,如73EJT37:1057B號簡的“金關符”。

李均明曾根據使用群體的不同,將用於出入關的符進一步分爲“出入符”和“吏及家屬符”,認爲:“出入符衹署文號不署人名,表明它不僅供一人長期使用,而是需要時發放給某人,用完歸還,可反復使用”,“吏及家屬符乃邊吏家屬出入關門時使用的出入憑證”。[③] 也有學者將這兩種内容、形制有一定差异的符分别稱爲“序號符”和“家屬符”。[④] 這些對出入關符進一步分類的做法,注意到了出入關符形制、使用上的差异性,有可取之處。不過,這些符在簡牘中大都有更具體的專名存在,在進一步分類時其實可以參考簡牘本身的自名。

李均明所説的“出入符”,即所謂“序號符”,在簡文中一般自稱“出入六寸符(券)”。這種符有序號,有券齒,長度基本符合漢代六寸之制,無人名和相關身份信息,是不固定於某個人、可循環使用之符。

至於“家屬符”或“吏及家屬符”,則主要指供屯戍機構官吏家屬、從者、葆庸通過金關時使用的符。根據簡文自名,大概有“家室出入符”(如73EJT21:117),“吏妻子葆庸出入符”

---

① 關於符的分類,前輩學者有不同意見。陳直分爲虎符、出入關津符、出入宫禁符、徵召勞役符、徼巡省查服、徵召臣工符以及車輛封符七類,又依材質分爲銅虎符和竹木符(陳直:《居延漢簡研究》,45-47頁)。何智霖分爲虎符、關禁符、爵位符、郡縣掾史符、關塞符、閭里符六種(何智霖:《符傳述略——簡牘制度舉隅》,285-288頁)。徐樂堯分西北漢簡中的符爲出入關符、巡迹符、驚候符、詣官符(徐樂堯:《漢簡所見信符辨析》,145-147頁)。李均明、劉軍分爲出入符、吏家屬符、日迹符、驚候符(李均明、劉軍:《簡牘文書學》,418-421頁)。杜鵬姣分爲軍事人員專用符、吏家屬符、日迹符、直符(杜鵬姣:《漢代通關文書研究》,23-29頁)。這些分類有的是根據功能,有的是根據使用群體,有的則是混合標準。本文主要以功能標準對西北漢簡中的符予以分類,不包括在西北漢簡中基本未出現過的虎符、出入宫禁符等。

② 本文所引1930年代出土居延漢簡,簡號爲“×××.××”形式,釋文皆據簡牘整理小組《居延漢簡》(壹-肆),臺北:“中研院”歷史語言研究所,2014-2017;引1970年代甲渠候官出土居延新簡,簡號爲“EPT××:×××”形式,釋文皆據張德芳主編《居延新簡集釋》,蘭州:甘肅文化出版社,2016;引1970年代肩水金關出土漢簡,簡號爲“73EJT××:×××”形式,釋文皆據甘肅簡牘博物館等編《肩水金關漢簡》(壹-伍),上海:中西書局,2011、2012、2013、2015、2016;引1999-2002年額濟納旗出土額濟納漢簡,簡號爲“99(或2000、2002)ES××SF(或T、H、D)×:××”形式,釋文皆據魏堅主編《額濟納漢簡》,桂林:廣西師範大學出版社,2005。

③ 李均明:《秦漢簡牘文書分類輯解》,434頁。在此前的《簡牘文書學》一書中,李均明、劉軍將出入關之符分爲“出入符”和“吏家屬符”(418-421頁)。“吏家屬符”和“吏及家屬符”文意似乎有些許差别,李均明《漢簡所見出入符、傳與出入名籍》(28頁)還曾稱這種符爲“吏家屬出入符”。

④ 郭偉濤:《漢代的出入關符與肩水金關》,《簡牘學研究》第7輯,蘭州:甘肅人民出版社,2018,96-125頁。

(如 73EJT22:99、73EJT24:19),“家屬出入盡十二月符”(如 73EJT37:142、176),“家屬符”(如 73EJT37:175、73EJT37:177),“葆出入關符”(如 73EJT37:1410),“部吏家屬符”(如 73EJT37:152)等。也有徑以使用者職名爲符名的,如××隧長符(如 73EJT30:62)、××亭長符(如 73EJT31:40),但記録的符的使用者仍主要是隧長、亭長的從者、家屬。上述符名的差异可能與習慣、時代或具體通關對象的不同有關,但在供吏家屬葆庸出入的功能上,這些符具有一致性,由於此類符符名多樣,故可根據其使用群體概稱爲“吏家屬符”。

(二)驚候符

驚候符不見於傳世文獻,但 1981 年 3 月有實物出土於甘肅敦煌酥油土 D38 漢代烽燧遺址,該遺址被認爲是漢代敦煌郡中部都尉府平望候官治所。①

■平望青堆隧驚候符左券齒百　　81.D38:39(1393)②

簡係木質,長 14.5 厘米,寬 1.2 厘米,上端右側有一刻齒,刻齒中有半個墨書“百”字,下端有一穿孔,過穿孔有一殘長 7.5 厘米的黄絹繩。關於驚候符的性質,發掘者認爲是燧卒候望報警時所佩用之符,并分析該簡爲平望候官自留的符之左券,推測其右券發給青堆燧使用。③徐樂堯與發掘者意見基本一致,認爲“驚候”即“警戒候望之意”,并推測這種符是“供巡視邊塞防務、傳達警備命令、傳送烽火、檢查守禦器備等方面使用的”。④ 李均明、劉軍認爲驚候符是烽燧值班吏卒候望報警佩用的憑證,⑤後來李均明又概括其爲“吏卒放哨值勤之憑證”。⑥

由於驚候符實物出土極少,且以“驚”爲稱,故筆者認爲其不太可能是日常使用的放哨值勤憑證,而應是在“驚”這種特殊情况下,提示相關機構强化候望、防禦工作的符。驚候符相合後,接受任務一方履行之工作應與“驚候”有關。徐樂堯稱:“邊塞一遇敵情,太守府、都尉府或候官隨印發出警備檄書,宣布警戒命令,作出戰鬬部署,提出嚴格要求”,而驚候符“就是上級機關派員至所屬亭燧,檢查、督促警備命令付之實施時所用之取信憑證”,⑦將驚候符的使用與驚檄結合起來。筆者認爲,此説有一定道理。

新莽後期至東漢前期,中原王朝與匈奴關係破裂,居延、敦煌等邊塞地區防禦壓力驟增,

---

① 敦煌縣文化館:《敦煌酥油土漢代烽燧遺址出土的木簡》,甘肅省文物工作隊、甘肅省博物館編《漢簡研究文集》,蘭州:甘肅人民出版社,1984,4 頁。

② 該簡釋文、括號内編號據甘肅省文物考古研究所編《敦煌漢簡》,北京:中華書局,1991,272 頁。本文所引敦煌地區出土漢簡,無特殊説明者簡號、釋文皆據此書。括號外原始編號 81.D38:39,據敦煌縣文化館《敦煌酥油土漢代烽燧遺址出土的木簡》(載甘肅省文物工作隊、甘肅省博物館編《漢簡研究文集》,1-14 頁)。

③ 敦煌縣文化館:《敦煌酥油土漢代烽燧遺址出土的木簡》,甘肅省文物工作隊、甘肅省博物館編《漢簡研究文集》,5-6 頁。

④ 徐樂堯:《漢簡所見信符辨析》,146-147 頁。

⑤ 李均明、劉軍:《簡牘文書學》,421 頁。

⑥ 李均明:《秦漢簡牘文書分類輯解》,435 頁。

⑦ 徐樂堯:《漢簡所見信符辨析》,153-154 頁。

經常會有"驚"的情況出現,居延漢簡也多有"驚檄"(如278.7)。爲提高效率,驚檄傳遞一般不是給某特定烽燧發文,而是沿途各烽燧依次傳閱接受命令。以278.7號簡爲例,傳遞對象和方式是"廣田以次傳行至望遠止",即由殄北候官遣鄣卒送驚檄至廣田燧,之後由廣田燧遣卒傳至下一烽燧,下一烽燧再下傳,這樣依次接力到望遠燧。在傳遞過程中,由於傳遞者不斷轉换,爲證明該驚檄確由候官發出,可能需要以合符的方式加强取信。這樣候官在發出驚檄的同時,可能會發出留存於候官的各燧"驚候符",用驚檄封印和合符雙重憑證以保證命令高效執行。甲渠候官出土漢簡載:

令史嚴奏發檄符　　95.2B

該簡雖未説明"檄符"分别是何種檄或何種符,但檄、符可同時"奏發",似説明二者在使用上也許會有關聯。

除與驚檄配套使用外,驚候符應可單獨使用。作爲提示"驚候"的符,其製作可能還有適應緊急軍情,在來不及書寫正式文書時通過合符方式傳遞驚候命令的考慮。無論使用方法如何,驚候符傳遞"驚候"命令的功能,應可肯定。

具體到前述敦煌1393號簡驚候符,則是平望候官製作并留存左券、同時送右券至青堆燧的"平望青堆隧驚候符",這樣的驚候符平望候官下屬各烽燧應該都有。敵情緊急,需要傳遞特殊警備命令時,即由行書者攜帶候官所存的驚候符(或配合驚候文書,或不配合),要求各燧進行包含"嚴教吏卒驚蓬火明天田謹迹候=望禁止往來行者定蓬火輩送便兵戰鬬具"(278.7)内容的"驚候"工作。

(三)迹符

迹符,又名"日迹符",[①]是與邊塞日迹活動有關的符。根據具體情況,有以日迹者身份命名者,也有以具體時段命名者。居延漢簡載:

第廿三候長迹符左　　EPT44:21

第廿三候長迹符右　　EPT44:22

回第六平旦迹符　　EPT49:69

第□□□□□旦符(截面爲半圓形)　　EPT49:70A

強刑朝文山迹持之來□□□　　EPT49:70B

官平旦符　　EPT48:57
鉼庭月廿三日隧長日
回

① 徐樂堯又名之爲"巡迹符",筆者認爲在有簡牘自名的情況下,還應以自名爲準。參徐樂堯《漢簡所見信符辨析》,146頁。

迹符以夜半起行詣官　（檢）　EPT65:159

其中 EPT49:69 和 EPT65:159 號簡不稱"左""右",有封泥槽,從形制上看,無從合符,非"日迹符"實物。具體來説,EPT65:159 號簡書有傳遞時間"以夜半起"和傳遞目的地"詣官",應該是傳遞"符"至候官的封檢。EPT49:69 號簡則很可能是封存"第六平旦迹符"的實物封檢。EPT49:70 號簡兩面皆有文字,A 面有刻痕,性質不明。EPT44:21 和 EPT44:22 號簡形制普通,無刻齒和封泥槽,但分别稱"符左""符右"。從形制看,兩者雖因下部殘斷而長短不同,但形狀對稱性較强,很可能是由一塊木頭中剖而成的一對迹符。

除上述各簡外,斯坦因第二次中亞考察在敦煌地區發現的以下各簡:

□□□□□□持第㊃符東迹　1570

八月庚申候史持第卌符東迹　1602

正月乙卯候長持第十五符東迹☑　1763

載候長、候史"迹"時需持符,其所持之"符"很可能也是"迹符"。此外,

九月辛亥步昌候長持第七符過田　1579

載持符"過田",徐樂堯認爲"田"指"天田",是持符巡視天田,[①]如此則該簡也直接與"迹"有關。

徐樂堯稱迹符是"邊塞候的系統所使用的信符",并指出"候長、候史在巡視天田時,也曾使用過信符",[②]認爲迹符就是巡視天田時使用之符。《中國簡牘集成》認爲,日迹符當爲戍卒日迹時所持符牌。[③]《居延新簡集釋》認爲日迹符是用於執行巡視天田任務時所用之符,是作爲巡視交接的合符憑證。[④] 但三者對於迹符的形制和使用皆没有進一步論述。

李均明關於日迹符的看法有過變化。他曾指出:"日迹符是吏卒持之進行日迹的憑證",并認爲其與"持有者分别是相鄰兩隧的戍卒,兩隧戍卒必須同時日迹至交界處,才能實現'會界上刻券'的要求,從而達到相互監督、日迹盡界的目的"的"日迹券"不同。[⑤] 但後來又認爲:"日迹符是邊塞吏卒進行日迹活動時使用的勤務憑證",并將前述"日迹券"也改稱"日迹符"。[⑥] 李均明所説的這枚日迹符(券)出土於敦煌酥油土遺址:

十二月戊戌博望隧卒旦徼迹西與青堆隧卒會界上刻券\≠　81.D38:38(1392)A

① 徐樂堯:《漢簡所見信符辨析》,146 頁。
② 徐樂堯:《漢簡所見信符辨析》,146 頁。
③ 中國簡牘集成編委會:《中國簡牘集成》,蘭州:敦煌文藝出版社,2001,第 10 册,15 頁。
④ 張德芳、韓華:《居延新簡集釋(六)》,269 頁。
⑤ 李均明、劉軍:《簡牘文書學》,424 頁。
⑥ 李均明:《秦漢簡牘文書分類輯解》,434–435 頁。

十二月戊戌青堆隧卒旦徼迹東與博望隧卒會界上刻券\顯明　81.D38:38(1392)B[①]

該簡正反面皆有文字,記載了兩隧迹卒相互刻券的事實,但從圖版上看不到任何刻券痕迹。B 面分隔符"\"後書有"顯明"二字,更像對原始刻券效果的評價。因此該簡應是關於"日迹券"的文書而非"日迹券"本身。與 81.D38:38AB 號簡内容相似的簡,還見斯坦因第三次中亞考察所獲敦煌漢簡:

四月威胡隧卒旦迹西與玄武隧迹卒會界上刻券　2296

該簡單面書寫,左側有 20 個刻齒,[②]應是"日迹券"實物。這種以相鄰兩烽燧迹卒互相監督爲目的的刻券,顯係互刻,不排除兩燧戍卒分别持券相合、刻劃的可能。如果這樣操作,則這種日迹券在"刻券"前需要相合,刻券後兩燧迹卒各帶走己方之"券",分别交給上級部門後,可作爲上級部門考察下屬烽燧日迹工作的憑證。由於刻券的過程有合符環節,且據大庭脩所説"簡長 14.5 厘米,寬 1 厘米",符合符長六寸、有刻齒的特點,[③]故可認爲這種日迹券實即日迹符。

如前説不誤,日迹符(券)是用來監督相鄰日迹單位日迹工作的話,其操作可能是候官製作下屬各單位的日迹符,然後統一將左券留官,[④]右券下發至各單位供相鄰單位相關人員刻券使用,使用完畢後,各單位將刻券過的右券再送返候官,候官先用留官左券核對右券,確定右券真僞,然後再根據相鄰單位的刻券考核日迹工作。

當然,前引 EPT44:21、22 號簡"第廿三候長迹符"僅有剖莂特點,無刻齒,使用方式似與前説矛盾。筆者推測,EPT44:21、22 號簡左右券皆出土於甲渠候官,可能是候官製作後并未實際頒發、使用之符。也可能,由於日迹符的使用者身份多元,有候長、候史、燧長,也有普通燧卒,故不同身份者日迹符的形制、使用和合符方式會有差别。

大庭脩曾指出居延漢簡:

東望隧第卅三(有刻齒)　5.5

望泉隧第卅一(有刻齒)　118.30

執胡隧第卌三(有刻齒)　306.5

---

① 該簡釋文、括號内編號據甘肅省文物考古研究所編《敦煌漢簡》,272 頁。括號外原始編號 81.D38:38AB,據敦煌縣文化館《敦煌酥油土漢代烽燧遺址出土的木簡》一文(載甘肅省文物工作隊、甘肅省博物館編《漢簡研究文集》,1-14 頁)。

② 張鳳稱:"簡左有二十刻齒,反覆尋視發見在大刻齒内有'十三日'三小字。"參張鳳《漢晋西陲木簡彙編》,《漢簡研究文獻四種》,北京圖書館出版社,2007,下册,647 頁。

③ [日]大庭脩著,徐世虹譯:《漢簡研究》,141 頁。

④ 之所以推測左券留官,主要是因爲前述驚候符實物是"左券"留官,而金關出土"出入六寸符"也强調"左居官,右移金關",且敦煌 2296 號簡刻齒在左,恰爲右券。

有可能也是持之以迹的符,[①]聯繫前述敦煌 1602、1763 號簡所述候長、候史持"第卌符""第十五符"東迹的記載,則大庭脩的推測有較强説服力。

(四)吏遣符

甲渠候官出土簽牌"鴻嘉二年吏遣符算"(EPT50:203AB)。鄔文玲指出,該簡"算"字實是"真"字誤釋,簡文當爲"鴻嘉二年吏遣符真",即鴻嘉二年派遣官吏所用之符的正本。[②] 鄔文玲的改釋可從。該簡反映了吏遣符的存在。至於"吏遣符"究竟是何用法,目前衹能根據字面含義作出派遣吏的信用憑證的解釋。

李均明曾關注過遣書,認爲是"因派遣需要而形成的文書",并對類似於後世派遣證的遣書予以詳述,[③]其中談到甲渠候官出土遣書:

十一月己未府告甲渠鄣候遣新除第四隧長刑鳳之官符到令鳳乘第三遣(檢)

EPF22:475A

甲渠鄣候□己未下餔遣 騎士召戎詣殄北乘鳳隧遣鳳日時在檢中到課言(檢)

EPF22:475B

據簡文,居延都尉府派遣新任命的第四隧長刑鳳到甲渠候官之官報到時是有"符"的。都尉府派遣官員到任,需要府符,還見居延漢簡:

建武桼年六月庚午領甲渠候職門下督盗賊 敢言之新除第廿一隧長常業代休隧長薛隆迺丁卯餔時到官不持府符·謹驗問隆辭今月四日食時受府符詣候官行到遮虜河水盛浴渡失亡符水中案隆丙寅受符丁卯到官敢言之

EPF22:169-172

同 EPF22:475 號簡,該簡提到的符,可能即與遣書配合使用的"吏遣符"。[④]

除了派遣、任命官員需要"吏遣符"外,可能派遣吏卒從事某些具體工作,也需有其他形式的吏遣符。居延新簡載:

·甲渠八月廿六日庚午遣隧長幹况徒☐覆衆迹虜到故候官知虜所出符=左留官

EPT26:6

① [日]大庭脩著,徐世虹譯:《漢簡研究》,142 頁。所引簡文釋文據簡牘整理小組編《居延漢簡》改。

② 鄔文玲:《簡牘中的"真"字與"算"字》,陳偉主編《簡帛》第 15 輯,上海古籍出版社,2017,165 頁。

③ 李均明:《漢簡遣書考述》,李學勤主編《簡帛研究》第 1 輯,北京:法律出版社,1993,168-172 頁。

④ 徐樂堯曾據該簡册論證當時存在候望系統下級吏員至候官治所辦事需持的"詣官符"。據本文分析,簡册中提到的符是由都尉府頒發的派遣吏員至候官任職時所持的憑信。由該符不能證明候望系統下級吏員到候官治所辦事皆需持符,并不能證明所謂"詣官符"的存在。查閲所有西北漢簡,雖然"詣官"行爲和記録官吏詣官目的、時間的詣官簿常見,但并無"詣官符"。據此,筆者認爲"詣官符"并不存在。參徐樂堯《漢簡所見信符辨析》,147 頁。

該簡殘斷爲三塊，但除了“徒”字後可能殘缺個别字外，總體文意明確。李均明曾將該簡列爲“日迹符”。[①] 但該簡未見刻齒和剖莂痕迹，并非符之實物。且簡文中“迹”并非察視天田的日迹，而是跟蹤虜蹤迹的意思，因此該簡與“日迹符”并無關聯。筆者認爲，這枚簡中提到的“符”可能也是“吏遣符”的一種，根據所遣事項自名爲“甲渠八月廿六日庚午遣隧長榦况徒☐覆衆迹虜到故候官知虜所出符”，受遣任務是跟蹤虜到故候官探查虜從何出塞。簡文稱“符左留官”，可見該符也分左、右，可以相合。

（五）取茭符

敦煌馬圈灣漢簡載：

合符取茭六十束　　1152A

合符取茭六十束　　1152B

該簡無刻齒，但從中剖莂，AB 面文字皆殘餘一半字迹，從 A 面看左殘，從 B 面看右殘。徐樂堯認爲其是“領取茭草的符簡”，稱其爲“領茭符”。[②] 筆者同意徐樂堯觀點，認爲其是剖莂使用的“取茭符”，主要起合符取茭的作用。

茭是物資的一種，既然“取茭”需要合符，那麽可能當時屯戍機構間領取物資大都需相應符信。徐樂堯稱：“下級吏員到候官領取其他物品或辦理别的公事時，當各有專用的符”，[③]確屬卓見。值得關注的是 EPT50:206 號簡“☐長王護迺戊申受符載堠”的記載，由於簡文殘斷，不能確知王護從何處受符，又從何處載堠。但同探方 EPT50:171 號簡載：“元始元年九月丙辰朔乙丑甲渠守候政移過所遣萬歲隧長王遷爲隧載堠門亭塢辟市里毋苛留止如律令\掾☐”，由此可見，所謂“載堠”并不一定到候官治所，有時需要到較遠距離的其他機構。據此可知，不僅到候官領取物資需要“符”，到其他機構尤其是跨區域機構可能更需要符作爲身份和領取物資的憑證。

（六）直符

兩漢文獻常見有關“直符”的記載。于豪亮認爲“直符”就是“值班”。[④] 李均明分别關注過居延和長沙五一廣場出土的“直符”記録，認爲居延 EPT65:398 號簡和長沙五一廣場 J1③:325-1-12AB 號簡就是作爲值班報告、有憑證功能的“直符書”。[⑤] 漢代文獻中的“直符”

① 李均明：《秦漢簡牘文書分類輯解》，435 頁。需注意的是，李均明在早期的《漢簡遺書考述》一文中，却是將該簡作爲公務人員以符遣的證明。

② 徐樂堯《漢簡所見信符辨析》，147 頁。

③ 徐樂堯《漢簡所見信符辨析》，147 頁。

④ 于豪亮：《居延漢簡校釋》，《考古》1964 年第 3 期，157 頁。

⑤ 李均明、劉軍：《簡牘文書學》，240-241 頁；李均明：《長沙五一廣場出土東漢木牘“直符”文書解析》，《齊魯學刊》2013 年第 4 期，35-37 頁。

具有"值班"之意,當無疑問。關鍵問題是,值班爲什麽稱"直符"? 是因爲值班時需持符作爲憑證,還是值班時最核心的工作是管理包括符信在内的璽印憑信和各種機密文件?

在居延 EPT65:398 號簡和長沙五一廣場 J1③:325-1-12AB 號簡等完整直符書中,我們不能直接看出"直符"是否持符。薛英群認爲,直符是爲倉庫、邸閣值勤的憑證。① 汪桂海在談到"直符"現象時,也指出:"執勤者在巡邏守護候官倉庫時要佩戴一種符,它是執勤者履地(疑爲"行"之訛)執勤權力的憑證,换班時大約也需要合符取信"。② 筆者認爲,薛英群、汪桂海的觀點雖屬推測,但值得重視,即使抛開倉庫、邸閣等限制,作爲值班憑證的"符"也應該存在。首先,居延 EPS4C:3 號簡載:"☑□黨持直符付尉史傳豐育☑",儘管該簡殘斷,但其明確提到"直符"可持、可付,可見"直符"除了有動詞值班之意外,還有值班時所持之"符"的意思。其次,從《漢書·王尊傳》"直符史詣閤下,從太守受其事"③的記載看,直符吏員可以進入長官"閤下"這種較私密的處所。《後漢書·獨行列傳·彭修》載:"(行太守事)晁怒,使收縛意,欲案之,掾史莫敢諫。修排閤直入,拜於庭,曰:'明府發雷霆於主簿,請聞其過。'"④文中説郡功曹爲救主簿鐘離意"排閤直入",用"排""直"二字就是爲了彰顯"閤"非一般甚至綱紀吏員所能輕易進入。直符史既然可以在"閤"中服務,則應有出入"閤"的憑證,這個憑證可能就是"符"。《三國志》卷五六《吴書·吕範傳》裴松之注引《江表傳》載,吕範爲幫助孫策整頓綱紀,愿自降身份來到孫策身邊"暫領都督","(吕)範出,更釋褠,著袴褶,執鞭,詣閤下啓事,自稱領都督,策乃授傳,委以衆事。由是軍中肅睦,威禁大行。"⑤吕範至"閤下"履職,孫策需"授傳",這種"傳"即出入閤下之憑證,與"直符"性質相類,可見"直符"者值班是需要有"符"(或"傳")作爲憑證的。

(七)伍符

《史記·張釋之馮唐列傳》載馮唐曰:"夫士卒盡家人子,起田中從軍,安知尺籍伍符。"⑥《漢書》卷五〇同此。顔師古《漢書注》引李奇曰:"伍符,軍士五五相保之符信也。"引如淳曰:"伍符亦什伍之符,要節度也。"⑦《史記索隱》:"伍符者,命軍人伍伍相保,不容奸詐。"⑧諸家對"伍符"的解釋基本相同,即軍士相保之符。這種"符"在西北漢簡中没有明確記載,但似有部分綫索可尋。敦煌馬圈灣漢簡載:

---

① 薛英群:《居延漢簡通論》,蘭州:甘肅教育出版社,1991,140 頁。
② 汪桂海:《漢符餘論》,300 頁。
③ 《漢書》卷七六《王尊傳》,3228 頁。
④ 《後漢書》卷八一《獨行列傳·彭修》,2674 頁。
⑤ 《三國志》卷五六《吴書·吕範傳》,北京:中華書局,1982,1310 頁。
⑥ 《史記》卷一〇二《張釋之馮唐列傳》,3337 頁。
⑦ 《漢書》卷五〇《馮唐傳》,2314 頁。
⑧ 《史記》卷一〇二《張釋之馮唐列傳》,3339 頁。

無部署須具伍任乃予符盜符者數請其罪任者皆爲不從作其無任者勿予符惡子爲不從作 214

諸惡子受符即欲夜出皆詣近所鄉官亭吏言欲夜出報乃得夜出 386

張德芳認爲上述兩簡與213、215、216號簡屬同一册書。[①] 簡文内容不可確知,但“須具伍任乃予符”“其無任者勿予符”,大概是衹有伍伍相保才能予符、無人爲其擔保者不能得符之意。這種“符”的功用可能是作爲“夜出”等活動的憑證。在軍隊中,由伍人相保而予符,應即傳世文獻中的伍符。

除上述有較明確功能的符外,西北漢簡中還有吏卒符、戍卒符等以使用者命名的符:

曰今爲具吏卒符部一☑ EPT6:11

初元二年　戍卒淮陽國陳莫●里許湛舒年卌一
正月　戍卒淮陽國陳大宰里陳山年卅一
騂北亭　戍卒淮陽國陳桐陵里夏寄年廿四
戍卒符 73EJT27:48

EPT6:11號簡并非吏卒符實物,而是有關製作吏卒符的文書。《居延新簡集釋》稱:“吏卒符,可能指吏卒外出過關津,宿驛置時所用‘符傳’或巡查天田時所用‘日迹符’。”[②]這種解釋有其合理性,但當時吏卒使用符的場所可能較多,未必限於過關、日迹等活動。此外,該簡下殘,不知“部一”何意,似乎這種吏卒符是以部爲單位集體製作。73EJT27:48號簡左側有刻齒,係戍卒符實物,具體功能和使用方式不詳,[③]但一亭卒名書寫在一個符上,可能是亭卒集體從事某項任務時所持。

需注意的是,“符”不僅是執行某種任務的憑證,也可以是享有某項權利或待遇的憑證。里耶秦簡載:

卅一年後九月庚辰朔辛巳遷陵丞昌謂倉嗇夫令史言┘以辛巳視事以律令假養襲令史朝走啓┘定其符它如律令(8-1560正)[④]

令史言視事後可以享有“養”“走”等待遇,而這些待遇的最終實現需要通過“定其符”完成,其中的“符”就是兑現待遇的憑證。遺憾的是,目前在西北漢簡中尚未見到此類“符”,也許隨着日後新資料的出土、公布,這種符在西北漢簡中也會有所發現。

---

① 張德芳:《敦煌馬圈灣漢簡集釋》,蘭州:甘肅文化出版社,2013,430頁。

② 孫占宇:《居延新簡集釋(一)》,371頁。

③ 郭偉濤認爲該符“作用與出入符”無异,是戍卒出行時通關之符。可備一説。參見郭偉濤《漢代的出入關符與肩水金關》,120-121頁。

④ 湖南省文物考古研究所編著:《里耶秦簡(壹)》(釋文部分),77頁。

漢代西北屯戍機構中“符”廣泛存在,物資領取、關津出入、日常值班、日迹和驚候工作都需要“符”作爲憑證。當時基層小吏一般没有專用官印,“符”在很多領域發揮了憑證作用,保證了基層屯戍工作的正常開展。

三　封符

居延漢簡中有較多關於封符的簡牘,如:

☑詣官封符　爲社市買還☑	63.34
臨之隧長威爲部市藥詣官封符八月戊戌平旦入	286.11
鄣卒蘇寄　九月三日封符休居家十日往來二日會月十五日	EPT17:6
第三隊長竇永 病張嘉爲封符	EPT40:15
☑封符二十六日爲吏取食☑	EPT40:194
當曲士吏王襃 候長孫宏爲封符□☑	EPT44:38
☑三年三月戊申朔乙亥甲渠守塞尉封符	EPT59:799A
第三十桼隧長召戎詣官封符載吏卒食 十月戊申下餔入	EPT65:293
☑隊長般詣官封符載堠七月丁丑行☑	EPT68:217
☑□月辛亥甲溝候長隆行候文書事封符	EPF22:374
☑十一日封符更休居家十日往來	EPC:61

關於“封符”,薛英群認爲是“領取符信”。[①] 徐樂堯、伊藤瞳、侯旭東認爲是申請出入關信符。[②]《中國簡牘集成》認爲是符券加封,秘不示人,備河津關隘查驗。[③] 樂游、譚若麗進一步闡釋,新莽至東漢前期,合符漸被封印取代,部分原需以合符爲憑信者被以封泥印章爲憑信的檄所取代,封符即指給這些檄加封印信。[④] 郭偉濤則在認可西漢晚期至東漢前期“傳”“符”混稱現象的基礎上提出了“封符”就是取傳、封傳的意思。[⑤] 上述學者的觀點雖有些許差别,但基本上都認可“封符”是領取、獲得憑信,其中《中國簡牘集成》、樂游、譚若麗、郭偉濤認可“封”有加蓋封泥、封印之意。尤其是樂游、譚若麗、郭偉濤注意到“封符”簡時代皆在

① 薛英群:《居延漢簡通論》,418 頁。

② 徐樂堯:《漢簡所見信符辨析》,146 頁;[日]伊藤瞳:《漢代符の形態と機能》,11 頁;侯旭東:《西北漢簡所見“傳信”與“傳”——兼論漢代君臣日常政務的分工與詔書、律令的作用》,《文史》2008 年第 3 輯,22 頁。

③ 中國簡牘集成編委會:《中國簡牘集成》,第 9 册,157 頁。

④ 樂游、譚若麗:《敦煌一棵樹烽燧西晋符信補釋——兼説漢簡中“符”的形態演變》,《中國國家博物館館刊》2016 年第 5 期,69-70 頁。

⑤ 郭偉濤:《漢代的出入關符與肩水金關》,115 頁。

新莽之後的特點,或從形制、或從概念出發,提出了當時“符”制的變化。在此基礎上,將“封”理解爲封印,應該説是有一定道理的。

然需注意的是,儘管“封印”説有較大可能性,但“封符”是不是一定同於“封傳”,此處的“封”是不是僅能理解爲“封印”,尚需謹慎對待。至少在現有材料下,仍無法絶對排除“封藏、封存符”這一含義的可能性。

第一,“符”與“傳”在形制、使用方式等方面具有明顯差异性。“符”,傳世文獻一般皆强調其分置兩處、可以相合的特點,而以印章封印“傳”則是與“符”完全不同的信用方式。作爲通行證件,傳一般不限通過的具體關卡,而是可以用於包括“縣道河津關”“門亭塢辟市里”在内的所有“過所”,但“符”基本都是通過具體關卡時使用,兩者適用範圍、使用方式有别。因此,關於新莽之後“符”“傳”相混、合符向封印轉變的觀點尚需更有力證據,僅憑傳世文獻中零星的混稱現象就證成此説,仍嫌證據不足。

第二,同時期傳世文獻中也有“封符”一語,其含義一般爲“封存”符,而非封印符、傳。《後漢書·郭丹傳》載:“(郭丹)後從師長安,買符入函谷關,乃慨然歎曰:‘丹不乘使者車,終不出關。’”章懷注引《東觀記》曰:“丹從宛人陳洮買入關符,既入關,封符乞人。”①據文意,其中“封符”絶非封印符傳,而應是“封存”,將所買入關符封存起來交給别人,以示不用。②《史記·高祖本紀》載劉邦入關,“秦王子嬰素車白馬,繫頸以組,封皇帝璽、符、節,降軹道旁”,③其中“封皇帝璽符節”之“封”也是封存、封藏之意。

第三,前述“封符”之簡,以“封傳”理解,文意雖基本可通,但仍有個别簡解釋起來會有扞格。如果將“封”理解爲加蓋封印,那麽所“封”之符(或傳),要麽是履行某項職責之符,要麽是便於出行的通關之符。如係前者,EPT17:6 和 EPC:61 號簡以“休”封符不好理解,因爲“休”并非職責,用不着“符”。如係後者,則是給通行證件加蓋憑信,由於“休”和履行職責大都需要受遣出行,故此説較前者爲長。但 EPT40:15 號簡“第三隊長竇永 病張嘉爲封符”僅説竇永“病”,并未説其需返家休息或受遣就醫,“病”不一定要“出行”,爲何也要“封符”?此外,并非所有人皆有爲通行證加蓋印信的權力,過所憑證至少應由候官級别機構出面頒發。前述封符簡中雖大部分屬“詣官封符”,但也有例外,如 EPT59:799 是守塞尉“封符”,EPT44:38 是候長爲“當曲士吏”封符,EPT40:15 是張嘉爲“第三隊長”封符,而據 EPT17:4 和 EPF16:27 號簡,張嘉的身份可能是“第五隧長”。候長、隧長代替候官履行製作、封印、頒發符傳的職能,有可疑之處。

第四,如前所述,漢代西北屯戍機構中符的使用非常廣泛,候長、隧長等下級戍吏履行職

① 《後漢書》卷二七《郭丹傳》,940 頁。

② 其中“乞”字當爲“與”意,如《漢書》卷六四上《朱買臣傳》“買臣乞其夫錢,令葬”中之“乞”(2793 頁)。

③ 《史記》卷八《高祖本紀》,459 頁。

責在很多方面都需要以“符”爲憑信,“符”是他們重要的履職工具和權力象征。前述各“封符”簡所涉及的“封符”原因,無論是“休”,是“病”,還是臨時受遣履行其他非本職工作,都會中止“封符”者的正常職事。如將“封符”理解爲“封存、封藏符信”,也就是在這些下級吏員不能正常履職的時候收回其權力的象征和履職工具,以避免權力被它人誤用,不僅合乎情理,也能解釋通所有“封符簡”。

由於文獻較少,關於西北漢簡中的“封符”,今天還難以給出確切的答案。立足於西漢晚期之後“符”“傳”混稱現象的“封符”即“封傳”的觀點,確實具有較大合理性,但“封存符”的可能性也不能完全排除。《居延新簡集釋》解釋“封符”,稱:“含義不明。或是封藏‘日迹符’,暫時停止戍務。或是爲‘符’‘傳’等憑信物加封,備關津查驗。”[①]從今天來看,應該還是比較公允的觀點。

以上將西北地區出土的“符”進行了分類整理并就相應問題進行了闡述,但限於材料,仍有個别問題難以言明。文中的個别想法和觀點,還有待新出材料的證實。

附記:本文寫作過程中,得到了蘭州城市學院文史學院馮玉副教授的大力幫助,吸取了馮老師許多合理建議,謹致謝忱。

① 孫占宇:《居延新簡集釋(一)》,450頁。

談小方盤城出土漢簡中的"詣府"簿與"詣府"文書

復旦大學出土文獻與古文字研究中心
出土文獻與中國古代文明研究協同創新中心　　[日]廣瀨薰雄

内容提要　根據目前公布的小方盤城出土漢簡,可以確定小方盤城是漢代玉門都尉府所在。小方盤城出土漢簡中的"詣府"簿和"詣府"文書雖然都記録有人來訪都尉府之事,但文章格式和内容都不同。通過對這些簿籍和文書的内容考證可知,"詣府"簿是通行記録的一種,而"詣府"文書是衹有都尉府諸曹才會製作的内部記録。此外,對照簡文内容和小方盤城遺址,玉門都尉府和玉門關的具體位置也可以作出一些推測。

關鍵詞　小方盤城　玉門都尉府　玉門關　詣府

1998 年 10 月,爲了配合小方盤城(T.14＝D25)的加固維修工程[①],敦煌市博物館在小方

① T.14 是斯坦因在 1907 年調查時編的遺址編號,D25 是甘肅省文物考古研究所在 1979－1982 年調查時編的編號。參看 Stein, Mark Aurel, *Serindia: Detailed Report of Explorations in Central Asia and Westernmost China*. London: Oxford University Press, 1921(中文版:中國社會科學院考古研究所譯:《西域考古圖記》,桂林:廣西師範大學出版社,1998);吴礽驤:《河西漢塞調查與研究》,北京:文物出版社,2005。

盤城南側的廢墟文化層進行發掘[①],發現了一批漢代簡牘,據説共有 369 枚[②]。這是本文要討論的小方盤城出土漢簡。這批簡牘至今没有全面公開[③],但有些圖録收録了幾枚簡的圖版[④],介紹這批簡牘的論文也有幾篇[⑤]。根據筆者統計,目前我們能看到圖版的小方盤城出土漢簡總共 43 枚,雖然數量不多,但其内容不容小覷。根據目前公開的 43 枚簡,我們完全能够確定小方盤城是玉門都尉府遺址[⑥]。就憑這一點,這批簡已經非常值得關注。

衹要弄清楚小方盤城的遺址性質,我們就有可能對小方盤城出土簡牘進行更加深入的研究。本文作爲其一例,討論小方盤城出土漢簡中與"詣府"相關的簡牘。"詣"意爲到,"府"是都尉府,"詣府"是來訪都尉府的意思。"詣府"簡牘是與都尉府相關的文書,因爲在玉門都尉府遺址出土,筆者才注意到了這種文書。藉此機會,搜集和整理"詣府"簡牘,對此進行初步分析。請識者指正。

一 "詣官"簿與"詣府"簿

本文的出發點是永田英正先生的"詣官"簿研究[⑦]。"詣官"之"官"指候官,所謂"詣官"簿是有人來訪候官時製作的來訪者記録。永田先生全面搜集 1930—1931 年出土居延漢簡中的"詣官"簿,利用"詣官"簿的記載探討候官的功能和職掌。在此看一下永田先生在該論文開頭引用的兩個例子:

(1)第九燧長宣召詣官,六月壬子下餔入。(254.6/A8)

(2)第廿三候史良詣官,受部吏奉,三月乙酉平旦入。(224.13+168.5/A8)[⑧]

---

① 此次發掘的詳細情況,參看楊俊《敦煌小方盤遺址維修加固試掘簡報》,"絲綢之路與敦煌歷史文化"學術討論會,2018。

② 關於 1998 年小方盤城出土漢簡的數量,承蒙張德芳先生告知。

③ 據説馬上要全面公開。張德芳先生和石明秀先生告知筆者,預期出版的《敦煌市博物館館藏漢簡》一書收録 1998 年小方盤城出土的所有漢簡。

④ 敦煌市博物館:《敦煌文物》,蘭州:甘肅人民美術出版社,2002,34-36 頁;楊永生:《酒泉寶鑑》,蘭州:甘肅文化出版社,2012,73-74 頁;敦煌市博物館:《敦煌市博物館館藏珍貴文物圖録》,瀋陽:萬卷出版公司,2017,4-9 頁。

⑤ 李岩雲、傅立誠:《漢代玉門關址考》,《敦煌研究》2006 年第 4 期;李岩雲:《1998 年敦煌小方盤城出土的一批簡牘涉及的相關問題》,《敦煌學輯刊》2009 年第 2 期;李岩雲:《敦煌漢簡相關問題補遺》,《敦煌研究》2010 年第 3 期。

⑥ 管見所及,最早利用 1998 年小方盤城出土簡牘指出這一點的是冨谷至《紹介:敦煌市博物館編『敦煌文物』(Picture Album of Dunhuang Relics)》,《東洋史研究》第 62 卷第 1 號,2003。其後李岩雲和傅立誠兩位先生發表《漢代玉門關址考》一文,詳細討論這個問題。

⑦ 永田英正:《居延漢簡にみる候官についての一試論——破城子出土の〈詣官〉簿を中心として——》,收入其著《居延漢簡の研究》,京都:同朋舍,1989。中文版見《試論居延漢簡中所見的候官——以破城子出土的"詣官"簿爲中心》,收入張學鋒譯《居延漢簡研究》,桂林:廣西師範大學出版社,2007。

⑧ 簡牘整理小組編:《居延漢簡》(壹)-(肆),臺北:"中研院"歷史語言研究所,2014-2017。

開頭的人名是來訪甲渠候官的人,“六月壬子下餔入”“三月乙酉平旦入”説明這些人來到甲渠候官的時間。“詣官”簿有時候還記載這些人來訪的目的,例(2)“受部吏奉(領取第廿三部官員的俸禄)”是其一例。我們通過這個記載可以了解候官的具體工作内容。

按理説,既然候官有“詣官”簿,都尉府也應該有這種記録才對。永田先生在該論文注(10)(中文版第375頁注①)中引用敦煌漢簡中的這個例子:

(3)大煎都隧長尉良持器詣府　桼月戊子日下餔時入關。(23/1561/T.V.i.6)①

此外,注(15)(中文版第379頁注①)引用肩水金關出土的簡:

(4)肩水左後候長樊褒詣府,對功曹　　二月戊午平旦入。(15.25/A32)

這兩枚簡的文章格式與“詣官”簿基本相同,祇是與“詣官”相應的地方寫“詣府”。從簡文的内容和格式看,這兩枚簡應該可以説是“詣府”簿。但後者出土於肩水金關,前者説“入關”,這兩枚簡似乎也可以看作入關記録。因此永田先生對後一例作如下解釋:

這枚簡出土於肩水金關,因此或許可以看作前往肩水都尉府的人通過肩水金關時的通關記録。但參考“詣官”簿的存在,有可能都尉府有“詣府”簿,我們也可以把這枚簡看作這種簿録②。

1973年出土肩水金關漢簡已經全部公開的今日,我們知道這類簿籍在肩水金關漢簡中還有不少。在此看一下保存狀態較好的幾例:

(5)廣漢隧長張霸　送佐胡敞、候史蘇章詣府　五月八日入。(73EJT37:82)

(6)千秋隧長辛匡 詣府 八月廿六日南入,九月廿四日出。(73EJF3:277+73EJF3:479)③

(7)臨澤候史西方級　詣府　用馬一匹(正面)

七月晦北。(背面)(73EJF3:348)

既然肩水金關出土了這麽多“詣府”簿,我們祇能認爲這些簿籍是肩水金關製作的通關記録。换句話説,這些“詣府”簿不是都尉府製作的來訪者記録。

“詣府”簿的記載内容和格式與出入關致籍很相似④。在此祇看一例:

---

① “23”是大庭脩《大英圖書館藏敦煌漢簡》(京都:同朋舍,1990)的簡號,“1561”是甘肅省文物考古研究所《敦煌漢簡》(北京:中華書局,1991)的簡號,“T.V.i.6”是斯坦因的整理號。本文引用斯坦因所獲得敦煌漢簡時,按照這個格式引用。

② 這個翻譯是筆者參考《居延漢簡研究》中文版自己製作的,與中文版不盡相同。

③ 關於這兩枚簡的綴合,參看姚磊《〈肩水金關漢簡(伍)〉綴合(四)》,簡帛網,2016年9月18日。

④ 出入關致籍是怎樣的簿籍,也是需要討論的問題。關於這個問題,我們同意青木俊介先生的意見。參看青木俊介《肩水金關漢簡の致と通關制度》,《日本秦漢史研究》第12號,2014。

(8)廐佐范惲　用馬一匹,騮,牡,齒七歲,高五尺八寸　十月辛丑入。

十一月甲子出。(73EJT3:64)

出入關致籍的格式雖然有幾種,但基本内容是如下三點:①通關者的身份和名字、②攜帶物品、③出入關時間。“詣府”簿的内容與此大致相同,“詣府”簿或許可以看作出入關致籍的一種。但“詣府”簿有“詣府”二字,有時也交代詣府的目的,這種信息是出入關致籍所没有的。因此,我們暫且把“詣府”簿從出入關致籍分出來,當作獨立的一種通關記録。

關所爲什麽要製作”詣府”簿?漢代,如果前往都尉府的人入關,關所有義務在這個人到達都尉府之前把這件事向都尉府匯報。居延新簡中的建武四年十一月戊戌都尉府檄(EPF22.151)云[①]:

(9)府告居延甲渠鄣候:卅井關守丞匡十一月壬辰檄言:“居延都田嗇夫丁宮、禄福男子王歆等入關。”檄甲午日入到府。匡乙未復檄言:(A面)“男子郭長入關。”檄丁酉食時到府。皆後宮等到,留遲。記到,各推辟界中,定吏主當坐者名,會月晦。有(B面)教。　　建武四年十一月戊戌起府。(C面)

這是居延都尉府寫給甲渠候的文書,都尉府命令甲渠候調查文書没有按時送到都尉府的原因。在此需要注意的是,衹要前往都尉府的人入關,卅井縣索關每次都向都尉府匯報。换句話説,卅井縣索關不是定期把前往都尉府的人員名單提交給都尉府,而是衹要前往都尉府的人入關,馬上就向都尉府匯報。我們懷疑“詣府”簿的製作與這個匯報工作有關。對關所而言,對前往都尉府的人的處理方式與一般的通關者不同,因此爲他們製作特殊的通關記録。

二　小方盤城出土的“詣府”文書

小方盤城出土漢簡中有“詣府”的例子,目前能看到的有如下兩例[②]:

(10)倉曹言:遣守屬忠送罷匈奴譯,詣府。(Ⅱ98DXT1②:1)

① 關於這件檄書,冨谷至先生有詳細的考證。參看《檄書攷》,收入其著《文書行政の漢帝國》,名古屋大學出版會,2010;中文版:劉恒武、孔李波譯:《文書行政的漢帝國》,南京:江蘇人民出版社,2013。

② 這兩枚簡的圖版見於李岩雲《敦煌漢簡相關問題補遺》。

(11)●功曹言:關守候博同産弟病死,願以令取寧[①],重言,詣府。(Ⅱ98DXT4②:33)

這兩枚簡是從“某曹言”開始,以“詣府”結束。寫這些文書的是倉曹、功曹等曹。這些曹顯然是接待這些來訪者的部門。也就是説,這些曹是都尉府的部門。長城沿綫的官署中衹有都尉府設曹,從這個角度看,這裏出現的倉曹和功曹也衹能是都尉府的曹。

值得注意的是,這兩枚簡雖然講“詣府”之事,但文章格式和内容與前述“詣府”簿有所不同。首先,這兩枚簡的開頭一句是“某曹言”。這説明這兩枚簡是古文書學所謂的“文書”[②],而不是簿籍。因此我們把這種文書稱爲“詣府”文書。

其次,“詣府”文書没有交代詣府者的來訪時間,衹交代詣府者的身份、名字和來訪目的。這表明“詣府”文書的製作者和製作目的與“詣府”簿不同。也就是説,“詣府”文書是都尉府諸曹的辦公記録,重要的是誰爲了什麽事來訪都尉府,不用管來訪者的到達時間。“詣府”簿則是關所等通行管理部門製作的通關記録,詣府者的通行時間才是最重要的事。

如果以上理解不誤,“詣府”文書和“詣府”簿不同,“詣府”文書是衹有都尉府諸曹才會製作的内部記録。因此“詣府”文書衹有在都尉府遺址才有可能出土。肩水金關漢簡中有不少“詣府”簿,“詣府”文書却一件也没有。這個現象似乎可以證實我們的推論。因此可以説,小方盤城出土“詣府”文書,説明小方盤城是都尉府遺址。

三　小方盤城出土的“詣府”簿

(一)小方盤城出土的“詣府”簿與“詣府”簿中所見的“東門”

如上所述,過去發現的“詣府”簿大都是關所製作的出入關記録。就目前公開的小方盤城出土漢簡而言,明確寫“詣府”的簡都不是“詣府”簿。然而小方盤城出土漢簡中也有都尉府製作的出入都尉府記録,這些記録似乎可以看作“詣府”簿的一種。在此看一下其具體例子[③]:

(12)龍勒柱車二兩,吴充等二人　　二月甲辰,入東門。(Ⅱ98DXT4:2)

(13)龍勒柱車二兩,吴充等二人　　二月甲辰,出東門。(Ⅱ98DXT4:8)

---

① “願以令取寧”一句,李岩雲《敦煌漢簡相關問題補遺》釋作“願以取【令】取寧令”,白軍鵬《敦煌漢簡校釋》(上海古籍出版社,2018,321頁)釋作“願以取令取寧令”。今按,“以令取寧”是西北漢簡中常見的句子,例如居延漢簡312.24云:“……不幸死,願以令取寧,唯府報,敢言之。”

② 古文書學所謂“文書”的定義是“甲方對乙方表示意願的文件”。參看佐藤進一《新版古文書學入門》,東京:法政大學出版局,1997,1-3頁。

③ 這五例的圖版見於李岩雲、傅立誠《漢代玉門關址考》。

(14)☐　　閏月戊寅入東門,即時出。(Ⅱ98DXT4:13)

(15)止姦候長郭亮迹　　二月丁未,入東門。(Ⅱ98DXT4:9)

(16)郡倉就家高褒,車五兩輸步倉　　三月癸巳,入東門。(98DXC:1)

從字面上看,這是出入東門的記録,但此"東門"指的是玉門都尉府的東門,因此出入東門其實是出入都尉府的意思。

在此重新看一下上引的敦煌漢簡"詣府"簿:

(3)大煎都隧長尉良持器詣府桼月戊子日下餔時入關。(23/1561/T.V.i.6)

例(3)寫"入關",而例(12)—(16)寫"入東門",這個區别反映着製作官署的不同。也就是説,前者是關所製作的"詣府"簿,因此記録入關時間;後者是都尉府製作的"詣府"簿,因此記録入都尉府東門的時間。

例(12)—(16)都没有説"詣府",應該是有理由的。例(12)—(15)没有交代他們來訪都尉府的目的,這是因爲這些詣府者的目的地不是都尉府,他們衹是在往來的路上經過了都尉府而已。例(12)(13)是同一個人在入東門的那天離開都尉府,例(14)"入東門,即時出"的情況與此相類。這些馬上離開都尉府的人可能衹是爲辦理通行手續、補給物資、休息等目的經過了都尉府而已。例(15)"止姦候長郭亮迹"之"迹"當是"日迹"之"迹",也就是説郭亮是爲例行巡邏經過都尉府的。這些例子都不算是"詣府",因此這些簿籍上没有説"詣府"。例(16)是把郡倉的物資運輸到步倉的人的入門記録。目前不知道這個步倉在什麽地方,但從這個寫法看,步倉可能不在都尉府中。

這些"詣府"簿的性質類似於出入關記録。漢代的"傳"(旅行通關之時需要出示的身份證件)上經常説"移過所縣邑門亭河津關,毋苛留",可見去遠地旅行的人在路上經過的"過所"出示"傳"[①]。都尉府的東門是"傳"中所謂的"門",因此衹要有人經過玉門都尉府東門,不管此人的目的地是否是玉門都尉府,都要記録。

在此順便討論一下小方盤城出土漢簡中所見的"東門"。東門在小方盤城出土漢簡中有不少例子,目前能看到的43枚簡牘中,除了以上引用的5例,還有如下2例[②]:

(17)玉門都尉府,以亭行。

三月乙丑[③],東門卒夏以來。(Ⅱ98DXT1②:17)

(18)大煎都候令史辛敞、士吏張長送卒還,到東門。　☐

① 關於過所,參看冨谷至《文書行政の漢帝國》,292–295頁(中文版250–252頁)。

② 這兩例的圖版見於敦煌市博物館《敦煌文物》。例(17)的圖版還見於李岩雲《敦煌漢簡相關問題補遺》,這枚簡的簡號是根據這篇論文引用的。

③ 此"乙丑"之"乙",李岩雲《敦煌漢簡相關問題補遺》釋作"己"。

例(17)是封檢,根據上面的記載,這件文書是“東門卒”送過來的。東門卒當是守都尉府東門的卒。這個例子説明,寄給玉門都尉府的文書有時在東門接受。例(18)説有人“到東門”,這個例子也説明,玉門都尉府東門有關卡的作用,衹要有人出入玉門都尉府,都在東門記録。從東門的這些功能看,這個東門可能是玉門都尉府的正門。

玉門都尉府東門的位置現在大致清楚。1992—1995年甘肅省文物局考察組對疏勒河流域漢代長城進行調查,發現小方盤城的東邊有圍墻。《疏勒河流域漢代長城考察報告》説:“障的東面115米處有一道由南向北的塢墻,殘長75米,墻高1.5米,寬2米,東西塢墻殘存18米。”[①]現在我們也通過衛星照片可以確認小方盤城圍墻的存在(參看下節圖2、3)。李岩雲、傅立誠兩位先生關注這個發現,説“簡文所記東門應指小方盤城東塢墻北端之障門。”玉門都尉府東門是否在“東塢墻北端”恐怕還很難説,但在東圍墻的某個地方是可以肯定的。

居延新簡EPT65.39云:

(19)甲渠鄣守候　詣府東門,免冠叩頭,死罪死罪,過罪累仍

這枚簡用草書書寫,而且没有寫甲渠鄣守候的名字,可見這是甲渠候官寫給居延都尉府的檢討書的草稿。饒有趣味的是“詣府東門”一句,看來居延都尉府的正門也在東邊。

(二)馬圈灣漢簡中所見的“東門”

值得注意的是,馬圈灣漢簡中也出現用法相同的“東門”。在此舉幾個例子[②]:

(20)☑候史馬慶、隧長霜普等詣官,請奉,事已。　　正月甲午,出東門。(523)

(21)大福候長張武、推賢候史高護詣官。　　二月壬戌,入東門。(684)

(22)大煎都候長王習、私從者,持牛車一兩。　　三月戊申,出東門。(526)

(23)☑候晏、妻子,持牛車一兩。　　十月乙巳,出東門。(527)

例(20)(21)説“詣官”,顯然是“詣官”簿。例(22)(23)没有“詣官”一句,是因爲這些人没有在候官辦理什麽事情,衹是經過了候官而已。這個道理與上引的小方盤城出土“詣府”簿相同。例(20)(22)(23)簡號相連,似乎本來是同一件簿籍的一部分[③]。若果真如此,“詣官”二字的有無和簿籍的種類没有關係,不管有没有“詣官”二字,這些簿籍都是“詣官”簿。以此類推,上引的例(12)—(16)雖然没有“詣府”,但確實很有可能是“詣府”簿。

① 甘肅省文物局編,岳邦湖、鍾聖祖:《疏勒河流域漢代長城考察報告》,北京:文物出版社,2001,33頁。

② 張德芳:《敦煌馬圈灣漢簡集釋》,蘭州:甘肅文化出版社,2013。

③ 關於馬圈灣漢簡的出土地點,參看甘肅省文物考古研究所《敦煌漢簡》所收“建國後新獲漢簡編號索引表”。其實523-531號簡都是格式相同的簿籍,很有可能當時構成一件簿籍。

冨谷先生認爲這些簿籍類似於出入關記録,據此把 D21 和玉門關聯繫起來[①]。這些簿籍確實類似於出入關記録,但這種記録不是衹有關所才製作的,而很有可能是所有“過所”都製作的。因此出入關記録的出土并不能説明這個地方是關所遺址。冨谷先生没有考慮到這一點,不得不説不妥當。

吴礽驤先生引用這些“詣官”簿認爲馬圈灣烽燧遺址(D21)是玉門關候(玉門候)的治所,“東門”是 D21 的塢門[②]。D21 是否玉門候官目前還難以確定[③],但即使這個“詣官”簿不是 D21 的文書,此“東門”也無疑是候官的東門。我們在第一節引用的居延漢簡“詣官”簿(例 1、2),與“入東門”相應的地方衹寫“入”。此“入”是入候官的意思,那麽馬圈灣漢簡“詣官”簿的“入東門”也應該是入候官的意思[④]。

馬圈灣漢簡中還有“西門”的例子:

(24)庚申,卒六人　其五人纍西門外
　　　　　　　　　一人堊　　　　　　(811)

(25)壬寅,卒四人　其一人實虚
　　　　　　　　　三人塗西門外垣下足　(813)

(26)☑　　　　　　二人纍西門外　　　　(943)

以上三例都是卒日作簿,馬圈灣漢簡中所見的“西門”衹出現在這種簿籍中,一例也没有“入西門”或“出西門”的例子。因此吴礽驤先生指出,因爲東門是 D21 的正門,出入東門的人都記録。這個説法很有啓發性。如上所述,我們推測小方盤城出土漢簡中所見的“東門”是玉門都尉府的正門,情況與此相類。

四　玉門都尉府和玉門關的位置關係

本文雖然衹討論了小方盤城出土漢簡中的“詣府”文書和“詣府”簿,但筆者相信,衹看這幾枚簡也能够證明小方盤城是玉門都尉府所在。這同時能够證明玉門關也在這個地方。

---

① 冨谷至:《漢代邊境の關所——玉門關の所在をめぐって——》,《東洋史研究》第 48 卷第 4 號,1990,654-655 頁;冨谷至:《文書行政の漢帝國》,316-317 頁(中文版 271-272 頁)。冨谷先生在《文書行政の漢帝國》中没有像原論文那樣强調 D21=玉門關説,但似乎也没有完全放弃這個可能性。

② 吴礽驤:《玉門關與玉門關候》,《文物》1981 年第 10 期。附帶講,吴先生認爲“玉門關候”與“玉門候”可互稱,“玉門關候”至東漢稱“玉門障尉”,因此按照他的解釋,所謂“玉門關候的治所”是一般所謂的候官。

③ 藤田高夫先生詳細討論這個問題,參看《出土簡牘より見たD21 遺址の性格》,收入冨谷至編《邊境出土木簡の研究》,京都:朋友書店,2003。

④ 附帶提及一點,甲渠候官衹有一個東門,因此没必要特意寫“入東門”,而衹寫“入”即可。

《漢書》卷二八下《地理志下》敦煌郡條龍勒縣的本注云:

> 有陽關、玉門關,皆都尉治。[1]

根據這個記載,玉門關是玉門都尉府治所[2]。反過來説,既然小方盤城是玉門都尉府遺址,我們可以確定玉門關也在這個地方。自從斯坦因以來不少學者認爲小方盤城是玉門關遺址[3],此説雖然有不準確之處,但大致上是不錯的。

問題是玉門都尉府和玉門關的具體位置。參考肩水金關遺址的結構,玉門關的關門應該在長城綫上,官衙在關門旁邊。按照這個思路考慮,我們認爲岳邦湖、鍾聖祖兩位先生的意見最有説服力:

> 小方盤城西端約 150 米處,又有一條南北走向的長城,南接陽關,北連北部長城,有烽燧四個。我們認爲,玉門關衹有在這條長城綫才能起到關隘的作用……如果玉門關址設在南北長城綫之外,其意義又何在呢?[4]

在岳、鍾兩位先生之前,關於玉門關位置的討論衹關注東西走向的長城綫。岳、鍾兩位先生指出玉門關在南北長城綫上,這是非常精闢的意見。衹要關上南北長城綫的關門,這個地區的東西往來就可以徹底切斷。《漢書》卷六一《李廣利列傳》云:"(武帝)大怒,使使遮玉門關,曰:'軍有敢入,斬之。'貳師恐,因留屯敦煌。"[5]如果玉門關在南北長城綫上,這個很有名的故事也就好解釋了。

李岩雲、傅立誠兩位先生在岳、鍾兩位先生研究的基礎上,并根據敦煌博物館多年來的調查成果,提出了更加具體的看法:

> 玉門關關口則處在小方盤城西 150 米處的南北長城綫上,并與小方盤城西側障墻連接,與小方盤城西側的拱口形成一個有機整體……筆者認爲玉門關城址應位於小方盤西側殘存的大量文化層處與關口相連。[6]

---

① 《漢書》卷二八下《地理志下》,北京:中華書局,1962,1614 頁。

② 或許有人認爲此"都尉"不是玉門都尉,而是玉門關都尉。但根據敦煌漢簡,無法確認玉門關都尉的存在。關於這個問題,陳夢家《玉門關與玉門縣》(《考古》1965 年第 9 期,後收入其著《漢簡綴述》,北京:中華書局,1980)和藤田高夫《出土簡牘より見たD21 遺址の性格》有討論。如果玉門關果真屬於玉門都尉管轄,漢志本條的"都尉"衹能是玉門都尉。

③ 關於玉門關的位置,過去有很多争論,在此無法一一介紹。紀忠元、紀永元主編《敦煌陽關玉門關論文選萃》(蘭州:甘肅人民出版社,2003)全面收集關於玉門關的重要論文,可以參看。

④ 甘肅省文物局編,岳邦湖、鍾聖祖:《疏勒河流域漢代長城考察報告》,80 頁。

⑤ 《漢書》卷六一《李廣利傳》,2699 頁。

⑥ 李岩雲、傅立誠:《漢代玉門關址考》,《敦煌研究》2006 年第 4 期。

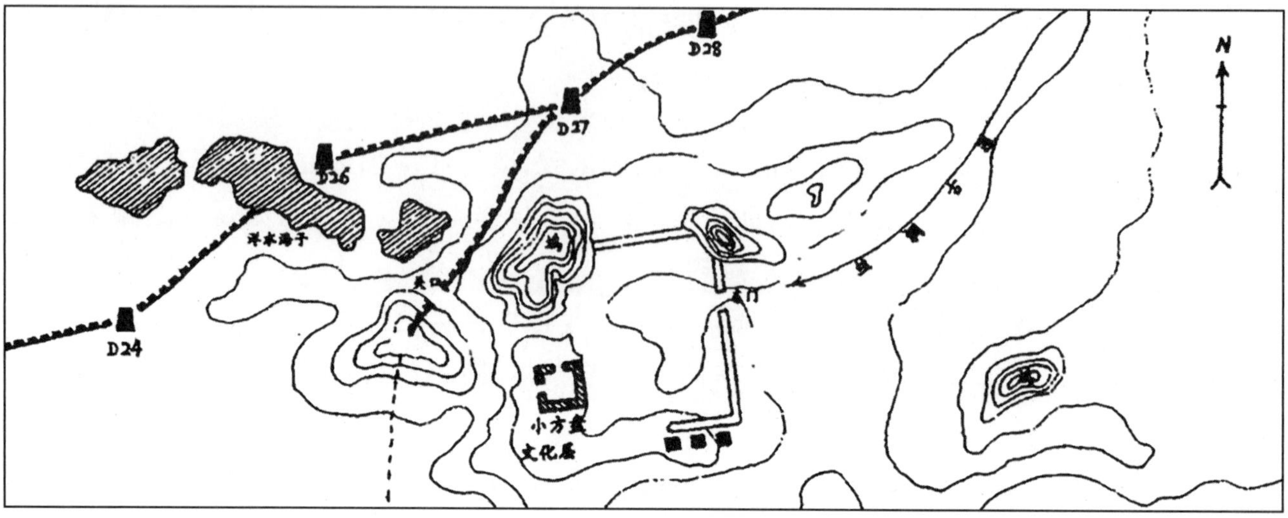

圖 1　小方盤城周圍地形示意圖①

李、傅兩位先生的看法與岳、鍾兩位先生基本相同,但重要的是他們指出小方盤西側有大量文化層,這個地方與玉門關口相連。這一點是過去没有人指出過的,非常值得注意。

2018 年 11 月,筆者有機會參觀小方盤城,確認了南北長城的位置②。我們發現,李、傅兩位先生所製示意圖中的南北長城的位置與實際情況不符,其實長城和小方盤城西墻之間的距離衹有約 30 米。因此長城和小方盤城西墻之間已經没有再建另外一個圍墻的空間。根據我們的實地調查,也没有發現長城和小方盤城之間有别的圍墻的痕迹。也就是説,小方盤城(即玉門都尉府)西外墻利用長城。障城的外墻利用長城的情況在其他地區也能見到③,不足爲奇。

我們根據以上考察結果,製作了圖 2。附帶説明,我們此次調查没能確認小方盤城以北的南北長城的走向。根據李、傅兩位先生的平面圖,長城避開洋水海子改變方向往東北走,然後與東西長城連接。在此參考這個意見畫了長城綫,但這個部分恐怕很不準確。

下面對玉門關的位置作一些推測。因爲南北長城的位置比李、傅兩位先生的示意圖更

---

① 轉引自李岩雲、傅立誠《漢代玉門關址考》,圖 1。

② 關於南北長城的具體位置,承蒙張俊民先生指教。

③ 例如筆者曾經調查過戰國趙北長城遺址包頭市段,發現長城沿綫上的不少障城的外墻利用長城。國家文物局主編《中國文物地圖集・内蒙古自治區分册》(西安地圖出版社,2003,下册,60–61 頁)介紹的遺址中有如下幾例:

(1)後垻障址……東墻利用長城,南北 93 米,東西 93 米。

(2)科爾瑪障址……北墻利用長城,南北 25 米,東西 30 米。

(3)邊墻壕障址……北墻利用長城,南北 150 米,東西 70 米。

(4)昆都侖召障址……北墻利用長城,南北 100 米,東西 100 米。

(5)哈德門溝障址……南墻利用長城,南北 203 米,東西 213 米。

(6)大垻溝障址……北墻利用長城,南北 32 米,東西 32 米。

(7)梅力更西障址……北墻利用長城,南北 65 米,東西 65 米。

東,我們可以確定他們所謂"小方盤西側殘存的大量文化層處"位於長城西側,即都尉府外面。我們難以想象玉門關的關門和官衙在這個地方。

另外,我們翻查了斯坦因製作的T.14平面圖①,發現李、傅兩位先生所謂大量文化層處是"Modern Shrine"所在的位置。因此這個文化層是否爲漢代的文化層,非常可疑。然而當時爲什麼在這個地方蓋廟是值得思考的問題。這個位置正好位於都尉府西外墻的正中處對面,當時選這個地方不像是偶然。漢代這個地方有什麼建築,後代利用這個地方蓋廟的可能性也似乎不能否定。若果真如此,當時這個地方或許有玉門都尉府或玉門關的附屬建築。

我們認爲,既然玉門都尉府和長城貼在一起,最自然的解釋是掌管玉門關的官署也在都尉府内。說玉門都尉府内有玉門關的管理部門或許更準確②。我們懷疑這就是《漢書·地理志》"有陽關、玉門關,皆都尉治"的意思。

如果以上推測大致不誤,玉門關的關門也應該在都尉府旁邊。李、傅兩位先生認爲都尉府西外墻有門,這個西門是關門。這個可能性目前也不能否定。希望關門的遺構在地下還存在,將來能被發現。

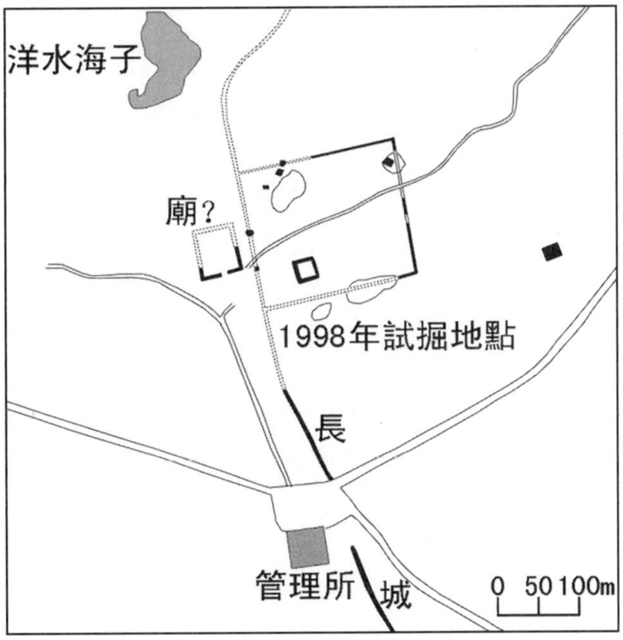

圖2 小方盤城示意圖

① Serindia, Vol.3, P40.

② 根據冨谷至先生研究,額濟納河流域的關所衹有肩水金關和居延縣索關兩個,分别屬於肩水都尉府和居延都尉府管轄(《文書行政の漢帝國》,310-313頁;中文版266-267頁)。既然都尉府是關所的上級機構,玉門都尉府内有玉門關的管理部門是很自然的事。

結語

本文對小方盤城出土漢簡中的“詣府”簿和“詣府”文書進行分析,并把簡文内容和小方盤城遺址相對照,對玉門都尉府和玉門關的具體位置作一些推測。關於玉門都尉府和玉門關的位置,我們得到了如下結論:

玉門都尉府正門在東邊,漢代在東門處記録來訪都尉府的人。玉門都尉府西約30米處有南北走向的長城,都尉府西圍墻利用南北長城。這個長城綫上有關門,在這個地區東西往來的人都要經過這個關,這就是玉門關。掌管玉門關的官署也在都尉府内。

玉門都尉府和玉門關的位置是歷來争論的問題,1998年小方盤城出土漢簡爲解決這個問題起了關鍵作用,其重要意義自不待言。經過20世紀以來不斷進行的遺址調查,現在清楚地知道小方盤城周圍還有圍墻、東西走向的長城、南北走向的長城等不少遺構,漢代簡牘也出土過好幾次。我們真切希望相關考古部門對小方盤城周圍的遺址繼續進行考古調查,給學界帶來更多的知識和驚喜。

附記:本文是在2018年10月20日“第四届簡帛學國際學術研討會暨謝桂華先生誕辰八十周年紀念座談會”上所做報告的基礎上修改而成的。其後的2018年11月3日,筆者有幸參加“絲綢之路與敦煌歷史文化”學術討論會,并參觀了小方盤城。通過這兩次會議,張德芳先生告知筆者《敦煌市博物館館藏漢簡》馬上要出版之事和1998年小方盤城出土漢簡的數量等信息;張俊民先生關於南北長城的位置給筆者提供了非常重要的意見。筆者根據這些信息對本文作了較大的修改。在此一并致謝。

肩水金關漢簡所見《詩》類文獻輯考*

武漢大學歷史學院
武漢大學簡帛研究中心　陳晨

内容提要　肩水金關漢簡中有三條與《詩經》密切相關的簡文,不見於傳世文獻。簡 73EJT31:102"唯=病=乎=其勉=之="可讀爲"唯病乎! 雖病乎,其勉之。勉之!"病訓勞苦。或將二"病"字一訓勞苦,一訓憂愁。簡 73EJC:607"居而俟合"當爲"居而俟命"之訛。簡 73EJT31:141 中對《大雅·行葦》主旨的概括反映了兩漢時期用《詩》的變化,簡 73EJT31:102、73EJT31:141,以及同一探方所出的古書簡很可能來源於不同的古書,被編連在同一卷册書中。

關鍵詞　肩水金關漢簡　引《詩》　論《詩》

肩水金關漢簡中有少量《詩》類文獻,常燕娜先生率先進行輯録,將肩水金關漢簡中的簡 73EJT31:102、73EJT31:141 等三枚簡歸入六藝類《詩》家。[①] 尉侯凱先生在《肩水金關漢簡(伍)》中檢出簡 73EJC:607,指出其内容與《詩經》有關。[②] 本文擬對 73EJT31:102、73EJT31:141、73EJC:607 三枚引《詩》、論《詩》類木簡作一些補充討論。

* 本文得到國家社會科學基金一般項目"出土文獻所見楚王族資料整理與研究"(18BZS027)資助。

① 常燕娜:《居延書籍簡分類整理與研究》,西北師範大學碩士學位論文,2015,40-44 頁。方勇先生認爲簡 73EJT6:92 與《詩經》似無關係,參見方勇《讀〈肩水金關漢簡(壹)〉小札(二則)》,簡帛網,2013 年 6 月 10 日。

② 尉侯凱:《〈肩水金關漢簡(伍)〉有關〈詩〉〈書〉的兩條記載》,簡帛網"簡帛論壇",2016 年 8 月 28 日,又見於《讀〈肩水金關漢簡〉零札七則》,《西華大學學報(哲學社會科學版)》2017 年第 1 期。

一 簡文釋義與《詩》學考察

(一)簡 73EJT31:102A +73EJT31:102B

詩曰題積令載蜚載鳴我日斯邁而月斯延蚤=興=夜=未=毋=天=璽=所=生=者唯=病=乎=其勉=之=

八十二[①]

本簡出土於肩水金關遺址(A32)第31探方。簡長22.8厘米,寬1.15厘米。字迹清晰,内容完整,第四字下至第九字上左側稍殘,但不影響簡文釋讀。簡文共33字,簡背有數字編號。

簡文内容分爲兩部分,第一部分爲引《詩》,引文見於今本毛詩《小雅·小宛》第四章,與今本及文獻引《詩》有异文。第二部分"唯病=乎=其=勉=之="六個字是對本詩主旨的解釋,不見於傳世文獻。

簡文"題積令"今本《毛詩·小雅·小宛》作"題彼脊令",《潛夫論·讚學》引作"題彼鶺鴒",《中論·貴驗》引作"相彼脊令"。[②] 按,段玉裁《説文解字注》以爲詩中"題"乃"題"之借字,可信。[③] 簡文脱一"彼"字。積、脊古音皆爲精母錫部,可通。"積令"古書又作"脊令""鶺鴒""鵬鴒"或"即令"。[④] 蜚,《集韻·未韻》"鳥名,或書作鵻",《玉篇·鳥部》有"鯡"字,亦鳥名。[⑤] 蜚、鵻、鯡乃一字之异體,簡文中讀爲"飛"。簡文"毋"與今本同,《韓詩外傳》卷八、《大戴禮記·曾子立孝》《孝經·士章》《潛夫論·讚學》引《詩》"毋"皆作"無","璽"各本皆作"爾"。[⑥]

關於本詩的主旨,《毛序》云:"大夫刺幽王也",[⑦]王先謙《三家詩義集疏》云:"三家詩義不詳",[⑧]其實三家的詩義見於其引《詩》,現將各家引《詩》原文摘録如下:

---

① 甘肅簡牘博物館、甘肅省文物考古研究所、甘肅省博物館、中國文化遺産研究院古文獻研究室、中國社會科學院簡帛研究中心編:《肩水金關漢簡(叁)》,上海:中西書局,2013,上册223頁,中册223頁,下册133頁。

② [漢]鄭玄箋,[唐]孔穎達疏:《毛詩正義》卷一二《小雅·小宛》,[清]阮元校刻《十三經注疏》,北京:中華書局,1980,451頁;[漢]王符著,[清]汪繼培箋:《潛夫論箋校正》卷一《讚學》,北京:中華書局,1985,5頁;[魏]徐幹撰,孫啓治解詁:《中論解詁》卷上《貴驗》,北京:中華書局,2014,84頁。

③ [漢]許慎撰,[清]段玉裁注:《説文解字注》卷一五,上海古籍出版社,1988,408頁。

④ 《中論》卷上《貴驗第五》作"即令"(84頁),《潛夫論》卷一《讚學》作"鶺鴒"(5頁),《爾雅·釋鳥》作"鵬鴒"([晋]郭璞注,[宋]邢昺疏:《爾雅注疏》卷一〇《釋鳥》,[清]阮元校刻《十三經注疏》,2648頁)。

⑤ 趙振鐸校:《集韻校本》,上海辭書出版社,2012,1001頁;[梁]顧野王:《大廣益會玉篇》,北京:中華書局,1987,114頁。

⑥ [漢]韓嬰撰,許維遹集釋:《韓詩外傳集釋》卷八,北京:中華書局,1980,292頁;[清]王聘珍撰:《大戴禮記解詁》卷四《曾子立孝》,北京:中華書局,1983,82頁;[唐]李隆基注,[宋]邢昺疏:《孝經注疏》卷二,[清]阮元校刻《十三經注疏》,2548頁;[漢]王符著,[清]汪繼培箋:《潛夫論箋校正》卷一《讚學》,5頁。

⑦ [漢]鄭玄箋,[唐]孔穎達疏:《毛詩正義》卷一二《小雅·小宛》,[清]阮元校刻《十三經注疏》,451頁。

⑧ [清]王先謙撰:《詩三家義集疏》卷一七《小宛》,北京:中華書局,1978,691頁。

魯詩：

此士所以日夜孳孳，修學敏行，而不敢怠也。譬若鶺鴒，飛且鳴矣。(《文選》卷四五《東方曼倩答客難》)[①]

《詩》云："題彼鶺鴒，載飛載鳴。我日斯邁，而月斯征。夙興夜寐，無忝爾所生。"是以"君子終日乾乾，進德脩業者"非直爲博己而已也，蓋乃思述祖考之令問，而以顯父母也。(《潛夫論》卷一《讚學》)[②]

《詩》曰："相彼脊令，載飛載鳴。我日斯邁，而月斯征。"遷善不懈之謂也。(《中論》卷上《貴驗》)[③]

齊詩：

子曰："可人也，吾任其過；不可人也，吾辭其罪。"《詩》云："有子七人，莫慰母心。"子之辭也。"夙興夜寐，無忝爾所生。"言不自舍也。不恥其親，君子之孝也。(《大戴禮記》卷四《曾子立孝》)[④]

韓詩：

昨日何生？今日何成？必念歸厚，必念治生；日慎一日，完如金城。《詩》曰："我日斯邁，而月斯征。夙興夜寐，無忝爾所生。"(《韓詩外傳》卷八第二十一章)[⑤]

從引文中可見，漢代三家詩引《小宛》這一章均用其"勤勉精進"之義，而没有毛詩所言諷刺批評的意味。通過毛詩和三家詩關於《小宛》詩義解説的對比可知：毛詩以爲本詩乃刺詩，而三家詩義皆以其爲勉勵人精進、不要懈怠的勸誡之言。南宋朱熹作《詩集傳》批評《毛序》説："此詩之辭最爲明白，而意極懇至。説者必欲爲刺王之言，故其説穿鑿破碎，無理尤甚"，又闡明詩義云："此大夫遭時之亂，而兄弟相戒以免禍之詩。"[⑥]朱熹認爲《毛序》"刺幽王"乃穿鑿之説，將此詩主旨理解爲"兄弟相戒"，與三家説法大同。今人高亨先生説："這首詩的作者當是周王朝的一個小官吏。他生在黑暗時代，爲生活而奔忙，但常受到統治者的迫害，因作此詩以自傷，并勸告他的兄弟。[⑦] 可見高先生認爲詩中的感情有兩種，一是"自傷"，一是"勸告"，這種説法是最接近詩篇原意的。

劉嬌先生將簡文釋讀爲：

① ［梁］蕭統編、［唐］李善等注：《六臣注文選》卷四五《東方曼倩答客難》，北京：中華書局，1987，840-841 頁。

② ［漢］王符著、［清］汪繼培箋：《潛夫論箋校正》卷一《讚學》，5 頁。

③ ［魏］徐幹撰、孫啓治解詁：《中論解詁》卷上《貴驗》，84 頁。

④ ［清］王聘珍撰：《大戴禮記解詁》卷四《曾子立孝》，82 頁。

⑤ ［漢］韓嬰撰、許維遹集釋：《韓詩外傳集釋》卷八，292 頁。

⑥ ［宋］朱熹注：《詩集傳》卷一二《小旻之什》，北京：中華書局，2017，215 頁。

⑦ 高亨：《詩經今注》，上海古籍出版社，2009，291 頁。

> 《詩》曰:"題脊令,載飛載鳴,我日斯邁,而月斯征,早興夜寐,毋忝爾所生。""早興夜寐,毋忝爾所生"者,唯病乎? 唯病乎,其勉之勉之。[①]

黄浩波先生將簡文標點爲:

> 《詩》曰:"題積令,載鶩載鳴,我日斯邁,而月斯延(引者按當爲"延"之誤)。蚤興夜未,毋天璽所生。""蚤興夜未,毋天璽所生"者,唯病乎? 唯病乎? 其勉之勉之。

黄先生將"病"訓爲"辱",將簡文後半段理解爲:"士人行孝當早起晚睡,孜孜不倦,以求不使父母受辱。"[②]

何茂活先生將簡文標點爲:

> 《詩》曰:"題【彼】脊令,載鶩載鳴,我日斯邁,而月斯延。蚤興夜未,毋天璽所生。""蚤興夜未,毋天璽所生"者,唯病乎? 唯病乎,其勉之。勉之。

并認爲"病"爲憂慮、爲難之義,又説:"這裏説'早興夜寐,毋忝爾所生'者,唯病乎?'大意是説,人若常常如此勤勉克己,無愧人生,則一定會心存憂患,感到艱難。因此接著説'唯病乎,其勉之'正因爲憂慮爲難,故須勉力前行。[③]

劉樂賢先生將簡文讀爲:

> 《詩》曰:"題脊令,載飛載鳴,我日斯邁,而月斯征。早興夜寐,毋忝爾所生。"早興夜寐,毋忝爾所生者,唯病乎,唯病乎,其勉之,勉之。[④]

常燕娜先生認爲"唯病乎其勉之"六字當連讀。[⑤]

劉嬌、黄浩波、何茂活、劉樂賢先生文中對簡文的釋讀基本相同。僅在"唯=病=乎=其勉=之="的標點上存在不同。學者們對"唯病乎唯病乎"的標點,不論是理解爲兩個疑問句、兩個陳述句,或者一問一答,於文意皆有未安。

這裏我們提出兩種可能的理解:

第一種理解,"唯=病=乎="可讀爲"唯病乎! 雖病乎"。兩個"病"皆訓爲"勞苦",例

---

① 劉嬌:《漢簡所見〈孝經〉之傳注及解説初探》,清華大學出土文獻研究與保護中心編,李學勤主編《出土文獻》第6輯,上海:中西書局,2015,299頁;又經修改發表在復旦大學出土文獻與古文字研究中心網,2015年4月8日,更名爲《漢簡所見〈孝經〉之傳注或解説初探》。下文引劉嬌先生觀點均以修改版爲準。

② 黄浩波:《〈肩水金關漢簡(叁)〉所見〈孝經〉解説殘簡》,復旦大學出土文獻與古文字研究中心網,2015年4月22日。

③ 何茂活:《肩水金關第24、31探方所見典籍殘簡綴聯與考釋》,楊振紅、鄔文玲主編《簡帛研究二〇一五(秋冬卷)》,桂林:廣西師範大學出版社,2015,120–122頁。

④ 劉樂賢:《王莽"戒子孫"書考索——也談金關漢簡中一種與〈孝經〉有關的文獻》,清華大學出土文獻研究與保護中心編,李學勤主編《出土文獻》第9輯,上海:中西書局,2016,208頁。

⑤ 常燕娜:《居延書籍簡分類整理與研究》,43頁。

如《孟子·滕文公下》"病于夏畦",朱熹集注:"病,勞也。"[①]具體指"蚤興夜寐"這一句詩,言"蚤興夜寐"之辛勤勞苦。後一個"唯"破讀爲"雖","唯"讀爲"雖"不論在出土文獻還是在傳世文獻中都是很常見的。如《荀子·性惡》"然則唯禹不知仁義法正",楊倞注:"唯,讀爲雖。"[②]馬王堆漢墓帛書《老子》乙 74/248 行上"道恒无名,樸唯小,而天下弗敢臣","唯"讀爲"雖";[③]北京大學藏漢簡《周馴》簡 84-85"余唯未爾立,而身自令,余唯已終,至於季年",二"唯"字皆讀爲"雖"。[④] "唯=病=乎=其勉=之="讀爲"唯病乎!雖病乎,其勉之。勉之!"大意是:("早興夜寐")很辛勞啊!雖然辛勞,但仍然要勤奮勉勵而行之。應當努力啊!

第二種理解,前後兩個"病"所表示的含義不同。前一個"病"可訓爲"勞",後一個"病"可從何茂活先生理解爲"憂患",然而何先生并未指出憂患的内容,我們認爲"唯病乎"指詩文中的"毋忝爾所生",意思是説夙興夜寐勤勉精進,唯恐辱没父母先人。那麼兩句"唯病乎"分别指"蚤興夜寐"之辛勤勞苦和"毋忝爾所生"所表達的唯恐辱没先人之憂。

兩種讀法中我們更傾向於第一種説法。若按第一種讀法,簡文對詩義的理解則與三家詩大同,皆是稱許勸勉之言。若按第二種讀法,簡文對詩義的理解多了一層"憂患"之情,乃毛詩和三家詩所未見。

(二)簡 73EJC:607

《行葦》,則兄弟具尼矣。故曰:"先之以博愛,而民莫遺其親"。·百廿七字[⑤]

本簡出土於肩水金關遺址(A32)第 31 探方。上端完好,下端殘斷,殘簡長 17.9 厘米,寬 1.2 厘米。簡文共 25 字,前一部分内容是典型的"詩序"性質的文字,揭示《行葦》一詩的主旨。"故曰"後的簡文見於上博簡《顔淵問於孔子》《孝經·三才》等處。簡末有圓墨點標識,墨點後記有表示字數的文字。

簡文"兄弟具尼",劉嬌先生讀爲"兄弟俱尼",并引述蔡偉先生觀點:"'兄弟具尼'即化用《詩經·行葦》之'戚戚兄弟,莫遠具爾','尼'與'爾'古音極近,'尼'與'爾'義皆爲'近'。"[⑥]"具"可如字讀。《詩·小雅·頍弁》"兄弟具來",鄭玄箋"具猶皆也"。[⑦] "兄弟具尼"猶言"兄弟皆親近"。

① [宋]朱熹注:《四書章句集注·孟子集注》,北京:中華書局,2012,274 頁。

② [清]王先謙撰,沈嘯寰、王星賢點校:《荀子集解》卷一七《性惡》,北京:中華書局,2013,523 頁。

③ 湖南省博物館、復旦大學出土文獻與古文字研究中心編纂,裘錫圭主編:《長沙馬王堆漢墓簡帛集成》,第 4 册,北京:中華書局,2014,207 頁。

④ 北京大學出土文獻研究所編:《北京大學藏西漢竹書(叁)》,上海古籍出版社,2015,130 頁。

⑤ 甘肅簡牘博物館、甘肅省文物考古研究所、甘肅省博物館、中國文化遺産研究院古文獻研究室、中國社會科學院簡帛研究中心編:《肩水金關漢簡(叁)》,上册第 227 頁,中册第 227 頁,下册第 135 頁。

⑥ 劉嬌:《漢簡所見〈孝經〉之傳注或解説初探》。

⑦ [漢]鄭玄箋,[唐]孔穎達疏:《毛詩正義》卷一四《頍弁》,[清]阮元校刻《十三經注疏》,481 頁。

簡文中的《行葦》一詩見於今本毛詩《大雅》,《毛序》云:"《行葦》,忠厚也。周家忠厚,仁及草木,故能内睦九族,外尊事黄耇,養老乞言,以成其福禄焉。"[①]又《左傳》隱公三年"《雅》有《行葦》《泂酌》,昭忠信也",[②]《毛序》所言"忠厚"大概是來源於《左傳》的"忠信"之説。爲方便行文,現將漢代三家詩遺説抄録於下:

魯詩:

君聞昔者公劉之行乎?羊牛踐葭葦,惻然爲民痛之。恩及草木,豈欲殺不辜者乎!(《列女傳》卷六《辯通·晋弓公妻》)[③]

"古者,天子守在四夷","自彼氐、羌,莫不來享",普天思服,行葦賴德。况近我民蒙禍若此,可無救乎?(《潛夫論》卷五《救邊》)[④]

公劉仁德,廣被行葦,况含血之人,己同類乎?一人吁嗟,王道爲虧,况滅没之民百萬乎?(《潛夫論》卷五《邊議》)[⑤]

《詩》云:"敦彼行葦,羊牛勿踐履。方苞方體,惟葉握握。"又曰:"鳶飛厲天,魚躍于淵。愷悌君子,胡不作人?"公劉厚德,恩及草木,羊牛六畜,且猶感德。(《潛夫論》卷八《德化》)[⑥]

齊詩:

慕公劉之遺德,及行葦之不傷。(《文選》卷九《班叔皮北征賦》)[⑦]

韓詩:

公劉慈仁,行不履生草,運車以避葭葦。(《吴越春秋》卷一《吴太伯傳》)[⑧]

王先謙云"三家以此爲公劉之詩","漢人舊義大同,蓋公劉舉射饗之禮,出行有此故事,詩人美之,因以名篇。《毛序》删之特以示異於衆"。[⑨] 今所見三家詩遺説的關注點皆在於公劉慈仁,德被草木,而《毛序》序首"忠厚也"采用了《左傳》的説法,并加以發揮。將"忠厚"落實在"仁及草木"上,此爲因;而《毛序》續申之詞中的"睦九族""事黄耇""成福禄"乃爲其果。《左傳》中的"忠信"説明顯是比較早的説法,《毛序》序首"忠厚"乃沿用其説,其關注點當與三家詩相同,都集中在公劉仁厚,德被行葦這一點上。《行葦》全詩八章,衹有首章的内容與

---

① [漢]鄭玄箋,[唐]孔穎達疏:《毛詩正義》卷一七《行葦》,[清]阮元校刻《十三經注疏》,534頁。

② [晋]杜預注,[唐]孔穎達疏:《春秋左傳正義》卷三《隱公三年》,[清]阮元校刻《十三經注疏》,1723頁。

③ [漢]劉向著,[清]王照圓注:《列女傳補注》卷六《辯通·晋弓公妻》,上海:華東師範大學出版社,2012,235頁。

④ [漢]王符著,[清]汪繼培注:《潛夫論箋校正》卷五《邊議》,266頁。

⑤ [漢]王符著,[清]汪繼培注:《潛夫論箋校正》卷五《邊議》,272頁。

⑥ [漢]王符著,[清]汪繼培注:《潛夫論箋校正》卷八《德化》,373頁。

⑦ [梁]蕭統編,[唐]李善等注:《六臣注文選》卷九《班叔皮北征賦》,182頁。

⑧ [漢]趙曄撰:《吴越春秋》卷一《吴太伯傳》,北京:中華書局,1985,3頁。

⑨ [清]王先謙撰:《詩三家義集疏》卷一二《行葦》,884頁。

公劉德被行葦明顯相關,《毛序》"忠厚也"之後的續申之詞,當是後人根據全詩其他章節旨趣增益之,以求全備。常燕娜先生説:"本簡總結《行葦》詩旨也在於厚德、博愛,因此與四家詩皆相通,難以準確判斷其屬性。不過其詩旨除强調厚德、博愛外,還尤其指出'兄弟'及'民莫遺其親',强調厚德以'親親'爲核心,如此則似乎與《毛詩》'内睦九族'之説相合更多。"[①]常先生指出簡文對本詩詩義的看法與《毛詩》説更爲相合,是很正確的。但是如此横向比較還不足以反映《詩》學史上對《行葦》詩旨詮釋的發展脈絡,我們認爲有關本詩詩旨的詮釋,從《左傳》的"忠信"説到簡文"兄弟具尼"的評論,應該是環環相扣,一脈相承的。

《左傳》説、《毛序》序首説,以及三家説是較早期的説法,解詩的關注點在於第一章"敦彼行葦,羊牛勿踐履"這一句,而《毛序》續申之詞乃後人所增益,加入了"睦九族""事黄耇""乞言"等元素。簡文"兄弟具尼"的評論不見於先秦舊説和漢代四家詩,我們認爲簡文的評論是取自《毛序》續申之詞中"睦九族"的説法,《毛序》續申之詞是舊説與簡文之説的中間環節。我們發現文獻中對《行葦》這首詩的詮釋有一條清晰的發展綫索,如下圖所示:

(1)"中信"説(《左傳》)→(2){"忠厚"説(《毛序》序首) / "仁及草木"説(三家詩)}→(3)睦九族(《毛序》續申詞)→(4)兄弟具尼(簡文)

(1)(2)兩種説法都在於贊美歌頌"周家"或"公劉"之仁德,具體指向古聖先王。而(3)(4)兩種後期的説法則以古聖先王爲榜樣,目的在於教化民衆,爲使其兄弟和睦。雖然《詩》自從經典化以後就被賦予了"刺上"和"風下"的職責,但是隨著封建王朝中央集權的加强,尤其是到了漢代,《詩》在現實的使用中"刺上"作用越來越小,而"風下"作用越來越大,甚至成爲統治階級用來教化下民的重要工具,《詩》學史上對詩旨的詮釋也遵循這樣的軌迹。我們以上所勾勒出學術史上對《行葦》一詩詩旨的詮釋,則是這種現象的例證和説明。我們認爲對詩旨詮釋的變化,主要是依循《詩經》在現實功用上的變化,這種變化主要體現在統治階級對《詩經》"化下"功能的加强。

基於以上對簡文内容的探討,可知"兄弟具尼"是經過對兩漢四家詩進行加工改造形成的,以推行孝悌觀念,達到教化民衆的目的。其出現的時代當是在四家詩説全部形成之後,這也有助於簡牘年代的判定。

(三)簡 73EJC:607

●子贛曰九變復貫知言之篡居而俟合憂心橾=念國之虐子曰念國者橾=呼衡門

---

① 常燕娜:《居延書籍簡分類整理與研究》,43 頁。

之下[①]

本簡出土於肩水金關以北的莫當隧,是一枚采集簡。上下平齊,簡長18.7厘米,寬1.3厘米。編連痕迹清晰可見,第一道編繩位於第五字下方,末一道編繩位於倒數第三字上方。簡文共33字,内容完整,開頭有圓墨點,文中有兩處重文符號"="。

"子贛"即子貢,孔子弟子。本簡内容爲子貢與孔子的對話,對話中孔子、子貢引用、化用《詩經》中的語句。尉侯凱先生指出這條簡文與《詩》有關,其文中説:

> 此簡所記不知出自何書,而"憂心橾橾,念國之虐",見於《詩·小雅·正月》:"憂心慘慘,念國之爲虐。"橾、慘皆爲齒音,當可通用。"九變復貫,知言之篡",不見於今本《詩經》。《漢書·武帝紀》引《詩》云:"九變復貫,知言之選。"應劭曰:"逸詩也。陽數九,人君當陽,言變政復禮,合於先王舊貫。知言之選,選,善也。"孟康曰:"貫,道也。選,數也。極天之變而不失道者,知言之數也。"臣瓚曰:"先王創制易教,以救流弊也,是以三王之教有文有質。九,數之多也。"師古曰:"貫,事也。選,擇也。《論語》曰'仍舊貫',此言文質不同,寬猛殊用,循環復舊,擇善而從之。瓚説近之也。"可知簡文中子贛所言"九變復貫,知言之篡",亦爲逸詩。[②]

王楚寧、張予正先生認爲本條簡文原係《齊論語》中的一條,并有如下闡述:

> 簡三"九變"章,章首冠以"子贛曰",文中出現"子曰",當屬《齊論》。文前有分章符號"·",簡尾平齊,保存完整,應是較完整的章句。"九變復貫,知言之篡"見於《漢書·武帝紀》"詩云'九變復貫,知言之選'",顔師古《漢書注》引應劭語"逸詩也";"憂心橾橾,念國之虐"見於《詩經·小雅·正月》"憂心慘慘,念國之爲虐";"衡門之下"見於《詩經·陳風·衡門》"衡門之下,可以棲遲"。[③]

"九變復貫,知言之篡"見於《漢書》卷六《武帝紀》所載元朔元年的詔書中,原文説:"朕聞天地不變,不成施化;陰陽不變,物不暢茂……《詩》云'九變復貫,知言之選'。"應劭注云所引爲逸詩。"貫",孟康注:"道也。""選",顔師古注:"擇也。此言文質不同,寬猛殊用,循環復舊,擇善而從之。"[④]篡,初母元部;選,心母元部;二者聲母同屬齒音,韻部相同,音近可通。結合兩句逸詩在文獻中的出處及歷代注家的注釋,這兩句的大概意思是主政者命令雖然多變,

① 甘肅簡牘博物館、甘肅省文物考古研究所、甘肅省博物館、中國文化遺産研究院古文獻研究室、中國社會科學院簡帛研究中心編:《肩水金關漢簡(伍)》,上海:中西書局,2016,上册244頁,中册244頁,下册124頁。

② 尉侯凱:《〈肩水金關漢簡(伍)〉有關〈詩〉〈書〉的兩條記載》。

③ 王楚寧、張予正:《肩水金關漢簡〈齊論語〉的整理》,復旦大學出土文獻與古文字研究中心網,2017年8月11日;又見於《中國文物報·文物考古周刊》2017年8月11日第6版。

④ 《漢書》卷六《武帝紀》,北京:中華書局,1962,169頁。

却要因循常道,對於各方言論需擇善而從之。

簡文"居而俟合"頗疑是"居而俟命"之訛。"合""命"形近易混。"俟合"不辭,"俟命"古書習見。如《禮記・中庸》"故君子居易以俟命",鄭注"俟命,聽天任命也",《大戴禮記・曾子本孝》"故孝子之事親也,居易以俟命"。[①] 俟,待也。"俟命"猶言"待命",意爲等待命令,或聽任天命。結合兩句逸詩,可知子貢之言的大意爲:雖然君主政令多變,但最後仍舊會依循常道,并且會擇善言而從之,君子(處於多變之世)需要閑居而等候天命。

簡文"憂心槮=,念國之虐"源於《詩・小雅・正月》,今本毛詩作"憂心慘慘,念國之虐"。[②] 簡文"槮"如學者們指出當讀爲"懆",《説文・心部》"懆,愁不安也";《詩・小雅・白華》"念子懆懆",陸德明《釋文》"亦作慘慘";《小雅・北山》"或慘慘劬勞",陸德明《釋文》"慘,字亦作懆"。[③] 可知"慘""懆"在《詩經》文本中經常彼此爲异文,慘、懆二者古音同屬清母,但韻母一屬侵部、一屬宵部,清儒孔廣森曾提出宵侵對轉説,可見二字韻亦不遠。又二字含義亦近。懆,《説文・心部》"愁不安也";慘,《爾雅・釋詁》"憂也",《玉篇・心部》"愁也",[④]二者的异文關係疑當屬同義换讀。

現將考釋後的簡文釋寫如下:

●子贛(貢)曰:"'九變復貫,知言之篡',居而俟合〈命〉,憂心槮=(懆懆),念國之虐。"子曰:"念國者槮=(懆懆)呼(乎)衡門之下。

《小雅・正月》毛序云"大夫刺幽王也","憂心慘慘,念國之虐"上句"魚在於沼,亦匪克樂。潛雖伏矣,亦孔之炤",鄭箋:"時賢者在朝廷,道不行無所樂,退而窮處,又無所止也。"孔疏:"上章教王求賢,而王不能用,故此章言賢者不得其所……己爲之憂,而心中慘慘然,念國之爲虐也。言王政暴虐,賢人困厄,己所以憂也。"[⑤]三家無异義。簡文引《詩》主要用其"賢人困厄""退而窮處"之義。結合以上對簡文的疏證,對話中子貢的大意可理解爲:天下即使遇到大變亂,終究會回到正常的秩序,善言終究會被知曉采用。賢人君子雖處亂世不爲所用,需要静待天命,并且爲動亂暴虐的時局哀慟憂心。對於亂世賢者不被重用,子貢的態度是要閑居而等待天命,保持對國計民生的憂勞之心。

---

① [漢]鄭玄注,[唐]孔穎達疏:《禮記正義》卷五二《中庸》,[清]阮元校刻《十三經注疏》,1627頁;[清]王聘珍撰:《大戴禮記解詁》卷四《曾子本孝》,79頁。

② [漢]鄭玄箋,[唐]孔穎達疏:《毛詩正義》卷一二《正月》,[清]阮元校刻《十三經注疏》,443頁。

③ [漢]許慎撰,[宋]徐鉉校定:《説文解字》卷一〇,北京:中華書局,2013,221頁;[漢]鄭玄箋,[唐]孔穎達疏:《毛詩正義》卷一五《白華》,[清]阮元校刻《十三經注疏》,497頁;[漢]鄭玄箋,[唐]孔穎達疏:《毛詩正義》卷一五《北山》,[清]阮元校刻《十三經注疏》,463頁。

④ [漢]許慎撰、[宋]徐鉉校定:《説文解字》卷一〇,221頁;[晋]郭璞注,[宋]邢昺疏:《爾雅注疏》卷二《釋詁下》,[清]阮元校刻《十三經注疏》,2574頁;[梁]顧野王:《大廣益會玉篇》,39頁。

⑤ [漢]鄭玄箋,[唐]孔穎達疏:《毛詩正義》卷一二《正月》,[清]阮元校刻《十三經注疏》,443頁。

孔子答復中的“衡門”亦源於《詩經·陳風·衡門》,其首章“衡門之下,可以棲遲”,毛傳“衡門,横木爲門,言淺陋也”,鄭玄箋“賢者不以衡門之淺陋,則不游息於其下”。① “衡門”本指簡陋的房屋,後世文獻中借指隱者所居。原詩首章後兩句爲“泌之洋洋,可以樂饑”,“棲遲”“樂饑”皆指賢者在亂世不被重用,仍能够自得其樂。子貢的態度是哀慟憂勞,而孔子則進一步教誨子貢,固然需要心懷天下,然而賢者亦能够在陋室中自得其樂。《論語·雍也》篇記載孔子曾稱贊顔回云:“賢哉回也! 一簞食,一瓢飲,在陋巷。人不堪其憂,回也不改其樂。賢哉回也!”②與簡文所表達的思想内容是一致的。

二 簡文來源與性質補論

關於 73EJT31:102、73EJT31:141 這兩枚同出於 31 探方的木簡之來源與性質問題,有很多學者做過研究,主要有以下幾種説法:

(一)劉嬌先生主張簡文與《孝經》相關。劉先生説:“它們所在的一篇或許不是一種專門傳注或解説《孝經》的書……這篇書具有相當的篇幅,其内容也比較複雜。”③

(二)黄浩波先生主張簡文爲《孝經》的傳注或解説。黄先生認爲包括這兩枚簡在内的共七枚竹簡與《孝經》有密切的關係,并將這兩枚簡同簡 73EJT31:42、73EJT31:44+T30:55、73EJT31:104 復原在同一卷簡書中,又計算出五枚簡在簡册中的相應位置。④

(三)何茂活先生認爲簡 73EJT31:102 與《詩經》相關,其文中指出:“本簡所書係借《詩經》之語,勸人珍視人生,知難而進,以成大德。”⑤

(四)劉樂賢先生主張簡文出自王莽在元始三年撰寫的“戒子孫”書八篇。劉先生認爲包括簡 73EJT31:102、73EJT31:141 在内的 8 枚簡出自同一册書,并指出:“這幾條簡文的内容雖然與《孝經》存在或多或少的關係,但未必一定就是某種傳注或解説《孝經》的書籍……可能是出自一部與《孝經》性質相近的書籍。”⑥

正如劉嬌先生所言,這些簡文的内容是比較複雜的。劉樂賢先生提出簡文内容出自“戒子孫”書八篇,無疑也爲這一問題的解決提供了很好的新思路。然而我們認爲學者所列出自 T31 的八枚木簡的内容與《孝經》密切相關或説簡文是《孝經》的傳注或解説的説法有可商榷

① [漢]鄭玄箋,[唐]孔穎達疏:《毛詩正義》卷七《衡門》,[清]阮元校刻《十三經注疏》,377 頁。
② [魏]何晏集解,[宋]邢昺疏:《論語注疏》卷六《雍也》,[清]阮元校刻《十三經注疏》,2478 頁。
③ 劉嬌:《漢簡所見〈孝經〉之傳注或解説初探》。
④ 黄浩波:《〈肩水金關漢簡(叁)〉所見〈孝經〉解説殘簡》。
⑤ 何茂活:《肩水金關第 24、31 探方所見典籍殘簡綴聯與考釋》,122 頁。
⑥ 劉樂賢:《王莽“戒子孫”書考索——也談金關漢簡中一種與〈孝經〉有關的文獻》,214 頁。

之處,現祇就 73EJT31:102、73EJT31:141 兩枚簡的内容提出以下補充意見:

簡 73EJT31:102 内容爲引《詩》加評論。學者們之所以認爲其内容與《孝經》有關,主要是因爲簡文中“蚤興夜寐,毋忝爾所生”兩句詩亦見於《孝經》。我們認爲這種判斷稍顯證據不足,仍有可討論的餘地。第一,根據上文所引兩漢典籍中,除了《孝經》以外,《潛夫論》《韓詩外傳》等文獻也引用了這兩句詩,恐不當單憑引《詩》斷定簡文與《孝經》有密切關係。第二,《孝經·士章》云:“故以孝事君則忠,以敬事長則順。忠順不失,以事其上,然後能保其禄位而守其祭祀。蓋士之孝也。《詩》云:‘夙興夜寐,無忝爾所生’。”[①]其引《詩》之前的内容及含義與簡文“唯=病=乎=其勉=之=”的評論并不相關。劉嬌先生認爲《大戴禮記·曾子立孝》引《詩》後的文字“言不自舍也。不恥其親,君子之孝也”與簡文的評論比較一致,[②]又認爲曾子與《孝經》關係密切,因此判定簡文是解説《孝經》所引“夙興夜寐”這一句詩的。[③] 這種現象祇是證明了劉先生所理解的簡文與《大戴禮記·曾子立孝》的觀點相似,亦不足以證明簡文與《孝經》有直接關係。第三,從引《詩》的本身看,《孝經·士章》引《詩》與簡文的引《詩》存在比較多的异文,并且簡文引六句,《孝經》引兩句。這不符合傳注解説類文獻的一般做法。綜上,我們認爲雖然簡文所引的六句詩中有兩句亦被《孝經·士章》所引,然而簡文引《詩》後的評語“唯=病=乎=其勉=之=”與《孝經》并無關聯,因此不能判定這條簡文與《孝經》有密切的關係,説簡文爲《孝經》的傳注或解説恐難成立。就簡文的内容看,很可能如何茂活先生所説簡文僅僅是引《詩》來勸勉人,或者理解爲對《詩》的解釋。單就簡文内容看,祇能説這條簡文是引《詩》論《詩》的文獻。

簡 73EJT31:141 前一段内容爲對《行葦》一詩主旨的評論,簡文“故曰”後的内容見於《孝經·三才》,所以學者們認爲這段簡文與《孝經》有密切的關係。我們認爲這種説法雖然有一定道理,但是也不能定論。第一,簡文“《行葦》,則兄弟具尼矣”這一句與《毛詩小序》、文獻所見的《韓詩序》,以及上博簡《孔子詩論》的格式完全一樣,皆是詩篇名加上數字的短評語,很明顯這是《詩序》類的文字。第二,在古書引《詩》證説的文獻中,從來都是引具體的詩句,後文加上作者的觀點。如果簡文真如學者們所説屬於引《詩》來證明或注釋《孝經》的觀點,按照古書中的普遍做法,當引《行葦》中的具體詩句。第三,簡文“先之以博愛,民莫遺其親”不僅見於《孝經》,如劉嬌先生所指出這句話亦見於上博簡《顔淵問於孔子》簡 7,“先之以博愛”又見於《春秋繁露·爲人者天》,“而民莫遺其親者”亦見於《管子·君臣上》,[④]可見

① [唐]李隆基注,[宋]邢昺疏:《孝經注疏》,[清]阮元校刻《十三經注疏》,2548 頁。

② [清]王聘珍撰:《大戴禮記解詁》卷四《曾子立孝》,82 頁。

③ 劉嬌:《漢簡所見〈孝經〉之傳注或解説初探》。

④ 馬承源主編:《上海博物館藏戰國楚竹書(八)》,上海古籍出版社,2011,148 頁;[清]蘇輿撰,鍾哲點校:《春秋繁露義證》卷一一《爲人者天》,北京:中華書局,2004,311 頁;黎翔鳳注:《管子校注》卷一〇《君臣上》,北京:中華書局,2004,546 頁。

這兩句話的流傳是比較複雜的。可能在當時作爲流行語,見於許多其他的文獻,《孝經》的成書當在上博簡、《管子》之後。僅憑這兩句話也出現在《孝經》中來判定簡文與《孝經》密切相關,恐難定論。因此,我們依然衹能説這條簡文是論《詩》的文獻。

關於學者從《肩水金關漢簡(叁)》中所輯出的這八枚内容相關、形制相似、筆迹接近的木簡,我們認爲它們很可能原本并不是同在一篇或一本完整的古書中,這些簡文很可能原屬於不同的文獻,但被摘録并抄寫編連在同一卷簡册中。這卷簡書有可能是一个摘抄本,里面包含有與《詩經》《孝經》等典籍相關的内容。我們的理由有如下幾點:

第一,正如幾位學者所指出簡 73EJT31:101、73EJT31:42、73EJT31:44+73EJT30:55、73EJT31:102、73EJT31:104 五枚簡的簡背相同的位置標有序號,所以從形制上看,它們可能是編連在同一册簡書中。

第二,這八枚簡的内容與《孝經》并不完全相關。如簡 73EJT31:42 簡文殘存"天子曰兆民諸侯曰萬民"十個字,劉嬌先生指出簡文見於清人所輯《孝經》鄭注,但正如學者們指出這段文字亦見於更早的《左傳》和其他的傳注類文獻。[①] 簡 73EJT31:86 殘存"則民目説矣",簡 73EJT31:101"九,三年不用其田宅,須其反也。君憂臣辱",簡 73EJT31:47"愛也,唯有明聖,弗能庸純",以及上文論述過的簡 73EJT31:102,從内容上看可能與《孝經》没有關係。

第三,這種在同一卷簡册中分别抄寫若干篇不同的文獻的現象,在出土古書簡中比較常見。例如,經過肖芸曉先生的研究,清華簡《赤鵠之集湯之屋》《尹至》《尹誥》三篇是相互獨立的文獻,但是抄寫編連在同一卷簡册中,簡背也寫有簡號。清華簡《良臣》《祝辭》也是不同的文獻,亦被抄寫編連在同一卷簡册中。[②]

此外,對於簡 73EJC:607 與《齊論語》的關係,王楚寧、張予正兩位先生認爲這枚簡的内容屬於《齊論語》,可備一説。不過雖然這種孔子同弟子對話的體裁是《論語》的主要形式,但這類體裁也大量出現在《禮記》《孝經》等其他典籍中。根據《漢書·藝文志》的記載和學者的研究,《齊論語》失傳的大致時間在漢末,至遲到魏晋之際。而在《漢書·武帝紀》應劭對"九變復貫,知言之篡"的注釋中衹云"逸詩",應劭之時《齊論語》還未失傳,而注釋中并未提到這兩句逸詩見於《齊論語》。孟康時《齊論語》可能仍有流傳,即使已經亡佚,但距其注《漢書》之時當相去不遠,而在孟康的注釋中也没有提到這兩句逸詩見於《齊論語》。故此,我們認爲這個問題有待新材料的進一步驗證。

---

① 劉嬌:《漢簡所見〈孝經〉之傳注或解説初探》;黄浩波:《〈肩水金關漢簡(叁)〉所見〈孝經〉解説殘簡》;何茂活:《肩水金關第 24、31 探方所見典籍殘簡綴聯與考釋》,119 頁。

② 肖芸曉:《清華簡簡册制度考察》,武漢大學碩士學位論文,2015。

附記：本文写作蒙魏振龍、黄浩波二位先生提供幫助之處甚多，謹致謝忱！

附表：肩水金關漢簡《詩》類簡紅外圖版

73EJT31：102	73EJT31：141	73EJC：607
八十二 73EJT31:102B 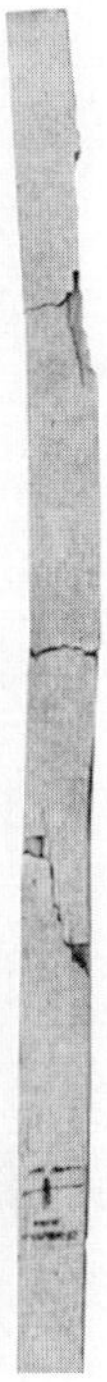 詩曰題積令載鳶載鳴我日斯邁而月斯延蚤₌興₌夜₌寐₌毋₌天₌璽₌所₌生₌者₌唯₌病₌乎₌其₌勉₌之₌ 73EJT31:102A 	行葦則兄弟具尼矣故曰先之以博愛而民莫遺其親·百廿七字 73EJT31:141 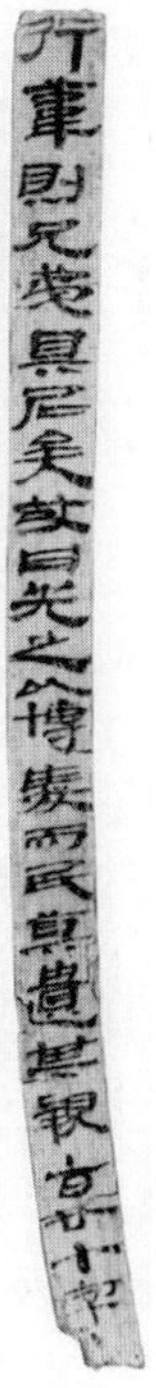	·子贛曰九變復貫知言之纂居而俟合憂心橾₌念國之虐子曰念國者橾₌呼衡門之下 73EJC:607 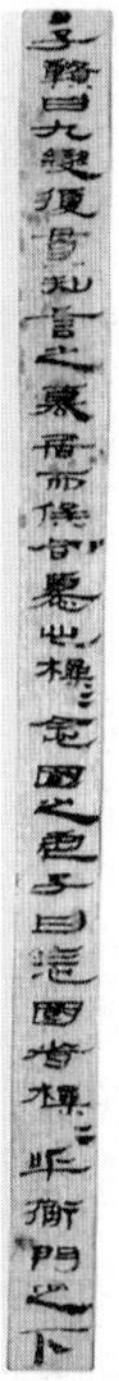

一枚新莽時期的文書殘簡

中國社會科學院古代史研究所　鄔文玲

内容提要　居延新簡 E.P.T59:697 號由於墨迹漫漶,很多文字模糊難辨。參照整理者的釋文以及學者們已有的校補意見,通過細審圖版、揣摩文意并結合相關文書格式和歷史背景,基本可以辨識出該簡的所有文字爲:"☐司徒將軍尋、隆新公大司空將軍邑移雍州牧、西部監,告西河、武威、上郡、金武〈城〉張☐西海遠大尹:詔書圖北牧之界,且先起西河竟城以西,至於張掖後部澤城,以屬内郭。"該簡的年代範圍大體可以推定爲新莽始建國三、四年間,簡文内容很可能與當時新莽征伐匈奴的戰略部署以及"分州正域"的舉措有關。

關鍵詞　居延新簡　新莽時期　征伐匈奴　分州正域

居延新簡中有一枚文書殘簡,編號爲 E.P.T59:697,由於墨迹較爲漫漶,很多文字模糊難辨,目前雖然在整理者釋文基礎上已有不少校補意見,但仍存若干未安之處,需對照圖版仔細校讀,揣摩文意,并結合相關文書格式和歷史背景等,方能辨識出較爲準確的文字。本文擬在前人的基礎上,對該簡再作訂補和解析。

爲討論方便起見,兹先將以往的釋文迻録如次:

《居延新簡》整理者釋文:

☐□□宜……西□□□□河西□□上郡□武張

▨□□□……城以西至于張掖後部澤□以□内郡(E.P.T59:697)[①]

《中國簡牘集成》沿用整理者釋文,做了標點:

▨□□宜……西□□□□河西□□上郡、□武張

▨□□□……城以西,至于張掖後部澤,□以□内郡(E.P.T59:697)[②]

《居延新簡集釋》在紅外圖版的基礎上,對釋文做了多處補正:

▨□從縣宜尋□□□大司空府□□□推州牧曲敢□告西河□□上郡□武張

▨□□辰大尹詔書□□□之界且元□□河竟城以西至于張掖後部澤城以屬内郡(E.P.T59:697)[③]

張俊民根據紅外綫圖版,對《集釋》的釋文做了進一步的訂補:

▨司徒將軍尋隆新公大司空將軍邑移雍州牧曲敢□告西河武威上郡□□武張

▨□□辰大尹詔書□□□之界且元□□河竟城以西至于張掖後部澤城以爲内郡(E.P.T59:697)[④]

《集釋》一書中,公布了該簡的彩色圖版和紅外綫圖版,彩色圖版效果不佳,基本看不出墨迹,但紅外綫圖版效果比較好(見圖一),比早年公布的黑白圖版清晰得多,不過由於該簡部分文字的墨迹過於漫漶,仍有部分文字難以辨識。通過細審圖版、揣摩文義并結合相關文書格式及歷史背景,可知以往的釋文還有不少需要進一步修改訂補的地方。這裏先將校訂後的新釋文寫録如下,然後逐一展開討論:

▨司徒將軍尋隆新公大司空將軍邑移雍州牧西部監告西河武威上郡金武〈城〉張

▨西海遠大尹詔書圖北牧(?)之界且先起西河竟城以西至于張掖後部澤城以爲内郭(E.P.T59:697)

"司徒將軍尋":其中"司徒",整理者未釋,《集釋》作"□從",《校釋》作"司徒",可從;"將軍",整理者未釋,《集釋》作"縣宜",《校釋》作"將軍",可從;"尋",整理者未釋,《集釋》作"尋",可從。雖然簡首殘斷,但據留存的"司徒將軍尋",可知這裏的"尋",指王尋,在平帝

① 甘肅省文物考古研究所、甘肅省博物館、文化部古文獻研究室、中國社會科學院歷史研究所:《居延新簡》,北京:中華書局,1994。本文所引居延新簡釋文,凡未特别注明者,皆出自此書,不另注。

② 中國簡牘集成編輯委員會:《中國簡牘集成(標注本)》第11册《居延新簡(三)》,蘭州:敦煌文藝出版社,2001,199頁。以下簡稱《集成》。

③ 張德芳主編,蕭從禮著:《居延新簡集釋(五)》,蘭州:甘肅文化出版社,2016,428頁。以下簡稱《集釋》。

④ 張俊民:《甘肅秦漢簡牘集釋校釋(廿五)》,簡帛網,2018年5月23日。以下簡稱《校釋》。

時期爲副校尉、丕進侯,後因佐助王莽代漢有功,於始建國元年被封爲大司徒、章新公,[①]因此可推知其完整的職銜稱號應爲“章新公大司徒將軍尋”。

大司徒,爲新莽三公之一。《漢書·百官公卿表》:“相國、丞相,皆秦官,金印紫綬,掌丞天子助理萬機。秦有左右,高帝即位,置一丞相,十一年更名相國,緑綬。孝惠、高后置左右丞相,文帝二年復置一丞相。有兩長史,秩千石。哀帝元壽二年更名大司徒。武帝元狩五年初置司直,秩比二千石,掌佐丞相舉不法。”[②]劉昭補注引《漢官儀》:“王莽時議以漢無司徒官,故定三公之號曰大司馬、大司徒、大司空。世祖即位,因而不改。”[③]

“隆新公大司空將軍邑”:其中“隆新公”,整理者和《集釋》均未釋,《校釋》作“隆新公”,可從;“大司空”,整理者未釋,《集釋》作“大司空”,可從;“將軍”,整理者未釋,《集釋》作“府□”,《校釋》作“將軍”,可從;“邑”,整理者和《集釋》均未釋,《校釋》作“邑”,可從。“邑”,指王邑,平帝時期爲步兵將軍、成都侯,後因佐助王莽代漢有功,於始建國元年被封爲大司空、隆新公。[④]

大司空,爲新莽三公之一。《漢書·百官公卿表》:“御史大夫,秦官,位上卿,銀印青綬,掌副丞相。有兩丞,秩千石。一曰中丞,在殿中蘭臺,掌圖籍祕書,外督部刺史,内領侍御史員十五人,受公卿奏事,舉劾按章。成帝綏和元年更名大司空,金印紫綬,禄比丞相,置長史如中丞,官職如故。哀帝建平二年復爲御史大夫,元壽二年復爲大司空,御史中丞更名御史長史。侍御史有繡衣直指,出討姦猾,治大獄,武帝所制,不常置。”[⑤]

值得注意的是,此處位爲三公的王尋、王邑,均有將軍名號。據《漢書·王莽傳》,新莽時期三公加將軍號的制度始於始建國三年。其背景是始建國二年,新莽大規模出兵北邊,意圖討伐匈奴,“命遣立國將軍孫建等凡十二將,十道並出,共行皇天之威,罰于知之身”。“遣五威將軍苗訢、虎賁將軍王況出五原,厭難將軍陳欽、震狄將軍王巡出雲中,振武將軍王嘉、平狄將軍王萌出代郡,相威將軍李棽、鎮遠將軍李翁出西河,誅貉將軍陽俊、討穢將軍嚴尤出漁陽,奮武將軍王駿、定胡將軍王晏出張掖,及偏裨以下百八十人。募天下囚徒、丁男、甲卒三十萬人,轉衆郡委輸五大夫衣裘、兵器、糧食,長吏送自負海江淮至北邊,使者馳傳督趣,以軍興法從事,天下騷動。先至者屯邊郡,須畢具乃同時出。”[⑥]大量軍隊集結邊境,由於缺乏有效約束,引起了普遍的混亂,至始建國三年,形勢更趨惡化,“是時諸將在邊,須大衆集,吏士放縱,而内郡愁於徵發,民弃城郭流亡爲盗賊,并州、平州尤甚”,爲了控制局勢,“莽令七公六卿

① 《漢書》卷九九《王莽傳》,北京:中華書局,1962,4100頁。
② 《漢書》卷一九《百官公卿表》,724-725頁。
③ 《後漢書》卷一一四《百官志》,3559頁。
④ 《漢書》卷九九《王莽傳》,4100頁。
⑤ 《漢書》卷一九《百官公卿表》,725-726頁。
⑥ 《漢書》卷九九《王莽傳》,4121頁。

號皆兼稱將軍,遣著武將軍逯并等填名都,中郎將、繡衣執法各五十五人,分填緣邊大郡”。[①]這裏的“令七公六卿皆兼稱將軍”之“七公六卿”皆有所指:始建國元年王莽封拜四輔、三公、四將,共十一公。其中四將已有將軍名號,分别爲更始將軍廣新公甄豐,衛將軍奉新公王興,立國將軍成新公孫建,前將軍崇新公王盛,故所謂“七公”應指四輔、三公,即太師安新公王舜,太傅就新公平晏,國師嘉新公劉歆,國將美新公哀章,大司馬承新公甄邯,大司徒章新公王尋,大司空隆新公王邑。[②] 王莽時期共設九卿,其中大司馬司允、大司徒司直、大司空司若,位皆孤卿,屬於“三公司卿”,故所謂“六卿”應指納言(漢大司農)、作士(漢大理)、秩宗(漢太常)、典樂(漢大鴻臚)、共工(漢少府)、予虞(漢水衡都尉)。[③]

由於該簡簡首殘斷,缺失了紀年信息,不過根據上述王尋、王邑的封號和將軍名號,大體可以推定該簡的年代範圍:首先,王尋、王邑雖然於始建國元年獲得公的封號,但其將軍名號爲始建國三年所加,故其年代上限應爲始建國三年加將軍名號之後。其次,據《漢書·王莽傳》,始建國元年王莽所封十一公皆以“新”爲號,比如安新公、就新公、嘉新公、美新公等,至始建國四年,“是歲,改十一公號,以‘新’爲‘心’,後又改‘心’爲‘信’”。[④] 居延新簡中亦有資料證實新莽曾改十一公封號之“新”爲“心”,比如 E.P.T13:4:

大師特進褒心侯臣匡、大傅就心公臣晏、國師歆☑
大司馬利苗男臣訢、司徒章心公臣尋、大司空[隆心公臣]☑[⑤]

簡文中的“就心公”“章心公”,即係原來的“就新公”“章新公”所改;“褒心侯”則係“褒新侯”所改,可見除了十一公號之外,諸侯號之“新”亦一并改爲“心”,故其年代下限應爲始建國四年。由此可以推定該簡的年代範圍爲始建國三、四年間。

“移”:整理者和《集釋》均未釋,《校釋》作“移”,可從。意爲移送,係漢代平級機構之間往來文書的習用語。

“雍州牧”:其中“雍”字,整理者未釋,《集釋》作“推”,《校釋》作“雍”,可從。“州牧”,整理者未釋,《集釋》作“州牧”,可從。平帝元始五年,王莽秉政,奏請“以經義正十二州名分界,以應正始”,改凉州爲雍州,同時將三輔并入雍州,《漢書·王莽傳》所見有雍州牧陳慶,[⑥]

① 《漢書》卷九九《王莽傳》,4125 頁。
② 《漢書》卷九九《王莽傳》,4100-4101 頁。
③ 《漢書》卷九九《王莽傳》,4103 頁。
④ 《漢書》卷九九《王莽傳》,4132 頁。
⑤ 第二行末尾墨迹磨滅,“隆心公臣”四字,整理者和《集釋》皆未釋,係據文意擬補,隆心公臣即王邑。
⑥ 譚其驤:《新莽職方考》,《燕京學報》1934 年第 15 期,後收入《二十五史補編》第 2 册,又收入其著《長水集》,北京:人民出版社,1987。

敦煌漢簡中亦見雍州牧。[①] 其屬郡除了三輔之外,應包括西漢涼州所部諸郡,即:隴西、天水、金城、安定、武威、張掖、酒泉、敦煌、武都、北地。[②]

"西部監":其中"西"字,整理者釋作"西",《集釋》改作"曲",從紅外圖版和文意來看,應以整理者釋作"西"爲是。"部監",整理者未釋,《集釋》作"敢□",未安。從紅外圖版和文意來看,應作"部監"。有資料表明,新莽時期設有"部監",以東、西、南、北、中等方位命名,漢印所見有"東部監之印",[③]簡牘所見有"西部、北部監"。[④] 以往學者們認爲這些以方位命名的"部監"與天鳳元年"置州牧、部監二十五人"和天鳳三年"保災令"中所言五部有關,[⑤]後來閻步克先生辨明了兩者之間的不同,并指出王莽於始建國四年二月改行九州,同時設東南西北中五部監,各監25郡,2-3州。[⑥] 不過,根據平級機構之間的往來文書用語"移"來看,這裏的"雍州牧"和"西部監"的地位與三公相當,與《漢書·王莽傳》所載天鳳元年"置州牧、部監二十五人,見禮如三公"相符。該簡所見須由雍州牧、西部監下達命令的屬郡,除了涼州屬郡武威、張掖、西海等之外,還有西河、上郡等并州屬郡,由此可推知,此時雍州牧和西部監所轄屬郡可能包括漢之涼州和并州二部。

"告":整理者未釋,《集釋》作"告",可從。意爲告知,漢代官文書習用語,常用於上對下之辭。

"西河":整理者作"河西",《集釋》改作"西河",可從。西河郡,屬并州,武帝元朔四年置,轄三十六縣,郡治富昌。後來王莽改郡名爲歸新。[⑦]

"武威":整理者和《集釋》均未釋,《校釋》作"武威",可從。武威郡,武帝太初四年置,轄十縣,郡治姑臧。後來王莽改郡名爲張掖。[⑧]

---

① 《敦煌漢簡》2062號:"德侯,西域、北域將尉,雍州、冀州牧,西部、北部監,文德、酒泉、張掖、武威、天水、隴西、西海、北地。"見甘肅省文物考古研究所《敦煌漢簡》,北京:中華書局,1991。

② 西漢涼州屬郡有八郡和十郡之説,其中無争議的八郡是:隴西、天水、金城、安定、武威、張掖、酒泉、敦煌,武都、北地二郡是否屬於涼州,則有争議。徐天麟《西漢會要》載西漢涼州部領郡十個,顧頡剛、史念海《中國疆域沿革史》(北京:商務印書館,1999)引顧頡剛舊著《兩漢州制考》亦認爲西漢涼州部領有十郡;譚其驤主編《中國歷史地圖集(第二册)》,西漢時武都郡屬於益州刺史部,北地郡屬於并州、朔方刺史部,但據《漢志》,武都、北地二郡并未注明屬於何州,且從其位置來看,與隴西等八郡排列在一起,故其屬於涼州的可能性更大。參見劉仲輝《兩漢涼州建置沿革及人口狀況研究》,鄭州大學碩士學位論文,2007。

③ 羅福頤:《漢印文字徵》第六,北京:文物出版社,1978。

④ 敦煌漢簡2062:"德侯,西域、東域、北域將尉,雍州、冀州牧,西部、北部監,文德、酒泉、張掖、武威、天水、隴西、西海、北地。"

⑤ 陳直:《漢書新證》,天津人民出版社,1979,481頁。

⑥ 閻步克:《文窮圖見:王莽保災令所見十二卿及州、部辨疑》,《中國史研究》2004年第4期,35-51頁;《詩國:王莽庸部、曹部探源》,《中國社會科學》2004年第6期,174-184頁。

⑦ 《漢書》卷二八《地理志》,1618頁。

⑧ 《漢書》卷二八《地理志》,1612頁。

"上郡":整理者和《集釋》皆如此作,可從。上郡,秦置,屬并州,轄二十三縣,郡治膚施。①

"金武":其中"金"字,整理者和《集釋》均未釋,從紅外圖版來看,墨迹尚依稀可辨,應作"金"。從文意來看,此處亦應爲郡名,但《漢志》和其他文獻目前尚未見"金武郡"。這裏的"金武"很可能是"金城"的誤寫。當然或許也有其他可能性,比如可能是文獻漏載的王莽對郡名的改易(敦煌郡在新莽時期先改爲文德,後改爲敦德,前者見於出土簡牘資料,但文獻失載),也可能書手本意想寫金城、武都二郡,却各脱漏一字。金城郡,昭帝始元六年置,轄十三縣,郡治允吾。② 武都郡,武帝元鼎六年置,轄九縣,郡治武都。後來王莽改郡名爲樂平。③

"張":整理者和《集釋》皆如此作,可從。其下雖然殘缺,但從文意來看,下一字當爲"掖"。張掖郡,武帝太初元年置,轄十縣,郡治觻得。後來王莽改郡名爲設屏。④

"西海":整理者和《集釋》均未釋,從紅外圖版來看,尚存模糊墨迹,依稀可辨,應作"西海",即西海郡。據《漢書·地理志》,西海郡乃王莽時期所改金城郡,但譚其驤先生等學者已經辨明,王莽所設西海郡和後來改金城郡爲西海郡是兩回事,不能混爲一談:⑤

> 《平紀》:元始四年,置西海郡。《莽傳上》:元始五年,遣中郎將平憲等多持金幣,誘塞外羌,使獻地,願内屬。憲等奏言:"羌豪良愿等種人口可萬二千人,願爲内臣。獻鮮水海、允谷鹽池,平地美草皆予漢民,自居險阻處爲藩蔽。"事下莽,莽奏曰:"今謹案已有東海、南海、北海郡,未有西海郡,請受良愿等所獻地爲西海郡。"《後書·西羌傳》:至王莽輔政,欲耀威德,以懷遠之名,乃令譯諷旨諸羌,使共獻西海之地,初開以爲郡。是西海乃拓地所置之初郡,非金城之更名也。先謙曰:莽納羌所獻地。因并金城之名,改爲西海耳。《志》文不訛。按莽好事鶩名,豈得拓地而不置郡?先謙之説非也。《河水注》亦以西海郡爲莽諷羌獻地所置,然其下又曰"金城郡,王莽之西海也。"王峻(吴卓信《補注》卷五十四注引王峻《漢書正誤》)因謂,蓋初置郡時本在金城之外,其後廢弃,遂移其名於金城耳。説尚可通,但《後書·西羌傳》:王莽末,四夷内侵,及莽敗,衆羌遂據西海爲寇。更始、赤眉之際,羌遂放縱,寇金城、隴西。明證其時西海、金城猶非一郡,則其説雖可通,而事有未必然也。《志》:臨羌西北至塞外,有仙海鹽池。師古曰:闞駰云,西有卑和羌,即獻王莽地爲西海郡者也。是西海亦曰仙海,即《傳》所云鮮水海,今之青海也。《河水注》:湟水東南流,徑龍夷城,故西零之地也。《十三州志》曰:城在臨羌新縣西三

① 《漢書》卷二八《地理志》,1617 頁。

② 《漢書》卷二八《地理志》,1610 頁。

③ 《漢書》卷二八《地理志》,1609 頁。

④ 《漢書》卷二八《地理志》,1613 頁。

⑤ 參見譚其驤《新莽職方考》。

百一十里,王莽納西零之獻以爲西海郡,治此城。《元和志》:龍夷城,即今河源軍西一百八十里威戎城是也(卷三十九)。《莽傳上》有西海太守程永。元始終置,領縣五。《西羌傳》:初開以爲郡,筑五縣,邊海亭燧相望焉。縣名無考。龍夷城當是一縣,然無由證其當時是否亦稱龍夷也。[①]

由此可見,設立西海郡始於平帝元始四年冬,改金城郡曰西海郡始於天鳳元年。西海郡與金城郡各有郡治、轄境,且沿革清楚。兩郡并存,西海郡位於金城郡西,西海郡治龍耆(一名龍夷,今海晏三角城),轄環湖五縣,縣名失載。金城郡治允吾(今民和下川口一帶),轄允吾等十三縣。[②]

"遠大尹":其中"遠"字,整理者未釋,《集釋》作"辰",未安。從紅外圖版來看,墨迹尚可辨識,應作"遠"。"大尹",整理者未釋,《集釋》作"大尹",可從。大尹即郡太守,新莽始建國元年"改郡太守曰大尹"。[③] 所謂遠大尹,意即距離都城比較遥遠的郡太守。

"詔書":整理者未釋,《集釋》作"詔書",可從。

"圖北牧(?)之界":其中"圖"字,整理者和《集釋》均未釋,從紅外圖版來看,字迹較爲漫漶,依稀可辨,應作"圖"。"北牧",整理者和《集釋》均未釋,從紅外圖版來看,字迹較爲漫漶,不過"北"字尚可辨識,"牧"字左部較爲清晰,右部較爲模糊,參照同簡上文"州牧"之"牧",字形較爲相似,故釋作"牧"而存疑。漢代文獻中尚未見到"北牧"的説法,不過在《南齊書·張沖傳》贊語中有"王居北牧,子未克家"之語,[④]《北齊書·薛孤延傳》有"高祖嘗閲馬於北牧"之説。[⑤] 牧有統治、駕馭之意。《尚書·吕刑》:"四方司政典獄,非爾惟作天牧。"孫星衍疏:"言惟汝非爲天牧民乎!"[⑥]《逸周書·命訓》:"古之明王,奉此六者以牧萬民,民用而不失。"[⑦]《韓非子·説疑》:"是以群臣居則修身,動則任力,非上之令,不敢擅作疾言誣事,此聖王之所以牧臣下也。"[⑧]司馬相如《難蜀父老》:"蓋聞天子之牧夷狄也,其義羈縻勿絶而已。"[⑨]《楊播墓誌銘》:"西蔭關陝,北牧代趙,幃裳必褰,市獄不擾。"[⑩]"之界",整理者未釋,《集釋》作"之界",可從。"圖北牧之界",大約是指劃定和繪製北部轄區的地圖。

① 譚其驤:《新莽職方考》。
② 王昱、崔永紅:《略論"莽設西海郡"及其與金城郡之關係》,《青海師範大學學報(社會科學版)》1987年第1期,108-114頁。
③ 《漢書》卷九九《王莽傳》,4103頁。
④ 《南齊書》卷四九《張沖傳》,856頁。
⑤ 《北齊書》卷一九《薛孤延傳》,256頁。
⑥ [清]孫星衍:《尚書今古文注疏》卷二七《吕刑》,北京:中華書局,2004。
⑦ [晋]孔晁注:《逸周書》卷一《命訓》,文淵閣四庫全書,第370册,7頁。
⑧ 《韓非子》卷一七《説疑》,文淵閣四庫全書,第729册,764頁。
⑨ [梁]蕭統編,[唐]李善注:《文選注》卷四四《喻巴蜀檄》,文淵閣四庫全書,第1329册,774頁。
⑩ 趙超編:《漢魏晋南北朝墓誌彙編》,天津古籍出版社,1992。

據《漢書·王莽傳》,始建國四年,王莽"授諸侯茅土",在詔書中强調"思安黎元,在於建侯,分州正域,以美風俗……州從《禹貢》爲九,爵從周氏有五……定諸國邑采之處,使侍中講禮大夫孔秉等與州部郡衆曉知地理圖籍者,共校治於壽成朱鳥堂"。① 根據這段記載可知,王莽一方面對州制進行調整,實行九州制,同時召集各地知曉地理圖籍的人擬劃定各諸侯國的采邑進行封授,此即詔書所謂"分州正域"。雖然《王莽傳》記載諸侯并未真正獲得封地,"以圖簿未定,未授國邑",②但出土資料表明,當時的確有重新劃定行政區劃界域的舉措。連雲港市考古人員於 1987 年、1998 年分别在連島鎮東連島村海邊發現了兩處新莽時期東海郡和琅邪郡的界域刻石,即羊窩頭刻石和蘇馬灣刻石。兩刻石均面海而立,相距約 2000 米。羊窩頭刻石長期遭海水侵蝕,風化嚴重,多數字迹模糊不清,部分岩面剥落,字迹無存。刻石斷裂爲左右兩部分,現存右石刻面高 95 厘米、寬 75 厘米,文 4 行;左石刻面高 80 厘米、寬 70 厘米,文 4 行,文字可辨識的有 40 餘字,陰刻豎書,隸體帶篆意。其文如下:

右石:

東海郡朐[與]
琅邪郡柜[爲]
界朐北界[盡]□
因諸山山[南]水以北

左石:

柜西直況[其][朐]
與柜分高□[爲]
界東各承
無極

蘇馬灣刻石位於一面獨立的岩石上,其石背面總長 5.5 米,東段高約 1.6 米、中部高約 1.8 米、西段高約 0.6 米、最高處高約 2 米;東部厚約 1 米、中部厚約 0.8 米、西部厚約 0.3 米、西端厚約 0.1 米。刻石保存較好,字迹比較清晰,可以辨識的有 60 字。其文如下:

東海郡朐與
琅邪郡柜爲
界因諸山以南
屬朐水以北屬

① 《漢書》卷九九《王莽傳》,4128-4129 頁。
② 《漢書》卷九九《王莽傳》,4129 頁。

柜西直况其
[朐]與柜分高
[佰]爲界東
各承無極
始建國四年
三月朔乙卯以
使者徐州牧
治所書造①

根據刻石的内容來看,其性質當爲東海郡朐縣和琅邪郡柜縣之間行政轄區劃定的界域刻石,且由州部長官徐州牧主持勘定,具有官方權威性。其中“東各承無極”等語顯示,此刻石的意義當并不僅限於郡縣行政轄區之界石,而是表達著與秦始皇三十五年(前212)“立石東海上朐界中,以爲秦東門”相似或者更爲深遠的象征意義。②

據此可推測,所謂“圖北牧之界”,大約也有調整北部郡縣行政區劃,實現“北各承無極”之意。不過,結合始建國三、四年間王莽意圖大規模征討匈奴的舉措來看,“圖北牧之界”也可能跟當時的軍事行動和戰略部署有關,“圖”也可理解爲謀劃、圖謀之意。

“且先起西河竟城以西”:其中“且”字,整理者未釋,《集釋》作“且”,可從;“先”字,整理者未釋,《集釋》作“元”,未安,從紅外圖版及文意來看,應作“先”;“起”,整理者和《集釋》均未釋,從紅外圖版來看,墨迹依稀可辨,應作“起”;“西河”,整理者未釋,《集釋》作“□河”,未安,從紅外圖版來看,墨迹尚可辨識,應作“西河”;“竟城”之“竟”,整理者未釋,《集釋》作“竟”,可從,《漢志》西河郡屬縣未見“竟”,考慮到漢代文獻中“竟”常與“境”相通,頗疑此處所云“竟城”讀作“境城”,意指位於邊塞或者邊界之城,很可能指位於西部邊塞的“大成”城,或者南部都尉治所即塞外的翁龍和埤是;“以西”,整理者和《集釋》均如此作,可從。

“至于張掖後部澤城”:“張掖”,即張掖郡,武帝太初元年置,轄十縣,郡治觻得。後來王莽改郡名爲設屏。③ “後部”,應即居延部。居延漢簡中有幾枚殘簡:

☐爲勞。居延縣人。屬後部。(《居延新簡》E.P.T2:32)
☐訖九月晦日。產居延縣。屬居延部。(《居延新簡》E.P.T51:246)

① 連雲港市文管會辦公室、連雲港市博物館:《連雲港市東連島東海琅邪郡界域刻石調查報告》,《文物》2001年第8期,22-29頁。“佰”,發掘者原釋作“陌/伯”,從圖版來看,此字當釋作“佰”,與“陌”相通。《漢書·匡衡傳》:“鄉本田隄封三千一百頃,南以閩佰爲界。”顔師古注曰:“佰者,田之東西界也。”《史記·陳涉世家》:“躡足行伍之間,俛仰仟佰之中。”其中“仟佰”,《漢書·陳勝傳》作“阡陌”。

② 參見連雲港市文管會辦公室、連雲港市博物館《連雲港市東連島東海琅邪郡界域刻石調查報告》,28-29頁。

③ 《漢書》卷二八《地理志》,1613頁。

☒候官窮虜隧長簪褭單立，中功五勞三月。能書、會計、治官民，頗知律令，文。年卅歲，長七尺五寸。應令。居延中宿里，家去官七十五里。屬居延部。(《居延漢簡釋文合校》89.24)[①]

從相關文書的格式與内容來看，這三枚殘簡應屬吏卒功勞名籍類。前兩簡所記吏卒的姓名、署所等信息缺失，但據出土地均爲甲渠候官遺址可推知，兩人的署所均應隸屬於甲渠候官，兩人的籍貫皆爲居延縣，按照常理，其所屬的更高一級機構也應相同，但簡末所署一作"屬後部"，一作"屬居延部"，唯一合理的解釋就是"後部"與"居延部"含義相同。第三簡個人信息相對完整，姓名爲單立，職位爲窮虜隧長，爵位爲簪褭，籍貫爲居延縣，所屬候官雖然缺失，但據窮虜隧可知其隸屬於甲渠候官，且出土地亦爲甲渠候官遺址，簡末署"屬居延部"，可證甲渠候官屬居延部都尉所轄，亦可證居延部與後部所指相同。新莽時期對居延地區部都尉的設置似多有調整，除了"後部""居延部"之外，尚見"延城部"：

延城甲溝候官第三十隊長上造范尊，中勞十月十桼日。能書、會計、治官民，頗知律令，文。年三十二歲，長桼尺五寸。應令。居延陽里，家去官八十里。屬延城部。(《居延新簡》E.P.T59:104)

簡文中"甲溝候官"即新莽所改甲渠候官，"延城甲溝候官"和"屬延城部"表明，甲溝候官所屬的上級機構爲延城部都尉。[②] 於此可見，延城部亦即居延部。

"澤城"之"城"字，整理者未釋，《集釋》作"城"，可從。雖然《漢志》張掖郡下未見關於"澤城"的記録，但出土簡牘資料顯示，澤城屬於居延部：

木魯三虜發所去居延澤城七十里盡實☒(《居延新簡》E.P.T58:16)

該簡中明確説"居延澤城"，表明澤城屬於居延部。據此，"張掖後部澤城"即張掖居延澤城。

"以爲内鄣"：其中"爲"字，整理者未釋，《集釋》作"屬"，《校釋》作"爲"，可從。"鄣"字，整理者、《集釋》皆作"郡"，未安。從圖版來，其寫法與同簡"郡"字差异較大，左部雖略有漫漶，尚可辨識其爲"章"，因此當釋作"鄣"，屏障、鄣塞之意。"内鄣"，應指内部屏障或者内層防綫，當與"外鄣"即外部屏障或者外層防綫相對。秦漢時代對國家疆域有内郡、外郡(或者邊郡)之分。《漢書·宣帝紀》"詔内郡國舉文學高第各一人"，顔師古注引韋昭曰"中國爲内郡，緣邊有夷狄障塞者爲外郡。成帝時，内郡舉方正，北邊二十二郡舉勇猛士。"[③] 居延

① 謝桂華、李均明、朱國炤：《居延漢簡釋文合校》，北京：文物出版社，1987。

② 由於簡牘所見有"延亭連率""延亭連率府"等，饒宗頤、李均明先生認爲"延亭"爲新莽時在原漢居延縣基礎上新設之郡，與原張掖郡分離。"延城部"當爲"延亭城部"的簡稱，指延亭城部都尉。參見饒宗頤、李均明《新莽簡輯證》，臺北：新文豐出版公司，1995，171頁。

③ 《漢書》卷八《宣帝紀》，242頁。

新簡 E.P.T52:15:"狠田以鐵器爲本,北邊郡毋鐵官,印器内郡,令郡以時博賣予細民,毋令豪富吏民得多取販賣細民。"内郡之地,也被稱作中縣、中土、中國之都、中州内郡、近郡等:①

> 《漢書·高帝紀》:粤人之俗,好相攻擊,前時秦徙中縣之民南方三郡,甚有文理,中縣人以故不耗減。②
>
> 《漢書·毋將隆傳》:哀帝崩,莽秉政,使大司徒孔光奏(毋將)隆前爲冀州牧治中山馮太后獄冤陷無辜,不宜處位在中土……皆免官,徙合浦。③
>
> 《漢書·王莽傳》:粟米之内曰内郡,其外曰近郡,有鄣徼者曰邊郡。④
>
> 《後漢書·伏湛傳》:今兖、豫、青、冀,中國之都,而寇賊從横,未及從化。⑤
>
> 《後漢書·何敞傳》:又中州内郡,公私屈竭,此實損膳節用之時。⑥

將"西河竟城以西至于張掖後部澤城"作爲"内障",一方面應與當時征伐匈奴的戰略部署有關,另一方面可能也與王莽"分州正域"舉措有關。《漢書·王莽傳》載:(天鳳元年)莽以《周官》《王制》之文,置卒正、連率、大尹,職如太守;屬令、屬長,職如都尉。置州牧、部監二十五人,見禮如三公。監位上大夫,各主五郡……莽下書曰:"常安西都曰六鄉,衆縣曰六尉。義陽東都曰六州,衆縣曰六隊。粟米之内曰内郡,其外曰近郡,有鄣徼者曰邊郡。合百二十有五郡。九州之内,縣二千二百有三。公作甸服,是爲惟城。諸在侯服,是爲惟寧。在采、任諸侯,是爲惟翰。在賓服,是爲惟屏。在揆文教,奮武衛,是爲惟垣。在九州之外,是爲惟藩。各以其方爲稱,總爲萬國焉。"顔師古注曰:"《禹貢》去王城四百里納粟,五百里納米,皆在甸服之内。"⑦其對内郡、近郡、邊郡做了明確的界定和劃分。由此可見王莽意圖仿照古制對全國的疆域進行重新規劃,建立起以都城爲中心、逐層擴展至内郡、近郡、邊郡、九州之外的同心圓式的理想疆域圖式,這可能也在一定程度上體現了王莽的統治架構和政治理想。

---

① 參見孫聞博《秦漢帝國"新地"與徙、戍的推行——兼論秦漢時期的内外觀念與内外政策特徵》,《古代文明》2015年第2期,69頁。

② 《漢書》卷一《高帝紀》,73頁。

③ 《漢書》卷七九《毋將隆傳》,3265-3266頁。

④ 《漢書》卷九九《王莽傳》,4136頁。

⑤ 《後漢書》卷二六《伏湛傳》,895頁。

⑥ 《後漢書》卷四三《何敞傳》,1481頁。

⑦ 《漢書》卷九九《王莽傳》,4136-4137頁。

圖一

居延漢簡文書復原與分類研究述評*

西南大學漢語言文獻研究所　陳松梅

内容提要　居延漢簡被譽爲20世紀中國考古界、檔案界四大發現之一,主要内容是漢代西北地區的屯戍文書,簡牘文書學也逐漸成爲學界關注的重點分支學科。爲此,學者們進行了不懈努力,成就卓然。文章通過對居延漢簡文書復原與分類研究成果的系統梳理,希望能够找到居延漢簡文書復原與分類研究的科學方法,充分利用這批漢簡資料,推進以居延漢簡爲主要材料的古文書學研究,并爲相關研究提供新思路、開闢新天地。

關鍵詞　居延漢簡　文書復原　文書分類　述評

20世紀以來發現的居延漢簡多達三萬餘枚,其發現主要經歷了三個階段,第一階段是1930—1931年西北科學考察團發現的一萬餘枚“居延漢簡”;第二階段是1973—1974年甘肅省博物館爲首的居延考古隊發掘獲得一萬九千餘枚“居延新簡”;第三階段是1999—2002年内蒙古自治區文物考古研究所獲得五百餘枚“額濟納漢簡”。三批漢簡雖名稱、出土時間不同,但出土地點都是漢代居延地區,均應屬於居延漢簡的範疇。居延漢簡的主要内容是漢代西北地區行政文書,是研究漢代西北地區屯戍歷史的珍貴資料。由於年代久遠,簡牘文書多爲殘篇斷簡,目前學界主要針對相對完整的簡牘進行研究,可利用的資料衹有十分之一左

* 本文爲西南大學創新團隊項目(項目編號:SWU1509395)階段性成果;西南大學2017年度中央高校基本科研項目(項目編號:SWU17099454)階段性成果。

右。因此,加强居延漢簡文書復原與分類研究,以便充分利用這批漢簡材料,使居延漢簡研究重焕生機已十分必要。

目前,簡牘文書學已成爲一門不容忽視的學科。李學勤先生説:"細化是簡帛學步入新的發展階段的明顯表現,當前的實際和發展趨向是將簡帛學劃分爲簡帛書籍、簡牘文書兩個學科分支。"[①]謝桂華先生説:"應加强實證研究,改進簡帛研究方法。尤其是對居延漢簡、敦煌漢簡之類的檔案文書,應運用古文書學方法,建立起古文書學體系,充分掌握每枚簡牘的性質,然後作相關研究。"[②]駢宇騫先生認爲:"簡牘文書是原始的第一手材料,它不僅構成了簡牘學的主體部分,而且也是簡牘學研究的新領域。"[③]因此,應將簡牘文書學的方法運用到居延漢簡的研究中,進行文書復原與分類研究,建立居延漢簡古文書學體系。本文通過系統梳理中外簡牘學家的相關研究成果,借鑒前輩學者文書復原與分類的思路,爲居延漢簡的文書分類整理與研究奠定基礎。

一　居延漢簡文書復原研究述評

文書復原包括斷簡綴合和册書復原兩大方面,是文書分類研究的基礎。

(一)斷簡綴合

斷簡綴合是簡牘復原整理研究的重要基礎工作之一。由於相當一部分簡牘長埋於地下,許多簡牘出土時已經殘斷,甚至斷裂成若干碎片,以横斷居多,縱缺較少。這些殘斷簡牘,需要進行拼接綴合,盡量恢復原狀,才能更好地加以利用和研究。[④] 謝桂華、何雙全兩位先生在居延漢簡斷簡綴合方面用力最勤。

謝桂華先生依據1930—1931年出土的居延漢簡發現能够綴合的斷簡有45枚,共22例,其中1例是由三枚斷簡綴合而成,其他均是由兩枚斷簡綴合而成的,斷簡綴合有横斷綴合和縱裂綴合兩種情况。謝先生總結斷簡綴合必須同時具備三個條件:1.出土地點相同,這是前提。2.木質、字體、筆迹完全相同,簡文内容和文例可銜接,簡牘形制必須完全一致。3.殘留筆畫和裂痕完全吻合,三者缺一不可。[⑤] 因此,謝先生預計這兩批居延漢簡中還會有一部分斷簡可以通過綴合來復原其本來面目。

何雙全先生認爲居延漢簡中有相當數量的簡牘,有一定的綴合和編連關係。關於斷簡

① 李均明、劉國忠、劉光勝、鄔文玲:《當代中國簡帛學研究(1949-2009)》,北京:中國社會科學出版社,2011,1頁。
② 謝桂華:《秦漢簡帛與秦漢史研究》,收入其著《漢晋簡牘論叢》,桂林:廣西師範大學出版社,2014,404頁。
③ 駢宇騫、段書安:《二十世紀出土簡帛綜述》,北京:文物出版社,2006,295頁。
④ 李均明、劉國忠、劉光勝、鄔文玲:《當代中國簡帛學研究(1949-2009)》,263頁。
⑤ 謝桂華:《居延漢簡的斷簡綴合和册書復原》,收入其著《漢晋簡牘論叢》,47頁。

綴合,根據殘斷情況不同,有二枚斷簡、三枚斷簡、四枚斷簡綴合完整者,也有綴合後仍不完整者。斷簡綴合工作應遵循五個階段六種方法進行。

五個階段:1.全面熟悉簡牘現存情况,爲最基礎的工作。對出土地點、層位堆積、同地點、同層位的紀年簡、保存現狀、完整和殘斷程度、簡牘内容、類别、書寫格式、書寫特點、完整和殘斷簡的比例等進行全面了解,從宏觀上掌握簡牘材料。2.以發掘出土單元爲基本單位,將完整簡提出,再將殘斷簡集中,進行重點分析考察。3.將仍不完整的簡牘,與鄰近相接的其他單元進行綴合。4.將仍不完整者與所有單元綴合。5.系統整理檢驗,肯定正確者,排除錯誤者和把握性不大者。

六種方法:1.簡牘用料和殘斷特徵。從木材用料上進行斷簡綴合是根本環節。2.分析簡牘殘斷情况。從字體、文書内容、上下語句作判斷。仔細分析殘簡的現狀和損壞程度及損壞原因,不同情况分别對待。3.書法字體特徵。書體的使用爲斷定簡册内容和文書特徵起了指引作用。4.簡牘的時代特徵。簡牘時代給綴合工作劃定了大致時限,縮小了拼接範圍。簡牘時代的基本特徵可從四個方面掌握:(1)文書的書法風格。(2)職官名稱的改易和職官人員的變更。(3)了解新莽簡的時代特徵。(4)各時期簡册的用材。5.分析文書用語。6.判定文書類别。何先生認爲五個階段六種方法是綴合工作的主要程序,必須逐步進行、同時使用。①

兩位先生都總結了斷簡綴合的具體操作原則和可行性方法,對擴大可綴合斷簡的範圍提供了可能。

目前,學者們通過仔細考察使多枚斷簡得以綴合,主要研究成果有:陳國清《略談簡牘紋在殘斷簡牘綴合中的應用》,②何茂活《肩水金關出土〈漢居攝元年曆譜〉綴合與考釋》,③楊小亮《西漢〈居攝元年曆日〉綴合復原研究》,④伊强《肩水金關漢簡綴合十五則》,⑤姚磊《〈肩水金關漢簡(伍)〉綴合札記》,⑥《〈肩水金關(肆)〉綴合考釋研究十二則》,⑦《〈肩水金關漢簡(肆)〉綴合與釋文補正》,⑧尉侯凱《肩水金關漢簡綴合十三則》,⑨謝坤《〈肩水金關漢簡(肆)〉綴合十一則》,⑩張顯成、張文建《〈肩水金關漢簡(壹)〉綴合七則》,⑪雷海龍《〈肩水金

① 何雙全:《斷簡綴合和簡册編連》,收入其著《雙玉蘭堂文集(上)》,臺灣:蘭臺出版社,2001,245頁。

② 陳國清:《略談簡牘紋在殘斷簡牘綴合中的應用》,《文物》1989年第1期。

③ 何茂活:《肩水金關出土〈漢居攝元年曆譜〉綴合與考釋》,《考古與文物》2015年第2期。

④ 楊小亮:《西漢〈居攝元年曆日〉綴合復原研究》,《文物》2015年第3期。

⑤ 伊强:《肩水金關漢簡綴合十五則》,武漢大學簡帛研究中心主辦《簡帛》第12輯,上海古籍出版社,2016。

⑥ 姚磊:《〈肩水金關漢簡(伍)〉綴合札記》,武漢大學歷史學院主辦《珞珈史苑(2016年卷)》,武漢大學出版社,2016。

⑦ 姚磊:《〈肩水金關漢簡(肆)〉綴合考釋研究十二則》,李學勤主編《出土文獻》第9輯,上海:中西書局,2016。

⑧ 姚磊:《〈肩水金關漢簡(肆)〉綴合與釋文補正》,《敦煌研究》2017年第6期。

⑨ 尉侯凱:《肩水金關漢簡綴合十三則》,李學勤主編《出土文獻》第11輯,上海:中西書局,2017。

⑩ 謝坤:《〈肩水金關漢簡(肆)〉綴合十一則》,《敦煌研究》2018年第1期。

⑪ 張顯成、張文建:《〈肩水金關漢簡(壹)〉綴合七則》,李學勤主編《出土文献》第11輯,2017。

關漢簡(伍)釋文補正及殘簡新綴》等,[①]綴合了一些殘斷簡牘。得出斷簡綴合的依據有:木質簡牘的紋路相符、簡牘的色澤、書寫風格相同、字迹字間距一致、茬口寬度吻合等。

斷簡綴合豐富和補充了原有釋文,爲進一步研究提供了更多完整資料。然而現有綴合成果大多依據簡牘圖版進行,并未接觸簡牘實物,因此綴合成果還有待推敲。正如何雙全先生所説:"斷簡綴合,最重要的是以接觸實物來開展,方有把握,否則事倍功半,或錯誤輩出,費力不見正果。"[②]

(二)册書復原

1930—1931年居延漢簡出土時保留完整的册書僅有兩種,即"永元器物簿""永光二年候長鄭赦予寧書"。1973—1974年出土的居延新簡經過初步整理有七十多個完整和較完整的册書。[③] 册書的發現説明簡牘文書最初是編連成册的,但由於年代久遠,編繩朽斷,簡册多已散亂。因此文書分類的前提是盡可能使散亂的簡册恢復原樣,進行册書復原。

册書復原領域貢獻卓著的主要有王國維、森鹿三、大庭脩、永田英正、謝桂華、何雙全等學者,他們相繼提出了簡册復原的標準與方法。

王國維先生説:"蓋簡數太多,盡失編次,欲整齊次第,復還舊觀,良非易事。"他非常重視簡牘出土前的原始狀態的諸多綫索,在研究過程中,采用"木理""書法""文義""簡式"等多種標準,通過斷簡綴合、簡册編連等方法,盡力復原文書的原始編次與狀態。[④]

森鹿三先生將全部精力傾注到了通澤第二亭食簿、卒家屬廪名籍等簿籍的復原上,[⑤]開創了居延漢簡簿籍册書復原的先河。

大庭脩先生依據"出土地同一""筆迹同一""材料同一""内容關聯"等操作原則,成功復原了"元康五年詔書册""永始三年詔書"等,[⑥]展示了册書復原的基本方法。

永田英正先生通過對簿籍簡的整理,發現可以依據簡牘文書的"書式"進行册書復原。他認爲即使是一枚斷簡,衹要能够判明它的"書式",就可推斷出它屬於何種簿籍的斷片,斷簡的文書類型和性質就可確定。同時結合"出土地同一""内容關聯""字體、筆迹類似""木質同一"等因素,完成對居延漢簡的簿籍册書的復原和集成。[⑦]

---

① 雷海龍:《〈肩水金關漢簡(伍)〉釋文補正及殘簡新綴》,武漢大學簡帛研究中心主辦《簡帛》第14輯,上海古籍出版社,2017。

② 何雙全:《斷簡綴合和簡册編連》,收入其著《雙玉蘭堂文集(上)》,245頁。

③ 甘肅居延考古隊:《居延漢代遺址的發掘和新出土的簡册文物》,《文物》1978年第1期。

④ 何立民:《簡帛學研究的開山之作——讀〈流沙墜簡〉并論王國維先生簡帛文書研究的貢獻》,《南方文物》2010年第3期。

⑤ 參見[日]森鹿三《東洋學研究・居延漢簡篇》,京都:同朋舍,1975,1-378頁。

⑥ [日]大庭脩:《元康五年(前61年)詔書册的復原和御史大夫的業務》,《齊魯學刊》1988年第2期。

⑦ 參見[日]永田英正著,張學鋒譯《居延漢簡研究》,桂林:廣西師範大學出版社,2007。

魯惟一先生也提出了簡册復原過程中應注意的問題。首先,簡牘應出土於同一地點。其次,文書書寫風格、簡牘材質、大小相同、文書内容連貫等。最後,筆迹相似。[①] 由此,魯惟一先生將居延漢簡中的710枚簡牘文書,作爲43份册書進行組合復原。

謝桂華先生是簡册復原領域的領軍人物,以出土地同一,簡牘木質、形制相同,簡文字體、筆迹、内容文例類似,書寫格式相同爲標準成功復原了"建平五年十二月官吏廩名籍""'吏受奉名籍'殘册""'新莽制詔'殘册""甲渠鄣候誼不留難變事爰書"殘册等多件册書,[②]爲發現於不同時期、不同探方殘篇斷簡的綜合利用提供了範例,極大推動了册書復原領域的研究。

陳公柔、徐蘋芳兩位先生提出:"在居延漢簡的整理和研究中,將同一地點出土的簡,經過對其形制、字迹、款式和内容的全面分析與整理之後,完全有可能把其中已散亂的簿籍檔案復原成册,以便逐宗逐件的加以研究,這是漢簡的研究工作中值得注意的方面。"[③]

何雙全先生對前兩批居延漢簡中可能是册書的簡牘進行了全面的編連和分類。他指出同一簡册通常由多枚簡編聯而成,可以用不同的木質來書寫,所以不能以"木質同一"作爲簡册復原的標準。應根據書寫字體、内容、編繩位置爲重點,對同一出土地點的居延漢簡進行綜合考慮。由此,總結了册書復原的方法與步驟。[④]

首先,歸納整理新舊簡中文書標題和名稱。依原篇名共有22類135種,這些篇題全面包含了破城子簡册的内容,根據題目具體分期斷代,逐步編連。

其次,簡册編連。簡册編連先弄清簡牘的出土位置,先從鄰近坑位做起,也可以跨坑位進行。

最後,將簡册編連的結果分爲完整者、不完整者、殘缺者等三種情況。

運用上述方法,何先生完成了"甲渠候官破城子簡册編聯排次表",[⑤]這是其長期從事居延漢簡册書復原研究的重要成果,爲居延漢簡文書分類整理研究奠定了基礎。

關於居延漢簡册書復原的研究成果還有:張忠煒《〈居延新簡〉所見"購償科别"册書復原及相關問題之研究——以〈額濟納漢簡〉"購賞科條"爲切入點》,[⑥]孔祥軍《居延新簡"建武

① 參見[英]魯惟一《漢代行政記録(上)》,桂林:廣西師範大學出版社,2005,21-23頁。

② 謝桂華先生的研究成果《居延漢簡的斷簡綴合和册書復原》《新舊居延漢簡册書復原舉隅》《新舊居延漢簡册書復原舉隅(續)》,收入其著《漢晋簡牘論叢》,47-74頁。

③ 陳公柔、徐蘋芳:《大灣出土的西漢田卒簿籍》,《考古》1963年第3期。

④ 何雙全:《居延漢簡研究》,何雙全主編《國際簡牘學會刊(第2號)》,臺北:蘭臺出版社,1996,19-23頁。

⑤ 何雙全:《居延漢簡研究》,何雙全主編《國際簡牘學會刊(第2號)》,77-101頁。

⑥ 張忠煒:《〈居延新簡〉所見"購償科别"册書復原及相關問題之研究——以〈額濟納漢簡〉"購賞科条"爲切入點》,《文史哲》2007年第6期。對編號E.P.F22:221-235"購償科别"册書的排序進行了調整,同時對其復原册書、調整順序的緣由、册書頒行的年代進行了論述。

三年十二月候粟君所責寇恩事"册書復原與研究》,[①]沈剛《居延漢簡册書復原方法述論》,[②]侯旭東《西北所出漢代簿籍册書簡的排列與復原——從東漢永元兵物簿説起》,[③]唐俊峰《甲渠候官第 68 號探方出土劾狀簡册的復原與研究》等。[④] 大多通過對已有册書重新調整簡牘排序、考察各簡在册書的位置來進行復原研究,從而使册書排列更爲合理。

綜上所述,居延漢簡的册書復原應遵循"出土地相同""簡牘形制相似""簡文字體、筆迹相似""簡文内容關聯""書寫格式相同"等原則,將多種因素綜合考量,才能準確地將散亂的簡牘復原成册。

簡牘文書復原是簡牘文書學的基礎工作。謝桂華先生認爲"應加强簡帛資料研究的基礎工作。斷簡綴合、簡册復原可以化腐朽爲神奇,使無法利用的片言隻語成爲一句或一段有價值的資料"。[⑤] 張政烺先生也曾指出簡帛研究的方法和意義是"辨析字形、理解文義、璣珠重聯、審系篇題、終成圖籍、補史之逸"。[⑥]

二 居延漢簡文書分類研究述評

簡牘文書分類是簡牘文書學研究的重要組成部分,文書分類標準是簡牘文書分類的方法論問題。20 世纪以来,學界對居延漢簡文書分類進行了廣泛研究,雖然各家的分類標準不盡統一,但研究成果却是一脈相承的。現對居延漢簡文書分類研究的相關成果進行梳理,以期從前輩學者的研究中借鑒簡牘文書分類的思路和方法。

勞榦先生在極其艱苦的環境下完成了對居延漢簡的首次分類和整理,相關成果參見《居延漢簡考釋 · 釋文之部》,[⑦]分類如下:

---

① 孔祥軍:《居延新簡"建武三年十二月候粟君所責寇恩事"册書復原與研究》,《西域研究》2012 年第 4 期。從册書編聯方式與性質判定、册書復原與内容研究兩個方面進行了論述,對"建武三年十二月候粟君所責寇恩事"册書進行了復原與考述。

② 沈剛:《居延漢簡册書復原方法述論》,張德芳主編《甘肅省第二屆簡牘學國際學術研討會論文集》,上海古籍出版社,2012,163-174 頁。

③ 侯旭東:《西北所出漢代簿籍册書簡的排列與復原——從東漢永元兵物簿説起》,《史學集刊》2014 年第 1 期。根據已有簿籍册書,考察了簿籍册書的排列問題,證明"呈文"應在簿籍册書的最後,糾正了"始建國天鳳呈年當食者案"簡册的排列問題。

④ 認爲甲渠候官第 68 號探方共出的簡牘大部分屬於劾狀。從這些劾、狀的形態得出的結論是"它們應屬於劾、狀的草稿、副本。劾、狀屬於同一文書中有不同用途的兩個部分,前者强調的是案驗的過程以及'案'的結果;後者强調的是對案情細節精確而扼要的叙述"。

⑤ 謝桂華:《回顧與前瞻——百年來簡帛發展歷程及其檢討》,收入其著《漢晉簡牘論叢》,485 頁。

⑥ 參見張政烺先生題詞,李學勤主編《簡帛研究》第 1 輯,北京:法律出版社,1993。

⑦ 勞榦:《居延漢簡考釋 · 釋文之部》,北京:商務印書館,1949,1-677 頁。

表 1

層次一	層次二
文書	書檄類、封檢類、符券類、刑訟類
簿籍	烽燧類、戍役類、疾病死傷類、錢穀類、器物類、車馬類、酒食類、名籍類、資績類、簿檢類、計簿類、雜簿類
信札	
經籍	歷譜類、小學類、六藝諸子類、律令類、醫方類、術數類
雜類	有年號者、無年號者

資料來源:《居延漢簡考釋·釋文之部》

這種設計是變通羅振玉、王國維先生《流沙墜簡》的分類而來的,[①]爲清晰再現勞榦先生的改進,將《流沙墜簡》中對敦煌漢簡的分類列表如下:

表 2

層次一	層次二
小學數術方技書	小學類、術數類、方技類
屯戍叢殘	簿書類、烽燧類、戍役類、廩給類、器物類、雜事類
簡牘遺文	書信

資料來源:《流沙墜簡》

勞榦先生認爲《流沙墜簡》的屯戍叢殘類包括太廣,而且"簿書"是按簡牘的"種類"分,"烽燧"以下又按"性質"分,在排比上不免有無所適從之處。因此,居延漢簡的文書分類應將"屯戍叢殘類"分爲"文書"和"簿籍"兩類;"小學數術方技類"改爲"經籍";"簡牘遺文"改爲"信札";"雜事"改爲"雜類"。由此,勞榦先生將居延漢簡分爲"文書""簿籍""信札""經籍""雜類"五類,再按每一種類的"性質"繼續劃分。其中,簿籍文書類型、數量最多,這種分類方法更符合居延漢簡的實際情況。

然而細察勞榦先生的分類,發現"簿籍"類也應放在"文書"類,將"過所""封檢""楬"等放在"文書類"不够合理。李均明先生説:"上述劃分似無嚴格之標準,乃出土簡牘數量尚少時形成的初步劃分。"[②]

森鹿三先生以"出土地同一""内容同一"爲標準對相關簡牘文書進行集成,寫成《關嗇

① 羅振玉、王國維:《流沙墜簡》,北京:中華書局,1993。
② 李均明:《秦漢簡牘文書分類輯解》,北京:文物出版社,2009,4 頁。

夫王光》[①]《關於令史弘的文書》[②]《居延漢簡集成——特論第二亭食簿》[③]《論居延出土的卒家屬廩名籍》等文章,[④]以居延漢簡中的人名和廩名籍爲綫索集成簡牘文書,并研究相關問題。是針對部分簡牘文書的研究,是文書分類整理研究的初步階段。

魯惟一先生的《漢代行政記録》是居延漢簡文書分類研究方面不能避開的一部著作,[⑤]此書對額濟納河流域出土的710枚簡牘進行分類整理。[⑥] 如下表:

表3

層次一	層次二[⑦]
郵件的處理	MD1、MD2、MD3、TD1、TD2、X1
吏卒名籍	MD4、MD5、MD6、UD1、UD2、UD3、X2
穀物和設備的發放	MD7、MD8、MD9、MD10、UD4、TD3、TD4、W1、W2
經費	MD11、MD12、TD5、TD6、TD7
檢查站通行管理	MD13、UD5、TD8
戍卒的活動	MD14、MD15、MD16、MD17
儲備物登記	MD18、TD9
烽燧巡視	MD19
事變報告	UD6、W3
信號日志	UD7
皇帝詔書和公文	UD8、UD9
歷譜	TD10

資料來源:《漢代行政記録(上、下)》

魯惟一先生的分類主要依據"事類"劃分,并以出土地、種類、筆迹同一爲標準整理出43份文書。他的研究對復原漢代行政狀況有重要意義,加深了學界對居延漢簡文書分類方法的思考,推進了居延漢簡文書分類研究。但是,魯惟一先生所處的時代决定了他所集成的簡

① [日]森鹿三:《關嗇夫王光》,《東洋史研究》第12卷第3號,京都:同朋社,1953,183頁。

② 中國社會科學院歷史研究所戰國秦漢史研究室編:《簡牘研究譯叢》第1輯,北京:中國社會科學出版社,1983,21-38頁。

③ [日]森鹿三著、金立新譯:《東洋史研究——居延漢簡篇》,京都:同朋社,1975,95頁。

④ 中國社會科學院歷史研究所戰國秦漢史研究室編:《簡牘研究譯叢》第1輯,100-112頁。

⑤ [英]魯惟一著,于振波、車今花譯:《漢代行政記録》,桂林:廣西師範大學出版社,2005。

⑥ [英]魯惟一先生所用材料參見勞榦《居延漢簡・圖版之部》,臺北:"中研院"史語所,1957;中國社會科學院考古研究所編《居延漢簡甲編》,北京:科學出版社,1959。

⑦ 關於具體符號代表的内容,參見[英]魯惟一著,于振波、車今花譯《漢代行政記録(上)》,24-28頁。

牘衹有七百餘枚,同類簡牘數量有限,難以發現文書間的區别與聯係。

永田英正先生深受上述學者研究的啓發,對破城子出土的簿籍文書進行分類整理,寫成《居延漢簡研究》一書。[①] 如下表:

表 4

破城子出土簡牘文書		
標題類	標題	吏卒、勤務、器物、現錢、食糧、其他
	標題以外部分	簿檢、右類、凡類
正文類	吏卒	吏卒名籍、病卒名籍
	勤務	日迹簿、作簿、郵件及信號傳遞記録簿
	器物	守御器簿、戍卒被兵簿等
	現錢	錢出入簿、吏受奉名籍
	食糧	穀出入簿、吏卒廪名籍、卒家屬名籍
	其他	詣官簿、秋射賜勞名籍、吏民除任簿、貰賣名籍等

資料來源:《居延漢簡研究》

永田英正先生以同一出土地爲單位,將簿籍文書分爲標題和正文兩大類,再按事類進行集成,并按簡牘書式將無標題的文書歸到各類題名之中,使大量簡牘文書成批整理成爲可能。永田英正先生的分類研究使每枚簿籍簡重獲生機,取得了一些新的研究成果。如發現在漢代邊防軍政系統中"行政文書作成的最基層的行政機構是候官""漢代各種簿籍的作成,實際上是基於上計制度而進行的"等,這些觀點的得出應歸功於古文書學研究方法的運用。

學者先後撰文對永田英正先生的研究成果進行評述,主要有張榮芳《日本〈居延漢簡研究〉評介》,[②]沈頌金《二十世紀簡帛學研究》,[③]何立民《"簡牘古文書學"研究的扛鼎之作——讀日本學者永田英正氏〈居延漢簡研究〉》,[④]都認爲永田英正先生的研究方法在簡牘文書分類整理方面有重要的指導意義。

永田英正先生的研究也有不足,如衹集成了 1930—1931 年居延漢簡的簿籍簡,其他類型的簡牘并未涉及;關於定期文書和不定期文書的界限不好判定;没有在文書分類的基礎上復原簡册等。

---

① [日]永田英正著,張學鋒譯:《居延漢簡研究》,2007。

② 張榮芳:《日本〈居延漢簡研究〉評介》,《中國史研究動態》1990 年第 5 期。

③ 沈頌金:《二十世紀簡帛學研究》,北京:學苑出版社,2003,28 頁。

④ 何立民:《"簡牘古文書學"研究的扛鼎之作——讀日本學者永田英正氏〈居延漢簡研究〉》,《南方文物》2011 年第 3 期。

大庭脩先生主要從事居延漢簡的文書集成研究,他認爲文書集成的基礎是歸納法,而歸納法的關鍵是分類依據。分類可依據出土地、形式、功能、文書用語等多種標準。[①] 并强調固定規範的文書用語,可判斷文書的性質,確定文書的名稱。以此爲基礎,展示了册書復原集成的操作方法和實例。

李均明先生在簡牘文書研究方面有兩部重要著作,一部是與劉軍女士合撰的《簡牘文書學》,[②]另一部是《秦漢簡牘文書分類輯解》,[③]如果《文書學》是一部通論性著作,《輯解》則是一部簡牘文書分類研究的專著。李學勤先生説:“這兩部書合觀,更能收左右逢源之效果。”《輯解》基本遵循《文書學》的分類方法,都將簡牘文書分爲書檄、律令、簿籍、録課、符券、檢楬六大類。二者的差异在於:1.《輯解》的分類順序略作調整,將“律令”提至“簿籍”之前。2.《輯解》將分類名稱做了更正,將“案録”改爲“録課”。3.對層次二、三的分類進行了修訂,如:書類分皇室文書、章奏文書、官府往來書、司法文書四類,將《文書學》單列的“傳”“致”列於官府往來書中;簿籍類中的具體類别有所增加;録課類將“志”“記”取消 ,因爲“記”類在書檄類已經列出;符券類取消了“莂”類等。現據《輯解》的分類,將居延漢簡中的簡牘文書列表如下:

表 5

層次一	層次二	層次三
書檄類	書	皇(王)室文書:命書、策書、制書、戒敕、詔書;章奏文書:上奏書、變事書;官府往來書:諸官府書、語書、除書、遣書、病書、視事書、予寧書、調書、債書、直符書、致書、傳(公務)(私事);司法文書:舉書、劾狀、爰書、推辟驗問書、奏讞書
	檄	府檄、警檄、行罰檄
	記	府記、官記、私記
律令類	律	漢律、囚律
	令	津關令、王杖詔書令、功令、北边挈令第四、擊匈奴投降者賞令、戍卒令、赦令、軍令
	科、品	購賞科别、罪人入錢贖品、烽火品約、守禦器品
	式	封診式
	法律問答	

① [日]大庭脩著,徐世虹譯:《漢簡研究》,桂林:廣西師範大學出版社,2001,5頁。

② 李均明、劉軍:《簡牘文書學》,桂林:廣西教育出版社,1999。以下簡稱《文書學》。

③ 李均明:《秦漢簡牘文書分類輯解》,北京:文物出版社,2009。以下簡稱《輯解》。

續表

層次一	層次二	層次三
簿籍類	簿	集簿;月言簿、四時簿;校簿;計簿;穀簿;廩食粟出入簿;粟出入簿;麥出入簿;糜出入簿;茭出入簿;鹽出入簿;錢出入簿;吏貲直簿;守禦器簿、兵守禦器簿;負算簿;兵完、折傷兵器簿;被兵簿;什器出入簿;隨葬器物簿;日作簿;日迹簿;傳置道里簿
	籍	吏名籍、卒名籍、騎士名籍、候官郭廩名籍、諸部廩名籍、隧别廩食名籍、吏廩食名籍、卒廩食名籍、從者廩名籍、吏俸賦名籍、吏未得俸及賦錢名籍、債名籍、貰賣名籍、負債名籍、贈錢名籍、衣物名籍、被兵名籍、折傷後名籍、功勞墨將名籍、吏射名籍、以令賜爵名籍、吏换調名籍、吏缺除代名籍、適名籍、坐罪名籍、休名籍、病名籍、傭名籍、出入名籍、葆出入名籍、車夫名籍、卒日作籍、卒更日迹名籍
録課類	録	行塞兵物録、省兵物録、官録、使者治所録、府録
	案	當食者案、功勞案
	刺	名刺、謁、入官刺、廩食月别刺、出俸刺、表火出入界刺、郵書刺
	課	郵書課、表火課
	其他	奏封記録、啓封記録
符券類	符	出入符、吏及家屬符、日迹符、警候符
	券	債券、先令券書
檢楬類	檢	實物檢、文書檢、函封
	楬	實物楬、文書楬

資料來源:《秦漢簡牘文書分類輯解》

李均明先生認爲層次三每一具體類别文書還可以按發文者、事類等繼續劃分,如下表:

表 6

按發文者劃分	皇室文書、各級機構制發的文書、各級官吏制發的文書
按事類劃分	除及遣書、視事書、調書、爰書、舉書、病書、吏寧書、責書、自言書、警檄、行塞檄、起居檄、入關檄、賜勞令、赦令、功令、先令、繫匈奴降者令、劾狀、捕律、户律、功勞案、當食者案、郵書刺、日迹簿、功算、賜勞名籍、奪勞名籍、行道貰賣衣財物名籍
按物質類别劃分	穀簿、錢簿、兵簿、什器簿、守禦器簿、財物簿、辟弦緯簿、耦人籍、傳馬名籍、牛籍、牛車名籍、瓦器籍、叢器志、衣橐檢、檄檢、守禦器品、牛羊課

續表

按人員身份及狀況劃分	吏名籍、卒名籍、郭卒名籍、省卒名籍、吏卒名籍、病卒名籍、罷卒籍、車夫名籍、弟子籍
按行文方向劃分	上書、上府書、上大常昌書、諸部往來書、報書
按傳遞方向劃分	南書、北書、西書、南校檄、南合檄、北記
按外形劃分	扁書、大扁書、板檄、合檄、尺記、尺籍、六寸符券、參辨券、版詔令
按稿本形態劃分	上書副、告劾副名籍、墨副、定簿、本籍、别書、寫移書、寫移檄、手記、手書大將軍檄、自譽書
按期限劃分	恒書、月食簿、月言簿、四時簿、四時簿算、四時舉、四時吏名籍、月旦見鐵器簿

資料來源:《秦漢簡牘文書分類輯解》《簡牘文書學》

李均明先生認爲“戰國至秦漢以來,是中國古代文書由簡趨繁的時期,對簡牘文書的分類應充分考慮時代的特殊性,從多層次多角度進行分析”。[①] 李均明先生首先按簡牘文書性質類型將簡牘文書劃分爲六大類。其次,按簡牘自身題名具體分類。最後,按照發文者、事類等因素繼續分類。這種分類方法使散亂的簡牘文書各得其所,對居延漢簡文書分類研究有重要的指導意義。

李天虹先生的《居延漢簡簿籍分類研究》對前兩批居延漢簡的簿籍文書進行了全面分類整理,[②]如下表:

表 7

層次一	層次二
吏卒及其他人員	吏卒名籍、吏名籍、卒名籍、病卒名籍、省卒名籍、罷卒(吏)名籍、騎士名籍、車父名籍、牛車名籍、吏員簿、吏六百石定簿、其他
俸禄、現錢	吏秩别名籍、俸賦名籍、受俸名籍、賦就人錢名、賦錢出入簿、錢出入簿、俸出入簿、其他
兵物	被兵名籍、折傷兵名籍、肄射傷弩名籍、被兵簿、永元兵物簿、折傷兵簿、折傷兵出入簿、完兵簿、完兵出入簿、守禦器簿、什器簿、鐵器簿、鐵器出入簿、其他
日常工作	迹名、迹簿、作簿、
貰賣、債務	貰賣名籍、不貰賣名籍、責名、債券簿、其他
功勞	功勞墨將名籍、射名籍、賜勞名籍、奪勞名籍、積勞名籍、伐閱簿、累重訾直簿
牛馬車	牛籍、馬名籍、其他

① 李均明:《古代簡牘》,北京:文物出版社,2003,171 頁。

② 李天虹:《居延漢簡簿籍分類研究》,北京:科學出版社,2003。

續表

層次一	層次二
出入關	出入籍、致籍、吏所葆名
其他	閣名籍、受閣卒買衣物名籍、休名籍、取肉名、病死衣物名籍、物故衣出入簿、計簿、其他

資料來源:《居延漢簡簿籍分類研究》

李天虹先生將同類文書按照文書應具備的"標題""正文""右類""凡類""呈報"等要素進行集成,充分體現文書運作時的具體結構和運作方式,但這種結構是針對某一册書而言的,并不是某一類文書。不同時期、不同機構的簿籍文書未明確體現。

李天虹先生吸收了永田英正先生的"古文書學"的理念,將其分類方法運用到居延漢簡數量最多的簿籍簡中,具體類別較日本學者有所改進,如將"勤務"改爲"日常工作","吏卒"增加了"其他人員","現錢"增加了"俸禄",增加了"貰賣、債務、功勞、牛馬車、出入關"等類别,這種分類是李天虹先生充分把握簿籍文書基礎上的全面劃分。

何雙全先生在《居延甲渠候官簡牘文書分類與文檔制度》中提到"居延甲渠候官簡牘"這一概念,是注意按照出土地點對簡牘文書分類集成的標志。這批簡牘文書是保存在候官裏的檔案,他根據遺址性質和級别,歸納這批簡牘文書的特徵有四:1.上級官府和地方政府轉發、頒發的公文要件;2.下屬各單位,各部門匯報的公文要件;3.本官上報、下發或存檔的公文要件;4.其他文書。[①]

何先生認爲文書類别主要據文書内容而言,與形制無關。因此,對甲渠候官簡牘文書分類如下:

表 8

層次一	層次二
書	詔書、刺史書、張掖太守府書、官書、部報書、舉書、應書、牒書、廩書、算書、逮書、牢書、自言書、出入塞書、爰書、病書、郵書、責書
官府公文	下發文、上呈文、存檔文
簿	吏員簿、奏事簿、勞賜簿、俸禄、賦錢、禄帛簿、四時簿、出入簿、財物簿、伐閱訾直簿、守禦器簿、兵器簿、作簿、日迹簿、戍卒被兵簿、其他(稍入簿、驛置道里簿)

① 西北師範大學文學院歷史系、甘肅省文物考古研究所編:《簡牘學研究》第1輯,蘭州:甘肅人民出版社,1997。

續表

層次一	層次二
籍	隧名籍、功墨將名籍、吏四時名籍、吏卒名籍、俸禄、奉賦、奉帛名籍、吏卒廪名籍、車父名籍、騎士名籍、戍卒取庸名籍、吏馬名籍、被兵名籍、增勞、賜勞名籍、家屬居署(用穀)名籍、貰賣名籍、物故名籍、病卒名籍、卒所齋承名籍、出入關致籍、省卒名籍、受庸錢名籍、爰書名籍、庶人名籍、倉穀車輛名籍、卒始茭名籍、什器校券名籍、責籍
課	郵書課、驛馬課、罷卒吏名及課、軍書課、貰券課
案	功勞案、當食者案、卒物故案
條	大司農部掾條、丞相御史、刺史條、部吏常會八月條
卷、刺	吏責卷、渠卒責卷、告部檄記算券、卷刺及廪、入官刺、過書刺、郵書刺、廪卒刺、折傷承車軸刺
律、令、科、品	捕斬匈奴反羌購償科别、罪人得入錢贖品、塞上烽火品約、令
録	刺史奏事簿録、使者治所録、府録、行塞省兵物録
算	檄算、吏遣符算、四時算、計簿算、行事算
劾狀	劾及狀、劾狀
記	府記、官記、私記
計	干飯眉計、訖五月晦粟記、胡中文布計、鄭卿粟計、趙子思計
奏	王忠記奏、令史談譚奏、七隧長宗白奏等
符	迹符
過所	
致	吏卒廪致
文書程	
信札	

資料來源:《居延甲渠候官簡牘文書分類與文檔制度》

何先生認爲簡牘文書分類是很複雜的課題,簡牘文書不僅數量多,種類多,又有不同形式和制度。而且時代上下期限很長,社會發展和政治形勢前後多變,需要研究的問題還有很多。[①]

一些通論性著作中,對簡牘文書分類問題也有論述。高敏先生説:"如果能揭示出不同

① 西北師範大學文學院歷史系、甘肅省文物考古研究所編:《簡牘學研究》第1輯,1997。

類别文書的某些書寫體例與格式帶有規律性的共同現象,不僅有助於對各類文書内容的理解,反過來也可以從某些不明其絶對年代的出土簡牘文書的書寫體例、格式中去推斷其相對年代。"[①]可見,探究各類簡牘文書間的規律對簡牘文書分類和斷代都有重要意義。

鄭有國先生提出簡牘文書大致的分類方法有:按年代、出土地點、書寫格式、人名、文書的傳遞途徑、發出單位等分類。鄭先生認爲簡牘文書分類已經進入更爲詳細的階段,屬於有待深入研究的課題。同時他提出了關於細目分類往往拘泥于簡牘文書名的傾向,而忽視一些文書并不是固定的文書之專稱,而是指的發文單位或習慣用語。[②]

張顯成先生認爲簡牘文書按是否通行及通行的路徑,大致可分爲:上行文書、平行文書、下行文書、非通行文書。依據文書内容、性質和用途,又可分爲:簿籍類、信函類、報告類、政令類、司法類、契約類、案録類、符傳類、檢楬類文書等。張先生認爲"在文書的劃分上,有學者以簡帛文書自身命名作爲依據,這不失爲一種方法。但簡帛文書自身的命名往往出現名稱不統一的情況,如《居延漢簡甲乙編》293.1-293.2 木牘自名爲《將軍記》,所記爲將軍所用器物,即此"記"也實屬簿籍類。若將其歸爲"記"類而與"簿籍類"并列,顯然不太合適"。[③]張先生的觀點和方法爲文書分類研究提供了新思路。

綜上所述,20 世紀以來學者們非常重視將古文書學的研究方法運用到居延漢簡的分類整理研究中,對居延漢簡文書分類研究進行了不懈努力。各家文書分類研究成果是一脈相承、繼承發展的關係。但學界并未對居延漢簡的所有材料進行全面分類整理,也未形成統一的文書分類標準與方法,文書分類的具體步驟尚不明確。各家分類研究的具體範圍和側重點也有所不同,現總結如下:

(一)研究材料的範圍不同

因居延漢簡出土於不同時期,時期不同的學者利用的材料有所不同,勞榦、森鹿三、魯惟一、永田英正等先生利用的是 1930—1931 年出土的居延漢簡。大庭脩、李均明、何雙全、李天虹等先生則是前兩批居延漢簡材料同時運用。

具體研究範圍也有所不同,李均明先生是對秦漢簡牘文書材料的全面分類。永田英正和李天虹先生主要對居延漢簡數量較多的簿籍文書的分類整理。

永田英正和何雙全先生則以地域爲範圍對甲渠候官簡牘文書進行分類整理。

(二)文書分類的側重點不同

永田英正、李天虹兩位先生側重簡牘"書式"對文書分類的作用;大庭脩先生側重"文書用語"對册書復原的作用;李均明、何雙全先生注重簡牘文書最初入卷歸檔的狀態,按照簡牘

① 高敏:《簡牘研究入門》,桂林:廣西人民出版社,1989,85 頁。

② 鄭有國:《中國簡牘學綜論》,上海:華東師範大學出版社,1989,66 頁。

③ 張顯成:《簡帛文獻學通論》,北京:中華書局,2004,235-264 頁。

文書自身的題名和特徵進行分類。雖各家分類的側重點不同,都對居延漢簡的文書分類提供了參考。

居延漢簡是漢代西北邊塞行政文書檔案,產生於不同歷史時期,來源於不同行政建制,適應於不同社會需要,具有不同的性質和特點。因出土時多散亂混雜在一起,對居延漢簡文書進行分類整理,就是力圖復原漢代西北邊塞不同時期、不同機構行政文書運作的原貌,重現兩漢時期張掖郡居延地區的歷史,以補正史之缺。通過借鑒前輩學者居延漢簡文書分類研究的思路,現提出自己的文書分類的方法和步驟:

第一,按出土地點分類

因 1930—1931 年出土的居延漢簡未按科學考古發掘方法分類,使多地簡牘混雜在一起,分屬漢代不同的行政機構。機構不同文書的性質和職能也不盡相同,因此,有必要先按出土地點對居延漢簡進行分類集成。

第二,按文書題名分類

文書本身題名是當時文書運作時的通行名稱,是簡牘文書出土時的最初狀態。根據文書自身題名,確定簡牘文書的具體類型。文書名稱不同,性質和功能肯定也有差別。如"傳""過所""符""致"雖都有通關文書的用途,但出現時間、具體用法也有差別。因此,不能因文書性質相似,將不同題名的文書等同。這一步可依據李均明先生將秦漢簡牘文書分爲書檄、律令、簿籍、録課、符券、檢楬六大類,再按文書本身題名,將具體類別文書納入其中。

第三,按文書格式分類

在依據簡牘文書題名確定文書類型的前提下,明確此類簡牘文書的格式,即使是殘篇斷簡衹要文書格式一致,都可進行歸類集成。

第四,按文書所處時期分類

居延漢簡是漢代不同時期經濟、政治發展的產物,時期不同,文書内容和運作都有差异。因此,在對同類簡牘文書整理的基礎上,有明確紀年的簡牘按照時間先後排列,無紀年的簡牘斷定相對年代,按文書所處的時期進行分類集成。

通過以上四個步驟,運用簡牘文書分類、斷代的方法,完成對居延漢簡文書的分類整理,使大批殘篇斷簡得以綜合利用,爲居延漢簡研究提供更豐富的資料。

居延漢簡的文書復原與分類研究是具體類别文書研究的前提和必要條件,是居延漢簡研究的基礎。通過本文的論述,希望能够掌握文書復原與分類的方法,充分利用這批漢簡材料,推進居延漢簡的古文書學研究。

附記:感謝張顯成先生、何雙全先生的指導,感謝評審專家提出的寶貴意見。

建初四年“序寧”簡試探*

北京師範大學歷史學院　汪桂海

内容提要　香港中文大學文物館藏序寧簡是研究漢代民間信仰的重要材料。通過對序寧簡的内容性質的重新考證和對簡文中神靈的補充解釋,可知序寧簡不屬於序寧生前的禱疾簡,而是序寧去世之後親人爲她進行的三次禱神解除的文字,是爲亡者作的解除文。爲病重的序寧禱疾祇是解除文内涉及到的一部分内容,并非該簡的主體。序寧簡爲我們瞭解漢代的禱疾和爲亡者解除的信仰習俗提供了不可多得的具體例證。

關鍵詞　漢代　序寧簡　禱疾　解除　民間信仰

序寧簡是香港中文大學文物館歷年在香港文物市場上購得的數批次戰國秦漢簡牘中的一種,共十四枚。根據簡牘形制、書寫風格,可分爲兩類,一類抄寫於較長的木簡上,字體較大,每簡一行;另一類書寫在相對短小一些的木方上,字體較小,除了一枚木方上書寫三行,其餘木方皆書寫兩行。這批簡牘的紀年明確,是東漢章帝建初四年七月、八月間的文書。

序寧簡最初是饒宗頤先生公布的。[①] 很快,連劭名在此基礎上發表新的研究成果。[②] 待

---

* 本文得到“中央高校基本科研業務費專項資金”資助,是北京師範大學青年教師基金項目《巫術信仰視域下的漢代疾病與醫療》(項目批準號:2018NTSS61)階段成果。

① 饒宗頤:《中文大學文物館藏建初四年“序寧病簡”與“包山簡”——論戰國、秦、漢解疾禱祠之諸神與古史人物》,該文最早刊於《華夏文明與傳世藏書——中國國際漢學研討會論文集》,北京:中國社會科學出版社,1996,後收入《饒宗頤二十世紀學術文集》卷三《簡帛學》,臺北:新文豐出版股份有限公司,2003,此據後者。

② 連劭名:《東漢建初四年巫禱券書與古代的册祝》,《傳統文化與現代化》1996 年第 6 期。

全部釋文和圖版在陳松長編著《香港中文大學文物館藏簡牘》正式公布後，學界關注者漸多，就文字的釋讀以及這批簡所涉及的問題展開了討論。討論的熱點集中在幾個方面：

一是“序寧”一詞的含義。最初，饒宗頤先生認爲序同叙，寧即安，并引《周禮・眡祲》“掌安宅叙降”鄭玄注：“人見妖祥則不安，主安其居處也，次序其凶禍所下，謂禳移之”，認爲“序寧是解除疾病的巫術”。[①] 陳松長則認爲序寧即史書和居延漢簡中的“予寧”，居家爲父母服喪。[②] 李均明對此提出懷疑，認爲“據簡文綜合考察，‘序寧’當爲人名，係一老婦人。東漢建初四年七月初一甲寅（公元 79 年），序寧病重，同月十二日乙丑去世”。[③] 劉昭瑞也指出：“仔細繹讀簡文，筆者以爲‘序寧’二字并無其他特定深義，衹不過是‘皇母’的名字而已。解‘序寧’一語爲‘皇母’之名，對於通讀簡文來説可以説是文從字順。”[④]美國學者夏德安亦認爲“序寧”乃人名。[⑤] 李均明、劉昭瑞、夏德安的意見無疑很正確，從“序寧”簡的行文比較容易看出，序寧確實應是簡文中“皇母”的名字。目前，研究者在提到這部分資料時，基本都認同“序寧”爲人名。[⑥]

二是對“頭朢目顛，兩手以抱”“頭堅目窅，兩手以捲”的理解。最初認爲是描述病人症狀，[⑦]或描述遥禱神靈的一種具體儀式或表情。[⑧] 後來，有學者指出應是對序寧死亡狀態的描述。[⑨] 劉昭瑞則進一步認爲“極可能是諱指序寧的死亡”，“序寧簡中‘頭朢目顛，兩手以抱’等語的背後極可能指的是序寧的病死”。[⑩] 這一理解與簡文的整體意思完全吻合，亦已經爲學界所接受。

三是從整理者開始，學界通稱這批簡曰“序寧”簡，雖然最初對“序寧”一詞的理解不準

① 饒宗頤：《中文大學文物館藏建初四年“序寧病簡”與“包山簡”——論戰國、秦、漢解疾禱祠之諸神與古史人物》，《饒宗頤二十世紀學術文集》卷三《簡帛學》，臺北：新文豐出版股份有限公司，2003，174-175 頁、177 頁。

② 陳松長編著：《香港中文大學文物館藏簡牘》，香港中文大學文物館，2001，97-98 頁。

③ 李均明：《讀〈香港中文大學文物館藏簡牘〉偶識》，《古文字研究》第 24 輯，北京：中華書局，2002，453 頁。

④ 劉昭瑞：《東漢建初四年“序寧”簡若干研究》，中山大學古文字研究所編《康樂集——曾憲通教授七十壽慶論文集》，廣州：中山大學出版社，2006，又收入劉昭瑞《考古發現與早期道教研究》，北京：文物出版社，2007。此據後者，402 頁。

⑤ Donald Harper（夏德安）：“Contracts with the spirit world in Han common religion - the Xuning prayer and sacrifice documents of A.D.79”，Cahiers d’Extrême-Asie 14（2004），pp.235-275。轉引自劉樂賢《東漢“序寧”簡補釋》，《華學》第 8 輯，北京：紫禁城出版社，2006，190-195 頁；後收入劉樂賢《戰國秦漢簡帛叢考》，北京：文物出版社，2010 年，170-176 頁。此據後者，170 頁。筆者未找到夏德安原文，本文提到的夏德安之説，皆據劉樂賢文轉引。

⑥ 劉樂賢：《東漢“序寧”簡補釋》，170 頁。

⑦ 饒宗頤：《中文大學文物館藏建初四年“序寧病簡”與“包山簡”——論戰國、秦、漢解疾禱祠之諸神與古史人物》，178 頁；連劭名《東漢建初四年巫禱券書與古代的册祝》；劉樂賢：《讀〈香港中文大學文物館藏簡牘〉》，《江漢考古》2001 年第 4 期。

⑧ 陳松長編著：《香港中文大學文物館藏簡牘》，100 頁。

⑨ 夏德安説，見劉樂賢《東漢“序寧”簡補釋》，174 頁。至於這兩句話對序寧死亡狀態描述的具體語義，又參劉樂賢《東漢“序寧”簡補釋》，174 頁；范常喜《香港中文大學藏東漢“序寧禱神簡”補釋》，《文化遺産》2014 年第 6 期。

⑩ 劉昭瑞：《東漢建初四年“序寧”簡若干研究》，404 頁。

確,但在現在看來,這個命名倒也没有問題,可以繼續使用。關鍵是如何界定這批簡的内容。起初,饒宗頤先生稱之爲“序寧病簡”,認爲“所記爲禱祭於神明,解除疾病”;[①]連劭名稱曰“巫禱券書”,認爲“是田姓家庭因母親有病而延請巫師祝禱時使用的文辭”,是用來解除疾病;[②]楊華稱“序寧禱券”,[③]與連劭名的意見基本接近。但從内容上看,這批簡雖然記録了田氏皇男、皇婦等在皇母病重時爲其禱請衆神,希望以此驅除疾病,但其主題并不是禱疾,而應是喪葬習俗中爲死亡者解除罪謫,屬於解除文,禱疾衹是附帶提及的事項。

之前,大家在研討這批簡文時,除了注意到簡牘形制上的差异外,没有人對簡牘形制與内容之間的關係予以關注。夏德安開始注意到了簡文中分别有“券書”“券刺”之類的語詞,十四枚簡可以按照簡文作“券書”抑或“券刺”而劃分爲兩組,兩組當中的大部分簡文的程式類似,可以發現彼此之間的文字是對應的,凡是相互對應的簡文,其所禱請的神也是相同的。如下表所示:[④]

券書	券刺	所禱請之神
簡 226	簡 239	造(竈)君
簡 228	簡 227	張氏請子社
簡 231		田社
簡 238	簡 237	大父母、丈人、田社、男殤、女殤、司命
簡 236	簡 235	官社
簡 233	簡 232	水上
簡 230	簡 234	獦君
簡 229		郭貴人

夏德安的發現很重要,更重要的是提醒大家應該注意對這批簡分組考察的可能性。

筆者在研讀這批簡牘時,受夏德安的啓發,注意到對序寧簡的深入認識確實應該從分組

① 饒宗頤:《中文大學文物館藏建初四年“序寧病簡”與“包山簡”——論戰國、秦、漢解疾禱祠之諸神與古史人物》,173 頁。

② 連劭名:《東漢建初四年巫禱券書與古代的册祝》。

③ 楊華:《序寧禱券集釋》,收入氏著《古禮新研》,北京:商務印書館,2012,484-508 頁。

④ 見劉樂賢《東漢“序寧”簡補釋》,170-173 頁。

入手,而實際的分類或分組却不完全如夏德安所提出的“券書”和“券刺”兩組。[①] 實際上,序寧簡應該包含三組簡。三組簡之間的區分最主要依據是簡上所署的時間,個別没有時間的(如簡233、簡236、簡238)則可根據内容結構的特點分别歸入這三組内。

爲便於討論,現依照簡文所署時間將這十四枚簡的釋文分作三組抄録於此,釋文按照内容結構作了分段:

【第一組,8枚簡,七月十二日皇母序寧去世當天的解除文】

簡226:建初四年七月甲寅朔,皇母序寧病,皇男、皇婦、皇子共爲皇母序寧禱炊,休。

七月十二日乙丑,序[寧頭塱目顛,兩手以抱,下](以上正面)入黄泉,上入倉(蒼)天。

皇男、皇婦爲序寧所禱造君,皆序寧持去,天公所對。

生人不負責(債),死人毋適(讁)。卷(券)書[明白]。(以上背面)[②]

簡228:[張氏請子社。皇母序寧病,皇男、皇婦]爲皇母序寧禱社。[③]

七月十二日乙丑,序寧頭塱目顛,兩手以抱,下入黄泉,上入倉(蒼)天。(以上正面)

[皇男、皇婦爲序寧所禱社,皆序寧]持去,天公所對。

生人不負責(債),死人毋適(讁)。卷(券)書明白。

張氏請子社。(以上背面)[④]

簡229:皇男、皇婦爲序寧所禱郭貴人。

七月十二日乙丑序寧頭塱目顛,兩手以抱,下入黄泉,上入倉(蒼)天。

皇男、皇婦所禱郭貴人,皆序寧[持]去,天公[所](以上正面)對。

---

① 楊華《序寧禱券集釋》(502頁)按照七月甲寅朔、七月十二日乙丑、七月廿日癸酉、八月十八日庚子的時間先後,將序寧簡分四組,另有一組屬於時間不詳者。這與筆者的認識不同。楊先生將簡226、簡227的前半部分單獨劃分作一組(七月甲寅朔),與後面幾次禱請活動并列,認爲構成一系列的禱請。這種觀點目前比較通行。按,七月甲寅朔的禱請是在皇母病重時爲之禱疾,七月十二日、七月二十日、八月十八日的禱請是在皇母病故之後爲之解除罪讁,這是兩種完全不一樣的禱請行爲,不宜於放在一起討論。况且,有關七月甲寅朔禱疾的文字屬於七月十二日解除文的一部分,并非獨立的簡文,不宜單列出七月甲寅一組。至於時間不詳的三條簡文,從文例上看,應該屬於七月十二日。

② 審視圖版,該簡正面末字“序”,背面末字“書”僅存其半,可知該簡下端有斷損,今據其他各簡文例,於簡正面之末補“寧頭塱目顛,兩手以抱,下”十字,背面之末補“明白”二字。原釋文於簡背釋文之首所補“下”字實應補於簡正面釋文末。與本組其他各簡省略紀年不同,該簡有詳細的年月日,應是本組簡的第一枚。

③ 此社應即該簡末句所説的“張氏請子社”。

④ 審視圖版,該簡背面首字“序”僅存末筆,知此簡上端斷損,今據其他各簡文例,於簡正面之首補“皇母序寧病,皇男、皇婦”九字。背面之首補“皇男、皇婦爲序寧所禱社,皆序寧”十三字。另,本組簡自第二枚開始,有的簡在開頭先書寫了所禱神靈之名,如第230簡“(殤)[獨]君”,第231簡“田社”,若此簡正面開頭也書寫所禱神靈之名,當再補“張氏請子社”五字,如此,正面開頭缺十四字,背面開頭缺十三字,正背兩面所缺字數相近。

生人不負責(債),死人毋適(讁)。卷(券)書明白。(以上背面)[①]

簡230:(殤)[獨]君。[②] 皇男、皇婦爲序寧所禱(殤)[獨]君。
七月十二日乙丑序寧頭塈目顛,兩手以抱,下入黄泉,上入倉(蒼)天。
皇男、皇[婦]爲序寧所禱,皆予寧持去,(以上正面)天公所對。
生人不負責(債),死人不負適(讁)。卷(券)書明白。(以上背面)[③]

簡231:田社。皇男、皇婦爲序寧所禱田社。
七月十二日乙丑,序寧頭塈目顛,兩手以抱,下入黄泉,[上入蒼天。]
[皇男、皇婦爲序寧所禱,皆予寧持去,天公](以上正面)所對。
生人不負責(債),死人毋適(讁)。
卷(券)書明白。(以上背面)[④]

簡233:[水上。皇男、皇婦]爲序寧所禱水上,皆序寧持去,天公所對。
生人不負責(債),死人不負適(讁)。卷(券)書明白。[⑤]

簡236:[官社。]皇男、皇婦爲序寧所禱官社,皆序寧持去,天[公所對。
生人不負責(債),死人毋適(讁)。券書明白。][⑥]

---

① 審視圖版,本簡上端完整,下端有斷損,原正面釋文於“去”上補“持”字,“天公”下補“所”字,是。該簡無年月日,當是承本組首簡而省略。

② 殤,夏德安、劉樂賢皆以爲應釋爲“獨”,即簡234中的“獨君”。此説可從。見劉樂賢《東漢“序寧”簡補釋》,173頁。

③ 該簡首尾完整,無缺字。

④ 該簡記録的禱請神靈爲田社。據圖版,該簡上端完整,無紀年,當承本組首簡紀年而省略。簡的下端殘損。正面現存簡文止於“下入黄泉”,背面簡文始自“所對”,依該組簡文例,正面應當尚有“上入蒼天,皇男、皇婦爲序寧所禱,皆予寧持去,天公”二十字,今補。

⑤ 該簡與前面的各簡不同,背面無文字,僅於正面書寫,且上端殘缺,下端完整,文字未書寫滿,則容字較前面各簡必少。本組前面的數枚簡正面字數大約在46-54字之間,可知本簡字數當少於此。正面現存32字,因簡首殘損,整理者依文例補“皇男皇婦”四字,甚是。不過還可以補所禱神名“水上”。若依前面文例,另補“皇男、皇婦爲序寧所禱水上。七月十二日乙丑,序寧頭塈目顛,兩手以抱,下入黄泉,上入蒼天”三十六字,則本簡正面難以容納。下面兩枚簡也大致是這種情況,可見自本簡始,禱請神靈的文字又做了簡化,不僅承首簡省去了紀年,而且省減了描寫序寧病亡時狀態和皇男皇婦爲其所禱神靈等内容共計三十六字左右。

⑥ 該簡首尾兩端并有殘缺,僅正面書寫文字,現存三十三字,整理者依文例,於末尾補“公所對”等十六字。簡首則未補字。查圖版,上端亦有殘損,依文例,可補“官社”二字,合計五十一字,與此類簡單面的容字數量大致相符。可知此簡亦承上省略了紀年,以及描寫序寧病亡時狀態和皇男皇婦爲其所禱神靈等内容。

簡 238：大父母、丈人、田社、男殤、女殤、禱[1]祠(司)命君，皇男、皇婦爲序寧所禱，皆序寧持去，天公所對。

生[人不]負責(債)，死人毋適(謫)。卷(券)書明白。[2]

【第二組，5 枚簡，七月二十日皇母序寧去世第九天的解除文】

簡 227：建初四年七月甲寅(爲)[朔]，[3]田氏皇男、皇婦、皇弟、君吴共爲田氏皇母序寧禱外家西南請子[社]，休。

皇母序寧，以七月十二日乙丑，頭堅目官，兩手以捲，下入黄泉，上入倉(蒼)天。

今以鹽湯下所言禱。死者不厚適(謫)，生者毋責(債)。

券刺明白。

所禱，序寧皆自持去對天公。

簡 232：七月廿日癸酉，令巫夏脯酒爲皇母序寧下禱，皇男、皇婦共爲禱水上：

皇母序寧，今以頭堅目官，兩手以捲。

脯酒下。生者毋責(債)，死者毋適(謫)。券刺明白。

簡 234：七月廿日癸酉，令巫夏脯酒爲皇母序寧下禱，皇男、皇婦共爲禱獦君：

皇母序寧，今以頭堅目官，兩手以捲。

脯酒下。生人不負責(債)，死人不負適(謫)。

卷(券)刺明白。

簡 235：七月廿日癸酉，令巫夏脯酒爲皇母序寧下禱，皇男、皇婦共爲禱東北官保社：

皇母序寧，今以頭堅目官，兩手以捲。

脯酒下，生人不負責(債)，死人毋適(謫)。(以上正面)

券刺明白。(以上背面)

---

① 據劉昭瑞説，“禱”字或爲衍文。見劉昭瑞《東漢建初四年“序寧”簡若干研究》，401 頁，注 1。

② 據圖版，此簡衹正面書寫文字，背面無字。簡的首尾似猶完好無損，唯中間有斷殘，整理者依文例，將中間所缺損文字補作“人不”。合計此簡正面四十四字，與此類簡單面的容字數量大致相符。以上三枚簡的文字内容大致相近，都較簡 228-簡 231 作了進一步的文字省減，即不僅承上省略了紀年，而且省減了描寫序寧病亡時狀態和皇男皇婦爲其所禱神靈等内容。

③ 劉樂賢、李均明皆認爲“爲”乃“朔”字誤釋，説可從。見劉樂賢《讀〈香港中文大學文物館藏簡牘〉》；李均明《讀〈香港中文大學文物館藏簡牘〉偶識》。

簡237:七月廿日癸酉,令巫下脯酒爲皇母序寧下禱,皇男、皇婦爲禱大父母、丈人、田社、男殤、女殤、司命:

皇母序寧,今以頭堅目肓,兩手以捲。

脯酒下,生人不負責(債),死人無適(讁)。

券刺明白。

【第三組,1枚簡,八月十八日皇母序寧去世第九天的解除文】

簡239:八月十八日庚子,令趙明下脯酒爲皇母序寧下(及)[趬]君禱:[①]

皇母序寧,[今]以頭堅目肓,兩手以捲。

脯酒下,生人不負責(債),死人毋適(讁)。

券刺明白。

以上簡文的個別釋文,已經參照目前學者的意見作了修訂;有的簡文已經殘缺,這裏根據同組簡的文例作了擬補,改正和擬補的文字均標以方括號。另外,爲了方便比對,簡正面與背面的文字未作區分,對同一簡的釋文則根據文義作了適當的分段。標點斷句也根據實際情況有所調整。

很顯然,這三組簡分别是田氏之子、兒媳等人在建初四年七月十二日乙丑、七月二十日癸酉、八月十八日庚子三次禱請各方神靈,[②]爲亡故的母親序寧解除罪讁的文字記録,即簡文中説的券書、券刺。其中第二組的簡227在内容結構上與第一組很相似,筆者最初擬將該簡歸入第一組。據劉樂賢文,夏德安將該簡歸入第二組。夏德安這樣劃分有道理,除了他所考慮的"券書""券刺"的用語差别外,還有一點,該簡上的文字爲三行,在形制上與第二組的兩行更多共同點,長短差不多,而與第一組單行文字的長簡完全不同。當然,該簡在記事時間上與第二組好像不太一致,第二組其他四簡都作七月二十日,而簡227則除了與第一組相同的兩個月日,再無其他。但仔細分析該簡,可以看到在七月十二日序寧去世一句文字之後,有"今以鹽湯下"一句,考慮到該簡形制及其與第二組其他各簡都用"券刺"的特點,以及此句在"七月十二日"之後,則此"今"字當指七月二十日。

第三組,這裏祇有一枚簡,因爲該簡用"券刺"而非"券書",夏德安將其歸入第二組。實

① "及君"的"及"字,李均明釋作"趬"(見李均明《讀〈香港中文大學文物館藏簡牘〉偶識》)。劉昭瑞雖沿用簡牘正式公布時釋文,但提出"下及君"三字疑有誤(見劉昭瑞《東漢建初四年"序寧"簡若干研究》,401頁,注2)。劉樂賢認爲此字似可釋作"趬","趬君"大概即簡226的"造君"亦即"竈君"(見劉樂賢《東漢"序寧"簡補釋》,173頁)。可從。"下趬君禱"即請趬君降臨,向其禱請。

② 查陳垣《二十史朔閏表》,建初四年七月甲寅朔,十二日乙丑;八月癸未朔,十八日庚子,與序寧簡皆一致,知序寧簡紀年皆與實際施行的曆法符合。

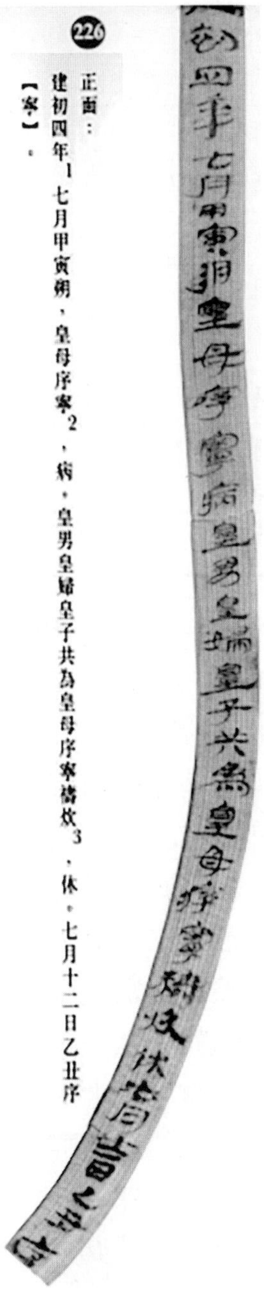

226

正面：

建初四年[1]七月甲寅朔，皇母序寧[2]，病，皇男皇婦皇子共為皇母序寧禱炊[3]，休。七月十二日乙丑序【寧】。

229

正面：

皇男[1]皇婦為序寧所禱郭貴人[2]，七月十二日乙丑序寧，頭望目顛，兩手以抱，下入黃泉，上入倉（蒼）天，皇男皇婦所禱郭貴人，皆序寧【持】去，天公【所】

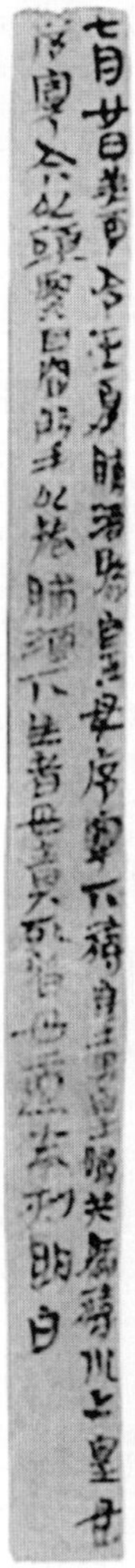

232

七月廿日癸酉，令巫夏[1]脯酒，為皇母序寧下禱，皇男皇婦共為禱水上[2]，皇母序寧，今以頭堅目肓，兩手以捲脯酒下，生者毋責（債），死者毋適（謫），券刺明白。

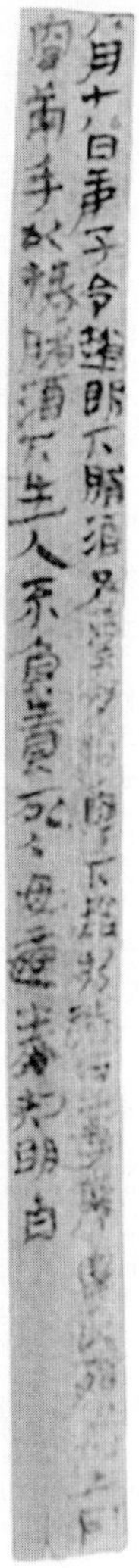

239

八月十八日庚子，令趙明下脯酒，為皇母序寧下及君禱皇母序寧，【今】以頭堅目肓，兩手以捲脯酒下，生人不負責（債），死人毋適（謫），券刺明白。

際上此簡與第二組的其他各簡在時間上是不同的，它記録的是田氏之子、兒媳等的另一次爲亡母序寧禱請神靈，解除罪謫，應該單爲一組。

總之，這十四枚簡反映的是田氏之子、兒媳等前後三次爲亡母序寧禱請神靈，解除罪謫。這三次解除以及所禱請之神，可以列表如下：

第一次 七月十二日,券書	第二次 七月二十日,券刺	第三次 八月十八日,券刺	所禱請之神
簡 226	(缺)	簡 239	造(竈)君
簡 228	簡 227	(缺)	張氏請子社
簡 229	(缺)	(缺)	郭貴人
簡 230	簡 234	(缺)	獵君
簡 231	(缺)	(缺)	田社
簡 233	簡 232	(缺)	水上
簡 236	簡 235	(缺)	官社
簡 238	簡 237	(缺)	大父母、丈人、田社、男殤、女殤、司命

首先,從第一組、第二組的簡文看,似乎每組簡都有一枚的紀年很完整,即不僅有月日,還有"建初四年"的字樣,這似乎應該是所屬該組簡的頭一枚簡,即記録本次禱請各方神靈以爲解除的頭一枚簡。如此,則現存第三組的簡 239 當非該組簡的第一枚。

其次,據目前保存的情況,第一組的簡最多,共八枚。假設第一組簡是完整無缺的,即第一次禱神解除的記録没有遺失,再考慮到這三次解除所禱請之神的對應關係,即第一次禱請之神,在第二次也基本都禱請了,第三次亦當如是,那麽從上表看,第二次禱請解除的記録簡應該缺少三枚,第三次缺少七枚。根據饒宗頤先生《〈香港中文大學文物館藏簡牘〉序》的介紹,文物館收藏的個别楚簡與上海楚簡能够拼合,説明文物館歷次購藏的簡牘可能大都不是完整的成批次購入,衹是各次盗掘出土簡牘中的一部分。具體到序寧簡,大約也不止這十四枚,而是至少應該有二十四枚,其餘十枚已不知下落,至爲可惜。

目前,第一次的禱神解除記録簡保留較多,都是單行文字的長簡。這八枚簡的文字多寡不一,但除了簡 238 外,其他七枚簡上的文字似乎都可以分作四段。

第一段大多作"建初四年七月甲寅朔,皇母序寧病,皇男、皇婦等共爲皇母序寧禱某神靈"。

第二段大多作"七月十二日乙丑,序寧頭塈目顛,兩手以抱,下入黄泉,上入倉(蒼)天",意思是皇母序寧在七月十二日這一天病故,其鬼魂可能下入黄泉,進入地下世界,也可能上入蒼天而升仙。

第三段大多作"皇男、皇婦爲序寧所禱某神,皆序寧持去,天公所對"。"皆序寧持去",可能是指序寧的親人在其病重時已經向各神靈禱請,這些禱請之辭在序寧下葬時,都交給序寧帶走(即陪葬),并由天公驗對過。[①] 爲何這裏要强調這一點呢?古代爲病人禱疾時需要代病人向神靈謝罪,或由病人自己思過,然後請神靈赦免病人的過錯,讓病人康復。序寧的親人在向諸神禱疾時也應該包含這樣的内容。序寧下葬時,把禱疾文書陪葬,就是讓她帶給天公,表示生前的罪過已經懺悔過了,不要再作追究,這爲下一句作好了鋪墊。天公在序寧簡中出現頻率很高,基本上每一次的解除文中都有。天公即天帝,與地公、人公分别是三界的最高統治者。[②] 張角創建太平道時,與張寶、張梁兄弟三人即分别稱作天公將軍、地公將軍、人公將軍,神道設教,皆源自原始的民間信仰。

第四段,“生人不負責(債),死人毋適(謫)”。因爲已經反思序寧生前的過錯并向諸神謝罪,所以不要讓亡者和生者爲之負債受罰了。

第五段“卷(券)書明白”,意思是有文書在此,説得很清楚,天公不要不認,也不要反悔。另外也可能是希望序寧不要在死後對活著的親人有抱怨,因爲親人在其病重時都已經盡力了。

第二組簡共五枚,是七月二十日爲序寧作的第二次解除儀式,這已經是序寧病故的第九天。這組簡的文字内容也大致相近,除了簡 227 外,其餘四簡皆可以分三或四段。

第一段是“七月廿日癸酉,令巫夏脯酒爲皇母序寧下禱,皇男、皇婦共爲禱某神”。“夏”,即“下”。簡 237 即作“下”。下脯酒,即擺好肉干和酒水。肉干和酒是請神、祭神時的祭品。此處擺放脯、酒,之所以用“下”字,因祭品擺放於地面鋪著的席子上。據《周家臺三〇號秦墓簡牘》“祠先農”簡,平民在臘日祭祀祈禱先農時,即在地上鋪席子,將牛肉、美酒等祭品擺於其上。[③] 可爲一證。下禱,即請神降臨,向其禱請。

第二段,幾乎都作“皇母序寧,今以頭堅目窅,兩手以捲。脯酒下,生人不負責(債),死人毋適(謫)”。也可自“脯酒下”開始,另爲一段。這一段先説皇母序寧已經亡故了。“今以頭堅目窅”之“以”通“已”。擺好肉干和美酒之後,請神降臨,保證讓序寧一家“生人不負責(債),死人毋適(謫)”,即祈求神靈保祐,讓生者生活平安,死者在另一個世界亦享受安寧。

第四段即最末一句“券刺明白”,意思是文書明白在此,請皇母相信毋疑。

第三組簡僅一枚,是八月十八日皇男等爲母親序寧作的第三次解除儀式,儀式内容與第二次大致相同。

從三組簡的全部行文看,每次禱神時都有“生人不負責(債),死人毋適(謫)”這樣的話,這兩句話明顯與地下出土的某些漢代鎮墓文很相似。比如鎮墓文中常有“立塚墓之□,爲生

① 陳松長編著:《香港中文大學文物館藏簡牘》,99 頁。
② 劉昭瑞:《東漢建初四年“序寧”簡若干研究》,406 頁。
③ 湖北省荆州市周梁玉橋遺址博物館編:《關沮秦漢墓簡牘》,北京:中華書局,2001,132 頁。

人除殃,爲死人解適(讁)",[①]"謹以鉛人金玉,爲死者解適(讁),生人除過"[②]之類的語詞。這説明,序寧簡應當屬於解除文,即爲解除亡者罪讁而舉行儀式時所使用的冥間文書。[③]

從序寧簡記録的三次禱神解除文看,皇男、皇婦、皇子、皇弟等親人在序寧病重時和病故之後,向很多神靈作了禱請,因爲前後三次禱請的神靈應該是一致的,因此,雖然序寧簡不屬於禱疾簡,但因爲裏面留下了序寧病亡之前親人爲其禱疾的記録,有助於瞭解漢代的禱疾信仰。這部分禱疾資料最大的價值,是告訴我們,漢代人在禱疾時,可以同時尋求多種神靈,田氏皇男、皇婦等在七月十二日序寧病重時,一日之内先後向造(竈)君、張氏請子社(外家西南請子社)、田社、大父母、丈人、田社、男殤、女殤、司命、官社、水上、獨君、郭貴人等十三個神靈禱請,其中大父母、丈人、田社、男殤、女殤、司命六位神靈可能是放在一起禱請,其餘諸神皆單獨禱請,這反映了漢代民間信仰的多神崇拜特點,民衆所崇拜的神靈呈現出多樣化。對這些神靈,已經有學者作過考證,不需贅言。此處僅按照類别將這十三位神靈略加歸類,補充一點個人的認識。

1.社。如官社、田社、張氏請子社

社是農業社會最古老的信仰崇拜之一。社一般是人們祈求農業豐收的場所,但隨著歷史變遷,社神的功能也逐漸增加,早在戰國時期,社就已經成爲人們禱疾的重要對象。《韓非子·外儲説右下》説,"秦襄王病,百姓爲之禱;病癒,殺牛塞禱。郎中閻遏、公孫衍出見之,曰:'非社臘之時也,奚自殺牛而祠社?'怪而問之。百姓曰:人主病,爲之禱。今病癒,殺牛塞禱。"[④]説明秦國百姓是向社神爲秦襄王禱疾的。换言之,社神是古人禱疾的對象。

田氏爲母親禱疾選擇了三處社,一處明確爲官社,即官府認可并管理的社。漢代有縣社,是縣級官府所設立。這裏的官社大約應是田氏所在縣道的社。

另兩處則分别是田社和張氏請子社。張氏請子社,劉昭瑞先生認爲是祈子的去處,[⑤]很有道理。據簡227,該社位於皇母的娘家所在鄉里的西南,應當是當地民間百姓爲祈求生子而立的私社。[⑥]

田社,應該是在田野之中封某棵樹木爲社主,立以爲社。《御覽》卷五三二引曹植《贊社文》曰:"余前封鄄城侯,轉雍丘,皆遇荒土……聖朝湣之,故封此縣。田則一州之膏腴,桑則

---

① 鄒安主編:《藝術叢編》第5期,上海:倉聖明智大學刊行,1916年11月。

② 楊育彬、張長森、趙青雲:《靈寶張灣漢墓》,《文物》1975年第11期。

③ 關於漢代的解除,吴榮曾先生《鎮墓文所見到的東漢道巫關係》一文(收入《先秦兩漢史研究》,北京:中華書局,1994)較早作過深入研究,黄景春《早期買地券、鎮墓文整理與研究》(華東師範大學博士學位論文,2004)搜集相關資料較爲系統全面,均可參看。

④ 《二十二子》,上海古籍出版社縮印光緒初浙江書局會刊本,1986,1166頁。

⑤ 劉昭瑞:《東漢建初四年"序寧"簡若干研究》,405頁。

⑥ 陳松長編著:《香港中文大學文物館藏簡牘》,100頁,注3:"請子社當爲西南方官社的特稱。"與本文看法不同。

天下之甲第，故封此桑，以爲田社。”[①]曹植的封地在魏文帝、明帝之時多次遷封，其改封之地原先必皆立有官社，曹植封桑立社當爲官社之外所立之社，因其在田野之内，故曰田社。

野外立社并非少見，上古時期乃經常之事。《左傳》昭公二十九年，“土正曰后土”。杜預注：“土爲群物主，故稱后也，其祀句龍焉。在家則祀中霤，在野則爲社。”孔穎達疏：“言在野者，對家爲文，雖在庫門之内，尚無宫室，故稱野。且卿大夫以下，社在野田。故《周禮·大司徒》云：‘辨其邦國都鄙之數，制其畿疆而溝封之，設其社稷之壝而樹之田主，各以其野之所宜木，遂以名其社。’”[②]

《御覽》卷五三二又引與曹植同時代的應璩《與陰夏書》曰：

> 從田來，見南野之中有徒步之士。怪而問之，乃知郎君頃有微痾，告祠社神，將以祈福。聞之悵然以增歎息，靈社高樹，能有靈應哉?[③]

這則材料更清楚地表明，當時的社就有立於田野之中的，而“南野”之中的“徒步之士”，因爲“郎君頃有微痾”，爲了禱請社神爲“郎君”療疾，祈請賜福，而前往田社。郎君是對官吏、富家子弟的通稱，此處應指徒步之士的兒子。

從各種材料看，田社應是鄉里民衆所立之社，比縣社級别低。序寧簡中的田社即屬於此類，它與張氏請子社有所不同。[④]

2.五祀。如竈君（炊）

古人祭祀門、户、中霤、竈、行五種神衹，稱五祀。《禮記·月令》：孟冬之月，“天子乃祈來年於天宗，大割祀於公社及門閭，臘先祖五祀。”鄭玄注：“五祀，門、户、中霤、竈、行也。”[⑤]王充《論衡·祭意篇》：“五祀報門、户、井、竈、室中霤之功。門、户，人所出入，井、竈，人所欲食，中霤，人所托處，五者功鈞，故俱祀之。”[⑥]五祀是常規祭祀，其神衹還是人們禱疾的對象。《儀禮·既夕禮》言病重時，“乃行禱於五祀”。[⑦]

據序寧簡中的簡 226，建初四年七月甲寅朔，田氏皇男、皇婦、皇子共爲皇母序寧“禱炊”，同一簡的下文又説“皇男、皇婦爲序寧所禱造君”，則此處的炊和造（竈）君應該是一回事。[⑧]

---

① ［宋］李昉等：《太平御覽》卷五三二《禮儀部十一》“社稷”條引，北京：中華書局影宋本，1960，2416 頁。

② ［清］阮元校刻：《十三經注疏》，北京：中華書局，1980，2123 頁。

③ ［宋］李昉等：《太平御覽》卷五三二《禮儀部十一》“社稷”條引，2417 頁。

④ 陳松長編著：《香港中文大學文物館藏簡牘》，105 頁，注 1：“頗疑皇母即爲田氏，故田社或即田氏之社。”楊華《序寧禱券集釋》亦認爲：“田社，即田氏之宗族私社。”按，田社與田氏應該無關。

⑤ ［清］阮元校刻：《十三經注疏》，1382 頁。

⑥ 黄暉：《論衡校釋》（附劉盼遂集解），北京：中華書局，1990，1059 頁。

⑦ ［清］阮元校刻：《十三經注疏》，1158 頁。

⑧ 陳松長編著：《香港中文大學文物館藏簡牘》，98 頁。

按,炊即先炊。先炊與竈君原本是不同的兩位神祇。《史記·封禪書》晋巫祠"族人、先炊之屬"。《正義》:"先炊,古炊母神也。"[①]古代婦女主家中飲食炊爨,先炊崇拜的出現可能與此有關。而竈君、竈神是火神,衹是這位火神的形象在早期却一直無法確定,有的説是顓頊之子祝融,《禮記·禮器》《正義》引《五經异義》:"竈神,古《周禮》説:'顓頊氏有子曰黎,爲祝融,祀以爲竈神。'"[②]《史記·孝武本紀》《索隱》引古《周禮》同。[③]《左傳》昭公二十九年《正義》引賈逵云:"祝融祀於竈。"[④]《淮南子·時則訓》高誘注云:"祝融,吴回爲高辛氏火正,死爲火神,托祀於竈。"[⑤]《論衡·祭意篇》:"炎帝作火,死而爲竈。"[⑥]這些説法都認爲竈神是祝融神或炎帝,如此,竈神就應該是男性神。但鄭玄駁斥這種竈神爲祝融的説法,認爲"祝融乃古火官之長,猶后稷爲堯司馬,其尊如是,王者祭之,但就竈陘,一何陋也?祝融乃是五祀之神,祀於四郊,而祭火神于竈,於禮乖也。"[⑦]鄭玄對竈神和祝融作了嚴格區分,二者雖然都是受崇拜的火神,但有尊卑之差,竈神是老婦,神格較低,祝融則較爲尊貴。《御覽》卷五二九引《五經异義》所引大戴説《禮器》也説:"竈者,老婦之祭。"但許慎不贊同,説:"五祀之神,王者所祭,非老婦也。"[⑧]

祝融、老婦之外,先秦的竈神形象還有一種是美女。《莊子·達生篇》:"竈有髻。"《釋文》引司馬云:"髻,竈神,著赤衣,狀如美女。"[⑨]《史記·孝武本紀》司馬貞《索隱》引司馬彪注《莊子》云:"髻,竈神也,如美女,衣赤。"[⑩]根據描述,這位竈神是一位頭挽著髪髻,身穿赤色衣服的美女。火焰爲赤色。竈神身穿赤色衣服的形象顯然與火神崇拜有關,説明美女竈神依然代表的是火神。到了漢代,竈神的形象有新的變化。《後漢書·陰興傳》李賢注引《雜五行書》曰:"竈神名禪,字子郭,衣黄衣,夜被髪從竈中出,知其名呼之,可除凶惡。"[⑪]竈神有了具體的姓名,從姓名看,當時人們心中的竈神應該是男性。

竈神形象的多樣,反映了民間信仰中神靈形象易變的特點。當然,這種多樣化也有可能是基於不同區域的竈神崇拜的混合所致。

值得注意的是,漢代的竈神崇拜不僅僅是源於原始信仰中對火的崇拜,還衍生出新的内

---

① 《漢書·郊祀志上》作晋巫祠"族人炊之屬"。顔師古注:"族人炊,古主炊母之神也。炊謂饎爨也。"

② [清]阮元校刻:《十三經注疏》,1435頁。

③ 《史記》卷一二《孝武本紀》,北京:中華書局,1982,453頁。

④ [清]阮元校刻:《十三經注疏》,2123頁。

⑤ 《二十二子》,1226頁。

⑥ 黄暉:《論衡校釋》(附劉盼遂集解),1060頁。

⑦ [清]阮元校刻:《十三經注疏》,1435頁。

⑧ [宋]李昉等:《太平御覽》卷五二九《禮儀部八》"五祀"條引,2399頁。按,此條引文末有"鄭玄曰竈神祝融是老婦"一句,文義與《禮記·禮器》鄭注不合,疑"祝融"二字衍。

⑨ 《二十二子》,55頁。

⑩ 《史記》卷一二《孝武本紀》,453頁。

⑪ 《後漢書》卷三二《陰興傳》,北京:中華書局,1965,1133頁。

容。《雜五行書》説竈神在夜間出來時，人若呼其名字，就可以除去凶神惡鬼。《漢書・郊祀志上》説漢武帝熱衷於方士求仙，“李少君亦以祠竈、穀道、却老方見上”。“少君言上：‘祠竈皆可致物，致物而丹沙可化爲黄金，黄金成以爲飲食器則益壽，益壽而海中蓬萊仙者乃可見之，以封禪則不死，黄帝是也。’”“於是天子始親祠竈，遣方士入海求蓬萊安期生之屬，而事化丹沙諸藥齊爲黄金矣。”顔師古注引如淳曰：“祠竈可以致福。”“祠竈皆可致物”之“物”，顔師古注：“物亦謂鬼物。”[①]如此，則祠竈還可以招致福運，可以招來鬼神。招致鬼神的目的當然是爲了獲得延年益壽、得道成仙的秘方。漢代這種對竈神信仰的新内容在《後漢書・陰興傳》裏面可以得到驗證：

> 宣帝時，陰子方者，至孝有仁恩，臘日晨炊而竈神形見，子方再拜受慶。家有黄羊，因以祀之。自是已後，暴至巨富，田有七百餘頃，輿馬僕隸，比於邦君。子方常言“我子孫必將强大”，至識三世而遂繁昌，故後常以臘日祀竈，而薦黄羊焉。[②]

陰子方是西漢宣帝時人，因真誠地崇拜并祭祀竈神而暴富，擁有七百餘頃良田，良馬好車，奴僕衆多，堪比一方諸侯，而且子孫衆多，家業持續興旺。其家族也堅持在臘日用黄羊爲祭品，祭祀竈神。陰氏的這個故事在當時一定是傳播較廣，爲衆人所知。這個故事的流傳，無疑與“祠竈可以致福”的信仰密切相關。序寧簡中的田氏爲病重的母親而禱請竈君，既爲驅除凶惡，也爲招致福運，希望母親序寧身體能康復，延年益壽。當然，最終還是事與願違。

簡文中將炊與竈君等同，應該并非偶然。既然先炊的形象爲老婦，竈神的形象之一也是老婦，古人很可能將二者逐漸混爲一體了。《禮記・禮器》：“燔柴於奥。夫奥者，老婦之祭也。盛於盆，尊於瓶。”鄭玄注：“奥，依注作爨。老婦，先炊者也。盆、瓶，炊器也。明此祭先炊，非祭火神，燔柴似失之。”[③]鄭玄注著力强調先炊與火神（竈神）的區别，糾正了《禮記・禮器》的錯誤表述，這説明漢代經學家已經有混淆二者的迹象了。民間混淆先炊與竈神，更是情理中的事情。序寧簡反映的情況應該就是當時民間社會在竈君與先炊崇拜上有些分不清了，甚至合二爲一，或者説二位一體，最終成爲一位神靈。

3.祖先神。如大父母、丈人

大父母即祖父母。古人稱祖父、祖母曰大父、大母。《禮記・深衣》：“大父母”。鄭玄注：“大父母，祖父母也。”[④]《史記・秦本紀》西周末年，西戎反王室，秦的先人秦仲爲西戎所殺。秦仲生秦莊公，莊公生子三人，其長男世父。世父曰：“戎殺我大父仲，我非殺戎王則不

---

① 《漢書》卷二五《郊祀志》，北京：中華書局，1962，1216 頁。
② 《後漢書》卷三二《陰興傳》，1133 頁。
③ ［清］阮元校刻：《十三經注疏》，1435 頁。
④ ［清］阮元校刻：《十三經注疏》，1664 頁。

敢入邑。”[①]秦仲乃世父之祖父,此亦稱祖父曰大父之證。又《漢書·文三王傳》“梁共王買立十年薨,子平王襄嗣。”“共王母曰李太后,親平王之大母也。”顏師古注:“大母,祖母也。共王即李太后所生,故云親祖母也。”[②]

在古人的心中,祖先神既能護祐子孫,也會因爲種種原因給子孫帶來危害乃至災難。因此,子孫需要恭敬地對待祖先神,按時祭祀。家庭成員中有人患病時,祖先神往往成爲祈禱的對象。關於向祖先神禱疾,古書不乏記載。周公就曾向周之先祖爲武王禱疾,《尚書·金縢》專門記録了此事:

> 公乃自以爲功,爲三壇同墠。爲壇於南方,北面,周公立焉。植璧秉珪,乃告大王、王季、文王。史乃册,祝曰:“惟爾元孫某,遘厲虐疾。若爾三王,是有丕子之責於天,以旦代某之身。予仁若考,能多材多藝,能事鬼神。乃元孫不若旦多材多藝,不能事鬼神。乃命於帝庭,敷佑四方。用能定爾子孫于下地,四方之民,罔不祗畏。嗚呼!無墜天之降寶命,我先王亦永有依歸。今我即命於元龜,爾之許我,我其以璧與珪歸俟爾命。爾不許我,我乃屏璧與珪。”[③]

周公築起三個土壇,代表周族的三位先人大王、王季、文王所在,他則登上南面另築的壇上,面對三個壇站立,親自用璧、珪等玉器,爲武王禱祠,在祝禱之辭中認爲自己既孝順,又多才多藝,最適合去侍奉祖先神(即死亡),希望三位祖先能够同意讓他代替武王去死,這樣,周族在武王統領下會保持興旺,祖先神也有依歸。如果三位祖先同意這個請求,就把璧、珪等玉器給你們;如果不同意,就不給你們。整個祭祀向祖先神詳細分析利害,既有祈禱請求,也有威脅,完全是一種討價還價的樣子,最終的目的是希望祖先神不要讓武王因病亡故,盡快痊愈。

漢代皇帝身體不適以及病重之後,公卿等朝中大臣不僅需要不間斷地前往問候,還要向包括祖先神在内的衆多神靈禱請。《續漢書·禮儀下》“大喪”條記載:

> 不豫……公卿朝臣問起居無間。太尉告請南郊,司徒、司空告請宗廟,告五嶽、四瀆、群祀,并禱求福。疾病,公卿復如禮。[④]

司徒、司空告請宗廟,即向祖先神禱告,請求護祐。

另一個事例,《漢書·韋玄成傳》説,西漢後期,郡國所立宗廟太多,宗廟需要按時祭祀,浪費了大量的人力物力。漢元帝時,取消了一部分宗廟。碰巧,身體柔弱多病的漢元帝卧床

---

① 《史記》卷五《秦本紀》,178 頁。
② 《漢書》卷四七《文三王傳》,2214 頁。
③ [清]阮元校刻:《十三經注疏》,196 頁。
④ 《後漢書》卷九六《禮儀志》,1341 頁。

不起,還夢見祖宗譴責他罷郡國廟,元帝的少弟楚孝王也做了同樣的夢。元帝想再恢復郡國廟,丞相匡衡堅決反對。但元帝的病遲遲不見好轉,這讓匡衡感到很不安,"禱高祖、孝文、孝武廟",解釋爲何罷除郡國宗廟,請求用自己的生命换回元帝的健康長壽。"咎盡在臣衡,當受其殃,大被其疾,墜在溝瀆之中。皇帝至孝肅慎,宜蒙祐福。唯高皇帝、孝文皇帝、孝武皇帝省察,右饗皇帝之孝,開賜皇帝眉壽亡疆,令所疾日瘳,平復反常,永保宗廟,天下幸甚!"[①]這個事例裏面,丞相匡衡禱請的對象是漢高祖、文帝和武帝,也是祖先神。

以上是帝王或貴族階層向祖先神禱疾的幾個例證,"序寧"簡的主人不知屬於何等身份,但彼此在祖先神的信仰上應該是一致的,因此用來作爲漢代民間禱疾的佐證,應該不會有問題。

簡文中禱請的另一個對象是"丈人",該語詞是漢代對包括親戚長輩在内的長者的通稱。《漢書・蘇武傳》,匈奴且鞮侯單于稱"漢天子,我丈人行也"。顔師古注:"丈人,尊老之稱。"[②]同書《疏廣傳》:"宜從丈人所,勸説君買田宅。"顔師古注:"丈人,嚴莊之稱也,故親而老者皆稱焉。"[③]兒媳尊稱公婆曰丈人。《論衡・氣壽》:"人形一丈,正形也,名男子爲丈夫,尊公嫗爲丈人。"黄暉曰:"公嫗,舅姑也。"[④]有時稱祖父爲丈人。顔之推《顔氏家訓・書證》:"丈人亦長老之目,今世俗猶呼其祖考爲先亡丈人。"[⑤]序寧簡裏所禱請的丈人具體所指應該是什麽,無從考證。有可能爲家族中的某位先人,也有可能是社會上的某位尊者。或以爲此處"丈人"二字應與"大父母"連讀,是對祖父母的尊稱。[⑥] 此説恐非。大父母本身也是一種稱謂,在後面綴上"丈人"二字,有疊床架屋之嫌。另有學者認爲:"丈人指神仙。相傳黄帝曾封寧封子爲'五嶽丈人',道教還有丈人觀,道教聖地青城山、泰山都有丈人峰。"[⑦]

4.其他鬼神:司命、水上、獦君、男殤、女殤、郭貴人

司命掌管人的壽命,所以禱疾時,可以向司命禱請,希望能延長壽命。饒宗頤、陳松長、楊華等皆有解説。

"水上",亦見於江蘇邗江胡場五號西漢墓出土的"神靈名位"木牘,陳松長認爲是河伯之類的水神。楊華認爲是水鬼,即溺水而死者變成的鬼。這兩種情况的可能性都有,前者爲神靈,後者爲厲鬼。求神靈,希冀獲其祐助;求厲鬼,則因爲厲鬼往往會索取生人的性命。

獦君,饒宗頤認爲獦即獵,獦君是掌管田獵之神。但也有不同意見,黄景春認爲,獦即獦

① 《漢書》卷七三《韋玄成傳》,3123 頁。
② 《漢書》卷五四《蘇武傳》,2460 頁。
③ 《漢書》卷七一《疏廣傳》,3040 頁。
④ 黄暉:《論衡校釋》(附劉盼遂集解),29-30 頁。
⑤ 王利器:《顔氏家訓集解》(增補本),北京:中華書局,1993,477 頁。
⑥ 楊華:《序寧禱券集釋》,497-498 頁。
⑦ 黄景春:《早期買地券、鎮墓文整理與研究》,83 頁。

狚。獨狚是古書上説的一種獸,形狀像狼,聲音像豬,吃人。獨君即這種獸神。敦煌佛爺灘出土鎮墓文有"獨注"。[①] 從序寧簡的性質看,似乎後一種解釋更有道理一些。

殤,指幼年夭折,没有到成年就死去。爲國戰死者亦曰殤,但士兵基本都是成年男子,没有女子。因此,這裏應該取前一個含義。男殤、女殤,都是指夭折的男女孩童。秦漢時期,殤鬼被認爲能給人帶來疾病和死亡。《睡虎地秦墓竹簡·日書甲種·詰咎篇》就記録了一種鬼嬰兒:

> 鬼嬰兒恒爲人號曰:"鼠(予)我食。"是哀乳之鬼。其骨有在外者,以黄土濆之,則已矣。(簡29背三至30背三)[②]

鬼嬰兒是小兒鬼。這是幼小未成年的小孩死後變成的鬼。秦簡《日書》認爲殤死者如果没有埋葬入土,鬼魂就會經常赤裸身體進入人家的室内。殤死者的屍骨如果露出土外,其鬼也會經常前來,并象嬰兒一樣呼喊,索要飲食,秦人稱這種小兒鬼爲哀乳之鬼,"哀乳"的意思是哀求哺乳。[③] 古人認爲,殤死的小兒鬼容易侵擾人并使人患病。《醫心方》卷一四《治鬼瘧方》引《范汪方》就説,瘧疾在雞鳴和人定時發作者,都是受小兒鬼的侵害。[④]

漢代人不僅相信小兒鬼與疾病存在必然關係,還流行一個傳説,認爲小兒鬼與顓頊帝三個夭亡的兒子有關係。《論衡·訂鬼篇》引《禮》曰:"顓頊氏有三子,生而亡去爲疫鬼:一居江水,是爲虐鬼;一居若水,是爲魍魎鬼;一居人宫室區隅漚庫,善驚人小兒。"[⑤]應劭《漢舊儀》的記載與此差不多。古代鬼神傳説的演變過程中,許多鬼神往往被後人拿來與歷史上的某個人物相附會。小兒鬼與顓頊帝三個兒子的關係,也應該是遵循了這一規律。目前所知這個傳説最早的記載大概就是《論衡》,再次是《漢舊儀》,可見這個傳説出現的時間應該不早於東漢。嬰兒鬼之所以會給人帶來疾病,是因爲他們死後得不到祭祀。《焦氏易林》卷一三《震·坤》:"旦生夕死,名曰嬰鬼,不可得祀。"[⑥]古人認爲,得不到正常祭祀的鬼魂會禍害生者,因此就出現了夭亡的嬰兒鬼致人疾病的觀念。

殤鬼是致病之鬼,所以禱疾時,也需要向此類鬼禱請,祈求殤鬼放過病人,不要糾纏病人,更不要索取其性命。

---

① 黄景春:《早期買地券、鎮墓文整理與研究》,83頁。

② 睡虎地秦墓竹簡整理小組:《睡虎地秦墓竹簡》,北京:文物出版社,1990,215頁。

③ 劉釗認爲"哀"也可以訓爲"求",説是。見劉釗《説"魃"》,載《中國典籍與文化》2012年第4期。

④ [日]丹波康賴撰,翟雙慶、張瑞賢等點校:《醫心方》,北京:華夏出版社,1993,234、235頁。

⑤ 《太平御覽》卷五三〇引《禮緯》曰:"顓頊有三子,生而亡去,爲疫鬼。一居江水,是爲虐鬼魅鬼;一居人宫室區隅,善驚人小兒。於是常以正歲十二月,令禮官方相氏掌熊皮,黄金四目,玄衣朱裳,執戈揚盾,帥百隸及童子而時儺,以索室而驅疫鬼,以桃弧、葦矢、土鼓且射之,以赤丸、五穀播灑之,以除疫殃。"(2405頁)據此,《論衡》所説的《禮》應指《禮緯》。

⑥ [漢]焦延壽:《焦氏易林》,《士禮居叢書》刻陸敕先校宋本。案"不可得祀",同書卷一五《涣·大過》同,卷三《小畜·萃》、卷一一《夬·臨》、卷一六《未濟·乾》作"不可得視"。義皆可通。

郭貴人,陳松長注曰:“神靈名。不詳,待考。”[①]貴人,是皇帝妃嬪封號之一。《後漢書·皇后紀序》東漢時,“六宫稱號,惟皇后、貴人;貴人金印紫綬,奉不過粟數十斛。”[②]郭貴人可能是當地的一位女子,被選入宫中,最終成爲貴人,僅次於皇后。在民間看來,這位女子備極榮寵,非常人所能及,必有神异,所以在其死後,被作爲一方神靈供奉起來。此種神靈應屬於在某個地域内的小神。某人死後,由於偶然原因,被樹立爲新的崇拜對象,這種現象在民間信仰中比較普遍。對政府而言,此皆屬於淫祀。但也有個别的小鬼神因爲官方的關注,影響擴大,超出了當地的小範圍。比如《漢書·郊祀志上》對漢武帝時神君崇拜形成過程的記載:

> 是時(按,元光二年)上求神君,舍之上林中磃氏館。神君者,長陵女子,以乳死,見神於先後宛若。宛若祠之其室,民多往祠。平原君亦往祠,其後子孫以尊顯。及上即位,則厚禮置祠之内中。聞其言,不見其人云。[③]

所謂神君,生前是左馮翊長陵的一位普通女子,大概死於難産,不知何故,其妯娌們(“宛若”)之間竟然發現死後的她很神异,遂在家中作爲神靈供奉起來,當地的民衆也紛紛前往禱祀,甚至漢武帝的外祖母平原君也曾經去禱祀。據説,平原君的子孫之所以攀上了皇帝,成爲令人艷羨的外戚,就是與當初曾禱祀神君有關。漢武帝即位後,就在宫内置祠,對神君予以專門祭祀。類似的情況不勝枚舉,可以反映民間信仰中某些神靈的影響力逐漸演化擴大的一般規律。

以上對序寧簡的性質和裏面提到的神靈做了一些考證和補充,認爲序寧簡不屬於禱疾簡,它是序寧去世之後親人爲她進行的三次禱神解除的文字,是爲亡者作的解除文。爲病重的序寧禱疾衹是解除文内涉及到的一部分内容,是爲了向序寧表明家人對她已經盡心盡力,不要怨恨,這部分文字并非該簡的主體。序寧簡爲我們瞭解漢代的禱疾和爲亡者解除的信仰習俗提供了不可多得的具體例證。

---

① 陳松長編著:《香港中文大學文物館藏簡牘》,102 頁,注 2。

② 《後漢書》卷一〇《皇后紀》,400 頁。

③ 《漢書》卷二五《郊祀志》,1216 頁。

長沙五一廣場東漢簡牘“摻驗”解*

清華大學出土文獻研究與保護中心　李均明

内容提要　長沙五一廣場東漢簡牘屢見“摻驗”一詞,亦稱參驗、合驗、檢驗等,皆指對案件進行多人、多角度的核查勘驗。又,簡文常見“明,正處言”之“明”是“明證檢驗”的省稱。核查勘驗是東漢司法實踐中不可或缺的環節,通過多方對質,嚴格取證,從而對事實真相有較全面客觀的瞭解,爲保障判決之公平合理奠定基礎。勘驗的對象通常包括被告的供詞,若干證人的證言及司法機構的調查結果。凡是對質結果有出入者,皆須進行反復的調查取證。

關鍵詞　五一廣場東漢簡牘　摻驗　核查勘驗

長沙五一廣場出土東漢簡牘司法文書中,見“摻驗”一詞,亦稱“参驗”,或稱“合驗”“檢驗”,意義相類,皆指對案件進行多人、多角度的核查驗證,它是訴訟過程中的重要環節,有助于提高司法質量。今試解如下。

(1)求錢一萬,以賕掾董普。防以錢七千二百付董普。亟考實姦詐,摻驗,正處,言。豫叩頭死罪死罪。奉得書,輒考問董及普。普即訊旦。辤皆曰:縣民,鄉吏,里、年、

《五一簡(壹)》338[①]

* 本文爲國家社科基金重大項目“五一廣場東漢簡牘的整理與研究”(15ZDB035)、清華大學自主科研項目“東漢簡牘的綜合研究”(2015THZWYX03)階段成果。

① 長沙市文物考古研究所、清華大學出土文獻研究與保護中心、中國文化遺産研究院、湖南大學嶽麓書院:《長沙五一廣場出土東漢簡牘(壹)》,上海:中西書局,2018。本文簡稱《五一簡(壹)》。

姓名如牒。普,都鄉三門亭部。董、旦,桑鄉廣亭部。董與父老、母何、同産兄輔、弟農俱

居。旦父母皆前物故,往不處年,嫁爲良妻,與良父平、母真俱居□□廬舍,

《五一簡(壹)》339

以上二簡内容連貫,屬同一司法文書中段。事涉行賄受賄,受賄人爲某曹掾董普。直接把錢送到董普手上的人名防。此案承辦人名豫。涉案當事人及見證人甚多,包括名叫董及旦者。“奉得書”之前是復述上級對處理此案件的要求,此後才是處理報告本文。即訊,就問。《漢書·廣陵厲王劉胥傳》“天子遣廷尉、大鴻臚即訊”,師古注:“即訊,就問也。”[①]“辤皆曰”以下是涉案人對自己身份的供述,文中僅録其概要,詳情寫在附件上(簡云“如牒”)。身份之供述除名字外,還包括居住地(鄉、亭、廬舍)及父母同居的情況。

上級對處理此案的要求中,包含“摻驗”,可知其爲司法過程的重要舉措。許多情形下,“摻”可作爲“操”的异體字,如《選釋》簡 12“案:夜、斗、功共摻兵擊頓尼”中,[②]“摻”即“操”之异體。亦見於史籍,如《戰國策·燕策三》“摻其室”,鮑彪注:“摻,把持也,與操同。”[③]但在司法用語“摻驗”中,“摻”不是“操”之异體,應讀爲“參”,故“摻驗”亦寫作“參驗”,見下例:

(2)見高出入邑下。到十月不處日,定復僦聖、珠宅居。定、漢、世、昌等不見高,不相識知。匡不解止胡

裕宅中。以胡、均轉相臨。漢、匡、世、定等非高入所解民舍平者。以胡、均等辤相參驗。謹牒别　　《五一簡(貳)》401[④]

此例爲司法文書中段,前後缺。僅知事涉租房糾紛,前因後果未詳。亦知經了解,因彼此間未曾見過面,也不認識,所以排除了定、漢、世、昌、匡等作爲知情人的可能。僦某人宅,指租某人房屋。“參驗”之“參”指相互,與下例稱“合驗”之“合”相類。《穀梁傳》桓公五年,“録父以使子也”,范寧注“蓋參譏之”,楊士勛疏“參者,交互之義”。[⑤] 則“參驗”指以多個人證或物證相互檢驗。如此例所云“以胡、均等辤相參驗”指以胡、均等人的供詞相互對證。此類對證,更多情形下稱之爲“合驗”。

---

① 《漢書》卷六三《廣陵厲王劉胥傳》,北京:中華書局,1962,2762 頁。

② 長沙市文物考古研究所、清華大學出土文獻研究與保護中心、中國文化遺産研究院、湖南大學嶽麓書院:《長沙五一廣場東漢簡牘選釋》,上海:中西書局,2015。

③ 《戰國策》卷三一《燕太子丹質於秦章》,北京:中華書局,1990,190 頁。

④ 長沙市文物考古研究所、清華大學出土文獻研究與保護中心、中國文化遺産研究院、湖南大學嶽麓書院:《長沙五一廣場出土東漢簡牘(貳)》,上海:中西書局,2018。本文簡稱《五一簡(貳)》。

⑤ [晋]范寧注,[唐]楊士勛疏:《春秋穀梁傳注疏》卷三《桓公五年》,[清]阮元校刻《十三經注疏》,北京:中華書局,1980,2374 頁。

(3)解止男子朱曾舍。樂即詣歆,告。考問,辤具服。合驗,即歆、樂證。案:秩無故入人廬舍,盜

牛一頭,凡臧(贓)七千二百。秩盜臧(贓)五百以上,數罪,發覺得。均謹已劾。盡力實核,辤有增 《五一選釋》145

此例亦爲司法文書中段。從文中可知主要嫌疑人是秩,犯罪事實是無故入人廬舍及盜牛,犯罪金額七千二百,已超過五百以上的等次。樂與歆爲與本案有關的人士,故出面做證。"合驗"之"合"猶今言綜合。《周禮·小宰》"以官府之六聯合邦治",孫詒讓正義:"合、會義同。"[①]合驗,指綜合各種因素進行檢驗。

(4)卌七,宫二千一百。發覺,考問。辤具服。與脩、若、丸等辤合驗,即脩、若、丸等證。·案:宏、宫

蒙恩在職,不思竭力盡忠、洒心自守,知詔書不得糜穀作酒,公教南讓酒,至令 《五一簡(壹)》378

盜賦受所監臧,皆二百五十以上。宏、石糜穀作酒,宫俱飲。宏沽得錢三百七十,石得錢

六百。宏、宫不承用詔書,不敬。數罪。石以律罰金八兩,男子劉得與宫相知,無故入官寺 《五一簡(壹)》379

以上二簡屬同一册書,爲一司法文書之中下段。案涉在職官員之監守自盜。主要涉案官員爲宏、宫二人。罪狀給人提供公家糧食并雇人(名"南")釀酒,出售以謀利,涉案金額在二百五十以上,違背了"不得糜穀作酒"的法令,從而構成"不承用詔書,不敬"罪。其他主要嫌疑人還有名石者,所獲贓款最多,達六百,案發後,受到罰金八兩的處罰。直接作案的雖然衹是宏、石二人,但宫參加喝酒了,故亦涉案。又宫邀請熟人劉得參加酒宴,使他也犯了"無故入官寺"罪。脩、若、丸是本案的見證人,所以把調查結果與三人的證詞做比對。

(5)龍格斫建時,寘不知建、扶到,乃知不以隱切。獨龍格斫建,無復有他人加功者。考問龍,辤具服。與

縣、豚、廣、扶、姬等合驗。護、度辟則,不問。即度、□、駷、姬等證。憙以前別處。·案:龍、仁皆坐吏以縣官事 《五一簡(壹)》446+332

此例所見爲司法文書中段。在執行公務追捕嫌疑人的過程中,龍斫砍了建,行爲或過當。"無復有他人加功者"指别的人没有加入斫砍建的行爲。加功,參加行動。《漢書·薛宣傳》

① [清]孫詒讓:《周禮正義》卷五《小宰》,北京:中華書局,1987,164頁。

"况首爲惡,明手傷,功意俱惡,皆大不敬",孟康曰:"手傷人爲功,使人行傷人者爲意。"[1]此案中,龍、仁二人皆以官吏身份在執行公務的過程違法。仁的違法行爲在此段文字中未顯現。此案知情人甚多,"黝、廣、扶、姬等"皆是,無疑被訊問。但"護、度辟則",即這兩人躲避了,所以没接受訊問。除了被告的供詞,亦知合驗的對象還包括本縣的調查及黝、廣、扶、姬等人的證言。

(6)敢等。丐、敢無錢與錯。錯收縛毆敢等數十下。即次、汝、伯、舉證。錯復責冢間民五十錢。

曰:債少月五百。錯責不得錢。收取民雞犬,諦如辭。書到,亟考實姦詐,明證檢驗,正 《五一簡(貳)》561

此例亦爲司法文書中段。涉債務糾紛及傷害罪。被告名錯者因收債未果,動手捆綁及毆打敢;又收取民雞犬以抵債。有經濟欺騙的嫌疑,故上級要求"考實姦詐",揭露其欺詐手段。又須"明證檢驗",既有充分的證據,又經過認真的核驗。檢驗過程一定相互比對次、汝、伯、舉等人的證詞,知其意義與"合驗"同。"明證檢驗"一語,在《長沙東牌樓東漢簡牘》之《自相和從書》中作"明附證驗",[2]二者意義亦同,或皆可簡稱爲"明",如下二例所見:

(7)二月八日丙辰,長沙大守兼中部勸農督郵書掾育有案問。寫移

臨湘書到,亟考實姦詐,明,正處,言府。關副在所,會月十五日。毋妄拘繫

《五一簡(貳)》600

此例所見爲長沙郡中部勸農督郵書掾的下行文書,涉司法事宜。指令臨湘縣收到文書後立即對有關案件認真進行核查。文中所見"明",當即"明證檢驗"的省略。要求在七日内完成。除匯報的正件傳到郡府所在地外,另傳一份副本到勸農督郵書掾所到的地方。原因爲勸農督郵書掾當時正在流動巡視他所管轄的長沙郡中部諸縣,"在所"即指他所到之處。

(8)A面:

延平元年三月戊寅朔六日癸未,行長沙大守文書事大守丞當謂

臨湘:民自言,辤如牒,即如辤。書到,爰書聽受,麦秋考實姦詐,明,分别

B面:

兼掾昆、守属襃、書佐汜。 《五一簡(貳)》671

此例爲長沙郡大守丞下發給臨湘縣的指令文書。文中所見"明"亦當爲"明證檢驗"的省稱。

① 《漢書》卷八三《薛宣傳》,3395-3396頁。

② 長沙市文物考古研究所、中國文物研究所:《長沙東牌樓東漢簡牘》,北京:文物出版社,2006。

“參驗”“合驗”之類是司法審理必走的程序,否則便是“無檢驗”,是職業上的不作爲,如:

(9)凹面:

府告兼賊曹史湯、臨湘:臨湘言攸右尉謝栩與賊捕掾黄忠等别問僦趙明宅

者完城旦徒孫詩,住立,詩畏痛自誣:南陽新野男子陳育、李昌、董孟陵、趙□□[等]劫殺明及王得

等。推辟謁舍,亭例船刺無次公等名。縣不與栩等集問詩,詩自誣,無檢驗。又詩辭:於其門聞

不處姓名三男子言渚下有流死二人。逐捕名李光、陳常等,自期有書。案□,移湯書,詩辭:

持船於湘中糴米,見流死人。縣又不綠(録)湯書而末殺,不塞所問,巨异不相應,何?咎在主

者不欲實事。記到,湯、縣各實核不相應狀,明,正處言,皆會月十五日。毋拘繫無罪、

毆擊人。有

府君教。

五月九日開

凸面:

永元十五年五月七日晝漏盡起府　　　　《五一選釋》117

此例爲長沙郡府下發給郡賊曹及臨湘縣的檄文,涉複雜司法案件。《五一選釋》已對有關詞語做了考證,本文不再贅述。事情經過大致是攸縣右尉謝栩和臨湘賊捕掾黄忠分别審問曾租用趙明房屋的完城旦徒孫詩,孫詩在臨湘經不起罰站的痛苦,誣告南陽新野男子陳育、董孟陵、趙某某等劫殺了趙明和王得。經過到客棧及沿江諸亭對過往船隻登記册的調查,没有孫詩所述人員的蹤影。當初臨湘縣和謝栩没有一起審問孫詩,孫詩自誣所述,没有經過取證對質。後來孫詩改口説在門前聽到三位不知姓名的男子説江邊渚下有兩位溺死的人。於是追捕有嫌疑的李光、陳常等人。賊曹史湯轉來的書面報告談及:孫詩又説撑船在湘中糴米時,親眼看到溺死的人。孫詩的三次口供及各方的調查結果存在巨大的差异。所以引起郡府的不滿,認爲错在辦事諸方都不願意實事求是,無責任心。因此將此案退回府賊曹史湯及臨湘縣重新審理,并要求十五日内完成。文中“明,正處言”之“明”亦爲明證檢驗的意思。在調查清楚之前,不能隨意拘禁、刑訊逼供無罪之人。從此例亦可知,取證對質是審案過程不可或缺的環節。無論是刑事或民事案件,被告大多都盡可能掩蓋或迴避事實,無疑增加審

理的難度,簡文常謂之“案致曲折”,如:

(10)廷。願謁除前解,從今言。府移豫章府,嚴海昏侯艾處何吏於馮等所匿,處得冉所矣。弃弩不□

蒙,當案致。案致曲折,賜報,盡力實核。報到,有增异,正處,復言。鮪、順、鄞考問留遲,惶恐 《五一簡(壹)》82

從簡文可知,此案首次審理有偏差,云“願謁除前解,從今言”,即第一次審理報告作廢,以重新做的第二次審理爲準。文中復述上級的指令見“案致曲折”語,表明案情曲折複雜。第二次審理過程當較漫長,故云“考問留遲”,即超過了規定的上報時間。在涉及官員的犯罪中,破案的阻力尤大,如:

(11) 左賊史式,兼史順、詳白:前部、左部賊捕掾篤等考實
南鄉丈田史黄宫、趣租史李宗毆男子鄧官狀。今

君教若 篤等書言解如牒。又官復詣曹診,右足上有毆創一所,
廣、袤五寸,不與解相應。守丞護、掾普議:解散略,請
却,實核,白草。 《五一簡(貳)》429+430

此例所見涉官員之暴力催租。雖然未見具體細節,從簡略的概要中可知被告南鄉丈田史黄宫、趣租史李宗被審查時曾故意説輕毆打鄧官的程度,以減免處罰,他們的説法顯然被審理此案的前部、左部賊捕掾篤等所認可。而鄧官到有關縣曹復查時,發現了被打致傷的傷口,與篤等的報告不符,或有官官相護之嫌疑。對此,縣廷以首次報告不充分爲理由,退回重審。從此例可進一步説明司法過程中取證對質的必要性。

當時取證的範圍比較廣泛,除了直接當事人,知情的家庭成員、左鄰右舍及所在里的負責人都可能被訊問并作證,如:

(12)畢。比責,不肯雇。記到,實核,詭責。明分別正處言。吞、种、賜叩頭死罪死罪。奉得記,

即訊貞及石母列、知狀者男子鄭惠,辭皆曰:貞,□鄉民;列,都鄉。各有廬舍

《五一選釋》54

(13)有頃,欲起,不知姦所在,輒訊問任、知狀女子馬親、陳信、王義等。辭皆曰:
縣民,各有廬舍御門、都亭部,相比近知習,各占租,坐賣繳、帶爲事,任今月十七

《五一選釋》134

(14)罪。輒考問寵、漢、知狀寵同産兄凩、逐事伍長馬、撫,辭皆曰:縣民,寵與父武、母臧及凩、漢妻

妊等俱居。各有廬舍監亭部。寵,堤下;漢、撫,松田丘。相比近,皆各以田作爲事,今年四 《五一選釋》160

以上三例皆爲司法文書中段,内容不相關。從中可看出審訊過程之取證範圍相當廣:包括與案件直接相關的人,如例十二之貞及石母列,例十三之任,例十四之寵、漢等。知情人如例十二之鄭惠,例十三之馬親、陳信、王義等,例十四之寵同産兄凩、逐事伍長馬、撫。相關人及知情人皆需供認身份:姓名或單名、居住地鄉亭或丘名、同居情況、職業及與嫌疑人的熟悉程度等。知情人之見證,如:

(15)各异。會計,蕭察舉孝廉。永元七年十一月中,蕭迎綏之雒。其月卅日,通誊僦綏宅,月四歲

直錢五萬。交付。率歲直錢萬二千五百。時充送綏,證見通以錢付綏。綏去後,通、良自還歸 《五一選釋》110

此例所見涉及由租房引起的債務糾紛,債權人爲綏,債務人爲通。充與此案之債務没有直接關係,衹是曾經在場見證"通以錢付綏"的行爲,所付錢是否足數,由於上下簡文缺,未能明確判斷。債務糾紛中,當債權與債務雙方説法不一時,見證人的證言尤顯重要,對司法官的判斷舉足輕重。

綜上,長沙五一廣場東漢簡牘所見東漢司法實踐中,取證對質是不可或缺的環節,簡文稱之爲"摻驗""参驗""合驗""檢驗"等。通常能做到多角度廣泛取證,經過嚴肅對質檢驗,從而保障判決之公平合理。

試析幾枚五一廣場東漢簡牘*

香港中文大學歷史系　黎明釗

内容提要　五一廣場是戰國以來長沙城的中心地帶,此間出土的東漢簡牘,應當是漢代長沙郡、長沙國、臨湘縣的官署所留下的官府文書。其内容頗多反映外郡人口往來長沙郡臨湘縣的活動情況。《長沙五一廣場東漢簡牘選釋》例 108(CWJ1③:325-1-55 木兩行)及例 135(CWJ1③:142 木兩行)涉及蒼梧郡和零陵郡泉陵縣的商業活動,婦女婚嫁和家産爭奪,以及蒼梧郡、零陵郡泉陵縣與長沙郡臨湘縣的水路交通等問題,期間人口流徙,頗有基於婚姻與商業行爲的推動。另一例爲簡 692(CWJ1③:263—42 木兩行)及簡 619(CWJ1③:261—105 木兩行)兩枚兩行,内容反映桂陽、會稽、下邳和交阯等郡人口在臨湘作客和謀生的情況,期間發生"孟,負伯錢"的債務糾紛;長沙存在著大量流動人口,由於貨物集散,客商特别多,支援運輸的人口也不少,此兩枚兩行就提及船運的"船師"和以"月直"生活的運輸人口"車卒"。例 28(CWJ1③:315A 和 B)、例 29(CWJ1③:314 木兩行)及例 30(CWJ1③:313 木兩行)反映濟陰郡成武縣來的髡鉗刑徒有一百六十八人在長沙郡臨湘縣的勞作,服役期滿,郡府"致書計校",安排返程的程序。

關鍵詞　五一廣場　東漢簡牘　長沙　臨湘

引言

自 1996 年以來,長沙市内的五一廣場鄰近區域曾多次出土簡牘。1996 年五一廣場走馬

* 本文爲香港特别行政區研究資助局優配研究金(General Research Fund)資助項目研究成果之一(計劃編號:CUHK14618918)。在撰寫及修改期間得研究助理唐俊峰先生、張煒軒先生及馬增榮博士協助完成,特此致謝。

樓發現三國吴簡十餘萬枚,其中有字簡七萬六千餘枚,帶字痕迹的也有三萬餘枚,另有四萬餘枚無字。① 其後,1997年五一廣場西北科文大厦九如齋古井出土二百餘枚東漢中期簡。② 2003年長沙走馬樓8號井出土西漢簡牘約二千餘枚。③ 2004年,長沙東牌樓7號古井發現東漢簡牘共426枚,其中206枚有字,220枚無字。④ 本文探討2010年出土于五一廣場的東漢簡牘,其出土地點距離2003年出土的西漢簡牘僅有20米,又距離走馬樓三國吴簡約80米。整理者認爲五一廣場是春秋戰國以來長沙城的中心地帶,秦漢兩代在此建長沙郡、長沙國。《漢書·地理志》記載長沙國下轄十三縣,東漢光武帝在此建立長沙郡,臨湘縣爲郡治所在。考古學家認爲漢朝以戰國時期的長沙城爲基礎改建成臨湘城,作爲長沙國都城,都城的宫署建在臨湘城南部。⑤ 西漢初年吴芮建臨湘城,直至東漢長沙郡治也在臨湘城内。⑥ 此後,無論劉備、孫吴,晋以至明清時期,地理名稱縱然有變化,但長沙建城至今,城市的中心位置未發生遷移。如果"歷代王府及郡、州、路、府治所也代代沿襲,官署位置基本因循,即在今五一廣場區域",⑦這次出土於五一廣場的簡牘很可能就是漢代長沙郡府,或者是臨湘縣城官署的文書。《長沙五一廣場東漢簡牘選釋》(以下簡稱《選釋》)收入出土的部分簡牘。⑧ 已清理的簡牘當中載有東漢章帝"章和",⑨和帝"永元""元興""延平"以及安帝"永初"等年號,可見此批文書的年代爲東漢早中期,即和帝至安帝時期。

---

① 長沙簡牘博物館編:《走馬樓吴簡研究論文集精選·前言》,長沙:嶽麓書社,2016,1頁。

② 參考宋少華、黄樸華《長沙市五一廣場東漢簡牘》,《中國考古學年鑒1998年》,北京:文物出版社,2000,189-190頁;長沙市文物局《長沙出土簡牘及相關考察》,長沙市文化遺産網,2009年5月14日。

③ 鄭曙斌、宋少華、張春龍編:《湖南出土簡牘選編》,長沙:嶽麓書社,2013,405頁。

④ 長沙市文物考古研究所、中國文物研究所編著:《長沙東牌樓東漢簡牘》,北京:文物出版社,2006。鄭曙斌、宋少華、張春龍編:《湖南出土簡牘選編》,417頁。

⑤ 楊守敬疏《水經注》"臨湘"謂:"秦縣爲長沙郡治,後漢、吴、晋、宋、齊、梁爲長沙郡治。在今長沙縣城南。"見楊守敬、熊會貞疏,段熙仲點校,陳橋驛復校《水經注疏》卷三八《湘水》,南京:江蘇古籍出版社,1989,3144頁。根據考證,東晋懷帝時在臨湘置州治於故城,郡治和縣治遷出,新縣治建在城北,直至隋文帝撤湘州,舊城的本體并無擴大。據此何旭紅先生參考隋以前的文化遺迹、漢井及墓葬分布,大致推定"臨湘故城"的範圍:其東界在現今長沙市南陽街一綫以西,西界在太平街與藩城堤一綫往東,南界未超過解放西路、梟後街一綫,北界在青少年宫影劇院東西一綫與中山西路之間。而臨湘故城的宫署就在故城南部東稍偏中的地區,即今天五一廣場及其周圍區域。根據《水經注》提及"城之内,郡廨西有陶侃廟,云舊是賈誼宅地",何旭紅認爲"郡廨"之"郡"不是指臨湘故城外的長沙郡,而是指王莽時期更名長沙郡的"鎮蠻郡",而王莽此"鎮蠻郡"的"郡廨",就是西漢以來長沙國"臨湘故城"的"宫署"所在,具體的地點約在臨湘故城西北的故市以南,臨湘故城的南部,即今五一廣場及周圍地區。詳見何旭紅《長沙漢"臨湘故城"及其"宫署"位置考析》,《南方文物》1998年第1期,96-100頁;又參其著《漢長沙國考古發現與研究》,長沙:嶽麓書社,2013,263-266頁。

⑥ 參考長沙市文物考古研究所編著《長沙東牌樓七號古井發掘報告》,《長沙東牌樓東漢簡牘》,3頁。

⑦ 長沙市文物考古研究所、清華大學出土文獻研究與保護中心、湖南大學嶽麓書院等編著:《長沙五一廣場東漢簡牘選釋》,上海:中西書局,2015,前言1頁。

⑧ 本文初稿據《長沙五一廣場東漢簡牘選釋》釋文寫成。2018年10月長沙市文物考古研究所、清華大學出土文獻研究與保護中心、湖南大學嶽麓書院等編著的《長沙五一廣場東漢簡牘(壹)(貳)》(上海:中西書局,2018)正式出版,引例有不見於《選釋》一書者,本文仍依《選釋》爲本,如不同於《長沙五一廣場東漢簡牘(壹)(貳)》,則另外注明。

⑨ 按:漢章帝章和四年,實際是漢和帝元永元二年,屬年號延後現象,據《選釋》,7頁。

此批簡牘内容豐富,涉及當時的政治、經濟、法律、軍事等諸多領域,大都是當時使用的公文,主要包含長沙郡及門下諸曹、臨湘縣及門下諸曹的下行文書,臨湘縣、臨湘縣下屬諸鄉、亭的上行文書,以及與外郡縣的往來文書。公文涉及之地域廣泛,就其内容可瞭解當時的行政區劃及管理體系。諸種訴訟中涉及長沙郡内外編户人口進出的活動,反映城市繁榮殷庶,長沙郡各縣内商旅、吏民與外郡人口的密切往來,透露了政府吸納地方資源的信息。本文嘗試釋讀幾枚簡牘,并藉此説明東漢早中期外郡人口在長沙郡的活動。

一　蒼梧郡以及零陵郡泉陵縣的人口

例 108(CWJ1③:325—1—55 木兩行)及例 135(CWJ1③:142 木兩行),涉及蒼梧郡和零陵郡治泉陵的人口往來。整理者認爲例 108 與例 135 兩枚簡有關聯,兩者均有兩道編痕,均缺失前後連接的文書,均提及了相同的奴婢名字,是聯繫兩枚簡的關鍵所在。前者"元"有"大婢侍、民,奴秩、主及邸",後者"免、邸爲庶人",還有一個關鍵人物"珠"在兩枚簡中都被提及,看來合并在一起讀是適當的:

中,元物故倉梧,歸臨湘堲(葬)。堲(葬)後有大婢侍、民,奴秩、主及邸,大宅、市肆各二,及家□

物,何皆檢録。時珠年四五歲,幼小,隨脩留泉陵,何賣宅、侍、民、秩、主,散用錢給私、免、邸 (例 108 CWJ1③:325-1-55 木兩行)

☐呼石居,占數户下以爲子,免、邸爲庶人。到永元十一年中,脩更嫁爲男子

☐與山居。脩嫁珠爲其縣男子蔡溢妻,無子,棄(弃)。到十五年三月中,脩、珠俱來 (例 135 CWJ1③:142 木兩行)

"元物故倉梧,歸臨湘堲(葬)"一語顯示,已死的"元"著籍於長沙臨湘,旅居"倉梧(即蒼梧)"。下文説他有奴、婢、大宅、市肆等:"大婢侍、民,奴秩、主及邸,大宅、市肆各二,及家□物",顯示"元"很可能是行商在外的富裕人家,惜客死他鄉。

筆者懷疑該簡與家産的爭訟有關。"元"死後家中財物,由"何"作了安排。"何皆檢録",整理者謂"檢"是察覈,"録"是記録,意思是何作了查核和記録。不但如此,何又變賣元

的房宅和奴婢:"何賣宅、侍、民、秩、主",并且"散用錢給私、免、邸",[①]把元的部分家産賣掉,留下"市肆各二,及家□物"未賣。"何"是何許人?筆者推測"何"是"元"家的長者,所以有權力主宰"元"的家産。[②]

當"何"賣掉"元"的家産時,"珠年四五歲,幼小,隨脩留泉陵"。筆者推測,"珠"是"元"的女兒,"脩"是其母,"元"與"脩"是夫婦。"脩"原籍是零陵郡泉陵人,丈夫物故後,攜同其幼女珠返外家居住,并攜帶原爲其家的奴僕"免、邸"一起回泉陵。

CWJ1③:142 簡説"脩"回到泉陵,筆者推測,"脩"由於無子,於是收養"石",占數在其户口下。至於在泉陵,脩免去"免、邸"奴僕身分,成爲庶人,該文書在此是不是刻意厘清"脩"與"免、邸"的關係,則難以確定,但"免、邸爲庶人"則很明確。[③]

"脩"的丈夫"元"死於何年并不清楚,但"到永元十一年中,脩更嫁爲男子☐與山居"。换言之,"脩"其後改嫁他人,文書中説"與山居",也許"山"就是她的新任丈夫。脩改嫁後,落籍何地?筆者認爲很可能是零陵郡的泉陵縣。在泉陵,她爲自己的女兒"珠"安排婚姻,"脩嫁珠爲其縣男子蔡洫妻",可是因爲無子,而遭拋弃。漢代丈夫休弃妻子,有所謂"七出"的理由,即七種休妻的條件,其一爲無子。[④]

此文書末段説:"到十五年三月中,脩、珠俱來","十五年"疑是指和帝永元十五年

---

① 原文"私"字整理者釋爲"和"字,認爲是人名,但陳偉認爲不能排除釋爲"私"的可能性,"給私"大概是説何把賣出宅和奴婢所得的錢化爲己有。但李華認爲此處若作"給私"解,應理解爲"散發工錢給每個奴婢"。參見陳偉《五一廣場東漢簡 108、135 號小考》,簡帛網,2017 年 10 月 11 日。李華的意見可參其著《長沙五一廣場簡所見"元的遺産案"考述》(簡帛網,2018 年 3 月 11 日)一文。翻閲紅外綫圖版,筆者頗同意"和"有可能是"私"字,而且下文没有再提及"和"這個人,釋爲"私"字可能性大一些。漢人公私對比時,常用"以給私",例如《漢書》講及少府職能:"少府,秦官,掌山海池澤之税,以給共養。"注引應劭曰:"名曰禁錢,以給私養,自别爲藏。少者,小也,故稱少府。"(《漢書》卷一九上《百官公卿表上》,北京:中華書局,1962,731 頁)表示這是供養皇帝的財庫。《續漢書・百官志》劉昭注引《漢官》謂:"少者小也,小故稱少府。王者以租税爲公用,山澤陂池之税以供王之私用。古皆作小府。"又引《漢官儀》謂:"田租、芻稾以給經用,凶年,山澤魚鹽市税少府以給私用也。"(《續漢書・百官志三》,北京:中華書局,1965,3592 頁)何賣出了家人的宅和奴婢,所得的金錢應屬元及其家人,不應屬於何個人,這個"私"字,陳偉先生認爲是何把賣出元的宅和奴婢的錢據爲己有,即變爲何私有,頗合漢人公私觀念的用語習慣。

② 葉山教授推測"何"可能是脩的亡夫元之兄弟或其他家人。李華對何的身份有三種猜測:元的母親、元的正妻,以及元的同産兄弟或同産姐妹。但她更傾向於第三種可能,認爲"元、何、納爲同産兄妹的家庭,元是户主并擁有一定財産,何管理著實際家務,包括操持納的婚姻"。這三人原來應是同産又同居數的關係。李華特别指出五一廣場簡也可見同産兄弟或同居在喪葬和遺産糾紛中的話語權。參見陳偉《五一廣場東漢簡 108、135 號小考》;李華《長沙五一廣場簡所見"元的遺産案"考述》。

③ 陳偉認爲"免"在其他地方并未出現,應非人名,135 號中的"免邸爲庶人"應作一句讀,指何把邸從奴免除爲庶人。見陳偉《五一廣場東漢簡 108、135 號小考》。

④ 漢代有七出,即所謂"婦有七出"。參見陳立《白虎通疏證》卷五《諫諍》,北京:中華書局,1994,242 頁。婦有七出,亦見於《大戴禮記》:"本婦有七去:不順父母去,無子去,淫去,妒去,有惡疾去,多言去,竊盜去。不順父母去,爲其逆德也;無子,爲其絶世也;淫,爲其亂族也;妒,爲其亂家也;有惡疾,爲其不可與共粢盛也;口多言,爲其離親也;盜竊,爲其反義也。"見方向東《大戴禮記匯校集解》卷一三《本命篇》,北京:中華書局,2008,1305 頁。

（103），筆者認爲脩、珠俱來的地方即長沙臨湘縣，也許她們是從泉陵來到“珠”父親家中。她們因何前來長沙臨湘？其後又因何發生訴訟？雖然此文書殘缺，未有説明，但筆者懷疑“何”作爲家的長者（或者是元的兄弟），手中仍拿著“元”的“市肆各二，及家□物”，“珠”作爲元的兒女，也許想奪回父親的遺産，才回到臨湘。[①]

無論如何，“元”是長沙臨湘人，出蒼梧從商買賣，娶零陵郡泉陵人爲妻，臨湘距離泉陵數百里，距離長沙就更遠，其後“脩”“珠”又從泉陵前來臨湘，往返有湘水水路，亦可以利用陸路、水道連接。此例顯示，人口流徙頗多基於婚姻與商業活動。

二　桂陽、會稽、下邳和交阯等郡人口在臨湘作客和謀生

整理者認爲簡 692（CWJ1③：263—42 木兩行）及簡 619（CWJ1③：261—105 木兩行）兩者的内容相關，惟兩者前後文字皆有一枚或者兩枚散佚。概略而言，兩枚簡連讀，顯示外郡編户民前來長沙臨湘縣謀生者，其中包括桂陽郡、會稽郡、下邳國、交阯郡客居臨湘的人口，他們的職業很可能是客商。而文書記載長沙郡的人口似乎以航運業爲主，例如“船師”“車卒”，後者以賺取月直錢爲生：

江陵世，會稽綱，下坯（邳）徐、建、申，交阯孟、信、都，不處年中，各來客。福，吏；次，[②]今年

四月六日兼庚亭長。伯責篷，孟債爲桂陽送穀。船師張、建、福辟車卒，月直（簡 692 木兩行　2010CWJ1③：263-42）

之湘西推求伯，時伯在輔所。與綱、建俱還，伯便詣縣，孟、次辟（避）側不問。福鞭（鞭）元、

毆世、詭伯，無所隱切，即綱、建、申等證。案：福，吏；孟，負伯錢；次，謾辤。告（619

① 李華持相同觀點，認爲此案“很可能是一樁長大後的女兒與父親的同産兄弟（或姐妹）圍繞財産繼承權的遺産糾紛案”。參其著《長沙五一廣場簡所見“元的遺産案”考述》。

② 按整理者斷句爲“福，吏次今年四月六日兼庚亭長”。張朝陽《長沙五一廣場東漢簡所見交阯——長沙商道》一文結合例 146：認爲“次”是人名，并非“以吏職次”的“次”，頗爲正確，今從之。張朝陽曾主張“兼庚”是亭名，“次”是“兼庚亭”的亭長；但後來已修正這個説法，指出“庚亭”在五一簡中屢次出現，“兼”應該作動詞來理解，而非亭名之一部分。“兼庚亭長”强調“次”的身分是臨時代理，并非正式亭長，與作爲正式吏員的“福”構成對比。見張朝陽《長沙五一廣場東漢簡所見交阯——長沙商道》，發表於香港中文大學歷史系中國歷史研究中心、武漢大學簡帛研究中心、韓國國立慶北大學史學科 BK 事業團主辦“簡牘與戰國秦漢歷史：中國簡帛學國際論壇 2016”，香港中文大學，2016 年 12 月 12-13 日；後收入王捷主編《出土文獻與法律史研究》第 6 輯，北京：法律出版社，2017，174-187 頁。另見張朝陽《五一廣場簡 155“兼庚亭長”再考》，簡帛網，2018 年 6 月 22 日。

木兩行 2010CWJ1③:261-105)①

文書内容涉及"孟,負伯錢"的債務糾紛,筆者認爲"伯"是商人,孟欠負伯錢,於是代客運輸穀物到桂陽,以償還債務。兩簡所記來自外郡的人口分别有江陵郡的世,會稽郡的綱,下邳國的徐、建、申,交阯郡的孟、信、都等人,他們在"不處年中"分别來到臨湘。從"孟債爲桂陽送穀"一語,可知孟因償還債務,所以替客人運輸穀物到桂陽,推測這批外郡人士均是客商。

長沙本地的人有:1."伯"。這份文書説"孟,負伯錢",孟欠伯錢,而"伯賣篷",整理者認爲"篷"是帶有篷的船具,推測"伯"是商人,與買賣船隻有關,甚至可以説他的業務與航運有關。2."福"應爲臨湘縣的掾吏。3."次"是庾亭長。4."輔"可能是"伯"在湘西的友人。5."張"是船師。6."建"是船師。7."福"也是船師。這些船師與欠"伯"債的"孟"有關,特别是運送桂陽穀物時,他們可能負責有關船隻的駕駛和操作。"伯"有相當數量的友人,他們或者是"伯"的商業伙伴。例 146 説要到湘西"推求伯"(尋找"伯"),也許"伯"經常外出做買賣,剛好當時在"輔"的家中,之後他才與客商"會稽綱""下坯(邳)建"一起回到縣廷作證。

《長沙五一廣場東漢簡牘》簡 692 及 619 所載人物之郡籍與身分表

郡籍	人名	身分/職業
江陵	世	客/客商
會稽	綱	客/客商
下坯(邳)	徐	客/客商
下坯(邳)	建	客/客商
下坯(邳)	申	客/客商
交阯	孟	客/客商/欠伯錢
交阯	信	客/客商
交阯	都	客/客商
【長沙】②	福	吏
【長沙】	次	兼任庾亭長

① 《長沙五一廣場東漢簡牘(貳)》簡 692 的釋文把《選釋》的"譠辤"釋爲"謾辤",認爲是异體字。《説文解字注》:"謾,欺也。宣帝詔欺謾。《季布傳》面謾。韋注《漢書》云謾,相抵讕也。"([漢]許慎撰,[清]段玉裁注:《説文解字注》,上海古籍出版社,1988,96 頁下)意思是抵賴,拒絶承認和欺詐的意思。《説文》并没有"譠"字,《漢語大字典·言部》有"譠",釋爲"小言",引《廣雅·言部》謂"譠,謏謟也",王念孫疏證"譠與佞通",又引《博雅》等謂"譠,謏謟也,通作佞",謾是欺詐,謏謟是謟媚奉承的意思。參見漢語大字典編輯委員會編《漢語大字典》,武漢:湖北辭書出版社,成都:四川辭書出版社,1995,4028 頁。整理者釋作"謾"也許較爲正確。

② 文書内未有説明,根據出土地點爲漢長沙郡臨湘縣地,處理本地訴訟的官署不必刻意書寫本縣百姓的郡籍,是可以理解的,本表用括號標示的皆屬此類。

續表

郡籍	人名	身分/職業
【長沙】	伯	商人/從事與運輸、或者航運有關的商人
【長沙】	輔	是伯在湘西的友人,或者認識的商人
【長沙】	張	船師
【長沙】	建	船師
【長沙】	福	船師
【長沙】	元	(牽涉債務案件的人)
【長沙】	世	(牽涉債務案件的人)

"福"這位吏,很可能是臨湘縣廷的掾吏,在案件中扮演重要角色。他似乎嚴厲威嚇過涉事的人,例如鞭打"元"、詭責"伯",令他們"無所隱切",整理者認爲隱切"猶怨恨",筆者認爲此解不能與上文連接。根據《説文》,"隱"爲"隱蔽",[①]《漢語大字典·阜部》引《玉篇·阜部》謂:"隱,不見也,匿也。"又引《廣韻·隱韻》:"隱,藏也。"[②]"隱"是把某些事實隱藏,匿而不彰;而"切",《説文》解釋爲"切,刌也……今文刌爲切,引伸爲迫切"。[③]《漢書·霍光傳》云:"切讓王莽",顔師古注云:"切,深也。"[④]據此"隱切"有如隱藏深切,意思是"福"以嚴厲威嚇涉事的人,迫使他們講出隱藏心中深處的事實真相。結果他們講出真相,其所言就如"綱、建、申等"所做證辭一樣,衹是因爲整份文書并不完整,具體情況無法弄清。

張朝陽先生認爲臨湘當地有"小市"的現象,即鄉里一級的市場交易。[⑤] 筆者認爲,文書中提及"庾亭"的職責之一是負責亭部的治安,并且作爲百姓聚集買賣的亭市。《初學記·居處部》引桓譚《新論》:"扶風郊亭部,本太王所處,其人有會,日以相與夜市。如不爲期,則有重災害。"[⑥]我們從四川畫像石的市樓可知,漢代對地方大小列肆有一定的管理。[⑦] 張衡《西京賦》:"旗亭五重,俯察百隧。"注:"旗亭,市門樓也。"[⑧]《三輔黄圖》引《廟記》:"市樓皆重屋。"又曰:"旗亭樓,在杜門大道南。"又"市樓"中"有令署,以察商賈貨財買賣貿易之事。三

① [漢]許慎撰,[清]段玉裁注:《説文解字注》,734頁下。
② 漢語大字典編輯委員會編:《漢語大字典·阜部》,4162頁。
③ [漢]許慎撰,[清]段玉裁注:《説文解字注》,734頁下及179頁上。
④ 按此"王莽"爲侍中王忽之父,時任衛尉,與建立新朝的王莽屬二人。參見《漢書》卷六八《霍光傳》,2933頁。
⑤ 張朝陽:《長沙五一廣場東漢簡所見交阯——長沙商道》,591頁。
⑥ [唐]徐堅等:《初學記》卷二四《居處部》,北京:中華書局,1962,593頁。
⑦ 參見龔廷萬、龔玉、戴嘉陵編著《巴蜀漢代畫像集》,北京:文物出版社,1998,圖版29。
⑧ 俞紹初、許逸民、王翠紅點校:《新校訂六家注文選》卷二《張衡西京賦》,鄭州大學出版社,2013,第1册,86頁。

輔都尉掌之。”[①]如果庾亭有商業買賣的作用,當有交易;一旦買賣有紛争,亭長當出來調停。文書提及的訊息“案:福,吏;孟,負伯錢;次,謾辤。告”,就值得進一步聯繫到“次”身上。

筆者認爲“次”作爲亭長,這次債務糾紛就在“次”出任庾亭長的地方發生,“伯”對“孟”欠他的債務,可能先向所在地的亭投訴,“次”未秉公辦理。文書的按語説:“案:福,吏;孟,負伯錢;次,謾辤。告。”“福”作爲縣吏,追查案件時,“次”故作“謾辤”,謾是欺詐,“謾辤”就是欺詐之詞,而“孟”有意拖欠不還,遂刻意“辟(避)側不問”。庾亭長“次”砌辭巧飾其非,所以文書的按語説“告”,也許是往上級官署告發此事。

從此文書所示,長沙臨湘縣城是個商業都會,是南北貨物集散的中心。從上表可見,臨湘存在著大量流動人口,他們以行商的客商爲主,由於貨物需要集散,與此相連的運輸業頗爲發達,依靠此業維持生計的人口頗多,例如船運業和接駁船運的雇工。[②] 文書説孟的債主“伯”曾“賣篷”,無疑説明他是長沙商人,從事與運輸或航運有關的業務。不但如此,“孟債爲桂陽送穀”,孟并非自己拿著穀物去桂陽,而是聘請三位船師(張、建、福)開船,通過湘水轉運到桂陽,另外,他又以“月直”若干,聘“車卒”運輸。張朝陽先生解釋車卒時説:古代水路運輸,遇險灘激流,一般先將貨物卸下,拖船走陸地避開險灘,然後再繼續下水行船。他認爲“車卒”和這種陸地拖行有關,這是正確的。不過,臨湘一帶的水道似乎并非險灘,而且聘請“車卒”不會隨船上路,估計所謂“車卒”當是在長沙臨湘縣聘請的雇工。考《水經注》臨湘縣城與貨物裝卸的津渡有一定的距離,有必要聘雇工運輸,《水經注》謂湘水“又北過臨湘縣西,瀏水從縣西北流注”注云:

縣南有石潭山,湘水逕其西……湘水又北逕南津城西,西對橘洲……水西有橘洲子戍,故郭尚存。湘水又北,左會瓦官水口,湘浦也。又逕船官西,湘洲商舟之所次也。北對長沙郡,郡在水東州城南,舊治在城中,後乃移此。湘水左逕麓山東,上有故城。山北有白露水口,湘浦也。又右逕臨湘縣故城西縣治,湘水濱臨川側,故即名焉。王莽改號撫陸,故楚南境之地也。秦滅楚,立長沙郡,即青陽之地也。秦始皇二十六年,令曰:荆王獻青陽以西。《漢書·鄒陽傳》曰:越水長沙,還舟青陽。《注》張晏曰:青陽,地名也。蘇林曰:青陽,長沙縣也。漢高祖五年,以封吴芮爲長沙王。是城即芮築也。漢景帝二年,封唐姬子發爲王,都此。王莽之鎮蠻郡也……城之西北有故市,北對臨湘縣之新治。縣治西北有北津城……湘水左合誓口,又北得石槨口,并湘浦也。右合麻溪水口,湘浦也。湘水又北逕三石山東,山枕側湘川北,即三石水口也。湘浦矣。水北有三石戍,戍

① 何清谷校注:《三輔黄圖校注》卷二《長安九市》,西安:三秦出版社,2005,110頁。

② 上引張朝陽先生一文提及的商道,他稱之爲交阯—桂陽—長沙水上商路。

城爲二水之會也。湘水又逕瀏口戍西,北對瀏水。[①]

此處想説明湘水經臨湘縣一帶水道交錯,湘水流經臨湘縣城西面,貨物運輸水陸兼用。由臨湘故城運貨到湘水津渡,以及"湘水又北,左會瓦官水口,湘浦也。又逕船官西,湘洲商舟之所次也"。孟的穀物,以及其他商人的貨物,要由臨湘城運輸到達湘洲商舟停泊的地方,必然要雇人運輸。湘水傍有南津城,西岸有橘洲子戍,縣治西北湘江濱磧又有北津城。[②] 各地之間的往來,以至附近湘浦、戍口都分布在連接湘水的支流,極需要水陸運輸聯繫。根據文書"月直"一語,"孟"所聘的雇工不是短期的"日直",而是每個月清付雇工錢。不單如此,臨湘縣的津渡也有"津卒",也許是專門在津渡幫忙運輸。《長沙東牌樓東漢簡牘》"出錢雇東津卒五人四月直文書":

出錢·雇東津卒五人,四月,直☑(130)

正如王子今先生所説,我們不能確切解説上引文書的完整意思,[③]但就文字推敲,當爲官府出錢雇卒的記録。而此間"東津"爲津名?抑或"東""津"兩字應分開,"東"爲人名,"津"字往下連讀,"雇"是動詞?兩説孰長,暫不能完全肯定。惟翻查《長沙東牌樓東漢簡牘》《選釋》,以及已公布的《長沙走馬樓三國吴簡·竹簡》(包括壹、貳、叁、肆、柒、捌)都找不到"東津"的地名,東鄉、東丘則屢有所見,其他東平丘、東山丘、東田丘、東溪丘等等未必與東津有直接關係。如果"東"是人名,我們可以把此文書理解爲:"雇傭東等五人爲津卒"。我們還知道這些津卒是以"月直"多少錢的形式被雇傭,"四月,直"是筆者句讀,全句意謂:"出錢·雇東等五位爲津卒,[④]四個月,月直(下文斷去,錢若干則泯没不清)。"《長沙東牌樓東漢簡牘釋文》亦有一枚講及月直:

---

① 陳橋驛校證:《水經注校證》卷三八《湘水》,北京:中華書局,2007,894-895頁。

② 根據卞鴻翔所考證,臨湘故城有南北兩津,與湘江東岸的腹地相對,北津城臨湘故城之北,與對岸誓水口瀠灣港谷地相對。南津城在臨湘故城南,相對著靳江河谷地,具體位於今日的猴子石江濱附近。北津城是在湘江津渡口發展而成的臨湘城的衛星城,此城當直抵湘江水濱,卞氏推斷北津城應在今通泰街西端江濱灘磧地帶。由於位於湘江長沙段的江心洲日漸拓寬,位於濱江的北津城東岸頻頻崩潰、破壞、傾圮入江,卞鴻翔認爲乾隆年間的湘江中尚有一處稱爲"成功堤"的遺迹,與古北津城遺迹相吻合。北津城作爲津渡,對岸誓水口瀠灣港谷地是西通益陽與湘西的孔道,而長沙城東北瀏陽河彎頂的湖迹渡是古代陸路越瀏陽河往東的重要渡口,以及出入瀏陽河水路的主要吞吐碼頭。由此可見臨湘故城與北津城以及瀏陽河的津渡在水路交通、貨物運輸中的重要性。參見卞鴻翔《長沙古"北津城"考析》,《湖南師範大學自然科學學報》1990年第2期,162-167頁;《古桔洲與南津城新探》,《湖南師範大學自然科學學報》1987年第1期,111-116頁。

③ 王子今:《長沙東牌樓漢簡"津卒"稱謂及相關問題》,《中華文史論叢》2010年第1期,321-329頁。

④ 韓國學者權仁瀚先生研究東亞漢字文化認爲漢字常有合文現象,數字的合文書寫方法很常見,2019年1月25日在韓國成均館大學東亞學術院主辦"東亞的私文書研究"國際學術會議的會上,權先生惠示大作《古代東아시아의 合文에 대한 一考察》(《木簡과 文字》第14輯,2015,125-144頁)。他提出長沙東牌樓東漢簡牘的《出錢雇東津卒五人四月直文書》的"卒"字,上半部頗像"六"字,而下半部爲"十",整體看似"六十"的合文。筆者根據上下文文理推敲,如果是合文,讀作"雇東津六十五人",則"東津"當爲津名,而"六十五人"究竟是指什麽人?意義有不明確之處,因此仍據原文釋讀。

☐□汝當還我錢
☐□家須得月直耳。吾(069A)
☐……□□念(今)遣往□□[1]
☐……々□收。今墓之,
☐……見。念々□□ (069B)

此爲《佚名書信》,某人受雇後,未得到雇主答允給予的雇直錢,故追收此筆款項,并謂家中須得此月直錢生活,"今遣往"一語似派人前往索取。上引五一廣場出土簡牘與東牌樓069A號簡,皆反映當時有不少家庭通過爲他人所雇傭,賺取月直來生活,由此推論,雇傭市場應當頗爲活躍,同時反映長沙商業發達。考慮到長沙臨湘是商旅輻輳、貨物集散的地方,運輸雇工需求量大,是可以預期的。

長沙郡臨湘縣作爲貨物集散的中心,吸引了交阯客商遠道而來做生意,轉運穀物至桂陽謀利。同時官府對長沙穀物也有興趣,在長沙郡内建立漕運,挑選優質稻米進貢朝廷。例28云:

永初四年七月癸未朔四日丙戌,臨湘鄉嗇夫范,助佐朗、崇敢言之。廷下
詔書曰:大司農□言,東園掾翔、護漕掾洛(?)、守大倉令給事謁者郎中興領�官令(CWJ1③:315A 木兩行)
臨湘鄉小官印。……史……白開
七月　日　郵人以來。(CWJ1③:315B)

這是東漢安帝永初四年(110)七月,臨湘縣屬下臨湘鄉嗇夫范,助佐朗、崇,向上級呈送的文書,當中提及臨湘縣廷下達的詔書涉及幾位官員的職位:"大司農□言,東園掾翔、護漕掾洛(?)、守大倉令給事謁者郎中興領䆃官令。"整理者謂大司農是九卿之一,負責農耕漕運等事。《續漢書・百官志》:"大司農,卿一人,中二千石。本注曰:掌諸錢穀金帛諸貨幣。郡國四時上月旦見錢穀簿,其逋未畢,各具别之。邊郡諸官請調度者,皆爲報給,損多益寡,取相給足。"[2]嚴耕望先生認爲大司農一職猶如今日的財政部、經濟部,又謂其屬官有太倉、均輸、平準、籍田等,又郡國諸倉、農監、都水五十六官,各置長丞,皆屬之。[3]

護漕掾爲大司農屬官,整理者引《晋書・職官志》:"大司農,統……東西南北部護漕掾。"這裏的護漕掾很明顯與漕運有關。還有"守大倉令","守"是臨時署任,"大倉令"即"太

① 長沙東牌樓簡牘研讀班將"念"字釋爲"今",似較爲合理。參見長沙東牌樓簡牘研讀班《〈長沙東牌樓簡牘〉釋文校訂稿》,卜憲群、楊振紅主編《簡帛研究二〇〇五》,桂林:廣西師範大學出版社,2008,161頁。

② 《續漢書・百官志三》,3590頁。

③ 嚴耕望:《中國政治制度史綱》,上海古籍出版社,2013, 78-79頁。

倉令”,是大司農的下屬。《續漢書・百官志》謂:“太倉令一人,六百石。本注曰:主受郡國傳漕穀。丞一人。”《漢官》曰:“太倉令的員吏有九十九人。”[①]“給事謁者”則是光禄勛的屬官,光禄勛屬下謁者爲皇室近臣,掌賓贊受事,“天子出,奉引”當上謁者,有機會拜任其他官職,例如出任縣令、長史之類。[②] “郎中”爲天子掌守門户,出充車騎,既爲天子近臣,備用官員,地方長吏多以郎出任。“東園”,《後漢書・皇后紀上・和熹鄧皇后紀》李賢注“東園秘器”謂:“東園,署名,屬少府。主作凶器,故言祕也。”[③]負責皇室棺器、明器。[④]

例 28 説“守大倉令給事謁者郎中興領導官令”,應指由“興”暫代太倉令給事謁者郎中之職,并同時領導官令的工作。“導官”的工作是什麼?《續漢書・百官志》謂:“導官令一人,六百石。本注曰:主舂御米,及作乾糒。導,擇也。”《史記・司馬相如列傳》“導”作“導”。[⑤]《後漢書・皇后紀上・和熹鄧皇后紀》李賢注導官,引《前書音義》謂:“導官,主導擇米以供祭祀。”[⑥]然則,導官令就是選擇優良的稻米,供應皇室使用。這些稻米經由暫代太倉令給事謁者郎中興揀選,通過護漕掾洛監督,由長沙郡漕運系統運走。這份文書的日期是東漢安帝永初四年七月癸未朔四日丙戌,相信與詔書頒發的時間相距不遠。文書提到“臨湘鄉嗇夫范,助佐朗、崇”,其中“臨湘鄉”爲臨湘縣的屬鄉,“臨湘”因臨湘水而得名,位於長沙市西北,《水經注》記湘水注入湘水,湘水東流,進入臨湘縣,經湘口戍東,南注入湘水。[⑦] 湘水從長沙北流,經羅縣入洞庭湖,至雲夢澤。按長沙郡經湘水進入洞庭和雲夢水道,再循漢水,到達襄陽,北上南陽,采自古以來的襄陽江陵道可達洛陽。[⑧]

三　濟陰成武髡鉗龐綏等百六十八人

《選釋》整理者認爲例 28(CWJ1③:315A 和 B)、例 29(CWJ1③:314 木兩行)及例 30(CWJ1③:313 木兩行)三者内容相關,兹并列如下:

永初四年七月癸未朔四日丙戌,臨湘鄉嗇夫范,助佐朗、崇敢言之。廷下

詔書曰:大司農□言,東園掾翔、護漕掾洛(?)、守大倉令給事謁者郎中興、領導官令(例 28CWJ1③:315A 木兩行)

① 嚴耕望:《中國政治制度史綱》,3590 頁。
② 嚴耕望:《中國政治制度史綱》,3578 頁。
③ 《後漢書》卷一〇上《皇后紀上・和熹鄧皇后紀》,424 頁。
④ 《續漢書・百官志三》,3141-3148 頁。
⑤ 《史記》卷一一七《司馬相如列傳》,北京:中華書局,1959,3065 頁。
⑥ 《後漢書》卷一〇上《皇后紀上・和熹鄧皇后紀》,422 頁。
⑦ 陳橋驛:《水經注校證》卷三八《湘水》,896 頁。
⑧ 參見譚宗義《漢代國内陸路交通考》,香港:新亞研究所,1967,183-188 頁。

臨湘鄉小官印。……史……白開

七月　日　郵人以來。(CWJ1③:315B)

入書事,具簿。掾棠書言:作徒濟陰成武髡鉗龐綏等百六十八人刑竟,謹以本郡致書

校計,應詔書,歲刑遣歸田里。范、朗、崇叩頭死罪。即日書謹到,輒實占:均所居高遷里,(例 29 CWJ1③:314 木兩行)

年卅四,爵公士,謹移人名如牒。范、郎、崇職事惶恐叩頭死罪死罪敢言之。(例 30 CWJ1③:313 木兩行)

按圖版所示,例 30 的"郎"字,當爲"朗"字。以下幾個人名把例 28、29、30 三牘聯繫在一起:

例 28:"臨湘鄉嗇夫范,助佐朗、崇"

例 29:"范、朗、崇叩頭死罪"

例 30:"范、朗、崇職事惶恐叩頭死罪死罪敢言之"

從書手的字迹看,三牘疑爲同一人書寫,例 30 中的敢言之和惶恐、叩頭死罪的"范、朗、崇"應當就是例 28 的"臨湘鄉嗇夫范,助佐朗、崇",他們分别是臨湘縣臨湘鄉的嗇夫范,以及嗇夫助佐朗和崇。鄉有助佐,并非孤例。《選釋》例 51(CWJ1③:325-1-105A)有"南鄉有秩踊、助佐普",《選釋》例 106(CWJ1③:325-1-45A)有"永初元年八月……廣成鄉有秩 、佐种、助佐賜",例 485(CWJ1③:236 函封)有"小武陵鄉助佐番廣",可證。漢代鄉設有秩、嗇夫、鄉佐、游徼等官員,整理者謂"助佐"是諸鄉佐之佐史,掌文書及雜務。

此文書大抵講一批來到長沙郡的作徒,服役期滿,長沙郡安排他們返程的處理程序。"掾棠"代表長沙郡在"作徒濟陰成武髡鉗龐綏等百六十八人刑竟"後,"致書校計",把這批刑徒人數及其所在地逐一登記,預備遣送他們返回原郡,推測他手上持有這次"百六十八人刑竟"者的名單,但同時需要核實他們所在縣鄉的記録,例如姓名、身分,"掾棠"把名單下達縣、縣又下達至鄉,此處的鄉指臨湘鄉。"掾棠"負責執行詔書規定:"應詔書,歲刑遣歸田里。"關於"致書校計",整理者解釋"致書"爲"一種憑證文書的稱謂,亦單稱'致'"。陳偉先生研究《津關令》時曾討論通關方面的憑證,指出行人通關必具有合法的"傳",人有"人傳"、馬有"馬傳","書""致"也是通關憑證,是相關人員在關外使用的,而"致""傳"的發出者都是二千石官。[①]

筆者認爲"謹以本郡致書校計"就是把這批作徒名單加以整理,給予他們返程時作爲憑證,通過津關。鄉管理户口,這批從濟陰成武來的一百六十八名髡鉗作徒,分配在臨湘鄉工

① 陳偉:《張家山漢簡〈津關令〉涉馬諸令研究》,《考古學報》2003 年第 1 期,29-43 頁。

作,他們一年的刑期結束,臨溈鄉有責任回應長沙郡掾棠的文書,"輒實占"校計核實這批即將返程的作徒名單的資料,把資料送到縣廷,再由縣廷作實并且回覆郡府,讓二千石的郡府官員發出致書,以便他們回程,這是安排他們回鄉前必須的手續:"范、朗、崇叩頭死罪。即日書謹到,輒實占:均所居高遷里。"臨溈鄉的嗇夫范、嗇夫助佐朗和崇接到"掾棠"下達的校計命令,誠惶誠恐的"輒實占",立刻核實作徒名數,并説"均所居高遷里",他們目前居住在高遷里。

例 30 的内容有"年卌四,爵公士,謹移人名如牒"。筆者推測可能是校計文書的部分,但作徒如果曾經犯罪,爵位也許會被奪去,此牘因爲殘佚過甚,待考。無論如何,這批從濟陰郡成武縣來的髡鉗刑徒有一百六十八人之多。他們具體的工作是什麽,相關的例 29 和 30 都没有顯示,例 28 提及的稟官與選擇優良的稻米,又考慮臨溈鄉當屬臨溈縣,"臨溈"因臨溈水而得名,而溈水注入湘水,或許這些作徒的具體任務與漕運有關,但僅是推測而已。

結語

通過上面分析長沙五一廣場出土的幾枚簡牘,我們得知當時長沙存在頗多外郡人口,例如通過婚姻嫁娶從零陵郡泉陵來到長沙的人口;從桂陽郡、會稽郡、下邳郡和交阯郡行商來臨湘謀生的客商;因受懲罰被迫來到長沙服刑的濟陰成武髡鉗龐綬等百六十八人。長沙郡臨湘縣位於湘水流域重要的地理位置,《水經注》言湘水水系由衆多支流組成。《續漢書・郡國志》謂:"零陵陽朔山,湘水出。"劉昭注引羅含《湘中記》曰:"有營水,有洮水,有灌水,有祁水,有宜水,有舂水,有烝水,有耒水,有米水,有渌水,有連水,有瀏水,有溈水,有汨水,有資水,皆注湘。"[①]鄰近郡縣人口經水陸兩道大量涌入,由於不同原因來到臨湘。南方以生産稻米爲主要糧食,不單自給,而且有盈餘外銷,從"孟債爲桂陽送穀",可見一斑。另外,長沙五一廣場出土東漢孫詩供辭不實案(即《選釋》的例 117 CWJ1③:285)提及完城旦徒孫詩的供辭"持船於湘中糴(糴)米,見流死人"。"糴(糴)米"即買進米糧,湘水水系灌溉兩岸稻田,穀稻産量豐富,庶幾可信。[②]

---

① 《續漢書・郡國志四》,3483 頁。

② 1996 年長沙走馬樓五一廣場發現三國吴簡十餘萬枚,其中的嘉禾吏民田家莂詳列佃農繳納的租税米錢多寡,常限田每年定額畝收税米一斛二斗。税米作爲繳納税收的選項之一,其産量除了自給,還有贏餘,可見稻米應是當地編户民生産的主要農作物之一。

再讀新羅月城垓子 2 號木簡
——與中國出土古代行政文書的比較研究

［韓］首爾大學東洋史系　金秉駿著
中國社會科學院古代史研究所　戴衛紅譯

内容提要　雖然以往學界有不少關於新羅月城垓子 2 號木簡的研究成果,但甚少與中國出土行政文書資料的比較研究。本文擬針對這一缺憾,立足於與中國出土行政文書的比較,對月城垓子 2 號木簡进行重新釋讀和研究。月城垓子 2 號木簡的内容、用語和書寫方式準確反映了當時東亞地區廣泛實行的文書行政程序及其文書用語和格式。通過新的釋讀和研究,可以復原 2 號木簡所記録的有關購買紙張的行政程序如下:1)上級下達了定期購買紙張的命令。2)下級負責官吏依據上級命令,啓動按照一定的價格購買特定種類紙張的相關準備工作。3)負責官吏請求上級批准,以完成紙張購買。4)製作這些内容的文書後,題寫文書製作者的職位及簽名。2 號木簡即是按照行政文書格式對這些行政程序的記録:第一面是向收件人即上級報告的内容;第二面爲業務負責人的具體準備措施;第三面是請求上級許可的内容;第四面爲文書製作者的職位和簽名。由於每一面需要準確寫入的内容有不同的規定和要求,所以各面所書寫的字數不一樣,末端的留白也不一樣。因此,月城垓子 2 號木簡可以説是反映當時嚴格遵守相關規定的文書行政程序和文書格式的實物。

關鍵詞　月城垓子 2 號木簡　居延漢簡　敦煌文書　行政文書　牒　事諾

一　序言

在新羅木簡中,韓國學界關於月城垓子 2 號木簡的研究成果最多(圖 1)。[①] 這枚簡對於新羅史研究具有重要意義,不論在歷史學領域還是韓國語學領域都引起了極大的反響,尤其是它爲理解新羅初期的吏讀,提供了關鍵性的綫索。儘管學界對該簡的研究成果豐碩,但還有很多討論的餘地,比如在比較研究方面,與日本資料的比較研究取得了不少進展,但與中國資料的比較研究則遠遠不够,且普遍存在貶低中國影響的傾向。

但是,朝鮮半島或日本早期的文書樣式,自秦漢以來便長期受到中國的影響,系統接受了中國文書的形態,這一點是很難否認的。[②] 要了解長期受到中國王朝影響的新羅文書形態,衹有首先了解新羅從中國方面接受了什麽,然後才能知道它改變了什麽。如果僅僅關注或者過分關注它改變了什麽,是難以解決問題的,因爲改變是以接受爲前提的。故筆者認爲衹有充分準確地掌握了新羅從中國所接受的文書形態之後,才能獲知這些文書在現實使用中與新羅本土語言之間的衝突,從而理解新羅是如何對之進行轉换、開始使用吏讀的。

另外,還需要考慮新羅所接受的各個方面的内容。因爲新羅從中國接受的絶對不會僅限於固定的律令條文,在現實行政運作方面,新羅也一并有所學習。因此,有必要對不見於法律條文的行政運作方式和行政文書用語等進行比較研究,衹有這樣才能找出在中國文獻和律令中不常見的新羅詞彙,從而避免輕率地將這些詞彙認定爲新羅式用語的危險。如果對其所接受的内容理解不充分的話,就有可能陷入忽視中國制度影響的普遍性而衹强調周邊地區特殊性的危險境地。

① 序號依據 2006 年出版的正式報告《月城垓子發掘報告書Ⅱ》,韓國國立慶州文化財研究所,2006。

② 文書行政是一個龐大的體系,是同一時期被整體接受的,并不是局部受到影響而逐漸確立的。有的學者認爲,要考慮同時吸納了中國文書樣式和行政用語的新羅早期文書中的本土“口語”要素(參見[韓]李京燮《新羅木簡文化的展開和特性》,《民族文化論叢》2013)。對此,筆者難以苟同。筆者認爲,恰恰與之相反,衹有在正確、徹底的接受之後,吏讀這樣土生土長的要素才能占據一席之地。

圖1　月城垓子2號木簡

儘管如此,目前與中國方面的比較研究主要是基於文獻資料的比較,尤其是法令和制度的比較,大體是停留於形式上的比較。在出土資料方面,僅局限於與日本木簡的比較研究。即使偶有與中國簡牘的比較,也由於新羅木簡與秦漢簡牘存在巨大的時代差异,中國没有發現更多時代與之相近的六至八世紀的木簡,因而無法進行深入有效的研究。另外,雖然中國出土的紙文書數量衆多且時代與新羅相同,但相關的研究却幾近空白。

正是鑒於上述問題和缺陷,本文力圖將先前被忽略的中國出土資料與新羅木簡結合起來進行比較研究。韓國學界對月城垓子2號木簡有衆多研究成果,且將該簡視作體現新羅式吏讀方式的實物例證,故將該簡作爲分析對象是最合適不過的。中國出土的居延漢簡、敦煌漢簡、里耶秦簡、長沙五一廣場漢簡、長沙東牌樓漢簡、長沙走馬樓吴簡以及北朝至唐代的敦煌吐魯番文書中的行政文書與月城垓子文書有多大的關係,是本文關注的核心。本文將新羅木簡置於東亞古代國家典型的文書行政框架内展開討論,認爲它也包含與之相同的文書格式、用語和符號。

二　釋文與注解

(一)第一面:大烏知郎足下再拜白[①]

1.大烏知郎

從木簡來看,墨迹有些漫漶,不能判斷是“大烏知郎”還是“大烏知郎”。從圖版來看,第二個字上部有兩横筆,更接近“鳥”字,但其中第二横筆不是獨立的,而是下一横筆的連筆。另外,考慮到文書的性質,對第二個字有必要再作進一步的探討。如果釋作“大烏知郎”,則應理解爲人名;如果釋作“大烏知郎”,則可理解爲官階。因此,如果將其視作文書收受人,則二者之間的争議可歸結爲究竟是記録“大烏知”這一人名還是標明“大烏知”這一官階的問題。

如果把這份文書視爲個人之間的往來書信的話,“足下”前一般爲人名,就像現今所説的“名字+先生”一樣。通常人名之前還會綴附該人的官銜,因此“大烏知郎足下”可以讀成“大烏知+郎+足下”。漢代私人往來書信中有很多類似的例子,比如居延漢簡“叩頭再拜薛卿坐前善毋恙頃得相見☑”(E.P.T2:4A)中的“薛卿坐前”。[②]

但是,如果不是私人之間的書信,而是官府間往來的行政文書的話,幾乎没有直接標明對方名字的情況。尤其如果對方是上級長官,就更不太可能直書其名字了。事實上,西汉末之後,“敢言之”等正式用語主要在私人書信中使用,“白”“叩頭”“再拜”“頓首”“死罪”等套語開始在正式文書中使用。[③] 不過這種情況下,會在收受人的名字前同時寫上其官職和官階。即使在東漢時期,也有這樣的例證,如東牌樓漢簡中的“陳主簿侍前々日惢々言不悉不以身爲憂念,□”(34/1137)[④]、“督郵侍前:别亭易邁忽爾,令縲磨年年期”(35/1006)[⑤],五一廣場漢簡的“臨湘令殷君門下 郎中隋宣叩頭白記回”(118 封檢 CW1③:133)[⑥],樓蘭文書的“因王督缴,西域長史張君坐前”(L.A.Ⅵ.ii.0200—沙木 751)。[⑦]“大烏知”如果是人名而非官職或官階的話,出現在向上级報告的行政文書中是很不合理的。因此,筆者將其理解爲表示

① 關於木簡的釋讀順序,正如尹善泰在《月城垓子出土新羅木簡》(《歷史與現實》第56輯,2005)一文中指出的那樣,握住這枚四面木簡,向右邊轉動釋讀。參考吐魯番行政文書中的唐代公式令,文書起首寫有“收受人”+“致書人”,因此寫有這些内容的便是第一面。

② 馬怡、張榮强主编:《居延新簡釋校》,天津古籍出版社,2013,2頁。

③ [日]高村武幸:《秦漢簡牘研究》,東京:汲古書院,2015。

④ 長沙市文物考古研究所、中國文物研究所編:《長沙東牌樓東漢簡牘》,北京:文物出版社,2006,87-88頁。

⑤ 長沙市文物考古研究所、中國文物研究所編:《長沙東牌樓東漢簡牘》,88頁。

⑥ 長沙市文物考古研究所等編:《長沙五一廣場東漢簡牘選釋》,上海:中西書局,2015,203頁。

⑦ 侯燦、楊代欣編著:《樓蘭漢文簡紙文書集成》,成都:天地出版社,1999,439頁。

文書收受者官階的“大烏知”。

據《三國史記·職官志》,大烏知與新羅官階第十五等“大烏”相關。[①] 而從大舍(十二等)到先沮知(造味,十七等)能擔任“史”這一職位來看,[②]第十五等的“大烏知”也能擔任“史”這一官職。加之月城垓子2號木簡中提到購買紙張之事,故可進一步推斷大烏知郎也應與官職相關,且與“史”這一官職的執掌相符。《後漢書·百官志》載,秩六百石的中央官職“守宫令”和秩四百石的“尚書右丞”,負責皇帝和尚書使用的紙筆墨等各種用品的備辦事宜。[③] 唐代尚書省由郎中掌管紙筆。[④] 因此,如果新羅的中央官署與之相似的話,就很可能設有專門負責購買紙張等必備品的職官,而月城中負責購買紙張的第十五等官大烏知,便是這樣的職官。[⑤]

“郎”是人名連接詞。新羅時期,“郎”用於對地位高的人的敬稱。[⑥] 中國漢代簡牘中常見在人名之後附綴“卿”這一敬稱,以示對方地位崇高。

2.足下

足下是向對方示敬的提稱語。從先秦時代開始,“足下”就已經被用作示敬的提稱語,當時主要用於私人書信。西漢以後,開始在正式行政文書中頻繁出現。考慮到文書寫作者不會對自己使用“足下”這樣的提稱語,可以確知“足下”之前的“大烏知郎”,不是文書的製作者,而是收受人。以此類推,“大烏知郎”也不是其後表示報告之意的“白”的主語。[⑦]

3.再拜

現有研究中大部分將“再”釋作“万”。從圖版來看,似乎没有再討論的餘地了。但是,如果參考自漢代以來一直沿用到唐代的正式官方文書的常用語,該字還有重新釋讀的可能。首先,我們必須注意到,與文書中其他文字的字體大不相同的是,常用套語的筆劃被簡化了。雖然文書中書寫的正文内容必須準確傳達,但由於套語是慣用的,并且在文書中出現的位置

① 《三國史記》卷三八《職官志上》:“十五曰大烏,或云大烏知”,國史編撰委員會,韓國史數據庫《三國史記》,2009。

② 《三國史記》卷三八《職官志上》:“史十四人,〈文武王〉十一年,加六人。〈景德王〉改爲郎,〈惠恭王〉復稱史,位自先沮知至大舍爲之”,國史編撰委員會,韓國史數據庫《三國史記》,2009。

③ 《续漢書·百官志》:“守宫令一人,六百石。本注曰:主御紙筆墨,及尚書財用諸物及封泥。丞一人……(尚書)右丞假署印綬,及紙筆墨諸財用庫藏。”《後漢書》,北京:中華書局,1965,3597頁。

④ 《新唐書》卷四六《百官志》:“尚書省……郎中各一人,從五品上;員外郎各一人,從六品上。掌付諸司之務,舉稽違,署符目,知宿直,爲丞之貳。以都事受事發辰、察稽失、監印、給紙筆。”《新唐書》,北京:中華書局,1975,1185頁。

⑤ 以權仁瀚爲代表的大部分研究者,都推測“大烏知郎”是類似負責寫經所事務的官吏,其推論的前提是將木簡第二面“經中入用”之“經”當作佛經(參見[韓]權仁瀚《通過木簡看新羅寫經所的風景》,《震檀學報》第119輯,2013)。但筆者在後文中將“經”理解爲“經常費用”,而不是佛經。因此,“大烏知郎”不是寫經所的官吏,而是中央官署中負責常備辦公用品的官吏。

⑥ [韓]權仁瀚:《通過木簡看新羅寫經所的風景》,《震檀學報》第119輯,2013。

⑦ 李鎔賢參考唐代公式令的“牒式”(A牒B)中A發送文書給B的情況,推測有可能是大烏知郎給“萬拜”發送文書(參見[韓]李鎔賢《韓國木簡基礎研究》,新書院,2006)。但第一面不僅没有“牒”這樣的字,“足下”這樣的用語也使這一推測很難成立。

相對固定，因此，即使文字形體有較大的變化，書寫者和閱讀者也很容易識別出來。比如居延漢簡中“叩頭”二字的寫法，不僅“叩”字筆劃有所簡化，“頭”字筆劃也做了很多省略，衹剩下類似“乙”的形體（圖 2）。考慮到這一點，我們便能理解該木簡中“拜”字爲何看起來頗類“行”字或“引”字。同樣可以有充分的理由推定，現在所見到的所謂“万”字的筆畫肯定也有一兩筆的省略。

第二，私人往來書信和呈送給上級機構的上行文書中，通常會使用諸如“叩頭”“頓首”“死罪”等各種謙詞。慣用的謙詞雖然數量很多，但不容易被別的文字所替代，從先秦到清代一直都在使用，基本没有變化。不過，在衆多表示謙讓恭敬的用語中，還没有見到過“萬拜”這樣的表述，而“再拜”一詞則是長期使用而没有發生過變化的。

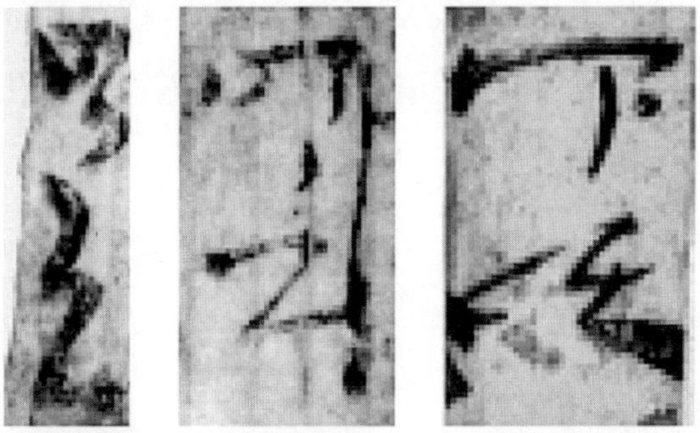

圖 2　居延漢簡中的“叩頭”字體

筆者認爲，木簡中的“万拜”二字也當隸定爲“再拜”。從字形上看，所謂“万”字的第二撇劃其實并不是單獨的筆劃，它并没有收尾，而是向上略微轉到了第三筆（圖 3）。[①] 如果翻檢草書字體，可以看到，“万”字的第二劃即撇劃總是以獨立的一劃結束。與之相反，“再”字的草體中間部分則追加了兩筆，且需注意的是，其第二筆和第三筆是連筆，第三筆和之後的兩笔也是連筆書寫的。雖然木簡第一面所謂“万”字的中間部分并没有追加的兩筆，但其與“再”字相似，第二筆和第三筆是連筆書寫的，而且寫到第三筆收尾時，好像要追加一筆似的有回轉之勢。

① 李承宰認爲“一”劃的下面，寫成了類似“の”的形狀，且注意到該字的運筆情況。參見［韓］李承宰《木簡記録的古代韓國語》，首爾：一潮閣，2017。

第一面第七字　　“万”字　　“再”字

圖 3　“万”字和“再”字的形體①

根據居延漢簡中有關“再拜”的資料,能够進一步確定“再”的字體(圖 4)。當然,月城垓子 2 號木簡中的“再”字和居延漢簡中的“再”字形體并不完全相同。不過,居延漢簡 24.1A 中的“再”字形體展現了同一筆劃的走向,73.EJT6:44A 中的“再”字中間一筆减省了,而 34.22A 中的“再”字中間的筆劃全都减省了,與之并用的“拜”字,也省略了很多筆劃;34.7B 中的“拜”字幾乎省略了所有筆劃,看起來像是一個符號一樣。因此,筆者認爲木簡中“再拜”字形之所以發生很大改變,是因爲“再拜”這一慣用的謙詞反復出現,即使大幅减省筆劃,也很容易識别。

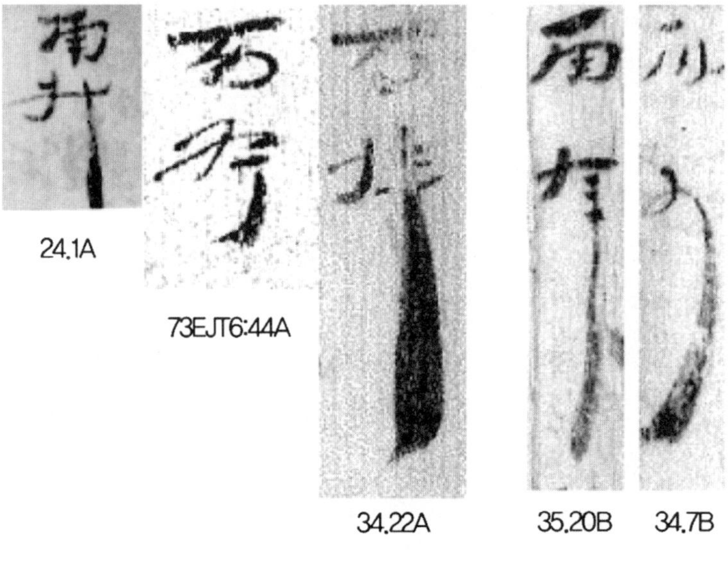

圖 4　居延漢簡中的“再拜”字體②

釋作“再拜”的另一個理由是,“再拜”一詞與“白”字并用的例子很多。比如,居延漢簡中有“馬建叩頭言・使=再拜白頃有善鹽五升可食〼”(E.P.T2:5A),“幸已哀賤子叩=頭=謹再拜白已者議之 樂君孫”(E.P.T51:205B),“]□給使厰長褒叩頭白・事在朱掾耳非者佐佑乏公□毋所餘叩=頭=再拜白”(E.P.T53:27A),“□□者李長買郭中者書記凡李子□伏地再拜白子卿足下”(E.P.T53:51A),“二千八十請以付錢辤晋令史忠召護衆等見此具再拜白”

① 參見國學大師・書法大字典,www.guoxuedashi.com/4E07, www.guoxuedashi.com/518D。

② 中國社會科學院考古研究所編:《居延漢簡甲乙編》,北京:中華書局,1980,甲圖版貳伍、乙圖版貳捌、乙圖版貳柒。

(E.P.T56:73B),"]□▨嚴死當奈=何=頓首叩頭再拜白 ……"(E.P.T65:98A)等。[①] 敦煌漢簡中也可以找到"□□願□再拜白"(MC.24),"□□□□卒□叩頭再拜白"(MC.208B),"▨偷乃來謹請李子恩再拜白責刑卿高子恩"(釋 TH.2337B)等例子。[②] 尤其是,"再拜白"和"足下""坐前"等同類敬稱一起書寫,如居延漢簡中有"叩頭再拜白薛卿坐前善毋恙頃得相見▨"(E.P.T2:4A),"累偉少多請已足之不敢忽它毋勿可已進叩頭死罪謹請威君書再拜白□□足下……"(E.P.T51:98A),[③]長沙東牌樓漢簡中有"諾白悉袁賤子鄧應再拜白 □□[侍前]"(040A)。[④] 這些用例爲月城垓子 2 號木簡第一面"再拜"二字的釋讀提供了堅實證據。

4.白

該木簡在韓國語學界備受關注的原因之一,便是第一面簡文末尾被釋作"白丨"。如果把這裏的"丨"讀作草體"之"字的話,則其不僅是表示該句終結的語詞,而且是表明"之"字已经成爲吏讀口訣字"丨"的千真萬確的例證了。但是,我們需要檢討此處"白丨"的釋讀是否能够成立。

首先要與之進行比較的是木簡第二面出現的"白"字。這兩個字在同一枚簡上、用同一種書體寫成,其用筆前面部分也完全相同,祇有末筆不同。第二面的"白"字末筆書寫正常,但第一面的"白"字末筆則向下拉得很長。不過筆者認爲,第一面"白"下的"丨"不是另外的字,而是"白"字的末筆。因此,"白丨"不是兩個字,而是"白"這一個字。

近來,在雁鴨池木簡中也出現了"白之"爲兩個字的例子,即"洗宅白之":[⑤]

> 洗宅白之二典前四□子頭身沐浴□□木松茵
>
> □迎□入日□□十一月卄七日典□ 思林

雁鴨池木簡起首爲"洗宅白之二典前",月城垓子 2 號木簡的起首格式與之相類。有學者認爲,如果雁鴨池木簡使用了"白之",月城垓子 2 號木簡也同樣應該讀爲"白之"。然而,同一時期的文書中,"白"和"白之"完全可以并存。前引居延漢簡中可見"再拜白"的例子,同一批居延漢簡中也不難找到"白之"的例子,如"▨願復白之杜卿麥事 ▨叩頭幸甚伏地言"(合 32.21),[⑥]"白欲歸事豈肯白之乎爲見不一∠二▨"(E.P.T2:5B),[⑦]"應解何記到遣吏抵校及將

---

① 馬怡、張榮强主编:《居延新簡釋校》,上册,2、295、441、445、490、673 頁。

② 甘肅省文物研究所編,吴礽驤、李永良、馬建華釋校:《敦煌漢簡釋文》,蘭州:甘肅人民出版社,1991,3、19、254 頁。

③ 馬怡、張榮强主编:《居延新簡釋校》,上册,2、279 頁。

④ 長沙市文物考古研究所、中國文物研究所編:《長沙東牌樓東漢簡牘》,91 頁。

⑤ [韓]鄭在泳:《月城垓子 149 號木簡出現的吏讀》,《木簡與文字》創刊號,2008。[韓]尹善泰:《從木簡看漢字文化的接受和改變》,2008。[韓]李京燮:《韓國古代史研究的現階段》,《石門李基東教授停年紀念論叢》,周留城,2009。

⑥ 謝桂華、李均明、朱國炤編:《居延漢簡合校》,北京:文物出版社,1987,50 頁。

⑦ 馬怡、張榮强主编:《居延新簡釋校》,上册,2 頁。

軍未知不將白之”(合 183.15B),“欲留至府君卒問宣白之”(合 260.20A)等,[①]便是典型的例子。筆者曾指出,中國很早就出現了“之”字虛詞化的現象。[②] 即使在同一文書中,“之”字有時附著在詞幹上,有時省略。因此,筆者很難贊同根據雁鴨池木簡將月城垓子 2 號木簡中的“白丨”讀作“白之”的看法。既然確認居延漢簡中已有“白之”的用例,那麼上述“白之”的“之”就不能看作是表示終結詞的吏讀口訣字的初期形態。

那麼,爲何“白”字的末筆向下拉得如此長呢? 答案仍然可以從漢代簡牘中找到。在漢簡文字中,常見末筆寫得很長的例子,或是長長的向下的懸針豎,或是厚厚的波磔。居延漢簡還有 7.7B 這樣的習字木簡(圖 5)。而且,這種比較誇張的懸針和波磔的寫法大多位於文書末尾,多集中在文書行政中作用和分量比較重要的詞彙上,比如“可、令、案、年、行、拜”等文字上。冨谷至認爲這樣做是爲了强調公文書的權威,故意誇大某字的末筆,以顯示出視覺效果。[③] 因此,筆者認爲月城垓子 2 號木簡也是如此,“白”是文書行政中的重要部分,爲了强調權威性,故其末筆使用了比較長的懸針。

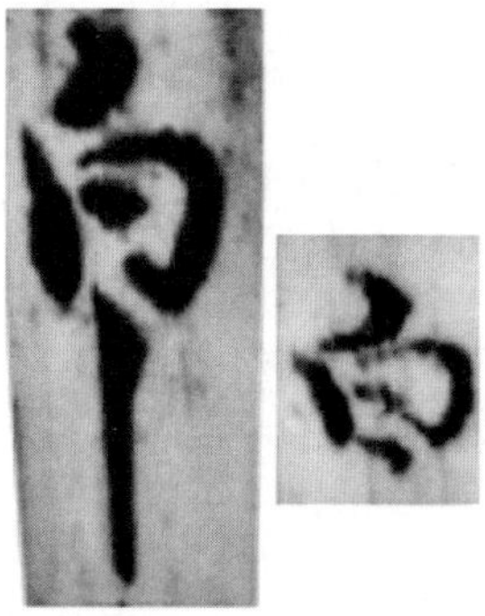

第一面第九字、第二面第七字

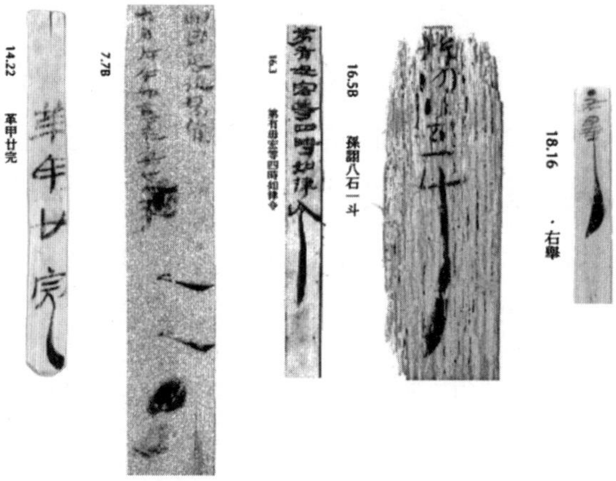

圖 5 “白”和懸針、波磔筆劃

(二)第二面:經中入用思買白不踓紙一二千

對於 2 號木簡的内容和解讀,此前雖然有很多不同的意見,但對第二面的解釋,特别是對其前半部分的看法却出乎意料地一致。可是按照原有的解釋,第二面雖然是一個句子,却夾雜著兩種非常不同的語法結構。即先前的研究一直將前半部分解釋爲“經中入用思”(想

---

① 謝桂華、李均明、朱國炤編:《居延漢簡合校》,294、431 頁。

② [韓]金秉駿:《樂浪郡的漢字接受與改變》,[韓]李基東等編《古代東亞文字交流和溝通》,韓國東北亞歷史財團,2011。

③ [日]冨谷至:《書體・書法・書藝術——行政文書が生み出した書藝術》,《文書行政の漢帝國》,名古屋大學出版社,2010。

入用經)[1],這顯然是按照“賓語+動詞”的韓語語序來讀的。而將後一部分解釋爲“買白不踓紙一二千”(購買紙),又是按“動詞+賓語”的漢語語序來讀的。筆者對這種解讀無法苟同,因爲一個句子中夾雜著不同語種的語序是很不正常的。包括月城垓子 2 號木簡在內的其他新羅木簡的内容,基本上都是按照漢語的語序來讀的,單單把 2 號木簡當作例外也很難讓人接受。在下文中,筆者將繼續强調,月城垓子 2 號木簡是一份具有非常典型的正式行政文書格式的文書。“足下”“再拜白”等詞彙也是形成於中國且在東亞各國普遍使用過的正式用語,木簡的全部内容也都應該按照漢語的語序來進行釋讀。因此,“思”字當屬後讀,作“思買白不踓紙一二个”(想購買)。筆者進而堅持“經中入用”當斷讀,因爲指定購買的物品是後文中的紙張,“經中入用”并不是購買的對象物品。很顯然本句的主體不是“經中入用”,而很可能是後文購買紙張的行政業務。

1.經中入用

現有的研究不顧韓語和漢語語序錯綜復雜這一問題而對之熟視無睹的理由是,“經中入用”這句話很難解釋。它確實不是日常用法,所以早期研究將此處的“經”理解爲佛經,就成爲“名詞+中+動詞”的形式,從而把“中”理解爲“在”了。然而,即使這樣解釋,不僅介詞“中”的位置顛倒,而且“入用”的意思仍然含混不清。“在經書中入用紙”這樣的表達方式是否成立還是個疑問。如果要表達這樣的意思,“寫經用”的表達方式更簡單,更接近於語言習慣。

既然“經中入用”的意思不是寫經,那麽就有必要從木簡的核心内容——購買紙張這一行政業務的角度來理解其含義。在行政文書中,“入”意味著物資納入官府。在這裏,購買紙張,也是指在有關部門支出一定費用,并購買入相應的紙張。實際上,對於要購買紙張的下級官員來説,引發問題的不是紙的使用目的,而是購買紙張本身。從行政文書的性質上看,始終按照法令要求或上司的指示,準確出納物資和金錢的内容無疑是最重要的。[2] 那麽,“經中入用”表示相似内容的可能性就很大。

讓我們翻檢一下中國行政文書中與“經中入用”有關的用語。走馬樓吴簡中有很多涉及各部門采購和支出物資的文書。首先映入眼簾的是“經用”這一術語,它出現在“經用曹史”這一職務中。下面這枚簡牘有助於理解“田户經用曹史”的執掌業務:

> 下伍丘男子五將,田七町,凡卅畝,皆二年常限,其廿六畝旱敗不收,畝收布六寸六分。定收四畝,畝收米一斛二斗,爲米四斛八斗。畝收布二尺。其米四斛八斗,四年十

① [韓]尹善泰:《月城垓子出土新羅木簡》,《歷史與現實》第 56 輯,2005。[韓]金永旭:《從古代韓國木簡看釋讀表記》,《口訣研究》第 19 輯,2007。

② 走馬樓吴簡中,承擔徵稅職能的官吏們衹關心居住在各鄉里(丘)的税役承擔者擁有多少土地,以及是否準確地繳納不同税錢。相反,倉庫官員完全不考慮居住在鄉里的人有没有交税,衹關心穀物和布匹什麽時候納入,以及納入了多少。

一月五日付倉吏。·凡爲布三丈一尺八(?)寸六分,四年十一月六日付庫吏潘有。其旱田畝收錢卅七,其熟田畝收錢七十。凡爲錢九百六十二錢,四年十一月四日付庫吏潘有。嘉禾五年三月十日,田户經用曹史趙野、張惕、陳通校。(嘉禾吏民田家莂 4.7)①

這枚簡牘中,記録了男子五將的土地規模,其中包含收穫穀物的土地規模和歉收土地的規模;從收穫穀物的土地開始,記録了按一定的税率徵收米和布的數量;接下來記録將米繳納給倉吏的時間,將布繳納給庫吏的時間。之後記録從土地上收取的錢的數量以及交給庫吏的時間。最後記録"田户經用曹史"校訂這些内容及其校訂時間。據此記録,"田户經用曹史"承擔著從土地徵收米、布和錢,然後分别繳納入倉和庫的相關業務。因此,如果"田户"意味著土地和户籍的話,"經用"則與向這些人徵收税錢并將其存入倉庫有關。而這些税錢,按規定的税率在規定的時間内,差不多同時繳入倉庫。因此,"經用"具有非臨時的經常用途之意。《漢書·食貨志》記載"大司農陳臧錢經用,賦税既竭,不足以奉戰士",②其中"經用"便有經常使用的費用之意。

額濟納漢簡中還有"奉用錢""財用錢"等用語,分别具有支付俸禄之用、用於物品購買的經費之意。

出:三月財用錢四百。入:兩行二百,檄廿三尺,札百。居攝二年正月壬戌,省卒王書付門卒恮。(99ES17SH1:2)③

這枚簡牘上記録了三月支出錢四百購入木簡的内容。這裏的"財用"指專門用於財物購置的費用。

"出用"這一術語在吴簡、吐魯番文書中也有很多用例,如吐魯番文書中有"……玖升,除出用九升三……"(75TKM91:12),④走馬樓吴簡中有"三州倉吏谷漢□□□□褋米出用付授要簿"(壹·9612/14),⑤"出用無"(叁·4395),"三州倉謹列所領税米出用餘見正月旦簿"(叁·4559),"三州倉謹列所[領]税米出用餘見二月旦簿"(叁·4573),"☐□卅匹直三千三百[一][十]付庫吏番有錢布簿别列出用[莂]"(叁·6373)等。⑥ 這裏的"出用"是指倉庫裏的糧食和錢的支出經費。另一方面,《唐順宗實録》中有"經入益少",⑦其中"經入"爲經常性的收入之意。

① 走馬樓簡牘整理組等編著:《長沙走馬樓三國吴簡·嘉禾吏民田家莂》,北京:文物出版社,1999,上册,72頁。
② 《漢書》卷二四下《食貨志下》,北京:中華書局,1962,1159頁。
③ 魏堅主編:《額濟納漢簡》,桂林:廣西師範大學出版社,2005,26頁。
④ 武漢大學歷史系等編:《吐魯番出土文書》,北京:文物出版社,1981,第1册,160頁。
⑤ 走馬樓簡牘整理組等編著:《長沙走馬樓三國吴簡·竹簡·壹》,北京:文物出版社,2003,1093頁。
⑥ 走馬樓簡牘整理組等編著:《長沙走馬樓三國吴簡·竹簡·叁》,北京:文物出版社,2008,820、822、861頁。
⑦ 《全唐文》卷五六〇《順宗實録二》,北京:中華書局,1983,5663頁。

月城垓子2號木簡中的“入用”,可以從文獻記録中找到例子。《北史・周本紀》中有“瓦木諸物凡入用者, 盡賜百姓”;①《魏書・樂志》中載“因天然之有,爲入用之物”,②而《宋書・禮志》中也有“散木凡材, 皆可入用”的記録。③ 上舉“入用”都有“購買後使用”之意。

以上列舉了表經常費用之意的“經用”、表支出錢使用之意的“出用”、表購入物品使用之意的“入用”的例子,也有相當於“經用”中 “入用”的“經入”的例子。因此,筆者認爲“經中入用”是“經用中入用”的省略形式,即可解釋爲“經常費用中的用於購入物資的費用”。

該木簡的内容大體是購買紙張。其目的不是取出官府裏的物資,而是要購入物資。而且,爲了購買,就必須付錢,特别是作爲負責物資采購的下級官吏,就必須記録在哪個項目下支出這種用於經常購買的費用。後文第二面的最後兩個文字“二千”,指的便是這筆購買經費。

2.思買白不踓紙

這一部分是按照漢語的語序來書寫的。這次購買的對象是紙,“白不踓”與紙的特性有關。關於這種紙,權仁瀚認爲是没有經過針刺加工的白紙,④鄭在泳推測爲没有塗油的紙。⑤新羅時代,由於與紙張有關的信息十分缺乏,關於紙張的具體形態,我們還很難確定以上這兩種觀點是否成立。後文有紙的價格二千,從價格來看,應該是質量優良的紙。

3.一二千

首先看“一二”。第三面的最後一個字“”不管釋讀爲“个”或“斤”,都可解釋爲計算紙張數量的量詞。另外,“斤”也可讀成“斗”,但却找不到該字用作表示紙張數量詞的例子。若把它看作表示紙張數量的量詞,讀成“一二个”,則意味著購買紙張的數量爲不確定的“一兩張”或“一兩卷”。但這枚木簡可以肯定是下級向上級報告的正式文書,如像這樣下達購買數量不確定的“一二个”紙的命令,并由負責人呈送奉命承辦的報告,是很難講通的。即使那是上級模糊的口頭命令,接受命令的下級官吏也必須明確地將其具體化。否則,在定期進行的會計審計過程中,就會出現收入和支出不符的情况,最終所有責任必然會歸咎於負責此事的官員。因此,上级指示購買不確定的物品数量,下级执行的可能性极小。

中國古代即有和這枚木簡相類的“一二”連用的簡牘例證。但有意思的是,“一”和“二”中間插入了標點符號“∠”。如居延漢簡“⧄記不一∠二章叩頭叩頭”(E.P.T54:16B),“證書到候身臨以書一∠二曉來不服遣吏將來與市□是服言●謹以府書”(E.P.T56:7),“故侯掾坐

① 《北史》卷一〇《周本紀・高祖武帝》,北京:中華書局,1974,367頁。
② 《魏書》卷一〇九《樂志》,北京:中華書局,1974,2825頁。
③ 《宋書》卷一八《禮志五》,北京:中華書局,1974,519頁。
④ [韓]權仁瀚:《通過木簡看新羅寫經所的風景》,《震檀學報》第119輯,2013。
⑤ [韓]鄭在泳:《月城垓子149號木簡出現的吏讀》,《木簡與文字》創刊號,2008。

前煩勞官爲今君不一乚二因言宏平☐”(E.P.W:77),“葵子一升昨遣使持門菁子一升詣門下受教願□☐逆使莫取白欲歸事豈肯白之乎爲見不一∠二☐”(E.P.T2:5B),“綺一∠二日耳不敢久留唯賜錢非急不敢道叩□□”(E.P.T51:203B)等。[①] 爲何要插入“∠”符號,這是因爲中國古人有著和筆者同樣的疑問。兹對這種標記稍加説明如下。原來古代的書寫方式中并没有標點或空格,寫文章的作者在正文中不加入標點。相反,當讀者讀到文本時,根據自己的需要,隨意插入句讀符號或標點。在大多數情况下,如果文本原文文意模糊不清,就很有可能讀錯,爲了减少這種混亂,讀者需要插入標點符號。[②] “一”和“二”之間插入標點符號的原因也是如此,即意識到“一二”不能連讀,爲了避免誤解,從而插入句讀符號。

因此,筆者不贊同像以往研究那樣把最後一個字釋讀成“个”字。雖然“个”的形體似乎與該字相似,但其末筆都爲懸針或垂露。而木簡第三面最後這個字的末筆爲竪劃爲鉤劃,且“千”字書體末筆作鉤劃處理的情况是得到確認的。不過我們之前没有注意到該字可讀爲“千”字,可能是因爲在第一個撇劃和横劃的之間看不到竪劃。鑒於撇劃和横劃中間幾乎没有間距,以及竪劃的起始部分總是很細這一點,也可以認爲這個字的竪劃是在撇劃和横劃的之間開始的(圖6)。

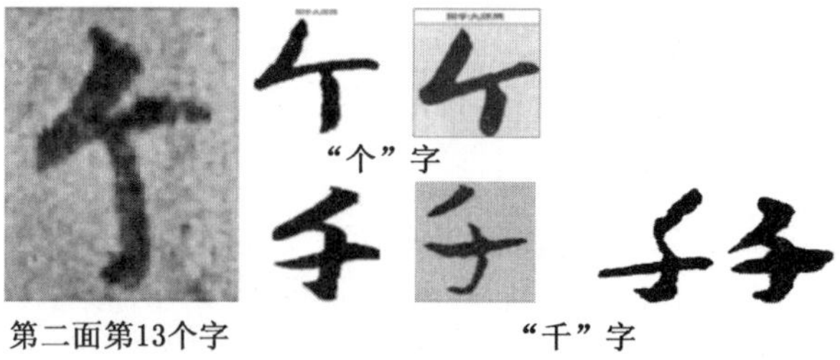

圖6 “个”字和“千”字的書體[③]

如此,則此處衹有釋作“千”,才符合需要標明準確數量的行政文書的性質。所謂表達數量不確定的“紙一二个”,應斷讀爲“紙一,二千”,意思是購買“紙一”,其價格爲“二千”。像這樣把物品的數量和價格一同記録下來的形式,在行政文書中很常見。比如里耶秦簡中的“……頭一足四賣于城旦赫所取錢四銜之頭一二錢四足□錢。令史尚視平”(14-641),[④]居延漢簡中的“☐長安宅一二萬自給”(合113.8),[⑤]都是相同形式的簡牘文書例證。

除了文字釋讀和記録形式以外,第二面的整體内容,也衹有用筆者這樣的讀法才容易理解。即出現了前面所提到的經常購買的“入用”詞語,衹有在後面標出相應的價格,前後才相

① 馬怡、張榮强主編:《居延新簡釋校》,上册,2、294、474、481頁;下册,854頁。
② [韓]金秉駿:《如何解讀戰國秦漢簡牘中的句讀符號及其與閱讀過程的關係》,《簡帛》第4輯,2009。
③ 參見國學大師·書法大字典,www.guoxuedashi.com/4E2A, www.guoxuedashi.com/5343。
④ 湖南省文物考古研究所:《里耶發掘報告》,長沙:嶽麓書社,2007,195頁。
⑤ 謝桂華、李均明、朱國炤編:《居延漢簡釋文合校》,184頁。

互照應。第二面中"白不踓紙"是需要購買的紙張的具體品種,緊接著的"一"爲購買的具體數量,其後爲購買所需要的費用"二千"錢。記録了以上這些信息,也就具備了作爲正式行政文書的要素。

一方面,在現有的研究中,釋作"个"或者"斤"的理由都是此處需要紙的量詞。但當物品數量少的時候,不一定要有量詞跟隨,如"騂北亭卒東郡博平□里皇歸來,有方一,靳干幡各一,三石承弩一,弩楯一,革甲鞮瞀各一"(合14.2)便是如此。[①] "紙一"的表示方式與之相同,可能應該將其理解爲"一束"或"一卷",而不是"一張",才符合二千的價格。

需要注意的是,購買紙需要不少費用。購買"白不踓紙"這種特定的紙張意味著新羅已製作了多種多樣的紙張。那麽,根據種類不同其價格也不同,所以接到購買紙張命令的負責人需要準確地掌握價格并報告,要求得到最終的批准。選擇具體的種類和價格是專門負責購買的官吏能做到的。

前引居延漢簡中有以"財用錢"購買兩行二百、檄二十三尺、札一百的記録,官府"入用"必要的書寫材料是很普遍的。另一方面在下文將要討論的中國吐魯番文書中,也保留了關於購買紙張費用的行政糾紛的内容。唐代河西節度使市馬使米真陀提交給西州都督府的牒文中,[②]提出在購買軍馬的過程中需要紙、筆、墨等,請求支付這些費用,但西州都督府駁回了這一要求。這份總計達98行的大宗案卷也説明購買紙的費用是多麽重要的問題。

(三)第三面:牒垂賜教在之後事若命盡

1.牒

對於"牒"字,學界有人將其理解爲"牒式"這一文書形式,也有人將其理解爲單純的一般性名詞。後者要不就是將"一二个牒"連讀,要不就是按吏讀的方式理解爲"有牒下達的命令"。但如前所述,"二"後之字不能釋作"个"字,且該文書爲漢語語序的典型行政文書。故而應該將其理解爲固定的"牒式"這一文書形式。儘管如此,現有研究認爲它并非完整的牒式,其理由可參照日本學者三上喜孝的觀點,他認爲:"牒作爲機關之間收發的文書,是由上級機構下達給下級機構的,即上命下達時使用。[③] 根據唐代《公式令》,上行文書稱作刺、關。相反,在日本不管是上行文書還是在下達命令時都稱爲牒。日本《養老公式令》和《延喜式》

---

① 謝桂華、李均明、朱國炤編:《居延漢簡釋文合校》,21頁。

② 大谷文書5839、5840號:"案爲兵曹法曹等司請黄紙准數分付事/案紙二百張次紙壹伯張筆兩管墨一挺/牒眞陀令緣市馬要前件紙筆請準式處分謹牒/開元十六年五月河西市馬使米眞陀牒……/案紙二伯張次紙壹伯張筆兩管墨一挺/右得河西市馬使牒請上件紙墨等/都督判檢令式河西節度使買馬不是别/勑令市不和請紙筆處分過者依檢/前後市馬使麴中郎等無請紙筆等/處...../付司檢令式,河西節度(使)買馬,不是别勑令式,(據)計不合請紙筆,處分過,楚珪"(轉引自西村元祐《唐代徭役制度考》,中國敦煌吐魯番學會編:《敦煌學譯文集——敦煌吐魯番出土社會經濟文書研究》,蘭州:甘肅人民出版社,1985)。

③ 唐《公式令》復舊第9條:"牒式。/尚書都省爲某事/某司云云。案主姓名,故牒。年月日主事姓名/左右司郎中具官封名/令史姓名書令史姓名。"

規定的内容透露,不論是官府之間的文書還是官府内部的文書,都使用牒。"[①]但是,之所以得出這種觀點,是由於他衹重視中國材料中"公式令"之類的律令,而無視吐魯番文書等例子的結果。其實,吐魯番文書中當下級向上級報告命令事項時,使用牒式的情況實在太多了。在對吐魯番文書用語進行整理的《吐魯番出土文獻辭典》中,"牒"的第一個涵義便是"官吏的上行文書"。[②] 武周天授二年(691)知水人康進感等牒尾及西州倉曹下天山縣追送唐建進妻兒鄰保牒(4—70):"牒:件狀如前,謹牒。□□二□壹□十一□知水人康進感等牒。付司傑示。十一□。一□十一□録事,使。博士撿録事仁付。連。感白。倉曹十二日。唐建進。/右件人前後準都督判,帖牒□山并牒令陽懸,令捉差人領送。雖得縣申及令通狀稱:迫訪建進不獲。又判牒縣令依前捉送。撿今未申,奉都督處分,令追建進妻兒及建進鄰保赴州,并牒縣,令依前捉[建][進]□"。即使在這個文書中有"牒:件狀如前,謹牒"和"知水人康進感等牒"這樣明顯的上行文書,同時其反面還有"帖牒□山并牒令陽懸"這樣向縣下達命令文書的牒。[③] 一個文書中,牒既在上行文書中使用,也在下行文書中使用。因此,南北朝至隋唐時期,牒的兩種使用情況不可偏廢。應該説和日本《養老公式令》和《延喜式》規定的情況相同,官府内部或相互間有來往的上行文書和下行文書都使用了牒這一術語及其文書形式。在行政文書中實際使用的"牒",作爲行政用語,具有"正式文書"這一層面的意義。

一方面,作爲正式文書,牒具有特定的結構。考察吐魯番文書實物便可見,首先簡單地記録一個案件,或者追加記録名册,之後换行,在新一行的起首寫上"牒"字,然後記録和報告相關的準備措施(圖7、8)。而且,在最後還需標明文書負責人。

> 葱蓉承使官馬貳張 同□□□悦
> 牒:被問今月上件馬皮領得以不,仰
> 答。但延歡等今并領得前件馬皮(唐辯辭爲葱蓉承使官馬皮事)

> 進馬坊 狀上
> 供進馬□價達練參拾皮楊憲領
> 右□□令於諸步鎧坊料麥貯納。待趙内侍
> □□馬者。其馬今見欲到。其麥并不送價直。
> 入不預付,即恐臨時闕飼。請處分。謹狀。
> 牒:件狀如前,□牒。

① [日]三上喜孝:《文書様式〈牒〉の受容をめぐる一考察》,《山形大學歷史・地理・人類學論集》第7辑,2006。
② 王啓濤:《吐魯番出土文獻辭典》,成都:巴蜀書社,2012。
③ 李方:《唐西州天山縣官員編年考》,《出土文獻研究》第7輯,2015。

開元十九年六月 日虞候鎮

虞候府家

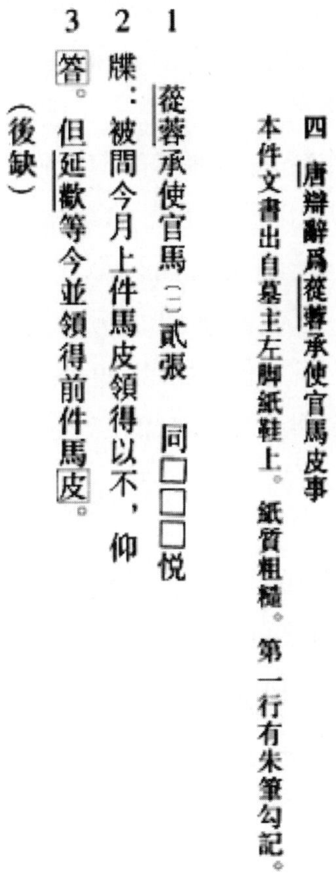
四 唐辯辭爲從蕃承使官馬皮事

本件文書出自墓主左脚紙鞋上。紙質粗糙。第一行有朱筆勾記。

1 從蕃承使官馬（二）貳張 同□□□悦

2 牒：被問今月上件馬皮領得以不，仰

3 答。但延歡等今並領得前件馬皮。

（後缺）

圖 7 “牒”文書一

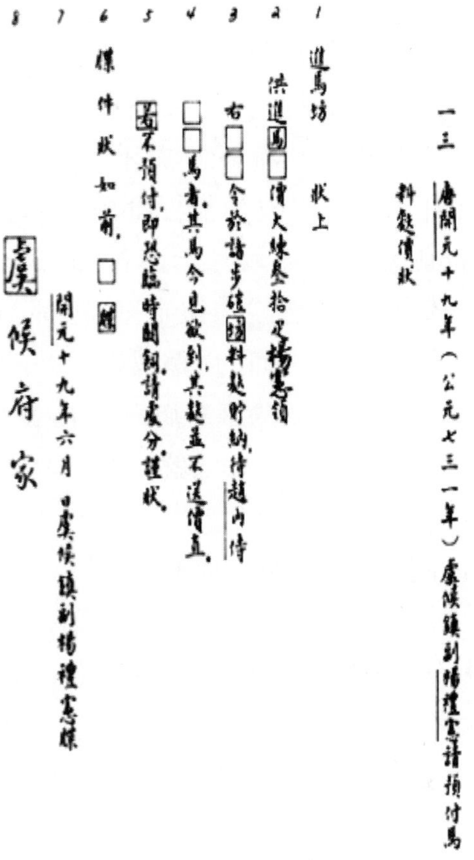
一三 唐開元十九年（公元七三一年）虞候鎮副楊禮憲請預付馬料麩價狀

1 進馬坊 狀上

2 洪進園□價大練叁拾疋 楊憲領

3 右□□今於諸步磧𤇼料麩貯納，待越內侍

4 □□馬者，其馬今見欲到，其麩並不送價直。

5 𤇼不預付，即恐臨時闕飼，請處分，謹狀。

6 牒件狀如前，□謹

7 開元十九年六月 日虞候鎮副楊禮憲牒

8 虞候府家

圖 8 “牒”文書二①

雖然吐魯番文書有相當一部分被剪掉了，不容易找到完整的形式，但是其基本的形式是一樣的。以上所舉的“牒”，作爲一種書寫於新一行起首的正式行政用語，含有“以下爲正式文書”的意思。

2.垂賜教

吐魯番文書中的“垂”屬於附着在動詞前以抬高對方的敬語，如“［壁］下垂慈放脱”（TAM152：26），“遭遇□明察物垂攬，願垂采省”（66TAM59：4/9a）等。②

吐魯番文書中也有很多“賜教”的文例，如“賜教差脱馬頭，冀得專心承奉”（TKM91：38 某人辭爲差脱馬頭事），“乞賜教付曹，召款并枉□□檢［校］□□□不受枉，謹碎”（TAM62：6/3 b 翟彊辭爲征行逋亡事）。“賜”表示敬稱，没有理由説是韓國吏讀中的敬語詞尾“시”。

① 國家文物局古文獻研究室等編：《吐魯番出土文書》，北京：文物出版社，1987，第 10 册，19-20 頁。

② 國家文物局古文獻研究室等編：《吐魯番出土文書》，第 1 册，52 頁。

作爲正式文書中經常出現的用語,將其原封不動地接受并使用更加自然。

這裏的"垂賜教"也遵循了規定的文書形式,它是"牒文"後的慣用語之一,類似"被牒""被符""被問""得牒"等用語。讓我們來考察一下"被牒""被符""被問"這類用語。這些用語的意思是"收到上級機關下達的牒文、符文,這一文書已經受理,并根據這一文書"。即,下級機關采取的準備措施,是根據上級機構的命令而做出的。這種書寫方式的時代可以追溯到走馬樓吴簡,如"被督軍糧都尉嘉禾元六月廿九日癸亥書給右郎中何宗所督"(陸·1900),"三斗九升九合七勺被督軍糧都尉嘉禾元年六月十四戊申書給鎮南"(陸·2303),[①] 即根據督軍糧都尉嘉禾元年六月十四日和二十九日下達的文書而采取了準備措施。[②] "被書"之外,還有"奉敕""奉制""奉被制書"等都屬於同一意義的常用語句。

月城垓子2號木簡第三面的"垂賜教"也位於"牒"字之後,因此,如果考慮到這一點,筆者認爲也應該用這種慣用語來進行解讀。在表示"請給與命令"之意的"垂賜教"後,接著還得追加"以那個爲根據"的意思,這就相當於其後的"在之"。

3.在之

第一面的所謂"白丨",第二面的"經中",以及第三面的"在之",是不少韓國學者説明2號木簡内存在吏讀的最重要的根據。但筆者已在前文中糾正了對"白丨""經中"的釋讀和解釋,且已説明不能將它們作爲吏讀的例證。筆者贊同尹善泰的看法,他指出"在之"後刻意地留出空白,起到了句讀標點符號的作用。問題在於"在之"是按照漢文來讀,還是看作吏讀的表現方式呢?李承宰已指出將"在之"看作吏讀的解釋是不能成立的。[③]

確實,在經書、史書等文獻材料中,"在之"獨立使用的情况很少見。所以在新羅和高句麗的文字資料中,如果看到"在之"這種表現形式,比起標準的漢語,人們會更傾向於認爲是韓國式的表現。但是,雖然不是標準漢語,很難找到用例,也不能説是普通的用法,但在中國古漢語中也并不是没有這種用法。同時,還應考慮到與書籍之類的文獻不同,存在著僅在行政文書中使用的獨特語法這一情况。因不見於典型的書籍而將其理解爲新羅式或高句麗式的説法還爲時過早。

就像權仁瀚所指出的那樣,因爲"有"指"有什麽"、"在"指"在哪裏"之意,"教在之"很難説是標準漢語。[④] 這一看法是正確的。然而,"在"經常用於表示"有什麽"也是事實。文獻記録顯示皇帝出行停留的地方稱爲"行在所"。表現目前存留的狀態時,"見在"則代替"見有",成爲經常使用的表達方式。比如《漢書·文帝紀》中"太僕見馬遺財足"顔师古注文

① 走馬樓簡牘整理組等編著:《長沙走馬樓三國吴簡·竹簡·陸》,北京:文物出版社,2017。
② 李均明:《走馬樓吴簡會計用語叢考》,《出土文獻研究》第7輯,2015。
③ [韓]李承宰:《在木簡上記録的古代韓國語》,首爾:一潮閣,2017。
④ [韓]權仁瀚:《通過木簡看新羅寫經所的風景》,《震檀學報》第119輯,2013。

"太僕見在之馬今當減",[①]即是其例。尤其是在唐代顔師古的注釋中,"見在之人""見在之糧"等詞經常出現,表示現在還存在的狀况。[②]《隋書·突厥傳》"臣今憶想聖人及至尊養活事,具奏不可盡,并至尊聖心裏在",[③]《入唐求法巡禮行記》"赤山寺院網維,知事僧等,有外國人在,都不申報",[④]吐魯番文書64TAM5《唐李賀子上阿郎阿婆書》"賀子大慚愧在。次举仁有一個女一歲。举人",[⑤]其中"在"的意思皆相同。

從這个意義上進一步延伸,吐魯番文書中的"在"位於句子的末尾,表達持續的情況"現在有什麽"。[⑥] 如"聞阿嫂共阿婆一處活在,義深憶不自勝","[義][深]□來去供給依常糧食在"(TAM24:30 唐趙義深與阿婆家書 2-174),[⑦]"□□[子]举仁兩个家裹平安好在"(TAM5:40 唐李賀子上阿郎,阿婆書一 3-201),[⑧]"順看阿郎、阿婆,養二人[時]得長命果報在。莫賀子舉[見]□□□"(TAM5:79 唐李賀子上阿郎,阿婆書四(3-205)。[⑨]

因此,筆者將木牘第三面的"在"解釋爲"現在在這裏"。其後所附的"之"字在文獻中特别是行政文書中是用於動詞之後的虚詞。故而"垂賜教在之"應理解爲"請下達命令,現在在此"。之所以使用這種表達方式,是因爲"購買紙張"這一上級命令是日常性的。換句話説,并不是這次特别下達了購買多少紙張的命令,而是因爲早有命令,要定期購買紙張,據此,用常規的采購費來購買紙張。因此,筆者認爲,"在之"是特意使用的措辭,强調以前下達的命令仍然有效。

4.事諾命盡

有必要注意前述上行文書中出現的慣用術語,"垂賜教"是類似的常用語之一,與"被牒""奉敕"等意思相同。中國的上行文書中還有一個重要的常用語,正是"事諾"。"事諾"通常出現在以下語境中,如"事諾奉行"(如蒙批准,即遵照執行),"事諾注薄"(如蒙批准,注录名簿上),"事諾約勅奉行"(如蒙批准,據"約""敕"执行),"事諾班示"(如蒙批准,即公布)。

---

① 《漢書》卷四《文帝本紀》,北京:中華書局,1962年,117頁。

② 此外,還有《舊唐書·禮儀志》中的"冀申如在之敬",《曆志》中的"定虧復所在之方也","據日所在之宫",另外《褚遂良傳》中的"其見在之人",《陸贄傳》中的"昨發離行在之日"等。

③ 《隋書》卷八四《北狄·突厥傳》,北京:中華書局,1973,1874頁。

④ [日]圓仁:《入唐求法巡禮行記》,桂林:廣西師範大學出版社,2007。

⑤ 國家文物局古文獻研究室等編:《吐魯番出土文書》,第6册,391頁。

⑥ 王啓濤:《中古及近代法制文書語言研究——以敦煌文書爲中心》,成都:巴蜀書社,2003。

⑦ 國家文物局古文獻研究室等編:《吐魯番出土文書》,第5册,12頁。

⑧ 國家文物局古文獻研究室等編:《吐魯番出土文書》,第6册,390頁。

⑨ 國家文物局古文獻研究室等編:《吐魯番出土文書》,第6册,397頁。

雖然有很多例子,[①]不過我們首先看一下吐魯番文書中的用例:

> …嚴興,張歸,□□,王阿連
> …韓阿福,張寶□,嚴乘
> …左狗萬,毛相,張□明,道人道□
> …□文達,馬塋。
> …輸租,各謫白艻十日。高寧
> …横二人,合卅人。此□艻守十日。
> …□次往領攝
> 兵曹掾張預史杜華白:謹條往次往白艻守人名
> 在右,事諾,版示催遣奉行
> 校曹主簿 彭(簽名)(TKM91:25)[②]

該文書的内容爲,嚴興以下 30 人需要交納田租却逃脱法律,做出了違法行爲,因此,他們被徵發到白艻這個地方守衛 10 天。記録下這些被徵發的人名和數量之後,追記了行政負責人匯報“現在謹將被徵發的人名列舉在面,如果給與批准(事諾),發布并告知他們(班示),立刻派遣去辦理(催遣奉行)”。[③]

月城垓子 2 號木簡第三面的結構也和以上例子相同。即,第二面中記録了報告的内容,接著是行政負責人對報告内容的批復,此即處理方案。據此可以判定第三面的“事諾命盡”是典型的官方文書使用的術語之一。

當然,這裏還涉及字形及釋讀問題。對於“事”後的“諾”字,大多數人釋作“者”。但該字的下部明顯爲“口”形,與“者”字的下部分爲“日”形不同。上部雖與“者”相似,但其最上部草字頭“廿”的右邊竪劃,和下部“右”的撇劃是連在一起的(圖 9)。所以,該字同樣也是連

---

① “馮珍[一]□□作塹□□埻□□治□□韓□□近來被□□謹條知治幢□□右,事諾□□。校曹[主]□□;義和三年□□,主薄識:功曹史悦;典軍主薄嘉;□官□”(KM91:31 北凉義和了三年(433)兵曹條知治幢塹文書 1-63);“兵曹據範慶,史張齊白:内直參軍闞浚傳教:差直步一人至京。請奉教,依前次遣許奴往。奴游居田地,請符文往録。屬金曹給馳,倉曹給資。事諾奉行”(TAM382:5-4a 北凉真興七年(425)高昌郡兵曹白請差直步許奴至京牒,柳 390);“信如所訴,請如事勑,當上幢日,差四騎付張欑。[守]道□□。兵曹掾張龍,史張□白。牒事在右,事諾注薄。□□□□,識。□[始][十][二][年]正月十三日白主薄暖,[功][曹][史]□”(TKM96:18.23 北凉玄始十二年(423)兵曹牒爲補代差佃守代事 1-31);“[勅]行西部水,求差楊□□今還改動,被勑知行中部□□□□信如所列,請如辭差校曹書佐陳達。代達行西部水,以攝儀□□□張衹養□□[行]中部水.事諾約勑奉行。緣禾十年三月一日白。功曹史璋”(TAM382:6-3a 北凉緣禾十年(441年)高昌郡功曹白請改動行水官牒,柳 393);“□□□□[來]月十日,事諾班示,□□□識奉行。二月廿七日。主薄悌。”(TAM22:21(a)殘文書一 1-101)等。

② 國家文物局古文獻研究室等編:《吐魯番出土文書》,第 1 册,72 頁。

③ [日]關尾史郎:《五胡時代高昌郡文書の基礎的考察》,[日]土肥義和編《敦煌吐魯番出土漢文文書の新研究》,東洋文庫,2009。

寫書寫的。筆者認爲,如果把“廾”中的右邊豎劃看成是弱化處理的結果,便有充分的理由將其釋作“若”字。正如上文討論第一面的“再拜”時所指出的那樣,書寫常用套語時,會大幅簡化字體,因此可以將字釋作“若”字。當然,正式的術語爲“事諾”,“諾”“若”二字相通,在走馬樓吴簡和吐魯番文書中都能找到很多例子。

第三面第9字

圖9 “若”字字體[1]

(四)第四面:使

首先,我們來看“”字。多數學者將該字釋爲“内”字。[2] 一旦釋作“内”字,則意味著“内”字用於動詞之後,表示韓國吏讀的補助詞尾“-ㄴ、-”。這是在新羅吏讀文中,經常使用的吏讀的語法形態。比如《禪林院鐘銘(804)》中有“此以本爲内”,[3]這裏的“内”不是名詞,而是像終結詞一样來使用,和該木簡的用法相似。這也是韓國語學界重視這枚木簡的關鍵原因之一。

但是,該字能否釋作“内”尚有疑問(圖10)。從圖版來看,所謂“内”字的“入”形更像“人”,而且其與“冂”的右筆相連,因此,無論如何也很難釋作“内”字。《報告書2》的做法是保留該字原狀“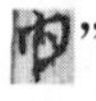”,并推測可能讀爲“官”(?)字。[4] 但是,將其釋作“官”字也難以成立。因爲“官”起頭部首的横劃和上下的豎劃連接起來了。由此可見,該字雖然看起來頗像“内”字,但可以肯定其中有追加的筆劃。[5]

圖10 “内”字

① 黄正編:《敦煌俗字典》,上海教育出版社,2005,343頁。

② [韓]尹善泰:《月城垓子出土新羅木簡》,《歷史與現實》第56輯,2005。[韓]鄭在泳:《月城垓子149號木簡出現的吏讀》,《木簡與文字》創刊號,2008。[韓]權仁瀚:《通過木簡看寫經所的風景》,《震檀學報》第119輯,2013。[韓]李承宰:《木簡記録的古代韓國語》,首爾:一潮閣,2017。

③ 韓國學中央研究院:《韓國民族文化大百科辭典·吏讀》(encykorea.aks.ac.kr)。

④ 李鎔賢認爲,看起來有可能是“官”,也有可能爲“内”字。無論是哪個,均可以解釋爲使臣去“官”或“内”。參見[韓]李鎔賢《韓國木簡基礎研究》,新書院,2006。

⑤ [韓]尹善泰:《東亞古代都城的修築儀式與月城垓子木簡》,韓國木簡學會成立10周年紀念國際學術會議論文,2017。

既然有追加筆劃,就意味著事先寫成的"内"字出錯了。因此,依然將該字釋作"内",并將其解釋爲吏讀是難以成立的。而且,從該字的字形來看,也不能釋作"内"。如果字寫錯了,不管怎樣,衹管把錯誤部分用削刀刮下來再重新寫就可以了。在中國和日本,這種寫錯了并刮削下來的"削衣"大量存在。不過,像這樣的"内"字雖有可能是加筆造成的,但畢竟是不準確的字,却并没有被削掉。原因是即使這個字不準確,也不影響該木簡整體的正式行政文書性質及其相關事務的執行。什麽樣的内容才能具備這樣的功能呢?

其答案便是官吏的簽名。從秦代開始,行政文書製作者就必須在文書後面親筆簽名。這是爲了便於追究文書製作者的責任。這類簽名與書寫文書正文的字體不同,往往具有特殊的形態,這樣的例子很多(圖 11)。吐魯番文書 75TKM91:18(b)中,文書製作者的名字爲"龍",他的簽名便是自己使用的獨特字體。75TKM91:20(a)中最左側文書製作者的名字爲"鴻",可以看出它是各種筆劃互相勾連而成的獨特字體。63TAM1:13(a)的簽名更獨特。這個字爲"騭"字,上部"步"形的竪劃和下部"馬"形的竪劃硬生生地連接在了一起,"馬"形的"灬"被省略,在側面寫成了像馬尾巴捲曲的模樣。筆者認爲這是製作并使用代表自身、屬於自己的簽名的痕迹。月城垓子 2 號木簡第四面最後一個字,從"宀"頭上下來的竪劃和右邊的鉤劃,極不自然地拉得很長,并在下部相連。從中國的例子來看,這也是爲了體現自己獨特的簽名而寫成的字體。

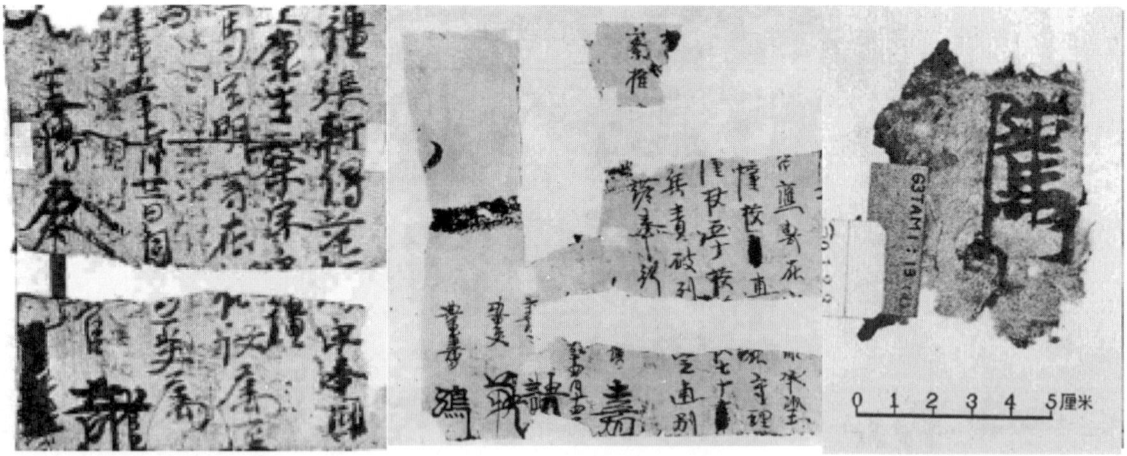

75TKM91:18(b) 75TKM91:20(a) 63TAM1:13(a)

圖 11 吐魯番文書中的簽名

月城垓子 2 號木簡,具備官方行政文書的各种要素,諸如收信人、下屬的謙辭、報告議案的主題、各種慣用術語的使用等一應俱全。因此,作爲最基本要素的發件人不會被省略。第四面的最後簽名便是屬於發件者的信息。不過,發件者的書寫規範一般是寫完主簿、録事等官職後再簽名。“”如果是簽名的話,它前面的“使”必然與“”的官職相關。

那麽,“使”便是從大烏知郎處接到購買紙張的指示、調查與此相關的紙的種類和價格、采取具體的準備措施後、詢問是否執行的負責業務的下級官員。“大烏知郎”是發布命令指示的人,其下級官吏的職級爲“使”。雁鴨池出土的 185 號木簡“云遣急使條高城醢缶”之“急使”,就很可能是這種下級官吏。雖然不清楚是“急使”直接去高城獲取食醢,[①]還是讓其挑選高城的食醢,[②]但他得到上級的指示,購買特定的物品,這與月城垓子 2 號木簡中的“使”相同。

三　文書的内容和構成

(一) 文書行政程序

韓國學界一致認爲該木簡是有關購買紙張的文書,但對文書行政程序是如何運作的問題,大部分研究者没有做出明確的説明。究其原因,是因爲這枚木簡雖然很可能處於當時的東亞文書行政框架内,但現有研究對於文書中出現的用語要麽主張用吏讀來進行解釋,要麽認爲是没有嚴格遵守文書格式而使用了最日常性的用語。但正如筆者已多次强調的那樣,該木簡是嚴格遵守了行政文書格式的正式行政文書。尤其值得慶幸的是,雖然文書内容很短,但可以確認其中出現了有關行政文書的重要詞彙。故筆者將在本部分對這些詞彙進行解讀,并復原該文書所揭示的行政程序。

首先,第一面出現了表示下級向上級報告之意的“白”字,第三面也有表示上級下達命令之意的“教”字。在中國,有很多表明這種上下級關係的材料,例如:

> 邛都安斯鄉石表(正面)
>
> 領方右户曹史張湛白,前换蘇示有秩馮佑轉爲安斯有秩,庚子詔書聽轉,示部,爲安斯鄉有秩,如書,與五官掾司馬檯議,請屬功曹,定入應書時簿,下督郵李仁,邛都奉行,言到日,見草,○行丞事常如掾,○主簿司馬追省,府君教諾。○正月十二日乙巳,書佐昌延寫。[③]

這是 1983 年在四川省昭覺縣四開區好穀鄉出土的東漢石表。其内容是:右户曹史張湛向上級機關報告(白),之前蘇示鄉的有秩馮佑遷移爲安斯鄉有秩,這是根據庚子詔書而進行的。

---

① [韓]李鎔賢:《雁鴨池木簡和東宫周邊》,《歷史與現實》第 65 輯,2007。

② [韓]李玟基:《從雁鴨池出土木簡看新羅的洗宅》,《韓國古代史研究》,第 65 輯,2012。

③ 凉州彝族自治州博物館、昭覺縣文管所:《四川凉山州昭覺縣好穀鄉發現的東漢石表》,《四川文物》2007 年第 5 期。引用時作者有所删減。

因此,該事務的負責人采取了相關的措施,即"請屬功曹,定入應書時簿,下督郵李仁,邛都奉行",并向郡守提出批准這一措施的申請,在丞、主簿討論後,郡守最後批准了該申請(府君教諾),正月十二日記録了上述内容。其相關程序可重新整理如下:首先上級發布官吏調離的命令(詔書),之後下級準備與此相關的後續措施,并向上級報告請求批准(白),研究此事後,最終,君以"教"的形式許可(教諾)。可見其經歷了"詔書—白—教諾"等文書處理階段。

與此相同的例子還見於東漢時期的長沙五一廣場簡牘:

君教諾。

兼辤曹史煇,助史襄白:民自言,辤如牒。教屬曹分别白。案:惠前遣姊子毐,小自言,易永元十七年中,以由從惠質錢八百。由去,易當還惠錢。屬主記爲移長刺部曲平亭長壽考實,未言,兩相誣。丞優,掾暘議請勑理訟掾伉,史寶實核治决。會月廿五日復白。延平元年八月廿三日戊辰白。(四七木牘 CWJ1③:325-5-21)①

該木簡的文書行政程序爲:(1)報告某個百姓的口供陳述這一事實(白);(2)對此,君命令各下屬部門分别進行調查(教);(3)之後,分别調查(案),丞和掾共同檢查這一内容;(4)根據8月25日前再報告的命令,8月23日做了報告(復白);(5)君下達"教"來許可這一事件(諾)。其中仍能看見"白—教諾"這一形式。因爲這樣的方式是固定的:當擬定報告文書時,事先在木簡上寫上"君教",君在審閲完報告内容後,親筆書寫"諾"字作爲簽名。因此,(5)的"君教諾",實際上可劃分爲下級官員向"君"提出請求批准的過程,以及"君"允許其請求"諾"的過程。簡而言之,可以確認其經歷了"白—教—復白—教諾"等階段。

東吴時期的走馬樓吴簡中也有相同的形式:

君教

丞出給民種粻掾烝□如　曹期會掾 録事掾谷水校

主簿 省 嘉禾三年五月十三日白三州倉領雜米起

嘉禾元年七月一日訖九月卅日一時簿(貳·257)②

如果整理以上木牘的内容,可見:1)三州倉的負責官吏報告了從嘉禾元年七月開始到九月進入三州倉的雜米賬簿(白);2)丞和掾一起檢查(校)、主簿查驗(省)後,3)最終君以"教"的形式給與允許(教)。衹是因爲現在還没有得到"君"的允許,因此還看不到"諾"這樣的簽名。這枚木牘體現的仍然是"白—教諾"的順序。衹是因爲是定期性的工作,最初的命令(教)没有出現而已。

① 長沙市文物考古研究所等編:《長沙五一廣場東漢簡牘選釋》,第157頁。

② 走馬樓簡牘整理組等編著:《長沙走馬樓三國吴簡·竹簡·貳》,北京:文物出版社,2007,下册,281頁。

北朝吐魯番文書也不例外。本文第三部分第一小節中引用的“唐辯辭爲䓗蓉承使官馬皮事”的整體内容如下:1)之前收到從上級來的提問(問);2)對此采取的相應措施,準備的馬皮數量(䓗蓉承使官馬貳張 同□□□悦);3)拜托給個答覆(仰答)。這裏雖然没有使用“教—白”這樣的用語,但取而代之的是表示文書行政程序進行的“問—答”形式。

1.上級的命令:教

月城垓子 2 號木簡就是這種形式的文書行政程序的産物。原來“牒”字開始的正式文書中,“牒”後首先從附記之前得到的上級下達的命令開始,或者直接使用“教”這樣的詞語,或者出現含有“按照這樣的命令”之意的“被牒”“被符”“被問”“得牒”等常用語。2 號木簡中第三面的“垂賜教在之”便是屬於這一類。

2.業務負責人的具體準備措施

接到上級的命令,應該對此采取相應的具體措施。上級的命令一般都是確定大概的方向,或者要求進一步調查有關事項,大部分是這樣的情況。因此,需要業務負責人對此采取具體的後續措施。如果下達了官吏調動的命令,爲了官吏調動,就要向有關部門發公文,整理到那個時候爲止的帳目;如果産生獄事,必須聽取相關人員的陳述并報告調查結果;即使是常規性的購入或出納,也要定期統計具體的物品總量并進行報告。

一般這種負責業務的下級官吏的具體準備措施都會書寫在公文書的前面。居延漢簡中的上行文書《永元器物簿》是烽燧記録并報告必備器物情況的文書。該文書前面記録下所有器物的具體内容和數字,後面接著是“何時何人報告”的内容。[①] 走馬樓吴簡中同樣也有“謹列人名口食年紀,别爲簿如牒”(肆・4523)的内容,[②]該簡右側前一部分爲賬簿記録,後一部分爲正文起始。[③] 前述吐魯番文書“牒文”中,相關案件和賬簿等被安排在“牒”字開頭部分的前面。

因此,月城垓子 2 號木簡的情况也是如此,“牒”開始前的第二面的内容屬於負責此業務的下級官吏所采取的具體準備措施。從上面下達的命令(教),可能衹有買紙的内容,但爲了購買此紙,負責官吏做了相應的準備:確定紙的具體種類爲“白不踓紙”,數量爲一束,經費來源爲“經中入用”,即從經常購買費中拿出二千,用於購買這些紙。

3.上級批准申請:後事諾命盡

即使完成了這些具體的準備措施,還不能直接行事。首先需要上級的審查和批准,[④]審

① 謝桂華、李均明、朱國炤編:《居延漢簡釋文合校》,211-213 頁。

② 走馬樓簡牘整理組等編著:《長沙走馬樓三國吴簡・竹簡・肆》,北京:文物出版社,2007,下册,730 頁。

③ [日]伊藤敏雄:《長沙吴簡の〈叩頭死罪白〉文書木牘》,伊藤敏雄等編《湖南出土簡牘とその社會》,東京:汲古書院,2015。

④ 《三國志》卷五五《吴書・黄蓋傳》:“事入諾出。” 北京:中華書局,1959,1284 頁。

查都是由類似丞或掾這樣的中間官吏來進行,但這一程序經常被省略。相反,原則上行政負責人批准的程序必須進行。因此,出現所謂"事諾"或者"君教諾"等慣用語,要求批准具體的後續措施。同時,如果允許的話,就會有表示執行命令之意的"奉行""班示"等常用語。

月城垓子2號木簡與此相同,記録了爲得到允許(事諾),盡力認真做(命盡)這樣的內容。

4.文書報告:大烏知郎足下再拜白 / 使

文書製作結束以後,要報告給上級批准(白)。這一階段要題署收件人和發件人。在收件人之後,要附恰當的慣用謙辭。西漢以前主要使用"官職+發"的方式表示由相關官職開封;東漢(公元1—2世紀)以後,私人書信中經常使用的各種尊稱和謙詞開始出現在正式文書中。收信人之後附"卿"等敬稱以及"足下""侍前"等提稱語,報告之意的"白"前增加"叩頭死罪""再拜""頓首"之類的謙辭。在文書的末尾題寫文書負責人及其身份。通常在寫完"主簿""録事"等職位之後,還需本人親筆簽名,文書製作到此方才完成。

月城垓子2號木簡同樣爲了得到上級的許可,向上級呈報了文書(白)。第一面題寫了"大烏知"這一收件人,且對之使用了用於位高者的尊稱"郎",然後再加上"足下"這樣的提稱語,與"再拜"這樣的謙辭一起,報告了全部文書內容(白)。結尾第四面記録了發人者的職位"使"及其簽名。

原則上,這樣製作的文件要呈送至上級,最後由相關上級機構簽字批准。長沙五一廣場東漢簡、走馬樓吴簡中的"君教"木牘,其上部皆有"君教",其後有君的簽名"諾"或者"若"(圖12)。吐魯番文書中將"可"或者"∠"記號寫在文書中間(圖13)。衹是由於月城垓子2號木簡中没有這樣的標記,所以判定其還處於没有得到許可的狀態。[①]

① 要求得到大烏知郎許可的這枚木簡,在没有得到大烏知郎許可的情况下被廢弃也值得關注。木簡可能在未被傳遞的狀態下廢弃,也有可能是雖然已經傳達,但未經大烏知郎許可而推遲。

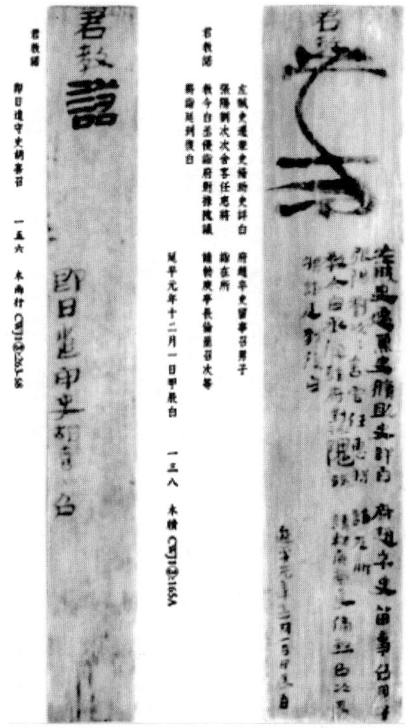

圖 12　五一廣場東漢簡中"君"的許可簽名①

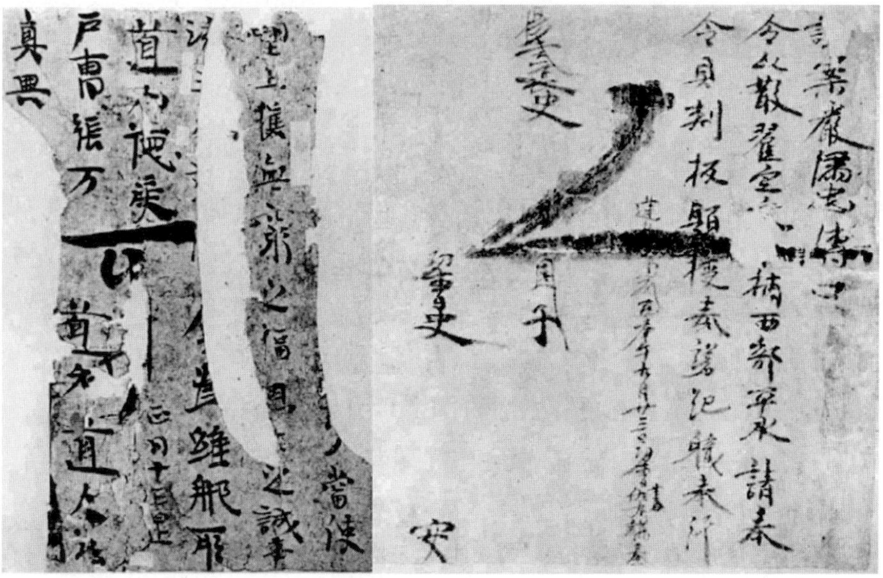

圖 13　吐魯番文書中相關的許可簽名

(二) 字數和空白的問題

月城垓子 2 號木簡使用的詞語和文書形式可證明它是典型的上行文書,這一點還可通

① 長沙市文物考古研究所等編:《長沙五一廣場東漢簡牘選釋》,46、53 頁。

過木簡各面書寫的文字數量和空白來確認。木簡的第一面寫有 9 個字,第二面 13 個字,第三面 11 個字,第四面 2 個字。每一面文字的字數并不是固定的,最後的第四面留下了很多空白。這些事實説明書寫者顯然是帶著特定的意圖來書寫的。尹善泰也注意到這一點,他認爲每一面的句子都在其所在面内自成段落,第三面和第四面有可能出現連續的句子。筆者想强調的是,不僅是第一面、第二面、第三面和第四面所有的句子都被人爲分割了,這樣的句子分割不是書寫者任意所爲,而是根據當時行政文書的書寫規定而形成的。四面木簡雖是一種特殊的書寫載體,但其書寫方式和在更寬的木牘或紙質載體上書寫文書的方式相同。

首先,來看吐魯番文書的例子,"牒"這一術語經常是换行頂格書寫。根據這一原則,月城垓子木簡第三面第一個字便是以"牒"字開始的。而且,"牒"字前既有此業務負責人的具體準備措施,同時也寫明了需要上級批准的内容。但這一内容應當書寫在與"牒"字不同面的另外一行中,所以第二面中密密麻麻地、足足寫了 13 個字。從第三面來看,如果該木簡文書在製作時有意識地空格的話,第二面也有可能嘗試空格,如購入經費項目"經中入用"和購入紙張行爲"思買"之間便有間隔,或者紙的數量"紙一"和紙的價格"二千"之間有空格。其實,在前述漢代簡牘中,也出現了"一二"連接的情況,二者中間插入了分隔符號"∠"以避免混亂,月城垓子 2 號木簡中爲了避免這種混淆,也可能使用了空格。儘管我們能够預測到這些可能性,但是因爲規定"牒"必須换行頂格書寫,所以衹能把所有這些内容記録在同一面。

第三面也一樣,必須將全部内容寫在一面之内。第二面儘管寫有 13 個字,但下邊留了一點空白。然而,第三面直到木簡的最下端,都寫有文字。儘管第四面有足够的空間,但第三面却必須寫滿文字。第三面和第四面的内容及書寫方式,如果不以内容的有意識區分爲前提的話,是無法理解的。原因是第四面用於題寫發件人的職級和簽名,這是所有行政文書的共同現象。

第一面是特定的報告對象和收件人,應將其與包含具體業務内容的第二面區分開來。自漢代以來,簡牘大部分句子完結時,會將結尾之字的末筆長長地下拉形成懸針。月城垓子木簡第一面以"白"字結尾,爲了醒目,故意將"白"字的最後一筆拉長書寫。

另一方面,引人注目的是,木簡每一面的上端都均等地留有一定的空白,而且第一、二、三、四面都是從相同的位置開始書寫的,結果是,儘管上端有很多空白,但其餘部分却寫得密密麻麻。原因可能是要有意識地在上端留白。中國出土的簡牘材料和紙質文書中,都有特意的留白(圖 14)。這樣做,有兩種可能性:第一,這裏可能要用於題寫上級的許可簽名。走馬樓吴簡中的"田家莂"木牘上,便留有供税收官吏簽字的空欄;"君教"木牘上方題寫的"君教"之下也留有空白,以便"君"簽署"諾"。第二,如果負責業務的下級官吏的上行報告文書没有問題,便簽署"諾"或者"可"。上級如發現有問題或需要作一定修改時,將意見直接寫入上行文書。走馬樓吴簡 J22-2539 中記録的"然考人當如官法,不得妄加毒痛",即是以草書形式寫在該木牘左上角空白處的上級意見。[1] 吐魯番文書也一樣,紙的左側留有許多空白之處,這裏也常常用於書寫上級的意見。因此,月城垓子 2 號木簡上端的空白也是出於同樣的目的而特意留出的,各面正文的書寫也是從不妨礙留白的地方開始的。

圖 14　行政文書有目的的留白安排[2]

(三)能否使用初期吏讀

本文第二部分中筆者在釋讀和説明部分略有提及,認爲月城垓子 2 號木簡不宜使用初期吏讀。目前韓國語學界提出的初期吏讀的綫索如下:①將第一面的“白丨”讀作“白之”,認爲出現了終結型語尾“之”且已固化爲口訣字“丨”。②第二面的“經中”的“中”被用作處所介詞。③第三面的“賜”作爲敬語詞尾使用。④第三面中的“在之”結合了補助詞尾“겨”和終結型语尾“之”。⑤第三面的“者”字被用作主題標志詞。⑥第四面的“使内”之“内”,爲補助詞尾“ㄴ、-”。[3]

但是,根據筆者的釋讀,①第一面的“白丨”,“白”釋讀無争議,“丨”爲有意拉長的“白”

① ［日］伊藤敏雄:《長沙吴簡中の〈叩頭謝罪白〉文書木簡小考》,《歷史研究》第 51 辑,2014。

② 走馬樓簡牘整理小組等編著:《長沙走馬樓三國吴簡・竹簡・肆》,上册,210 頁。

③ ［韓］金永旭:《從古代韓國木簡看釋讀表記》,《口訣研究》第 19 輯,2007。［韓］鄭在泳:《月城垓子 149 號木簡出現的吏讀》,《木簡與文字》創刊號,2008。［韓］權仁瀚:《通過木簡看古代東亞的文字文化》,《木簡與文字》第 6 輯,2010。［韓］權仁瀚:《通過木簡看新羅寫經所的風景》,《震檀學報》第 119 輯,2013。

字的末筆。②第二面的“經中”意爲日常費用“經用中的”,應以“~中”的原義來解釋。③第三面的“賜”,是“賜教”即“下達命令”中的動詞。④第三面中的“在之”雖然并不是古代漢語的日常用法,但“在”尤其是在北朝至唐代寫在句子的結尾,不少情况用於表示存在和延續的意思。⑤第三面的“者”字,應釋讀爲“若”或者“諾”。⑥第四面的“使内”之“内”字不能釋讀爲“内”,它相當於發件人的簽名。

月城垓子 2 號木簡與其説是吏讀的出現,不如説是原原本本地接受了當時在東亞普遍實行的文書行政程序和詞彙的結果。筆者認爲,衹有在這種徹底的學習和接受的前提下,才能感知到其與現實中使用的自身語法之間的衝突,從而將其往新的方向改變,即開始使用吏讀。

結語

雖然學界此前對月城垓子 2 號木簡積累了大量研究,但在與中國出土行政文書資料的比較研究方面相對不足。本文針對這一缺憾,試圖對月城垓子 2 號木簡進行重新釋讀和研究。先秦時期便已形成、經秦漢至隋唐以來長期發展并系統化的中國文書行政,如果説肯定被新羅所接受的話,與接受的對象進行比較則是必須的,這是本文的出發點。

首先,筆者對 2 號木簡所做的新釋文和解讀如下:

第一面:大烏知郎足下再拜白(大烏知郎足下,再拜,報告)

第二面:經中入用,思買白不踓紙一,二千(用經常購買費項目中的費用,購買白不踓紙一束,價格爲二千)

第三面:牒:垂賜教在之。後,事若,命盡(公文“牒”:承蒙已下達命令,以後如蒙允许,将盡力執行命令)

第四面:使,(負責此事的“使”,簽名: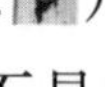)

關於第一面:①根據行政文書的收件人不是單純題寫收件人的名字,而是需題署官職或官階,釋作“大烏知”。②“再拜”是行政文書的慣用語,在這一背景下,字體都可以被省減,故釋作“再拜”。③“丨”劃與“白”字的最後一劃相關,這是爲了强調文書的權威性,往往出現在文句末尾的現象。

關於第二面:① 經中入用是作爲管理物資出納的官吏,明確了支出項目而使用的經常采購費的意思。②從行政文書中不能書寫任何模糊的數字來看,“一”和“二”要斷讀,“一”表示數量,“二”表示價格。③最後一個字應釋作“千”。

關於第三面:①“牒”使用了典型的行政文書格式。②可以確認在中國也不常見、但往往出現在文句結尾的“在”字的用法。③“牒”後出現的慣用套語是如果報告獲得上級的批准他們會認真處理此事,故釋作"事若"。

關於第四面:①作爲發件人身份的體現,"使"相當於发件人的職位。②是發件人的簽名。

另一方面,2號木簡的各面都準確地反映了文書行政的階段和文書樣式。筆者據此復原與紙張采購相關的行政程序如下:1)上級下達了定期購買紙張的命令。2)負責此業務的官吏仍依據有效的(在之)上級的命令(教),準備以二千的價格購入特定種類的紙(白不踓紙)一束,由此完成購買的具體準備。3)負責官吏爲了完成購買紙張,請求上級的許可(事若,命盡)。4)製作這些内容的文書後,題寫文書製作者的職位(使)及簽名()。這些程序按照行政文書格式記録下來:第一面是向收件人即上級報告的内容;第二面爲業務負責人具體的準備措施;第三面是請求上級許可的内容;第四面是文書製作者的職位和簽名。上級收到這份文書後,會把許可與否填寫在空白處。由於每一面需要準確寫入的内容有不同的規定和要求,所以各面所書寫的字數不一樣,末端留下的空白也不一樣。因此,月城垓子2號木簡可以説是反映當時嚴格遵守相關規定的文書行政程序和文書格式的實物。

雖然因出現了尊稱詞尾、提稱以及謙辭,使之看上去像日常對話一樣,但這是西漢以後私人書信格式滲透到行政文書中的結果,也是在東漢以後的行政文書中很容易確認的要素。而且在行政文書中,也可見日常對話中使用的口語表達,但我們仍無法斷定這是新羅自身改變的結果。這些材料雖然罕見,但是在中國的資料中可以得到確認。

“第四届簡帛學國際學術研討會暨謝桂華先生誕辰八十周年紀念座談會”綜述

重慶師範大學歷史與社會學院　鍾良燦　李勉

2018年10月19—21日,由中國社會科學院簡帛研究中心、重慶師範大學歷史與社會學院、中國社會科學院歷史研究所戰國秦漢史研究室、出土文獻與中國古代文明研究協同創新中心中國社會科學院歷史研究所分中心主辦的“第四届簡帛學國際學術研討會暨謝桂華先生誕辰八十周年紀念座談會”在重慶召開。來自中國、日本、韓國、德國、美國等國家和地區的科研院所及高校的一百餘名學者圍繞新出簡帛及考古新發現、簡帛整理及文本研究、簡帛與中國古史研究、簡帛學科發展的回顧與反思、出土資料與巴渝古代文明研究等議題展開研討。

一、紀念謝桂華先生誕辰八十周年座談。2018年是中國社會科學院歷史研究所已故學者謝桂華先生誕辰八十周年。謝桂華先生是蜚聲中外的簡帛學研究名家,一生致力於簡帛學、秦漢史研究,參與整理、編著了《居延漢簡釋文合校》《居延新簡》《尹灣漢墓簡牘》《額濟納漢簡》等出土簡牘資料,取得了豐碩的成果。謝桂華先生對簡帛學的學科發展和建設也做出了重要貢獻。他參與籌備成立了中國社會科學院簡帛研究中心,參與創辦并主編《簡帛研究》和《簡帛研究譯叢》,與廣西師範大學出版社合作推出了“簡帛研究文庫”;多次籌辦簡帛學國際學術會議、組織簡帛研讀班,爲學界培養了不少簡帛學研究的生力軍。

爲了緬懷謝桂華先生在簡帛研究方面的貢獻,本次研討會特設“謝桂華先生誕辰八十周年紀念座談會”。鄔文玲《謝桂華先生的簡牘學成就》總結了謝桂華先生在簡牘整理釋讀、散簡册書復原、簡牘與歷史研究、簡帛學學科建設四個方面的成就和貢獻。劉樂賢《略談謝桂華先生在西北漢簡考釋方面的成就》以謝桂華先生在居延漢簡、敦煌馬圈灣漢簡考釋方面的具體實例展示了謝桂華先生在漢簡考釋方面的卓見。孫家洲《追憶謝桂華先生二三事》回憶了作者與謝桂華先生交往的一些往事,講述了謝桂華先生與人大國學院"簡帛研究所"籌建、人大國學院"額濟納漢簡"研讀班等的淵源。陳朝雲《謝桂華先生與〈鄭州大學學報〉》則介紹了謝桂華先生與《鄭州大學學報》的一些學術交往。此外,何雙全、宋少華、張德芳、盧瑞琴等在大會上緬懷、追憶了謝桂華先生的生前事迹和學術成就。

二、新出簡帛與考古發現。簡帛學的發展日新月异,新出簡帛與考古材料不斷涌現,引起學界的廣泛關注。對新出簡帛與考古發現的介紹和研究也是本次簡帛會議的主題之一。張春龍《湖南益陽兔子山遺址七號井出土簡牘整理概况》詳細介紹了湖南益陽兔子山遺址七號井出土簡牘。馮剛《山西太原恒大悦龍台 M6 發掘情况簡介》對山西太原東山古墓暨陪葬墓 M6 室内考古工作及出土簡牘進行了詳細介紹。柳長華《天回醫簡的學術源流與核心思想》介紹了四川成都天回醫簡的整理與研究情况,認爲天回醫簡中的"生氣通天"思想是扁鵲經脈醫學的理論核心。李均明《五一廣場東漢簡"掺驗"解》對湖南長沙五一廣場東漢簡中的"掺驗"一詞進行了解讀,并論證了東漢司法實踐中多角度廣泛取證的重要性。楊華《三峽考古發現對早期巴文化研究的新認識》根據三峽地區夏商時期文化遺存的考古發現,就三峽地區夏商時期文化的淵源及其與周鄰地區文化的關係進行了系統研究。

三、簡帛學理論、方法與實踐。隨著簡帛研究的逐步深入,學界對簡帛學的理論、方法和實踐也逐步展開了細緻、深入的思考和研究。本次會議即對簡帛學的學科歸屬、理論建構和研究方法展開了深入探討。王素《簡牘學的學科歸屬與理論建構——簡牘學的理論與實踐斷想之一》認爲簡牘學的學科歸屬和理論建構可以分爲兩個階段:階段一,先將簡牘學歸屬爲歷史文獻學,圍繞歷史文獻學理論建構簡牘學理論;階段二,以此爲基礎,將簡牘學從古文字學下脱逸,争取成爲一個三級學科。蔡萬進《出土簡帛整理的若干理論問題》就出土簡帛整理的基本過程與步驟、學科屬性及發展方向、趨勢等理論問題進行了思考。邢文《認知簡帛學導論》指出認知簡帛學是對簡帛文獻的認知方式、能力與結果進行研究的交叉科學,是涉及多種學科理論、研究方法的新興研究領域。何雙全、盧瑞琴《居延漢簡整理與研究的思考》回顧了居延漢簡的整理研究過程,并思考了以往研究的不足。陳文豪《簡帛研究目録編輯過程中的編目取捨》指出編輯簡帛研究論著目録應主要收録對簡帛自身進行的研究、依據簡帛文獻進行的研究及簡帛學術史研究。韓國學者尹在碩《韓國秦漢簡帛學科發展的回顧與反思》分析了 2015—2017 年間韓國學界的秦漢簡牘研究動態,認爲論文主題大都集中在政治制度史方面,而經濟、社會、文化史方面的研究成果則甚少。

楊小亮《銀雀山漢簡〈孫子兵法〉再次整理中的一些問題》結合竹書形制,對銀雀山漢簡

《孫子兵法》個别殘損文字進行了重新釋讀和補釋。蘇俊林《嶽麓秦簡奏讞文書的文書構成——文書學的視角》從文書内部和外部構成兩方面對嶽麓秦簡奏讞文書進行了細緻的研究。張顯成《談馬王堆醫書中"蠃"及相關詞語的解讀——兼談大型語文辭書訓釋之失》指出,馬王堆醫書中的藥名"蠃牛""蠃中蟲",應該分别指"螺"和"螺中之蟲"。郭永秉《莫道庫吏不能書——讀漢代文字資料札記之三》認爲《元致子方書》爲元自己書寫,并非代筆,由此認爲職官的高低與其是否擅書,没有直接聯繫。孫慧《曾侯乙墓出土竹簡 A 類簡系統復原方法芻議》介紹了調整 A 類簡簡序過程中所用的系統性復原方法。周琦《天回醫簡中的刮削痕迹淺析》通過觀察天回醫簡中的刮削痕迹,認爲原書手抄寫時還有一個謄抄的底本,閱讀者或誦習者是醫書的校改者和繼承人。

裴永亮《漢代絲綢之路開通後的安全保障探究——論河西漢簡所見邊塞地區漢匈戰事及其特點》通過對河西簡牘的梳理,認爲漢塞對匈奴的防禦和抵禦是積極有效的,它保障了絲綢之路的通暢。鄧瑋光《從許迪案試析孫吴嘉禾年間的財政危機》認爲許迪案并非基層行政程式的自我糾錯,而是在中央尚書的指示下進行的,案件的發生可能與嘉禾年間孫吴中央出現財政危機的背景有關。李真真《美國簡帛〈老子〉文獻研究述評》回顧了馬王堆帛書《老子》和郭店楚簡《老子》出土以來美國漢學家的研究成果。馬克冬《簡帛兵書軍事學研究價值考論》對簡帛兵書中的裝備、兵種、軍事思想演變進行了探討。楊煜婷《傳世與出土文獻所見"慎獨"的認知語言學考察》揭示了"慎獨"與清華簡《保訓》所見"中""中道"之間的密切關聯。李重蓉《兩漢龍虎組合圖像的演變及涵義》梳理了漢代墓葬中的龍虎組合圖像,揭示了它們所反映的漢代人的生死觀和宇宙觀。

四、簡帛文字與文本研究。簡帛學研究的推進,有待簡帛文字釋讀的正確與簡帛文本研究的深入。與會學者就這一主題提交了不少力作。趙平安《甲骨文巴方新釋》從"咠"的釋讀談到甲骨文中"巴方",認爲"咠"從"口",但"口"和"揖"并無關係,還解釋了"巴"所處方位。陳松長《嶽麓秦簡中的"爲符官""致所官"考論》指出"爲符官"是負責發放監管符券的官署,"致所官"是負責按符券要求分發物資的官署。金慶浩《西漢時期〈論語〉的普及與〈齊論語〉的發現——以海昏侯劉賀墓出土〈論語〉竹簡爲中心》推測了海昏侯劉賀墓出土《論語》簡的編制時間及《齊論語》的來源,考察了儒學普及過程中社會的變化。

鄔文玲《一枚新莽時期的文書殘簡》訂補了居延新簡 E.P.T59:697 的釋文,對簡文涉及的人物、職官、地理等進行了考論,推定該簡的年代範圍爲始建國三、四年間。黎明釗《長沙五一廣場東漢簡牘研究》從五一廣場簡中與家産争訟有關的 108 和 135 號簡説起,推測泉陵在當時是重要的轉運埠頭,還考察了馬王堆《地形圖》與《水經注》聚居點記録的差异。蘇建洲《讀慈利楚簡〈逸周書·大武〉三題》將今本逸周書與慈利楚簡《逸周書·大武》中的三處簡文對照,對其中的文字和字義進行了考釋和補證。程少軒《關於馬王堆帛書"朱縣"的一個推測》認爲馬王堆帛書《刑德》甲篇與乙篇所見星宿分野中的“魏氏朱縣”指魏國的河東地區,是魏人爲避先祖魏絳的名諱而改的别名。劉麗《〈保訓〉性質、體裁與年代試析》認爲《保訓》很可能是後人的擬古之作,而不是書或訓類文獻。其年代在戰國中期偏晚,傳入楚國時間不久。李鋭《郭店簡〈緇衣〉第五章再釋》討論了郭店楚簡《緇衣》、上博簡《緇衣》第五章與傳世《禮記・緇衣》及《子思子》佚文相應内容的差别,并提出了一些自己的見解。鄔可晶《帛書〈周易〉剥卦六五爻辭新解》比對了傳本和馬王堆帛書本《周易》剥卦“五六爻”的文義和文例,認爲帛書本反映了此爻文辭的原貌。

曹旅寧《新出秦簡與睡虎地秦人家書考釋》運用睡虎地 4 號秦墓所出兩封家書,考察了信中人物的生活以及戰國末期秦滅楚的歷史過程。李世持《里耶秦簡貳“受令”簡人名稱芻議》區分了里耶秦簡貳中“受令”的兩種記録方式,認爲其中一類是發給具體的某人,另一類是發給某一或某些群體的命令。魯家亮《〈嶽麓書院藏秦簡(伍)〉零拾一則》認爲嶽麓秦簡“卒令丙四”的“腏”字不必破讀,“腏”具有將原本相連的事物分割開的含義。劉陽《天回醫簡中的量詞》對天回醫簡的量詞進行了分類考述,認爲其具有早期量詞搭配不固定的特徵。天回醫簡中還有許多不精確的量名和用法。陳松梅《史語所〈居延漢簡〉新釋文訂正四則》據史語所重出《居延漢簡》考訂了四條釋文。李迎春《玉門花海出土漢代簡牘校訂及相關問題研究》校訂了玉門花海漢簡,推測其屬於酒泉北部都尉,而玉門縣可能在花海緑洲東南部,玉門關與玉門縣無關。

張麗萍《“棱楪”再考——兼論“椎”的所指和作用》認爲西北漢簡中的中“棱楪”指起接合作用的小木。“椎”是插入門關或楗上圓孔中起固定作用的錐形木棍。王彬《湖南長沙五一廣場東漢簡 J1③:325-32 考釋》圍繞長沙五一廣場出土的一枚君教簡,分析了該簡涉及的案件司法程式,考察了審理該案官吏的遷轉、兼任情況,并討論了相關的保任制度。杜鋒《出土文獻中所見“心悸”相關病名補釋》認爲馬王堆帛書“心腸”當讀爲“心惕”,義同於“心動”;花東非王卜辭中“心鬼”當讀爲“心畏”;皆大致相當於今之臨床上所見的“心悸”。

五、簡帛與秦漢法制、行政、思想文化研究。徐世虹代表中國政法大學中國法制史基礎史料研讀會梳理了睡虎地秦簡《法律答問》中的六則詞句的法理依據,其中第 5 則討論了《法律答問》第 41 簡,認爲當控告的内容不影響盗者的實際量刑時,對告者是否量刑,不以所告數額和方式爲基準;第 6 則對《法律答問》簡 42 中“貲二甲”的依據從三個角度加以解析,特别是對涉及“告盗加贓”的情況進行了補充解釋。陶安《嶽麓秦簡〈爲獄等狀四種〉案例五〈多小未能與謀案〉吏議窺見——秦律未成年刑事責任能力與受刑能力》認爲《多小未能與謀案》的第二個判決意見基於當時有關未成年犯罪的法規,減輕了對被告人的處罰,反映出秦律雖未設明文規定,但官員已意識到兒童應免除刑事責任的複雜情況。

周海鋒《嶽麓秦簡所見懲治官員受賄令文試析》對嶽麓秦簡收録的針對治獄者及其親屬

受賄行爲的令文的寫本形態、語詞藴義、立法精神進行了考察,認爲秦代在處置官吏受賄時,遵循"不直罪"輕,以盗罪論處,"不直罪"重,以不直論的原則,但在具體處置時,會"剛柔相濟"。賈麗英《秦漢簡牘材料中的司寇》認爲司寇既可表職事,也可表身份。作爲身份的司寇,秦及漢初是"户人"。西漢中期,司寇完成由"户人"向"徒隸"的變遷。宋潔《秦及漢初腐刑、宫刑非肉刑辨》通過對文帝除"肉刑三"的考察、"除宫刑"時間的考證以及"宫刑"内涵的論證,得出腐刑、宫刑并非肉刑的結論。李力《關於〈二年律令〉101號簡律文解讀的討論》探討了《二年律令》101號簡律文的基本意義、立法意圖和歸屬問題,認爲從中難以讀出所謂"非刑事案件主要由鄉審理"的意思。對於該簡的歸屬,認爲應暫歸《囚律》。

楊振紅《嶽麓秦簡中的"作功上"與秦王朝大興土木》認爲《嶽麓書院藏秦簡(肆)》2132+1998簡"功""上"用法與《詩·豳風·七月》"上入執宫功"相同,規定地方除留下必要的官徒外,其餘官徒須全部輸作中央營造機構。這一政策的制定與秦統一後至秦二世時期大興土木有關。曾磊《肩水金關漢簡所見〈厩律〉遺文續探》對肩水金關73EJT23:623號簡進行了釋讀,認爲傳車制度直至東漢晚期仍在施行。出土文獻所見"傳信"記録簡中的傳車制度基本能與《厩律》的規定相合。沈剛《徭使與秦帝國統治:以簡牘資料爲中心的探討》指出地方官員外出徭使呈現常態化、制度化,是秦代國家政令上傳下達的重要途徑,是保障國家機器運轉的重要行政技術手段,但秦代官吏徭使制度在實踐過程中存在尚需完善的空間。鄒水杰《秦簡"蜀巴郡"考》認爲至遲在昭王時代,蜀地設置蜀郡管理縣道;巴地仍有巴族君長,入秦後接受羈縻統治。到統一前夕,巴地劃入蜀郡,納入郡縣體制,郡名改爲蜀巴郡。統一後,蜀郡、巴郡分置。巴蜀地區的郡縣化過程,是秦邊地郡縣化的縮影和典型。史黨社《秦漢"蜀徼"及其歷史意義——從出土簡牘談起》指出除了將"蜀徼"作爲政治地理界限外,也應重視其所具有的文化、商業、族群方面的歷史意義。

單印飛《秦及漢初的縣行政職能——以行政運作爲視角》指出秦及漢初縣的行政職能可分爲面向民衆的管理、面向縣吏的管理、處理上級及它縣相關事務三個方面,并從動態角度揭示了秦及漢初的縣行政職能以及運作模式。廣瀨薰雄《談小方盤城出土漢簡中的"詣府"簿與"詣府"文書》認爲簡文中的"東門"是玉門都尉府正門,玉門都尉府西150米處南北走向長城上的關門應爲玉門關。柿沼陽平《秦漢時期的戰果報告》討論了"首虜""殺虜"等詞彙的含義,認爲"首虜"可以被解釋作"被斬首者"或"俘虜",也可能同時包含以上兩種含義。"首虜"前加特定動詞可以明確表示首虜的處理方式。"虜"與"首虜"在語法上有所不同。孫聞博《兵符與信璽:秦君軍事角色的制度史考察》指出秦及漢初所確立的君主璽印制度使用皇帝璽而非天子璽序列。漢代主要運用皇帝信璽、皇帝行璽,信璽位於行璽之前,源于秦、齊之制。

王天然《蜀石經〈毛詩〉碑制考》考察了蜀石經《毛詩》的形制,認爲蜀石經《毛詩》原石是唐開成石經影響下的帖式刻石。帖式刻石以傳拓爲務,對經籍文本的固定、趨同具有型範意義。王化平《從出土簡帛看先秦秦漢易學與陰陽五行學説》認爲孟喜扭轉了孔門易學的傳統,後來京房接續了孟喜的治《易》旨趣,影響綿延至今。楊博《劉髆、賀父子所見"六藝"典籍》通過對海昏簡本與《漢書》記述的比較,梳理了劉髆、賀父子所習"六藝"的學術譜系。認爲劉髆、賀父子通過與儒宗大儒的師承輔弼,匯通"六藝"、兼習"五經",既構建了劉賀的儒生形貌,又爲西漢前、中期儒門典籍的官學傳承提供了鮮活視角。

徐暢《長沙簡所見東漢至三國臨湘縣轄鄉與分部再探》討論了漢晋之際縣對轄境的行政領導與監察部署,考察了鄉的名稱與設置,縣對鄉的管理方式及變化,國家在縣鄉之間監察區的設置及其性質發生的變化。戴衛紅《出土文獻所見百濟官品冠服制》認爲百濟官品冠服制度受到了中國官僚體制影響,百濟木簡德率、奈率、對德等既是"部—巷"制的實際官職、也是郡的官職。日本冠位十二階與百濟官品存在承繼關係,百濟在古代東亞國際文化交流過程中發揮了橋梁作用。趙昆生《晋因襲漢"以孝治天下"損益研究》認爲司馬氏父子因襲漢代"以孝治天下"的社會控制方式,完成了魏晋更替,統一了中國。

六、簡帛與秦漢社會、經濟史研究。利用出土簡帛資料,研究秦漢時期的社會與經濟狀況,是本次會議的一個熱點。張榮强《中國古代諸依附人身的再認識》指出既有研究將奴婢登入户籍和奴婢計入人口數混爲一談,認爲戰國至漢末奴婢不被計入國家人口,從西晋開始,奴婢進入人口統計,并成爲定制。椎名一雄《"庶人"連接中國古代社會與國家——秦漢時代設定"庶人"的意義》認爲"庶人"是位於國家與社會之間接點的身份制度設計,是連接國家意志與鄉里社會諸關係的存在。袁延勝《睡虎地漢簡〈户律〉簡論》探討了漢代遺囑辦理的程式和方法,指出相關簡文爲認識漢代妻妾制度、繼承制度提供了新史料。

石洋《秦簡日書所見占盜、占亡之异同》指出占盜與占亡文辭中都有清晰的在逃範圍,差异在於前者比後者更爲詳細。這一异同是法律規定及基層治安捕吏在執行捕盜、捕亡時的不同態度造成的。韓國學者金秉駿《從嶽麓秦簡亡律 98-103 簡看秦漢邊境管理》指出秦代對徼中蠻夷與徼外蠻夷的逃亡有不同處罰,并探討了秦漢帝國内境與外境的區别。鍾良燦《簡牘資料所見秦及漢初的"亡人"》認爲秦及漢初"亡人"問題的突出與社會動亂、賦役繁重、律法酷急有關,國家將律法的管控、懲處與適時的撫恤、優待相結合,其目的在於將"亡人"重新納入國家編户體制之中。崔向東《出土簡牘與漢代豪族研究》認爲"遷豪實陵"并非僅爲充實新陵人口,主要是優待地方勢力,利用豪族的社會性和政治性的側面,進行王權向下介入。尤佳《漢代女性與爵位獲得——以置"後"爲中心》指出漢代女性不僅可以通過繼承的方式獲得爵位,還可能藉由賜爵的途徑占有爵位。

樊森、黄勁偉《淺析先秦銅劍隨葬位置及其禮用意義》指出銅劍在先秦墓葬中的位置存在一個從墓主人身側到棺槨之間,到再回歸墓主人身側的變化過程。認爲銅劍放置位置逐漸向墓主人靠近的趨勢應該是與西周早中期劍、鉞地位的替换過程有關。董濤《秦漢簡牘日廷圖的綜合研究》指出日廷圖一般由圖形和文字組成,圖形由“二繩”和“四勾”組成,文字是按固定規律排列的十二地支。徐衛民《秦封泥與秦苑囿研究》指出相家巷出土秦封泥中有數十枚提到苑囿,其中有些史書未載,這豐富了人們對秦苑囿和秦歷史的認識。汪桂海《建初四年“序寧”簡試探》將香港中文大學“序寧”簡分爲三組,指出其簡支内容存在殘缺,其性質爲解除文。符奎《自然、家庭與帝國:人性視角下的秦始皇》從自然、家庭與國家的綜合視角觀察秦始皇,認爲秦始皇是一個具有豐富人格特質的真實的人。李勉、俞方潔《秦始皇的長臂猿——以里耶秦簡爲中心的研究》指出里耶秦簡“捕爰”簡反映了遷陵縣安排人力捕捉長臂猿進獻秦始皇的制度,這一方面與上林苑的寵物需求有關,另一方面與長臂猿背後的長生、升仙的内涵有關。

韓國學者李周炫《秦漢時期的“傭”及其利用——以對“傭”認識爲中心》認爲在勞動力資源流轉中,傭是由秦漢官奴婢向三國客轉化過程中的重要環節。凌文超《秦“訾税”平議》指出秦代未全面對編户民户訾進行法定常規的清查、登記,“訾税”不可能是常税,而應是針對方便清查的訾産的臨時税。慕容浩《出土文獻所見秦至西漢田租制度的變遷》指出秦與漢初存在“税田制”與“取程之制”并存的田租制度,但這一制度程式複雜,行政成本高,易生舞弊,因此在西漢中期以後發生了變化。張俊民《簡牘文書“交錢”應爲“文錢”之誤——漢代錢幣之稱謂“文錢”小議》認爲“交錢”乃“文錢”之誤,“文錢”是漢代對實物錢的另一種稱謂。宋艷萍《漢代畫像與漢代人的農本觀念》指出農作及農作物畫像爲我們瞭解漢代農業生産狀况提供了最直觀史料。糧倉圖的大量出現,揭示了漢代對農業生産和糧食儲備的高度重視,從中可以深刻體會到漢代人濃厚的農本觀念。

本次會議提交論文近百篇,内容涉及先秦秦漢政治、社會經濟、法制、思想文化、簡帛學學術史等各方面,既有對新出簡帛資料的介紹與整理,也有對已出簡帛資料的全面細緻的綜合研究;既有對具體簡帛資料的考釋與辨析,也有對簡帛學理論與方法的思考與探索。藉由紀念謝桂華先生誕辰八十周年之機,系統梳理、緬懷謝桂華先生在簡帛整理、研究方面的突出貢獻,以期推進簡帛研究和先秦秦漢史研究,是本次簡帛學會議的初衷之一。與會學者高質量論文的發表,對於促成這一目標的實現,無疑具有重要的意義。本次會議的圓滿成功,也必將推動簡帛學和先秦秦漢史研究的進一步發展。

徵稿簡約

一、本刊作爲中國社會科學院簡帛研究中心的專業性學術刊物，歡迎與下述内容相關的論文投稿：

1.出土簡帛的辨識、考證；2.根據出土簡帛考辨史實，研究中國古代的各種制度、思想文化以及社會發展狀況；3.有代表性的國外簡帛研究譯文；4.簡帛研究綜述；5.簡帛研究論著評論；6.簡帛研究論著索引；7.簡帛學理論與方法的總結、探討。

二、本刊提倡嚴謹的學風，堅持"百花齊放、百家争鳴"的方針，堅持相互尊重的自由討論。本刊發表的文章均不代表本刊意見，由作者文責自負。

三、本刊衹接受首發投稿。已在正式出版物和網絡上刊發者，均不視爲首發。

四、來稿請提交一份文本稿，一份電子文稿（電子郵件或磁盤）。

五、本刊實行雙向匿名專家審稿制度。稿件中請勿出現作者個人信息。有關作者姓名、單位、聯繫方式等，請另紙提供。

六、本刊對刊登的稿件擁有爲期兩年的專有版權。作者如有异議和特殊要求，請於投稿時聲明。請勿一稿兩投。

七、本刊處理來稿期限爲60個法定工作日。逾期未接到通知，作者有權對自己的稿件另行安排。因本刊經費緊張，來稿一律不退，請作者自留底稿。

八、來稿請寫明作者真實姓名(發表時筆名聽便)、工作單位、職稱或職務、通訊地址、郵政編碼、電話號碼和電子郵箱，以便聯繫。

來函請寄：

北京市建國門内大街五號　中國社會科學院古代史研究所秦漢史研究室

曾磊　收

郵編：100732

電子郵件請寄：jbyj2005@126.com